城市轨道交通职业教育系列教材——城轨供电技术

城市轨道交通接触网（第二版）

张桂林　主编

西南交通大学出版社
·成都·

内容简介

本书主要介绍了城市轨道交通接触网的组成、类型和供电方式，城轨接触网主要设备与结构，城轨接触网基本设计计算和工程施工，城轨接触网运行规程等内容；充分展示了当前国内外城轨接触网最新的发展趋势、新技术的研发、新设备的应用以及城轨接触网所具有的区别于国家电气化铁路接触网的特点等。

本书讲解详尽、图文并茂，内容安排循序渐进，不仅可以作为城市轨道交通大专院校、职业学校相关专业的学生教学用书，也可以作为相关技术岗位专业维修人员、工程技术人员的参考书。

图书在版编目（CIP）数据

城市轨道交通接触网／张桂林主编. —2 版. —成都：西南交通大学出版社，2021.6
ISBN 978-7-5643-7903-2

Ⅰ.①城… Ⅱ.①张… Ⅲ.①城市铁路－接触网－高等职业教育－教材 Ⅳ.①U239.5

中国版本图书馆 CIP 数据核字（2020）第 256090 号

Chengshi Guidao Jiaotong Jiechuwang (Dierban)

城市轨道交通接触网（第二版）

张桂林　主编

责 任 编 辑	梁志敏
封 面 设 计	曹天擎
出 版 发 行	西南交通大学出版社 （四川省成都市二环路北一段 111 号 西南交通大学创新大厦 21 楼）
发 行 部 电 话	028-87600564　028-87600533
邮 政 编 码	610031
网　　　　址	http://www.xnjdcbs.com
印　　　　刷	成都中永印务有限责任公司
成 品 尺 寸	185 mm×260 mm
印　　　　张	24
字　　　　数	596 千
版　　　　次	2016 年 2 月第 1 版　2021 年 6 月第 2 版
印　　　　次	2021 年 6 月第 3 次
书　　　　号	ISBN 978-7-5643-7903-2
定　　　　价	55.00 元

课件咨询电话：028-87600533
图书如有印装质量问题　本社负责退换
版权所有　盗版必究　举报电话：028-87600562

出版说明

城市轨道交通凭借快捷、准时、舒适、运量大、能耗低、污染小、占地少等优点，日益成为城市现代化建设进程中重要的公益性基础设施项目。城市轨道交通涉及面广、综合性很强，其发展状况已被当成一个城市综合实力和现代化程度的重要评判指标。由此，城市轨道交通建设正在我国兴起一个新的浪潮，社会对城市轨道交通专业人才的需求巨大，给城市轨道交通类专业的职业教育发展带来了良好契机。

西南交通大学出版社与国内诸多交通院校一直保持友好往来，并整合它们在轨道交通领域的尖端科技优势和人才集成优势，致力于为国家轨道交通教育事业做出贡献，形成了以"轨道交通"为核心的出版特色，在教育界、学界都拥有良好的口碑和较高的品牌知名度。

本套丛书从满足快速增长的城市轨道交通专业实用型人才培养需求出发，从校企结合教学直接面向岗位需求这一特点出发，精心组织国内相关专业优秀教育工作者或优秀教育工作高校，分"运营管理""工程技术""车辆""控制""供电技术"五大类系统地为读者呈现城市轨道交通教育课程全景。在编写时，力求体现如下特点：

◎ **适用性**

理论知识够用即可，在讲述专业知识的基础上，突出实际操作技能的训练，注重岗位关键能力的培养。

◎ **专业性**

图书的顶层设计从国家高职高专专业目录规范出发，内容编排紧密结合岗位应用实际，体现专业性和主流设备前沿特征，体现教学实际需求。同时，在编写或修改时，尽可能地让一线用人单位参与进来，根据生产现场实际提出建议。

◎ **生动性**

在架构设计和版式设计上，力求简洁生动，图文并茂；努力体现二维码技术等移动互联网时代元素在图书中的应用，尽可能把生产实际和研究成果，用立体生动的形式予以表达，便于读者理解掌握。

这套书可作为高等职业院校、中等职业学校城市轨道交通相关专业的教学用书，也可作为城市轨道交通企业新职工的培训教材。有关教材的课件资料等，可以联系我社使用。

联系电话：028-87600533
邮箱：swjtucbsfx@163.com

西南交通大学出版社
二〇一五年八月

第二版前言

接触网是城市轨道交通系统的重要组成部分，担负着向地铁列车提供动力的重要作用，接触网设备的状态好坏直接影响轨道交通运营的质量。接触网没有备用、工作环境恶劣，且高电压大电流、维修保养复杂，只能通过大量接触网系统维护人员的辛勤工作保证轨道交通运营的供电安全和可靠，这就需要他们具备接触网设备维护技能并且精通安全作业流程，具有灵活的接触网故障应变能力、良好的职业道德和敬业精神。

本书是为满足我国城市轨道交通蓬勃发展对接触网系统维护人才的需要，根据高等职业院校"城市轨道交通接触网"课程标准并结合我国城市轨道交通现代化建设和发展的需要，由西南交通大学出版社组织编写的。由于本书的结构安排和内容选择适当，因而深受广大读者欢迎。自《城市轨道交通接触网》第一版出版以来，随着我国国民经济的发展，轨道交通科学技术的不断创新和进步，管理水平的全面提升，以及新标准、新技术、新工艺、新装备的采用，需要对本书进行再次编撰，使其与时俱进、长盛不衰。

新版《城市轨道交通接触网》保持了原书的基本构架，同时针对"高等职业教育应以服务为宗旨，以就业为导向，面向培养生产、建设、管理、服务一线需要的'下得去、留得住、用得上'、实践能力强、具有良好职业道德的高技能人才"的培养目标，在内容上按照城市轨道交通接触网现场工作的实际做了修改和完善，不仅使读者能学习到城市轨道交通接触网的基本知识，还能使读者开阔眼界和思路，了解我国城市轨道交通接触网的现状与未来，认识安全与效率的密切关系。

由于本书的内容涉及面广（介绍了城市轨道交通接触网三种主要形式：接触轨、架空刚性接触网和柔性接触网，接触网的设计计算应用及接触网建设安装等），在编写时，无论文字或插图均力求简明扼要，突出主要内容，努力做到图文并茂。本书为高等职业院校城市轨道交通供配电技术专业学习接触网知识的基础教程，同时也可作为广大城市轨道交通现场人员学习接触网基本知识、轨道交通企业新职工培训的主要教程。

本书第二版的编写修订由郑州铁路职业技术学院张桂林任主编，刘光辉、吉鹏霄任副主编，张桂林负责全书的统稿工作、郑州市轨道交通有限公司冯锐负责全书的审稿工作。参加本书第二版修订工作的有张桂林（第二章第一~三节、第三章第一节），索娜、吉鹏霄（第一章第一~四节、第二章第四~五节），郭丽娜（第二章第六~十节），潘秋萍（第一章第五节、第二章第十一~十五节），梁晨（第三章第二~四节、第四章第一~三节），刘光辉（第四章第四~七节），广州地铁集团有限公司肖伟强（附录一、二、五），郑州市轨道交通有限公司冯锐（附录三、四）。

本书编写修订中，参考了许多专家的研究成果和有关文献资料，在此谨向各位专家作者表示衷心的感谢。西南交通大学出版社有关专业编辑在编写修订工作中给予了大力帮助，在此一并表示感谢。

由于编者水平有限，时间紧迫，书中难免出现不妥之处，恳请广大读者给予批评、指正。

编 者

2021 年 3 月

第一版前言

随着我国经济社会的高速发展、城市化进程的日益加快，人们越来越认识到城市轨道交通对解决现代城市交通拥堵困扰、改善群众出行条件、引导和优化城市区域布局、促进节能减排、推动国民经济发展的重要性。进入 21 世纪以来，我国各大城市的轨道交通如雨后春笋般迅速发展起来，进入了或即将进入一个前所未有的大发展时期，迎来了我国城市轨道交通千载难逢的超常规发展的契机。

城市轨道交通具有运能大、能耗低、污染少、速度快、安全准点等优点，深受人民群众的欢迎。随着国民经济和社会的高速发展，城市轨道交通建设进入了快速发展期，目前已经有 10 多个城市的轨道交通都相继建成和投运，而且都已规划城市轨道交通网络的建设，加上已批准建设的城市，在建城市轨道交通运营线路网络总长达 1 000 余千米。

接触网是城市轨道交通的重要行车设备，其特点是高空高压，点多线长，无备用，维修保养复杂、难度大，其状态好坏直接影响城市轨道交通的正常运营，进而影响到社会生产、人民生活和社会安定。接触网工是城市轨道交通设备检修的主要工种，对从业人员的职业教育、岗前培训、岗位培训以及技能考核，是城市轨道交通职业教育的重要组成部分。为了开展职业技术教育，适应我国城市轨道交通快速发展及当前日益壮大的轨道交通接触网设备维修队伍的迫切需要，我们组织编写了《城市轨道交通接触网》。

◎ **本书的主要特点**

本书中各部分前后贯通、有机衔接、图文并茂，既互相联系，又保持相对的独立，对城市轨道交通接触网专业的重要设备、重要参数、重要性能和特点做了较全面的阐述。

◎ **本书的主要内容**

本书全面介绍了城市轨道交通接触网技术，章节是按照不同接触网的不同设备进行组织的，主要内容如下：

第一章主要介绍了城轨接触网的相关知识及接触网的类型、组成、供电方式等。

第二章详细介绍了城轨接触网的设备和结构等。

第三章介绍了城轨接触网设计计算的基本项目、原理。

第四章讲解了城轨接触网施工基础知识。

附录部分介绍了与城轨接触网运行、检修相关的规程和规章，供学习时参考。

◎ **本书读者对象**

城轨接触网运营、检修工作的专业维修人员；

城轨接触网工程设计、施工的工程技术人员；

大、中专院校相关专业的学生和教师；

城轨交通其他相关专业领域的从业人员。

◎ **本书编者**

本书由郑州铁路职业技术学院张桂林任主编，西安铁路职业技术学院苗斌任副主编。张桂林负责全书的统稿工作，广州地铁公司供电部肖伟强负责审定。参加本书编写工作的有张桂林（第二章第一~二节、第十二节、第十六节，第三章~第四章及附录）、苗斌（第二章第八~十一节）、索娜（第一章）、刘雨欣（第二章第三节）、张家祥（第二章第四~五节）、郭丽娜（第二章第六~七节）和吉鹏霄（第二章第十三~十五节）。

编写过程中参考了部分文献与资料，在此向所参考的文献与资料的编（著）者表示衷心感谢！

现代城市轨道交通是快速发展的行业，由于时间仓促，作者水平有限，书中难免有欠妥之处，敬请广大读者（特别是从事城轨接触网设计、施工和维修工作的生产一线人员）提出宝贵意见和建议。读者也可以通过邮箱 chskypei@aliyun.com 和编者共同探讨本书相关的技术问题。

编 者
2016 年 1 月

目　录

第一章　城市轨道交通接触网概述 ··· 1
　第一节　城市轨道交通供电系统 ··· 1
　第二节　接触网相关知识 ··· 6
　第三节　接触网的类型 ··· 14
　第四节　接触网的组成 ··· 17
　第五节　供电方式 ··· 21

第二章　城轨接触网设备与结构 ··· 23
　第一节　线索、汇流排及接触轨 ··· 23
　第二节　接触网悬挂 ··· 45
　第三节　支柱和基础 ··· 62
　第四节　绝缘 ··· 84
　第五节　定位装置 ··· 95
　第六节　接触网的锚段和锚段关节 ··· 117
　第七节　补偿装置及安装曲线 ··· 127
　第八节　中心锚结 ··· 147
　第九节　吊弦 ··· 156
　第十节　线岔 ··· 164
　第十一节　软横跨与硬横跨 ··· 170
　第十二节　接触网电分段 ··· 179
　第十三节　开关与电连接 ··· 189
　第十四节　电缆 ··· 196
　第十五节　接地与防雷 ··· 211

第三章　城轨接触网设计计算 ··· 220
　第一节　接触网课程设计 ··· 220
　第二节　气象条件及计算负载的确定 ··· 224
　第三节　接触网设计计算 ··· 230
　第四节　接触网动态性能 ··· 251

第四章　城轨接触网工程施工 ··· 258
　第一节　工程预概算和施工准备 ··· 258
　第二节　接触网施工测量与定位 ··· 261

第三节　接触网基础工程 ……………………………………………………… 267
　　第四节　架空柔性接触网安装工程 ……………………………………………… 279
　　第五节　架空刚性接触网安装工程 ……………………………………………… 300
　　第六节　接触轨安装工程 ………………………………………………………… 313
　　第七节　接触网设备验收及开通 ………………………………………………… 327
附录　城轨接触网相关规程（供参考） ………………………………………… 332
　　附录一　架空接触网安全工作规程 ……………………………………………… 332
　　附录二　接触轨安全工作规程 …………………………………………………… 337
　　附录三　柔性接触网运行检修规程 ……………………………………………… 341
　　附录四　刚性接触网运行检修规程 ……………………………………………… 359
　　附录五　接触轨（第三轨）运行检修规程 ……………………………………… 364
参考文献 ……………………………………………………………………………… 373

第一章 城市轨道交通接触网概述

第一节 城市轨道交通供电系统

城市轨道交通供电系统是为城市轨道交通运营提供电能的系统，它不仅为城市轨道交通电动列车提供牵引用电，还可为城市轨道交通运营服务的其他设施提供电能，如照明、通风、空调、给排水、通信信号、防灾报警、自动扶梯等。在城市轨道交通的运营中，供电一旦中断不仅会造成城市轨道交通运输的瘫痪，而且会危及乘客生命安全，造成财产的损失。因此，高度安全、可靠而又经济合理的电力供给是城市轨道交通正常运营的重要保证和前提。

一、城市轨道交通供电系统

城市轨道交通供电系统的供电电源一般取自城市电网，通过城市电网一次电力系统和城市轨道交通供电系统实现输送或变换，然后以适当的电压等级供给城市轨道交通各类用电设备。

城市轨道交通供电系统一般包括外部电源、主变电所（或电源开闭所）、牵引供电系统、动力照明供电系统、电力监控系统。其中，牵引供电系统包括牵引变电所和牵引网，动力照明供电系统包括降压变电所和动力照明配电系统。

城市轨道交通系统按规定应为一级负荷，即应由两路电源供电，当任何一路电源发生故障中断供电时，另一路应能保证城市轨道交通重要负荷的全部用电需要。在城市轨道交通供电系统中，牵引用电负荷为一级负荷，而动力照明等用电负荷根据它们的实际情况可分为一级、二级或三级负荷。

城市轨道交通的外部电源供电方案，根据线网规划和城市电网的具体情况不同，分为集中供电方式、分散供电方式和混合供电方式。为了便于城市轨道交通供电系统的统一管理，提高供电的可靠性和灵活性，城市轨道交通供电系统目前较多采用集中供电方式。

城市轨道交通供电系统中一般设置三类变电所，即主变电所（分散式供电方式为电源开闭所）、降压变电所和牵引降压混合变电所。主变电所是指采用集中供电方式时，接受城市电网 35 kV 及以上电压等级的电源，经其降压后以中压供给牵引变电所和降压变电所的一种城市轨道交通变电所；降压变电所从主变电所（电源开闭所）获得电能并降压变成低压交流电；牵引变电所从主变电所（电源开闭所）获得电能，经过降压和整流变成电动列车牵引所需要的直流电。在有牵引变电所和降压变电所的站点，为方便运行管理，降低工程造价，可合并建成一座牵引及降压混合变电所。当由其他变电所引入中压电源而独立设控降压变电所时，可称为跟随式降压变电所。

城市轨道交通供电电源一般取自城市电网，通过城市电网一次电力系统和城市轨道交通供电系统实现输送或变换，然后以适当的电压等级供给城市轨道交通各类用电设备。

城市轨道交通供电系统一般包括外部电源、主变电所（或电源开闭所）、牵引供电系统、动力照明供电系统、电力监控系统。其中，牵引供电系统包括牵引变电所和牵引网，动力照明供电系统包括降压变电所和动力照明配电系统。

城市轨道交通系统是一个重要的用电负荷。按规定应为一级负荷，即应由两路电源供电，当任何一路电源发生故障中断供电时，另一路应能保证城市轨道交通重要负荷的全部用电需要。在城市轨道交通供电系统中牵引用电负荷为一级负荷，而动力照明等用电负荷根据它们的实际情况可分为一级、二级或三级负荷。城市轨道交通的外部电源供电方案，应根据线网规划和城市电网的具体情况进行规划设计，而不应局限在某一条线路上。根据实际情况不同可分为集中供电方式、分散供电方式和混合供电方式。

集中供电方式是指在线路的适中站位，根据总容量要求设主变电所，由发电厂或城市电网区域变电所以高压（如 110 kV）向主变电所供电，经降压并在沿线结合牵引变电所、降压变电所进线形成 35（33）kV 或 10 kV 中压环网，由环网供沿线设置的牵引变电所经降压整流为直流电（如 750 V 或 1500 V），从而对电动列车供电；各车站机电设备则由降压变电所降压为 380/220 V 对动力、照明等供电。这种供电方式的中压网络的电压等级应根据用电容量、供电距离、城市电网现状及发展规划等因素，经技术经济综合比较后确定。为了便于城市轨道交通供电系统的统一管理，提高自身供电的可靠性和灵活性，城市轨道交通供电系统目前较多地采用集中供电方式。

分散供电方式是指不设主变电所，而直接由城市电网区域变电所的 35（33）kV 或 10 kV 中压输电线直接向城市轨道交通沿线设置的牵引变电所、降压变电所供电并形成环网。采用这种方式的环境必须是城市电网比较发达，在有关车站附近有符合可靠性要求的供电电源。其中压网络的电压等级应与城市电网相一致。在这种方式下，可设置电源开闭所，并可与车站变电所合建。

混合供电方式，顾名思义就是以上两种方式的混合，即指一条轨道交通线路，一部分采用集中供电，另一部分采用分散供电。

二、中压交流环网系统

城市轨道交通的中压交流环网系统可采用牵引与动力照明相对独立的网络形式，也可采用牵引与动力照明混合的网络形式。对于牵引与动力照明相对独立的网络，牵引供电网络与动力照明网络的电压等级可以相同，也可以不同。供电系统中的中压网络应按列车运行的远期通过能力设计，对互为备用线路，一路退出运行时，另一路应能承担其一、二级负荷的供电，线路末端电压损失不宜超过 5%。

一个运行可靠、调度灵活的环网供电系统，一般须满足以下设计原则和技术条件：

（1）供电系统应满足经济、可靠、接线简单、运行灵活的要求。

（2）供电系统（含牵引供电）容量按远期高峰小时负荷设计，根据路网规划的设计可预留一定裕度。

（3）供电系统按一级负荷设计，即平时由两路互为备用的独立电源供电，实现不间断供电。

（4）环网设备容量应满足远期最大高峰小时负荷的要求，并满足当一个主变电所发生故障时（不含中压母线故障），另一个主变电所能承担全线牵引负荷及全线动力照明一、二级负荷的供电。

（5）电缆载流量也应满足最大高峰小时负荷的要求，同时当主变电所正常运行，环网中一条电缆故障时，应能保证城市轨道交通正常运行。此时可不考虑主变电所和环网电缆同时故障的情况，但考虑当主变电所与一个牵引变电所同时故障时，供电系统能正常供电（三级负荷除外）。

如图1.1.1所示为某城市轨道交通工程采用集中供电方式时的中压环网系统示意图。

三、变电所及其运行方式

1. 变电所的分类及要求

变电所是城轨交通供电系统的重要组成部分，一般是在城轨交通沿线设置，其数量、容量及其在线路上的分布应在综合考虑的基础上计算确定。城轨交通的变电所可以建在地下，也可以建在地面，地下变电所不占用地面空间，但土建造价高；地面变电所占用地面空间大，但土建造价低。城轨交通的变电所（尤其是地下变电所）在防火方面有一定的要求，其防火措施主要应从结构和建筑材料及变电所电气设备本身的不燃性等方面来考虑；同时应装设自动消防报警系统装置、防火门、防火墙等隔离设施和有效的灭火系统。

城轨交通供电系统中一般设置三类变电所，即主变电所（分散供电方式，为电源开闭所）、降压变电所及牵引降压混合变电所。主变电所是指当采用集中供电方式时，接受城市电网35 kV及以上电压等级的电源，经其降压后以中压供给牵引变电所和降压变电所的一种城轨交通变电所。降压变电所从主变电所（电源开闭所）获得电能并降压变成低压交流电。牵引变电所从主变电所（电源开闭所）获得电能，经过降压和整流变成电动列车牵引所需要的直流电。在有牵引变电所和降压变电所的站点，为方便运行管理，降低工程造价，可合并建成一座牵引及降压混合变电所。当由其他变电所引入中压电源而独立设置降压变电所时，可称为跟随式降压变电所。

降压变电所一次侧母线及低压母线宜采用单母线分段接线，牵引变电所一次侧母线宜采用备用电源自投的单母线接线，直流侧宜采用单母线接线。

主变压器的数量和容量宜根据近、远期负荷计算确定，分期实施，并在一台主变压器退出运行时，其他变压器能负担供电范围内的一、二级负荷。

牵引整流机组的数量和容量宜根据近、远期计算负荷比较确定，并在其中一座牵引变电所退出运行时，相邻的两座牵引变电所应能分担其供电分区的牵引负荷。

配电变压器的容量选择应满足当一台配电变压器退出运行时，另一台配电变压器能负担供电范围内远期的一、二级负荷。变电所的继电保护装置应针对不同电压等级输电网络及各种变电所不同的接线形式分别考虑。继电保护装置应满足选择性、灵敏性及速动性的要求。变电所的继电保护配置及自动装置的设计应符合供电系统的要求，同时兼顾系统内相关继电保护之间和自动装置之间的配合。当今，随着技术的发展，继电保护装置及自动装置均可采用微机型设备。对于中压环网系统的电缆，为排除相间短路和单相接地故障，一般在进出线开关柜设导引线（或光纤）纵联差动保护、过电流保护、零序电流保护；而对于变电所内的各种电气设备，根据不同类型的设备均需考虑不同的保护配置。

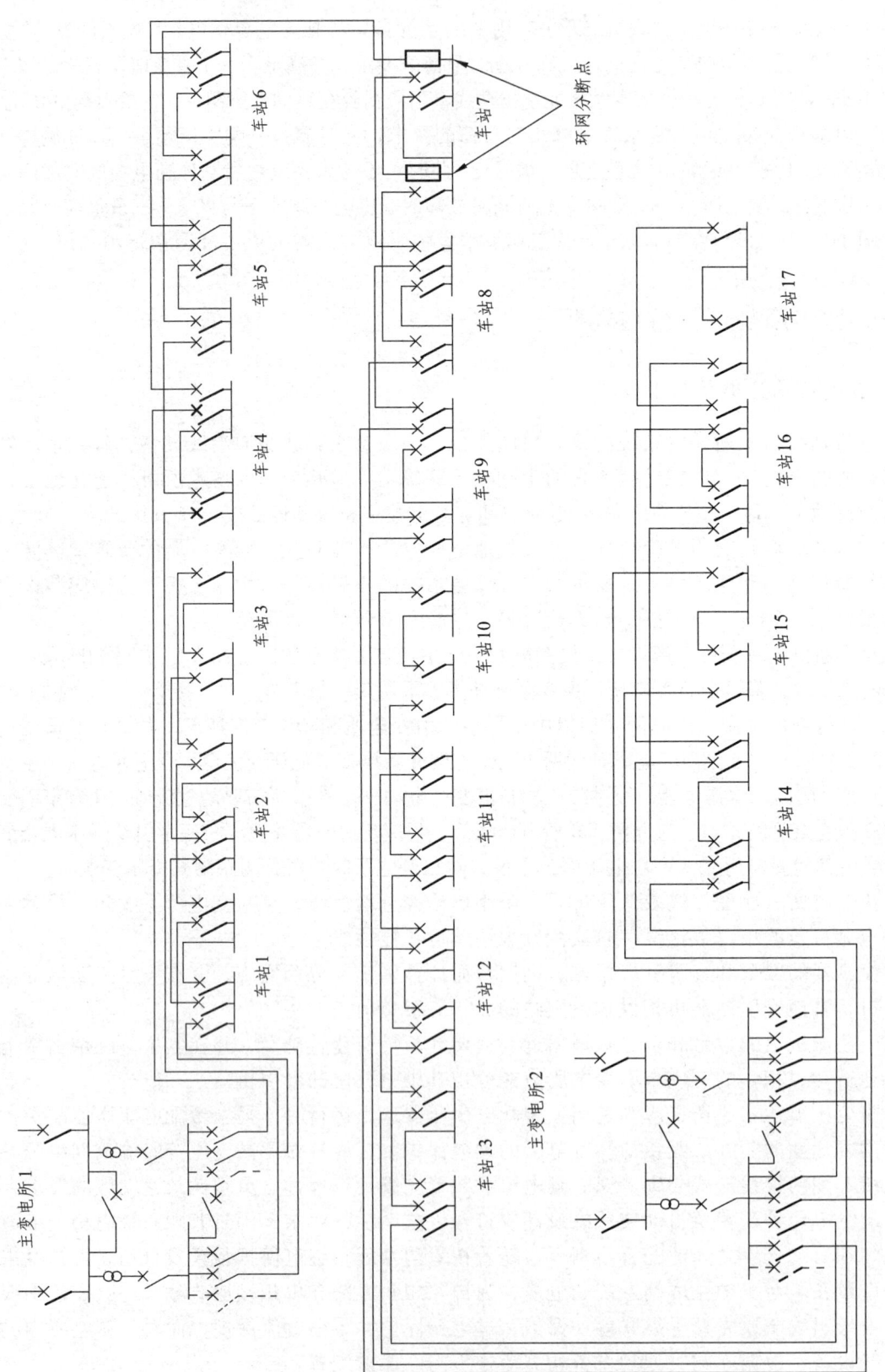

图 1.1.1 集中供电方式的中压环网供电示意图

2. 变电所的运行方式

（1）主变电所的运行方式。某主变电所的电气主接线图如图1.1.2所示。该主变电所110 kV 电源采用内桥接线，即110 kV 分段母线采用桥断路器。正常运行时，桥断路器断开，故障或维修时切换接通，两台主变压器只从一路电源进线得到供电。33 kV 侧设分段母线联络断路器，正常时，母线联络断路器断开，两台主变压器分列运行，共同负担全站的全部负荷；当一路110 kV 电源或一台主变压器故障跳闸退出运行时，33 kV 母线联络断路器自动合闸，由另一台主变压器向本站供电区域的一、二级负荷供电。这种互为备用的设计大大提高了供电系统的可靠性。

（2）牵引降压混合变电所的运行方式。某牵引降压混合变电所的电气主接线如图 1.1.3 所示。33 kV 侧和0.4 kV 侧均为单母线分段接线。牵引降压混合变电所按其所需容量设置两组牵引整流机组并列运行。当其中一套机组因故退出运行时，另一套机组在具备运行条件时不应退出运行。该运行条件是指牵引整流机组过负荷满足要求，谐波含量满足要求，不影响故障机组的检修。如果这些条件能满足，那么一套牵引整流机组维持运行既可保持列车运行，还可降低能耗，降低轨电位，减少杂散电流的影响。该变电所降压部分的运行方式同降压变电所。

（3）降压变电所的运行方式。某降压变电所的电气主接线如图1.1.3所示。33 kV 侧为单

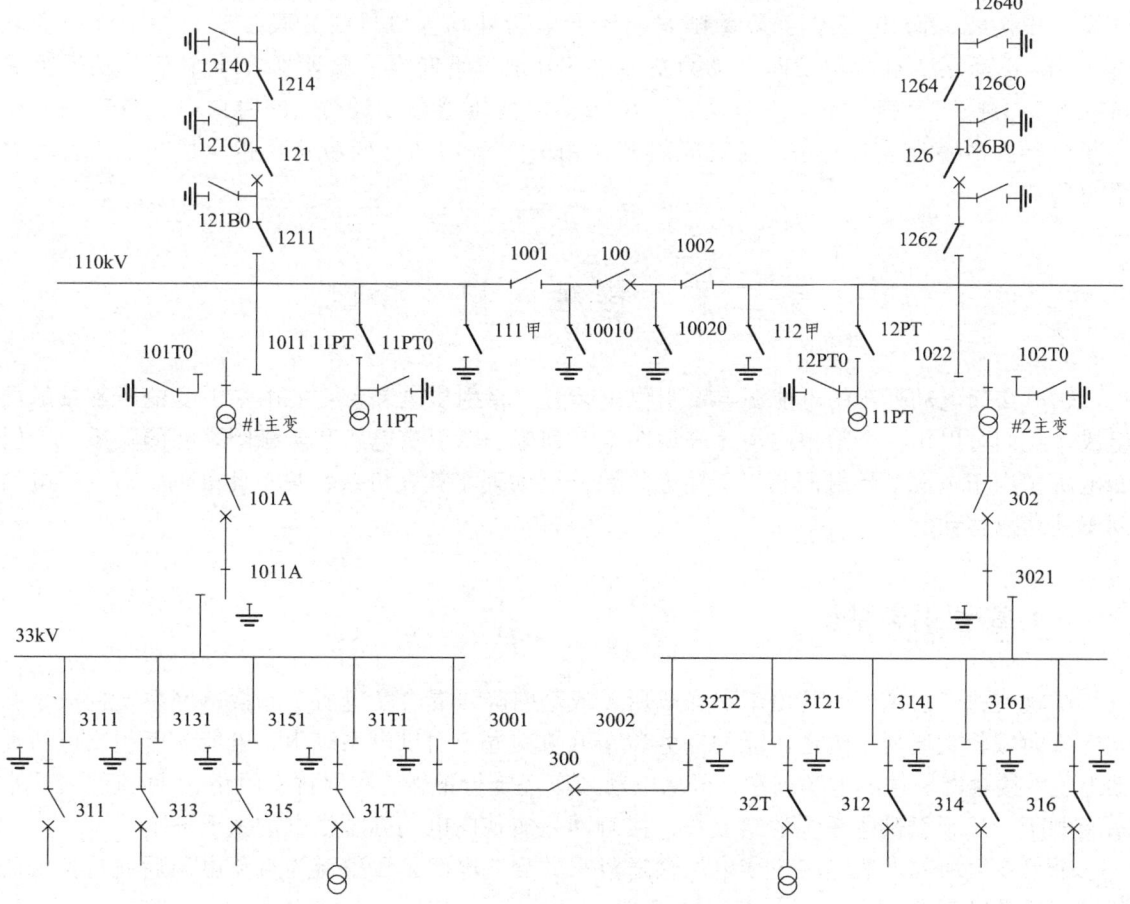

图 1.1.2　某主变电所的电气主接线图

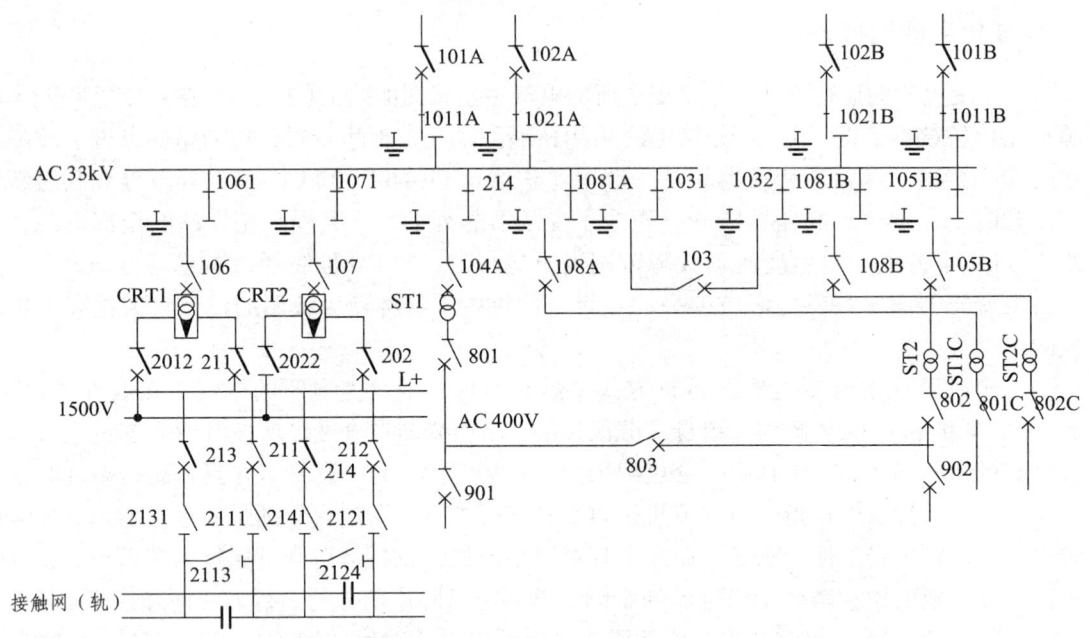

图 1.1.3　某牵引降压混合变电所的电气主接线图

母线分段接线，而 0.4 kV 侧除跟随式降压变电所外均为单母线分段接线。每个降压变电所、跟随式降压变电所均设两台动力变压器，分别负责向本变电所所在半个车站及半个区间内的动力照明负荷供电。正常运行时两台动力变压器分别运行，同时供电，当任一台动力变压器因故障退出运行时，通过联络开关由另一备用动力变压器负担全所一、二级动力照明负荷。

第二节　接触网相关知识

轨道交通电动列车的电能源自牵引供电装置，牵引供电装置主要由牵引变电所和接触网组成。我们可以用一个简单的类比来说明电动列车、牵引变电所和接触网之间的关系，牵引变电所相当于电源，接触网相当于输电线路，电动列车就是负载，只是此处的负载——电动列车是高速移动的。

一、牵引供电系统

城轨交通牵引供电系统由牵引变电所（或牵引降压混合变电所）和接触网系统构成，共同完成向城轨交通列车输送电能的任务。在城轨交通牵引供电系统中，电能从牵引变电所经馈电线、接触网输送给电动列车，再从电动列车经走行钢轨（或称轨道回路）、回流线流回牵引变电所。从牵引供电系统的组成看，接触网是实现向电动列车供电的重要环节。

牵引变电所的功能是将主变电站输送过来的交流电经降压整流为直流电源后通过接触网传送供给电动列车。

整流机组是牵引变电所的重要设备，它包括整流变开关、整流变压器、整流器、正负极闸刀。每座牵引变电所中设置两套整流机组，通过整流机组获得电动列车牵引所需的直流电压。直流母线为单母线接线形式，两套整流器组可以并列向同一直流母线供电。每座牵引站都有四路直流（1 500 V 或 750 V）的馈出线（车辆段一般为五路）。每路馈出线都通过直流高速开关，经接触网隔离开关，使用电缆将直流电能输送至接触网。

二、牵引回流系统

牵引回流系统由走行轨、扼流变压器（也称阻抗棒）、负回流电缆和均流电缆等构成。如果是场站，则还有单向导通装置。列车电流流入走行轨后将通过负回流电缆回流至牵引变电所负母线。负回流电缆一般采用截面为 150 mm^2 的直流铜芯软电缆，引至回流电缆转换箱，然后用截面为 400 mm^2 的直流铜芯软电缆引至牵引变电所负母线。

牵引回流系统各元件在回流中的作用：
（1）钢轨：作为回流电流的载体。
（2）扼流变压器：阻止流经轨道上的高频信号被旁路掉，确保直流电路回流畅通。
（3）均流线：均衡两根钢轨之间的电位和电流，确保轨道信号不被干扰。
（4）回流线：从扼流变压器的中点引出，与回流箱连接，作为回流电流的载体。
（5）回流箱：与各个回流线连接，并与回流电缆转接。
（6）回流电缆：将回流电流引入牵引站整流器负极。

三、钢轨电位限制装置

在直流牵引系统中，由于操作电流和短路电流的存在，可能会引起回流回路和大地间产生超出安全许可的接触电压。在此情况下，就需要在回流回路与大地间装配一套钢轨电位限制装置，以限制运行轨的电位，避免超出安全许可的接触电压的发生。《城市轨道交通技术规范》（GB 50490—2009）规定："在正常运营条件下，正线回流轨与地间的电压不应超过 DC 90 V，车辆基地回流轨与地间的电压不应超过 DC 60 V；当瞬时超过时应有可靠的安全保护措施"。

四、单向导通装置

地铁系统的钢轨不但起到列车导轨的作用，同时还担当回流轨使列车牵引电流回流至牵引变电所的负极。在负回流电流沿钢轨的传输过程中，由于钢轨与地之间有泄漏电阻，总有少部分牵引电流负回流泄漏至地下，因此，在车场、车辆段、隧道、高架桥等特殊地段的轨道上需设置绝缘接头，其目的是尽量减少杂散电流并缩小杂散电流影响的范围，从而减小杂散电流对结构钢筋的腐蚀。在采用绝缘接头的钢轨部位，有电动列车运行时，为了保证回流电流的正常流动，必须采用单向导通装置，其接于地铁轨道设置的绝缘结处，用于连接绝缘接头两端的钢轨，使钢轨中电流只流通一个方向，而在另一个方向截止，有效防止钢轨电流因部分钢轨绝缘水平较差而增加整个地铁杂散电流泄漏的数量。一般在正线与停车场线路走行轨之间、停车场各电化库的库内线路与库外线路走行轨之间安装单向导通装置。

五. 受流装置

从架空接触网或接触轨将电能引入城轨列车的装置，称为受流装置。受流装置有多种形式，采用最多的是受电弓和集电靴。如图 1.2.1 所示。

（a）受电弓　　　　　　　　　　　　（b）集电靴

图 1.2.1　受流装置

1. 受电弓

这里以 TSG18G1 型受电弓为例介绍城市轨道交通受电弓。TSG18G1 型受电弓是一种通过空气回路控制升、降动作的铰接式机械构件。受电弓从接触网上集取电流，并传送到车辆电气系统。此受电弓主要应用于城轨车辆，通过支持绝缘子安装于车顶，并通过弓头上的碳滑板与接触网接触。在"工作"位置上，受电弓在车顶的部分都处于带电状态，仅在对车顶的机械接口和气路接口处是电气绝缘的。

TSG18G1 型受电弓为单臂式受电弓，由框架、气囊升弓装置和弓头等结构组成，具有占用车顶空间小，质量轻，弓头归算质量小的特点。其中，弓头归算质量小有益于受流和适应更高的运行速度。TSG18G1 型受电弓外形如图 1.2.2 所示。

受流装置与接触网直接摩擦接触受流的是滑板，按照材质主要材料分类有纯金属滑板（铜、钢）、粉末冶金滑板、碳滑板和浸金属碳等。根据接触网线材材质的不同应选用不同材质的滑板。碳滑板适用于铜及铜合金接触线，纯金属滑板（铜、钢）、粉末冶金滑板、和浸金属碳则适用于低碳钢和钢铝复合接触轨等。滑板材料和接触网线材的匹配，可以改善和减小磨耗，提高受流质量。

第一章　城市轨道交通接触网概述

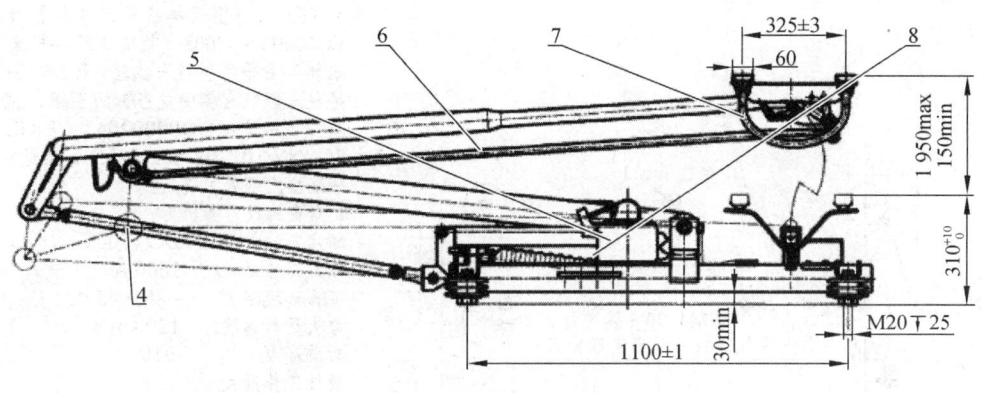

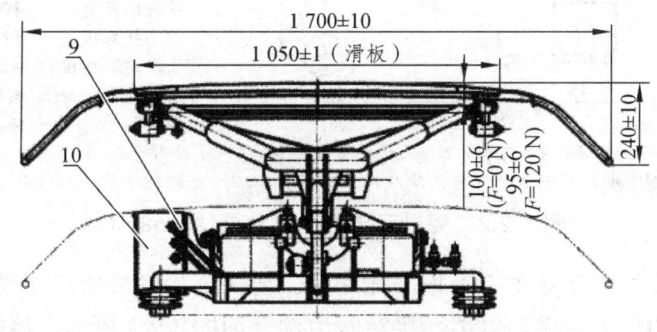

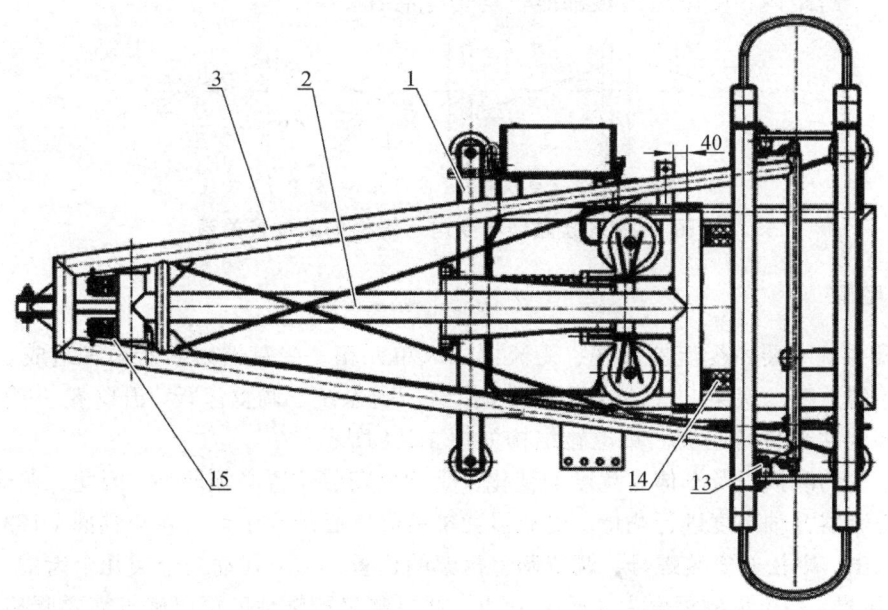

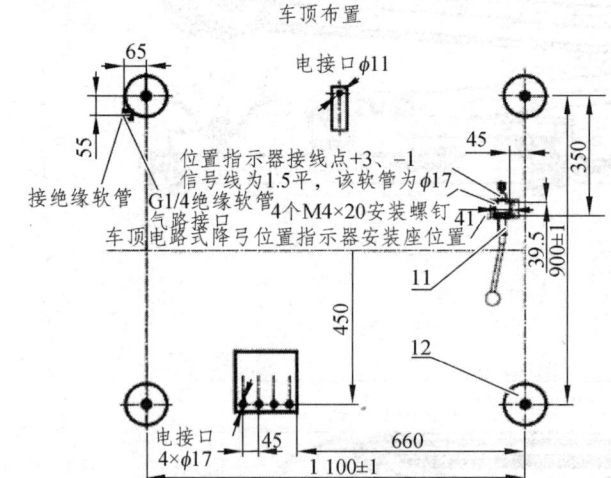

技术要求
1. 受电弓组装后应符合技术条件DQ00000028G40《TSGI8GI(8WL01302YH35-G1)型受电弓技术条件》及EC604942—2002《轨道交通—机车车辆—受电弓特性与试验 第2部分：地铁与轻轨车辆受电弓》的要求，试验按试验大纲DQ00002042《TsGL8G1(8W10130-2YH35-G1)》型受电弓试验大纲要求进行。
2. 满足的技术参数为：

额定工作电压	DC 1500V
额定工作电流	1600 A
工作环境温度	−25~+45 ℃
最大运行速度	120 km/h
折叠高度	310
最低工作高度	150
最高工作高度	1950
最大升弓高度	≥2550
滑板的长度	1050±1
静态接触压力	(120±1) N
气源的工作压	40~1000 kPa
升弓时间	≤8 s（可调）
降弓时间	≤7 s（可调）

1—底架；2—下臂杆；3—上框架；4—拉杆；5—双气囊升弓装置；6—平衡杆；7、13、14—弓头组件；8—阻尼器；9、10—气阀箱装置；11—车顶电感式降弓位置指示器；12—支持绝缘子；15—电流连接组件。

图1.2.2　受电弓结构（尺寸单位：mm）

为了列车受流良好以及受电弓滑板磨耗均匀，要保证接触线始终在受电弓滑板的工作范围内，并维持一定的位置关系。以柔性接触网为例，如图1.2.3所示，将接触线布置成"之"字形，当受电弓从A位置运行到B位置时，接触线和受电弓的接触点从滑板的上方移动到下方，在每一个跨距内，受电弓滑板都能较均匀地磨耗。

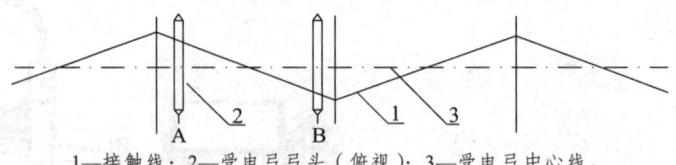

1—接触线；2—受电弓弓头（俯视）；3—受电弓中心线。

图1.2.3　接触线与受电弓滑板间的位置关系

2. 集电靴

集电靴系统主要由受流器整件、受流器供风单元箱、受流器熔断器箱等组成。受流器整件主要由绝缘底座、机架、气动升降装置、拉簧压力系统、调整齿板、升降靴止挡、受流臂、碳滑板及各连接部件等组成。集电靴结构如图1.2.4所示。

随着车轮的磨损以及车体主扰度的变化，受流器安装位置必须调整。因此，在检修过程中需定期对受流器臂轴高度进行测量。受流器臂轴的高度必须高于运行轨轨顶面（183±2）mm。如果高度超出，则松开安装螺母，调节调整机架的位置，上下移动一个或几个齿槽。调整齿板上共20个齿槽，每个齿槽距离为4 mm，因此，通过测量臂轴高度可以确定需要调整几个齿槽。更换新的碳滑板后须对受流器臂轴高度等进行测量检查，如有超限，需进行调整。

第一章 城市轨道交通接触网概述

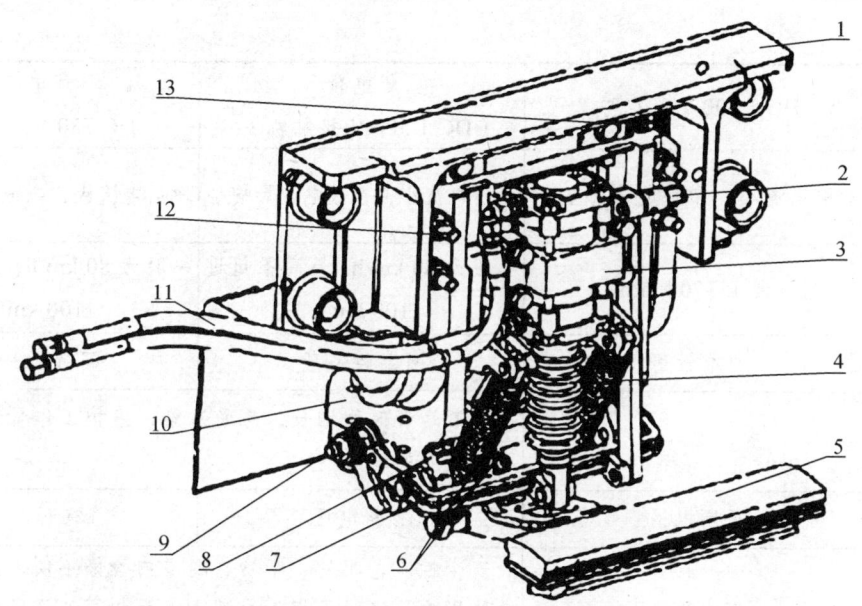

1—绝缘底座；2—手动回退装置；3—气动升降装置；4—拉簧压力系统；5—碳滑板；6—受流器止挡；7—回退柄；8—硬止动件；9—臂轴；10—机架；11—气管；12—调整螺栓；13—调整齿板。

图 1.2.4 集电靴系统

采用接触轨供电的地铁车辆每辆车的两侧均配置有集电靴。如图 1.2.5 所示，列车编组形式是 A－B－B－A 的 4 辆车，每辆车两侧各有两支集电靴，整车共 8 支。

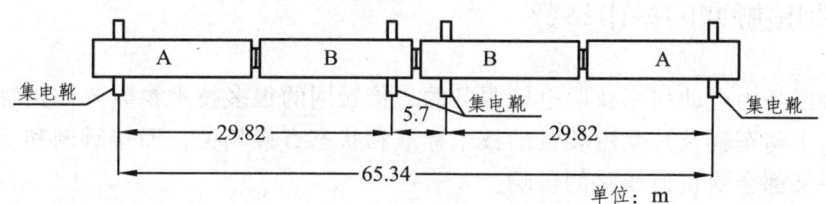

图 1.2.5 车辆受流器配置

3. 受电弓与集电靴的技术性能比较

受电弓与集电靴的技术性能比较如表 1.2.1 所示。

表 1.2.1 受电弓与集电靴的技术性能比较

项目	DC 1 500 V 受电弓	集电靴 （DC 1 500 V 接触轨）	集电靴 （DC 750 V 接触轨）
牵引变电所间距	间距较大，一般为 3～4 km	间距较大，一般为 3～4 km	间距较小，一般约 2 km
牵引网的能耗	低	比 1 500 V 受电弓高 5% 左右	
牵引变电所能耗	低		比 1 500 V 受流高 20% 左右

续表

项目	DC 1 500 V 受电弓	集电靴（DC 1 500 V 接触轨）	集电靴（DC 750 V 接触轨）
杂散电流的影响	牵引电流小，杂散电流影响小	牵引电流小，杂散电流影响小	牵引电流大，杂散电流影响大
速度等级	大于 120 km/h	一般为 80 km/h，最高不超过 100 km/h	一般为 80 km/h，最高不超过 100 km/h
可靠性	可靠性好	可靠性一般	可靠性一般
可维护性	好	随着运营时间增长，易受污染，维护工作量和事故率有不同程度的增加	
断电区	无断电区	有断电区	有断电区
安全性	安全性好	安全性差，车站、车场、隧道内检修不便，接触轨易受杂物影响，绝缘子积垢受潮，地面和高架区段在雨雾等恶劣天气出现故障可能性较大	
磨耗量和污染	一列列车一般只有两个受电弓同时工作，磨耗量小，污染少	一列普通编组的列车一般有 8 个以上的集电靴同时工作。磨耗量大，产生较多的金属粉尘，污染大	

六、影响接触网的基本参数

架设接触网是为电动列车获取电能服务的，接触网的很多技术参数（如接触线高度、拉出值、坡度等）与车辆及其受流装置的技术标准和状态直接相关，而接触网和受流装置的技术标准和状态又都会受轨道线路的影响。

当采用顶部架空接触网授电时，建筑限界高度是按受电弓工作高度和接触网系统结构高度计算确定的；当采用侧向接触网或接触轨授电时，建筑限界高度是按设备限界高度加不小于 200 mm 的安全间隙计算确定的。

例如：柔性接触网中要根据线路需要来决定腕臂采用哪种装配形式，要求腕臂既有足够的机械强度，结构尽量简单、轻巧，易于施工安装、维修更换，还要满足一定的技术要求，包括腕臂跨越线路股道的数目、接触悬挂的结构高度、接触线高度、支柱侧面限界和支柱所在位置（即支柱设在直线上还是设在曲线区段，是在曲线内侧还是在曲线外侧）等因素。腕臂跨越股道数目越多，接触悬挂结构高度越高，支柱侧面限界越大，则腕臂就应长大些。在曲线上，腕臂还要根据受力状况决定应配合拉杆或压管使用。

1. 接触线高度

架空接触网中接触线高度是接触线悬挂点高度的简称，是指接触线无弛度时定位点处（或悬挂点处）接触线距轨面的垂直高度，一般用 H 表示。接触线的最高高度，是根据受电弓的最大工作高度确定的。而最低高度的确定，则是考虑了带电体对接地体之间的空气绝缘距离确定的。城轨车辆A型车受电弓工作高度3 980~5 800 mm，受电弓车的落弓高度一般≤3 810 mm。考虑到接触线可能出现负弛度、保证受电弓接触线间工作压力以及保证架空接触网设备和车辆应满足的最小净空尺寸的需要，我国地铁设计规范（GB 50157—2013）规定：地上线路接触线距轨面的高度宜为 4 600 mm，困难地段不应低于 4 400 mm；车辆基地的地上线路接触线距轨面高度宜为 5 000 mm。隧道内接触线距轨面的高度不应小于 4 040 mm。

2. 侧面限界

架空接触网中侧面限界是指支柱内缘与邻近铁路轨顶连线的线路中心线的水平距离，一般用 C_x 表示。《城市轨道交通技术规范》（GB 50490—2009）中规定"轨行区土建工程和机电设备的设置应符合相应的限界要求。列车（车辆）在各种运行状态下，不应发生列车（车辆）与列车（车辆）、列车（车辆）与轨行区内任何固定的或可移动物体之间的接触"。接触网是沿铁路架设的，采用支柱支持接触网时，为了确保行车安全，要求接触网支柱及其他电气装置的建筑不得侵入车辆走行限界。为了安全起见，支柱侧面限界的设计取值比建筑接近限界规定值要大，城轨中接触网支柱侧面限界一般不得小于 2 300 mm。

采用接触轨受电时同样要考虑侧向限界问题。例如：某电气配件厂提供的接触轨防护罩内缘至接触轨中心线宽度为 86 mm，如图 1.2.6 所示。设受流器车辆限界（设备限界）和接触轨防护罩之间的安全间隙为 20 mm，则可得接触轨中心线到线路中心线水平距离 A 为

$$A = 1\ 365 + 20 + 86 = 1\ 471\ (\text{mm}) \tag{1.2.1}$$

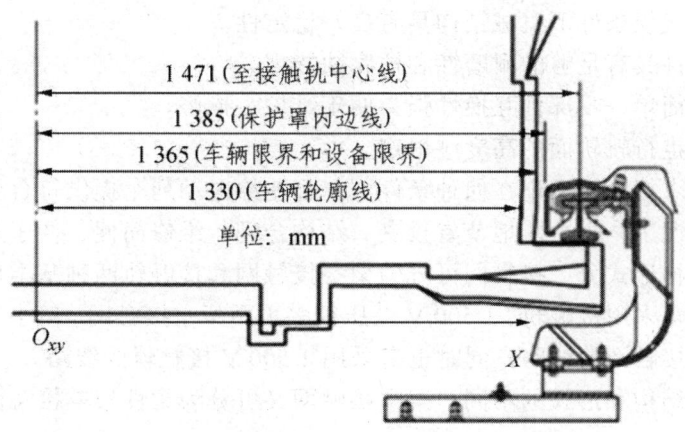

图 1.2.6　接触轨和车辆限界和设备限界的关系

3. 结构高度

结构高度是指链形悬挂接触网悬挂点处承力索和接触线的垂直距离，用符号 h 表示。链型悬挂的结构高度可以用下式表示：

$$h = F_0 + C_{min} \tag{1.2.2}$$

式中　h——结构高度，mm；

　　　F_0——接触线无弛度时承力索弛度，mm；

　　　C_{min}——最短吊弦长度，mm。

确定一个技术、经济都合理的结构高度，一般应考虑几个方面的因素：
（1）最短吊弦长度不要过小，在极限温度下，其顺线路方向的偏角不超过30°。
（2）在条件许可下，尽可能减少支柱高度。
（3）选择适当的悬挂类型，全补偿比半补偿要求较低的结构高度。
（4）考虑适当的调整范围。
（5）便于调整和维修。

城轨交通中由于净空有限，全补偿简单链型悬挂接触网的结构高度一般取值较小。例如：设计中地面区间正线和试车线结构高度一般为 1 000～1 200 mm，地面车站结构高度一般为 500 mm，矩形隧道结构高度一般取 270 mm，圆形隧道结构高度一般取 235 mm，马蹄形隧道结构高度一般取 267.5 mm（不同的隧道形式是由于采取了不同的施工方法：圆形隧道采用的是盾构法施工，矩形隧道采用的是明挖法施工，马蹄形隧道采用的则是矿山法暗挖施工）。当采用弹性补偿简单悬挂时吊索座处至接触线的吊索高度一般为 400 mm。

第三节 接触网的类型

接触网为沿线路敷设专为电动车辆供给电能的设备。由于接触网是一种既无备用又易损耗的供电装置，还受环境和气候条件的影响，一旦发生故障中断牵引供电，将影响电动列车正常运行。因此，接触网应满足以下基本要求：
（1）在恶劣的气候条件下机械结构具有良好稳定性。
（2）设备及零件具有足够的耐磨性和抗腐蚀能力。
（3）设备结构简单，零部件互换性强；便于维护、抢修。
（4）接触网距走行轨轨面的高度应恒定。

总的来说，要求接触网无论在何种条件下，都能给电动列车提供符合要求的电能，并在符合上述要求的情况下，尽可能地节省投资、结构合理、维修简便、便于新技术的应用。

按接触网的结构形式分，接触网可分为架空接触网和接触轨两种基本形式。城市轨道交通中 750 V 电压级多采用接触轨，1 500 V 电压级多采用架空接触网。但小运量的城市轻轨也有采用 750 V 架空接触网的线路，同时也有采用 1 500 V 接触轨的线路。

根据接触悬挂结构和形式的不同，架空接触网又可分为柔性架空接触网和刚性架空接触网两种形式。

一、柔性架空接触网

柔性接触网适用于地下线、地面线及高架线。城市轨道交通是一种大容量的载客交通工具，且大部分在地下隧道中，其行车密度高、载客量大，因此，要求具有很高的可靠性和安全性。接触网是城市轨道交通的关键供电设备，专门给电客车供电，必须满足这一要求。由于地下隧道净空较小，因此，同时要求接触网的结构在满足需要的前提下尽量简单。

由于上述要求，城市轨道交通柔性接触网形成了结构紧凑、跨距较小，工作电压相对较低、电流大，接触网线索较多、结构较复杂，坡度变化较大和曲线半径较小等特点。

在城市轨道交通中,柔性架空接触网正线一般采用全补偿链形接触悬挂,且多采用单承力索、双接触线式或双承力索、双接触线式全补偿链形接触悬挂(见图1.3.1),外加3~4根辅助馈电线组成;也有采用简单接触悬挂的,车辆段一般采用简单接触悬挂。如广州城市轨道交通1号线采用单承力索、双接触线式全补偿链形接触悬挂,上海城市轨道1号线和香港地铁采用了带弹性支座式的简单接触悬挂。这两种柔性悬挂形式距隧道内拱顶悬挂高度均小于350 mm。

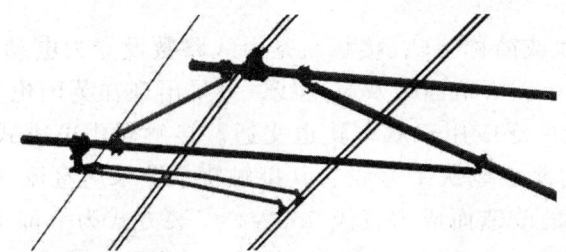

图1.3.1 双承力索、双接触线式全补偿链形接触悬挂

柔性架空接触网主要由支柱与基础(隧道为支撑部件)、支持装置、定位装置和接触悬挂及附加导线等几部分组成。

二、刚性接触网

刚性接触网是和柔性接触网相对应的一种接触悬挂方式。所谓刚性悬挂就是要考虑整个悬挂导体的刚度,一般采用具有相应刚度的导体轨或具有相应刚度的汇流排与接触线组成。刚性悬挂接触网,适用于地下线路,因其自身所具有的优点,已逐渐被广泛应用到实际工程中,如日本、韩国的地铁等,我国广州、南京、郑州等城市的地铁也已采用。刚性接触网的最大优点是结构简单、占用空间小、载流量大、不易产生断线、寿命长、电阻低,接触网压降小等,因此,适用于地下线路。

作为刚性悬挂主要构件的汇流排使用较多的结构形式有T型、Π型和Y型等,日本多使用T型汇流排,欧洲多使用Π型汇流排,如图1.3.2所示。T型结构1961年首先在日本的日比谷线开始应用,而Π型结构形式则于1983年在法国的RATPA线开始采用,西班牙近年来使用了Y型汇流排。目前世界上形成了以日本为代表的T型结构及以瑞士和法国为代表的Π型结构两大流派。两种结构形式相比,因T型结构刚性较小、绝缘子支撑跨距较小、自重较大、造价较高,一般认为Π型结构优于T型结构。

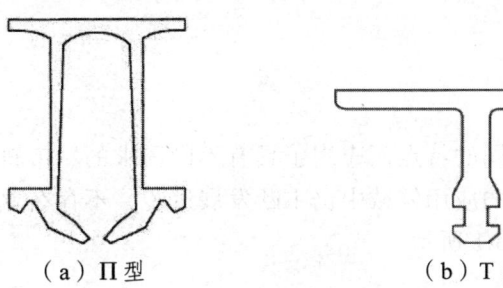
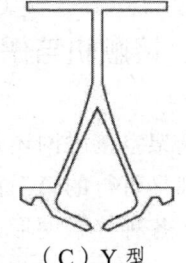

(a)Π型　　　　(b)T型　　　　(C)Y型

图1.3.2 汇流排结构

刚性接触网与柔性接触网相比较，其以汇流排代替承力索，直接或通过线夹将接触线夹持住，构成刚性悬挂。刚性接触网主要由汇流排、接触线、膨胀元件、接头、中心锚结、支持和定位装置等组成。

三、接触轨

接触轨，又称第三轨或简称三轨。接触轨是沿线路敷设专为电动车辆提供电能的系统。接触轨接触网适用于地下线、地面线及高架线，最早出现在英国伦敦地铁，从19世纪80年代开始，接触轨开始广泛应用于城市轨道交通。接触轨供电方式在国内最早的应用是1969年建成并试运营的北京地铁1号线，其接触轨系统采用直流825 V的电压等级，以后随着牵引变电所设备的改造而成为直流750 V，安装方式为上部接触授流方式，材质为低碳钢。

世界各国地铁除法国巴黎、马来西亚个别线路为第四轨回流外，其余皆采用走行轨回流。利用走行轨回流的最大优点是工程简单、可靠，缺点是在结构中产生杂散电流，需专门加以防护。采用第四轨回流的优点是回流轨绝缘安装，不会产生杂散电流，无须防护，缺点是需要专门敷设回流用的接触轨，工程造价较高。

随着我国地铁建设事业的蓬勃发展，天津、武汉、广州等城市也相继建设采用接触轨技术的地铁线路，接触轨技术也不断得到发展：安装方式由上部接触受流为主发展成为上部接触受流与下部接触受流方式并存，并有向下部接触受流方式发展的趋势；接触轨由低碳钢材料发展成为钢铝复合材料，绝缘支座除采用传统的电瓷外，还开发出了环氧树脂材料、硅橡胶材料等，防护罩由木板材料发展成玻璃钢材料；电压等级方面，广州地铁开发出了直流1 500 V电压等级的接触轨系统。正线接触轨一般布置在车辆行车方向的左侧，在道岔区等个别地段布置在车辆行车方向的右侧。

牵引网的标称电压常用的有两种：直流 750 V，允许电压波动范围 500～900 V；直流 1 500 V，允许电压波动范围 1000～1 800 V。我国国家标准和国际电工技术委员会（IEC）对牵引网电压制式的规定是一致的。

接触轨系统由两部分组成：正极供电网和负极回流网。正极供电网由接触轨、汇流排终端、中间接头、膨胀接头、绝缘支架或绝缘子、绝缘防护罩、中心锚结、隔离开关、电缆等组成；负极回流网由回流轨、有关电气设备及电缆等组成。

四、接触轨与架空接触网的比较

无论架空接触网还是接触轨，都因其不同的特点而应用于具有不同需求的城市轨道交通线路，都是可行的牵引接触网形式，在各自的应用领域中仍不断发展进步，不存在孰优孰劣的问题。各种接触网形式的特点比较如表1.3.1所示。

表 1.3.1　各种接触网形式的特点比较

比较项目	接触轨	刚性架空接触网	柔性架空接触网
结构	简单	简单	较复杂
受流质量	较好	较好	好
正线允许行车速度	≤130 km/h	≤140 km/h	简单悬挂≤140 km/h 链形悬挂≤350 km/h
可靠性	高	高	较高（存在断线隐患）
耐磨性	高	一般	一般
安装精度要求	高	高	一般
维护保养工作量	较少	较少	较大
人身安全性	采取措施后有保障	较高	较高
对地面景观的影响	无影响	无影响	有影响
受恶劣气候条件的影响	小	小	较大
对隧道净空的要求	无特别要求	相对柔性接触网稍小	相对较大

柔性架空接触网需要架设支柱，支持悬挂接触网要安装腕臂或横跨，横跨由金属桁架或横向承力索、上下部定位绳组成。在城市中间密布支架和电线网，影响市容，有碍观瞻。当然通过巧妙的规划设计可以减少不利影响。

刚性架空接触网一般只应用于地铁隧道，不仅可减少隧道净空，而且其汇流排载流面积大，无张力架设，不会发生断线事故，即使发生故障，故障范围也很小，减少了维修工作量。

接触轨受流时接触轨位置低，没有明显的高大部件（如立柱、横向承力索、金属桁架等），城市景观好，对电磁污染较易采取防护措施。这也是国内外某些城市交通采用接触轨受电方式的原因之一。钢铝复合接触轨用作接触轨，电压级可增至 1 500 V，改善了接触轨受流形式的技术性能，扩大了接触轨受流方式的应用范围和前景。

在安全性方面，封闭运行的城市轨道交通采用架空式接触网或接触轨都能完全保证安全，但在发生事故疏散乘客时架空式接触网将给人更多的安全感。

牵引网制式的选择应结合车辆受电要求、牵引负荷容量、列车运行最高速度及城市特点等因素综合分析确定。

第四节　接触网的组成

架空接触网结构上是由多个锚段构成的，锚段是接触网中相对独立的机械分段。锚段和锚段间通过锚段关节（刚性接触网也可用膨胀关节）进行过渡，在锚段的中部设置中心锚结，锚段的两端设置下锚固定装置。在机车行进中连续的供电实际上受电弓是在不同的锚段间切换过渡的。

接触轨式接触网结构上则是由多段相互间存在断口的接触轨构成的，每一段均是接触轨式接触网中相对独立的机械分段,主要结构包括接触轨和支持接触轨的绝缘支座等。

一、架空柔性接触网的结构

在学习接触网装配结构时,一般习惯将架空柔性接触网分为接触悬挂、支持装置、定位装置、支柱与基础四大组成部分,如图1.4.1所示。

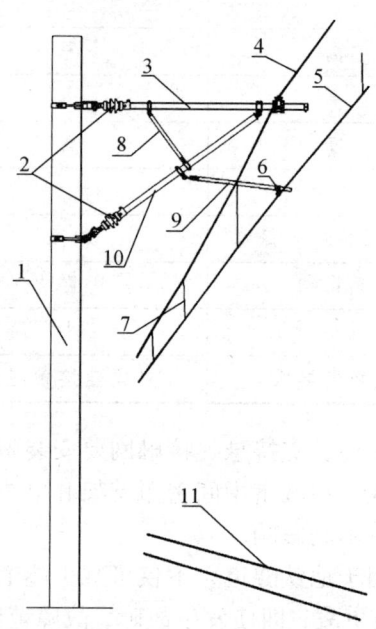

1—支柱;2—棒式绝缘子;3—平腕臂;4—承力索;5—接触线;6—支持器,定位线夹;7—吊弦;8—腕臂支撑;9—定位管;10—单耳腕臂;11—钢轨。

图1.4.1 架空柔性接触网的组成

1. 接触悬挂

接触悬挂包括接触线、吊弦、承力索和补偿器及连接零件。接触悬挂通过支持装置架设在支柱上,其作用是将从牵引变电所获得的电能输送给电动列车。电动列车运行时,受电弓顶部的滑板紧贴接触线摩擦滑行得到电能(简称"取流")。为了保证滑板的良好取流,接触悬挂应达到下列要求:

(1)接触悬挂的弹性应尽量均匀。

接触悬挂弹性是指接触悬挂在受电弓抬升力作用下所具有的抬高性能,常用η表示,单位为mm/N。接触悬挂弹性可用下式计算:

$$\eta = \frac{\Delta h}{Q} \tag{1.4.1}$$

式中 Q——受电弓抬升力,N;

Δh——单位抬升力作用下接触线的升高量,mm。

衡量弹性好坏的标准有:弹性的大小,它取决于接触线索张力;弹性均匀程度,它取决于悬挂结构、悬挂类型和某些附在接触线上的集中负载的集中程度等。当接触线本身不平直或者在接触线的某一位置存在着较大的集中负载,接触线将出现硬点,影响接触网受流质量。

(2)接触线对轨面的高度应尽量相等,限制接触线坡度。

接触线坡度是指架空接触网中一个跨距两端的支柱悬挂处,接触线距轨面高度差与跨距值的千分比。

$$i = \frac{H_A - H_B}{1\,000 \times l} \times 1\,000‰ \tag{1.4.2}$$

式中 H_A、H_B——跨距两端的接触线距轨面高度,mm;
      i——接触线坡度;
      l——跨距,m。

接触线坡度对机车运行速度有很大影响,坡度选择不当,会产生离线、起弧等不正常情况。出入段线悬挂点处接触线距两轨面连线的高度从 4 040 mm 过渡到 5 000 mm。在此接触线高度发生变化过程中,接触线的坡度应根据机车行驶速度确定,满足《地铁设计规范》(GB 50157—2003)要求。

当柔性接触线高度变化时,其最大坡度及变化率的有关规定如表 1.4.1 所示。当刚性接触网不同悬挂点接触线底面距轨面连线的距离发生变化时,必须保证接触线坡度变化不大于 1‰。

表 1.4.1 柔性接触网接触线最大坡度及坡度变化率

列车速度/(km/h)	接触线最大坡度/‰	接触线最大坡度变化率/‰
10	40	20
30	20	10
60	10	5
90	6	3
110	5	2

(3)接触悬挂在受电弓压力及风力作用下应有良好的稳定性,即电动列车运行取流时,接触线不发生剧烈的上、下振动。在风力作用下不发生过大的横向摆动,这就要求接触线有足够的张力,并能适应气候的变化。

(4)接触悬挂的结构及零部件应力要求轻巧、简单、可靠,做到标准化,以便检修和互换,缩短施工及运行维护时间;具有一定的抗腐蚀能力和耐磨性,以延长使用年限。另外,要结合国情尽量节省有色金属及钢材,降低造价。

2. 支持装置

支持装置是接触网中支持接触悬挂,并将其机械负荷传给支柱固定的部分。支持装置包括腕臂、平腕臂、棒式绝缘子(或水平拉杆、悬式绝缘子串)及接触悬挂的悬吊零件。根据接触网所在区间、站场和大型建筑物需要的不同，支持装置表现为不同的形式，例如：腕臂结构（图 1.4.1 中所示为区间腕臂装配形式）、软横跨和硬横跨结构（多股道站场使用）、隧道和桥梁等其他大型建筑物上的特殊支持结构。

3. 定位装置

定位装置包括定位管、定位器、定位线夹及其连接零件，其作用是固定接触线的横向位置，使接触线水平定位在受电弓滑板运行轨迹范围内，保证接触线与受电弓不脱离，使受电弓磨耗均匀，同时将接触线的水平负荷传给支柱。

4. 支柱与基础

支柱与基础用以承受接触悬挂、支持和定位装置的全部负荷，并将接触悬挂固定在规定的位置和高度上。我国接触网中主要采用预应力钢筋混凝土支柱和钢柱。基础用来承载支柱负荷，即将支柱固定在地下用钢筋混凝土制成的基础上，由基础承受支柱传给的全部负荷，并保证支柱的稳定性。预应力钢筋混凝土支柱可不设单独的基础，支柱的一部分直接埋入地下，起到基础的作用。

二．刚性接触网的结构

刚性接触网主要由汇流排、接触线、膨胀元件、接头、中心锚结、支持和定位装置等组成。架空刚性接触悬挂一般通过门型架、绝缘横撑等结构直接安装于隧道顶或隧道壁上（见图 1.4.2），也有少量安装于地面支柱或倒立柱上的情况（见图 1.4.3）。

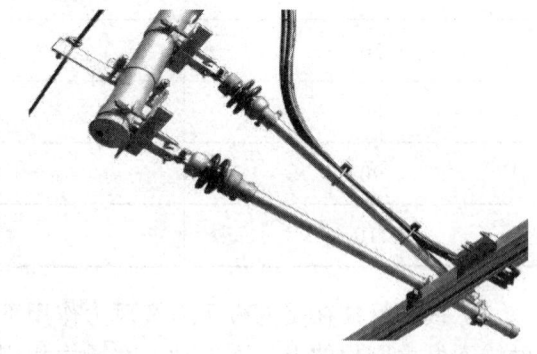

1—汇流排；2—接触线；3—支持定位装置。

图 1.4.2　刚性悬挂隧道门型架安装　　　　图 1.4.3　刚性悬挂倒立柱腕臂安装

三．接触轨的结构

接触轨功用与架空接触网一样，通过它将电能输送给电动车组。不同点在于：接触轨是沿着走行轨布置、敷设在走行轨旁的钢轨，电动车组由伸出的集电靴与之接触而接受电能。接触轨系统主要由接触轨、绝缘支座、端部弯头、膨胀接头、防护罩、中间接头、中心锚结、电连接和接地线等组成,如图 1.4.4 所示。

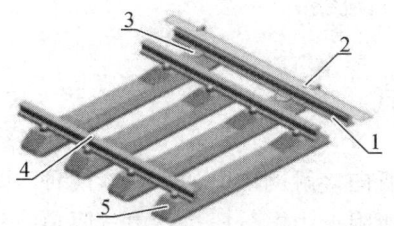

1—接触轨;2—防护罩;3—绝缘体;4—走行轨;5—轨枕。

图 1.4.4　接触轨的结构

第五节　供电方式

牵引变电所将从主变电所得到的电能降压和整流,变成电动列车牵引所需要的直流电,再经馈电线将电能送到接触网上,因此,接触网是向电动列车供电的特殊输电线路。

一、基本牵引回路

在城市轨道交通牵引供电系统中,牵引供电回路以下顺序形成回路:牵引变电所正极母线→馈电线→接触网→电动列车→回流轨(或地回流电缆、第四轨)→牵引变电所负极母线。由馈电线、接触网、轨道回路及回流线组成的供电网络称为牵引网,如图 1.5.1 所示。牵引供电系统由牵引变电所和牵引网组成,其中牵引变电所和接触网是牵引供电系统的主要组成部分。接触网按其结构可分为架空式和接触轨式,按其悬挂方式又可分为柔性(弹性)接触网和刚性接触网。习惯上,由于接触轨式是沿线路敷设的与轨道平行的附加轨,故又称第三轨;只有采用架空方式时,才称为"接触网"。

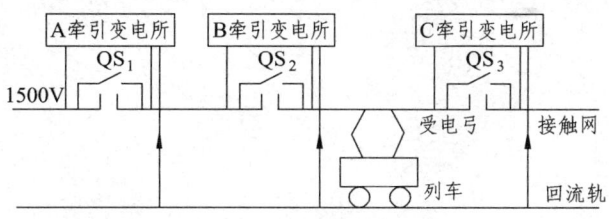

图 1.5.1　牵引供电回路

城市轨道交通牵引供电系统各部分功能简述如下:

牵引变电所:供给城市轨道交通一定区域内牵引电能的变电所。

接触网(或接触轨):经过电动列车的受电器向电动列车供给电能的导电网(有接触轨方式和架空接触网两种方式)。

馈电线:从牵引变电所向接触网输送牵引电能的导线。

回流轨(或回流电缆、第四轨):用以供牵引电流返回牵引变电所的导线。

电分段:为便于检修和缩小事故范围,将接触网分成若干段称为电分段。

轨道：列车行走时，利用走行轨作为牵引电流回流的电路。在采用跨座式单轨电动车组时，需沿线路专门敷设单独的回流线。

二、接触网的供电方式

城市轨道交通中牵引变电所向接触网供电的方式有两种，即单边供电和双边供电。城市轨道交通接触网在每个牵引变电所附近由电分段进行电气隔离，分成两个供电分区，每个供电分区也称为一个供电臂。如果接触网供电臂只从其一侧的牵引变电所获得电能，则这种供电方式称为单边供电；如果供电臂同时从其两侧相邻的两个牵引变电所获得电能，则称为双边供电。通常情况下，车辆段内接触网常采用单边供电方式，正线接触网则采用双边供电方式。

在采用双边供电方式时，当某一牵引变电所因故障退出运行时，该段接触网就成为单边供电。正线上任何牵引变电所因故障退出运行时，可由该所两侧相邻的牵引变电所越区供电，此时亦称大双边供电。在越区供电方式下，供电末端的接触网电压较低，电能损耗较大，因此，要视具体情况适当减少同时处在该分区的列车数目，直流馈线保护整定时需考虑大双边供电方式下的灵敏度。因此，越区供电只是为避免中断城市轨道交通运输的临时性措施，是短时采用的一种运行方式。

图 1.5.1 中，正常运行方式下，列车从 B 和 C 两个牵引变电所以双边供电方式获得电能；当 B 牵引变电所因故障退出运行时，保持隔离开关 QS_2 断开状态，则该区段牵引变电所向接触网供电的方式转变为单边供电，列车仅能从 C 牵引变电所获取电能；如合上 QS_2，则列车以大双边供电方式从 A 和 C 两个牵引变电所获得电能。

当城市轨道交通接触网发生短路时，短路点的短路电流太大，会对地铁车辆的主保护造成危害，进而威胁旅客的安全，所以不允许纽结式供电，即不允许由 3 个以上（含 3 个）的牵引变电所向同一个电分段牵引网供电。

第二章 城轨接触网设备与结构

接触网是轨道交通（城市轨道交通、电气化铁路等）电气化的重要组成部分，是电气化轨道交通的标志性供电设施，是一特殊的电力输电线路。接触网的特殊性在于接触网是受电弓和集电靴等集电装置的滑道，除应具备电力输电线路的全部特性和要求外，还与集电装置存在几何、电气、机械和材料匹配关系。因此，接触网的研究内容和研究方法与电力输电线路有许多相似之处，又有其特殊之点。

第一节 线索、汇流排及接触轨

接触网无论在任何条件下，都要能给电动列车提供符合要求的电能。不同形式的接触网，其导电体是不同的。在架空接触网中，接触线直接和电动列车顶部升起的受电弓滑板相摩擦，电动列车从接触线上取得电能；在接触轨系统中，接触轨是敷设在铁路旁的钢轨，电动列车从侧部伸出受流器与之接触而接受电能。

一、接触线

（一）接触线按材质分类

按照材质接触线主要分为铜接触线、铜合金接触线及钢铝复合接触线（在城轨中无应用）。由于铜有较高的导电性、张力、硬度及其承受温度变化和抗腐蚀的能力，硬拉电解铜已成为广泛被使用的接触线原材料。纯铜接触线存在抗拉力差、耐磨性能差和高温易软化等诸多缺点，无法适应现代城市轨道交通高速度、大载流量的要求。所以通常采用铜合金以提高接触线机械强度、软化点、耐磨性能等。但是在铜内不管渗进什么金属，都会相应提升其电阻率，所以研制高强度耐磨性能好的铜合金接触线，是以有限地牺牲导电性能为代价的：铜（Cu）、铜银（CuAg）、铜锡（CuSn）、铜镁（CuMg）等型号接触线的抗拉强度依次提高，但导电性能却依次下降。

铜、铜合金接触线型号表示如图 2.1.1 所示。

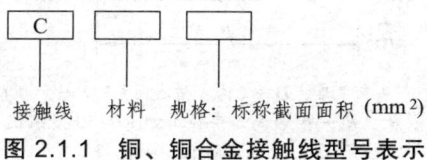

图 2.1.1 铜、铜合金接触线型号表示

材料：铜——T；铜银合金——TA；高强度铜银合金——TAH；铜锡合金——TS；铜镁合金（镁含量=0.2%）——TM；高强度铜镁合金（镁含量=0.5%）——TMH。

规格：标称截面面积，mm^2。

除此之外，国内 3 也采用有进口的接触线，其型号代码与上述表示不同，如德国进口的硬拉铜接触线［Ri，使用时后面所附数字为接触线标称截面面积（mm^2），例：Ri100。下同］、银铜合金接触线（Ris）、镁铜合金接触线（Rim）等。

不同的接触线类型和截面适用于不同的使用场合。架空接触线的首选截面为圆形。接触线截面面积的选择主要取决于所需的电流、电压的稳定性和施加的张力。

接触线制成上部带沟槽的圆柱状，沟槽是为了便于安装接触线的线夹，同时又不影响受电弓取流。接触线底面与受电弓接触的部分呈圆弧状。

为了区分常见铜合金接触线，铜合金接触线制造时设计有识别槽。不同线材的截面形状及合金识别沟槽如图 2.1.2 所示。铜接触线（即 CT 型）不做识别沟槽。

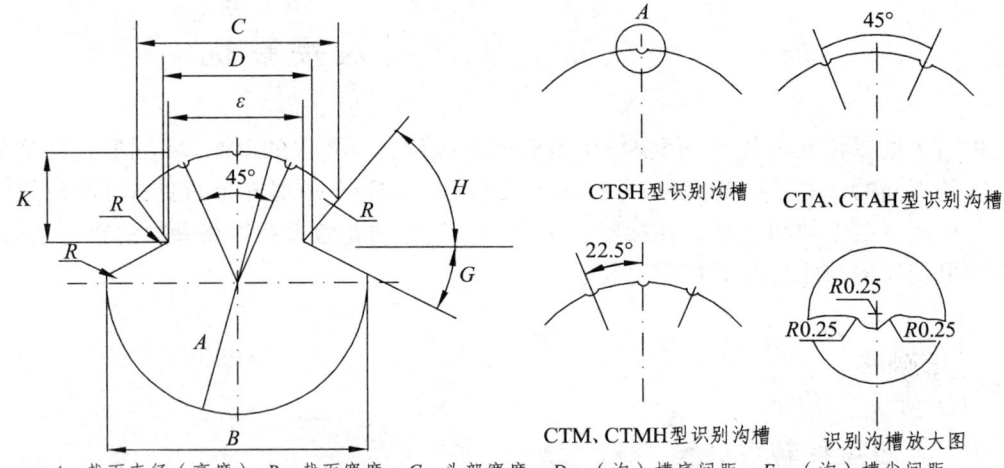

A—截面直径（高度）；B—截面宽度；C—头部宽度；D—（沟）槽底间距；E—（沟）槽尖间距；G—下斜角；H—上斜角；K—头部高度；R—圆角半径。

(a) 规则圆形接触线

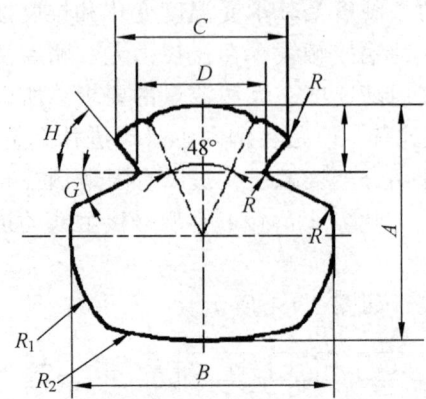

A—截面直径（高度）；B—截面宽度；C—头部宽度；D—（沟）槽底间距；E—（沟）槽尖间距；G—下斜角；H—上斜角；K—头部高度；R—圆角半径；R_1、R_2—接触线体半径（如 Ris150 接触线 R_1=7.55 mm、R_2=20 mm）。

(b) 非规则圆形接触线

图 2.1.2 铜和铜合金接触线线材的截面形状及合金识别沟槽

常见铜和铜合金接触线的规格和物理参数如表 2.1.1~表 2.1.4 所示。

表 2.1.1　常见城轨用接触线规格（部分）

型号	标称截面面积 /mm²	计算截面面积 /mm²	尺寸及公差/mm						角度及偏差				参考单位质量 /(kg/km)
			A ±1%	B ±2%	C ±2%	D +4% -2%	E	K	R	G	H		
CTAH	120	121	12.90	12.90	9.76	7.24	6.8	4.35	0.4°	27°	51°	1082
CATH	150	151	14.40	14.40	9.71	7.24	6.8	4.00	0.4°	27°	51°	1350
Ris	150	154	13.60	15.10	9.75	7.27	6.8	3.90	0.4°	27°	51°	

表 2.1.2　接触线机械性能（部分）

型号	抗拉强度/MPa	拉断力/kN		伸长率（未软化）/%	扭转圈数（至断开）	反复弯曲			卷绕	
		未软化	软化后			弯曲半径/mm	至断开次数	至开裂次数	卷绕直径/mm	圈数
CTA120	≥350	≥42.35	≥38.12	≥3	≥5	30	≥6	≥4	1d	<3
CTA150	≥350	≥52.85	≥47.56	≥3	≥5	30	≥6	≥4	1d	<3
CT120	≥360	≥42.35	≥43.56	≥3	≥5	30	≥6	≥4	1d	<3
CT150	≥360	≥52.85	≥54.36	≥3	≥5	30	≥6	≥4	1d	<3
CTAH120	≥360	≥43.56	≥39.20	≥3	≥5	30	≥6	≥4	1d	<3
CTAH150	≥360	≥54.36	≥48.92	≥3	≥5	30	≥6	≥4	1d	<3
CTM120	≥430	≥52.03	≥46.83	≥3	≥5	30	≥6	≥4	2d	<3
CTM150	≥420	≥63.42	≥57.08	≥3	≥5	30	≥6	≥4	2d	<3
CTMH120	≥490	≥59.29	≥53.36	≥3	≥5	30	≥6	≥4	2d	<3
CTMH150	≥470	≥70.97	≥63.87	≥3	≥5	30	≥6	≥4	2d	<3
CTS120	≥420	≥50.82	≥45.74	≥3	≥5	30	≥6	≥4	2d	<3
CTS150	≥420	≥63.42	≥57.08	≥3	≥5	30	≥6	≥4	2d	<3

表 2.1.3　接触线电阻率

接触线型号（不含规格）	电阻率（20°C）/(Ω·mm²/m)
CT	0.017 77
CTA、CTAH	0.017 77
CTM	0.022 40
CTMH	0.027 78
CTS	0.023 95

表 2.1.4 接触线载流量

接触线规格	持续载流量/A										
	工作温度 95 ℃						允许最高工作温度 150 ℃				
	CT	CTA	CTAH	CTM	CTMH	CTS	CTA	CTAH	CTM	CTMH	CTS
120	510	510	510	480	430	410	690	690	680	610	600
150	580	580	580	550	490	470	800	800	780	700	690

注：1. 铜接触线（CT 型）的允许最高工作温度为 95 ℃；
  2. 计算条件为环境温度 40 ℃，风速 0.5 m/s，日照强度 1000 W/m²。

（二）接触线的技术性能

接触线的材质、工艺及性能对接触网起着重要作用，随着我国轨道交通事业的高速发展，单纯铜材质的接触线已经不能满足接触网技术发展的要求，转而要求接触线具有抗拉强度高、电阻系数低、耐热性能好、耐磨性能好、制造长度长的综合性能。

1. 抗拉强度高

柔性接触网中受电弓和接触网通过弓网接触点组成一个相互振荡和耦合的振动系统，弓网振动以横波的方式沿着接触线向受电弓的前后方向传播。振动波沿着接触网（接触线）向前移动的速度称为接触线波动传播速度，通常用 C_p 表示：

$$C_p = 3.6\sqrt{\frac{T_j}{g_j}} \quad (2.1.1)$$

式中 C_p——接触线波动传播速度，km/h；
   T_j——接触网张力，N；
   g_j——接触线单位长度自重，kg/m。

接触线波动传播速度是接触线选择设计的重要依据。设计列车最高行车速度与接触线波动传播速度之比（记为 β）不应大于 0.7，简单链型悬挂应小至 0.67 及以下。

为了提高接触线的波动速度，需相应提高接触线的张力，要求抗张强度在 500 N/mm² 左右。在考虑选择高强度材料以提高其应力的同时，还要注意其线密度要低。

提高接触线张力，是目前各国普遍采取的技术措施，它可以有效地提高接触线的波动速度，同时相应地提高列车运行速度。提高接触线的张力以后，可以得到两个附加效果：第一，可以相应地限制高速运行时的动态抬升量；第二，可以降低接触网弹性和提高弹性系数的均匀度，使接触网弹性降到 0.5 mm/N 以下，从而使弹性在整个跨距内趋于一致。

2. 电阻系数低

目前城轨接触网中牵引供电电压最高为 1 500 V，相对于国家铁路 27.5 kV 的电压，要输出同样的牵引功率，其电流强度要远大于同样使用电力牵引供电的国家铁路，为此要求接触线的电阻率要低。一般工作温度在 20 ℃ 时，接触线的电阻率应为 0.017 68～0.020 0 Ω·mm²/m，以适应流通大电流的需要。

通过增大接触线截面面积来满足负载电流增大的要求是有局限性的。虽然增大接触线截面面积可以有效提高拉断力，增大载流量，相应地降低温升，但是过大地增大接触线的横截面面积会产生两个负面效果：其一是使接触线线密度增加，从而降低了波动速度，最终限制了行车速度，这是极为有害的；其二是架设时的不均匀性及不平直性的危险增加，出现硬弯、扭转后很难取直、整正。所以，在国内的城轨接触网设计实践中，接触线的截面面积一般限制在 150 mm² 以下。

在有限的横截面面积条件下，提高载流能力的途径是尽量提高导电率，还要兼顾导线的抗拉强度。

为了改善城轨柔性接触网的载流性能，除了采用电阻系数较低的铜或铜合金线材外，还常采取载流承力索及双接触线等措施。

3. 耐热性能好

城轨接触网一般都具有电动列车速度高、运行密度大、启停频繁的特点，所以接触线内会长时间流经大电流，在持续流过较大的载流量以后，自然引起导线发热，当温升达到一定程度时，导线的材质会软化，强度会降低，严重时，接触线会产生因温度影响形成的蠕动性伸长，从而破坏正常的受流。因此，选择的接触线材质应具有较好的耐热性能，一般要求软化点在 300 ℃ 以上，以适应较高载流量。

4. 耐磨性能好

接触线和受电弓是滑动摩擦接触的，接触压力大，速度高。城轨电动列车通常还会双弓运行，更加加剧了接触线的磨耗，所以要求接触线应具有良好的耐磨性能，同时注意其抗腐蚀性能，尽量延长接触线的使用寿命。

5. 制造长度长

为了保证良好受流，消除硬点及断线隐患，一般要求在一个锚段内不允许有接头，这就要求接触线的制造长度要适应锚段长度的需要。

（三）接触线接头

对于柔性接触网，运行中的接触线、承力索可能因为磨耗、损伤和断线而使锚段中出现接头或接头数量增加的情况。一个锚段内的接触线和承力索接头、补强和断股的总数应符合如下规定：锚段长度在 800 m 及以下时，不超过 4 个；锚段长度超过 800 m 时，不超过 8 个。

（四）接触线磨耗

接触线在运行中，受电弓和接触线的摩擦会造成接触线截面积减小，称为接触线磨耗。运营中，要求每年至少进行一次接触线磨耗测量，通常规定接触线平均磨耗面积不允许超过截面积的 33%。当接触线局部截面的磨耗面积超过截面积的 33% 时，必须将接触线截断，制作新接头，接头时应将接触线的损伤部分切除，切除后如果悬挂点偏移超出正常值，需用同材质的接触线进行连接。

接触线会被滑过的受电弓所磨损，用于受电弓和接触线接触的材料组合也对这些部件的磨损率有影响。与碳滑板的组合可使铜及铜合金接触线磨损率达到最低，钢和铜等金属滑板会导致相当高的磨损率。由于磨损使接触线截面面积减小，从而使载流量下降，同时降低了接触线的抗拉能力。确定是否达到磨损限度的标准是在磨损最严重的点上测量其截面面积。若接触线磨损均匀则使用寿命较长，其基本要求取决于架空接触网和受电弓之间最好的相互作用，要适应各种气象及污染条件，承受接触网结构所需的张力，还应考虑缩小事故范围的需要。

接触线磨耗测量一般一年一次，测量点通常从停车时受电弓位置、锚段关节、中心锚结、分段绝缘器、线岔两侧、导高最低点、线路和隧道沉降处等部位进行选点，检测点应做出特殊标记，并重点检测。

测量磨耗通常使用游标卡尺，通过测量接触线被磨耗后的残存高度，再根据直径残存高度可以计算得到接触网线接触网磨耗截面积。但实际应用中，一般不采用计算的方法来求磨耗面积，而是根据接触线的残存高度，对照该型号接触线磨耗换算表，查出该点接触线磨耗截面积。使用游标卡尺测量接触线残存高度方法如图 2.1.3 所示，表 2.1.5 为 CTAH150 接触线磨耗换算表。

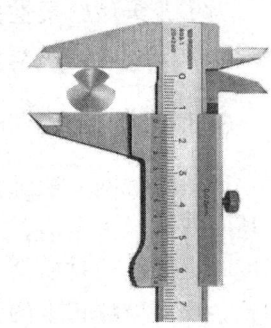

图 2.1.3 测量接触线残存高度

表 2.1.5 CTAH150 接触线磨耗换算表

磨耗高度/mm	残存高度/mm	磨耗面积/mm²	剩余面积/mm²	磨耗比/%	剩余面积拉断力/kN	剩余导电面积率/%
0.0	14.4	0.000	151.000	0.000	54.36	100.000
0.1	14.3	0.160	150.840	0.106	54.30	99.894
0.2	14.2	0.451	150.549	0.299	54.20	99.701
0.3	14.1	0.826	150.174	0.547	54.06	99.453
0.4	14.0	1.269	149.731	0.840	53.90	99.160
0.5	13.9	1.770	149.230	1.172	53.72	98.828
0.6	13.8	2.322	148.678	1.538	53.52	98.462
0.7	13.7	2.920	148.080	1.934	53.31	98.066
0.8	13.6	3.559	147.441	2.357	53.08	97.643
0.9	13.5	4.238	146.762	2.807	52.83	97.193
1.0	13.4	4.953	146.074	3.280	52.58	96.720
1.1	13.3	5.702	145.298	3.776	52.31	96.224
1.2	13.2	6.482	144.518	4.293	52.03	95.707
1.3	13.1	7.293	143.707	4.830	51.73	95.170
1.4	13.0	8.132	142.868	5.385	51.43	94.615

续表

磨耗高度/mm	残存高度/mm	磨耗面积/mm²	剩余面积/mm²	磨耗比/%	剩余面积拉断力/kN	剩余导电面积率/%
1.5	12.9	8.999	142.001	5.960	51.12	94.040
1.6	12.8	9.892	141.108	6.551	50.80	93.449
1.7	12.7	10.809	140.191	7.158	50.47	92.842
1.8	12.6	11.750	139.250	7.781	50.13	92.219
1.9	12.5	12.713	138.287	8.419	49.78	91.581
2.0	12.4	13.699	137.301	9.072	49.43	90.928
2.1	12.3	14.705	136.295	9.738	49.07	90.262
2.2	12.2	15.732	135.268	10.419	48.70	89.581
2.3	12.1	16.777	134.223	11.111	48.32	88.889
2.4	12.0	17.841	133.159	11.815	47.94	88.185
2.5	11.9	18.924	132.076	12.532	47.55	87.468
2.6	11.8	20.023	130.977	13.260	47.15	86.740
2.7	11.7	21.139	129.861	13.999	46.75	86.001
2.8	11.6	22.271	128.729	14.749	46.34	85.251
2.9	11.5	23.418	127.582	15.509	45.93	84.491
3.0	11.4	24.518	126.419	16.237	45.51	83.721
3.1	11.3	25.758	125.242	17.058	45.09	82.942
3.2	11.2	26.948	124.052	17.846	44.66	82.154
3.3	11.1	28.152	122.848	18.644	44.23	81.356
3.4	11.0	29.369	121.631	19.450	43.79	80.550
3.5	10.9	30.598	120.402	20.264	43.34	79.736
3.6	10.8	31.839	119.161	21.085	42.90	78.915
3.7	10.7	33.092	117.908	21.915	42.45	78.085
3.8	10.6	34.356	116.644	22.752	41.99	77.248
3.9	10.5	35.631	115.369	23.597	41.53	76.403
4.0	10.4	36.916	114.084	24.448	41.07	75.552
4.1	10.3	38.210	112.790	25.305	40.60	74.695
4.2	10.2	39.515	111.485	26.169	40.13	73.831
4.3	10.1	40.828	110.172	27.038	39.66	72.962
4.4	10.0	42.151	108.849	27.915	39.19	72.085
4.5	9.9	43.482	107.518	28.796	38.71	71.204
4.6	9.8	44.820	106.180	29.682	38.22	70.318

续表

磨耗高度/mm	残存高度/mm	磨耗面积/mm²	剩余面积/mm²	磨耗比/%	剩余面积拉断力/kN	剩余导电面积率/%
4.7	9.7	46.167	104.833	30.574	37.74	69.426
4.8	9.6	47.521	103.479	31.471	37.25	68.529
4.9	9.5	48.882	102.118	32.372	36.76	67.628
5.0	9.4	50.250	100.750	33.278	36.27	66.722
5.1	9.3	51.624	99.376	34.188	35.78	65.812
5.2	9.2	53.005	97.995	35.103	35.28	64.897
5.3	9.1	54.391	96.609	36.021	34.78	63.979
5.4	9.0	55.783	95.217	36.942	34.28	63.058
5.5	8.9	57.179	93.821	37.867	33.78	62.133
5.6	8.8	58.581	92.419	38.795	33.27	61.205
5.7	8.7	59.987	91.013	39.726	32.76	60.274
5.8	8.6	61.398	89.602	40.661	32.26	59.339
5.9	8.5	62.812	88.188	41.597	31.75	58.403
6.0	8.4	64.230	86.770	42.536	31.24	57.464
6.1	8.3	65.652	85.348	43.478	30.73	56.522
6.2	8.2	67.077	83.923	44.422	30.21	55.578
6.3	8.1	68.504	82.496	45.367	29.70	54.633
6.4	8.0	69.934	81.066	46.314	29.18	53.686

刚性接触网中刚性悬挂本身结构没有弹性,与受电弓接触属于刚性接触,且接触线无张力,接触线可能的磨耗相较于柔性悬挂接触线的磨耗要大得多。刚性悬挂的结构决定了其磨耗测量方法不同于柔性接触网中直接测量磨耗后剩余高度,而是通过测量接触线磨耗宽度 y 值来计算磨耗高度(如图 2.1.4 所示),此方法更适合基于机器视觉技术的非接触式几何参数测量系统。

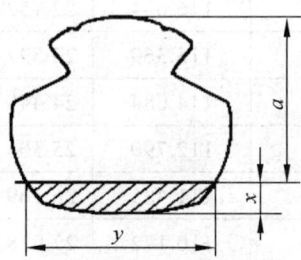

a—接触线磨耗后剩余高度;x—接触线磨耗高度;y—接触线磨耗截面宽度。

图 2.1.4 刚性悬挂接触线磨耗计算用图

刚性接触网使用的 Ris150 接触线磨耗换算结果见表 2.1.6。

表 2.1.6 Ris150 接触线磨耗换算表

y 值/mm	x 值/mm	a 值/m	残存面积 S/mm^2	剩余面积/%	磨耗面积/%
7.10	0.318	13.282	152.77	99.02	0.98
7.20	0.327	13.273	152.71	98.98	1.02
7.30	0.336	13.264	152.64	98.94	1.06
7.40	0.345	13.255	152.57	98.89	1.11
7.50	0.355	13.245	152.50	98.85	1.15
8.00	0.404	13.196	152.12	98.60	1.40
8.50	0.457	13.143	151.69	98.32	1.68
9.00	0.622	12.978	150.16	97.33	2.67
9.50	0.572	13.028	150.65	97.64	2.36
10.00	0.635	12.965	150.03	97.25	2.75
10.50	0.701	12.899	149.35	96.81	3.19
10.72	0.731	12.869	149.04	96.60	3.40
11.00	0.878	12.722	147.45	95.57	4.43
11.50	1.157	12.443	144.30	93.53	6.47
12.00	1.467	12.133	140.66	91.17	8.83
12.50	1.814	11.786	136.40	88.41	11.59
13.00	2.209	11.391	131.37	85.15	14.85
13.50	2.668	10.932	125.29	81.21	18.79
14.00	3.221	10.379	117.67	76.27	23.73
14.50	3.943	9.657	107.38	69.60	30.40
15.00	5.183	8.417	89.05	57.72	42.28
14.95	7.112	6.488	60.00	38.89	61.11
14.90	7.275	6.325	57.57	37.31	62.69
14.85	7.418	6.182	55.43	35.93	64.07
14.80	7.547	6.053	53.51	34.69	65.31
14.75	7.666	5.934	51.76	33.55	66.45
14.70	7.776	5.824	50.14	32.50	67.50

说明：表中以 y 为单位变量；当 y<7.5 mm 时，其磨耗比例较小（<1%），表中没有列出。

二、绞线

在柔性接触悬挂中，绞线用于悬挂和张拉目的，并作为导线使用，包括承力索、横向承力索、定位绳、补偿绳及电连接线等。

承力索的作用是通过吊弦将接触线悬挂起来。要求承力索能够承受较大的张力和具有抗腐蚀能力，并且在温度变化时弛度变化较小。

铜承力索导电性能好，可做牵引电流的通道之一，和接触网并联供电以降低压损和能耗，且抗腐蚀性能提高。但铜承力索消耗铜多，造价高且机械强度低，不能承受较大的张力，温度变化时弛度变化也大。为了提高承力索的机械强度，可采用新型铜合金承力索。铜合金承力索允许工作温度高、载流能力强。铜与铜合金承力索根据铜及其合金元素不同含量来分类，各类中按截面积分又有不同规格。产品型号用如图2.1.5所示形式表示。

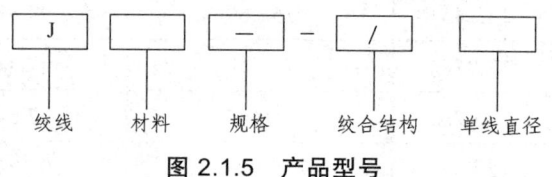

图 2.1.5 产品型号

其中：J——绞线。

材料：铜——T；铜镁合金（镁含量0.2%）——TM；高强度铜镁合金（镁含量0.5%）——TMH。

规格：标称截面面积，mm^2。

绞合结构：同心层绞（在一根中心线周围螺旋绞上一层或多层单线组成的导线，其相邻层纹向相反），用"1×构成绞线的单线根数"表示；复绞，用构成绞线的股数和构成股数的单线根数表示，中间用"×"分开，复绞的股层间用"+"分开，并用圆括号括起，靠前者为内层。

例如：标称截面面积为150 mm^2、单线37根、单线直径2.25的铜镁合金绞线（同心层绕）表示为JTM150-1×37/2.25。在旧国家标准中，规格型号用"TJ"+"截面面积"表示，如TJ-95、TJ-120等，其中TJ表示铜绞线，数字表示截面面积。

在早期接触悬挂中采用过镀锌钢绞线承力索、横向承力索和定位绳。普通钢绞线的主要缺点是容易被腐蚀。带树脂保护的高强度不锈钢软绞线用作能承受高机械负载的滑轮补偿绳，而只承载自身净重的加强线、旁路馈电线和其他馈电线则采用铜导线或铝导线。镀锌钢绞线承力索强度高、耐张力大，安装弛度小且弛度变化也小，节省有色金属，而且造价低，但电阻大，导电性能差，只能用作非载流承力索。钢承力索不耐腐蚀，使用时还要采用防腐措施。常用规格有GJ100、GJ80、GJ70等类型，GJ表示钢绞线，数字是绞线的截面积。GJ100用于3T系悬挂，GJ70用于2.5T系悬挂（注：3T、2.5T指接触线与承力索张力之和为30 kN或25 kN）。钢绞线作为承力索在常速和中速铁路中应用广泛。城轨接触网中钢绞线主要用作软横跨和硬横跨中的横向承力索和上、下部定位绳等部位。

1. 线性参数

（部分）铜绞线、硬铜绞线及铜镁绞线的结构尺寸和技术性能参数见表2.1.7~表2.1.13。

表 2.1.7 铜绞线的结构尺寸参数表（部分）

标称截面 /mm²	计算截面 /mm²	根数	单线直径 /mm	绞线外径（±5%）/mm	绞合方式	参考单位质量（±8%）/(kg/km)
95	99.7	259	0.7	14.7	正规绞合	935
120	118.5	336	0.67	16.4		1120
150	150.1	392	0.7	18.3		1420
185	185.1	525	0.67	20.4		1745
210	209.8	595	0.67	21.5		1980
240	245.2	637	0.7	23.3		2320
300	296.6	637	0.7	25.4		2800

注：参考单位质量按密度 8.89 g/cm³ 计算。

表 2.1.8 铜绞线的技术性能参数表（部分）

标称截面 /mm²	抗拉强度 N/mm²	伸长率/%	20 ℃时电阻率 /(Ω·mm²/m)	载流量/A	
				风速/(0.6 m/s)	风速/(1.0 m/s)
95	300	25	0.017241	≥420	≥460
120				≥485	≥535
150				≥570	≥625
185				≥660	≥720
210				≥720	≥780
240				≥785	≥850
300				≥895	≥920

注：载流量条件：风速 0.6 m/s，环境温度 35 ℃，导体工作温度 70 ℃。

表 2.1.9 硬铜绞线结构尺寸参数表（部分）

标称截面 /mm²	计算截面 /mm²	绞线结构 根数/直径mm	绞线外径（±5%）/mm	参考单位质量（±8%）/(kg/km)	绞合方式
95	93.27	19/2.50	12.5	845	正规绞合
120	116.99	19/2.80	14.0	1060	
150	147.11	37/2.25	15.8	1337	
185	181.65	37/2.50	17.5	1649	
240	242.54	61/2.25	20.3	2209	
300	299.43	61/2.50	22.5	2725	

注：参考单位质量按密度 8.89 g/cm³ 计算；

表 2.1.10　硬铜绞线技术性能参数表（部分）

标称截面/mm²	综合拉断力/kN	单丝抗拉强度/(N/mm²)	20 ℃时电阻率/(Ω·mm²/m)	载流量/A
95	≥37.39	≥422	≤0.017 86	≥380
120	≥46.9			≥440
150	≥58.98			≥510
185	≥72.81			≥585
240	≥97.23			≥700
300	≥120.04			≥800

注：风速 0.6 m/s，环境温度 35 ℃，导体工作温度 70 ℃。

表 2.1.11　节径比

根数	节径比				根数	节径比			
	第一层	第二层	第三层	第四层		第一层	第二层	第三层	第四层
7	10～14	10～14			37	10～17	10～16	10～14	
19	10～16	10～14			61	10～17	10～16	10～15	10～14

表 2.1.12　铜镁合金软绞线的结构尺寸及技术性能参数（部分）

标称截面/mm²	计算截面/mm²	绞线结构		直径/mm	绞线外径±5%/mm	参考单位质量±8%/(kg/km)	单线强度/(N/mm²)	综合拉断力/kN	20 ℃时电阻率/(Ω·mm²/m)
		股数	根数						
10	9.6	7	7	0.50	4.5	89	≥116	≥5.68	≤0.027 73
16	16.3	7	7	0.65	5.9	152	≥195	≥9.56	
16	16.3	12	7	0.50	6.2	152	≥116	≥9.74	
25	26.1	19	7	0.50	7.5	246	≥116	≥15.43	
35	37.6	19	7	0.60	9.0	353	≥167	≥22.21	

表 2.1.13　铜镁合金硬绞线的结构尺寸及技术性能参数表（部分）

标称截面/mm²	计算截面/mm²	单丝根数	单丝直径/mm	绞线外径±5%/mm	参考单位质量±8%/(kg/km)	综合拉断力/kN	载流量/A
95	93.27	19	2.50	12.5	845	≥54.76	≥305
120	116.99	19	2.80	14.0	1060	≥67.57	≥350
150	147.11	37	2.25	15.8	1337	≥86.37	≥410
185	181.62	37	2.50	17.5	1649	≥106.63	≥465
240	242.54	61	2.25	20.3	2209	≥142.40	≥560
300	299.43	61	2.50	22.5	2725	≥175.80	≥635
400	400.14	61	2.89	26.0	3640	≥231.12	≥765
500	499.83	61	3.23	29.1	4545	≥288.70	≥880

注：1. 参考单位质量按密度 8.9 g/cm³ 计算；
　　2. 载流量条件：风速 0.6 m/s，环境温度 35 ℃，导体工作温度 70 ℃；
　　3. 最外层绞线方向必须为右向（Z向）。

2. 线索性能

线索性能包括：抗拉强度、允许张力、综合拉断力、线胀系数、有效电阻、弹性模数及安全系数等。

1）抗拉强度

表示金属材料抵抗拉伸变形的能力，单位 Pa。抗拉强度由材料单位面积上能承受应力的大小来决定。

2）允许张力

金属材料允许承受拉伸或压缩的外力，单位 N。

3）综合拉断力

金属材料在拉伸（或压缩）、剪切、弯曲等各种外力作用下发生断裂时的外力，单位 N。

4）线胀系数

线索在温度升高或降低时发生变形的常量，即单位长度的金属线索在温度变先化 1℃时的伸缩量，单位 1/℃。

5）有效电阻

由于交流电通过导体时会发生集肤效应，其截面电阻不是均匀分布的，把导体通过交流电时所具有的等效电阻叫有效电阻。

6）弹性模数

也称弹性系数。在弹性范围内，金属材料在外力作用下会发生变形，材料抵抗弹性变形的这种能力，称为弹性模数，单位为 Pa。弹性模数越大，表示材料抵抗变形的能力越强，反之亦然。

7）安全系数

极限应力与许用应力的比叫安全系数。对塑料型材料用 $K_s = \dfrac{\sigma_s}{[\delta]}$；脆性材料用 $K_b = \dfrac{\sigma_b 拉}{[\delta] 拉}$ 或 $K_b = \dfrac{\sigma_b \sqrt{\alpha}}{[\delta] \sqrt{\alpha}}$ 表示。柔性架空接触网设计的强度安全系数见表 2.1.14。

表 2.1.14 柔性架空接触网设计的强度安全系数表

接触线（新）		≥3.0
接触线（25%磨损）		≥2.2
承力索		≥3.0
架空地线		≥2.5
软横跨横向承力索中的钢绞线		≥4.0
其他线材		≥3.0
零件	抗拉	≥3.0
	抗弯	≥3.0
	抗滑	≥1.5
绝缘子	抗拉	≥2.0
	抗弯	≥2.5
分段绝缘器	整体抗拉	≥2.5

三、刚性架空接触网

刚性架空接触网的电能传输依靠汇流排和接触线。刚性架空接触网用汇流排取代了承力索，并靠它自身的刚性保持接触线的固定位置，使接触线不因重力而产生较大弛度。刚性悬挂目前允许的行车速度为 120~140 km/h。柔性悬挂的受电弓同样可以在刚性悬挂中使用。

刚性悬挂的接触线一般与柔性悬挂的接触线相同，采用铜合金材质，截面面积一般为 120 mm² 或 150 mm²。接触线通过特殊的机械方式镶嵌于汇流排上，安装接触线时无需专用线夹和螺栓，如图 2.1.6（a）所示；或通过专用线夹固定于汇流排下，与汇流排一起组成接触悬挂，如图 2.1.6（b）和（c）所示。

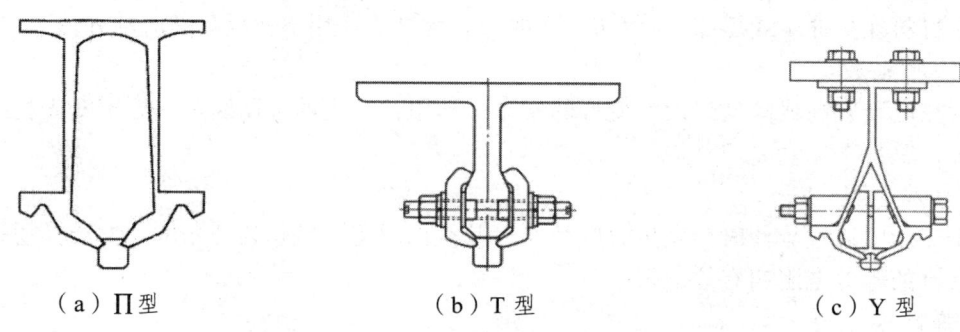

（a）∏型　　　　（b）T型　　　　（c）Y型

图 2.1.6　应用不同类型汇流排的刚性悬挂

∏型结构和 T 型结构的汇流排均可分为单接触线式和双接触线式，如图 2.1.7 所示为单接触线式和双接触线式∏型结构汇流排。刚性架空接触网汇流排本身可承受较大的电流，目前国内采用的多为单根接触线的∏型结构汇流排。T 型结构的汇流排目前国内在重庆轨道交通 2 号线跨座式单轨系统中有采用，但并未像通常的∏型结构汇流排一样架空安装，而是将以截面面积为 1 439 mm² 的 T 形铝合金汇流排和截面面积为 110 mm² 的铜接触线为主体构成的正极和负极接触悬挂分别绝缘安装在轨道梁的两侧，组成供电回路，并被车身完全包围在轨道梁两侧，类似于侧部受流接触轨，又与以往的地铁等走行轨的回流方式完全不同，如图 2.1.8 所示。

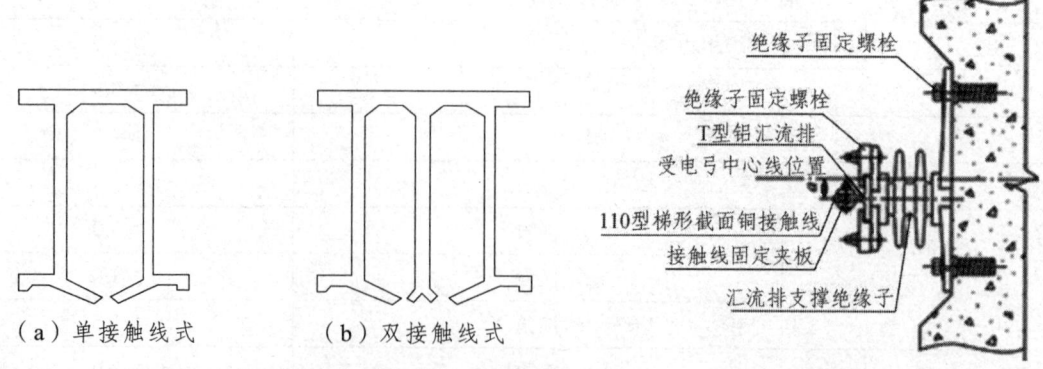

（a）单接触线式　　　（b）双接触线式

图 2.1.7　单接触线式和双接触线式∏型结构汇流排　　图 2.1.8　T 型结构汇流排的应用（半幅）

汇流排一般用铝合金材料制成。∏型结构汇流排包括标准形汇流排、汇流排终端及刚柔过渡元件等。标准汇流排有 PAC110 和 PAC80 两种，是刚性接触悬挂的主要组成部分，其长度一般为 10 m 或 12 m。汇流排终端及刚柔过渡元件均采用标准汇流排加工而成，汇流排终端用于锚段关节、线岔及刚柔过渡处，其作用是保证关节、线岔和刚柔过渡的平滑、顺畅，其长度一般为 7.5 m。刚柔过渡元件用于刚性悬挂与柔性悬挂过渡处，其作用是保证两种悬挂方式的平滑、顺畅过渡。

1. PAC110 汇流排

PAC110 汇流排电气和机械性能如表 2.1.15 所示。

表 2.1.15　PAC110 汇流排电气和机械性能表

序号	项　目	技术数据
1	标称横截面（PAC110）	$2\,213\ mm^2$
2	高度	110 mm
3	顶部宽度	85 mm
4	纵向惯量 J_x	335 cm^4
5	横向惯量 J_y	110 mm^4
6	计算重量	5.19 kg/m
7	20 ℃ 时电阻率	$3.29\times 10^{-5}\ \Omega\cdot mm^2/m$
8	载流能力	3 700 A
9	线性膨胀系数	$2.34\times 10^{-5}/℃$
10	弹性模量	69 000 N/mm^2
11	汇流排燕尾槽处单边张开 2.2 mm 最多次数	10 次
12	汇流排燕尾槽夹口处表面粗糙度	6.3
13	汇流排型材水平方向人工弯曲最小半径	80 m
14	汇流排型材水平方向机械预弯最小半径	45 m
15	汇流排型材方向弯曲最多次数	8
16	单位制造长度	12 m
17	相当于铜当量截面	$1\,233\ mm^2$

2. 汇流排的连接

刚性架空接触网是将传统的接触线夹装在汇流排中，用汇流排取代了承力索。接触线是连续的，而汇流排单位制造长度仅为 10 m 或 12 m。汇流排连接安装时用中间接头将其连接为一体，中间接头采用了和汇流排同样材质的铝合金制造，可以保证同锚段汇流排间电气和机械的连续性，如图 2.1.9 所示。

为了保持物理性能的连续性（包括机械和电气性能），在每块中间接头的表面上加工了两条凹槽，用来和汇流排接触及保证相连接的汇流排的自动对正。每块中间接头的截面面积为 $1\,150\ mm^2$，长度为 400 mm，有用于穿固定用的 8 个螺栓孔。

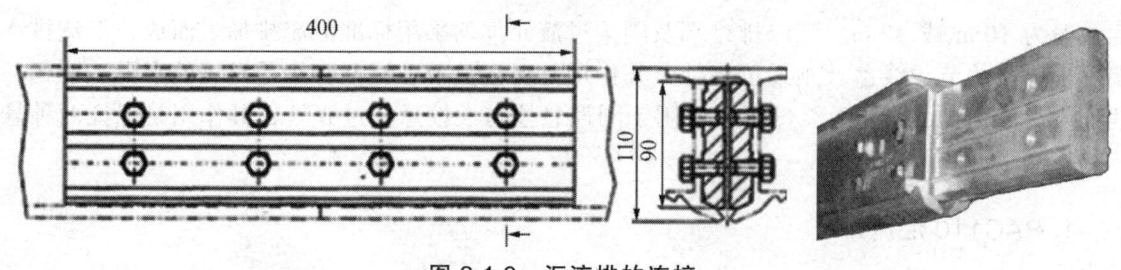

图 2.1.9 汇流排的连接

3. 铝合金汇流排的特点

汇流排的使用使得刚性接触网和传统的柔性接触网相比有许多优点,这些优点可以解决许多柔性接触网难以解决的技术问题。

(1)降低高度需求。刚性接触网在隧道中仅需很小的安装空间。而在同样的高度内,柔性接触网是无法完成安装供电的。这样就降低了新建隧道的工程预算,进而降低整个建设成本。

(2)载流能力强。汇流排提供很大的截面:PAC110 相当于 $1\,200\,mm^2$ 的铜导线。对于高速特别是使用较低电压(750 V 或 1 500 V)的轨道交通而言,使用刚性接触网之后,即使开行间隔很小(可达 2 min),也无需增加用于减小电压损耗的额外电缆。

(3)汇流排和接触线无轴向张力,不存在断汇流排或断线的可能,从而避免了柔性钻弓、烧融、不均匀磨耗、高温软化、线材缺陷以及受电弓故障造成的断线故障,所以刚性悬挂的故障是点故障,而柔性悬挂的故障范围为一个锚段。由于不存在接触网断线的潜在威胁,使得系统的可靠性大大提高。在巴黎的 RER 的 C 线就是一个例子,早期使用柔性接触网经常发生断线事故而决定换装刚性接触网,在更换之后再也没有因接触网断线而引起中断运营。取消张力使得移动供电系统(如车场内的折叠式接触网、隧道和桥下的接触网)简单化。同时由于没有张力就不会发生因接触线过度磨损而导致的断线,使接触线的寿命得以延长。

(4)可靠性。汇流排的类似散热槽的形状可以显著改善散热效果。这种散热效果和无需张力可以防止汇流排和接触线的过热。一旦安装了刚性接触网就无需担心线路繁忙和线网短路。

(5)结构简单。柔性接触网由许多部分组成,而刚性接触网所需的部件将减少到仅有柔性接触网部件的 1/10。由于刚性接触网的高可靠性,可以大大减少备品。这种特点也使得安装工作快速迅捷,日后的维护工作量也非常小。

四、接触轨

接触轨系统功用与架空接触网一样,通过它将电能输送给电动车组。不同点在于接触轨是敷设在铁路旁的钢轨,电动列车侧下部伸出受流器与之接触而接受电能。

自北京地铁建造我国第一条接触轨系统的地铁线以来,接触轨技术在我国已走过了 40 多年的发展历程,接触轨技术有了很大的发展。

(一)接触轨的材质

根据接触轨材质的不同可分为低碳钢接触轨和钢铝复合接触轨。

低碳高电导率钢接触轨有 DU52、DU48 两种规格,其技术参数如表 2.1.16 所示,具有磨耗小、价格低、技术成熟的优点。其中 DU52 接触轨横截面结构尺寸如图 2.1.10 所示。

表 2.1.16 低碳高电导率钢接触轨的主要技术参数

型号	截面面积 /mm²	理论质量 /(kg/m³)	计算质量 /(kg/m³)	对水平轴线的惯性力矩/(J·cm⁴)	底面断面系数/(W·cm³)	15 ℃的电阻率/(Ω·mm²/m)
DU52	6543	51.363	52	1026.8	176.2	0.125
DU48	6077	47.7	48			

注:普通接触轨的理论质量按钢的密度 7.85 g/cm³ 进行计算;表中数据仅供学习时参考,因产品型号和厂家众多,实际工程中应以产品供应商的产品说明书所供数据为准。

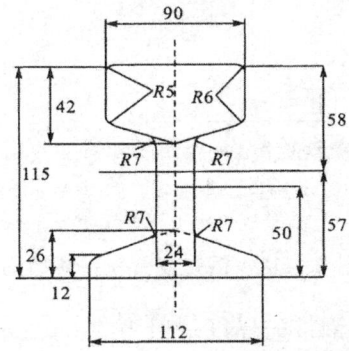

图 2.1.10 DU52 接触轨横截面结构尺寸

低碳钢接触轨在早期地铁多采用,有耐磨、价廉、安装简单等优点,但也存在自重大、电阻率高、电能损耗大等缺点。

为了降低电阻率,以减少供电系统中牵引变电所的数量,降低运营时接触轨能量的损耗,国外发达国家 20 世纪 70 年代研制出了导电性能及耐磨性能都较好的钢铝复合轨。钢铝复合轨比低碳钢轨导电性能好、重量轻。钢铝复合轨的整体结构大部分与普通钢轨相似,有些形状虽比普通钢轨复杂,但一般也是由轨头、轨腰、轨底三部分构成。钢铝复合轨是由不锈钢带(光滑、耐磨)通过机械方法与铝合金型材(导电性能好)结合的接触轨,采用特殊的结构使不锈钢卡在铝合金型材上,使之不会脱落,由高导电性铝型材料作为导电主体,用不锈钢作为接触轨的耐磨工作表面。

轨头部分与受流器接触部位的材料为不锈钢,轨的主体材料为铝合金,这也是钢铝复合导电轨区别于普通钢轨的一个显著特征。

与低碳钢接触轨相比,钢铝复合接触轨具有以下优点:

(1)单位电阻小、网压损失和电能损耗低、供电距离长,因而可相对减少牵引变电所数量,降低工程造价。

(2)具有较小的电感,提高了牵引供电系统保护的可靠性,使运行更加安全可靠。

(3)电阻率仅为低碳钢接触轨的 24%,工作电流范围大(300~6 000 A)。

(4)发热量小,能降低隧道内的温升,有利于改善隧道内的环控通风。

(5)具有良好的耐磨性、抗腐蚀性、抗氧化性,使用寿命较长。

（6）单位重量轻，可增大跨距，减少支撑点，有利于施工安装和日常维护。

不同制造厂家的钢铝复合轨在整体结构、钢铝结合的形式、不锈钢带的厚度、截面积等方面都有所不同。典型的钢铝复合轨从整体结构上可以归为两大类，即C形和工字形（如图2.1.11所示）。其中工字形结构使用的历史长，也是目前采用较多的一种结构。钢带的结构有两大类，即多槽型（C形轨）和单槽型（工字形轨）。从钢铝复合工艺上可分为钢铝共挤复合、机械复合、机械加焊接复合等三种形式。

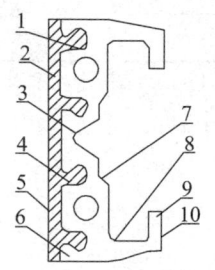 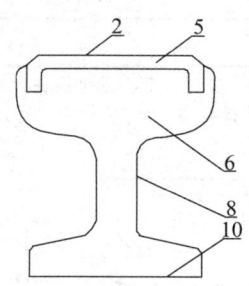 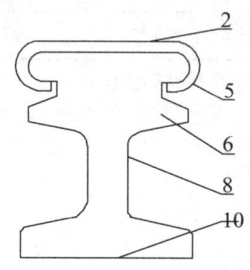

（a）C形钢铝复合导电轨　（b）工字形双包式钢铝复合导电轨　（c）工字形外包式钢铝复合导电轨

1—沟槽；2—轨头；3—V形槽；4—筋条；5—钢带本体；6—铝合金本体；
7—两肩；8—轨腰；9—L形支撑脚；10—轨底。

图 2.1.11　钢铝复合轨整体结构

常见的钢铝复合导电轨不锈钢带的厚度一般为 2~6 mm，不锈钢含铬量一般为 17%~19%，并根据不同的系统需求设有不同的截面面积，有 2 750 A、3 500 A、3 800 A、4 500 A、4 700 A 等多种规格。表 2.1.16 为某型号国产钢铝复合导电轨技术参数。

表 2.1.16　国产钢铝复合导电轨技术参数

参数名称		单位	技术指标		备注
接触轨持续电流		A	≥3 000		环境温度 40 ℃，最高 85 ℃
接触轨标称截面面积	铝轨	mm^2	3 850		
	钢带	mm^2	550		
	整体	mm^2	4 400		
接触轨计算截面面积		mm^2	4 400		
接触轨单位重量		kg/m	14.5		
截面模量		mm^3	108 856		
弹性模量		N/mm^2	86 387.5		
惯性矩（水平及垂直方向）		mm^4	水平	21.5×10^5	
			垂直	65×10^5	
接触面表面硬度		HB	155		
接触表面粗糙度			Ra 6.3 μm		
钢带厚度		mm	6		
20 ℃直流电阻	铝轨	Ω/km	0.008 14		
	钢带	Ω/km	1.31		

续表

参数名称		单位	技术指标		备注
20 ℃钢铝接触电阻	整体	Ω/km	<0.008 092		
	轨端	MΩ/km	<0.015		含被测段铝、钢电阻
	距轨端200		<0.000 81		
钢铝复合导电轨自身电感		MH/km	1.021		
电阻温度系数		Ω/℃	<0.004		
线膨胀系数		1/℃	21.48×10^{-6}		
磨耗量		mm/万次	≤0.049/70		
耐受最高温度		℃	100		在机械性能不变的情况下

由于铝合金的热膨胀系数大于不锈钢，所以如何使不锈钢带紧扣在铝合金上尤为重要，不能出现分层脱离的现象，并且始终保持铝合金与不锈钢带的良好导电率，同时还需考虑不锈钢带与铝合金本体的电极电位及复合界面可能产生的电化学腐蚀。

钢铝复合轨的耐磨性、导电性、耐蚀性、综合力学性能以及铝与钢的热膨胀特性匹配的要求与制造工艺关系密切，制造也较为复杂。我国对钢铝复合轨的研究和开发起步较晚，但近年来发展迅速，已推出较为成熟的产品，实行了钢铝复合轨的国产化。本书中主要以下部安装的钢铝复合轨为例进行介绍。

（二）钢铝复合接触轨制造长度的确定

钢铝复合接触轨采用下部受流时的连接点距支撑件（包括接触轨支架、绝缘子和防护罩支架）相邻边缘的距离应不小于 225 mm，为避免中间接头与支撑点相冲突，减少锯轨工程量，接触轨的制造长度应是支架（即支撑点）间距的整数倍。

钢铝复合接触轨的标准制造长度约为 15 m，最长可以达到 18 m。

（三）接触轨的连接

同架空刚性接触网的汇流排一样，接触轨系统也是由单位标准长度的接触轨连接而成的，但不同材料的接触轨连接方式不同。

低碳钢接触轨对支架位置没有要求，在敷设时可以由 12.5 m 的标准长度焊接成长钢轨。一般地下线路敷设时可焊接成 200～400 mm 的长轨，露天敷设需要根据气温条件计算焊接长度。

中间接头用于相邻钢铝复合轨之间实现轨间的机械、电气连接。中间接头本体采用铜铝过渡板。中间接头用于固定、连接相邻接触轨并传导电流，按用途分为普通中间接头及电连接用中间接头。每一段接触轨、端部弯头或膨胀接头都是通过一套中间接头连接的，中间接头的材质与系统所用的接触轨的材质应相同，且尺寸要配套。为了不成为一个锚固点，中间接头与最近的支架间应至少保持 200 mm 的距离[见图 2.1.10（b）]。

1. 普通中间接头

普通中间接头本体采用挤压成形，具有表面强度高、表面粗糙度值小、外形尺寸准确的特点。加工时只需根据需要长度锯断，并打孔即可。因此，它具有足够的强度来满足连接固定的机械要求，同时它的截面面积足够大，可以承载接触轨系统的持续电流。接头本体的轮廓与接触轨腰面紧密相贴，确保电流续接的要求。

每一套普通中间接头配有紧固件四套，每套包括螺栓、碟形弹垫各一个，螺母、平垫各两个。螺栓、螺母规格为 M16。普通中间接头通常采用双螺母防松。

普通中间接头本体上有四个 $\phi 7 \text{ mm}$ 的孔，且对称分布，并预先在工厂加工好。因此，安装方便，无安装方向要求。具体结构如图 2.1.12 所示。

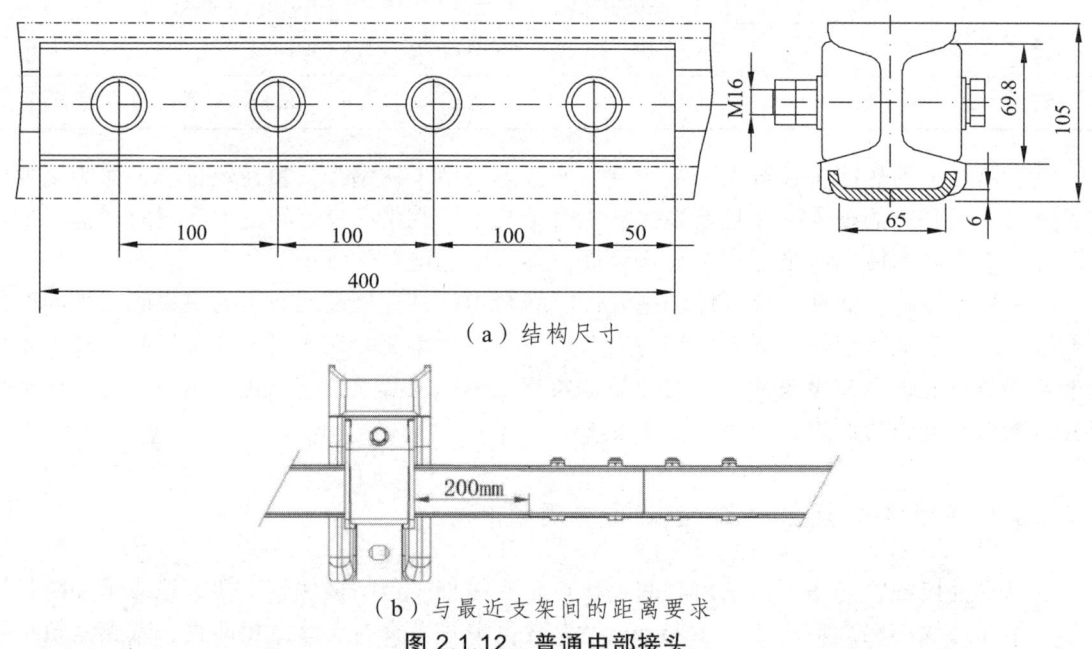

（a）结构尺寸

（b）与最近支架间的距离要求

图 2.1.12 普通中部接头

2. 电连接用中间接头

电连接用中间接头是连接供电电缆向接触轨供电的零件，它由两个铝合金零件组成，一个是普通接头本体，一个在普通接头本体上设置有多组电连接板[见图 2.1.13（a）]或者为整体型材[见图 2.1.13（b）]，最多可以连接 8 根电缆。电连接用中间接头材质与系统所用接触轨的材质相同。电连接用中间接头能安装在接触轨的任何位置，如牵引变电所出口、接头、弯头、电分断或道岔处。

电连接用中间接头本体及电连接板的截面积足够大，可以承载接触轨系统的持续电流，保证输送满负荷接触轨额定电流时不过热。接头本体的轮廓与接触轨腰面紧密接触，确保电流续接的要求。

每一套电连接用中间接头配有紧固件 4 套，每套包括螺栓、碟形弹垫各一个，螺母、平垫各两个。电连接用中间接头的螺栓防松是通过采用碟形弹垫和双螺母保证的。

电连接板本体材质与接触轨的材质相同。电连接板是用来连接柔性供电电缆的，注意接入电缆的长度要足够长，尤其对铝轨的纵向移动不应有所影响，也不能给铝轨的侧边造成任何应力。

图 2.1.13　电连接用中间接头

（四）端部弯头

端部弯头安装在一段接触轨断口处，用于引导受流器可靠进入或平稳离开一个锚段接触轨，保证受流器顺利平滑通过接触轨断口处。端部弯头一般采用与系统所用相同类型的接触轨加工制造。

端部弯头因制造厂家的不同而有多种型号，没有统一的尺寸规定，一般可分为高速和低速两种。高速端部弯头长度一般为 5.2 m，质量为 62.3 kg，末端绝缘处接触轨接触面距轨面高度为（285±5）mm，弯头两端的高度差一般大于或等于 126 mm；低速端部弯头长度一般为 3.4 m，质量为 49.3 kg，末端绝缘支座处接触轨接触面距轨面高度为（265±5）mm，弯头两端的高度差一般大于或等于 129 mm。端部弯头采用两个绝缘支架进行支撑，端部弯头构造上无任何方向性，一般与接触轨有同样的截面和形状，能与任意成品接触轨断面相匹配，可通过电连接用中间接头或普通中间接头进行连接，连接部位没有坡度，因此，能够保证端部弯头与接触轨之间密贴，而不会形成高低差，保证受流器顺利通过。

典型的 5.2 m 端部弯头结构如图 2.1.14 所示。

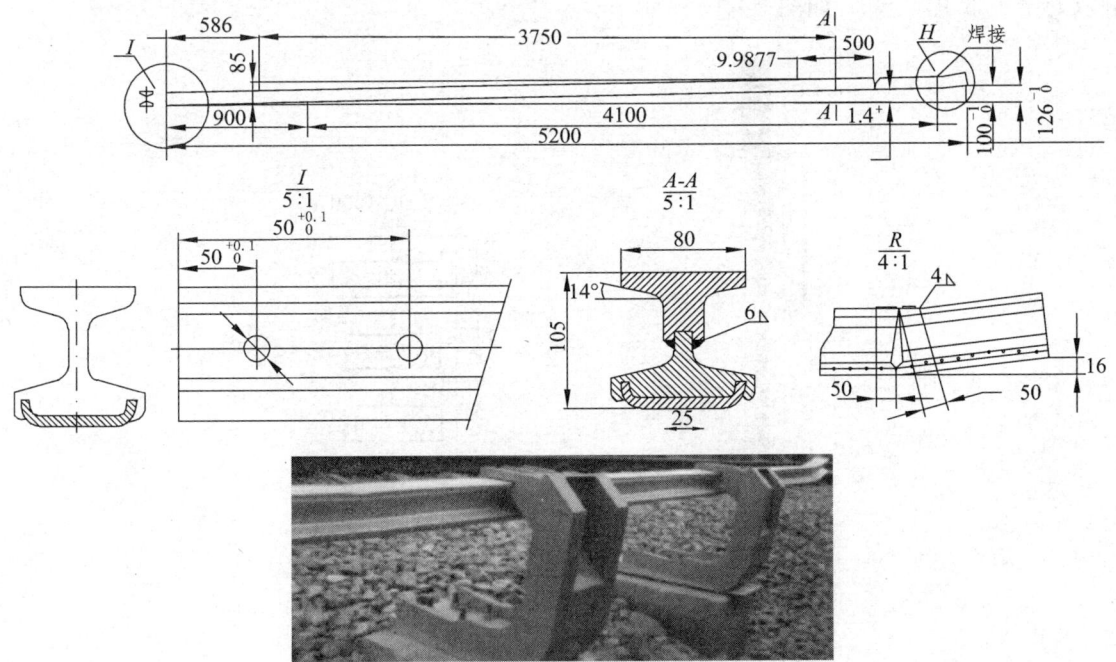

图 2.1.14　5.2 m 端部弯头

端部弯头应具有良好的耐电弧烧损、耐冲击特性，具有自熄弧功能。合理的坡度可满足行车速度和耐电弧方面的要求，5.2 m 的高速端部弯头的坡度一般为 1∶40，3.4 m 低速端部弯头的坡度一般为 1∶30。每一个端部弯头的端部都经过预弯，坡度更大一些，这样能保证端部弯头具有更好的自熄弧特性。预弯点如图 2.1.15 所示。

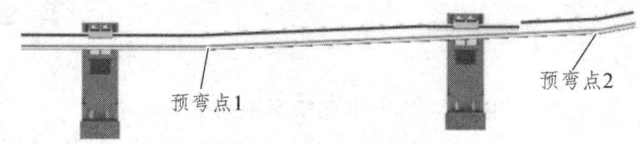

图 2.1.15　端部弯头的预弯点

（五）接触轨弯曲半径

当线路的曲线半径大于等于 100 m 时，钢铝复合轨可以在施工现场直接打弯；当线路的曲线半径小于 100 m 时，钢铝复合轨需要在工厂加工预弯。

（六）接触轨带电显示装置

为直观显示接触轨的带电状态，方便运营维护人员在轨行区工作，在正线停车线和折返线道岔区、车辆段库内股道旁和检修库外中性区，可设置接触轨带电显示装置。接触轨带电显示装置采用电压检测元件来采样接触轨电压，并触发状态指示灯来显示相应状态，电压检测元件考虑了安全降压及带熔断器保护。在带电显示装置面板上，设置了检测按钮及红色、绿色状态指示灯（一般警示灯红色、蜂鸣警报表示接触轨处于带电状态，警示灯绿色表示接触轨处于不带电状态），如图 2.1.16 所示。

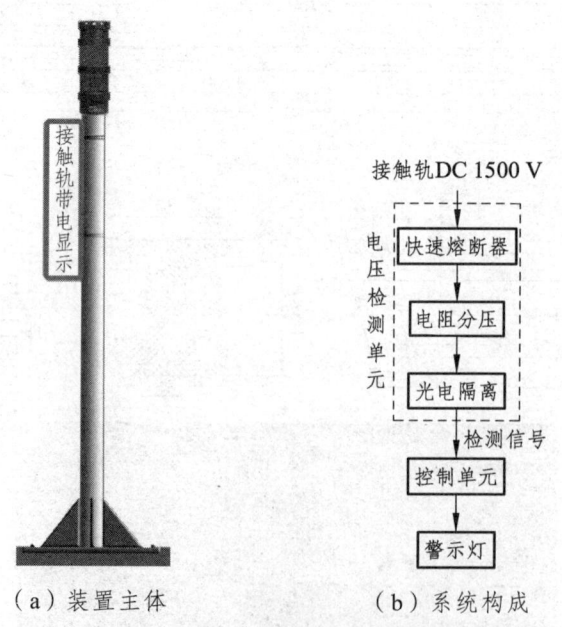

（a）装置主体　　　　（b）系统构成

图 2.1.16　接触轨带电显示装置

第二节 接触网悬挂

架空式接触网是将接触导线架设于车体上方的一种接触网形式，电动列车通过受电弓从架空式接触网取流，架空式接触网可用于铁路、城市轨道交通以及工矿电力机车牵引线路。架空式接触网属于无备用的供电设施，所以其安全和可靠性至关重要。

架空式接触网按悬挂形式的不同，可分为柔性架空式接触网和刚性架空式接触网，接触网悬挂是向电动列车供电的主要设备。

通常所讲的接触悬挂分类是针对架空式柔性接触网中的每个锚段而言的。根据接触悬挂结构（主要是承力索的设置情况）的不同，架空式柔性接触网可分成简单接触悬挂和链形接触悬挂两大类。

一、简单悬挂

城市轨道交通中的简单悬挂是由一根或几根互相平行的直接固定到支持装置上的接触线所组成的悬挂方式。简单悬挂只有接触线，没有承力索和吊弦，支柱安装负荷较轻，但是弛度大，弹性不均匀，接触网取流效果差，车辆速度受到限制，一般用于车速较低的线路上，如站线、库线及城市电车线、矿山运输线和净空受限的人工建筑物内等，在城市轨道交通中主要用于车辆段，也有少量用于正线。如图 2.2.1 所示。

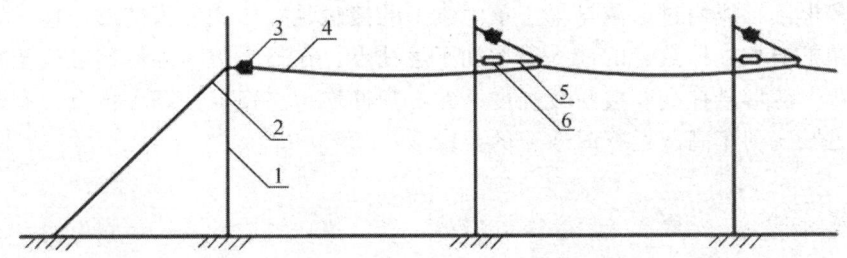

1—支柱；2—拉线；3—悬式绝缘子；4—接触线；5—腕臂；6—棒式绝缘子。

图 2.2.1 未补偿简单悬挂结构

为了改善简单悬挂直接应用时与链形悬挂交叉处的线岔始触点处高差较大，且始触点位置随温度变化而变化的缺点，城轨中一般采用带补偿的弹性简单悬挂。弹性简单悬挂是在悬挂点处增加一个 8~16 m 长的弹性吊索，从而改善悬挂点处的弹性。弹性简单悬挂增加了悬挂点、减小了悬挂点处产生的硬点，改善了取流条件。根据试验应用这种弹性简单悬挂的线路可以允许不超过 90 km/h 的列车速度。弹性简单悬挂是城轨交通车辆段架空接触网的主要形式。如图 2.2.2 所示。

简单悬挂根据其接触线是否进行补偿，又可分为未补偿简单悬挂和带补偿简单悬挂。未补偿简单悬挂的接触线两端端头通过一组绝缘子直接固定在支柱、检修库墙壁或隧道壁上。当环境温度变化时，由于接触线热胀冷缩的物理特性，其张力和弛度变化很大。带补偿简单接触悬挂每个锚段接触线两端装有补偿装置，当环境温度变化时，接触线弛度变化不大，其张力几乎不变。所以应用中常采用带补偿简单悬挂。

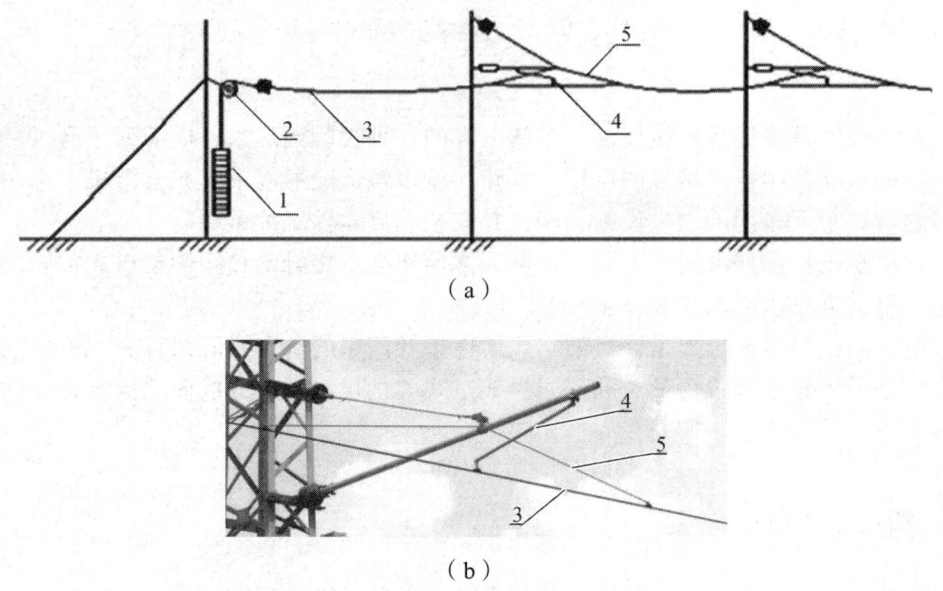

（a）

（b）

1—坠砣；2—补偿滑轮；3—接触线；4—定位器；5—弹性吊弦。

图 2.2.2 弹性简单悬挂结构

二、链形悬挂

一根或多根接触线通过吊弦悬吊于承力索上的接触悬挂形式称为链形悬挂。它的结构特点使接触线在不增加支柱数量的前提下增加了悬挂点，在整个跨距内使接触线至轨面的高度基本保持一致。链形悬挂具有接触线高度一致、弹性均匀、稳定性好等优点，有较好的取流性能，可满足城轨列车高速运行时取流的要求。

（一）链形悬挂按照悬挂链数的分类

根据接触悬挂链数的多少，链形悬挂可分为单链形、双链形（又称复链形）和多链形。

单链形悬挂根据悬挂点处吊弦的形式不同分为简单链形悬挂和弹性链形悬挂两种，如图 2.2.3 所示。简单链形悬挂结构简单，造价较便宜，运行、检修经验丰富；弹性链形悬挂和简单链形悬挂相比，有更好的弹性均匀性，但接触悬挂的施工检调比简单链形悬挂复杂。

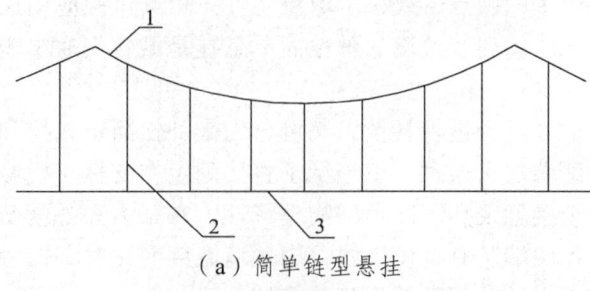

（a）简单链型悬挂

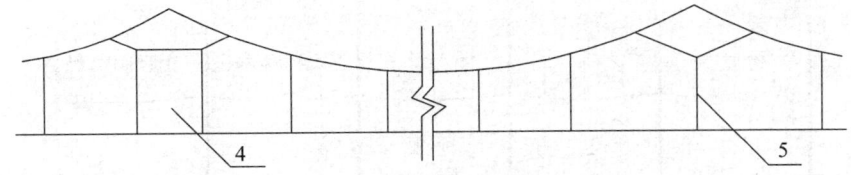

(b) 弹性链型悬挂

1—承力索；2—吊弦；3—接触线；4—Π形弹性吊弦；5—Y形弹性吊弦。

图 2.2.3　单链形悬挂

双链形悬挂的接触线经短吊弦悬挂在辅助吊索上，辅助吊索又通过吊弦悬挂在承力索上，如图 2.2.4 所示。

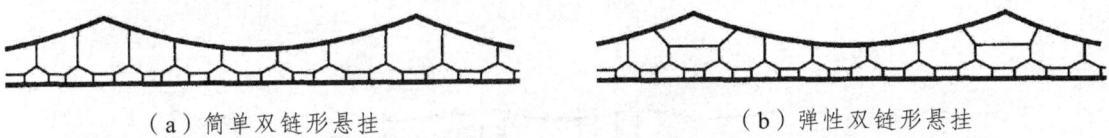

（a）简单双链形悬挂　　　　　　　（b）弹性双链形悬挂

图 2.2.4　双链形悬挂

与单链形悬挂相比，双链形悬挂增加了一根辅助导线，接触线弛度更小，弹性更加趋于均匀，受流稳定性较优越，有利于列车高速运行取流。但结构较复杂，投资及维修费用高。

多链形悬挂包括承力索在内具有 3 条及以上辅助索，这种悬挂接触线的高度更趋于一致，弹性也更加均匀，适合于高速运行区段，如图 2.2.5 所示。应当指出，三链形悬挂结构已经相当复杂，多于 3 条辅助索的多链形悬挂，虽然可以增加弹性的均匀度和提高稳定性，但安装和维修比较困难，因而实用意义不大。

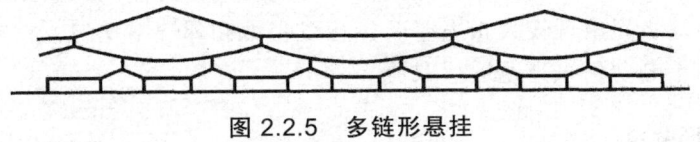

图 2.2.5　多链形悬挂

目前我国主要采用单链形悬挂。

（二）链形悬挂按照线索的锚定方式的分类

1. 未补偿链形悬挂

这种悬挂方式的承力索和接触线两端无补偿装置，均为硬锚。在大气温度变化时，因为承力索和接触线的热胀冷缩，承力索和接触线的张力、弛度变化较大，造成受流状态恶化，一般不采用。其结构形式如图 2.2.6 所示。

为了减小线索张力和弛度的变化范围，可在接触线的下锚处安装一个松紧调节螺栓进行张力调整，构成所谓季节调整的链形悬挂。通常在春秋两季各调一次。春季将接触线收紧，使其张力在夏季高温时不要过小；秋季将接触线放松，使其张力在冬季低温下不会超过最大许可值。

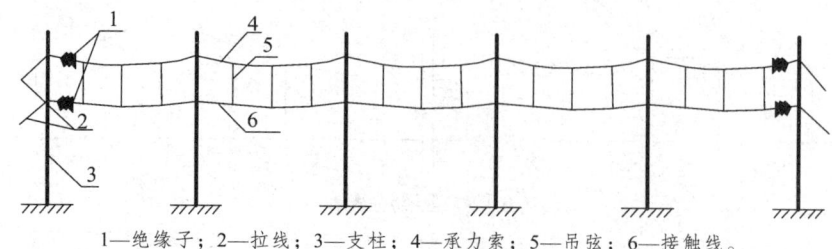

1—绝缘子；2—拉线；3—支柱；4—承力索；5—吊弦；6—接触线。

图 2.2.6　未补偿链型悬挂

2. 半补偿链形悬挂

在半补偿简单链形悬挂中，接触线两端设张力补偿装置，承力索两端为硬锚，如图 2.2.7 所示。

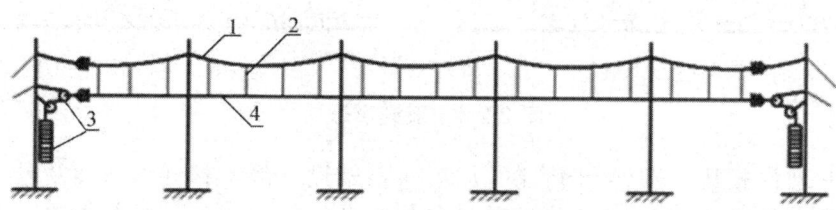

1—承力索；2—吊弦；3—补偿装置；4—接触线。

图 2.2.7　半补偿链型悬

半补偿链形悬挂比未补偿链形悬挂在性能上得到了很大改善，但由于承力索为硬锚，当温度变化时，承力索的张力和弛度随之发生变化，对接触线产生一定影响。同时，在温度变化时，承力索的弛度变化使吊弦上端产生上、下位移，而吊弦下端随接触线发生顺线路方向的偏斜。由于各吊弦的偏斜，造成接触线纵向张力不均匀，特别是在极限温度下，使接触线在锚段中部和下锚端之间出现较大张力差。接触线张力和弹性不均匀，在支柱悬挂点处产生明显的硬点，不利于电动列车高速运行取流。

3. 全补偿链形悬挂

全补偿链形悬挂，即承力索和接触线两端下锚处均装设补偿装置，如图 2.2.8 所示。全补偿链形悬挂当温度变化时由于补偿装置的作用，承力索和接触线的张力基本不发生变化，弹性比较均匀，承力索和接触线均产生同方向纵向位移，因而吊弦偏斜大大减小（接触线和承力索为相同材质时，偏斜更小，几乎可以忽略），有利于电动列车高速取流，因此，得到广泛使用。对一些较短的锚段（如渡线锚段），可采用接触网一端硬锚，一端补偿下锚的全补偿链形悬挂形式。

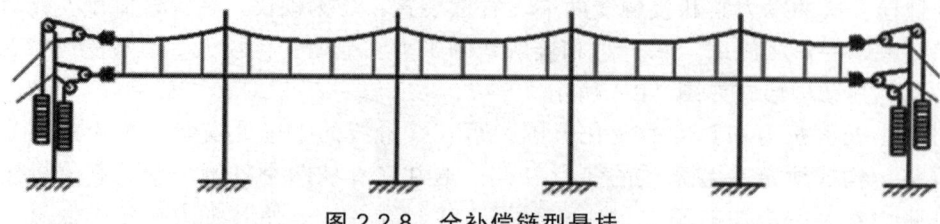

图 2.2.8　全补偿链型悬挂

全补偿链形悬挂按照弹性吊索和弹性吊弦的设置与否,也可分为全补偿简单链形悬挂和全补偿弹性链形悬挂两种形式。

(三) 链形悬挂按其承力索和接触线的相对位置不同的分类

1. 直链形悬挂

直链形悬挂是承力索和接触线布置在同一垂直平面内,它们在轨平面上的投影相重合,线索既可以沿线路中心布置,也可以布置成"之"字形。如图 2.2.9 所示。

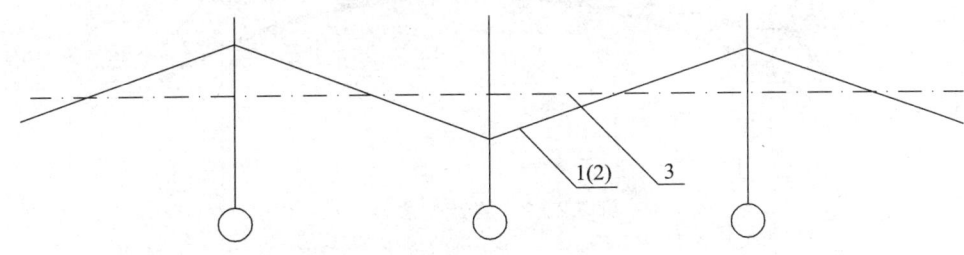

1—接触线;2—承力索;3—线路中心线。

图 2.2.9 直链型悬挂

直链形悬挂时,接触线、承力索在一个平面内,有利于吊弦长度计算,可以提高施工精度,避免接触线在吊弦存在纵向倾斜时出现的接触线偏磨、线夹与受电弓间的碰撞。

2. 半斜链形悬挂

在半斜链形悬挂中,承力索沿线路中心线布置,接触线在每一支柱定位点处,通过定位装置被布置成"之"字形,承力索与接触线不在同一垂直平面内,它们在水平面上的投影有一个较小的偏移,如图 2.2.10 所示。与直链形悬挂相比,半斜链形悬挂风稳定性较好。

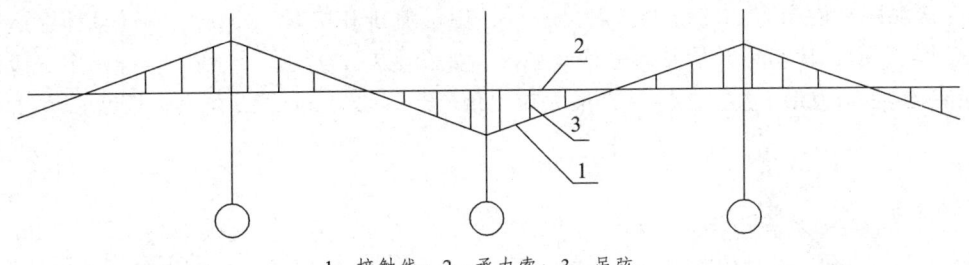

1—接触线;2—承力索;3—吊弦。

图 2.2.10 半斜链形悬挂

3. 斜链形悬挂

斜链形悬挂是指接触线和承力索均布置成方向相反"之"字形,接触线和承力索在水平面上的投影有一个较大的偏移。在直线区段示意如图 2.2.11 所示。

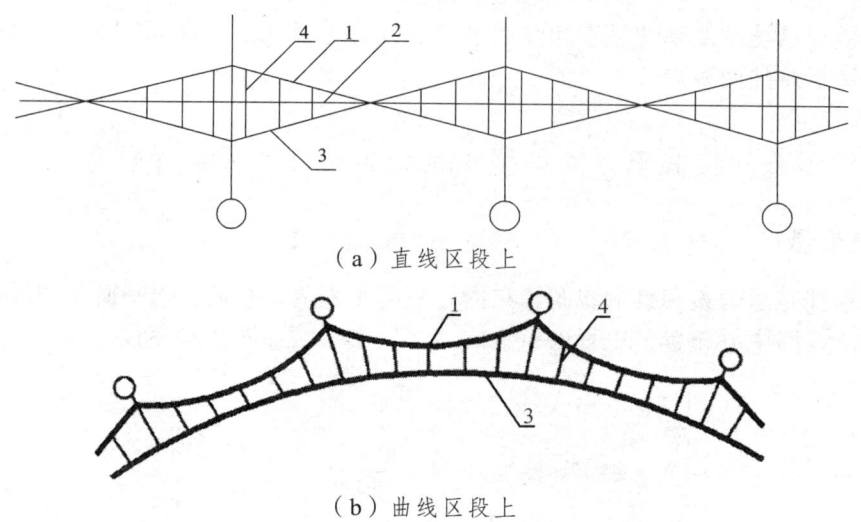

（a）直线区段上

（b）曲线区段上

1—承力索；2—线路中心线；3—接触线；4—吊弦。

图 2.2.11　斜链型悬挂

在曲线区段，承力索对线路中心线向外侧有一个较大的偏移，吊弦的倾斜角较大。这种悬挂的优点是风稳定性好，可增大两支柱之间的距离（简称跨距），但其结构复杂，设计计算烦琐，施工和检修困难，造价较高，我国没有工程应用。

三、刚性悬挂

刚性架空接触网一般适用于地下段，而不应用于地面及高架桥。地面及高架桥若要采用刚性架空接触网则必须安装专门支架来悬挂支撑，故其投资较大。柔性悬挂的受电弓同样可以在刚性悬挂中使用。

1. 刚性悬挂的布置

刚性接触网平面布置和传统的接触网一样，由汇流排和接触线组成的刚性悬挂在运行方向上布置成"～"形，其实际形状看起来像正弦波，如图 2.2.12 所示。在刚性悬挂一个锚段的范围内，一般有 1～2 个波形。通常刚性悬挂最大拉出值不超过 250 mm，最大锚段长度不超过 300 m。

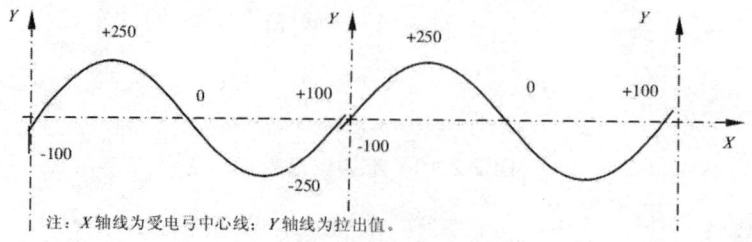

注：X 轴线为受电弓中心线；Y 轴线为拉出值。

图 2.2.12　刚性悬挂正弦波形布置

但在运营过程中，正弦波形状布置的刚性悬挂接触线磨耗不均匀与电客车受电弓局部磨耗问题日益凸显。当列车行进速度恒定时，拉出值大的位置处（同时也是受电弓摩擦接触受流时距离受电弓中心点远的位置)受电弓滑板与接触线的相对作用距离也大,也即受电弓滑板与接触线的作用时间越长,造成的磨耗就越大。采用"八"字形布置的刚性悬挂则可以避免磨耗不均匀的问题。

刚性悬挂"八"字形布置如图 2.2.13 所示。该布置方式时无论是直线区段还是曲线区段刚性悬挂均按直线区段统一考虑,即不考虑汇流排的绝对轨迹,而是考虑汇流排以受电弓为中心的相对轨迹;让悬挂点数量以受电弓为中心在其两侧绝对平分,拉出值均匀布置,以保证导线在受电弓上的变化速率基本一致。此种布置方式下刚性悬挂拉出值一般按 2.5 ~ 10 mm/m 的变化率(根据不同锚段长度确定)确定。考虑到汇流排的横向刚度,在最大拉出值附近的两三个悬挂点仍按照正弦波曲线布置(其中一个为最大拉出值,如图 2.2.13 中的悬挂点 A;另外两个称之为次最大拉出值,如图 2.2.13 中的悬挂点 B)。在锚段内剩余位置按照拉出值变化率布置,即可保证接触线在受电弓上的变化速率基本一致,从而可以解决受电弓磨耗不均匀问题。

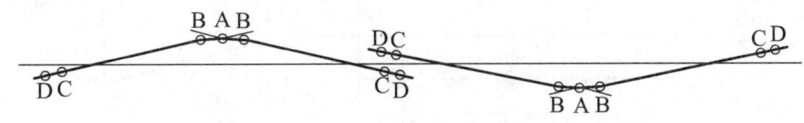

图 2.2.13 刚性悬挂"八"字形布置

但采用"八"字拉出值布置方式下,在最大拉出值悬挂点 A 及次最大拉出值悬挂点 B 等 3 个点处按照正弦曲线来布置,其曲线半径比采用正弦波时小得多。由于汇流排的人工弯曲最小半径为 80 m。最大拉出值附近的悬挂点按照曲线布置时,弯曲半径不能超过此值。悬挂点 A 与悬挂点 B 的距离一般为 8 m,拉出值可以选择在 170 ~ 200 mm 之间(此时 B、A、B 这 3 个点的曲线半径一般为 1000 ~ 2000 m,而采用正弦波拉出值布置方式时最大拉出值附近 3 个悬挂点处的曲线半径一般为 6000 m 以上)。由于汇流排有一定刚度,在最大拉出值处,弯曲半径越小则悬挂汇流排的线夹、绝缘子及吊架等横向受力就越大(横向即垂直线路方向),尤其对于汇流排线夹和绝缘子来说,线夹的横向受力明显加大,而绝缘子的抗弯要求会更高,这导致"八"字形布置刚性悬挂工程应用相对较少。

2. 悬挂装置安装形式

刚性悬挂主要由汇流排、接触线、伸缩部件、中心锚结等组成,通过门型架形式安装于隧道顶或隧道壁上;也有少量通过腕臂结构安装于倒立柱(或支柱)上的情况。

门型架结构由悬吊螺栓、横担槽钢、绝缘子及汇流排线夹等组成,如图 1.4.2 所示。其特点是结构简单、可靠,但调节较困难。

腕臂结构主要由可调节式绝缘腕臂、汇流排线夹、腕臂底座、倒立柱(或支柱)等组成,如图 1.4.3 所示。其特点是调节灵活、外形美观,但结构复杂、成本高。

3. 柔性悬挂和刚性悬挂间的过渡

刚性悬挂一般应用于城轨交通的地下线路,处于地面的车场则常采用柔性悬挂,因柔性悬挂和刚性悬挂有不同的惯量,为了避免在过渡时产生硬点,有必要使用一个专门的过渡装置。用于柔性悬挂和刚性悬挂之间过渡的设备必须保证接触面的电气和机械的连续性。

刚柔过渡部件有两种形式：锚段关节式刚柔过渡和切槽贯通式刚柔过渡。刚性悬挂和架空悬挂过渡主要发生在隧道出口处，过渡方式主要有：贯通式和锚段关节式过渡两种，后者用于速度低于 80 km/h 的线路，前者的速度可高些。不管哪种形式均应确保受电弓在两种悬挂之间安全平滑的过渡。

锚段关节式刚柔过渡是采用终端汇流排与柔性悬挂并列运行，实现刚性和柔性过渡，如图 2.2.14 所示。刚柔过渡部分的间距不宜大于 200 mm，且应靠近受电弓中心，两边均匀布置。过渡端刚性悬挂起始定位点处接触线的高度，应比同处柔性悬挂的接触线抬高 20~30 mm，然后刚性悬挂定位按接触线高度变化不大于 0.2% 的设计原则，逐渐平缓恢复到正常高度。柔性悬挂从刚性悬挂起始定位点处开始，逐渐平缓抬升，经刚柔两线等高并行后，柔性平缓抬高脱离运行，到下锚端非支点处抬高 50~100 mm 即可。

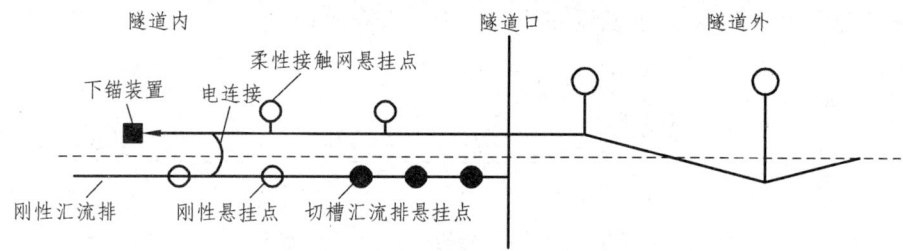

图 2.2.14 锚段关节式刚柔过渡

刚性悬挂带电体距柔性悬挂下锚底座、下锚支悬挂等接地体的距离不应小于 150 mm。

切槽贯通式刚柔过渡使用较多，其性能不仅能满足刚柔之间刚度的逐渐变化，同时还能承受柔性悬挂接触线的张力，如图 2.2.15 所示。

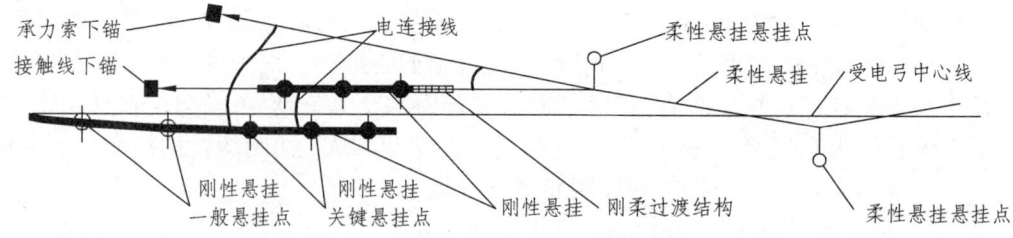

图 2.2.15 切槽贯通式刚柔过渡

切槽贯通式刚柔过渡元件长度一般为 5 m，由一根普通汇流排经过加工顶面而制成，加工是为了减小惯量和增加末端的弹性，这些措施是为了使受电弓可以无硬点地从柔性网向刚性网过渡，同时又不削弱受电弓的接触压力，即可以较缓慢地将张力减小至接触线可以承受的程度，保证两种悬挂方式的平滑、顺畅过渡，如图 2.2.16 所示。

切槽加工会减小汇流排夹口对接触线的夹持力，为此在汇流排上共钻了 7 组通孔（间隔 480 mm），并用 15 N·m 的力矩紧固 7 个 M10 的不锈钢螺栓，通过螺栓紧固来保证夹口的夹持力。

为防止接触线在刚柔过渡元件的夹口内滑动抽脱，过渡元件的底面加工有一个 60 mm × 200 mm 的缺口，特别安装有一个强力锚固线夹将接触线固定在汇流排上，这个锚固线夹可以防止接触线因受到来自柔性悬挂的张力而在汇流排内滑动。刚柔过渡元件通过中间接头与刚性悬挂连接为一体。

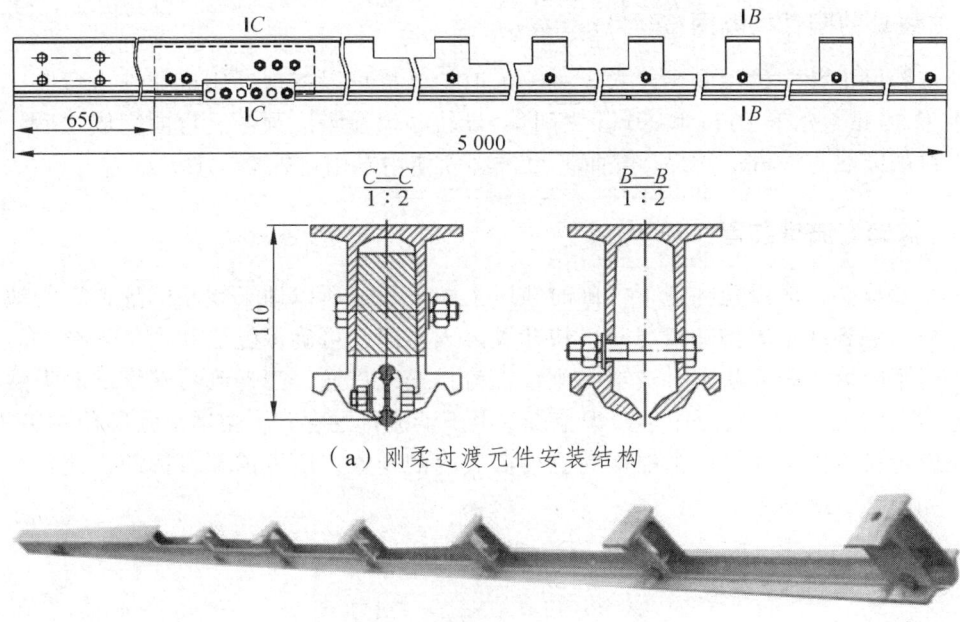

(a) 刚柔过渡元件安装结构

(b) 刚柔过渡元件本体

图 2.2.16 切槽贯通式刚柔过渡元件

刚柔过渡元件必须用防护罩板保护，以防止水和灰尘进入汇流排。

4. 汇流排终端（也称弯头）

汇流排终端由一端弯曲的 4 m 的汇流排制成。汇流排终端的斜面长 1 500 mm，端部抬高 70 mm，最大倾斜率不超过 1/20。弯曲处的半径是 6 m。弯曲时必须保证汇流排夹口的开口在 4.7～5.3 mm 之间。在汇流排终端未弯曲的另一端设有连接用孔。如图 2.2.17 所示。

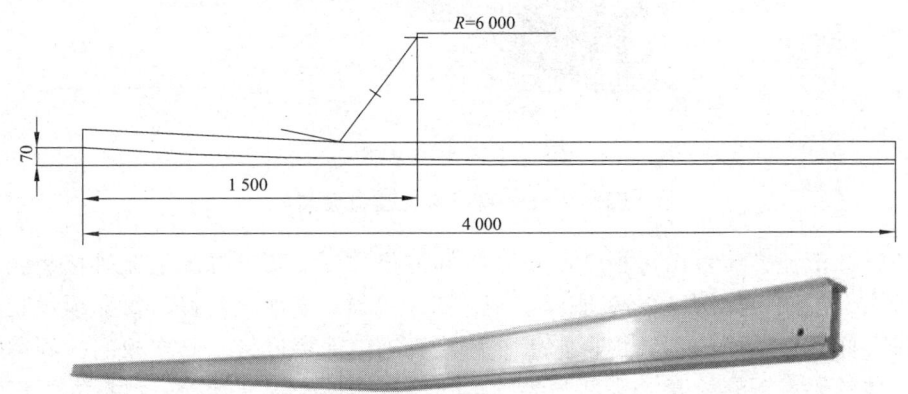

图 2.2.17 汇流排终端

汇流排终端一般安装在每段的端部，用做膨胀接头、绝缘分段或者是线岔。斜面部分是出于受电弓安全平滑过渡的需要。实际上在膨胀接头处的汇流排终端按下面方法调整：受电弓从一段汇流排终端的直线部分过渡到另一汇流排终端的直线部分，不接触斜面部分。

5. 曲线处的刚性接触网

刚性接触网安装中的弯曲半径大于 80 m 时汇流排可以在现场用机械外力弯曲。如果弯曲半径小于 80 m（介于 30 m 和 80 m 之间），导轨必须在工厂预弯。弯曲完成之后，检查汇流排的夹口的距离在 5 mm 左右。弯曲汇流排必须使用专用弯轨器工具。

6. 可拆卸汇流排装置

轨道交通线路一般设置在地下，同时兼顾人防工程，所以地下线路的隧道口等地方设置有人防门。当遇到战争等特殊情况时，快速关闭人防门，可确保隧道和人员安全。

人防门平时处于敞开状态，隧道内刚性汇流排全线贯通，当遇到特殊情况时需强行压断汇流排才能关闭人防门，从而缩小损失范围。由于汇流排的存在，会增加人防门的关闭时间，同时存在由于接触网汇流排的卡滞而无法彻底关闭的现象，所以需要可拆卸汇流排装置解决此问题，如图 2.2.18 所示。

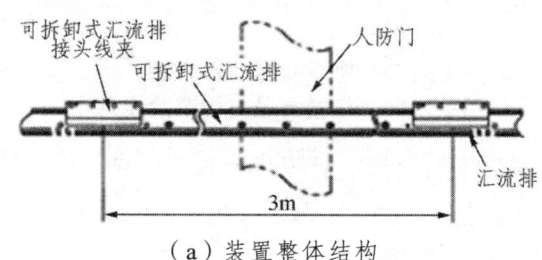

（a）装置整体结构

（b）装置整体外观

图 2.2.18　可拆卸汇流排装置

可快速拆卸汇流排装置由 1 根 3 m 长可拆卸汇流排与 2 套可拆卸汇流排接头线夹（亦称汇流排外接头）组成，如图 2.2.19 所示。汇流排上有 13 套顶丝装置，每套顶丝装置包括铆固在汇流排一侧立板里面的不锈钢保护带，从汇流排内部穿过另一侧立板的孔利用螺纹与盖板连接成一体的铝青铜螺纹套，头部为半圆形的不锈钢球头顶开螺栓。可拆卸汇流排上还有 2 套 M10 不锈钢夹紧螺栓，螺母采用防松性能好的特殊螺母，确保在使用寿命期内的连接稳固不松动，夹紧螺栓布置于汇流排夹线钳口夹紧力可能降低的两端头附近。可拆卸汇流排接头线夹由 2 个对称的铝本体、4 组连接螺栓组成，铝本体与汇流排的连接通过卡槽螺栓的紧固实现。铝本体上镶嵌有特殊设计的镀银铜合金弹性接触条，可以确保与汇流排有良好的电气接触，增加纵向防滑性能。

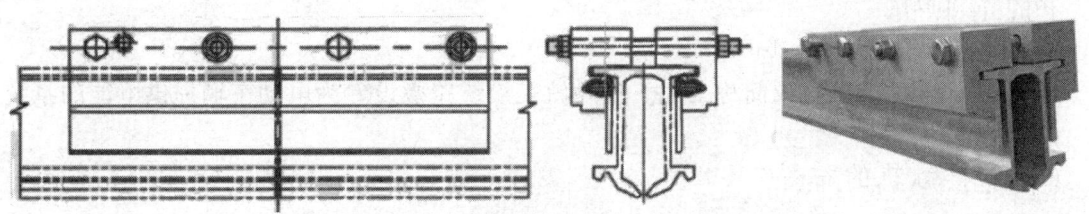

图 2.2.19　可拆卸汇流排接头线夹

连接螺栓采用防松性能优的螺母，确保在使用寿命期内的连接稳固不松动。为了不妨碍人防门的快速关闭，在人防门处将汇流排断开。平时通过可拆卸接头线夹将可拆卸汇流排与两端的普通汇流排连接起来；紧急情况时，取下 2 套可拆卸接头线夹和可拆卸汇流排后人防门即可关闭。可拆卸接头线夹起电气接续和机械接续作用。在接触线不断开、汇流排不破坏的情况下，可以快速将汇流排取下，实现人防门的快速关闭。受电弓在通过人防门区段时，与正常线路具有相同的取流质量、平滑顺利地滑入滑出，实现受电弓接触电气和机械的连续性，消除弓网事故隐患。

7. 移动式架空刚性悬挂

车辆段维修车间库内维修线，既有柔性简单悬挂（或弹性简单悬挂）和固定式架空刚性悬挂形式，又有由电动机驱动的移动式（或称折叠式）架空刚性悬挂，如图 2.2.20 所示。

图 2.2.20　移动式架空刚性悬挂

移动式刚性接触网用于检修库内的列车供电。列车到位后，移动式刚性接触网可以收回月台，释放出列车上方的空间，然后就可以不受接触网的影响在列车上方进行维护工作。

移动接触网装置一般由移动段和刚柔过渡段两部分组成，移动段设置在移动接触网线路中部，包括主动机构、从动机构、旋转臂和旋转拉线、分段关节等部件，通过移动段的旋转移动释放其线路上部空间；刚柔过渡段设置在移动接触网线路两端，实现与库外柔性接触网的衔接和过渡。用于支撑移动式刚性接触网的旋转装置安装在车场内从房顶到地面的垂直柱子或者是从房顶下来的钢支架上。这种支撑可以旋转到与走行轨平行的方向。刚性接触网安装在支撑装置的末端。支撑装置安装在两根自润滑的轴上，以确保它可以自由旋转。一个球形支撑安装在下面的轴上用来承受支撑装置的重量。在旋转过程中，支撑装置和汇流排类似于一个平行四边形，汇流排保持和轨道平行的方向，从铁轨的中心移至月台上方。支撑装置的最大间距是 12 m。

四、接触轨

接触轨,又称第三轨或简称三轨。接触轨是沿线路敷设专为电动车辆提供电能的系统。

(一) 接触轨的布置

接触轨的安装位置应根据接触轨受流方式和各种限界条件等确定,并应与车辆进行配合。正线接触轨一般布置在行车方向的左侧,在高架线路、道岔区等个别地段布置在行车方向的右侧。

(二) 接触轨的类型

根据接触轨与电动车辆集电靴的接触面位置不同,接触轨可以分为4种形式:上部受流接触轨、下部受流接触轨、侧部受流接触轨和中间受流接触轨。

1. 上部授流接触轨

接触轨的受流面朝上固定安装,车辆集电靴通过下压力取流。此方式维修方便,受流方式简单,但该方式只能从顶部和线路外侧对接触轨进行防护,因此防护不够严密,安全性稍差,接触轨表面容易附着杂物、粉尘、冰雪等,对列车取流会产生一定的影响,如图 2.2.21 所示。

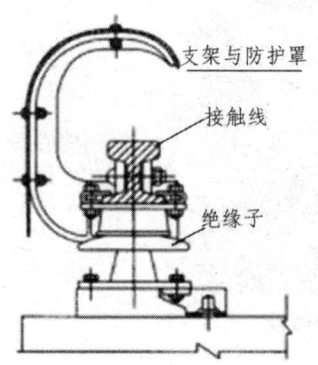

图 2.2.21 上部受流接触轨

2. 下部授流接触轨

接触轨的受流面朝下固定安装,车辆集电靴通过上抬力取流。这种方式受气候条件影响小,接触轨不易附着杂物、粉尘和冰雪,且可以从顶部和内、外侧对接触轨进行防护,防护罩可以紧密地罩住接触轨,防护更加严密,可防止人员无意识地触及接触轨带电部分,因此安全性较高。但同时也带来维修时需拆卸防护罩及观察不方便的问题。此外,由于下部受流方式中车辆集电靴的上抬力与接触轨的挠度方向相反,因而有助于提高受流质量,并可在挠度允许范围内增大接触轨支架的间距,减少其数量,从而节省投资,如图 2.2.22 所示。

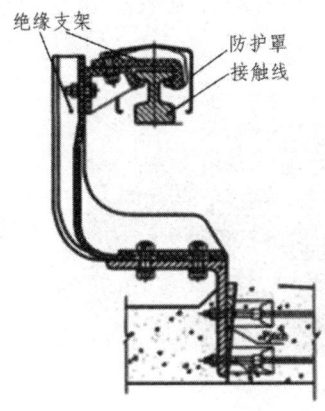 

图 2.2.22 下部受流接触轨

3. 侧部授流接触轨

接触轨的接触面侧向安装,受流面与轨顶面垂直,车辆集电靴通过侧向压力取流。四轨系统即采用侧面受流。侧部受流第三轨正极在上部,第四轨负极在下部,电动车辆的集电靴和回流器皆为侧面受电。采用第四轨回流方式代替走行轨回流。最大的优点是走行轨下不产生杂散电流,对地下金属结构不会产生腐蚀。侧部触受流方式的接触轨虽然其顶面不易附着杂物,但也只能从列车顶部和线路外侧对接触轨进行防护,亦存在防护不够严密、安全性差的问题。如图 2.2.23 所示。

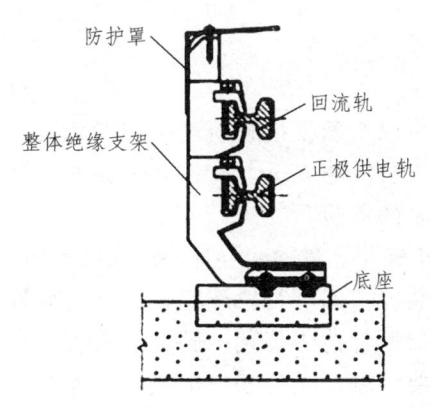 

图 2.2.23 侧部受流接触轨

4. 中间授流接触轨

中间受流系指接触轨敷设在两股道中间,其接触面与走行轨、地面持平。这种敷设方式适用于人车混行且对周围环境及景观要求比较高的城轨线路,弥补了传统供电方式在这方面的不足。目前只有法国的巴黎市和波尔多市对市容景观有较高要求的地段运行,它适合铺设在各种轨道的路面上,接触轨位于两股道的中间,如图 2.2.24 所示。在地下埋设自动控制的开关盒,当只有车辆集电靴碰到接触轨时,接触轨才通电,当车辆集电靴离开接触轨时则自动断电。

中间受流接触轨的供电方式要比常用的接触轨及其供电设施和自动控制系统要复杂得多，在我国没有工程应用。

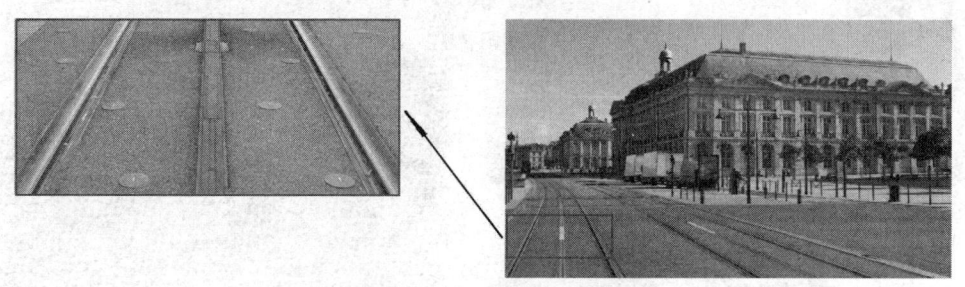

图 2.2.24 中间受流接触轨

（三）接触轨断口的设置

接触轨断口有电分段和电气上不断开两种型式。

电气上不断开主要设置在道岔，地下车站人防门、防淹门、车站换边等处。断轨采用接触轨自然断开方式，两断轨间用电缆进行电气连接，断口大小根据具体情况确定。

断轨采用接触轨自然断开方式，两断轨间电气不连接，断口长度不大于 27 m。断轨处接触轨端部均设置端部弯头。

在接触轨的布置中，应体现少断轨原则。根据线路的实际情况，尽量选用道岔、人防门等处的断轨做电分段。

（四）滑触线系统

城市轨道交通正线采用接触轨系统时，车辆检修库内可以不敷设接触轨而采用滑触线系统。在车辆段检修库设置滑触线系统的目的，在于让维修人员能够安全、有效率地完成日常的列车检修工作，降低接触轨受流方式对轨旁工作人员带来的危险。

滑触线系统包括与建筑结构连接的金属支架及底座、绝缘子、滑触线导体、绝缘防护罩、滑触线导体连接线夹、悬挂线夹、电连接线夹、中心锚结装置、温度补偿连接板、集电器智能小车、终端挡块、带电信号灯、直流电缆、与车辆连接的耦合接头装置、耦合接头装置专用存放箱、配套连接金具、支架接地扁铜、专用工具、必要的测试设备等。集电器智能小车配备有智能控制单元，配合在静调柜基础上研制的滑触线控制柜，实现滑触线系统的控制、保护和安全联锁功能，如图 2.2.25 所示。

在检修库外的咽喉区，设置大于一列车长度的接触轨中性段作为发车区，其供电分段采用隔离开关，以使其供电独立于其他轨行区线路的接触轨，避免出现接触轨和滑触线同时给车辆供电的情况。在进库时，列车由发车区接触轨供电，驶入库内安全位置停下，并切断负荷，然后打开隔离开关，中断由接触轨供电；接上滑触线系统后，采用滑触线系统提供的牵引电源，以手动模式慢速开动，直接驶往预定位置停下，其间无需停车或转换电源接头。在离库时，发车区隔离开关打开，列车由滑触线系统供电，驶至库前安全位置停下并切断负荷，然后与滑触线系统隔离，合上发车区隔离开关，再由发车区接触轨供电驶离。

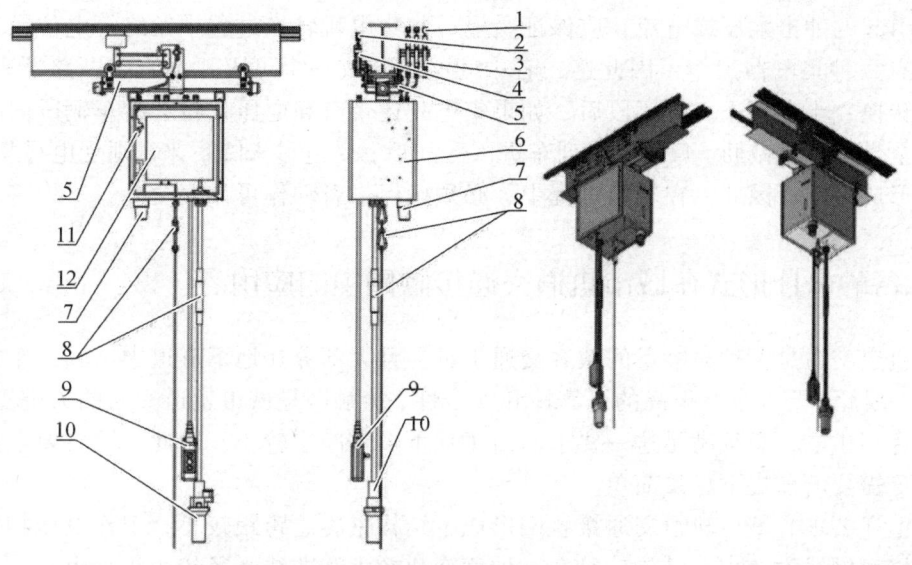

1—交流控制滑触线；2—直流动力滑触线；3—控制滑触线集电器；4—动力滑触线集电器；5—运载小车；
6—电控单元；7—电源状况指示；8—过拉力保护；9—现场操作控制板；10—电源插头；
11—电控单元控制电路；12—电控单元动力电路。

图 2.2.25　滑触线系统

（五）架空接触网和接触轨之间的相互过渡

当采用 DC 1 500 V 接触轨（正线区间）和架空式接触网（地面段）混合供电时，必须设置过渡区段以实现这两种集电方式的转换。

在混合供电方式下，列车必须采用双制式集电，列车在正线部分采用集电靴与接触轨集电，进入车辆段入口后转换为受电弓与接触网集电。其转化过程在车辆段出口处的过渡段完成。

列车运行到过渡段时，两种集电器也要按一定方式进行转换。目前这种转换方式有断电通过方式和地面感应开关–车载自动切换方式。地面感应开关–车载自动切换方式工作原理如图 2.2.26 所示。

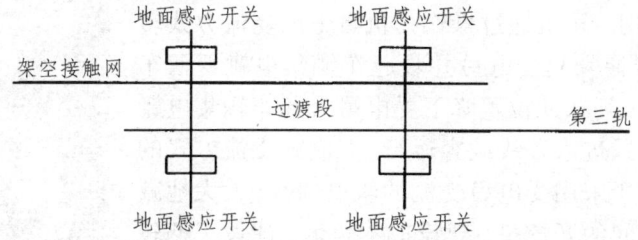

图 2.2.26　架空接触网与接触轨之间不停车自动切换工作原理

列车进入过渡段向车辆段运行时，地面感应开关给一个触发脉冲，列车自动升起受电弓，同时停止使用集电靴；列车驶出车辆段达到过渡段时，地面感应开关给一个触发脉冲，列车应自动降弓，同时启用集电靴取流。

在这一转换过程中，实现弓-靴转换的同时，列车内的主电路也需要一系列转换，为减少转换过程引起的冲击电压或电流，应保证受电弓与集电靴转换过程中始终等电位，而转换完成后只能有一种集电器工作，因此这二者中间必须装有一个可灭弧的真空断路器来实现弓-靴的开闭转换；当车辆进入车辆段后，如果集电靴还带有高电压，将会给车辆段内的工作人员人身安全带来严重威胁。反之，当列车进入区间后，受电弓未降下来，则受电弓将会损坏，并有可能形成短路；因此，在转换过程中，必须确保二者动作可靠安全。

五. 各种悬挂形式在城市轨道交通接触网中的应用

城市轨道交通是一种大容量的载客交通工具，且大部分在地下隧道中，其行车密度高、载客量大，因此，要求具有很高的可靠性和安全性。接触网是城市轨道交通的关键供电设备，专门给电客车供电，必须满足这一要求。由于地下隧道净空较小，因此，同时要求接触网的结构在满足需要的前提下尽量简单。

由于上述要求，城市轨道交通接触网形成了结构紧凑、跨距较小，工作电压相对较低、电流大，接触网线索较多、结构较复杂，坡度变化较大和曲线半径较小等特点。

在城市轨道交通中采用架空接触网时，位于地下部分的正线（包括出入段线的地下部分）一般采用刚性接触悬挂，或全补偿链形接触悬挂且多采用单（或双）承力索、双接触线式全补偿链形接触悬挂，外加 3 或 4 根辅助馈电线（如广州地铁 1 号线），有的也采用弹性简单悬挂（如上海地铁 1 号线采用带弹性支座式的简单接触悬挂）。敞开段和地面部分（含延至车辆段内的部分线路）采用全补偿简单链形悬挂接触网（1 根接触线、1 根承力索、2 根辅助馈线）；试车线采用全补偿简单链形悬挂接触网（2 根接触线、2 根承力索）；车场内其他线路采用简单接触悬挂或有补偿的弹性简单悬挂接触网（1 根接触线）。线材一般采用铜材。采用接触轨时，则不受安装位置的限制，无论地上和地下，正线和车场均可安装（如北京地铁、武汉地铁）。

除此之外还有双制式受流方式，如广州地铁 4 号线的运营线路采用接触轨供电、集电靴受流的方式，车辆段内则采用架空接触网供电、受电弓受流的方式，出入段线的隧道口位置为接触网和受电弓的双模方式，设置弓、靴转换区段，实现受电弓、集电靴两种受流方式的转换。在城轨列车回段时，司机通过操作司机台上的受流方式转换开关让城轨列车选择升起受电弓并收起车辆集电靴返回车辆段；同样在出段时，则在此位置降下受电弓升起车辆集电靴通过接触轨受流的方式进入正线载客运行。双制式受流方式的运营线路限界远远小于采用受电弓受流的轨道列车，大大地减少了运营线路隧道区间的开挖量，建设成本较低，建设工期较短；列车在地面高架区段运营时更加美观，避免了高架区段架设、维护接触网的难题；车辆段内配套供电的接触网为高空架设，不影响地面的检修作业，日常作业时更加安全、方便。但双制式受流方式使得列车的电路设计变得更为复杂，不仅在生产布线时工作量较大，而且增加了车辆电路的检修工作量和检修难度。

图 2.2.27　双制式受流

不同类型悬挂接触网优缺点及使用范围如表2.2.1所示。表2.2.2为某城市城轨交通接触网的设置方案。

表2.2.1 不同类型悬挂接触网优缺点及使用范围

悬挂类型	下锚方式	支柱吊弦形式	优缺点	使用范围
简单悬挂	不补偿	无	优点：简单，施工方便 缺点：电动列车取流差	基本不用
简单悬挂	补偿	无	优点：简单 缺点：有硬点，通过速度低	库线、停车场线、专用线等
简单悬挂	补偿	弹性吊索	优点：施工方便，净空要求低，投资少，弹性有所改善 缺点：弛度较大，不适合高速行车	同上线路，以及行车速度低于80 km/h的线路，受净空限制的旧线需要改造线路
链型悬挂	不补偿	简单	优点：简单 缺点：电动列车取流差	基本不用，渡线半边下锚
链型悬挂	半补偿	简单	优点：弹性较简单悬挂改善，事故后修复容易 缺点：受承力索弛度影响，接触线弛度变化仍较大，结构高度大，对隧道净空要求高	站线、专用线、停车场线、隧道内等
链型悬挂	半补偿	弹性	优点：支柱处弹性改善，跨距弹性比较均匀 缺点：同半补偿简单悬挂	行车速度在100 km/h及以上的正线（除隧道）
链型悬挂	全补偿	简单	优点：弛度变化小，结构高度小，支柱高度和容量可降低 缺点：中心锚结下锚处结构复杂	能适应于高速行车的正线、站线及隧道内
链型悬挂	全补偿	弹性	优点：弛度变化小，弹性均匀 缺点：同全补偿简单悬挂	高速行车的铁路干线，城轨未采用
刚性悬挂	无补偿	无弹性		隧道内
接触轨	无补偿	无弹性		隧道内、外，地面、高架均可

表2.2.2 某城轨交通接触网的接触悬挂设置方案

区段	线别	悬挂类型	导线组成
正线	地下区段	"Π"刚性悬挂	1根汇流排+1根接触线+1根架空地线 1×PAC110+1×CTAH150+1×JT120
正线	地面、高架区段	简单链形悬挂	单承力索+双接触线+2根辅助馈线电缆+1根架空地线 1×JT150+2×CTAH120+2×（1×150）+1×JT120

续表

区段	线别	悬挂类型	导线组成
车辆段（停车场）	出入段（场）线	简单链形悬挂	单承力索+单接触线+3根辅助馈线+1根架空地线 1×JT150+1×CTAH120+3×JT150+1×JT120
	试车线	简单链形悬挂	双承力索+双接触线+1根架空地线 2×JT150+2×CTAH120+1×JT120
	车场线	弹性简单悬挂	单接触线+弹性吊索+1根架空地线 1×CTAH120+1×JT120
	检修库	移动接触网	1根汇流排+1根接触线+1根架空地线 1×PAC110+1×CTAH150+1×JT120

表 2.2.3 城轨交通架空柔性接触网悬挂线索张力设置

线别	线材	线材规格	额定张力/kN
链形悬挂	接触线	2×CTAH120	2×12
	承力索	2×JT150	2×12
	架空地线	1×JT120	1×12（最大）
弹性简单悬挂	接触线	1×CTAH120	1×12
	架空地线	1×JT120	1×12（最大）

第三节 支柱和基础

无论哪种形式的接触网，均需要能够承受接触悬挂和支持装置所传递负载（包括自身重量），并将接触线或接触轨悬挂到一定高度的支撑结构部件。

支柱是架空柔性接触网结构中应用最广泛的支撑设备，隧道外的柔性架空接触悬挂被支柱支持在线路上方，承担接触悬挂与支持装置的负荷。隧道内的柔性架空接触悬挂可使用弓形腕臂、弹性支架等装配形式。

架空刚性接触网多用于隧道中，此时隧道即为支撑部件。在隧道净空较高时也使用倒立柱（吊柱）来支撑悬挂。只有特殊情况下（如极少量的地面线路）才会使用到支柱。

接触轨系统中支座是支撑接触轨并起绝缘作用的主要装置。

一、支柱按材质分类

接触网支柱按照材质主要分为预应力钢筋混凝土支柱和钢柱两大类。

1. 预应力钢筋混凝土支柱

预应力钢筋混凝土支柱简称为钢筋混凝土支柱。单一的混凝土抗拉能力不足，但抗压能力较好，因此多采用预应力配筋技术提高支柱强度。采用高强度的钢筋，在制造时预先使钢筋产生拉力，制成品后钢筋处于受拉状态，而混凝土处于受压状态。当支柱承受负载以后，混凝土里将出现拉应力，它等于弯矩引起的拉应力与预压应力之差，这样就可使支柱的负载能力大大提高。虽然此时受拉层里的钢筋的总张力等于预拉应力和弯矩作用引起的拉应力之和，但此时钢筋还远未达到满载，不会限制支柱承受负载的能力。

与钢柱相比，预应力钢筋混凝土支柱的优点是减少了金属材料的使用量、成本较低，使用寿命长，使用中无需进行维修。钢筋混凝土支柱的缺点是比较笨重，且经不起碰撞，损坏后不易更换，因此在运输装卸和安装工程施工中应小心谨慎。

钢筋混凝土柱从外观形态上可分为矩形横腹杆式、等径圆支柱两种。横腹杆式支柱截面为工字形，采用带腹孔的横腹结构。这种结构便于上下攀登，利于维修和检查。同时针对接触网负载的方向性（一般垂直于线路方向承受一定方向弯矩），在支柱受拉一侧配筋多，提高了高强度钢筋的利用率，在各种支柱中造价较低。缺点是质量大、安装不便、外观不太美观，且其非工作面承载力较小，生产制造这种支柱比较复杂，在运输过程中也容易损坏。矩形横腹杆式混凝土支柱主要用作腕臂柱和软横跨支柱。横腹杆式支柱都可兼作打拉线下锚柱使用，但悬挂方向的弯矩与由下锚支所产生的悬挂方向附加弯矩之和应不大于支柱悬挂方向的标准设计弯矩。矩形横腹杆式钢筋混凝土桩如图 2.3.1 所示。

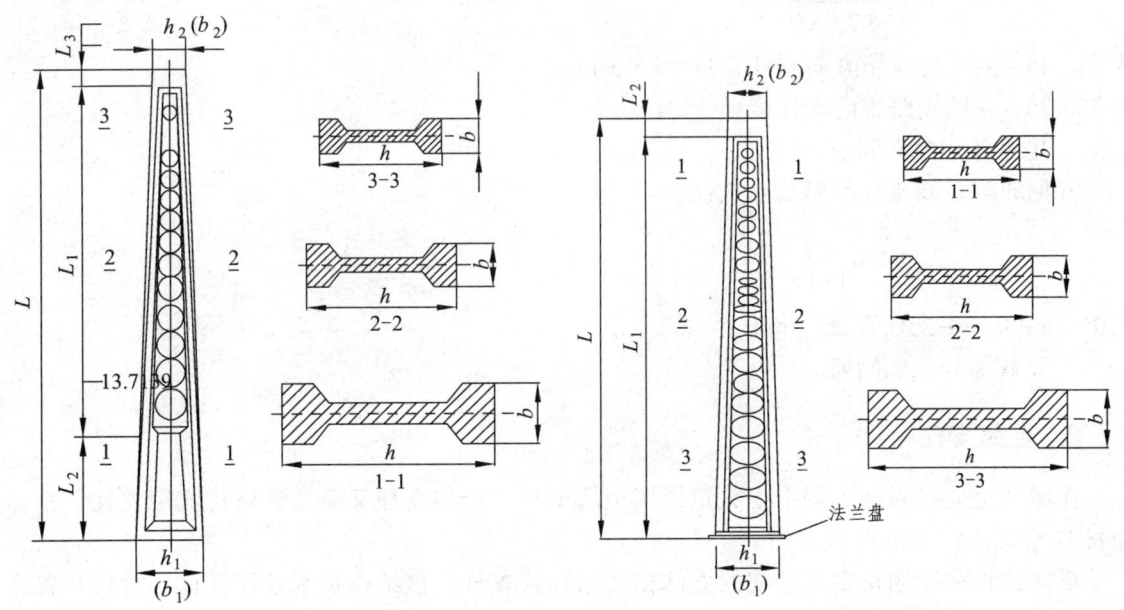

（a）直埋式横腹杆式混凝土支柱　　　　　（b）法兰式混凝土支柱

L—柱长；L_1—负载点高度；L_2—支持点高度（支柱埋入地下的深度）；L_3—柱顶至检验负载点距离（0.1 m）；h—支柱截面处高度；h_1—柱底截面处高度；h_2—柱顶截面高度；b—支柱截面处的宽度；b_1—柱底截面宽度；b_2—柱顶截面宽度。

图 2.3.1　矩形横腹杆式钢筋混凝土柱

等径圆钢筋混凝土支柱是一种上下直径相等的圆形支柱。该柱加工制造较容易，当支柱围绕自己的纵轴旋转时，利用离心力的作用，混凝土浆喷洒到模型面上并能较好密实凝结。这种支柱表面平滑，便于运输，圆截面钢筋混凝土支柱的钢筋是按整个圆周均匀分布的，安装时不受方向性的限制，且受力均匀，运输方便，损耗率低，制造长度比较灵活。缺点是钢筋材料的利用率较低，攀登支柱较困难，不利于维修。现生产的有$\phi350$ mm 和$\phi400$ mm 两种直径的等径圆支柱。

钢筋混凝土支柱基础类型有直埋式和独立基础两种类型。对于直埋式基础，支柱的地下部分起到了基础的效能，埋置深度一般为 3 000 mm 左右，根据负载情况、土壤类型等计算确定。对于部分具有法兰盘、需要独立基础的钢筋混凝土支柱，要设置专门的混凝土基础，这种支柱，将会大大增加混凝土和钢材的耗量，而且需分两个阶段进行作业，增加了施工成本。目前我国使用的横腹杆式混凝土支柱多属于整体式支柱，等径圆支柱多需要制作杯形混凝土基础。

$$H\frac{60}{8.7+3.0}$$

式中　H——钢筋混凝土支柱；

　　　60——垂直线路方向支柱容量，kN·m；

　　　8.7——支柱地面以上部分长度，m；

　　　3.0——支柱埋入地下部分的长度，m。

专门作为锚柱使用的钢筋混凝土支柱，其符号表示方法为：

$$H\frac{48-25}{8.7+3.0}$$

式中　48——垂直线路方向支柱容量，kN·m；

　　　25——顺线路方向支柱容量，kN·m。

其他部分含义同前。

常见的等径圆支柱型号表示方法为：

$$\phi400\frac{60}{11+3}$$

式中　$\phi400$ ——支柱直径，mm；

　　　分数部分含义同前。

2. 金属支柱

在城轨交通接触网工程中也大量使用金属支柱，金属支柱又有普通格构式钢支柱、整体型材 H 型钢支柱和圆形钢支柱。

格构式钢柱是用角钢焊接成的立体桁架结构式支柱，该结构技术性能优良，材料布置合理，可根据具体使用场合设计成不同的结构型式，方便灵活。立杆时一般在柱底各主杆处设法兰盘，通过地脚螺栓与基础连接，安装方便。其容量跨度范围很大，任何场合均可使用，尤其适用于大跨度软硬横跨中。但其外形尺寸较大，占用较大空间，当线间距较小时，使用受限。杆塔由于组合杆件多，所以下料、放样、焊接、防腐等制造工艺比较复杂。

钢管柱主要分为等径钢管柱和锥形钢管柱，为了连接金具的通用性，一般采用等径钢管柱或锥度较小的锥形钢管柱。钢管柱具有外形美观，截面尺寸小，一般采用压力机或卷板机加工成型，埋弧自动焊接，具有制造简单、机械化程度高、质量容易控制等特点。该支柱采用杯型基础时，可直接埋入基础中；采用预置地脚螺栓基础时，支柱底设法兰盘，螺栓对称布置，安装方便。其抗弯及抗扭强度和刚度较大，作锚柱时可不打拉线。

H型钢柱由H型钢材加工而成,制造简单,预置地脚螺栓基础,安装方便,支柱上下截面一致,装配简单,外形美观。该柱抗弯强度和刚度较大,但抗扭强度与刚度较小,其扭转惯性矩为抗弯惯性矩的 1/(100~250),用作转换柱及锚柱时尤应注意。支柱高度较大时稳定性相对较差。

钢管柱和H型钢柱的用钢量大,质量为同种规格角钢铁塔的1.5~2.5倍。

如图2.3.2所示为几种常用钢柱的结构图。

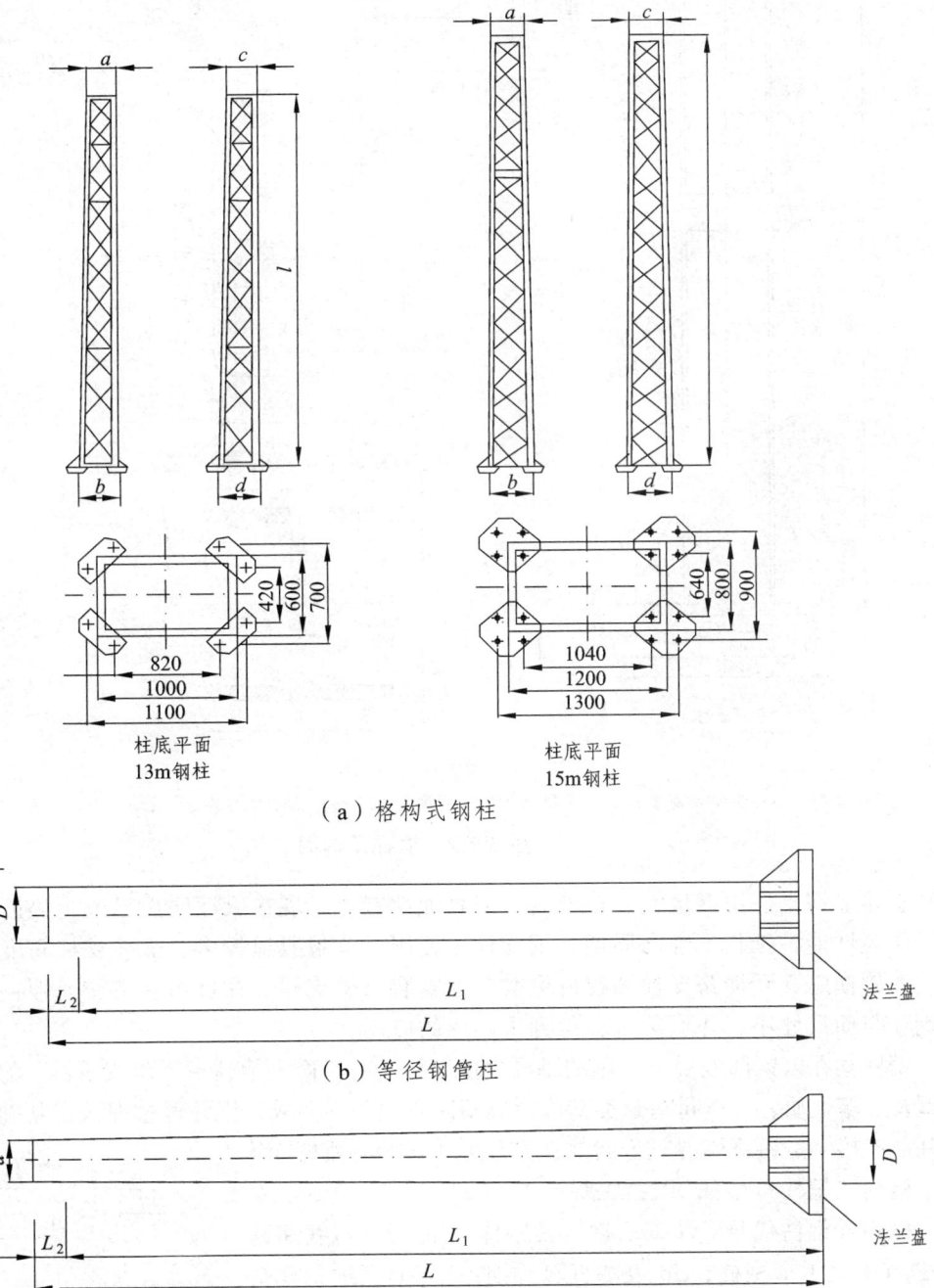

(a)格构式钢柱

(b)等径钢管柱

(c)锥形钢管柱

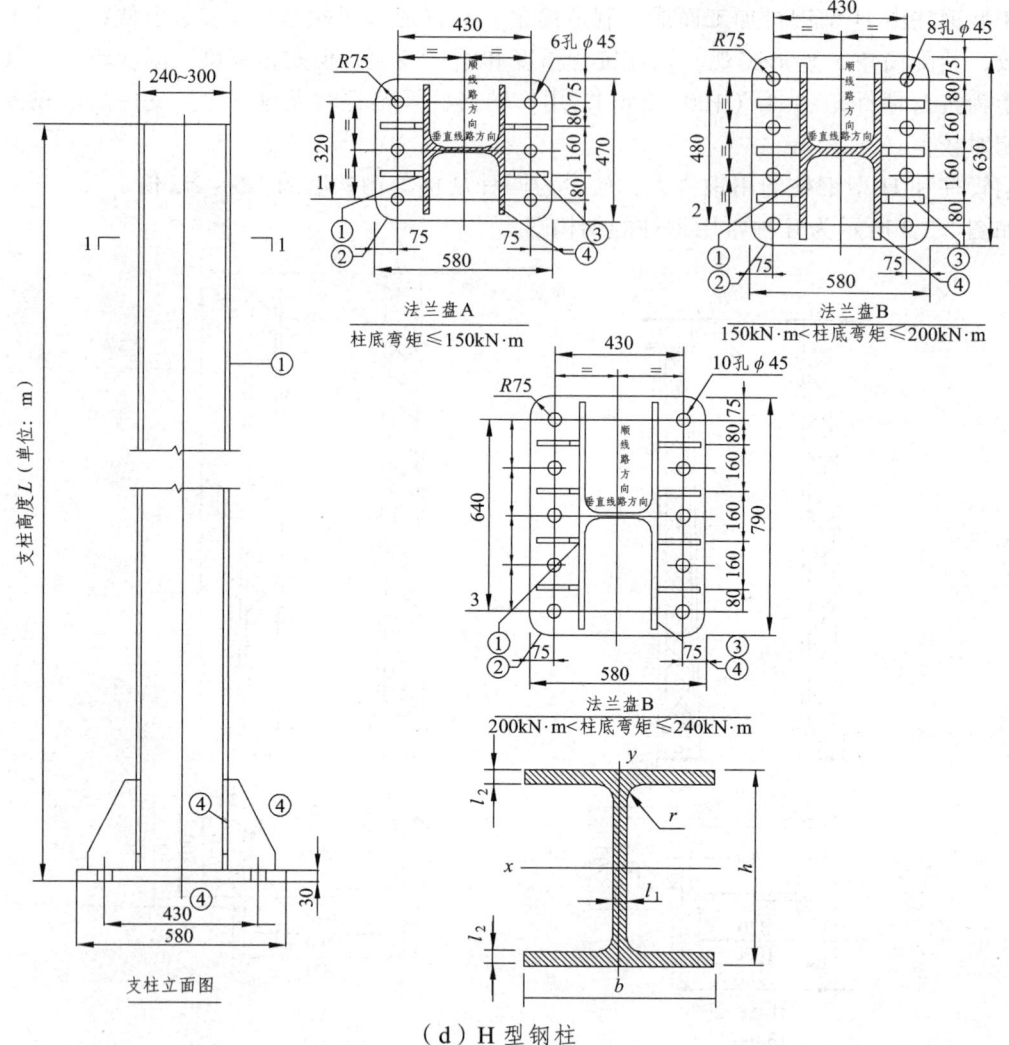

（d）H型钢柱

L—柱高；L_1—负载点高度；L_2—柱顶至负载点高度（0.25 m）；D—底径或直径；d—梢径；δ—壁厚。

图 2.3.2　钢柱结构图

总体上钢支柱用钢量大、造价高、耐腐蚀性能差。现在涂漆防腐已改为热镀锌防腐，提高了防腐性能，延长了维修周期。钢支柱主要用于跨越股道较多、需要支柱高度较高、容量较大的软横跨、硬横跨支柱和在桥梁墩台上安装的桥支柱。在城市轨道交通中，钢管柱和H型钢柱断面尺寸小，外形美观，得到了广泛的应用。

钢柱立在以钢筋混凝土预制的基础之上，基础用以稳定钢柱不倾斜及下沉。配合不同支柱类型及土壤性质，有不同基础类型以适应不同悬挂受力要求。钢柱通过埋入在基础当中的螺栓与基础连接，然后再用混凝土封住连接部分（称为基础帽）。

格构式钢柱符号如图 2.3.3 所示。

格构式钢柱代号：G 表示格构式钢柱；Gs 表示双线路腕臂柱；Gz 表示窄型柱；Gq 表示直腿桥钢柱；Gm 表示钢柱打拉线作为锚柱使用。钢柱的标称容量，单位为 kN·m，此项

图 2.3.3　格构式钢柱符号表示

为一项者，表示垂直与线路方向的标称容量；此项为两项者，为不打拉线下锚柱，第一项表示垂直线路方向的标称容量，第二项表示平行线路方向的标称容量。钢柱高度单位为 m（米）。

钢管柱的符号如图 2.3.4 所示。

钢管柱代号中，Gg 表示等径钢管支柱；Ggz 表示锥形钢管支柱。钢管外径的单位为 mm（毫米），对应锥形钢管柱，其表示钢管柱底径，常见的类型为 $\phi300$、$\phi350$ 两种规格。其他符号含义同格构式钢柱。

H 型钢柱的符号如图 2.3.5 所示。

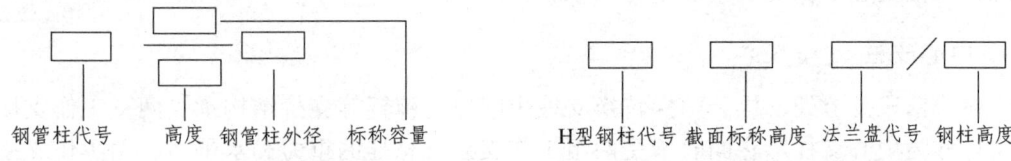

图 2.3.4　钢管柱的符号表示　　　　　图 2.3.5　H 型钢柱的符号表示

H 型钢柱代号用 GH 表示，代号为 GHT 的 H 型钢柱为加强型宽工字钢钢柱。GHd、GHs 分别表示符合国家标准 GB/T 11263—2005 的单 H 型钢柱、双 H 型钢柱。截面标称高度单位为 mm（毫米），法兰盘代号常用的有 A、B、C 等多个型号，对应不同的柱底弯矩和地脚螺栓的数量为 6、8、10 或更多。常用的 H 型钢柱高度范围为 7.5 ~ 11 m，强度主要有 GH240 ~ GH300。

城轨中腕臂柱多采用等径钢管柱、锥形钢管柱或 H 形钢柱，硬横跨支柱多采用锥形钢管柱。

二、支柱按用途分类

支柱按其在接触网中的作用可分为中间支柱、转换支柱、中心支柱、锚柱、定位支柱、道岔支柱、软横跨支柱、硬横跨支柱、隔离开关支柱和桥梁支柱等几种。各种支柱安设位置如图 2.3.6 所示。

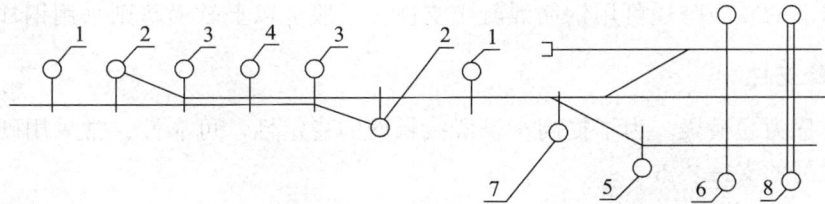

1—中间支柱；2—锚柱；3—转换支柱；4—中心支柱；5—定位支柱；6—软横跨支柱；7—道岔支柱；8—硬横跨支柱。

图 2.3.6　支柱安设位置图

1. 中间支柱

中间支柱在区间和站场上广泛使用，布置在两相邻锚段关节之间，通过腕臂等支持结构承受一支接触悬挂的支柱，它承受一支接触悬挂的重力及风作用于悬挂上的水平分力，中间支柱所承受的力矩比较小，是最常见的支柱类型。

2. 锚　柱

位于锚段的终端，供接触悬挂等下锚用的支柱称为锚柱。在接触网锚段关节处或其他接触网下锚的地方需设锚柱，锚柱承受两个方向的负荷，在垂直线路方向起中间支柱的作用，在顺线路方向，承受接触悬挂下锚的全部拉力。锚柱分为带下锚拉线和不带下锚拉线两种，分腿式钢柱、等径圆钢柱用作锚柱时可不带拉线，其余型号锚柱用作下锚时均带拉线。

3. 转换支柱

转换支柱位于锚段关节处的两棵锚柱之间，它同时支持两支接触悬挂，其中一支为工作支，另一支为下锚支，电力机车受电弓在两转换支柱间进行两个锚段线索的转换。它要承受接触悬挂下锚支和工作支线索的重力和水平力。

4. 中心支柱

在四跨锚段关节处，位于两棵转换支柱中间通过腕臂等支持结构承受两支工作支接触悬挂的支柱称为中心支柱。它同时承受两组工作支接触悬挂的重力和水平力，两工作支接触线在此柱定位点处呈水平状，且使两支接触线线间距离符合技术要求。

5. 道岔支柱和定位支柱

位于道岔处，通过腕臂等支持结构支撑组成线岔的两支接触悬挂，并确保这两支接触悬挂满足线岔处接触线定位要求的支柱，称为道岔柱。

在水平方向对接触悬挂起定位作用而不承受其重量（该重量由相距定位支柱较近的其他支柱、软横跨及硬横跨等承担）的支柱称为定位支柱。当接触线由于某些原因对受电弓中心偏移过大时，为确保受电弓正常接触取流不发生脱弓事故，可专门设立定位支柱。它通常仅承受接触线的水平分力而不承受接触悬挂的垂直分力，一般多设于站场道岔后曲线处。由于受力较小可采用中间柱。

6. 软横跨支柱

软横跨支柱一般用于跨越多股道的站场上，由于受力较大，多选用容量较大的支柱，跨越五股道及以下的软横跨柱可用钢筋混凝土支柱，五股道以上软横跨则采用钢柱。

7. 硬横跨支柱

硬横跨亦称为硬横梁。为了提高车辆段接触网的稳定性、可靠性，常采用硬横跨代替软横跨作为接触网的支持装置。

8. 隔离开关支柱

隔离开关一般装设在腕臂柱顶端或软横跨支柱上，专设支柱用于安装上网隔离开关等设备，这样的支柱称为隔离开关支柱。

三、支柱腕臂装配

（一）腕臂的分类

腕臂是从支柱上伸出的由一根或几根横臂组成的支持结构，一般使用圆形钢管或用槽钢、角钢加工制成，用以支持接触悬挂，并起传递负荷的作用。

腕臂按其与支柱之间是否绝缘分为绝缘腕臂和非绝缘腕臂两类。

1. 绝缘腕臂

目前我国在接触网上普遍采用绝缘腕臂，安装结构如图 2.3.7 所示。由于腕臂与水平拉杆均通过绝缘子对地绝缘，故称为绝缘腕臂。

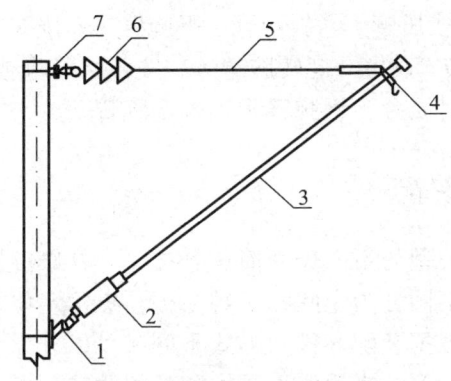

1—旋转腕臂底座；2—棒式绝缘子；3—绝缘腕臂；4—套管绞环；
5—水平拉杆；6—悬式绝缘子；7—拉杆底座。

图 2.3.7　绝缘腕臂

绝缘腕臂结构灵巧简单，技术性能好，施工维修和安装方便。由于绝缘子安装在靠支柱侧，减少了对支柱容量和高度的要求，从而降低了建设成本。

当腕臂受力较大时，应采用套管型腕臂，用字母 TG 表示。腕臂顶端为防雨水或雪水流入可配用管帽防止管内生锈。

2. 非绝缘腕臂

这种腕臂结构中，通过悬吊在腕臂上的绝缘子串来悬挂承力索。腕臂和支柱间不绝缘，因此，称为非绝缘腕臂。非绝缘腕臂结构笨重，要求支柱高度和支柱容量大，安装维修困难，应尽量减少使用。目前，非绝缘腕臂多在因临近支柱的 2~3 股道线间距受限不能为每条线路单独布置支柱时使用（所以也称为跨线路腕臂），结构如图 2.3.8 所示。

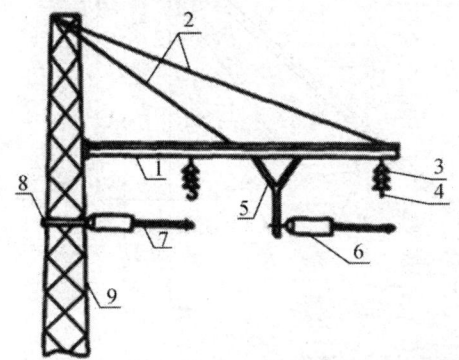

1—直腕臂；2—斜拉杆；3—悬式绝缘子；4—承力索；
5—定位支架；6—棒式绝缘子；7—定位器；8—定位肩架；9—钢柱。

图 2.3.8　非绝缘腕臂

非绝缘腕臂可用外径 48 mm 或 60 mm 圆形热镀锌钢管或槽钢、工字钢等经加工而成，其根部通过棒式绝缘子与安设在支柱上的腕臂底座相连，顶端经套管绞环、调节板、水平拉杆（或压管）并通过悬式绝缘子串（或棒式绝缘子）固定在支柱顶部水平拉杆底座处。当水平拉杆受压时采用水平压管，悬式绝缘子改为棒式绝缘子。

按照不同的分类标准，腕臂有多种形式。例如：按腕臂结构可分为带拉杆的水平腕臂（用于简单悬挂）、带水平拉杆（或压管）的斜腕臂、平腕臂等；按腕臂在支柱上的固定方法分为固定腕臂、半固定（或半旋转）腕臂、旋转腕臂等；按照腕臂跨越的股道数分为单线路腕臂、多线路腕臂等；按照腕臂的材质分为钢腕臂和铝合金腕臂。

（二）常见腕臂支柱装配

腕臂支柱装配根据悬挂类型的不同分为简单悬挂、半补偿链形悬挂、全补偿链形悬挂等支柱装配。根据支柱用途的不同分为中间柱、转换柱、道岔定位柱、锚柱和中心柱的装配，以及直线与曲线支柱装配。根据装配零件、形式不同又可以分为水平拉杆式腕臂、平腕臂和铝合金腕臂。这里以中间柱为例，来说明不同类型的腕臂装配形式。其他用途的腕臂装配，后续章节将陆续介绍。

在中间支柱上，只安装一套腕臂，悬吊一支接触悬挂，并把承力索和接触线定位在所要求的位置上，这种支持装置称为中间柱支持装置。中间柱支持装置是用量最大的支持结构形式。在线路的直线区段，支柱一般立于线路的同一侧，但是接触线需要按"之"字形布置，其拉出值一般在支柱点处要变换方向，所以定位为一正一反，保证定位器处于受拉状态。

1. 水平拉杆（压管）腕臂

水平拉杆腕臂的装配结构如图 2.3.9 所示，其装配零部件名称如表 2.3.5 所示。由于腕臂装配中，上部杵环杆（图中序号 19）成水平状态承受拉力，故称为水平拉杆。水平拉杆经过调节板与装在腕臂顶端的套管绞环相连，通过调节板上的不同孔位可以使水平拉杆、承力索

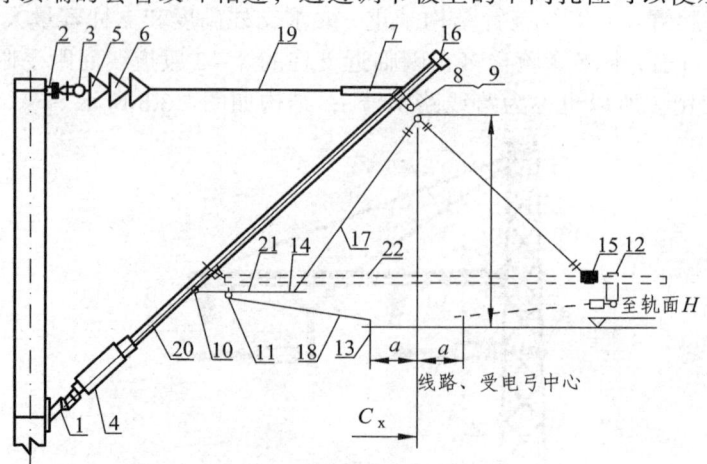

1—旋转腕臂底座；2—旋转腕臂拉杆底座；3—双耳连接器；4—棒式绝缘子；5—耳环悬式绝缘子；6—杵头悬式绝缘子；7—调节板；8—套管绞环；9—钩头鞍子；10—定位环；11—定位环；12—长定位环；13—定位线夹；14—定位管卡子；15—定位管卡子；16—管帽；17—拉线；18—定位器；19—杵环杆。

图 2.3.9 直线中间柱装配（虚线部分使用于反定位）

和腕臂处于设计位置。在套管绞环下面安装钩头鞍子或悬吊滑轮用以固定承力索,上述结构适用于各种类型直线及曲线外侧区段支柱装配。

当支柱处于曲线内侧时,支持装置在曲线力的作用下受压。为避免水平拉杆承受拉力较小或受压而导致的变形,这时应该将拉杆换成压管、悬式绝缘子换成棒式绝缘子。

定位器一端通过定位线夹与接触线相连,另一端通过定位钩与固定在定位管上的定位环连接,移动定位环在定位管上的位置,可以调节接触线的拉出值。定位管一端则经过定位钩与腕臂上的定位环相连,这种定位钩与定位环的连接形式是定位装置的通用连接结构。

定位管可以受拉也可以受压,当采用正定位时受拉,采用反定位时受压,由于长杆在受压时容易失稳,因此管径较粗。其长度应根据支柱侧面限界、拉出值的大小和方向综合确定。

上述装配结构不仅可以固定和调整承力索、接触线的位置,又可以使整个支持装置顺线路方向作一定偏转,满足承力索和接触线,在气温变化时产生的伸缩性位移及相邻跨距线索受力不均匀时产生位移的要求。定位装置结构可保证定位器作上下左右适当移动,满足接触线定位点弹性的要求。

随着近年来接触网技术进步,支柱装配趋向于使用平腕臂结构。

2. G 型腕臂装配

G 型腕臂装配,即钢质腕臂装配,其主要零件材质为 Q235 钢,分为 ZG、WG 两种,Z 表示直缝焊钢管腕臂,W 表示无缝钢管腕臂。G 型腕臂支柱装置同水平拉杆腕臂装配形式相比较最大的区别是用平腕臂代替了拉杆结构,所以这种装配形式的俗称为平腕臂结构。平腕臂结构和水平拉杆(压管)腕臂结构相比,抗风性能好、结构稳定、受力合理、强度大,可以提高接触网的稳定性,降低接触网的故障率,并有利于改善弓网受流质量,其装配图如图 2.3.10 所示。

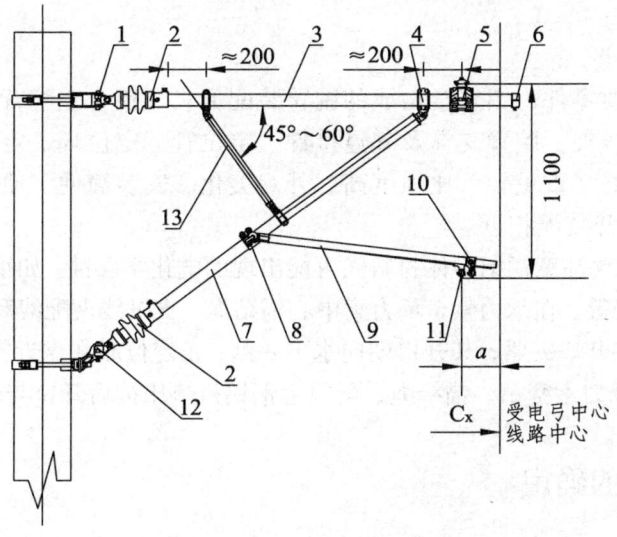

(a)正定位

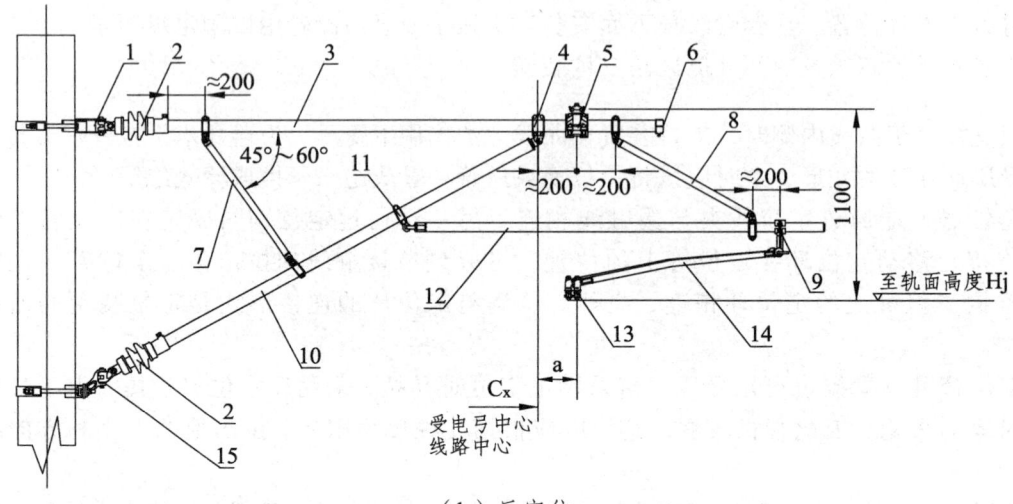

（b）反定位

1—腕臂上底座；2—腕臂绝缘子；3—平腕臂；4—套管双耳；5—双线支撑线夹；6—管帽；7—腕臂支撑；8—支持器；9—长定位单环；10—单耳腕臂（斜腕臂）；11—定位环；12—定位管；13—定位线夹；14—定位器；15—腕臂下底座。

图 2.3.10　链型悬挂平腕臂中间柱装配图（单位：mm）

　　从装配结构上来说，平腕臂中使用平腕臂和单耳腕臂构成了结构稳定的三角形，提高了腕臂结构的稳定性。定位管用定位管支撑代替了原来的双股 4 mm 铁线，提高了定位管的稳定性，减少了高速行车或大风时腕臂、定位管的震动。同时，承力索座可以沿平腕臂移动，相对于拉杆（压管）装配中的调节板能更加精确地满足不同侧面限界时承力索定位的要求，安装调整方便。平腕臂既能承受拉力，又可以承受压力，统一了曲内、曲外腕臂的装配形式，简化了设计和施工。通过现场测量后进行预配计算，确定腕臂结构尺寸，提高了施工安装的精度。这种装配结构在城轨交通地面线路中广泛采用。

　　当采用弹性简单悬挂时，腕臂装配形式与链形悬挂时稍有不同，需将承力索支撑线夹更换为吊索压板以固定弹性吊索。

3. L 型腕臂装配

　　L 型腕臂装配主要零件为铝合金构成的腕臂装配形式，铝合金腕臂装配的腕臂管及腕臂连接件、承力索支撑线夹、腕臂支撑及其连接件、定位管、定位环、定位器均采用高强度铝合金材料，防腐性能好、重量轻、比强度高、外观美化、安装简便、便于施工、无需维护。其装配形式与 G 型腕臂装配相近。

　　L 型腕臂装配中，要注意铜铝导体材料间可能出现的电化学腐蚀，如承力索和承力索支撑线夹、定位器电连接线处等。在承力索、承力索中心锚结绳、支撑线夹配线和承力索支撑线夹有铜铝衬垫，应用包线钳将开口夹紧，其开口朝向水平一侧，正定位时在靠近支柱侧，反定位时在远离支柱侧，衬垫应与承力索密贴，锚结绳、配线上铜铝衬垫压接后开口与承力索上的开口相对。

四、支柱负载的确定

　　各种形式的外部负载同时作用在架空接触网的支持装置上。根据使用的支柱，这些负载要综合考虑运行期间所有可能的负载组合，并使故障风险减至最小。相关标准规定了这些负载的确定。就这些负载情况而言，采用了不同的可靠性，它们考虑到了不同的允许应力或不同的局部系数，某些标准把正常负载和异常负载区别开。支柱所承受的由接触悬挂所致的负载被看作正常负载；如果支柱上合架了非牵引供电线路，那么还可能出现异常负载。它们包括了发生可能性小的负载情况，如在各个跨距上的不平衡覆冰或零部件故障所致的负载。在确定支柱容量时，必须选择产生最大应力的负载组合。

由接触悬挂张拉所产生的负载非常大而且是永久作用的。为了适应这种特性的需要，它们要乘以增大了的局部系数。要根据使用的支柱来确定由牵引供电线路产生的负载。

就横跨支柱、横梁的设置，对中心锚结支柱和锚柱而言，这些负载必须按上述原则予以组合。必须根据给定的负载情况和特定应用情况出现的负载导致的力来确定支柱的容量。设计方法和变化的设计因素影响结果。

支柱的负载是支柱在工作状态下所承受的垂直负载和水平负载的统称。支柱负载越大，支柱基底面处所受的弯矩也越大。支柱的负载计算，就是计算基底面处可能出现的最大弯矩值，其目的是根据计算结果来选择适当容量的支柱。我们通常所说的支柱容量，是指支柱本身所能承受的最大许可弯矩值。一个支柱容量的大小，是指承载能力的大小，它取决于支柱自身结构。

接触网支柱广泛采用金属支柱和钢筋混凝土支柱两种。对于容量较大的软横跨用的钢筋混凝土支柱，为了增大支柱地面以下部分与土体的接触面积，常加设横卧板和底板。

金属支柱与钢筋混凝土支柱的基底面位置不同。目前定型的钢筋混凝土支柱，设计时已经将支柱基底面处的力矩折算到了地面，故在接触网设计中，只计算支柱地面处所承受的弯矩，并根据此值来选择支柱类型，而不必再计算支柱基底面处的弯矩值。

支柱的最大弯矩，除了与支柱所在的位置、支柱类型、接触悬挂类型、线索悬挂高度、支柱跨距及支柱侧面限界有关外，还与计算气象条件有直接关系。最大弯矩可能出现在最大风速、最大附加负载（覆冰）或最低温度的时候。在计算最大弯矩时，一般应对三种气象条件进行计算，取其中最大值作为选择支柱容量的依据。一般来说，支柱的最大计算弯矩多发生在最大风速及最大冰负载时。

如上所述，各种情况下作用在接触网支持装置上的力如表 2.3.1 所示。

表 2.3.1 作用在接触网支持装置上的力

作用媒介或作用位置	负载情况
通过腕臂作用的负载	•来自接触悬挂的负载，包括自重、风负载。 •腕臂本身的重量。
作用在下锚处的负载	•由于接触悬挂下锚所致的张力。 •由张力补偿装置自重所致的负载。
在中心锚结处的负载	•由于中心锚结绳产生的力。 •由于中心锚结下锚所致的力。
牵引供电线路（附加线）的负载	•风负载。 •径向负载。 •由中间或终端下锚所致的负载。
软横跨支持装置处	•来自横向承力索和定位绳处的负载。

这些内力和内力矩可用于支柱和基础的额定值确定，或从现有的负载容量文件对其进行选择。如对于细长结构的 H 型钢柱，为了避免影响轨道交通的运营，必须限制其接触线高度处的挠度。

五、支柱跨距

目前，在车场咽喉区内，一般使用绝缘软横跨或硬横跨，尽量不用双线路腕臂柱，因双线路腕臂属于非绝缘腕臂，在维修方面不如绝缘软横跨安全、方便。当满足线间立柱条件时，也可采用线间立柱方式。

接触网支柱布置，其跨距大小应根据悬挂类型、曲线半径、接触线最大风偏移值和运营经验综合考虑确定。在最大计算风速条件下，接触线距受电弓中心轨迹的最大水平偏移值，一般不得大于 450 mm。支柱布置时还应考虑不要妨碍信号瞭望。在直线区段，支柱应设置在进站信号机和区间信号机的显示前方，同侧接触网支柱要适当加大其侧面限界值；在曲线区段，支柱应设置在信号机前方 5 m 以外；单线直线区段在地形条件允许时，支柱应设置于信号机的对侧。

在车场中心区进行支柱布置时，其跨距应尽可能接近最大允许值，以减少支柱数量。特别是注意减少软横跨柱和钢柱等大型支柱的数量。

设计中尽量采用标准跨距。常用标准跨距定为 5 的整倍数，即 40、45、50、55 等数种。城轨交通中直线区段架空柔性全补偿简单链形悬挂最大跨距一般不大于 50 m，弹性补偿简单悬挂最大跨距一般不大于 45 m。

曲线区段链形悬挂和简单悬挂的具体跨距值的选用可参考表 2.3.2 和表 2.3.3 中的数值。

表 2.3.2 曲线区段柔性接触网最大跨距及接触线偏离值表（链形悬挂）

曲线半径/m	拉出值/mm	计算跨距/m	选用跨距/m
450	200	33.9	28
1 000	150	40.5	35
直线	200		45

表 2.3.3 曲线区段柔性接触网最大跨距及接触线偏离值表（简单悬挂）

曲线半径/m	拉出值/mm	计算跨距/m	选用跨距/m
65	250	14.9	14
80	250	16.5	15
150	250	22.0	20
200	250	25.0	23
450	200	33.7	28

六、隧道内柔性悬挂接触网的支持、支撑结构

隧道内接触悬挂是接触网结构中的重要组成部分。由于隧道接触悬挂的结构高度受到隧道净空的限制，所以悬挂类型和支持装置结构都要根据不同断面的隧道来进行选择和设计。一个好的悬挂结构形式，既要充分利用隧道净空，保证安全可靠的供电，又要改善隧道内悬挂的受流条件，这对于减少投资具有非常重要的意义。

隧道内悬挂一般采用全补偿双接触线单链、直链形悬挂，悬挂支持装置可以直接利用隧道壁固定，而不需设立支柱，可按技术要求在隧道壁上任意选取固定位置。由于净空较小，隧道内柔性架空接触网的支持与定位一般由绝缘支持装置完成，不同的隧道形式采用的绝缘支持装置也不同。

1. 圆形或马蹄形隧道

地下线路为了减少隧道净空，可采用弓形腕臂作支持部件的链形悬挂，其结构特点是腕臂弯曲呈弓形，腕臂端部水平安装承力索座，支持承力索；根部倾斜安装定位双环，连接弓形定位管。此种方式由 1~2 根承力索、2 根接触线及辅助馈线组成，承力索和接触线均有补偿装置。由于采用链形悬挂，结构稳定，受流好，速度可以达到 120 m/h。

圆形或马蹄形隧道内的悬挂装配一般采用弓形腕臂结构，如图 2.3.11 所示。

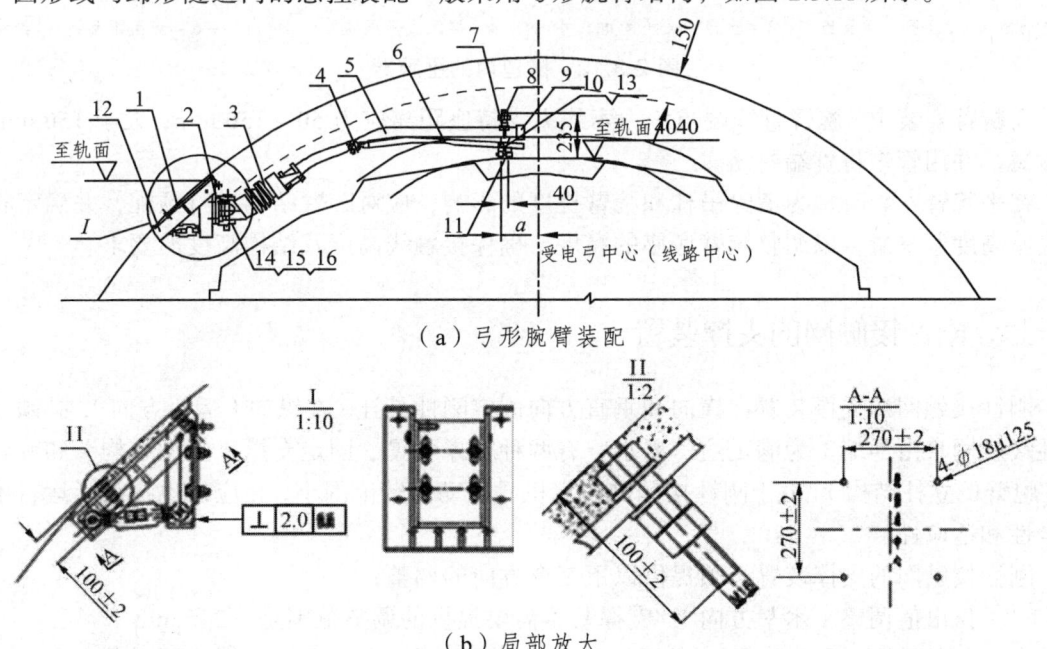

1—隧道腕臂调整支架；2—腕臂底座本体；3—隧道棒式绝缘子；4—定位双环；5—弓形腕臂；6—弓形定位管；7—承力索线夹支持座；8—承力索线夹；9—1½ 型管帽；10—支持夹环；11—定位线夹；12—锚栓；13—3/4 型管帽；14—铜垫圈；15—销钉；16—开口销 φ6.3×35。

图 2.3.11 弓形腕臂

弓形定位管管端与支持夹环间距离为 35~50 mm，大于 50 mm 时应截短，并用 3/4 管帽将管端封闭。

2. 矩形平顶面隧道

矩形平顶面隧道内的悬挂装配采用平腕臂结构,悬挂形式一般由 2 根承力索、2 根接触线及辅助馈线组成,承力索和接触线均有补偿装置,如图 2.3.12 中(a)所示。此种方式所占用的隧道净空较大,增加土建投资。但技术成熟,行车速度快。隧道内的跨距一般为 20 m 左右。

为减少对隧道净空的需求,可采用图 2.3.12 中(b)所示的安装形式。平腕臂通过旋转腕臂底座安装在吊柱上,其上安装定位双环安装定位管,定位管安装坡度一般为 1:8 ~ 1:10,管端与支持器距离为 35 ~ 50 mm,大于 50 mm 时应截短,并用 1″管帽将管端封闭。

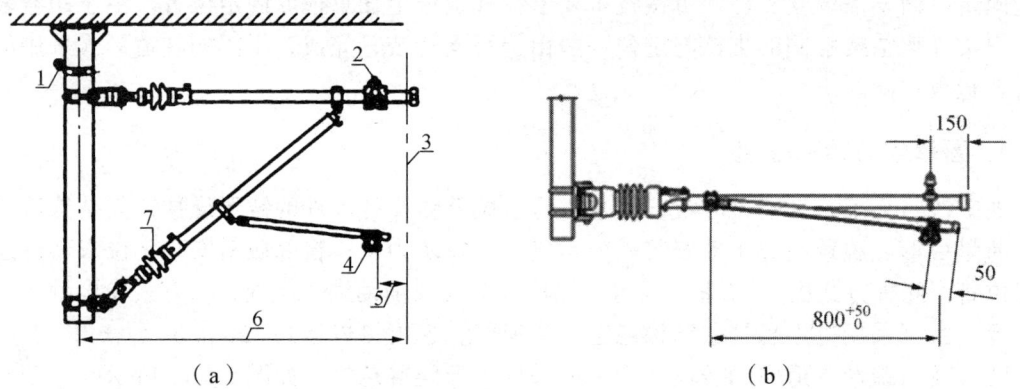

1—辅助馈线;2—承力索及线夹;3—轨道中心(受电弓中心);4—接触线及线夹;5—拉出值;6—侧面限界;7—绝缘子。

图 2.3.12 隧道内的平腕臂

在腕臂安装中,腕臂管管端与承力索线夹支持座距离应为 50 ~ 150 mm,大于 150 mm 时应截短,并用管帽将管端封闭。

在平腕臂安装时,为消除吊柱和腕臂挠度的影响,应对腕臂结构进行预配,并确定相应的底座高度调整量,以调整腕臂底座的高度,确保接触线高度及结构高度的要求。

七、刚性接触网的支撑装置

刚性接触网的支撑装置在横向和垂直方向固定刚性悬挂。在纵向(运行方向),必须允许刚性接触网自由伸缩。为满足这一要求,有两种支撑装置:固定支撑(门型结构)和旋转支撑(腕臂倒立柱结构)。由于刚性接触网固定机具窜动回转范围小,相应地也提高了运行中的安全性和适应性。

刚性接触网的支撑装置必须提供以下三个方向的调整:

(1)拉出值调整(水平方向):支撑装置需要提供的调整范围是 ±245 mm。

(2)高度调整(垂直方向):为了补偿在隧道顶部的安装误差,支撑装置必须在高度方向提供 ±30 mm 的调整范围。高度调整是通过固定在隧道顶上的螺栓来实现的,这些螺杆固定在轨道中部的顶壁上。

(3)在弯道处的坡度调整:支撑装置必须与曲线区段轨道弯道处的外轨超高相适应。

城市轨道交通刚性接触网使用的悬挂结构多为门式结构,高净空隧道、地面线路及刚柔过渡区等特殊区段也有使用腕臂式结构的。刚性接触网的门式结构支撑装置固定在隧道顶部,其中汇流排由专用线夹固定,专用线夹用螺栓固定在绝缘子上,专用线夹、绝缘子通过一个钢支架固定在隧道顶壁上。

1. 固定支撑

固定支撑大量用于隧道内，特点是结构简单、可靠，但调节较困难。使用这种支撑，由温度变化引起的刚性接触网的热胀冷缩通过可滑动的汇流排线夹来实现。汇流排可以在特氟龙的接触面上轻松的自由滑动。隧道净空、线路等条件不同时采用的方式也不相同。

（1）直线区段隧道净空≥4 400 mm 悬挂的安装，如图 2.3.13 所示。

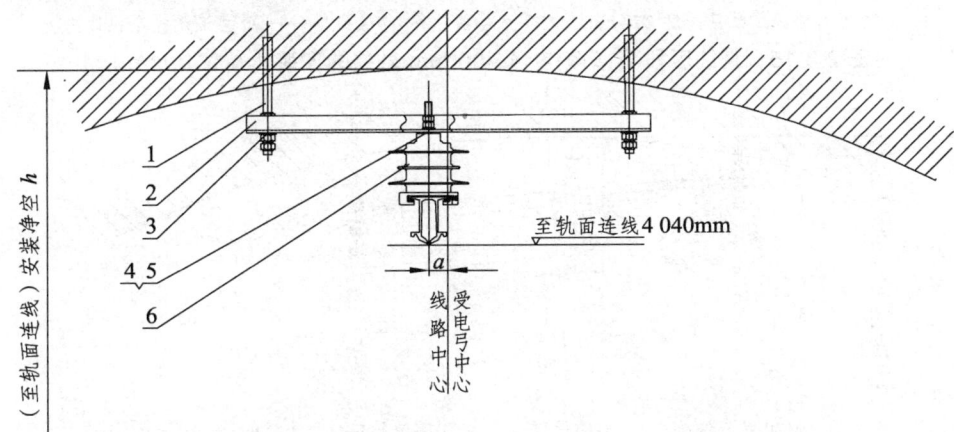

1—M20 螺杆锚栓；2—单支悬吊槽钢；3—平垫圈 20；4—平垫圈 16；5—螺母 M16；6—弹性绝缘悬挂组件。

图 2.3.13　直线区段隧道净空≥4 400 mm 悬挂的安装

（2）曲线区段隧道净空≥4 400 mm 悬挂的安装，如图 2.3.14 所示。

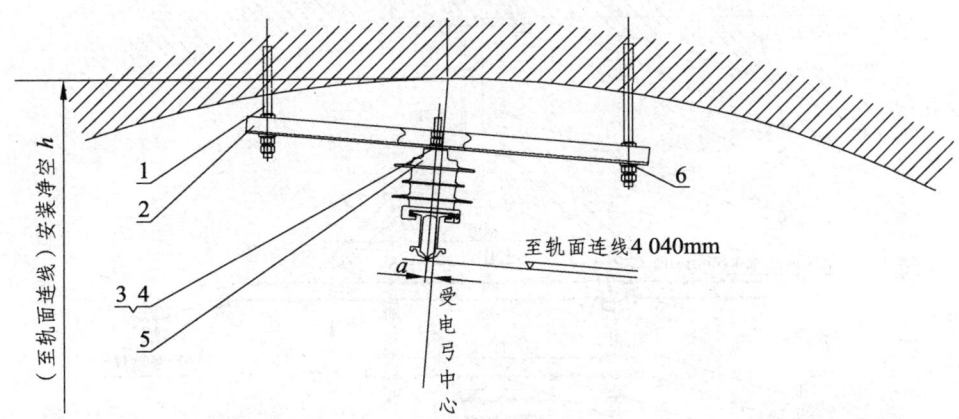

1—M20 螺杆锚栓；2—单支悬吊槽钢；3—平垫圈 16；4—螺母 M16；5—弹性绝缘悬挂组件；6—斜垫片。

图 2.3.14　曲线区段隧道净空≥4 400 mm 悬挂的安装

（3）直线区段隧道净空<4 400 mm 悬挂的安装，如图 2.3.15 所示。

（4）曲线区段隧道净空<4 400 mm 悬挂的安装，如图 2.3.16 所示。

（5）直线区段隧道净空＞4800 mm 刚性悬挂的安装，需要使用吊柱固定悬吊槽钢等部件，其中零部件 7 单支悬吊槽钢的底面应与轨面连线平行，如图 2.3.17 所示。

（6）曲线区段隧道净空＞4800 mm 时刚性悬挂的安装，如图 2.3.18 所示。其余零部件同图 2.3.17，其中单支悬吊槽钢的底面应与轨面连线平行。

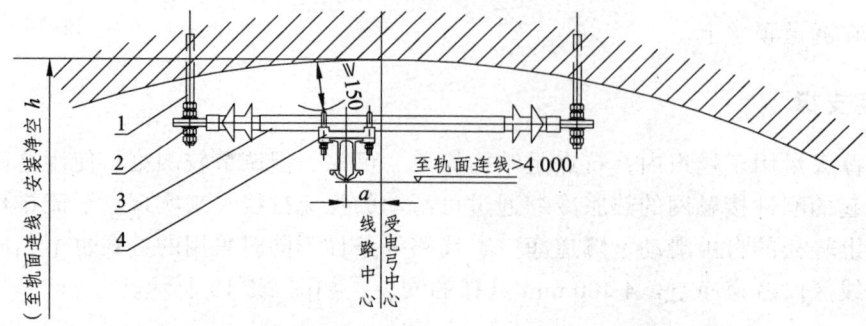

1—M20 螺杆锚栓（外露长度 250 mm）；2—平垫圈；3—绝缘横撑；4—C 型汇流排定位线夹。

图 2.3.15　直线区段隧道净空<4 400 mm 悬挂的安装（单位：mm）

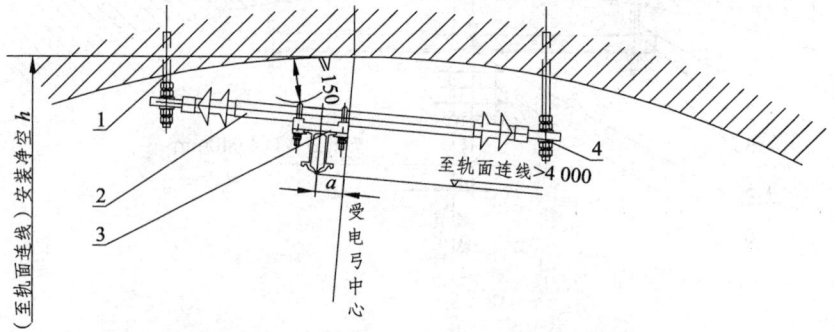

1—M20 螺杆锚栓；2—绝缘横撑；3—C 型汇流排定位线夹；4—斜垫片。

图 2.3.16　曲线区段隧道净空<4 400 mm 悬挂的安装（单位：mm）

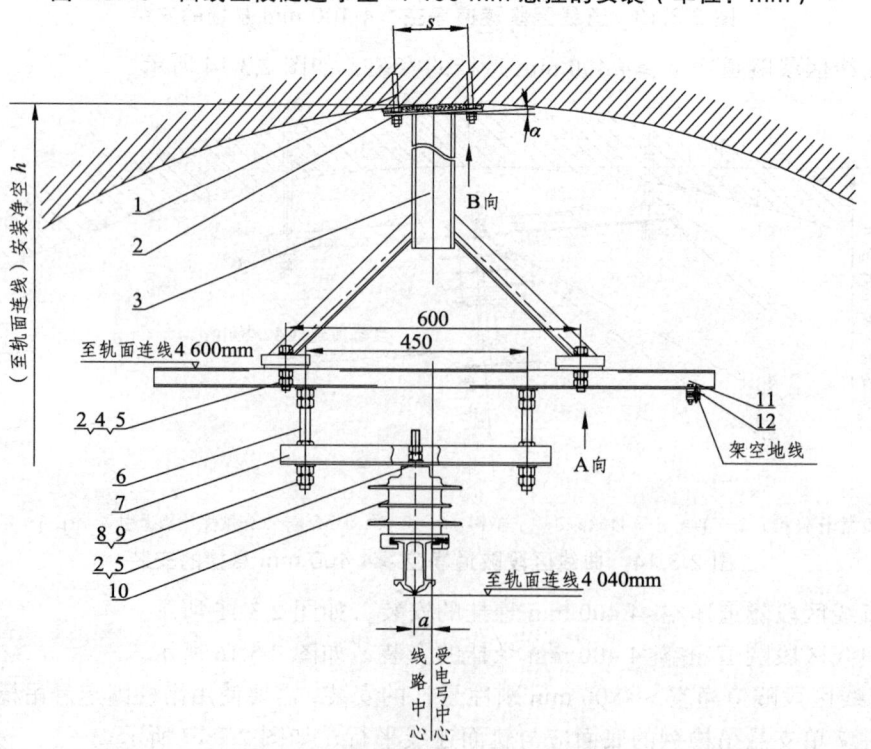

1—螺杆锚栓；2—平垫圈 16；3—吊柱；4—螺栓 M16×80；5—螺母 M16；6—T 型头螺栓；7—单支悬吊槽钢；8—平垫圈；9—螺母 M20；10—弹性绝缘悬挂组件；11—垂直悬吊安装底座；12—120 型地线线夹。

图 2.3.17　直线区段隧道净空＞4 800 mm 悬挂的安装（单位：mm）

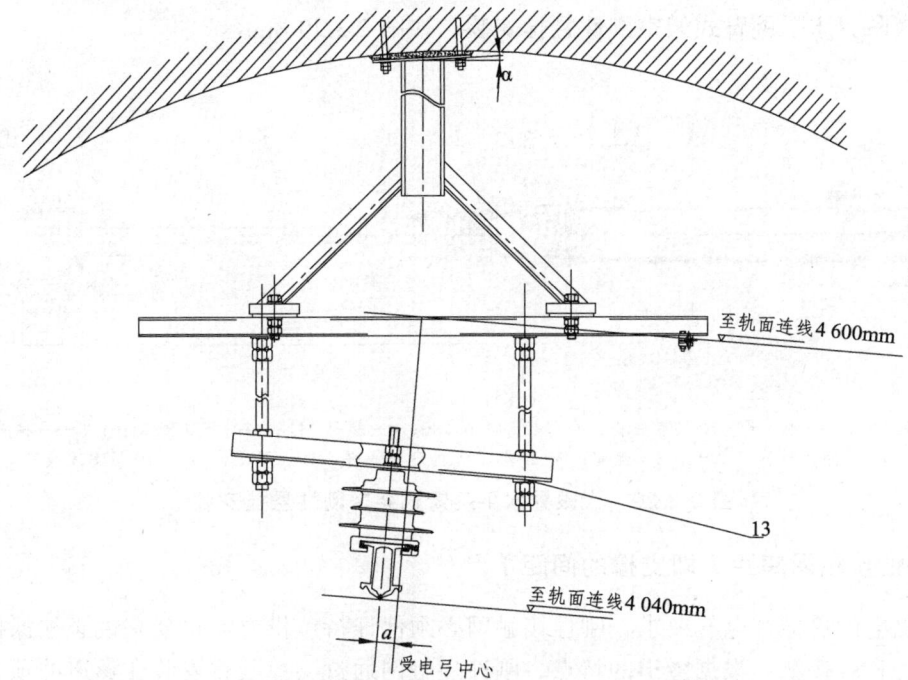

1—斜垫片（0≤线路超高≤60 mm 时用Ⅰ型，60<线路超高≤120 mm 时用Ⅱ型）。

图 2.3.18　曲线区段隧道净空 > 4800 mm 刚性悬挂的安装

2. 旋转支撑

旋转支撑主要由可调节式绝缘腕臂、汇流排线夹、腕臂底座、倒立柱或支柱等组成，其特点是调节灵活、外形美观，但结构复杂、成本高。此结构主要用于隧道净空较高或地面上的线路。旋转支撑可分为绝缘支撑和铰链支撑两种形式。绝缘支撑又有水平腕臂式架空刚性悬挂安装和大限界水平腕臂式架空刚性悬挂安装两种。

（1）水平腕臂式架空刚性悬挂安装，如图 2.3.19 所示。

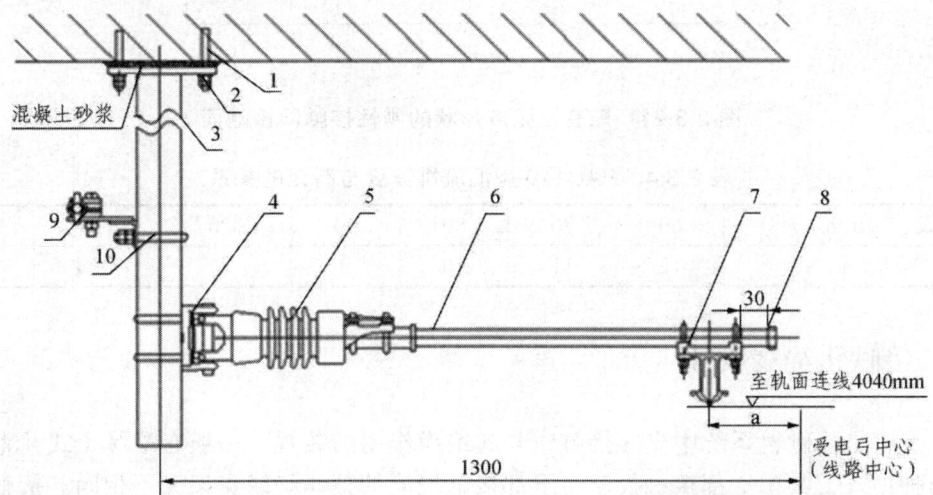

1—螺杆锚栓；2—平垫圈；3—腕臂吊柱；4—吊柱腕臂底座；5—SA 型隧道棒式绝缘子；6—腕臂；
7—汇流排定位线夹；8—管帽；9—地线线夹；10—地线安装底座。

图 2.3.19　水平腕臂式架空刚性悬挂安装

（2）大限界水平腕臂式架空刚性悬挂安装，如图 2.3.20 所示。

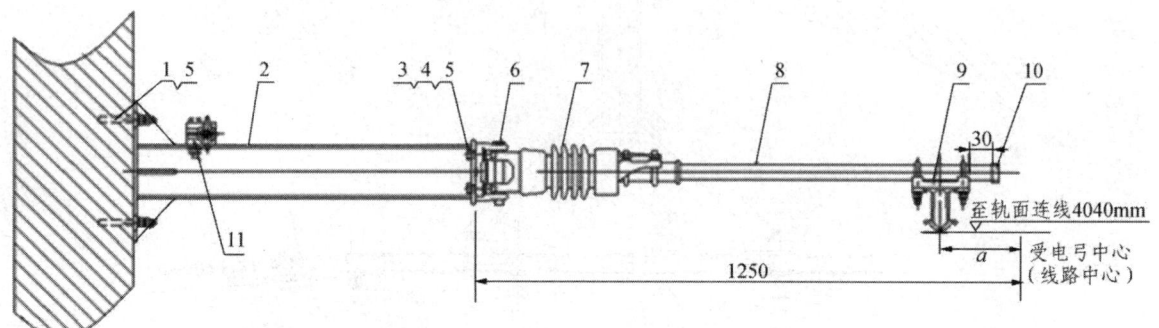

1—M16 螺杆锚栓；2—刚性悬挂大限界底座；3—螺栓 M16×80；4—螺母 M16；5—平垫圈 M16；6—吊柱腕臂底座；7—SA 型隧道棒式绝缘子；8—腕臂；9—D 型汇流排定位线夹；10—管帽；11—120 型地线线夹。

图 2.3.20　大限界水平腕臂式架空刚性悬挂安装

3. 刚性接触网跨距（即支撑的间距）

根据供电的机械和电气要求，刚性接触网必须保证持续供电，也就是说必须保持受电弓和接触线的良好接触。根据隧道的特点，刚性接触网通过支撑装置安装在隧道的顶上。

刚性接触网按照固定的间距安装。由于本身的自重，接触面并不是绝对的平直而是略有一些正弦波形状，正弦的振幅约为 $f/2$，如图 2.3.21 所示。刚性接触网每个锚段长度一般不超过 250 m，跨距一般为 6～12 m，且与行车速度有密切关系。PAC110 型汇流排速度与跨距的关系如表 2.3.4 所示。

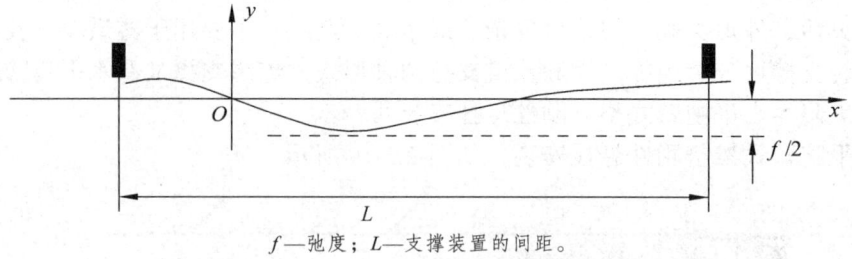

f—弛度；L—支撑装置的间距。

图 2.3.21　略有正弦波形状的刚性接触网接触面

表 2.3.4　PAC110 型汇流排速度与跨距的关系

速度/（km/h）	60	70	80	90	100	110	120
跨距/m	12	11	10	9	8	7	7

八、接触轨绝缘支座

绝缘支座是接触轨系统中支撑接触轨并起绝缘作用的装置，一般有绝缘子式及整体绝缘支架式两种形式，其中上部接触授流与下部接触授流的整体绝缘支架又不相同。接触轨支座安装所用金属支架、底座应采用热浸镀锌防腐；防护罩、绝缘支座连接所用金属零件如螺栓、滑轨等零部件可采用不锈钢，也可采用 Q235A 热浸镀锌防腐。

1. 绝缘子式绝缘支座

早期北京地铁1号线接触轨系统的绝缘支座采用瓷质绝缘子式，由三部分组成：绝缘子，材料为电瓷，工作电压为1 000 V，抗弯载荷为8 kN；下座，材料为HT15-33灰铸铁；上帽，材料为HT15-33灰铸铁；在瓷件与下座间还设有1~5层油毡纸垫片。由于瓷制品易碎，不利于安装、维护。随着技术的发展，出现了复合材料绝缘子及整体绝缘支架型的绝缘支座。其结构如图2.3.22所示。

复合材料绝缘子是用玻璃纤维增强不饱和聚酯树脂膜塑料经高温模压制成形，颜色为灰色，安装技术与传统绝缘子基本相同。玻璃纤维增强不饱和聚酯树脂膜塑料具有质轻、绝缘、高强、吸水率低、变形小、耐候性良好等优点，且具有很强的可设计性，易于根据线路使用要求进行结构设计，使绝缘支撑具备良好的受力性能，满足各种负荷受力要求。绝缘子上部通过螺钉连接金属头和两个接触轨卡子将接触轨抱住定位；绝缘子下部通过带大垫圈的螺栓将下部绝缘子压盖固定在槽钢底座上，再将底座同道床或轨枕连接。绝缘子主体为圆柱形空心结构，带环状防污槽，下部为方形法兰盘。金属头嵌入绝缘体中，带防脱、防转动槽。接触轨卡子左右各一件，鸭嘴结构，外侧带2条竖肋，螺钉通过中间开孔同金属头连接。绝缘子压盖是带有孔边加强结构的固定孔的盖状结构，绝缘体柱状主体与压盖一体成形。复合材料绝缘子的主要性能参数如表2.3.5所示。

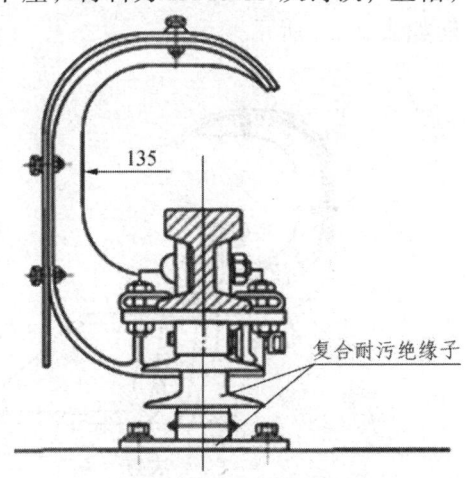

图2.3.22 绝缘子式绝缘支座

表2.3.5 750 V以上电压接触轨系统复合材料绝缘子的主要性能参数

性能	污耐受电压	工频耐受电压（干）	工频耐受电压（湿）	爬电距离	抗弯载荷	抗压载荷
参数	≥5 kV	≥40 kV	≥20 kV	≥180 mm	≥20 kN	≥30 kN

G型绝缘支座在下部接触授流接触轨系统中使用，其支撑结构主体为钢材料，绝缘依靠固定在主体上的绝缘子来完成，如图2.3.23所示。

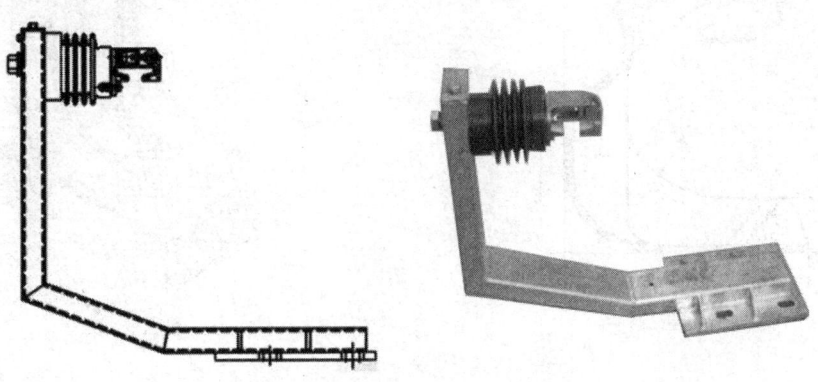

图2.3.23 G型绝缘支座

2. 整体绝缘支架式绝缘支座

750 V 上接触式接触轨系统的整体绝缘支架采用 SMC 片状模塑料（玻璃纤维增强不饱和聚酯片材）在高温高压下使用金属对模的模压成形法压制成形，如图 2.3.24 所示，其主要性能如表 2.3.6 所示。

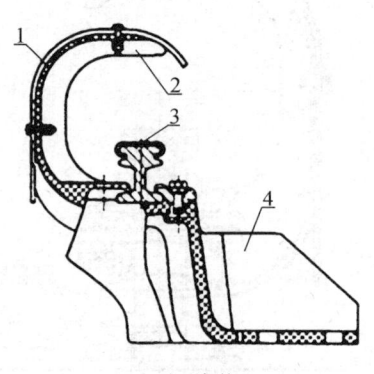

（a）结构　　　　　　　　　　（b）实物

1—防护罩；2—防护罩支架；3—接触轨；4—整体绝缘支架。

图 2.3.24　整体绝缘支架式绝缘支座

表 2.3.6　750 V 上接触式接触轨系统的整体绝缘支架主要性能

性能	污耐受电压	工频干耐受电压	工频湿耐受电压	爬电距离	抗弯强度	抗弯载荷
参数	≥5 kV	≥40 kV	≥20 kV	≥180 mm	≥200 MPa	≥30 kN

1 500 V 下部接触授流接触轨系统的整体绝缘支架由玻璃纤维增强树脂（GRP 玻璃钢）采用模压工艺制造。它主要包括以下部件：支架本体、接触轨托架、接触轨扣件（即卡爪）。如图 2.3.25 所示。

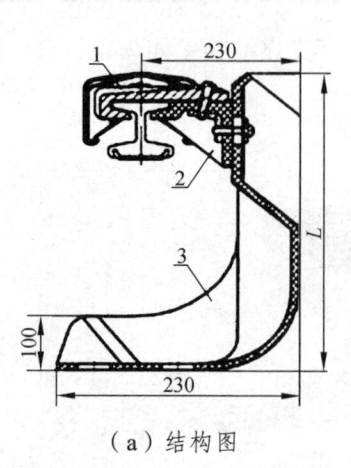 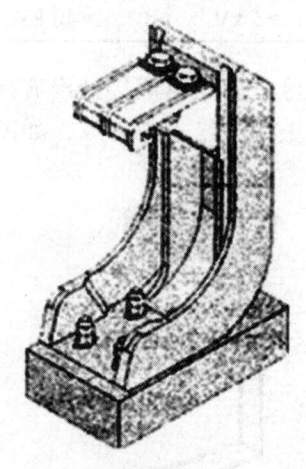

（a）结构图　　　　　　　　　　（b）效果图

1—卡爪；2—托架；3—支架本体。

图 2.3.25　下接触式整体绝缘支架式绝缘支座（单位：mm）

接触轨托架和支架本体通过各自接触面的齿槽咬合，经螺栓连接成为一体，齿槽咬合起到了垂直限位的作用，同时接触轨安装时可进行上下微调。接触轨托架与接触轨扣件也经螺栓连接成为一个整体，接触轨扣件具备的特殊结构可防止接触轨扣件沿接触轨敷设方向左右摆动。绝缘支架的长孔，可使整体绝缘支架在水平方向有 30 mm 的调整余量，在垂直方向有 40 mm 的调整余量，从而保证接触轨的相关安装参数。

整体绝缘支架应能承受气温变化及环境污染，室外应用时应能够耐受紫外线辐射。整体绝缘支架表面应具有较好自洁性，可用一般的清洁剂清洗，并对盐溶液有抗腐蚀能力，不易溶入酒精、苯、碳氢化合物等有机溶剂。

3. 接触轨支座的间距（即跨距）

接触轨支架的间距直接影响接触轨的挠度，挠度与接触轨的重量以及支撑点间距的关系如下式：

$$\int_x (l) = \frac{5ql^4}{384 E_{al} I_{yal}}$$

式中　　l——支撑点间距，m；

　　　　q——接触轨单位重量，N/m；

　　　　E_{al}——接触轨弹性模量，Pa；

　　　　I_{yal}——转动惯量，m^4。

接触轨支持间距一般为 3～5 m。接触轨支座的间距越大，则其挠度越大，对集电靴的取流越不利；但缩小接触轨支座的间距，将增加设备投资。综合考虑经济、技术因素，将绝缘支座的间距定为 4～4.5 m，下部授流接触轨系统绝缘支架的间距定为 4.5～5 m。在膨胀接头、端部弯头、道岔及曲线处间距应相应减小，具体间距需根据线路实际情况以及接触轨支架的固定方式来确定。

4. 接触轨绝缘支架（座）安装方式

接触轨在整体道床、碎石道床混凝土轨枕、碎石道床木轨枕上的安装方式略有不同。

在整体道床及混凝土轨枕区段上，接触轨通过支持体安装在土建预留的螺栓或混凝土底座上；木枕上则采用螺栓道钉进行固定，如图 2.3.26 所示。

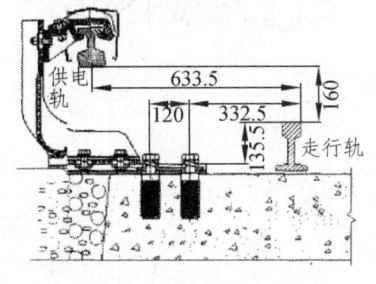
（a）整体道床安装

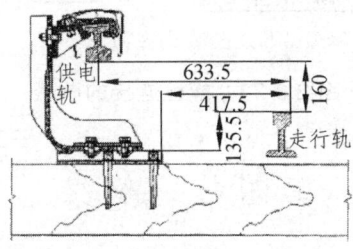
（b）碎石道床混凝土轨枕安装

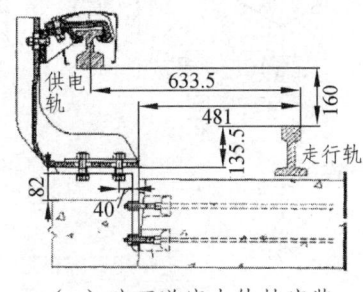
（c）碎石道床木轨枕安装

图 2.3.26　接触轨绝缘支架（座）的安装

九、接触网装配的连接与防松

接触网腕臂、支座等支持装置长期在振动环境中工作,连接零件的防松和可靠性至关重要。在接触网装配中典型的连接形式有三种:螺栓连接、钩环连接(如腕臂与定位管间、定位管与定位器间的连接,如图2.3.27所示)、销钉连接(如棒式绝缘子与旋转腕臂底座间的连接)等。

(a)安装位置　　　　　　　　　　(b)工作位置

图2.3.27　钩环连接

在采用螺栓连接时,可采用的防松手段有以下四种:

(1)采用带开口销的螺栓,即在螺栓上带孔,拧上螺帽后穿入开口销,开口销两支掰开夹角120~130°,防止螺帽脱落。

(2)带有止动垫圈的螺栓,即在螺母下垫止动垫圈,完成紧固后,将止动垫圈的长支弯向零件本体贴紧,短肢弯折与螺栓头六方侧平面贴紧。

(3)采用背母锁紧,多见于管件和连接零件间的连接,先将背母松开到螺栓头部,杯口螺栓紧固到规定力矩,然后将背母紧固到防止松动(如图2.3.28所示)。

(4)在不方便使用上述方法时,比如在定位器电连接线、锚支定位卡子处,可以使用螺栓锁固胶进行防松。

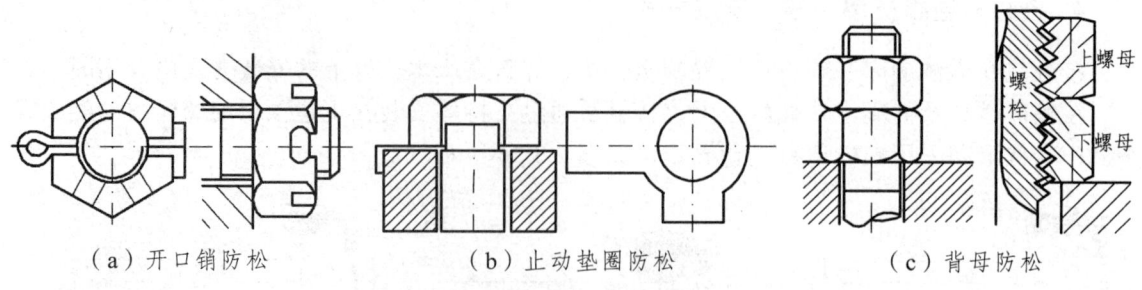

(a)开口销防松　　　　(b)止动垫圈防松　　　　(c)背母防松

图2.3.28　螺栓连接的防松

第四节　绝缘

良好的绝缘是保证接触网设备的安全运行、防止接触网设备事故的发生最基本、最可靠的手段。接触网的绝缘通常可分为气体绝缘和固体绝缘两类。在实际应用中,作为固体绝缘的绝缘子等是最为广泛使用，且最为可靠的一种绝缘物质。绝缘子是接触悬挂的主要部件之一，用于电气绝缘以隔离带电体和非带电体，使接触悬挂对地保持电气绝缘。绝缘子在接触悬挂当中，不仅起着电气绝缘的作用，而且还承受着一定的机械负荷。因此，要求绝缘子不但要有一定的电气绝缘性能，而且还要有一定的机械强度。

城轨交通中使用的固体绝缘器件主要包括架空接触网使用的绝缘子和接触轨使用的绝缘支座（架），用于不同电位的电气设备和导体间的电气绝缘机械固定。接触网中使用的绝缘器件主要用以悬吊或支持接触悬挂（接触轨），并使带电体与接地体间保持电气绝缘。

绝缘器件质量及其性能的优劣对接触网的工作状态有着很大影响。其在使用中将承受高电压（包括过电压）、各种负载、震动等机械和电气方面的影响，同时环境污染、尘埃等都会影响绝缘器件工作状态。因此，对绝缘器件性能及技术状态应引起足够的重视。

一、绝缘材料

陶瓷、玻璃、铸模树脂和带（或不带）聚合涂料的玻璃纤维增强塑料均可用作接触网绝缘子的绝缘材料。

陶瓷绝缘子主要由陶土、长石和石英烧制而成。陶瓷的质量很大程度上取决于均匀性和最佳恒定的矿物成分及其加工工艺，尤其是焙烧的过程控制。

陶瓷材料可用于长棒式绝缘子、棒式绝缘子和悬式绝缘子。

对于悬式绝缘子，玻璃也可用作绝缘子。例如采用碱性硅玻璃，成形后，使其逐渐冷却，这样就消除了不希望的内部应力。

还有采用由环氧树脂和聚氨酯铸模树脂、聚四氟乙烯及硅橡胶制作的各种结构的塑料绝缘子。用于室外的塑料应能耐紫外线并在任何气候条件下保持稳定性。

塑料较之玻璃和陶瓷，其柔性更高，而且尺寸稳定性高和紧固件铸塑的水平高；但其泄漏电阻较低，使之优点被抵消了。

用铸模树脂制成的玻璃纤维加强芯复合绝缘子和由各种材料如聚四氟乙烯及硅橡胶制作的绝缘子裙边适应高电压和高机械负载。

陶瓷和玻璃绝缘子均是易碎材料，不耐冲击；而复合绝缘子抗破坏性好、质量轻，并易于运输和安装。

机械额定参数必须能承受由极限载荷引起的最大力矩。机械额定参数以标称强度为基础。绝缘子的最小抗拉强度不能小于使用它的线索的特定抗拉强度的95%。绝缘子上的最大工作张拉负载不应超过绝缘子最小抗拉负载的40%。最大工作弯曲负载可用系统设计所规定的任何偏差标准补充地进行限定。

对于陶瓷材质的长棒式绝缘子，绝缘子本体是由上釉（釉面）陶瓷材料制成，并在其两端装有铸造连接件。金属帽和绝缘子本体间封灌有铅锑合金、硅酸盐或亚硫酸盐水泥。铅合金虽富有弹性，但对热敏感；硅酸盐水泥密封层坚硬且耐热；亚硫酸盐水泥虽富有弹性，但不耐热。长棒式绝缘子本身适用于大气污染严重的地区。

悬式绝缘子由陶瓷或玻璃制成。各个绝缘帽盖配有一个杵头和一个帽盖。各种形状的绝缘子适用于特定用途和所要求的爬电距离。悬式绝缘子的年度故障率为 1×10^{-5}，比长棒式绝缘子约高出 10 倍,但使用中并未出现过绝缘子串断裂的情况,因为碗头帽盖和杵头维持着受损绝缘子的机械强度。悬式绝缘子被污染时,性能要比长棒式绝缘子差,因此,它的爬电距离要比长棒式绝缘子约长出 10%。在标准中,悬式绝缘子已标准化,对其检测是按标准进行的。

二、绝缘距离

接触网系统中绝缘要求是根据额定电压的大小来选择电气设备的电气强度。必需的电气强度标准是设计标准,它取决于标称电压和所采用的设备。过电压等级确定了如何配置设备。绝缘要求的正确选择将保证设备能够耐受必需的电压。耐受电压的特性是通过和在限定概率下绝缘部件将要耐受的典型过电压幅度来表现的。

由于电负荷和电解污染同时存在,在绝缘材料表面产生导电路径,形成爬电通路,在绝缘材料表面会形成泄漏电流路径。若这些泄漏电流路径构成一条导电通路,则出现表面闪络或击穿现象,影响到供电的安全性和可靠性。

确定绝缘间隙与爬电距离应考虑额定电压、污染状况、绝缘材料、表面形状、位置方向、承受电压的时间长短等使用条件和净空因素。

1. 最小净空尺寸

架空接触网设备和车辆应满足的最小净空尺寸如表 2.4.1 所示。

表 2.4.1 架空接触网设备和车辆应满足的最小净空尺寸

绝缘距离/mm		电压等级/V			
		750		1 500	
		正常	困难	正常	困难
带电金属体到车辆动态包络线		25	25	115	100
带电金属体到"地"的静态值	混凝土	25	25	150	150
	金属	25	25	150	150
带电金属体到"地"的动态值	混凝土	25	25	100	80
	金属	25	25	100	80
受电弓动态包络线到土建结构	接地体及其连接件	25	25	150	100
受电弓动态包络线到公共带电金属(包括定位器的固定端)	轨道横截面的垂直方向	25	25	50	50
	轨道横截面的水平方向	25	25	150	100
受电弓动态包络线到定位器和任何直接与接触线相连的连接件	轨道横截面的垂直方向	15	15	15	15
	轨道横截面的水平方向	25	25	150	100

注:表中"静态值"是指柔性架空接触网不受受电弓抬升力作用,或长期承受受电弓抬升力作用情况下的净空尺寸;"动态值"是指柔性架空接触网承受行驶列车的受电弓抬升力作用时的净空尺寸。

接触轨带电部分和结构体、车体之间的最小净空尺寸如表 2.4.2 所示。

表 2.4.2　接触轨带电部分和结构体、车体之间的最小净空尺寸

标称电压	状态		
	静态	动态	绝对最小动态
直流 750 V	25 mm	25 mm	25 mm
直流 1 500 V	150 mm	100 mm	60 mm

2. 接触网污秽区的划分

绝缘设计的污染等级和特定最小爬距（系统电压为相对地电压）如表 2.4.3 所示。

表 2.4.3　绝缘设计的污染等级和特定最小爬距（系统电压为相对地电压）

污染等级	特定最小爬距（AC）/（mm/kV）	特定最小爬距（DC）/（mm/kV）	典型环境举例
轻度	28	32	（1）无工业和安装加热设备住宅密度较低的地区 （2）工业低密度或承受风雨侵袭，房屋密度较低地区 （3）农业区 （4）山区 注：以上这些地区应离海至少 10~20 km，并不受海风直接侵袭。
中度	35	40	不产生高度污染烟尘的工业和（或）带加热设备，住宅密度一般的地区
重度	43	50	（1）重工业密集和高密度加热系统导致污染的大城市的市郊地区 （2）频繁承受风雨侵袭的高密度住宅和（或）工业区 （3）离海较近或裸露于较强海风的地区
极重度	54	62	（1）虽离海岸不太近（至少 10~20 km），但裸露于海风的地区 （2）一般中等程度承受导电灰尘和产生极浓导电沉淀物烟尘的地区 （3）非常接近海岸并暴露在海水飞溅或强烈海风污染地区 （4）长期无雨，并遭受沙盐污染风和有规律的冷凝侵袭的沙漠地区

三、绝缘子的电气性能和机械性能

架空接触网系统用绝缘子包括腕臂棒式绝缘子、接触悬挂支持绝缘子、下锚绝缘子、辅助馈线绝缘子等。

接触网绝缘子一般安设在户外，由于腐蚀性气体、蒸气、潮气、导电性粉尘以及机械操作等原因，均可能使绝缘物质的绝缘性能降低甚至破坏。而且，日光、风雨等环境因素的长

期作用，也可以使绝缘物质老化而逐渐失去其绝缘性能。在绝缘子正常工作时承受的工作电压和各种过电压的作用下，会产生沿绝缘表面的气体放电现象，通常称沿面放电，这种放电发展到表层空气绝缘击穿时，称为闪络。绝缘子闪络会引起牵引变电所继电保护动作跳闸而中止供电。如果闪络后空气绝缘恢复，而绝缘物质尚未受到破坏，可维持使用，那么跳闸后往往能自动重合成功，恢复供电。但闪络后不及时处理则会引起绝缘老化，发生裂纹、渗水，使内部绝缘性能下降而引起再一次闪络。因此，绝缘子闪络后应及时清扫或依检测结果更换。

绝缘子的电气性能常用干闪电压、湿闪电压、击穿电压和绝缘泄漏距离等表示。

1. 干闪电压

绝缘子表面干燥状态时，使其表面闪络所需的最低电压，称为干闪电压。

2. 湿闪电压

雨水降落方向与水平面呈45°淋在绝缘子表面时，使其闪络的最低电压值，称为湿闪电压。

3. 击穿电压

当绝缘老化，绝缘元件被破坏甚至炸裂，完全失去绝缘性能时，称为绝缘子击穿。击穿电压是指绝缘子绝缘元件被击穿损坏而失去绝缘作用的最低电压。绝缘子击穿后应立即进行更换。

4. 绝缘泄漏距离

绝缘泄漏距离是指绝缘元件表面的曲线长度，即两电极间绝缘表面的爬电距离，俗称"爬距"。泄漏距离是反映绝缘子绝缘水平的重要参数，相同电压等级的绝缘子，其爬距越大，耐污性能越好。

城轨交通1 500 V接触网的绝缘子泄漏距离应不小于250 mm，宜采用高强度的瓷绝缘子。绝缘子发生击穿、绝缘遭到破坏时，会丧失或部分丧失绝缘性能，此时不能再继续使用。绝缘子电气性能随着时间增长，其绝缘强度会逐渐下降，这种现象称为老化。

绝缘子除了起到电气绝缘的作用，还要承受机械负载。在接触网中绝缘子承受接触悬挂的负载且经常受拉伸、压缩、弯曲、扭转、振动等机械力，在短路时又承受电动力，故在制造时其机械破坏负荷均应留有裕度，一般安全系数按2.5~3.0选取。

四、绝缘子的构造及分类

绝缘子的作用是把接触网不同电位的电气设备或导体间的电气绝缘机械固定，并与地分隔开。绝缘子承受带电系统产生的机械载荷，所以应同时满足电气与机械要求。

绝缘子在悬挂和终端位置处要承受张拉应力，在腕臂上要承受压缩和弯曲负载，支柱上的棒式绝缘子还承受水平力产生的弯曲应力。在进行绝缘子选择和设计时应考虑这些应力和当地的环境。

（一）绝缘子的构造

绝缘子主要由钢连接件和绝缘部分两部分组成。为了方便和其他金具连接，连接件有球头、球窝、单耳、双耳、圆管等多种类型；绝缘部分采用最广泛的是电瓷、钢化玻璃和复合材料，它们通过水泥黏接或压接的形式和钢连接件相连。

（二）绝缘子按结构的分类

接触网常用的绝缘子按结构可分成悬式绝缘子、棒式绝缘子及针式绝缘子三大类。

1. 悬式绝缘子

悬式绝缘子在柔性接触网中使用最广泛，用量较多。城轨交通接触网中常用的悬式绝缘子为 XJ-1.5A 型。如图 2.4.1 所示。悬式绝缘子主要用于绝缘承受张力的场合，如用于线索下锚、水平拉杆、软横跨绳索、隧道内悬挂、锚段关节以及馈电线、并联线等处的对地绝缘。

图 2.4.1　XJ-1.5A 型悬式绝缘子

2. 棒式绝缘子

在需要承受压力、张力和弯距的场合使用棒式绝缘子，棒式绝缘子主要用于斜腕臂、压管、平腕臂及隧道定位和隧道悬挂等场合。

城轨交通接触网中常用的棒式绝缘子为 JA 型、JB 型和 SA 型，其中 JA 型用于腕臂下底座处，JB 型用于腕臂上底座处，SA 型用于刚柔过渡处。如图 2.4.2 所示。

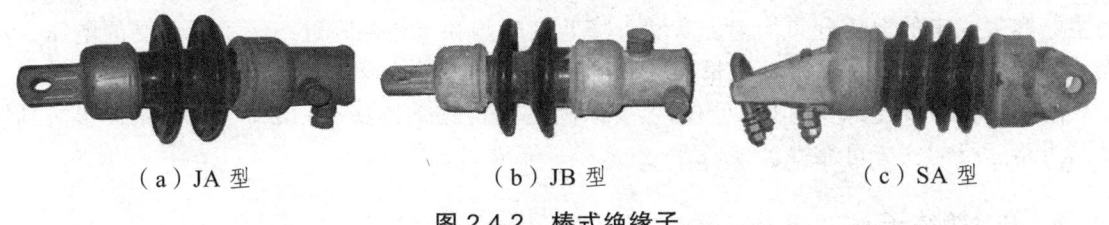

（a）JA 型　　　　　　（b）JB 型　　　　　　（c）SA 型

图 2.4.2　棒式绝缘子

3. 针式绝缘子

针式绝缘子用于刚性接触网中刚性定位点，支持和固定汇流排。

针式绝缘子也用于架空地线及跳线处，它承受线索不同方向的负荷，将线索固定，并对地起电气绝缘。

(三) 绝缘子按材料的分类

绝缘子按照材料可分为瓷绝缘子、钢化玻璃绝缘子与复合绝缘子三类。

1. 瓷绝缘子

瓷绝缘子的绝缘材料是电瓷，即在瓷土中加入石英和长石烧制而成，表面涂有一层光滑的釉质。要求绝缘子质地紧密均匀，任何一个断面上不能有裂纹或气孔，表面涂釉后可防止水分的渗入。因为绝缘子不仅承受电气负荷而且还要承受机械负荷，所以绝缘子的钢连接件和瓷体之间应用不低于 525 号硅酸盐水泥胶合剂粘接成一个整体，以增加其机械强度。

电瓷材料具有良好的化学稳定性和热稳定性，几乎永不变质和老化，具有良好的电气性能和机械性能，是制造绝缘子的理想材料。绝缘子生产成本低，价格便宜，有良好的绝缘性能，耐热性能好，运行经验丰富，是主要采用的绝缘子类型；其缺点是重量过重，缺乏弹性，防污和可靠性方面有待提高，运营维护费用较大。

2. 钢化玻璃绝缘子

钢化玻璃悬式绝缘子由铁帽、钢化玻璃绝缘件和钢脚组成，并用水泥胶合剂胶合为一体，其特点为：

（1）零值自破、便于检测。钢化玻璃绝缘子具有零值自破的特点，即当绝缘子失去绝缘性能或机械过负荷时，伞裙就会自动破裂脱落，容易被发现，可及时进行更换，无需登杆逐片检测，降低了工人的劳动强度。

（2）耐电弧和耐振动性能好。在运行中，玻璃绝缘子遭受雷电烧伤的新表面仍是光滑的玻璃体，并有钢化内应力保护层，因此，它仍保持了足够的绝缘性能和机械强度。

（3）自洁性能好、不易老化。玻璃绝缘子不易积污和易于清扫，人工清扫的周期比瓷绝缘子长，降低了维护费用。对典型地区线路上的玻璃绝缘子定期取样测定运行后的机电性能，统计数据表明 35 年后的玻璃绝缘子的机电性能与出厂时的基本一致，未出现老化现象。

（4）主容量大，成串电压分布均匀。玻璃的介电常数可达 7~8，使玻璃绝缘子具有较大的主电容，成串的电压分布均匀，有利于降低带电侧和接地侧附近绝缘子所承受的电压，从而达到减少无线电干扰、降低电晕损耗和延长玻璃绝缘子的寿命的目的。

限制钢化玻璃绝缘子推广使用的主要原因是其自爆率较高（0.02%~0.04%），影响到接触网线路运行的安全可靠性。

3. 复合绝缘子

复合绝缘子的基本绝缘部件由芯棒和伞套组成，芯棒用玻璃纤维束经树脂浸渍而成，具有很高的抗拉强度；芯棒外部的护套和伞裙一般由硅橡胶或乙丙橡胶材料制成，护套包覆在芯棒外表面，一方面提供良好的外绝缘性能，另一方面保护芯棒免受大气侵蚀。复合绝缘子按使用方式分为抗拉型的悬挂、耐张用和抗弯型的腕臂支撑用两种类型，分别称为复合棒形悬式绝缘子和复合棒形柱式绝缘子，如图 2.4.3 所示。

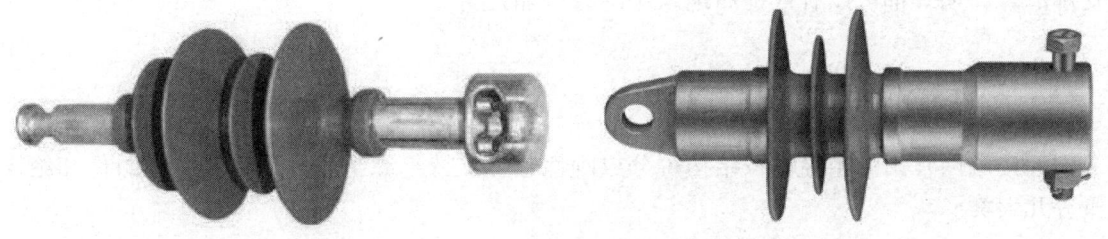

（a）复合棒形悬式　　　　　　　（b）复合棒形柱式

图 2.4.3　复合绝缘子

1）复合绝缘子的优点

（1）机械强度大，抗拉、抗弯、耐受冲击性能好。

（2）自身重量较轻，只有瓷绝缘子重量的 1/10 左右，方便运输、安装。

（3）绝缘性能好，硅橡胶是憎水性材料，特别是在严重污染和大气潮湿情况下的绝缘性能十分优异，从而减少防污清扫工作量。

（4）耐电弧性能好。

2）限制复合绝缘子使用的原因

（1）其价格较为昂贵。

（2）缺乏简便有效的现场检测技术，大面积使用时矛盾尤为突出。用于合成绝缘子检测的主要手段有：用超声波检测绝缘子中存在的气隙和裂纹，用红外检测局部绝缘缺陷带来的局部温升，其检测手段较复杂。

复合绝缘子主要用于：隧道内净空条件受限场合；粉尘污染严重地区；减少接触悬挂集中性负载（如分段绝缘器承力索的绝缘、锚段关节处、软横跨绝缘子等）；易受击打破坏场合代替瓷、钢化玻璃绝缘子使用。

接触网用绝缘子的受力情况复杂，对芯棒、金具的要求较电力系统高，应用中要考虑抗拉强度、抗弯、抗剪等机械性能。要求复合绝缘子强度安全系数不小于 5.0。

五、绝缘子的防污

表面污秽造成接触网绝缘子闪络的事故时有发生，绝缘子表面污秽的主要原因有：环境污染；空气中的煤、炭、化学粉尘；内燃机排放的烟尘；列车闸瓦磨损产生的金属屑等。接触网中绝缘子安设高度比一般输电线路低，大部分处于隧道中，污染就更严重，绝缘子污闪问题已成为影响接触网供电可靠性的重要因素。

目前，为了解决污闪问题主要措施为：

（1）采用防污绝缘子，对减少绝缘子污闪事故效果显著。

（2）采用半导体釉绝缘子，可以大幅度延长绝缘子清扫周期，提高供电的可靠性，试用效果良好。但也存在泄漏电流较大、半导体釉面易腐蚀等缺点。

（3）采用新型复合绝缘子。

（4）在绝缘子表面涂憎水性油脂，如硅橡胶防污涂料等。

（5）在绝缘子防污上除了以上措施以外，增加绝缘子表面的泄漏距离（爬距）、片数，合理安排清算周期等都可以有效提高绝缘子绝缘可靠性。

六、刚性悬挂绝缘件

刚性接触网常用的绝缘件按结构可分成刚性悬挂支持绝缘子、弹性绝缘悬挂组件和绝缘横撑等几大类。

1. 刚性悬挂支持绝缘子（针式绝缘子）

刚性悬挂支持绝缘子适用于架空刚性悬挂在安装净空≥4 400 mm 区段时的悬挂安装，绝缘材料有瓷质和硅橡胶，如图 2.4.4 所示。

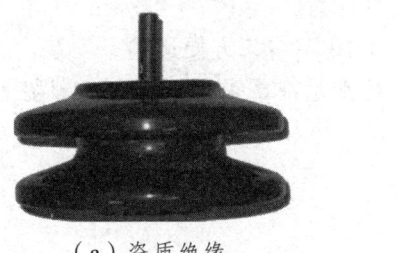

（a）瓷质绝缘　　　　　　　　（b）硅橡胶绝缘

图 2.4.4　刚性悬挂支持绝缘子

为了刚性接触网能够可靠、安全地运行，对刚性悬挂支持绝缘子有如下的性能要求：

（1）绝缘子下部为内胶装的 M16 内螺纹式不锈钢附件，上部为内胶装的 M16 外露螺杆，外露螺纹有效长度为 75 mm，螺杆材质为不锈钢，不锈钢代号为 1Cr18 Ni9Ti。

（2）瓷件内胶装孔应上砂或辊花，附件应有足够的胶装深度和胶装接触面积。

（3）绝缘子瓷件轴线直线度误差应小于 $\phi 0.15$ mm。

（4）绝缘子上、下钢附件的同轴度误差应小于 $\phi 0.2$ mm。

（5）绝缘子两端钢附件的螺纹均能方便、灵活的与外接螺栓、螺母进行连接，不存在卡滞、不到位的缺陷。

（6）绝缘子应满足耐污性、憎水性的要求。

（7）绝缘子瓷件外表面及两端本体均应上釉，釉色为棕褐色。

2. 弹性绝缘悬挂组件

弹性绝缘悬挂组件适用于架空刚性悬挂在安装净空≥4 400 mm 区段时的悬挂安装，材料一般为橡胶。相较于刚性悬挂支持绝缘子，弹性绝缘悬挂组件适应速度较高的电动列车，可达到 120 km/h，如图 2.5.21（a）所示。详细介绍见本书第二章"定位装置"一节。

3. 绝缘横撑

绝缘横撑是在减震地段及圆形隧道低净空线路（净空 $h<4\ 400$ mm）处刚性悬挂定位安装时使用的特制绝缘器件。常见的有普通型绝缘支撑和 U 形绝缘支撑，如图 2.4.5 所示。

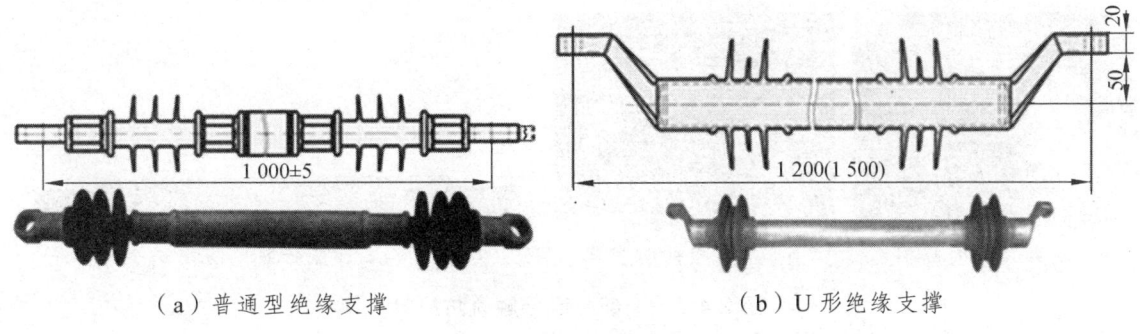

(a)普通型绝缘支撑　　　　　　　　　　（b）U形绝缘支撑

图 2.4.5　绝缘横撑

七、绝缘支座

绝缘支座是接触轨系统中支撑接触轨并起绝缘作用的装置。详细介绍参见"支柱与支座"一节的"接触轨绝缘支座"。

八、防护罩和托块

防护罩和支撑卡主要使用于接触轨系统中,其作用是在避免工作人员或乘客无意中触碰到接触轨及其他带电部分,保证集电靴无障碍通过。安装后防护罩的应罩住所有接触轨,安装范围包括正线、车辆段、停车场、联络线、折返线及渡线。图 2.4.6 所示为下部受流和上部受流接触轨系统用量较多的一般接触轨防护罩。

(a)下部授流接触轨　　　　　　　　　　（b）上部授流接触轨

图 2.4.6　接触轨的防护罩

下部受流接触轨的绝缘防护罩除了一般防护罩,还包括端部弯头处防护罩、电连接处防护罩、膨胀接头处防护罩等几种,如图 2.4.7 所示。同时要使用到托块。

防护罩的材质为玻璃纤维加强聚酯(玻璃钢),具有低烟无卤、难燃、耐大气老化、耐酸碱、耐腐蚀、耐热老化的性能特点,但价格较高。其机械强度应确保体重 100 kg 的人在其上站立时不出现断裂,并能恢复到初始状态;其电气强度应能承受 10 000 V 测试电压而不击穿。在线路敞开段(如地面、高架段)也可采用技术性能好、价格低的新型 UPVC 材质的防护罩。

（a）端部弯头处防护罩　　（b）电连接处防护罩　　　　　（c）膨胀接头处防护罩

图 2.4.7　下部受流接触轨防护罩

温度接头处，接触轨的间隙也应设置防护罩。防护罩的顶部及侧部应连续无间隙。防护罩的设置应防止水进入温度接头及馈线电缆点，防护罩应能通过调节块保持与接触轨的适当距离。温度接头防护罩与接触轨防护罩之间在接触轨伸缩 100 mm 后也不应产生间隙。

接触轨支撑处的绝缘防护罩的断面尺寸比接触轨的其他防护罩的断面尺寸约大，安装时应先安装接触轨防护罩，然后将接触轨支撑处防护罩扣在接触轨防护罩上，两者相互重叠的长度约为 100 ~ 150 mm。温度变化时接触轨支撑处防护罩位置是固定不变的，接触轨防护罩由于紧紧扣在调整块上，因而要随着接触轨的伸缩作相应移动。

端部弯头处的防护罩安装高度应保持在走行轨轨面的标准高度。端部弯头处防护罩需要进行特殊加工，以适应端部弯头的需要。

托块用于接触轨上支撑各种防护罩，材质主要有玻璃钢、塑料等。如图 2.4.8 所示。

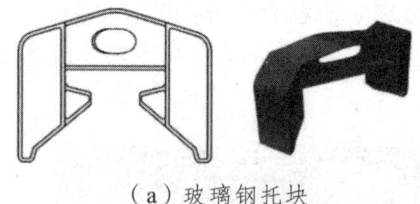 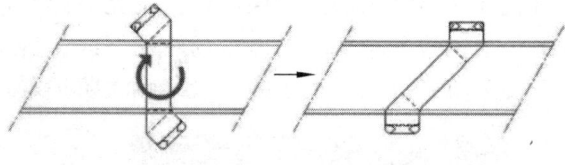

（a）玻璃钢托块　　　　　　　　　　　（b）托块的安装

图 2.4.8　防护罩支撑托块

此外，防护罩也应用于隧道洞口处刚性悬挂汇流排上的防尘、防雨，或者隧道内有严重漏水区段，此时防护罩直接安装在汇流排或刚柔过渡本体上。如图 2.4.9 所示。

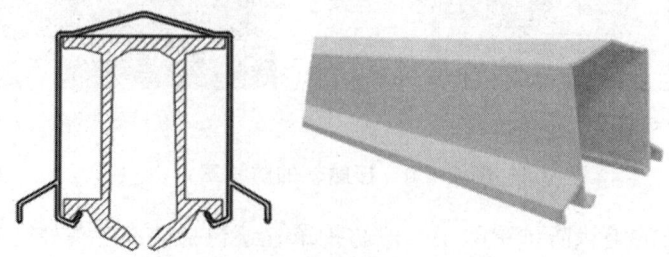

图 2.4.9　汇流排防护罩

九、绝缘器件的使用与检查

绝缘子瓷体易碎，安装、运输中应特别注意。绝缘子连接件不允许机械加工和热加工处理（如切削、电焊等）。绝缘子在安装使用前应严格检查，绝缘子瓷体与连接件间的水泥浇注物应无辐射状裂纹和开裂，绝缘子表面应清洁、光滑无脏污、完整无破损、无破碎性裂纹，瓷釉剥落面积不大于 300 mm^2。

棒式绝缘子在使用中应注意与配套部件的型号（腕臂型号）统一，且不准使棒式绝缘子承受弯曲力。

绝缘子本体线性良好，弯曲度不超过 1%，绝缘子表面无明显放电痕迹、无环状或贯通性裂纹。绝缘子裙边距接地体的距离应不小于表 2.4.4 的规定。

表 2.4.4 绝缘子裙边距接地体的距离　　　　　　　　单位：mm

绝缘子类型	距接地体距离	
	正常值	困难值
瓷质绝缘子	≥100	≥75
复合绝缘子	≥50	—

为了保证绝缘器件性能可靠，应对每个绝缘器件按具体情况进行定期或不定期的清扫和检查，特别是在雨、雪、雾、霜天气以及污染严重区段，更应经常观察绝缘器件的状态及时清扫防患于未然。绝缘器件脏污后的清扫工作，是在停电时间内集中进行的，应注意防止损坏绝缘器件表面。

第五节　定位装置

定位装置是在定位点处实现接触线相对于线路中心进行横向定位的装置。也就是说，定位装置的作用就是根据技术要求把接触线进行横向定位，保证接触线始终在受电弓滑板的工作范围内，保证良好受流，也使受电弓滑板磨耗均匀；对于柔性架空接触网在直线区段，相对于线路中心把接触线拉成"之"字形状；在曲线区段，相对于受电弓中心运行轨迹则拉成折线或割线；刚性接触网一般设置成正（或余）弦波曲线形状。同时定位装置要承受接触线水平负载，并将其传递给腕臂。

接触轨不存在类似于架空接触网的"之"字形或正弦波形结构，接触轨的定位是指接触轨整体相距线路中心线水平距离和受流工作面距走行轨轨顶面连线垂直距离。

一、柔性悬挂定位装置结构

柔性悬挂定位装置由定位管、支持器、定位线夹、定位钩、定位环及其连接部件组成。当将定位管与支持器以及定位钩等组合成一个整体时形成定位器，所以组合后的定位管（器）是定位装置的主体，它的作用是通过线夹把接触线固定到相应位置上后传递给定位支座（环）。

对柔性悬挂定位装置的技术要求：其一，动作要灵活，在温度发生变化，接触线沿顺线路发生移动时，定位装置应能以固定点为圆心，灵活地随接触线沿线路方向相应移动；其二，重量应尽量轻，在受电弓通过定位点时，在受电弓抬升力作用下，应上下动作自如，并且有一定的抬升量，不产生明显硬点，其静态弹性和跨距中部应尽量一致；其三，具有一定的风稳定性，在受风时，保证定位状态的稳定性。

定位器从形状上可分为直管式、弯管式、特型等几种。城轨交通的车辆运行速度较低，除在地面或高架的曲线半径较小情况下使用定位器外，一般定位装置很少采用定位器，均是由各个部件进行安装组合，便于零部件更换调整，灵活性较强。在曲线段上，由于线路的外轨超高，电动列车受电弓随之向曲线内侧发生倾斜，为避免定位器碰撞受电弓，要求定位器具有一定的倾斜度，其倾斜度规定为 1/5～1/10。

1. 定位管

定位管有普通钢质定位管与铝合金材质定位管两种类型，如图 2.5.1 所示。普通定位管是用镀锌钢管加工制成的，尾部焊有定位钩，以便通过定位环连接在腕臂上使用。铝合金材质定位管采用阳极氧化防锈蚀。

定位管安装后应呈水平状态，为保持其水平，可将其端部用 $\phi 4.0$ mm 镀锌铁线吊，为了保证定位管的稳定性，现在多用定位管支撑代替铁线。

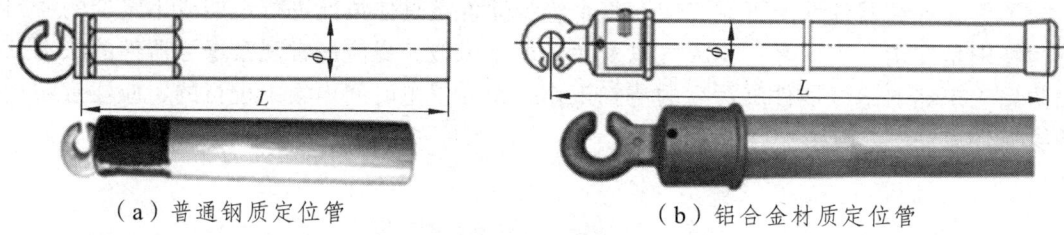

（a）普通钢质定位管　　　　　　　　（b）铝合金材质定位管

图 2.5.1　定位管

设置普通定位管是为了定位器在水平方向和坡度方向便于调节，使定位装置结构较灵活，增加定位点的弹性。定位管的长度和外径的选用是根据支柱所在位置和定位管受力情况而确定的。

2. 定位器

定位器通过定位线夹把接触线按设计标准拉出值的要求，通过线夹把接触线固定在一定位置，保证接触线工作面平行于轨面，并承受接触线的水平力。一般采用热浸镀锌的钢材质，主要构成部分由无缝钢管和两端的定位销钉套筒、定位钩间涂抹环氧树脂后压接。

定位器从形状上可分为普通定位器、特型定位器、软定位器等几种常用的定位器，根据定位需要普通定位器尾部的定位钩有垂直和水平两种，如图 2.5.2 所示，其型号规格如表 2.5.1 所示。城轨柔性接触网中一般仅在反定位时设定位管和定位器结构，正定位时常采用定位管和支持器结构来定位。

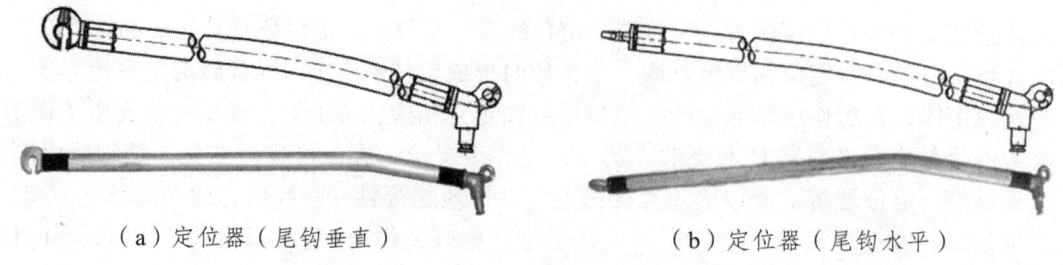

（a）定位器（尾钩垂直）　　　　　　　　（b）定位器（尾钩水平）

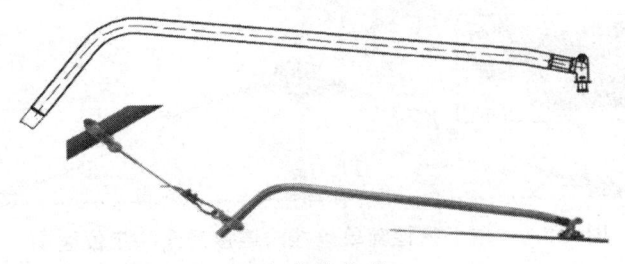

（c）软定位器

图 2.5.2　常用型号定位器

表 2.5.1　定位器规格型号

型号	定位器管材	直径/mm	L/mm	h/mm	参考质量/kg
G1	Q235A	28	745	105	1.78
G2	Q235A	28	1 000	150	2.08
G3	Q235A	28	1 200	200	2.40

为了避免定位器碰撞运行中的电动列车受电弓，特别是在曲线区段，由于电动列车车身随线路的外轨超高而向内轨侧倾斜，受电弓也呈倾斜状，因此，要求定位器安装后应有一定的倾斜度（即定位坡度），定位器根部在安装后要适当抬高一些，其倾斜度要求为 1/5 ~ 1/10。

定位器在平均温度时，应该垂直于线路中心线，温度变化时，沿接触线纵向偏移在极限温度下，不得超过定位器管长的 1/3。

3. 定位线夹

定位线夹如图 2.5.3 和图 2.5.4 所示，定位线夹由两片铜合金夹板和连接螺栓、止动垫圈等组成，其中有环夹板上带有环孔，通过定位器的固定销穿入和定位器连接起来。在受电弓滑板条与定位线夹之间的夹角必须小于 20°，以避免受电弓滑板与线夹螺栓头相接触。承力索、接触线间横向电流沿腕臂流入接触线的最后一个连接零件就是定位线夹，所以，定位线夹安装前，需用钢刷对线夹表面、接触线上的夹持部分进行清除灰尘及氧化物处理，涂电力复合脂；还要注意定位线夹的受力方向，定位线夹主要承受接触线水平力，其主要荷重应该由有环夹板承担，不能装反。

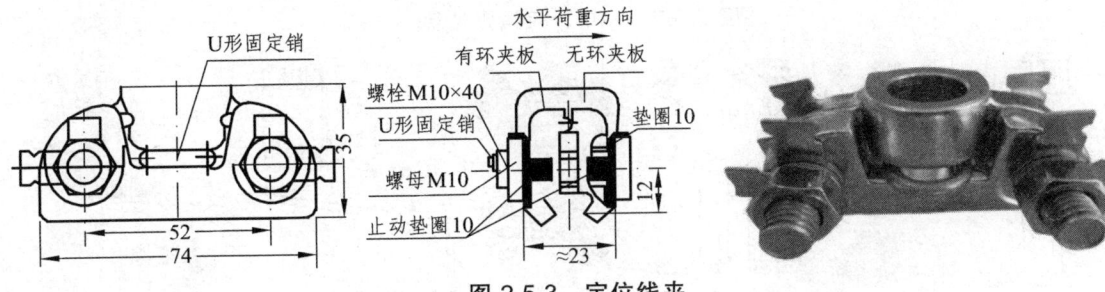

图 2.5.3　定位线夹

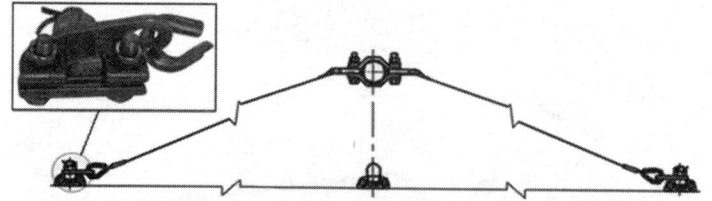

图 2.5.4　用于弹性简单悬挂时连接吊索的定位线夹

当实际使用中的接触悬挂为双承力索、双接触线结构时，需要选用双线线夹零件，如图 2.5.5～图 2.5.9 所示为部分双承力索、双接触线悬挂与单承力索、单接触线悬挂时的零部件比较。

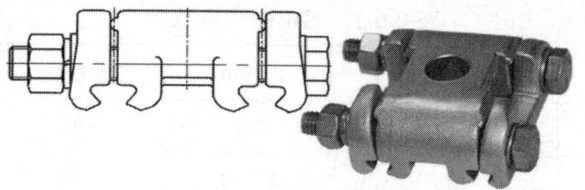

图 2.5.5　用于双接触线悬挂时的双线定位线夹

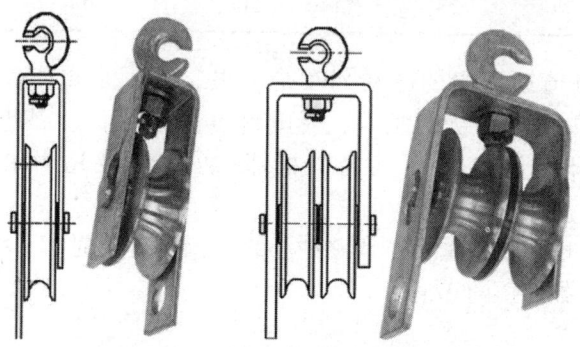

图 2.5.6　单、双承力索悬吊滑轮

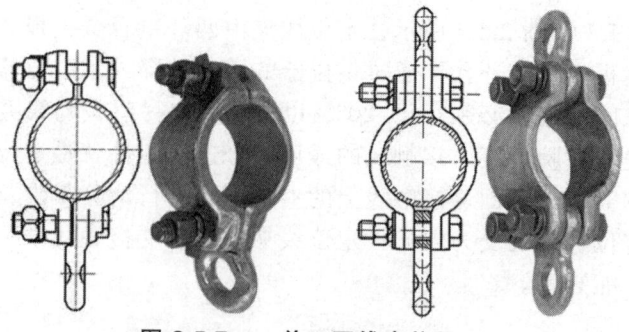

图 2.5.7　单、双线定位环

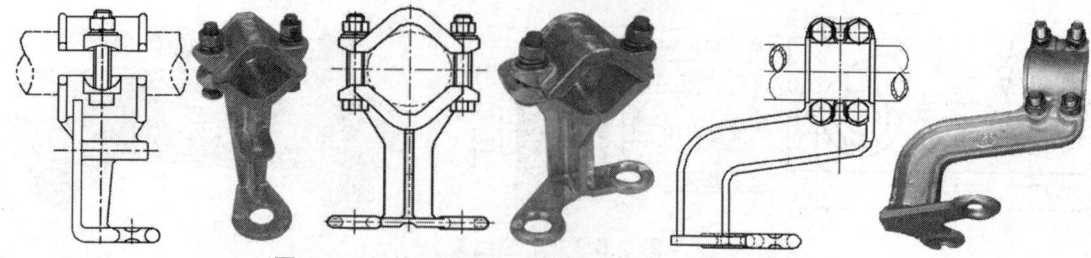

图 2.5.8　单、双线长定位环和曲柄双线长定位环

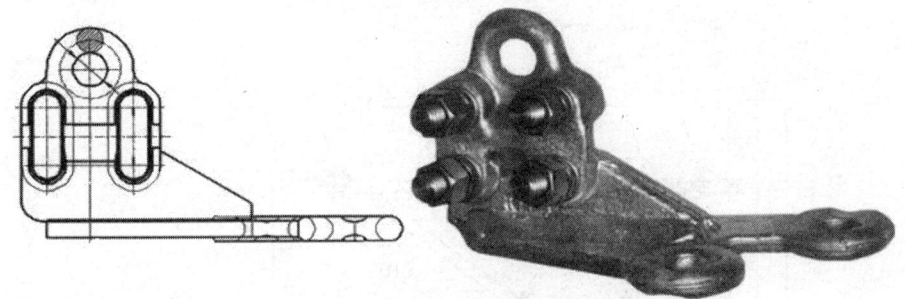

图 2.5.9　定位双环线夹（软横跨上部固定绳用）

二、柔性悬挂定位方式

定位装置仅对接触线实行横向定位，根据支柱所处位置、功用及地形条件不同，定位装置的形式也不同。一般采用不同的组合方式定位，目的是使定位器始终处于受控状态。地面段腕臂支柱定位方式可分为正定位、反定位、软定位、组合定位、单拉定位及非工作支定位几种。在地下段，由于隧道内净空有限，其支持定位装置不同于地面结构，除了可采用弓形腕臂对接触悬挂进行定位外，还可采用弹性支架悬挂装置作为隧道内的定位方式。

1. 正定位（Z定位）

在直线区段或曲线半径较大的区段采用这种定位方式。正定位由定位管、支持器、定位线夹、定位环、定位钩组成。定位的一端利用定位线夹固定接触线，另一端通过定位钩与定位管衔接，定位管又通过定位环固定在腕臂上，如图 2.5.10 所示。

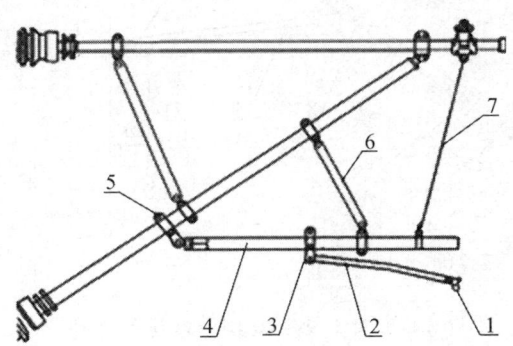

1—定位线夹；2—定位器；3、5—定位环；4—定位管；6—定位管支撑；7 定位管吊线+卡子。

图 2.5.10　正定位

实际工程运用中城轨交通常采用定位线夹通过支持器直接安装于定位管上的形式，这时的定位方式中没有了定位器，也称简单定位，其结构如图 2.5.11 所示。当采用"单承力索+双接触线"或"双承力索+双接触线"接触悬挂时，定位结构中要做相应的调整，如采用定位双环、两支定位管和定位线夹等。

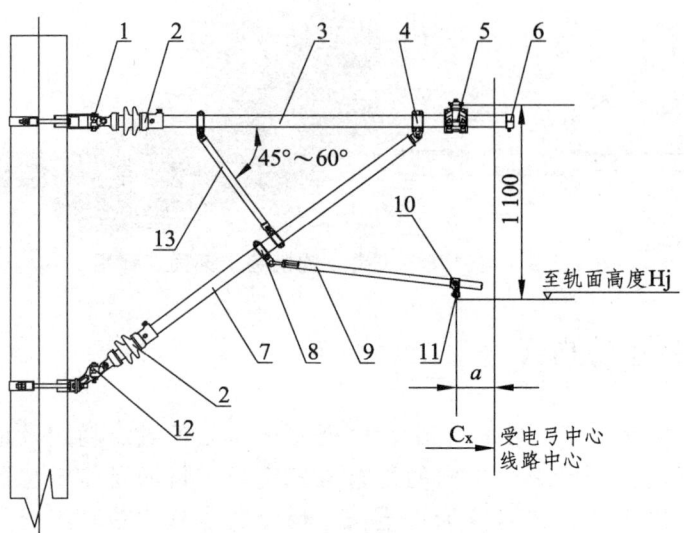

(a)单承力索+单接触线接触悬挂

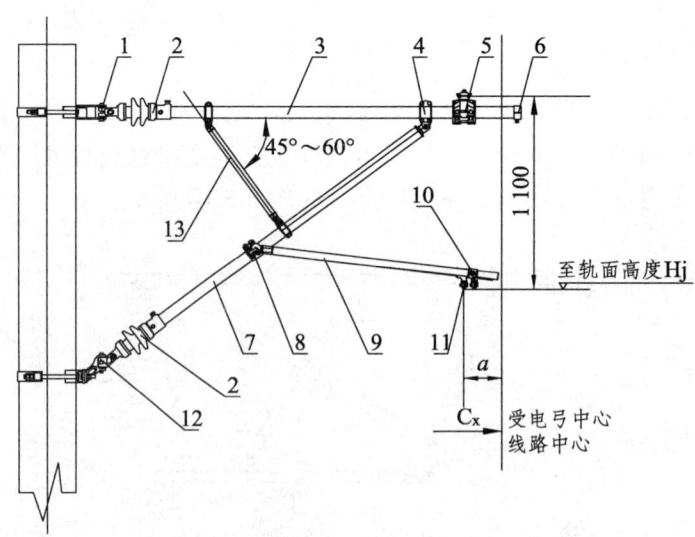

(b)单承力索+双接触线接触悬挂

1—腕臂上底座;2—腕臂绝缘子;3—平腕臂;4—套管双耳;5—双线支撑线夹;6—管帽;7—斜腕臂;8—定位双环;9—定位管;10—支持器;11—定位线夹;12—腕臂下底座;13—腕臂支撑。

图 2.5.11 简单定位

2. 反定位（F定位）

反定位一般用于曲线内侧支柱或直线区段之字值方向与支柱位置相反的位置。此时定位管受压力较大,为了使定位管保持水平,一般用腕臂支撑或斜拉线将定位管吊住,固定在斜腕臂上,其结构如图 2.5.12 所示。

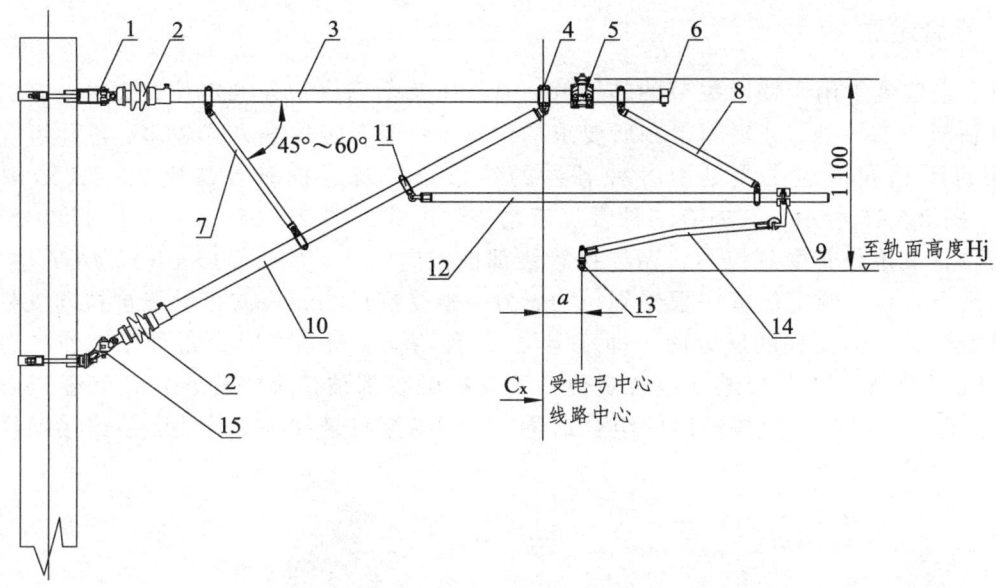

1—腕臂上底座；2—腕臂绝缘子；3—平腕臂；4—套管双耳；5—双线支撑线夹；6—管帽；7—腕臂支撑；8—定位管支撑；9—长定位单环；10—斜腕臂；11—定位环；12—定位管；13—定位线夹；14—定位器；15—腕臂下底座。

图 2.5.12　反定位（单位：mm）

3. 软定位（R 定位）

软定位的特征是定位器通过两股 $\phi 4.0$ mm 镀锌铁线拧成的定位拉线（现场称为软尾巴）固定在绝缘腕臂上的定位环上，定位拉线活固定端在定位管侧，死固定端在腕臂侧（反定位时为定位立柱），如图 2.5.13 所示。软定位只能承受拉力，而不能承受压力。为避免在某些特殊情况下拉力过小，在曲线力抵消反方向的风力之后的拉力需保持 0.2 kN 以上方能使用这种方式，因而它用于曲线半径 $R \leqslant 800$ m 的区段。

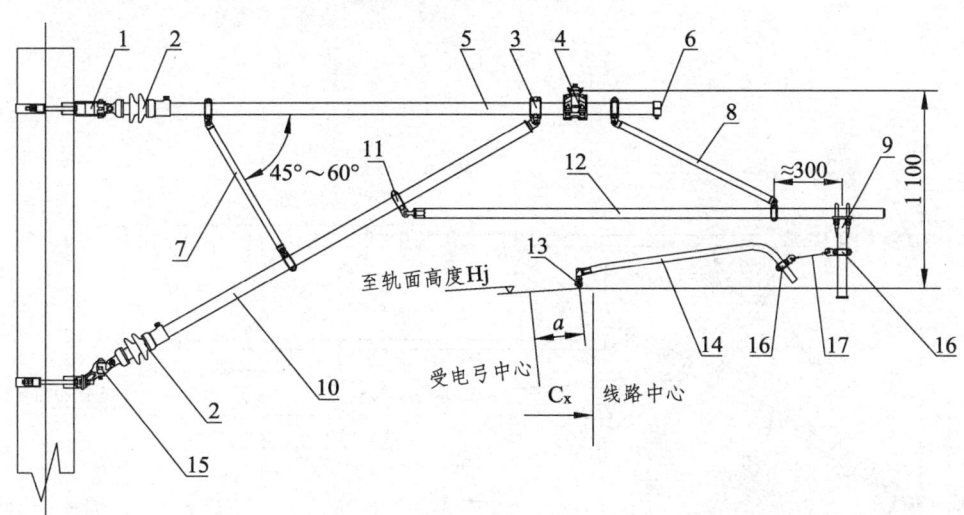

1—腕臂上底座；2—腕臂绝缘子；3—套管双耳；4—双线支撑线夹；5—平腕臂；6—管帽；7—腕臂支撑；8—腕臂支撑；9—长定位立柱；10—斜腕臂；11—定位环；12—定位管；13—定位线夹；14—软定位器；15—腕臂下底座；16—定位环；17—心形环、钳压管、尾支线。

图 2.5.13　软定位

4. 组合定位

组合定位装置用于锚段关节的转换柱、中心柱及车场线岔处的定位，这些地方均有两组悬挂在同一支柱处，分别固定在所要求的位置上。组合定位的方式较多，各种组合定位的作用也不相同，这主要是由各种各样的地形条件及悬挂条件决定的，其结构如图 2.5.14~图 2.5.15 所示。其中有三种常见道岔定位形式，图 2.5.15（a）为 L（拉）型道岔组合定位，其定位管受到拉力，两支接触线都被拉向支柱；图 2.5.15（b）为 LY（拉压）型道岔组合定位，两定位管一根受到拉力、另一根受到压力，一支接触线被拉向支柱，另一支接触线被拉向支柱的反方向（即反定位），且两支接触线等高，都处于工作状态；图 2.5.15（c）为 Y（压）型道岔组合定位，两支接触线都被拉离支柱，定位管受压力；图 2.5.16 为直线非绝缘转换柱使用的组合定位，其一组接触悬挂为工作支，一组接触悬挂为抬高后下锚的非工作支。

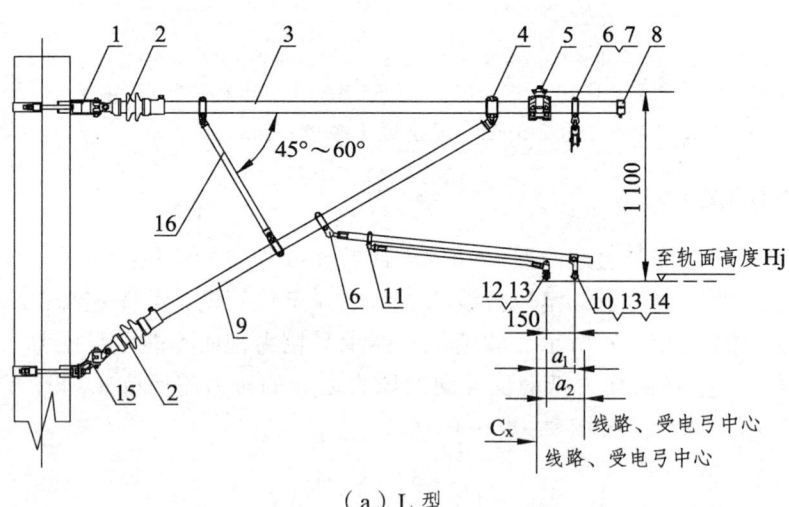

（a）L 型

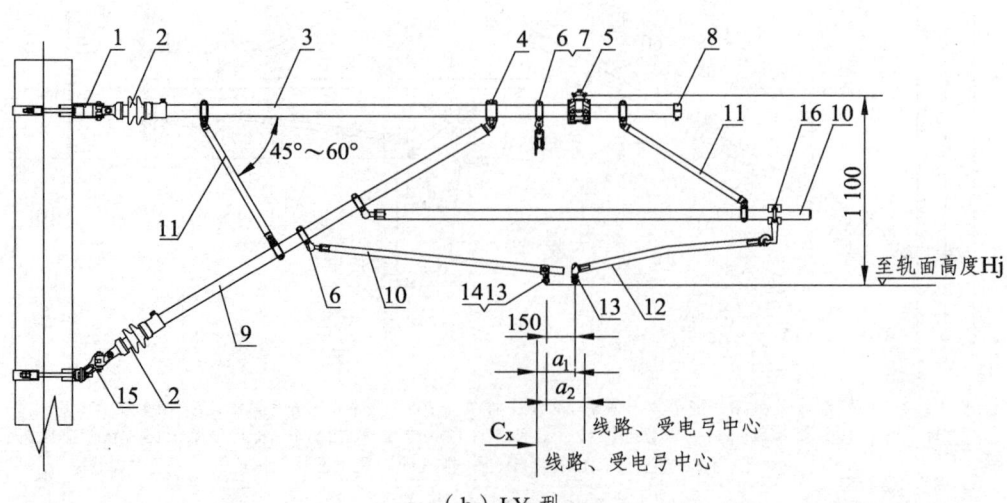

（b）LY 型

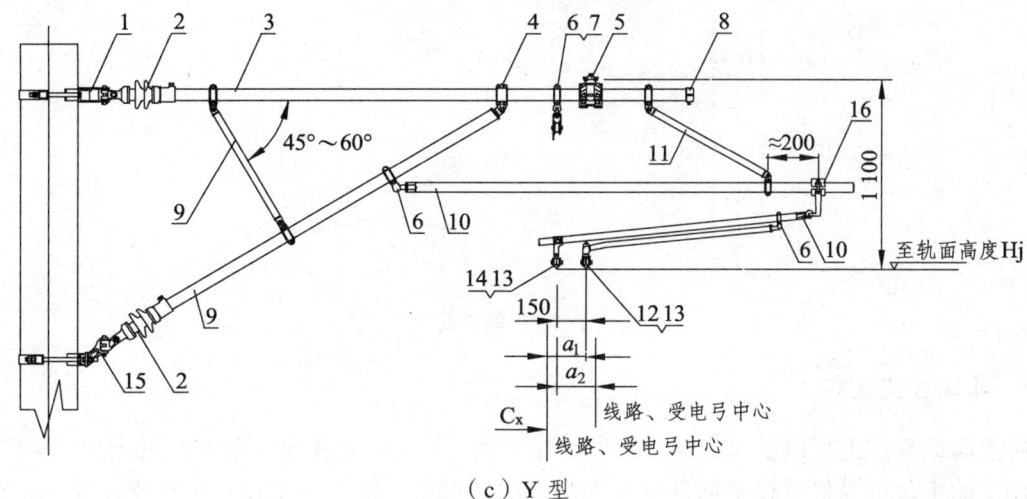

（c）Y 型

1—腕臂上底座；2—腕臂绝缘子；3—平腕臂；4—套管双耳；5—双线支撑线夹；6—定位环；
7—单悬吊滑轮；8—管帽；9—斜腕臂；10—定位管；11—腕臂支撑；12—定位器；13—定位线夹；
14—长支持器；15—腕臂下底座；16—长定位单环。

图 2.5.14　道岔组合定位

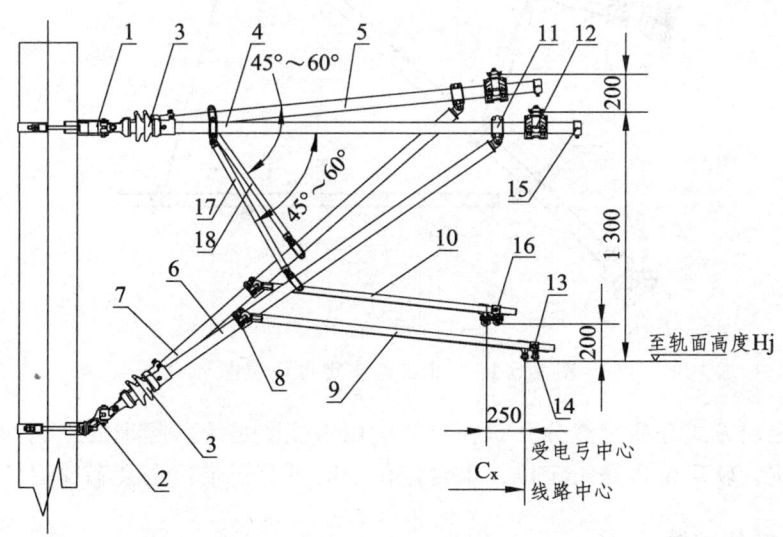

1—腕臂上底座；2—腕臂下底座；3—腕臂绝缘子；4、5—平腕臂；6、7—斜腕臂；8—定位双环；9、10—定位管；
11—套管双耳；12—双线支撑线夹；13—支持器；14—定位线夹；15—管帽；
16—锚支定位卡子；17、18—腕臂支撑。

图 2.5.15　直线非绝缘转换柱组合定位（单承力索、双接触线简单链型悬挂）

5. 单拉定位

单拉定位的特点是没有腕臂，将软定位器直接通过绝缘子固定到支柱上，它一般用在导曲线处或因跨距较大，接触线的偏移达不到设计要求的某些特殊地点。单拉定位如图 2.5.16 所示。

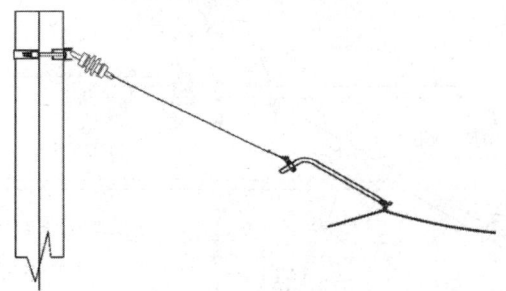

图 2.5.16　单拉定位

6. 非工作支定位

从上面的叙述上可以看出，以上几种定位方式，都是对工作支接触悬挂的定位。事实上，非工作支的定位也是保持接触网良好技术状态的一部分。非工作支相对工作支需要定位于一定抬升和一定距离处。非工作支定位主要由定位管、锚支定位卡子等零件构成。非工作支定位如图 2.5.17 所示。

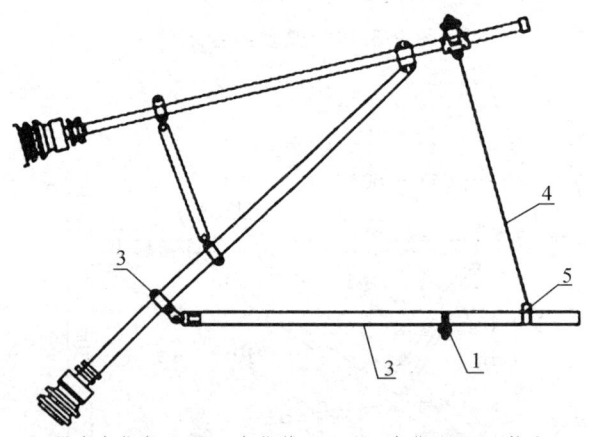

1—锚支定位卡子；2—定位管；3、5—定位环；4—拉线。

图 2.5.17　非工作支定位示意图

以上各类定位方式并非绝然分开，在具体运用中往往是统一起来的。例如简单定位是正定位也是硬定位，软定位也是正定位，组合定位中既可有正定位也会有反定位等。

7. 隧道段定位装置

城市轨道交通的隧道由于高度和宽度有限，可采用弓形腕臂形式定位。为进一步降低净空要求、简化结构，还可采用弹性支架悬挂装置进行定位（如图 2.5.18 所示）。弹性支架悬挂形式属简单悬挂方式，悬挂形式一般采用 2 根接触线及辅助馈线组成，没有承力索，2 根接触线有张力补偿装置。"弹性支架"承载能力较低，支架之间距离限制在 12 m 以内，由底座、环氧树脂绝缘子、弹性支架、定位装置等四部分组成。弹性支架装置包括弹性轴和辅助装置，弹性支架的弹性是通过轴环中设置的橡皮扭转部件获得的。橡皮扭转部件的弹性能克服运行过程中产生的低频振荡，使弓网之间始终处于良好的接触状态，避免受电弓突然跳开造成电流中断。由于没用承力索，采用此种悬挂方式，对隧道净空要求可以进一步降低，允许的行车速度较低。整个弹性悬挂装置起到接触定位和绝缘的功能，适用于圆形隧道直线、曲线和矩形隧道及敞开段钢筋混凝土横梁下弹性支架悬挂安装。弹性支架悬挂装置的绝缘子安装于底座上，绝缘子和腕臂管之间的连接不具有可调节功能，不能调节腕臂管的定位角度和高度。

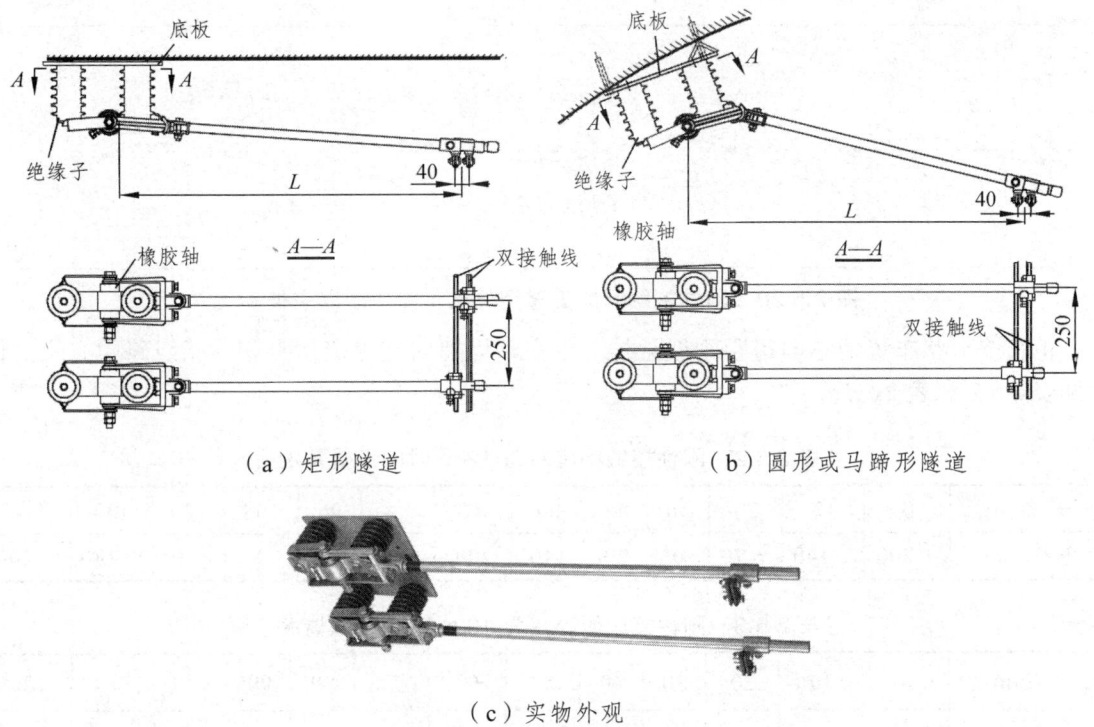

图 2.5.18 弹性支架悬挂装置

如果隧道高度太高，可以考虑安装倒立柱加长下垂支架等悬挂形式，如图 2.5.19 所示。

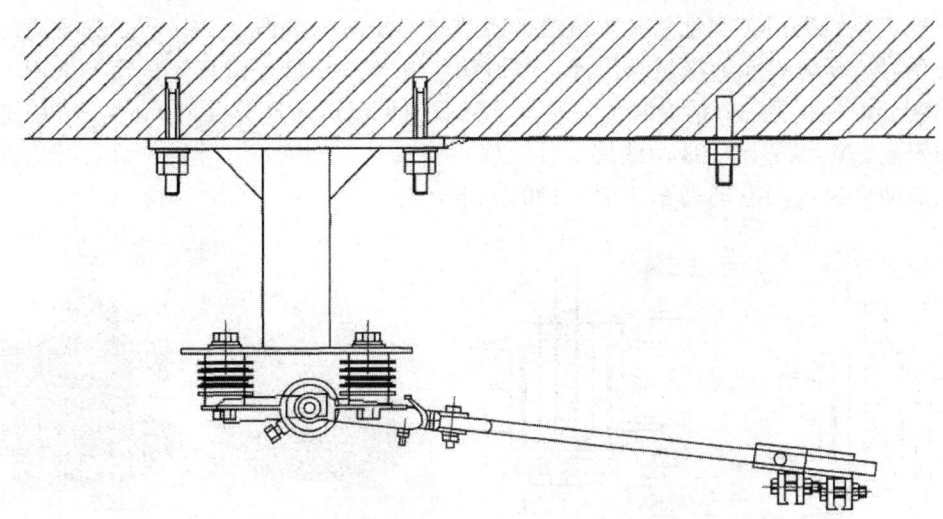

图 2.5.19 隧道倒立柱形式的弹性支架悬挂装置

三、刚性悬挂定位

和柔性接触网一样，刚性接触网在运行方向上一般布置成"～"形，其实际形状看起来像正弦波形状（见图 2.5.20），各悬挂点与受电弓中心的距离（相当于柔性接触悬挂的拉出值或之字值）一般不大于 200 mm。

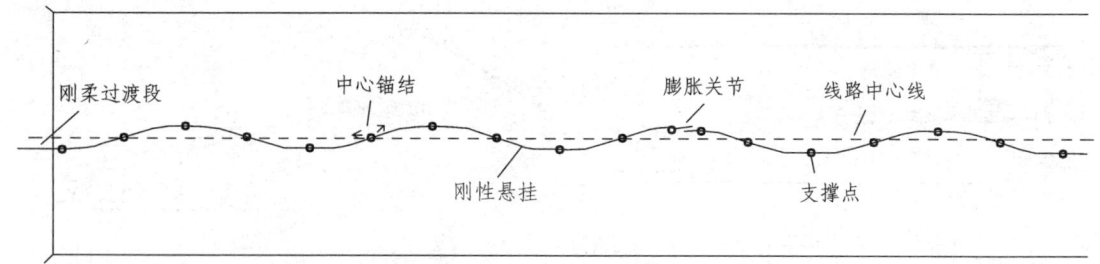

图 2.5.20　刚性接触网的支撑定位点（图中圆黑点处）

正弦波形状布置的不同跨距刚性悬挂一个完整周期内支撑定位点相对于线路中心线的设置见表 2.5.2 和表 2.5.3。

表 2.5.2　刚性接触网跨距为 12 m 时的设置情况

长度/m	0	12	24	36	48	60	72	84	96	108	120	132	144
偏移/mm	−200	−140	−70	0	70	140	200	140	70	0	−70	−140	−200

表 2.5.3　刚性接触网跨距为 10 m 时的设置情况

长度/m	0	10	20	30	40	50	60	70	80	90	100	110	120
偏移/mm	−200	−140	−70	0	70	140	200	140	70	0	−70	−140	−200

1. 汇流排定位线夹

汇流排定位线夹用于刚性悬挂汇流排的垂直悬吊安装。如图 2.5.21 所示为常见的五种汇流排线夹型号。其中弹性绝缘悬挂组件、弹性定位线夹和 B 型汇流排定位线夹适用于隧道净空 $h \geq 4\,400$ mm、采用门型结构时的安装，C 型适用于隧道净空 $h < 4\,400$ mm、采用绝缘横撑结构时的安装，W 型适用于地面线路支柱或库内腕臂类结构安装。弹性绝缘悬挂组件、弹性定位线夹能适应较高的电动列车速度（120 km/h）。

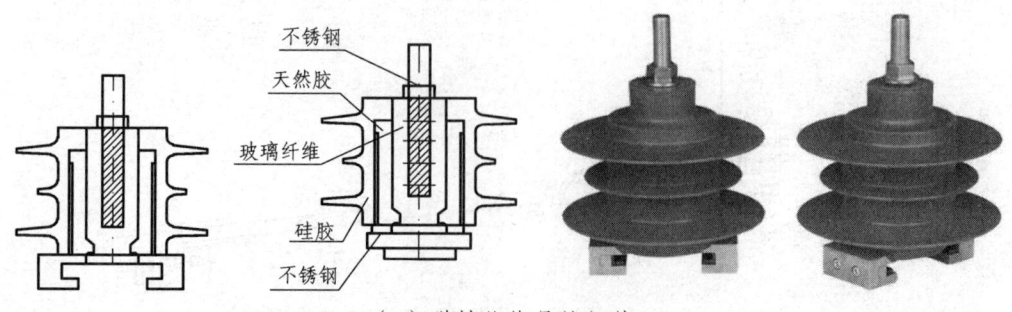

（a）弹性绝缘悬挂组件

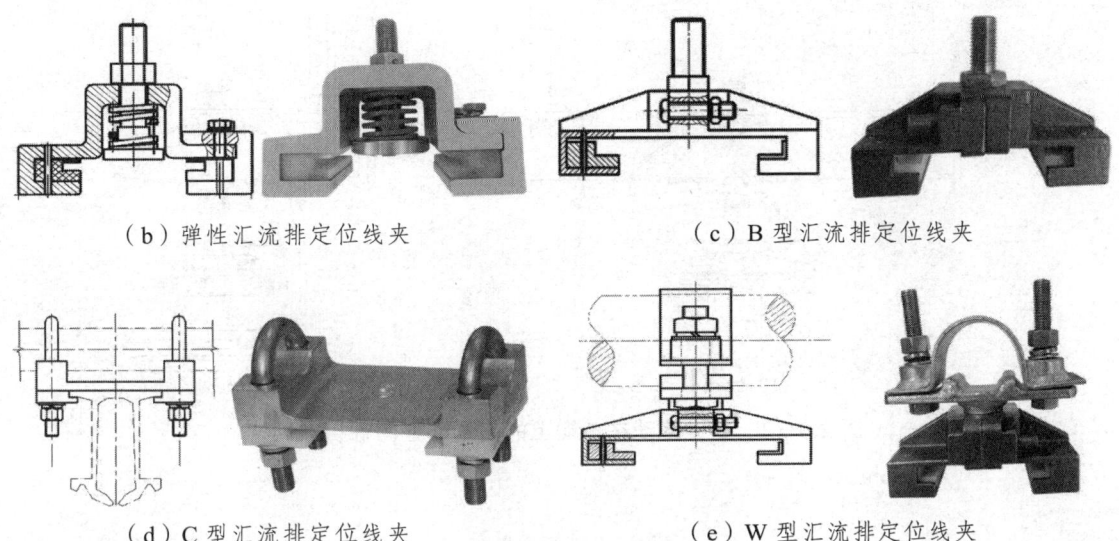

(b) 弹性汇流排定位线夹　　　　　　　(c) B型汇流排定位线夹

(d) C型汇流排定位线夹　　　　　　　(e) W型汇流排定位线夹

图 2.5.21　汇流排定位线夹

2. 弹性绝缘组件和弹性定位线夹

从弹性绝缘悬挂组件的结构上来说，定位线夹、支持绝缘子组合为一体，结构复杂，因此，制造工艺也略为复杂；整体式弹性绝缘悬挂组件不能旋转，所以对安装要求较高，如果安装过程中没有调整好间隙，容易造成汇流排卡滞；结构内部出现问题不易发现，局部出现问题需整体更换，工程造价比弹性定位线夹与绝缘子组合件高。弹性定位线夹与支持绝缘子分离，结构简单，制造工艺简单，线夹整体可以旋转，同时耐磨导电滑块也可相对动作，避免汇流排卡滞。弹性刚度值可以依据不同工况任意调整，安装方便；如果需要检修或更换弹性线夹，只需要用工具敲击黑色耐磨垫，在两边耐磨垫敲出后，拆下线夹的螺栓就能取出线夹，并根据现场实际需要进行更换。

无论是采用弹性绝缘组件还是弹性定位线夹，都可以达到增加刚性悬挂的系统弹性，改善弓网授流质量，进而提高电动列车最高运行速度的目的。但在结构、制造工艺、安装、维护的便利性以及价格等各方面，弹性定位线夹与弹性绝缘悬挂组件相比具有一定的优势。

3. 刚性接触网拉出值、接触线高度的调整

（1）固定支撑的刚性接触网参数调整通过调整固定在钢支架上的汇流排线夹和绝缘子组件来实现。

垂直方向的调整是通过固定在隧道顶上的螺栓来实现的，这些螺杆固定在轨道中间正上方隧道顶壁中的埋入杆件上。水平方向的调整（即拉出值调整）通过调整固定在钢支架上的汇流排线夹和绝缘子的组件等来实现。这种支撑装置有一个 PVC 的保护罩安装在绝缘子顶部，用来防止尘埃落在绝缘子上造成污染。其结构如图 2.5.22 所示。

（2）当采用水平绝缘横撑结构时，通过移动绝缘管上的 C 型汇流排线夹可实现调整刚性接触网。其结构如图 2.5.23 所示。

（3）采用旋转支撑时的刚性接触悬挂有一个垂直的旋转轴，可以适应刚性接触网纵向的移动。绝缘腕臂支撑时刚性接触网的调整如图 2.5.24 所示。

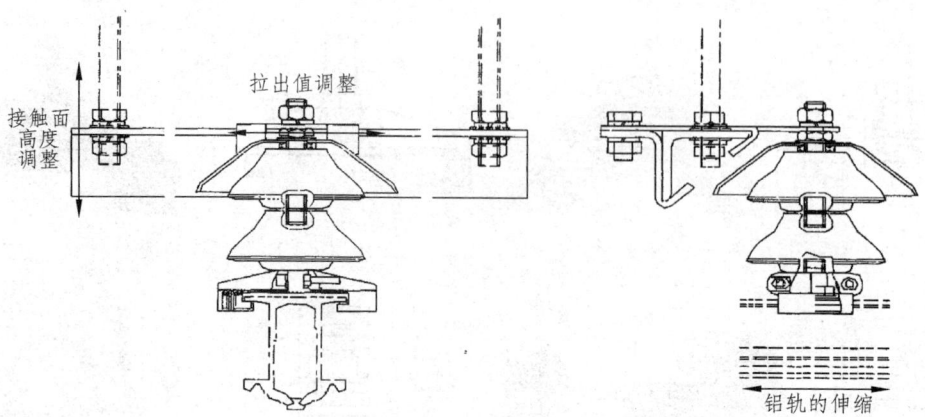

图 2.5.22　通过移动在角钢上的夹子调整刚性接触网

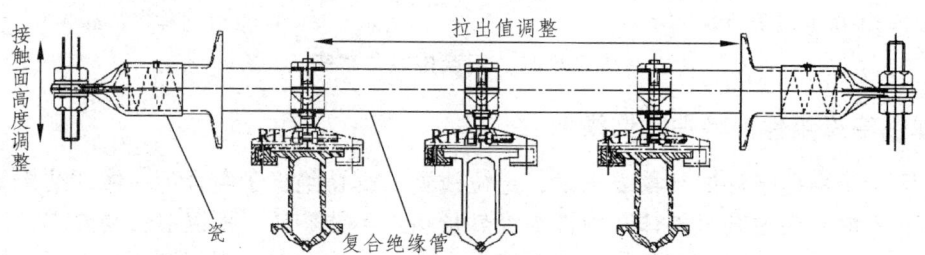

图 2.5.23　通过移动绝缘管上的悬挂夹调整刚性接触网

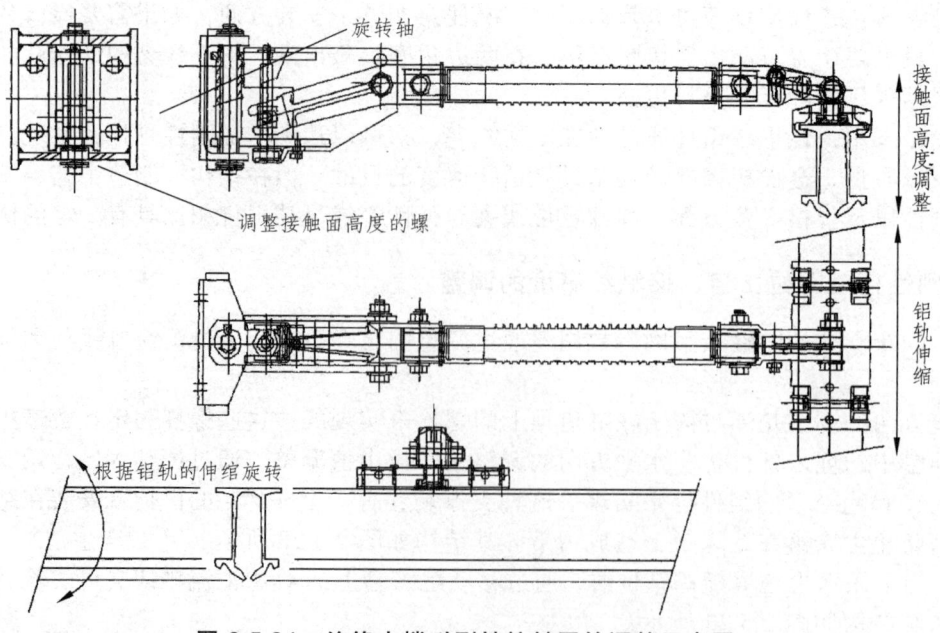

图 2.5.24　绝缘支撑时刚性接触网的调整示意图

（4）采用非绝缘腕臂支撑（也称铰链支撑）时刚性接触网的调整如图 2.5.25 所示。

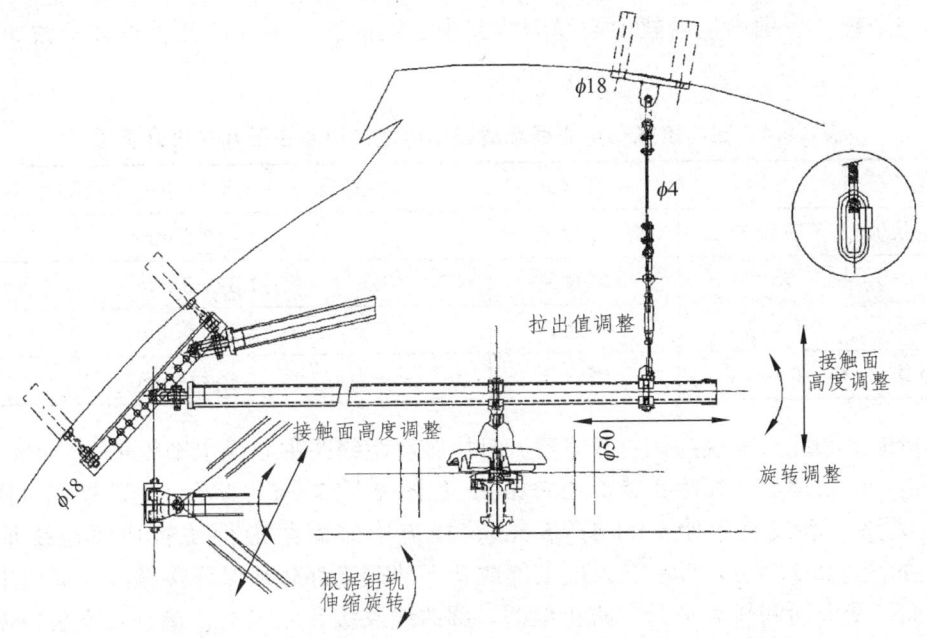

图 2.5.25 非绝缘腕臂支撑时刚性接触网的调整示意图

四、接触轨

（一）接触轨定位

相对于架空接触网中有较大运行空间的受电弓，接触轨系统处于电动列车侧下部，其运行空间有限，受流器受流面尺寸较小。接触轨没有类似架空接触网的拉出值存在，而是沿着走行轨侧上方位、平行于走行轨布置，无偏转地固定安装在走行轨旁、车辆限界之外的支架上。接触轨定位如图 2.5.26 所示。

图 2.5.26 接触轨定位

据不完全统计，国内接触轨中心线至线路中心线的距离主要的几种设计参数如表 2.5.4 所示。

表 2.5.4　国内接触轨中心线至线路中心线的距离主要几种设计参数

线别	电压	授流方式	接触轨中心线至线路中心线的距离
北京地铁	750 V	上部授流	1 417.5 mm
武汉地铁	750 V	下部授流	1 379.5 mm
广州地铁	1 500 V	下部授流	1 510.0 mm
深圳地铁	1 500 V	下部授流	1 444.0 mm

以广州地铁和北京地铁为例：下部授流时接触轨距线路中心线水平距离 1 510 mm，授流工作面距走行轨轨顶面连线垂直距离 200 mm，如图 2.5.27（a）所示；上部授流时钢铝复合接触轨距线路中心线水平距离 1 417.5 mm，授流工作面距走行轨轨顶面连线垂直距离 140 mm，如图 2.5.27（b）所示。无论上部或者下部授流都必须保证接触轨受流面中轴线垂直于轨平面，受流面和轨面平行，防止偏磨。圆曲线及缓和曲线上，接触轨安装根据曲线情况与走行轨保持一致。

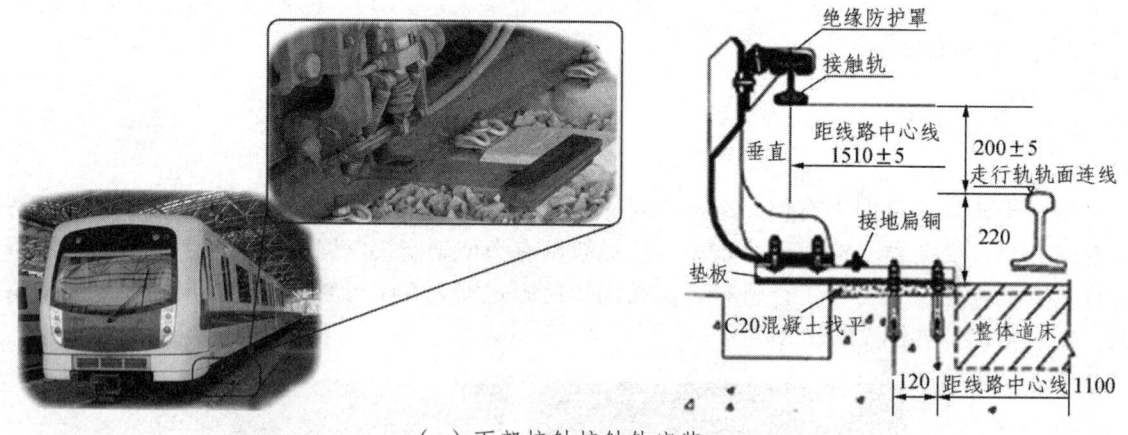

（a）下部接触接触轨安装

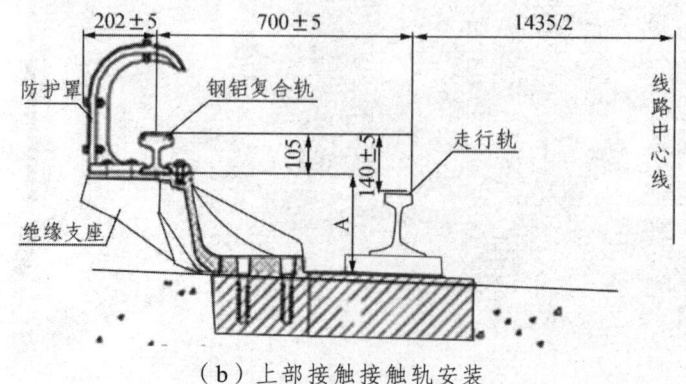

（b）上部接触接触轨安装

图 2.5.27　接触轨安装（单位：mm）

（二）接触轨的布置位置

接触轨的空间位置由接触轨中心线与相邻走行轨内侧工作边的水平距离和接触轨轨顶面与相邻走行轨的轨轨顶面的垂直距离来确定。具体安装位置应根据车辆集电靴的限界轮廓、安装尺寸及与相邻走行轨的距离确定。

1. 正线接触轨布置

一般情况下，在高架线上接触轨安装于列车行进方向的右侧；在地下区段，接触轨安装于列车行进方向的左侧。在道岔等特殊区段换边布置，车站布置在站台对面。

2. 车辆段接触轨布置

场区接触轨按少断轨的原则布置，且应满足车辆作业的要求。在曲线半径小于 110 m 的区段，接触轨布置在线路的外侧。

3. 道岔区接触轨的布置

在道岔区，为避免车辆通过时受流器与接触轨碰撞，接触轨需断轨。断轨的长度可在图纸上通过做图的方式求出，考虑原则是受流器最大波动量的曲线与接触轨边缘的曲线的交点，即为受流器与接触轨相撞的临界点，同时考虑接触轨热胀冷缩的伸长量以及误差，并躲开信号设备一定距离（此距离由信号专业提供资料），再根据绝缘子布置原则最后确定。

五、架空柔性接触网接触线拉出值的确定

架空柔性接触网的接触线直接与受电弓接触且发生摩擦，为了保证受电弓和接触线可靠接触、不脱线和保证受电弓磨耗均匀，要求接触线在线路上方按技术要求固定位置，即在定位点处保证接触线与受电弓滑板中心有一定偏移量，称为拉出值，一般用符号"a"表示。

接触线拉出值可以使在运行中的受电弓滑板工作面与接触线摩擦均匀（否则会使滑板工作面某些部分磨出沟槽，降低受电弓使用寿命），保证接触线与受电弓接触，不发生脱弓，避免因脱弓造成的弓网事故。

（一）拉出值的大小

接触线拉出值的大小由受电弓最大允许工作范围、线路情况、行车速度等因素决定。在直线区段，线路中心线与机车受电弓中心线重合，接触线沿线路中心线上空成"之"字形对称布置，即所谓直线区段接触线拉出值也称"之"字值的原因，其标准值为 ± 200 ~ 300 mm。拉出值的正负表示定位点处接触线的位置，当定位点位于线路中心线和支柱之间时，记为正，否则记为负。拉出值的允许误差范围一般为 ± 30 mm。

曲线区段电动列车车身随线路的外轨超高向曲线内侧（简称曲内）倾斜，受电弓也呈倾

斜状，线路中心线与受电弓中心不重合，曲线区段上随曲线半径不同拉出值有差异，一般为150～400 mm。

如果地理环境受限或设备特殊，拉出值也可适当增大（或减小），但拉出值最大不应超过受电弓滑板允许工作范围（如某型为950 mm时）的二分之一，即拉出值最大不得大于450 mm。当拉出值的选用必须保证最大风偏移时，跨距中任一点接触线产生的最大水平偏移不超过规定的受电弓允许工作范围。

城轨交通架空柔性接触网拉出值选用可参考表2.5.5。

表2.5.5 城轨交通架空柔性接触网拉出值选用参考表

曲线半径 R/m	直线	≥1 500	<1 500
拉出值 a/mm	±200	150	250

城市轨道交通接触网常采用单承力索双接触线或双承力索双接触线，此时测量拉出值（之字值）和曲线区段的偏移值时需要注意：拉出值的测量以拉出值方向外侧的接触线为基准。如图2.5.28所示。

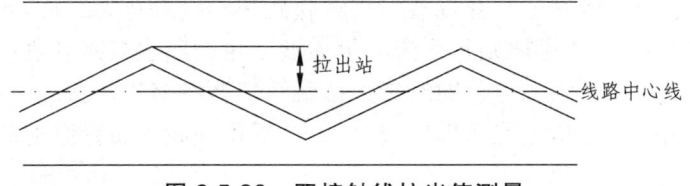

图2.5.28 双接触线拉出值测量

（二）柔性悬挂拉出值的施工与检调

1. 直线区段拉出值检调

在直线区段对接触线拉出值施工或检修时，需借助于测杆和道尺。将定位点处接触线的位置通过测杆上的线坠垂直投影到轨面放置的道尺上，可以方便地确定接触线与线路中心线之间的水平距离。在直线区段，线路中心线和受电弓中心线重合，定位点处接触线的垂直投影距线路中心线的距离也就是定位点处接触线距受电弓中心的距离（即接触线的拉出值）。接触网检修时根据实际拉出值和标准拉出值间的偏差大小来进行检调。

2. 曲线拉出值检调

在曲线区段为平衡列车在转弯时产生的离心力，将曲线外侧轨道抬高，称为外轨超高。外轨超高值由线路曲线半径和线上列车允许通过的最大时速确定，应按下式计算：

$$h = \frac{11.8 v_{\max}^2}{R} \tag{2.5.1}$$

式中 h——外轨超高值，mm；

R——线路曲线半径，m；

$v_{\max}$——列车通过速度，km/h。

城轨交通线路中设置的最大超高一般不应超过 120 mm，未被平衡时超高允许值不宜大于 61 mm，困难时不应大于 75 mm，车站站台有效长度范围内曲线超高不应大于 15 mm。

曲线超高设置还要符合下列规定：隧道内及 U 形结构的无砟道床地段曲线超高，宜采用外轨抬高超高值的 1/2、内轨降低超高值的 1/2 设置；高架线、地面线的轨道曲线超高，宜采取外轨抬高超高值设置。超高顺坡率不宜大于 2‰，困难地段不应大于 2.5‰。曲线超高值应在缓和曲线内递减；无缓和曲线或其长度不足时，应在直线段递减。

曲线上，由于线路外轨超高，使电动列车车身向曲线内侧方向倾斜，机车受电弓随之偏斜，受电弓中心线与线路中心线有一定偏斜距离。在使用测杆线坠测量检调中，测杆上的线坠将定位点处接触线投影到轨平面（道尺）处，测得的是线路中心线与接触线的距离。无法直接测量接触线距受电弓中心线的水平距离（即 a 值）。所以在确定曲线拉出值时，要通过定位处接触线对线路中心线投影的位置（即 m 值）间接确定对受电弓中心的位置，如图 2.5.29 所示。

定位点处接触线距受电弓中心的水平距离（拉出值）用符号"a"表示；定位点处接触线距线路中心的距离用符号"m"表示；线路中心线距机车受电弓中心的偏斜值用符号"c"表示，三者的关系为：$a = m + c$。

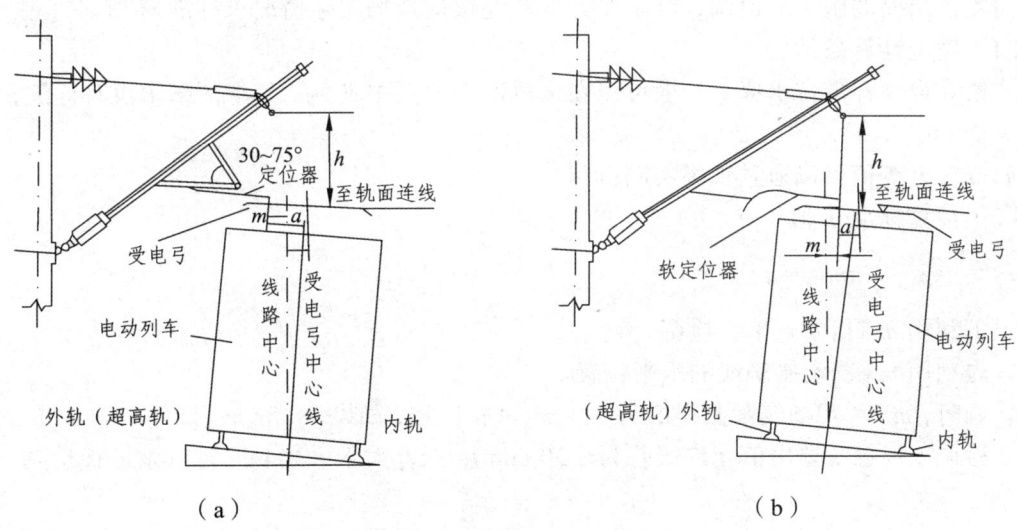

图 2.5.29 曲线区段外轨超高对受电弓位置的影响及 a、m、c 的关系

公式中的 m 值有正、负之分，当接触线定位点投影在线路中心线与外轨间时，m 值为正值，如图 2.5.31（a）所示；当在线路中心线与内轨间时，m 值为负值，如图 2.5.31（b）所示。式中的 c 值可以根据图中的几何关系求得

$$c = \frac{hH}{L} \tag{2.5.2}$$

式中　c ——受电弓中心对线路中心偏移值，mm；
　　　h ——曲线外轨超高，mm；
　　　H ——接触线至轨面的高度（即导高），mm；
　　　L ——轨距，mm。

曲线外轨超高 h 值可在现场接触线拉出值检调时用轨道尺实际测量得到。虽然工务部门施工或检修时一般将超高值标记在曲线内轨的内侧，但由于线路在运行中外轨超高略有变化，故在计算偏移值时，应使用实际测得的外轨超高值（曲线内侧标记值仅供参考）；接触线的高度 H 值在现场实际测量得到；轨距 L 值系指钢轨轨顶下面 16 mm 处的两轨之间的距离，可以用轨道尺测量得到。直线区段采用 1 435 mm 的标准轨距，曲线半径小于 250 m 的地段应进行轨距加宽，加宽值应符合表 2.5.6 的规定。轨距加宽值应在缓和曲线范围内递减，无缓和曲线或其长度不足时，应在直线地段递减，递减率不宜大于 2‰。

表 2.5.6　曲线地段轨距加宽参考

曲线半径 R/m	加宽值/mm	
	A 型车	B 型车
250>R≥200	5	—
200>R≥150	10	5
150>R≥100	15	10

曲线拉出值的施工与检调，其主要计算就是根据现场实际情况求标准 m 值。过程为：

（1）确定计算条件。

a 值为设计标准拉出值，一般可以在接触网平面图中查到。如果图纸中没有标注，可以参考表 2.5.6。

h、H、L 等值可以通过现场实测得到。

（2）计算标准 m 值（$m_标$）。

$$m_标 = a - c$$

（3）利用 $m_标$ 指导施工、检调。

首先利用 $m_标$ 确定接触线的水平位置。

检调时，$m_标$ 和现场实际测得的 m 值（$m_实$）相比较，如果 $m_标$ 和 $m_实$ 误差小于 ±30 mm 时可以不检调（接触线拉出值允许误差为 ±30 mm）；误差大于 ±30 mm 时应该进行检调，检调量为 Δm。

$$\Delta m = m_标 - m_实$$

式中　Δm ——定位点实际位置和标准位置的差值。

在拉出值检调中，将定位点向曲线外侧移动，称为拉；将定位点向曲线内侧移动，称为放。当 Δm 为正时，需要将定位点向曲线外拉；当 Δm 为负时，需要将定位点向曲线内放；当 Δm 为 0 时不需调整，现场简称为"正拉、负放、零不动"。在检调过程中，特别要注意的是 $m_实$、$m_标$ 的符号，当接触线定位点垂直投影在线路中心线至外轨间时 m 为正值，在线路中心线至内轨间时 m 为负值。代入上式计算时，要带符号进行运算。下面举例说明曲线拉出值检调的运算过程。

例 1：某区间接触网定位点处接触线高度（导高）H = 5 000 mm，所处区段为曲线，曲线半径 R = 160 m，外轨超高为 h = 60 m，设计拉出值 a = 400 mm，求该定位处接触线的位置。

若现场实测该定位处接触线投影在线路中心线距外轨间,距线路中心线距离为 150 mm 时,是否应该调整?

解:求定位点处接触线的位置就是求该处接触线相对线路中心线的位置,也就是求 $m_{标}$ 值。

(1)已知: $H = 5\,000$ mm,$R = 160$ m,$h = 60$ m,$a = 400$ mm,根据 R 查轨距加宽情况得: $L = 1\,440$ mm。

$$c = hH/L = 60 \times 5\,000/1\,440 = 208 \text{ (mm)}$$

由公式得

$$m_{标} = a - c = 400 - 208 = 192 \text{ (mm)}$$

即该定位点处接触线的位置应在线路中心线至外轨之间且距线路中心线距离为 192 mm 处。

(2)现场实际定位处接触线投影在线路中心线距外轨间且距线路中心线为 150 mm,即 $m_{实} = 150$ mm。

$$\Delta m = m_{标} - m_{实} = 192 - 150 = 42 \text{ (mm)}$$

所以应使定位处接触线位置向外轨侧"拉"42 mm,才能符合设计定位要求。

当曲线区段检调定位时,不满足标准要求可能造成严重后果。

例 2:甲作业组在某区间综合检修,调整拉出值,当检调到某定位时,实测接触线定位点距线路中心距离为 80 mm,且接触线定位投影在线路中心至外轨之间,测得外轨超高为 110 mm,查接触网平面图可知该定位标准拉出值为 300 mm,工作领导人让操作人将该定位向外轨侧再拉 130 mm。结果作业组作业结束消令后,第一趟电动列车通过时即发生了弓网事故,请分析弓网事故发生的原因(此处导线高度为 4 600 mm,作业处的轨距为 1 445 mm)。

解:已知:$m_{实测} = 80$ mm,$h = 120$ mm,$a_{标} = 300$ mm,$\Delta m = 130$ mm,检调后现场实际的 m 值为

$$m_{实} = m_{实测} + \Delta m = 80 + 130 = 210 \text{ (mm)}$$

调整后的定位实际拉出值为

$$a_{实} = m_{实} + c = 210 + 4\,600 \times 110/1445 = 560 \text{ (mm)}$$

调整后的定位实际拉出值 $a_{实} = 560$ mm,大于受电弓允许最大工作范围的一半。所以事故原因是拉出值超标造成弓网事故。

该处拉出值正确检调方法如下:

计算该定位处距线路中心的标准距离 $m_{标}$ 为

$$m_{标} = a_{标} - c = 300 - 4\,600 \times 110/1\,445 = -50 \text{ (mm)}$$

说明该定位处接触线距离线路中心标准距离应该约为 18 mm,且投影位置应在线路中心线至外轨之间。

$$\Delta m = m_{标} - m_{实测} = -50 - 80 = -130 \text{ (mm)}$$

正确的检调应该是将接触线定位点向内轨侧放 130 mm。

上例提醒大家,在进行曲线拉出值检调的时候,一定要注意 m 值的符号和检调方向。在测量、计算、检调每一个步骤中认真记录好符号。

六、接触网几何参数测量仪

近年来,为了提高接触网几何参数测量效率和精度,广泛使用各种接触网几何参数测量仪,如现在比较流行的激光接触网测量装置。该测量装置可以克服测杆和线坠测量的一些明显缺点,例如:对带有较高电压的接触网进行接触测量有安全隐患,操作者需穿戴绝缘靴和绝缘手套,特别是高温天气,劳动条件艰苦;绝缘器具定时检验,给操作者增加作业环节和心理压力;重锤或绝缘杆悬挂在接触线上,因重力改变了接触网的工作状态,接触网张力的不一致,使测量结果不准确、下道不方便;易受风吹影响,特别是山谷、桥梁等风口地区,难于测量;需要辅助工具进行其他参数测量,且需要超高换算。

DJJ-8 测量接触网几何参数原理如图 2.5.30 所示。

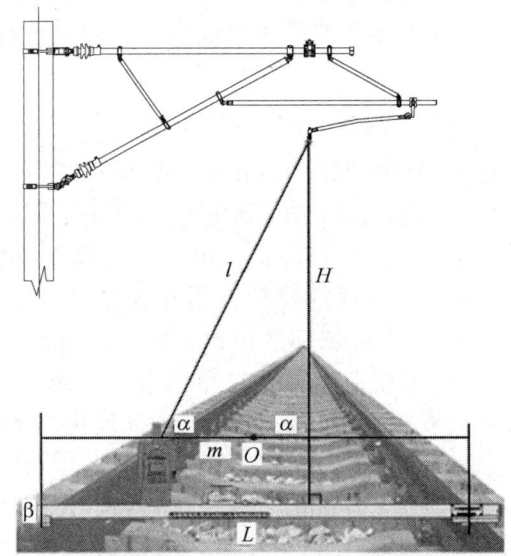

图 2.5.30　DJJ-8 测量接触网几何参数原理图（O 为线路中心点）

DJJ-8 型激光接触网测量装置测量需要用到的主要公式包括:

$$H = l \times \sin\alpha \quad (2.5.3)$$

$$a = \left(\frac{1}{2}L - m\right) - l \times \cos\alpha \quad (2.5.4)$$

$$h = L \times \sin\beta \quad (2.5.5)$$

式中　L ——轨距传感器测得的轨距;
　　　h ——钢轨水平高差,即外轨超高;
　　　H ——接触线高度;
　　　a ——拉出值;
　　　m ——主机在测量架上的固定补偿值;
　　　l ——激光测得的斜距离;
　　　α ——光栅测得的旋转角度;
　　　β ——水平传感器测得的倾角。

DJJ-8 系统的数据采集部分由主机和测量架两部分组成。参数测量时，先根据放置标准将测量架卡在钢轨上，主机卡在测量架固定座上，形成一个以钢轨面和钢轨中心为基准的测量平台。测量过程中，旋转主机，或前后移动测量架，使激光点打在目标测量点中心，按"测量键"即完成测量工作。主机将根据键盘指令调动激光测距模块、光栅测角模块和内部各种传感器，分别测量距离、角度、距离、水平和位移数据，按照一定的公式计算参数结果，最终在显示屏上输出接触线高度、拉出值、轨距、水平等几何参数，同时存储测量数据。

H、a、h、L 这四个参数是仪器测量其他所有参数的基础，其他的所有需要的参数都可以由这四个参数及上述公式经主机内置的计算模块计算得到。

除了上述功能外，DJJ-8 型激光接触网测量装置还可配套基于 B/S 架构及大型数据库的计算机系统软件，用于实现测量数据的深度分析和网络化管理的数据分析、数据网络管理，免去了传统接触网测量工具需要手工现场记录数据，然后再手工将所有数据录入微机的烦琐低效的工作，代之以高效快捷的自动存储和一键式数据录入功能。海量的数据都将被有序地保存于数据库中，工作人员能以多种方式查询、检索、筛选、分析所需要的数据，实现了数据管理的信息化、数字化，从而为接触网维修管理提供全面完善的解决方案。

第六节　接触网的锚段和锚段关节

为满足电气和机械方面的需要，将接触悬挂分成若干一定长度且相互独立的分段，这种独立的分段称为锚段。

两个相邻锚段衔接部分称为锚段关节。锚段关节的作用是使受电弓从一个锚段安全平稳地过渡到另一个锚段。

一、锚　段

柔性接触悬挂中的线索、架空接触网及接触轨在延续到一定的长度后，为了满足机械受力、温度变化、方便施工等的要求，必须被分成一个个相互独立的线段，这些相互独立的线段即为接触网的机械分段；同时，考虑电压降以及电气上能相互分开；根据机械和供电要求，将接触网分成许多独立的分段，这些独立的分段称为锚段，相邻两个锚段的衔接区段（重叠部分）称为锚段关节。

在锚段关节范围内，两个相邻锚段的接触悬挂是并排架设的，对它的基本要求是应保证受电弓能平滑地由一个锚段过渡到另一个锚段，一般只有接触悬挂才需要有锚段关节。馈线和地线等的锚段之间并没有重叠部分，所在不存在锚段关节，锚段与锚段间使用电连接沟通。

1. 锚段的主要作用

（1）限制事故范围。当发生断线或支柱折断等事故时，由于锚段在机械方面的独立性，使事故限制在一个锚段内不再扩大，从而缩小事故范围。

（2）便于在锚段两端给柔性接触网接触线和承力索加设补偿装置，以调整接触线、承力索的张力与弛度，或调节和补偿刚性接触网与接触轨的热应力形变。

（3）便于供电分段（如设立绝缘锚段关节），配合隔离开关的使用，容易满足接触网的供电方式和接触网设备分段检修的需要，缩小停电检修的范围。

2. 柔性架空接触网锚段长度

柔性架空接触网每个锚段包括若干个跨距。在确定锚段长度时，要考虑发生事故的影响范围；当温度变化时，因线索伸缩引起的吊弦、定位器及腕臂偏斜量应不超过允许值；补偿装置和补偿坠砣应有足够的活动空间（即补偿范围），要保证在极限温度下中心锚结处和补偿器端线索张力差不超过规定值。

温度变化时，线索热胀冷缩的伸长和缩短，使每一吊弦、定位器和腕臂固定点处产生偏斜，导致线索在中心锚结和补偿器间线索出现张力差，补偿器处张力差为零，中心锚结处最大；另外，接触线承力索的弹性变形也会引起张力变化。对于半补偿链形悬挂设计规定其张力差不超过接触线额定张力的 15%；全补偿链形悬挂，接触线、承力索的张力差均不得大于其额定张力的 10%。

柔性架空接触网锚段长度应根据补偿的承力索与接触线的张力差、温度变化时的腕臂偏转量和补偿坠砣的行程（补偿范围）等综合计算确定。

3. 刚性架空接触网锚段长度

刚性架空接触网锚段因为不存在类似于柔性架空接触网的张力，锚段长度的确定条件与柔性架空接触网不同，其应该根据环境温度、载流温升、材料线胀系数、伸缩要求等确定。由于汇流排热胀冷缩的缘故，刚性接触网必须分段，分段的作用是让刚性接触网的两端都可以自由伸缩。为了固定每段汇流排，必须在每段中间的汇流排线夹周围安装锚固，每一段的长度根据周围环境的温度变化 ΔT（$\Delta T = T_{\max} - T_{\min}$）决定，如表 2.6.1 所示。

表 2.6.1　锚段长度与周围环境的温度变化 ΔT 的关系

温差 $\Delta T/°C$	40	50	60	70	80
每段长度/m	250	200	170	150	130

刚性接触网作为一种几乎没有弹性的架空接触网形式，其设计速度一般不大于 160 km/h，刚性悬挂的锚段关节简单，锚段长度是柔性悬挂的 1/7 ~ 1/6，在划分锚段时，每个锚段长度一般为 200 ~ 250 m，最大锚段长度不超过 300 m。在温差大于 40 ℃ 的地区，每段的最大长度不能超过 250 m。

4. 接触轨锚段长度

对于接触轨系统，从一个膨胀接头到另一个相邻的膨胀接头或从一个膨胀接头到相邻的端部弯头之间的温度伸缩补偿段称为一个锚段。接触轨在划分锚段时，锚段长度的确定与接触轨的热膨胀系数、接触轨的安装环境温度、接触轨导电所产生的温升、膨胀接头的伸缩长度有关。温度引起标准锚段长度的变化影响包括三个方面：环境温度对接触轨标准长度的影响；牵引负荷电流对接触轨标准锚段长度的影响；故障短路电流对接触轨标准锚段长度的影响。

一般来说，接触轨在隧道内一个锚段长为 90 m 左右，隧道外露天环境下一个锚段长为

75 m 左右,隧道中距洞口 500 m 范围内的设置的锚段按地面段考虑。锚段中间设置中心锚结,锚段间使用膨胀关节进行连接,用于调节和补偿接触轨的热应力形变。

二、架空柔性接触网的锚段关节

一个锚段与另一个锚段相衔接的接触网悬挂结构称为锚段关节。锚段关节的设置,使得接触网不间断地贯通于全线,能使受电弓从一个锚段平滑地过渡到另一个锚段。

按用途可将锚段关节分为非绝缘锚段关节和绝缘锚段关节。非绝缘锚段关节只具有机械分段作用,所以又被称为电不分段锚段关节。绝缘锚段关节不仅具有机械分段作用,还具有同相电分段作用,故又称为电分段锚段关系,一般由三个跨距或四个跨距并配合一台隔离开关组成,将绝缘锚段关节两侧的接触网在电路上分开。

根据锚段关节所含跨距数,锚段关节分二跨、三跨、四跨、五跨式等。城轨交通柔性接触网锚段关节主要为三跨式非绝缘锚段关节和三跨式绝缘锚段关节,有时则根据需要而定。

1. 非绝缘锚段关节

非绝缘锚段关节仅用于接触悬挂在机械方面的分段,其电气方面仍然相连接。此时用电连接线将工作支和非工作支连接起来,保证电流通过。在这种锚段关节内,其承力索和接触线在两转换柱之间的跨距中心处过渡。过渡处两接触线等高,非工作支在转换支柱处抬高后向支柱下锚(在锚段关节内,同时存在两个锚段的两组接触悬挂。其中接触线与受电弓接触实现受流的称为工作支;另一组接触悬挂的接触线通过抬高脱离受电弓接触后下锚,称为非工作支,简称"非支")。

城轨柔性接触网中采用上述单承力索单接触线形式的接触悬挂较少见,经常使用的是单承力索双接触线以及双承力索双接触线的悬挂形式,其锚段关节中承力索常延长一跨下锚,此时接触线下锚支柱平腕臂装配中平腕臂中部需安装一套双线支撑线夹。如图 2.6.1、图 2.6.2 所示分别为直线和曲线区段单承力索双接触线简单链形悬挂三跨式非绝缘锚段关节。

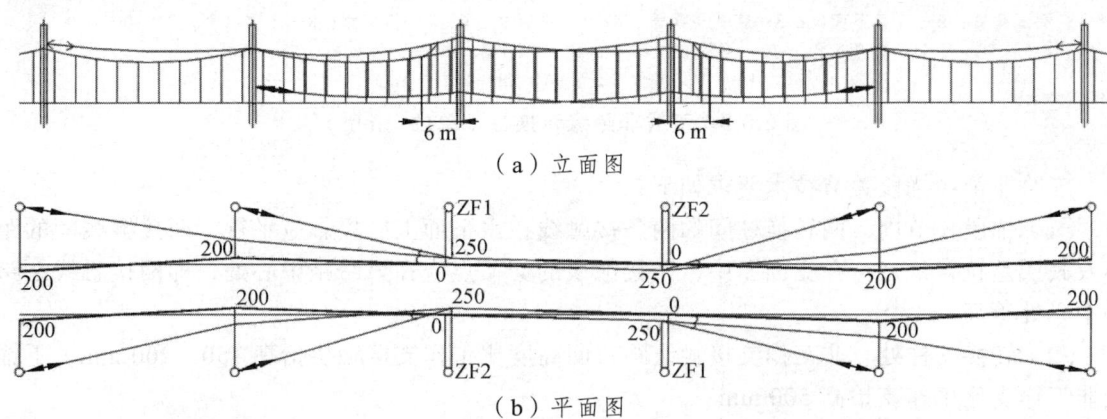

图 2.6.1 单承力索双接触线简单链形悬挂直线非绝缘锚段关节

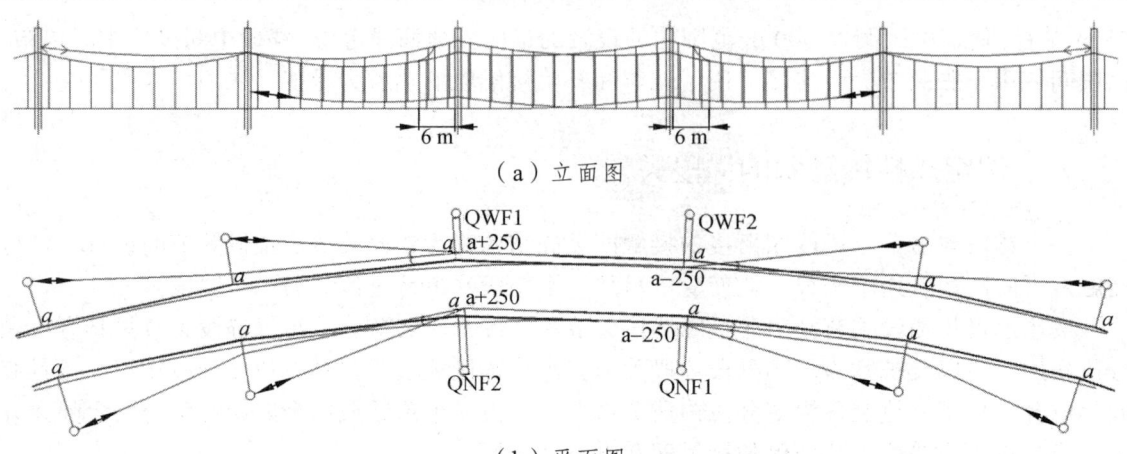

(a) 立面图

(b) 平面图

图 2.6.2　单承力索双接触线简单链形悬挂曲线非绝缘锚段关节

直线区段非绝缘锚段关节的转换柱 ZF_1 的装配如图 2.6.3 所示。图中 F 表示非绝缘锚段关节；ZF_1、ZF_2 和 QWF_1、QWF_2、QNF_1、QNF_2 分别表示直线和曲线区段的转换柱装配。

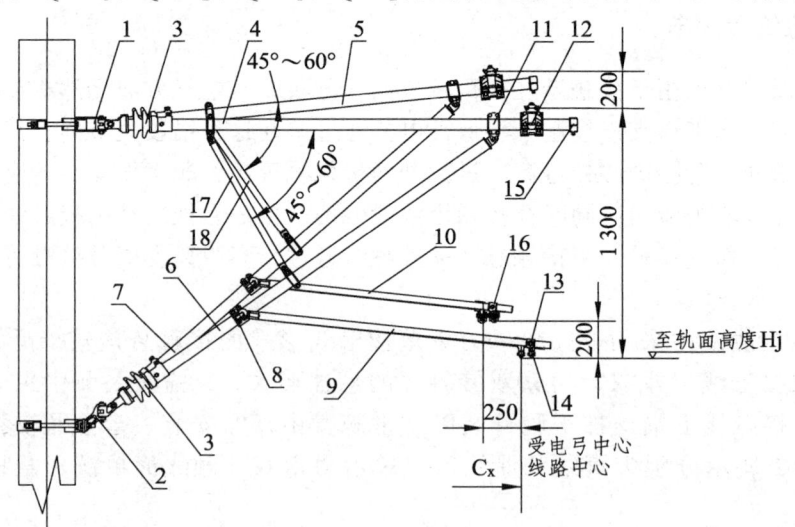

1—腕臂上底座；2—腕臂下底座；3—腕臂绝缘子；4、5—平腕臂；6、7—斜腕臂；8—定位双环；9、10—定位管；
11—套管双耳；12—双线支撑线夹；13—支持器；14—定位线夹；15—管帽；
16—锚支定位卡子；17、18—腕臂支撑。

图 2.6.3　直线非绝缘转换柱（单位：mm）

三跨非绝缘锚段关节技术要求如下：

（1）锚段关节内，两转换柱间的两条接触线在水平面上的投影应平行，两接触线间的距离及其误差符合规定。在立面图中，两接触线的交叉点应在该跨距中心处，即两接触线在跨距中心处等高。

（2）转换支柱处，非工作支接触线距轨面高度比工作支接触线抬高 150～200 mm。下锚处非工作支比工作支抬高 500 mm。

（3）下锚支接触悬挂在转换柱水平面处改变方向时，其偏角一般不应大于 6°，困难情况下不得超过 12°。

（4）锚段关节内两接触线的立体交叉点（距轨面高度相等处）应位于两转换柱之间的跨距中心处。

（5）两转换柱与锚柱间，在距转换柱约6.0 m处应分别加设一组电连接。

（6）单（或双）承力索、双接触线接触悬挂的承力索延长一跨下锚，且在接触线下锚支柱平腕臂装配中，需在平腕臂中部安装一套双线支撑线夹，具体安装位置在安装时测量确定。

2. 绝缘锚段关节

绝缘锚段关节也称为电分段锚段关节，除了进行机械分段以外，同时进行电分段。这种锚段关节的特点是相邻两锚段的两组悬挂，其承力索之间、接触线之间在垂直方向和水平方向都彼此空气绝缘，以保证其电气方面的绝缘。在中心支柱处两接触线等高，并保证受电弓由一个锚段过渡到另一个锚段时平稳过渡，两锚段靠安装在转换支柱上的隔离开关实现电气连接。如图2.6.4、图2.6.5所示分别为直线和曲线区段单承力索双接触线简单链形悬挂绝缘锚段关节。

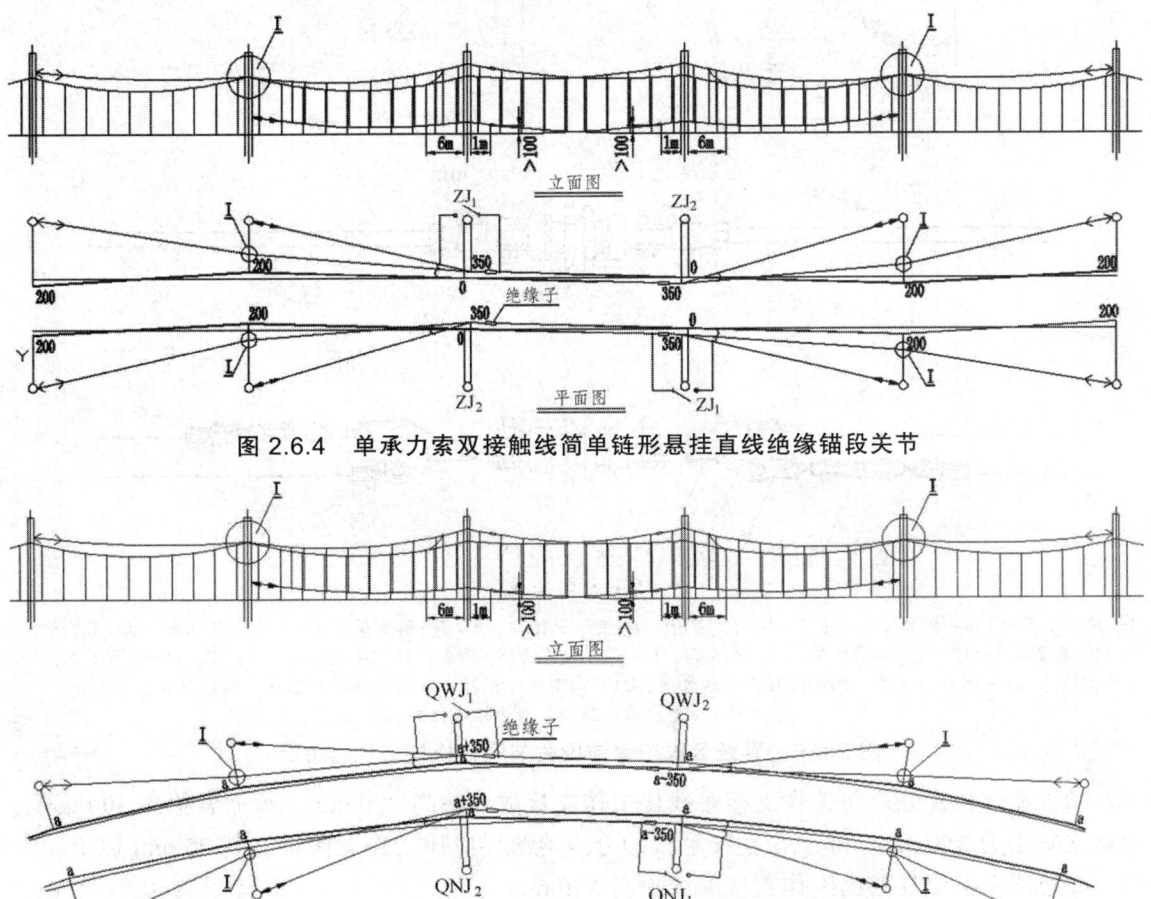

图2.6.4　单承力索双接触线简单链形悬挂直线绝缘锚段关节

图2.6.5　单承力索双接触线简单链形悬挂曲线绝缘锚段关节

图中 I 表示绝缘锚段关节；ZJ_1、ZJ_2 和 QWJ_1、QWJ_2、QNJ_1、QNJ_2 分别表示直线和曲线区段的转换柱装配。如图2.6.6所示为直线区段绝缘锚段关节转换柱 ZJ_1 的装配。

三跨绝缘锚段关节技术要求如下：

（1）在两转换柱间，两接触线的投影应保持平行，线间距离为350 mm。

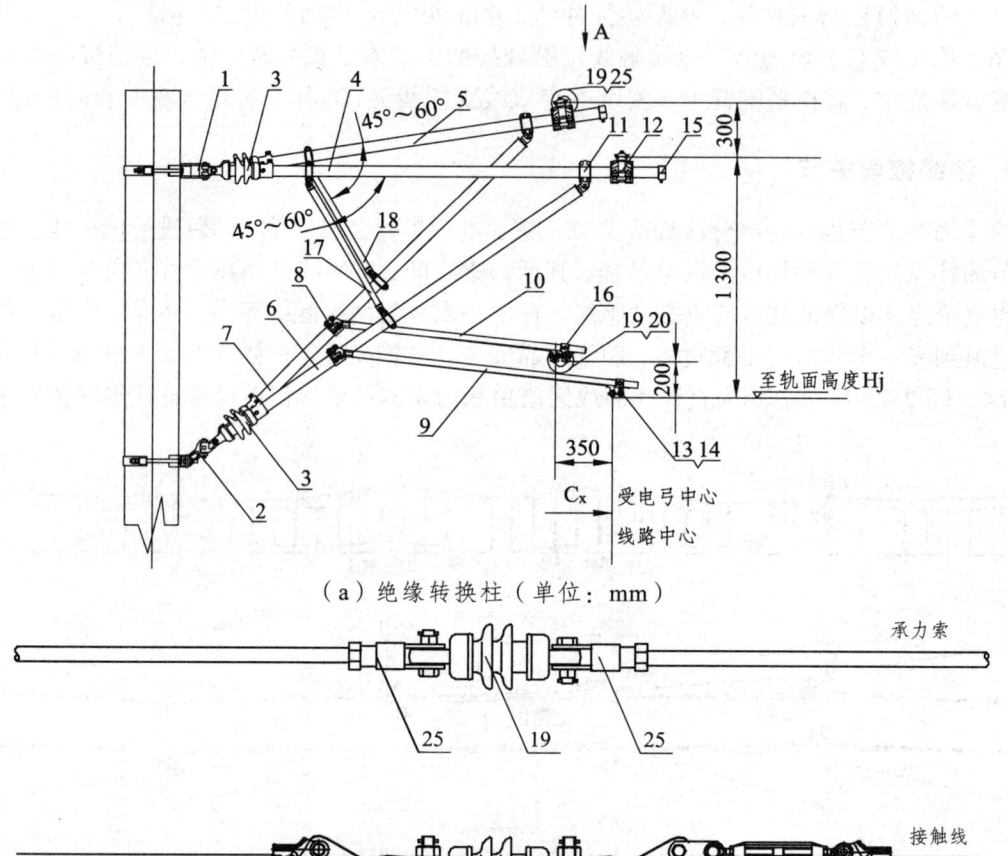

(a) 绝缘转换柱（单位：mm）

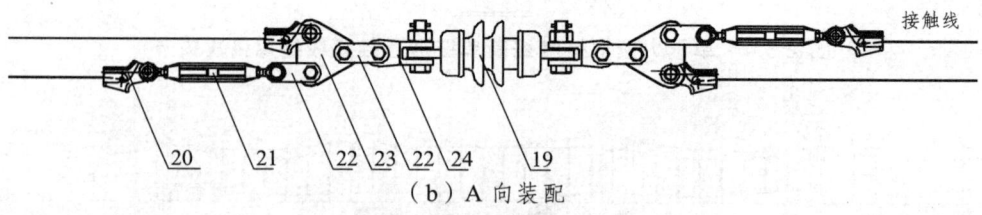

(b) A向装配

1—腕臂上底座；2—腕臂下底座；3—腕臂绝缘子；4、5—平腕臂；6、7—斜腕臂；8—定位双环；9、10—定位管；11—套管双耳；12—双线支撑夹具；13—支持器；14—定位线夹；15—管帽；16—锚支定位卡子；17、18—腕臂支撑；19—下锚绝缘子；20—接触线终锚线夹；21—调整螺栓；22—D型双联板；23—三角调节板；24—单耳连接器；25—承力索终锚线夹。

图 2.6.6　直线区段绝缘锚段关节的转换柱 ZJ_1 的装配

（2）在转换柱处，非工作支接触线比工作支接触线抬高 200 mm，承力索抬高 300 mm，接触线间距为 350 mm。非工作支接触线的分段绝缘棒应比工作支接触线高 25 mm 以上。下锚支接触线在下锚柱处比工作支接触线抬高 500 mm。

（3）非工作支接触线和下锚支承力索在转换柱靠中心柱处加装绝缘棒，在两转换柱与锚柱间距转换柱 6.0 m 处设电连接线各一组。两个锚段的电路连通或断开由隔离开关控制。

（4）下锚支接触悬挂在转换柱水平面处改变方向时，其偏角一般不应大于 6°，困难情况下不得超过 12°。

（5）三跨绝缘锚段关节在两转换柱跨距中间处两接触线距轨面等高（为受电弓转换点）。

（6）单（或双）承力索、双接触线接触悬挂的承力索延长一跨下锚，且在节点Ⅰ处的平腕臂中部安装一套双线支撑线夹，具体安装位置在安装时测量确定。

3. 隧道内的柔性接触网锚段关节

在隧道内设置柔性悬挂锚段关节时，其基本要求与隧道外相同。为了更合理的利用隧道净空，接触悬挂尽可能的布置在隧道中心线附近。由于隧道内不设立支柱，接触悬挂分别在吊柱（或线路两侧的隧道壁上）下锚。隧道内车站三跨非绝缘锚段关节和绝缘锚段关节示意图分别如图 2.6.7 和图 2.6.8 所示。

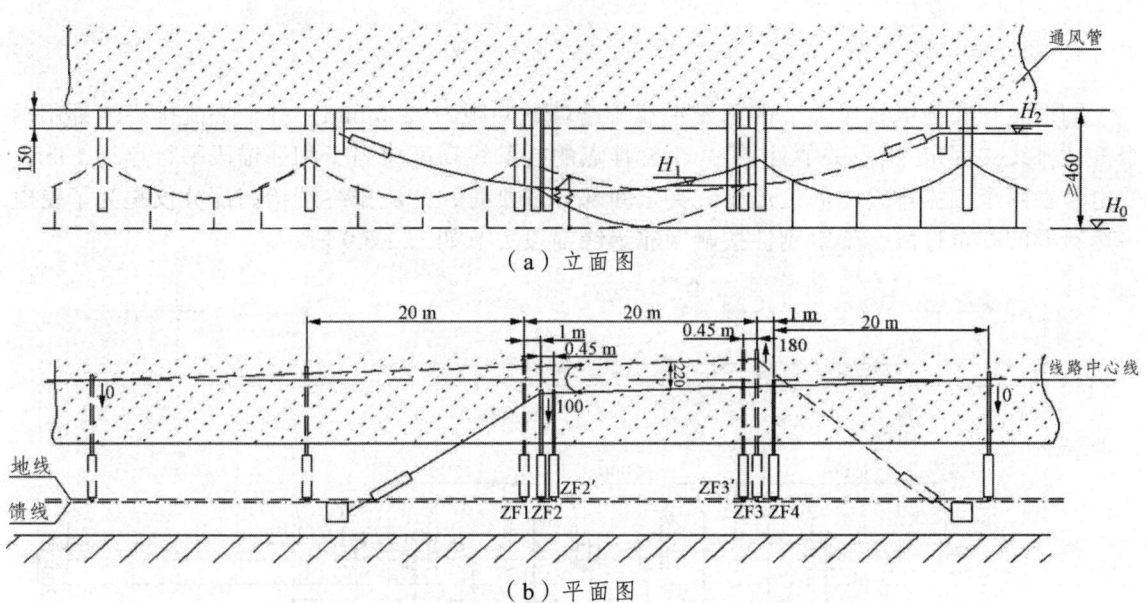

图 2.6.7 隧道内三跨非绝缘锚段关节

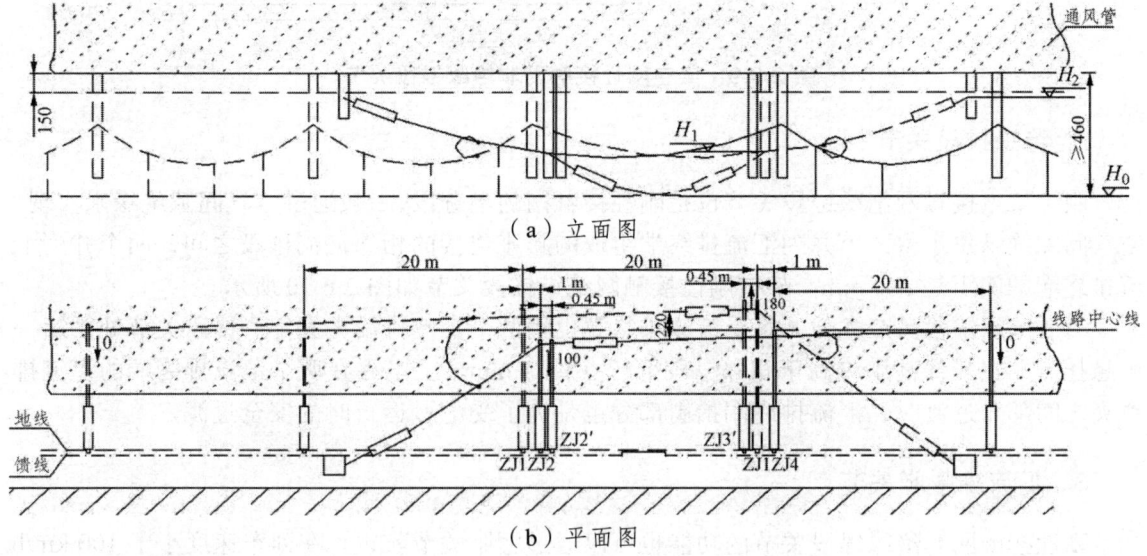

图 2.6.8 隧道内三跨绝缘锚段关节

图中虚线和实线各代表一支工作支，H_0 代表工作支接触线距轨面连线的高度；H_1 是下锚支接触线在转换柱处的高度，$H_1 = H_0 + 130$；H_2 是下锚支接触线在下锚处距轨面连线的高度，$H_2 = H_0 + 290$。每一组非绝缘锚段关节设电连接 1 处，每一组绝缘锚段关节设电连接 2 处。

三、刚性接触网的锚段关节

刚性接触网锚段关节由平行布置的两刚性悬挂组成，刚性悬挂的重叠区域的长度为 6.6 m。刚性接触网的锚段关节也可以划分为绝缘锚段关节和非绝缘锚段关节。

1. 非绝缘锚段关节

刚性悬挂非绝缘锚段关节的两个汇流排终端的间距为 200 mm，每个汇流排终端都用两个汇流排线夹固定。锚段关节处，第一个悬挂点的接触线高度应高于相邻锚段平行点约 1 mm。受电弓在两个汇流排终端的汇流排线夹之间部分过渡时，汇流排终端抬高部分仅是为了受电弓运行时的安全过渡。架空刚性接触网非绝缘锚段关节如图 2.6.9 所示。

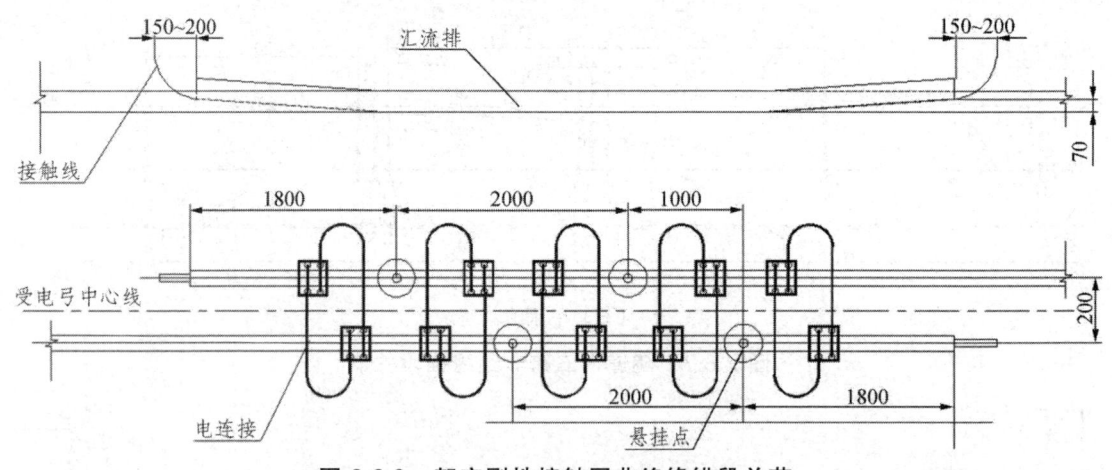

图 2.6.9　架空刚性接触网非绝缘锚段关节

2. 绝缘锚段关节

刚性架空接触网绝缘锚段关节也是刚性接触网的电分段，一般通过空气间隙绝缘来实现。空气间隙绝缘位于由两个并列汇流排终端组成的膨胀连接的相邻汇流排段之间，两个并列汇流排终端的间距是 260 mm。架空刚性接触网绝缘锚段关节如图 2.6.10 所示。

与非绝缘锚段关节类似，每个汇流排终端也用两个汇流排线夹固定。锚段关节处，第一个悬挂点的接触线高度应高于相邻锚段平行点约 1 mm。受电弓在两个汇流排终端的汇流排线夹之间部分过渡时，汇流排终端抬高部分也是为了受电弓运行时的安全过渡。

3. 汇流排膨胀关节

刚性接触网非绝缘锚段关节的功能也可以通过膨胀关节实现。在列车速度小于 100 km/h 时，一般使用非绝缘锚段关节过渡；在列车速度大于 100 km/h 时，宜使用膨胀关节过渡。

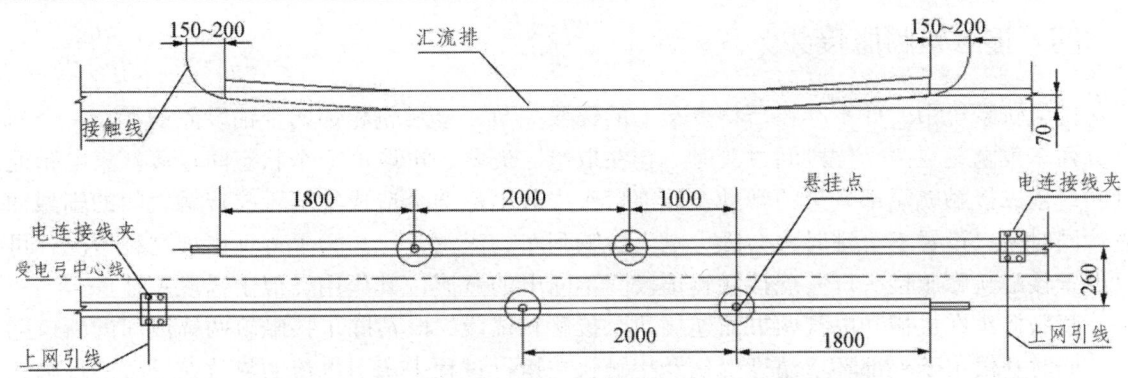

图 2.6.10　架空刚性接触网绝缘锚段关节

膨胀关节的最重要部件为膨胀元件,膨胀元件安装在相邻的两刚性悬挂锚段衔接处,且位于接触线中轴上。其采用铝合金构架;两根镀银的导电杆,为两侧的刚性悬挂提供连接和引导。固定式接头在膨胀元件的一侧,将铝合金构架和两根镀银导电杆与汇流排的尾部连接。动式接头的移动块,对汇流排的另一侧作纵向位移的引导。电气的连续性由两根镀银的导电杆来保证。

膨胀关节可以对锚段内刚性悬挂随温度变化所产生纵向伸缩予以补偿,补偿长度为 1 000 mm,受电弓在膨胀关节上可平稳滑过而不产生机械或电气上的中断。一般两个锚段间安装一处膨胀关节。

除了机械连续性之外,膨胀关节还要确保相邻的两刚性悬挂锚段的电气连接畅通,可根据需要在相邻的汇流排上安装馈电中间接头,并用柔软的电缆导通电路。这些电缆必须有足够的余量以确保在汇流排膨胀后不会受到额外的拉力。同时还要避免连接电缆妨碍受电弓通过。

在设计时要特别注意,膨胀元件一般布置于直线区段或缓和曲线处,尽量避免布置在曲中处,而且必须在走行轨的中间位置,即使用膨胀关节过渡的刚性悬挂锚段末端的汇流排分别从线路中心向两侧偏移 100 mm。如图 2.6.11 所示。

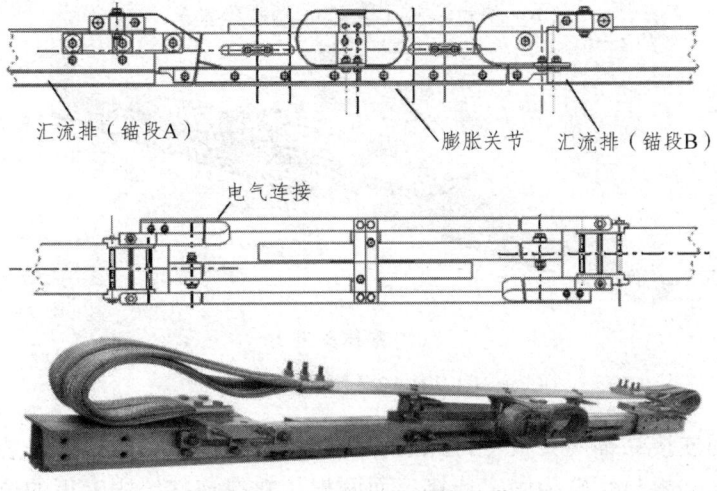

图 2.6.11　汇流排膨胀关节

四. 接触轨膨胀接头

接触轨系统中，并不存在严格意义上的锚段关节。接触轨相邻两个锚段间的存在一个断口，列车集电靴在两个锚段间过渡时，会在取电、失电、再取电三个状态间过渡。集电靴通过断口依靠接触轨端部弯头的帮助，端部弯头安装不标准会造成集电靴与接触轨间的剧烈冲撞；同时断口设置不合理时，会因失电而影响列车的正常运行。为了避免出现这种情况，可以设置接触轨膨胀接头以实现接触轨锚段间不断电的过渡，其作用类似于锚段关节。

膨胀接头在机械和电气两方面连接两个接触轨锚段，既消除了接触轨两锚段间的断口空隙，同时补偿由于外部环境温度变化及接触轨在运行过程中牵引电流的热效应导致的接触轨热胀冷缩。在实际工程中，每隔一个锚段长度需要安装一个膨胀接头装置，用来补偿接触轨的线性变化量，并保证不影响其导流能力。

常见的膨胀接头一般由两根长轨（左右滑轨）和一根短轨组成，如图 2.6.12 所示。为了保证集电靴顺利通过膨胀接头，长轨和短轨一般要对角切掉 15°（长、短轨的接缝为斜角），这样可以使表面连续，间隙可以调整并且可以重合，以便使集电靴可以平滑地从一端过渡到另一端。左右滑轨的作用是让集电靴在膨胀点过渡时减小运行中产生的电弧。为了帮助实现取流连续，在设计上考虑采用了一个中间块用来协助集电靴。

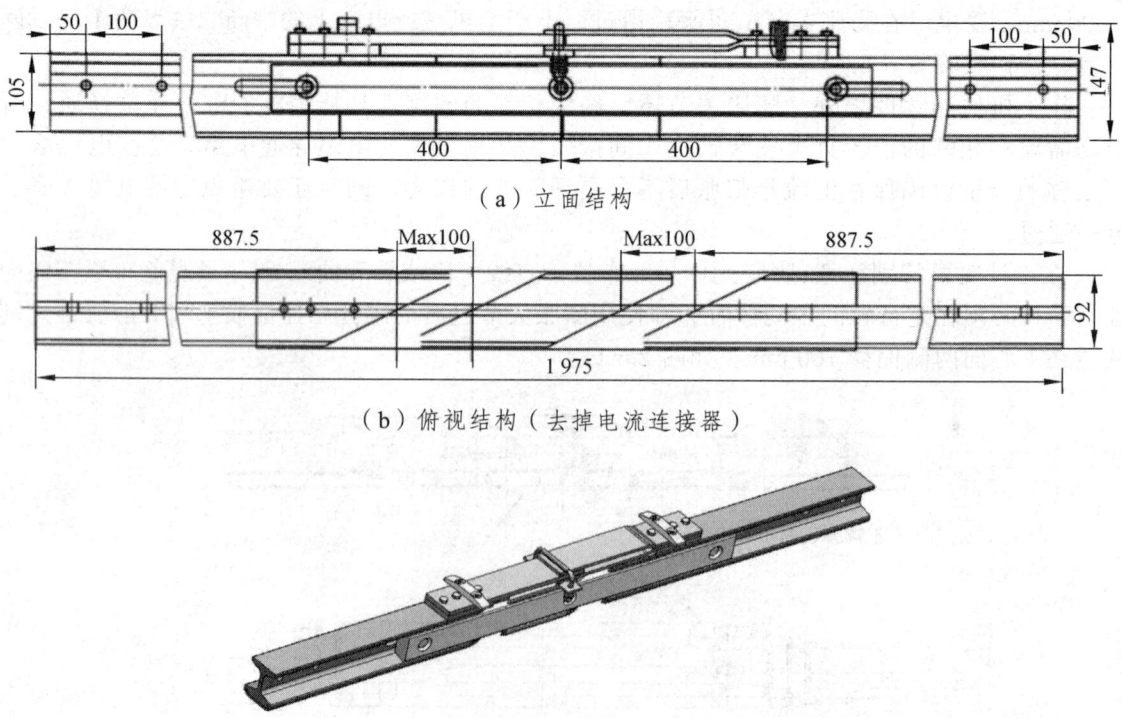

图 2.6.12 膨胀接头

长轨和短轨的连接靠锚固夹板（特殊的长普通接头）通过三个螺栓安装在左右滑轨及中间轨的两侧，锚固夹板与短轨为固定连接，而两根长轨在连接锚固夹板的位置开有长孔。这种锚固夹板是一种特殊的夹板，与左右滑轨的接触面比中间低 0.1~0.2 mm，而且三个螺栓的紧固力矩也不相同，中间螺栓的紧固力矩为 50 N·m，两边为 20 N·m。锚固夹板两边在螺栓紧固力矩的作用下，发生弹性变形，使其与左右滑轨密切相接，同时锚固夹板与左右滑轨及中间轨的接触面涂有导电油脂，因此，具有良好的导电性能。在滑轨外采用双碟簧和双螺母的防松措施，保证了磨损后和振动的情况下，夹板与滑轨之间始终保持适当的压紧力。

总之，膨胀接头两侧的接触轨因热胀冷缩而产生长度变化时，膨胀接头使其左右伸缩自如并得到补偿，又具有良好的导电性能。这样既保证了电流续接良好，又使左右滑轨随温度变化伸缩导向准确。膨胀接头的载流量一般应大于接触轨的载流量。

电流连接器主片、副片采用紫铜材质，导电性好，表面镀银，使得主、副片滑动时接点接触良好，导电性能提高。U 型螺栓上配有弹簧，弹簧在螺栓紧固力作用下压缩 6~11 mm，弹力为 480~500 N，主、副片之间的摩擦力为 124~130 N，这个力使主、副片既紧密相贴，又能左右相对滑动。铜垫板、U 型螺栓垫板等导电零件也采用紫铜材质，表面镀银，既保证了电气连接的可靠性，又不会产生任何电化学腐蚀。

膨胀接头与接触轨间用普通中间接头进行连接，如图 2.6.13 所示。

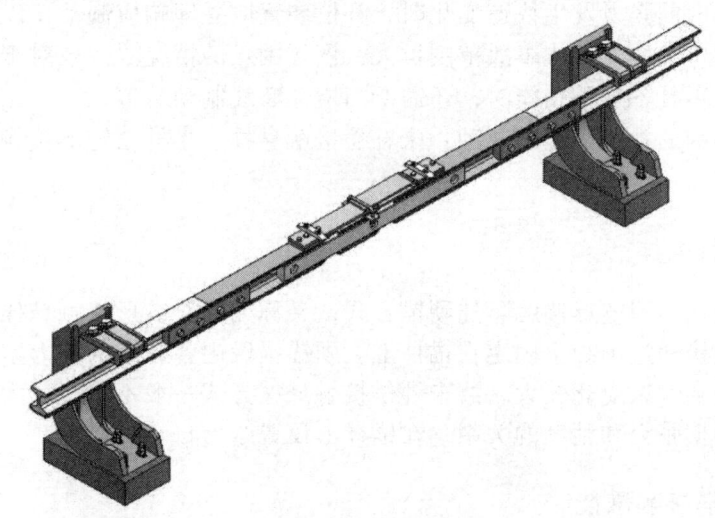

图 2.6.13 膨胀接头安装后

当接触轨布置于高架桥梁区段时，桥梁梁体同样会在热胀冷缩效应下产生线性伸缩。因此计算膨胀接头间隙时，在考虑接触轨本体随温度变化产生伸缩量的基础上，还需要计及桥梁梁体伸缩的影响，并以此来指导高架区段接触轨的平面布置

一般来说，膨胀接头应安装在靠近一条轨道弯曲段的直线段，以保证接触轨的伸缩避开曲线段。在一条曲线线路上安装膨胀接头，会在绝缘支架和膨胀接头间施加额外的摩擦力，造成保障膨胀接头伸缩正常的塑料支撑垫因磨损剧烈而减少使用寿命。根据经验，安装膨胀接头的线路最小曲线半径是 300 m。

第七节　补偿装置及安装曲线

架空柔性接触网的承力索和接触线架设延伸经过多个跨距之后必须在两个终端加以固

定，称为下锚。下锚的支柱称为锚柱。接触悬挂的下锚方式有两种：硬锚和张力补偿。简单接触悬挂和链形接触悬挂需采用硬锚或张力补偿方式，其中张力补偿方式需要使用补偿器。一般来说，仅有架空柔性接触网才需要张力补偿。

接触网补偿装置，又称张力自动补偿器，它装设在架空柔性接触网锚段线索的末端（一般在一个锚段的两端，在接触线及承力索内串接补偿装置后，再进行下锚），能自动补偿接触线或承力索在温度变化时伸缩产生的张力变化，使承力索、接触线在温度变化时保持其张力不变。补偿装置的张力补偿作用是靠滑轮组（或棘轮、鼓轮等）和坠砣或者弹簧、液气等的作用形式来实现的。

环境温度变化时，柔性接触网线索受温度影响而伸长或缩短，补偿器的作用可使线索沿线路方向移动而自动调整线索张力，使张力恒定不变，并借以保持线索弛度满足技术要求。

对接触网补偿装置的要求有二：其一，补偿装置应灵活，对线索内张力发生的缓慢变化应能及时补偿，传送效率不应小于97%；其二，具有快速制动作用，一旦发生断线事故或其他异常情况、线索内的张力发生快速变化时，补偿装置应立即响应制动，以避免在接触网发生断线时，因坠砣串落地而造成事故范围扩大、恢复困难的情况。一般对于全补偿的承力索内的补偿装置，如不具备这种功能时，还需专门增加断线制动装置。

架空柔性接触网的补偿类型有3种：未补偿接触悬挂、半补偿链形接触悬挂、全补偿链形接触悬挂。

1. 未补偿接触悬挂

未补偿接触悬挂，即链形接触悬挂硬锚方式，又称无补偿链形接触悬挂，它将承力索和接触线两端分别直接通过绝缘子固定在锚柱上。硬锚锚段内各跨距的承力索和接触线因无补偿，其张力和弛度随气温变化较大，故未补偿接触悬挂方式一般不采用。为了减少弛度受气温变化的影响，根据张力和弛度的关系，在锚柱上设置张力自动补偿器。

2. 半补偿链形接触悬挂

在半补偿简单链形接触悬挂中，仅接触线设有补偿装置，而承力索没有补偿装置，仍为硬锚。这种悬挂由于承力索未补偿，当环境温度变化时，承力索的张力和弛度随之发生变化。而接触线由于两端安装有补偿器，当环境温度变化时，接触线会顺线路方向位移。一般情况下，当环境温度高于平均温度时，定位应向下锚方向偏移，距离下锚越近，偏移量越大。

3. 全补偿链形接触悬挂

全补偿简单链形接触悬挂锚段中的承力索和接触线两端均装设有补偿器。当环境温度变化时，承力索和接触线的补偿器同时调节承力索和接触线的张力，使其几乎不变。城轨交通链形悬挂接触网的补偿器下锚通常采用全补偿形式。

接触网补偿装置种类有滑轮式、棘轮式、弹簧式、鼓轮式和液气式等，其中滑轮式、棘轮式、鼓轮式需要坠砣、坠砣杆等部件，而弹簧式和液气式属于无坠砣补偿装置。

一、滑轮式补偿装置

滑轮式补偿装置由补偿滑轮（滑轮组）、补偿绳、坠砣杆、坠砣及连接零件等组成。

接触网技术发展过程中，曾长期使用滑轮式补偿装置。滑轮式补偿装置的主要组件滑轮组是由多个动滑轮、定滑轮组装而成，在补偿装置中起到依照设定的变比传递力并改变力的方向的作用。坠砣同时受到自身重力和接触线（或承力索）的张力的作用，当温度不变时处于平衡的状态，坠砣不升不降；当温度升高时，接触线（或承力索）因热胀而长度增加，在坠砣自身重力的作用下，坠砣会随着温度升高而降低；反之，当温度下降时，接触线（或承力索）就会冷缩缩短，坠砣上升，从而能使线索内保持恒定的张力。

1. 补偿滑轮及补偿绳

补偿滑轮分为定滑轮和动滑轮（构造相同），定滑轮改变受力方向，动滑轮除改变受力方向外还可省力和移动位置。滑轮一般都装有轴承。滑轮组外形如图 2.7.1 所示。

图 2.7.1 补偿滑轮组

早期的补偿滑轮为 130 mm 小直径可锻铸铁的，补偿绳为 50 mm² （19 股）镀锌钢绞线 GJ-50。补偿滑轮半径较小，造成补偿绳容易因为弯曲疲劳而断股，现在的滑轮式补偿装置多使用铝合金滑轮。铝合金滑轮补偿装置是由滑轮组、不锈钢丝绳、连接框架及双耳楔形线夹组成，备有 1:2、1:3、1:4、1:5 四种规格传动比，如图 2.7.2 所示，可满足不同标准的张力要求。滑轮轮体按不同组合要求，备有 270 mm、205 mm、165 mm 三种直径，材质为 ZL114A 铝合金，制造工艺为国际先进的金属模低压铸造，轮体与轴连接采用滚动轴承，补偿绳为不锈钢丝绳或浸沥青镀锌钢丝绳，公称直径 $\phi 8.75$ mm，最大工作荷重：1:2 型为 12 kN、1:3 型为 18 kN、1:4 型为 22 kN、1:5 型为 25 kN。

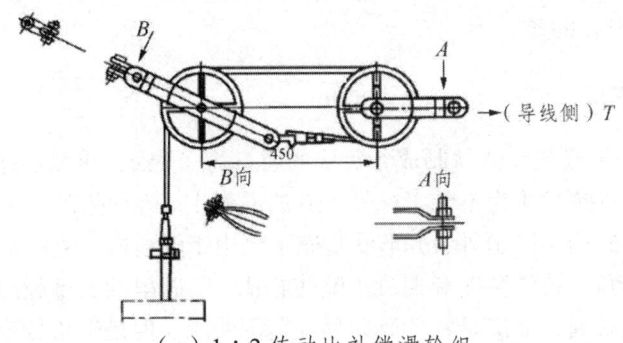

（a）1:2 传动比补偿滑轮组

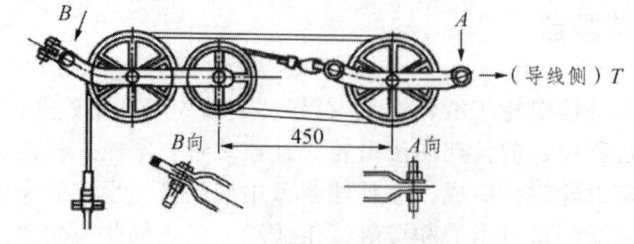

（b）1:3 传动比补偿滑轮组

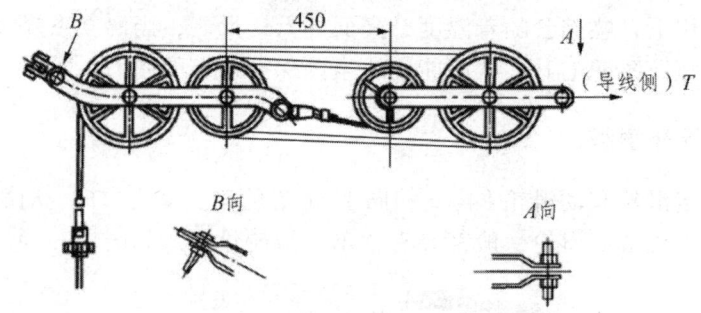

（c）1:4 传动比补偿滑轮组

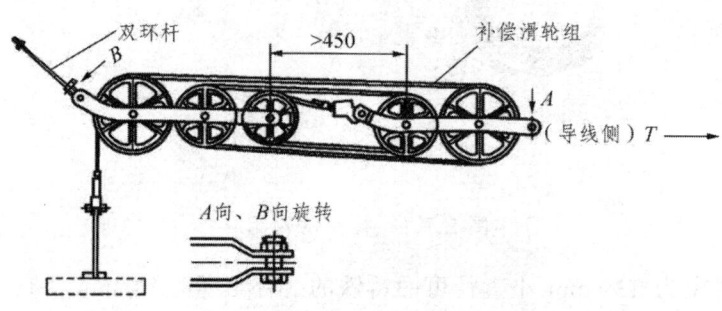

（d）1:5 传动比补偿滑轮组

图 2.7.2　不同传动比的补偿滑轮装置

与可锻铸铁滑轮相比，铝合金滑轮重量轻、强度高、耐腐蚀性能好、轮径大；柔韧的不锈钢丝绳与大轮径的轮槽贴合密切，是镀锌钢绞线和小轮径滑轮无法比的；两个滚动轴承比一个滚动轴承受力更加均匀，转动平稳、灵活；加上在结构、设计、制造方面都精良的连接框架，保证了铝合金滑轮补偿装置具有较高的机械强度和传动效率，且重量轻、寿命长。铝合金滑轮补偿装置的主要缺点是随着变比的增大，整套装置的体积和重量也明显增加，在空间受限制的隧道等处安装困难。

2. 坠砣及坠砣杆

坠砣块一般由混凝土或灰口铸铁制成，每块的质量为 25 kg，重量误差不大于 3%，呈中间开口的圆饼状。混凝土坠砣材质为不低于标号 150 的混凝土。铸铁坠砣从形状上分圆形铁坠砣和方形铁坠砣，圆形铁坠砣用于隧道外，方形铁坠砣主要用于隧道内。铸铁坠砣采用 2 级热浸镀锌并涂黑色油漆作防腐措施。铸铁坠砣和混凝土坠砣相比，坠砣串的长度较短，可以获得更大的补偿范围，在锚段长度较长时，能满足补偿坠砣移动范围要求，但是造价较高，易丢失。城市轨道交通多采用铸铁坠砣。坠砣杆一般由直径为 16 mm 的圆钢加工制成，上端有单孔焊环，底部焊有托板。坠砣杆的型号规格，根据其放置坠砣块数量的不同分为五种：17 型、20 型、23 型、26 型和 30 型。型号中的数字表示坠砣杆所悬挂坠砣的数量。各型坠砣如图 2.7.3 所示。

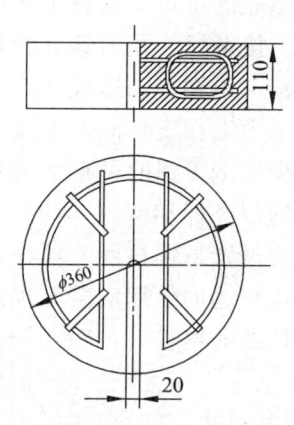

（a）S 形钢筋混凝土坠砣

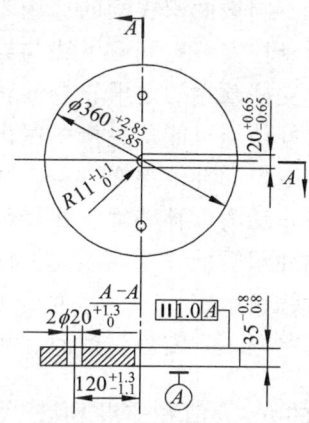

（b）T 形（圆）铁坠砣

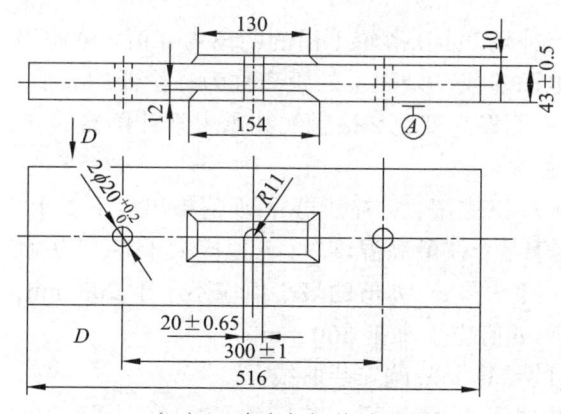

（c）F 形（方）铁坠砣

图 2.7.3　坠砣（单位：mm）

补偿装置重量允许偏差为额定重量的 ±2%，坠砣串重量应包括坠砣杆、坠砣抱箍及连接的模型线夹重量。运行速度在 160～200 km/h 时，对补偿坠砣重量提出了更严格的要求，补偿坠砣串的质量允许偏差为 ±1%。同一锚段两坠砣串质量的相对偏差不大于 1%。

3. 滑轮式补偿装置的安设与要求

补偿装置串接在锚段内线索两端与支柱固定处，根据接触悬挂类型的不同要求补偿装置有不同的结构。

半补偿时，接触线带补偿器（即补偿装置），多采用两滑轮组结构，滑轮组的传动比为 1∶2，即坠砣块的重力为接触线标称张力的一半。

全补偿时，接触线与承力索两端均带补偿器。采用传动比比较大的滑轮组可减少坠砣的块数，这是有利的一面，但坠砣串上升和下降的距离也会按倍数增大，减小了补偿器的补偿范围，不利于施工和维修。

在运营线路上，当接触线因磨耗其截面逐渐减小时，坠砣串块数也相应地减少，使接触线维持一定的张力防止出现断线事故。线索的张力根据线索的抗拉断力除以安全系数决定。

不同材质、不同截面积线索的选用张力不同时，坠砣的重量（块数）和传动比不同。

全补偿链形悬挂安装有同侧下锚与异侧下锚之分，接触线、承力索分别在支柱异侧下锚的安装方式下，支柱顶端的定滑轮顺线路方向上的偏角不可调整，造成补偿绳和滑轮轮槽发生偏磨，严重时补偿绳可能从轮槽中脱出。接触线、承力索在支柱同侧下锚时补偿滑轮在补偿绳的拉力作用下，和补偿绳在一条直线上，可以减少异侧下锚时的偏磨现象发生。但同侧下锚时要注意防止承力索补偿绳和接触线补偿滑轮上的双环杆相磨。

为了平衡锚柱承受的线索顺线路方向张力，锚柱要设置下锚拉线。拉线的固定有两种方法，一种是埋设锚板固定，一种是混凝土现浇地锚。现在趋向使用混凝土现浇地锚。为了美观要求或者地形受限不宜安设拉线时，可以采用不设拉线的锚柱。

4. 补偿器的 a、b 值和安装曲线

（1）a、b 值。

坠砣杆耳环孔中心至补偿（定）滑轮下沿的距离为 a 值。坠砣串最下一块坠砣的底面至地面（或基础面）的距离称为补偿器的 b 值。补偿器 a、b 值随温度变化而发生变化，接触线和承力索补偿器的 a、b 值不相等，如图 2.7.4 所示。

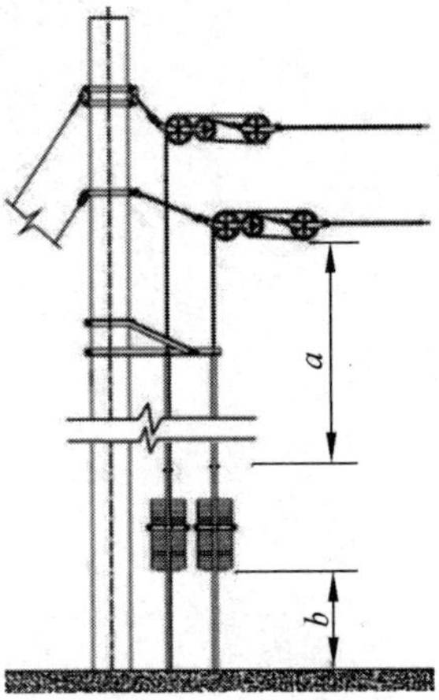

为了使补偿器不失去补偿作用，对补偿器 a、b 值提出以下要求。在最低温度时，a 值应大于零；在最高温度时，b 值应大于零。"接触网运行检修规程"规定，补偿器 a、b 值的最小值应不小于 200 mm；在进行接触网设计时，a、b 值应不小于 300 mm。

图 2.7.4 坠砣

（2）补偿器 a、b 值的计算及坠砣安装曲线。

在不同温度时，补偿器 a、b 值不同，其计算方法如下：

$$\left.\begin{array}{l} a = a_{\min} + nL\alpha(t_x - t_{\min}) \\ b = b_{\min} + nL\alpha(t_{\max} - t_x) \end{array}\right\} \tag{2.7.1}$$

式中　$a_{\min}$——设计时规定的最小 a 值，mm；

　　　$b_{\min}$——设计时规定的最小 b 值，mm；

　　　$t_{\min}$——设计时采用的最低气温，°C；

　　　t_x——安装或调整作业时的温度，°C；

　　　$t_{\max}$——设计时采用的最高气温，°C；

　　　n——补偿滑轮传动系数（即传动比的倒数）；

　　　L——锚段内中心锚结至补偿器间距离，mm；

　　　α——线索的线胀系数，°C^{-1}。

为了施工和维修的方便，利用上述公式，根据不同的温度和中心锚结至补偿器间距离，可以计算出多组 a、b 值。图 2.7.5 为 CTAH120 接触线的滑轮补偿器安装曲线。

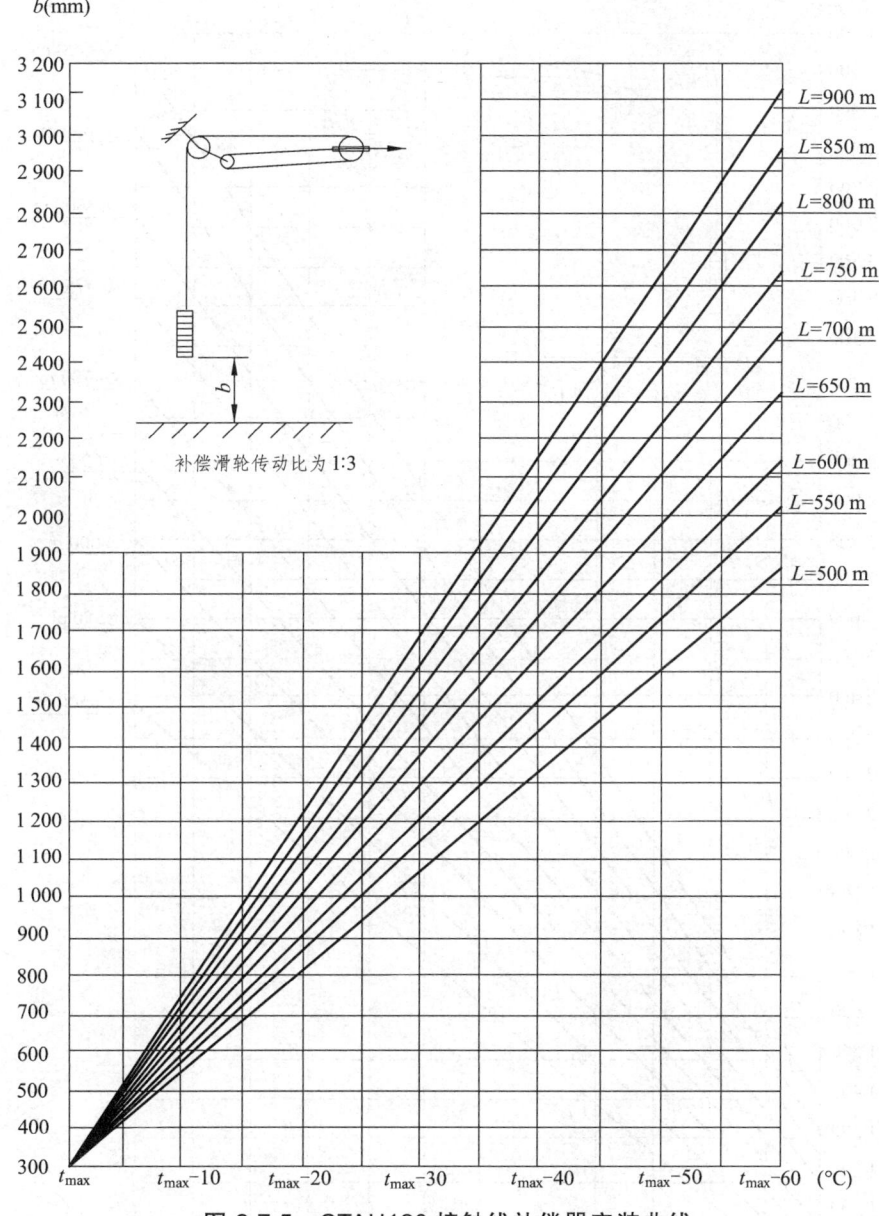

图 2.7.5　CTAH120 接触线补偿器安装曲线

新线架设时，接触网线索存在初伸长问题，即线索承受张力后，会蠕变延伸。线索的初伸长会影响到接触网施工时补偿器 b 值。当新线考虑线索延伸时，其 a、b 值的计算公式为

$$\left.\begin{array}{l}a = a_{\min} + n\theta L + nL\alpha(t_x - t_{\min}) \\ b = b_{\min} + n\theta L + nL\alpha(t_{\max} - t_x)\end{array}\right\} \qquad (2.7.2)$$

式中　θ——新线延伸率，承力索为 3.0×10^{-4}，接触线取 6.0×10^{-4}。

新线的延伸会影响到补偿装置的安装曲线，安装时应考虑线索初伸长释放后的坠砣位置符合设计要求，此时 CTAH120 新线安装曲线采用如图 2.7.6 所示的安装曲线。

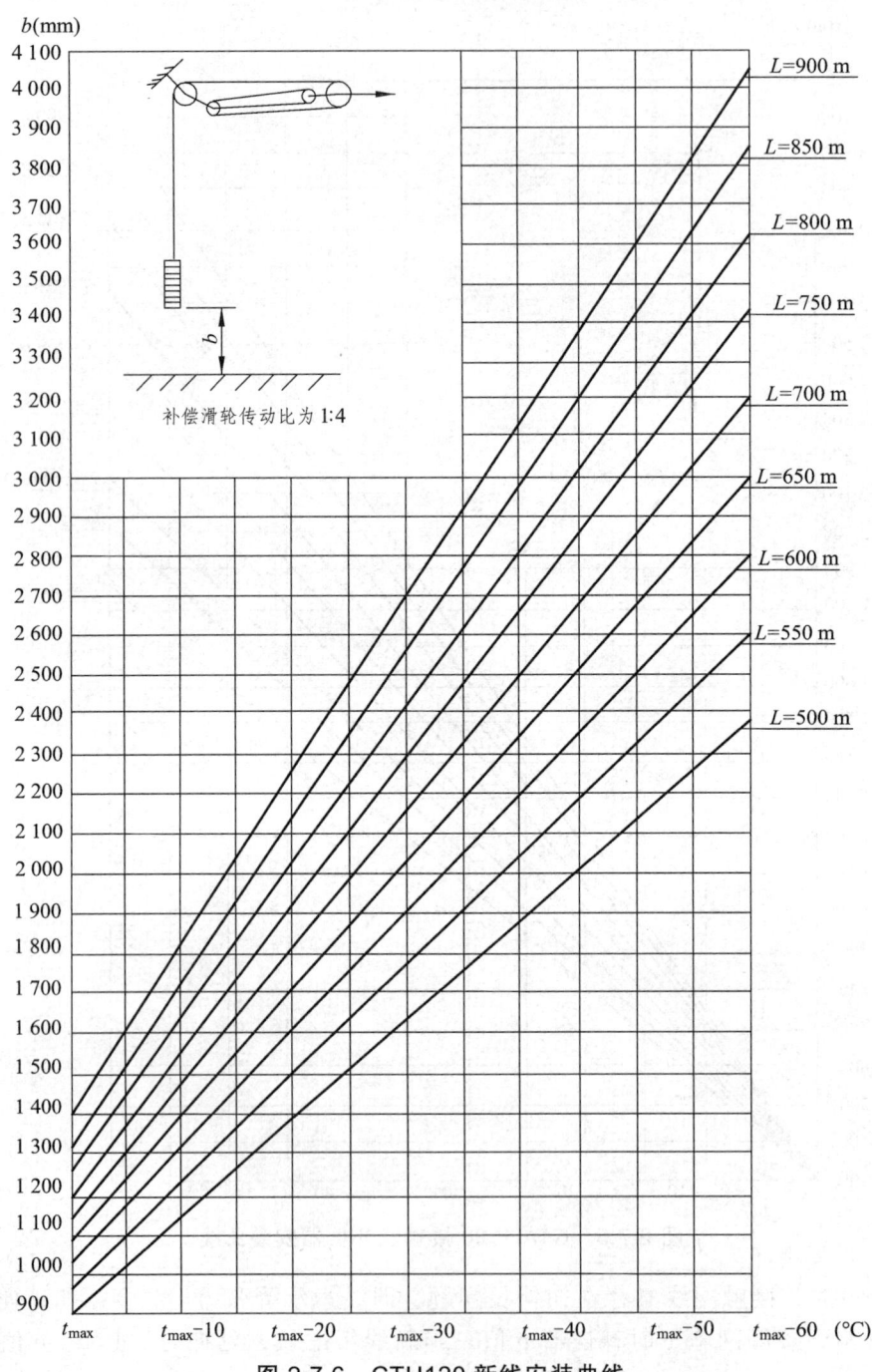

图 2.7.6　CTH120 新线安装曲线

二、棘轮式补偿装置

1. 棘轮式补偿装置外形及结构

棘轮式补偿装置外形及结构如图 2.7.7 所示。棘轮装置的棘轮与其工作轮共为一体，没有连接复杂的滑轮组，安装空间比铝合金滑轮补偿装置小很多，可以解决空间受限时的补偿问题。棘轮本体大轮直径为 566 mm，小轮直径为 170 mm，传动比为 1∶3，补偿绳为柔性不锈钢丝绳，比普通不锈钢丝绳性能更好，工作荷重有 30 kN、36 kN 两种。棘轮式补偿装置的主要优点是具有断线制动功能，正常工作状态下，棘齿与制动卡块之间有一定间隙，棘轮可以自由转动；当线索断裂后，棘轮和坠砣在重力作用下下落，棘齿卡在制动卡块上，坠砣下落不大于 200 mm，从而可以有效地缩小事故范围，防止坠砣下落侵入行车限界。

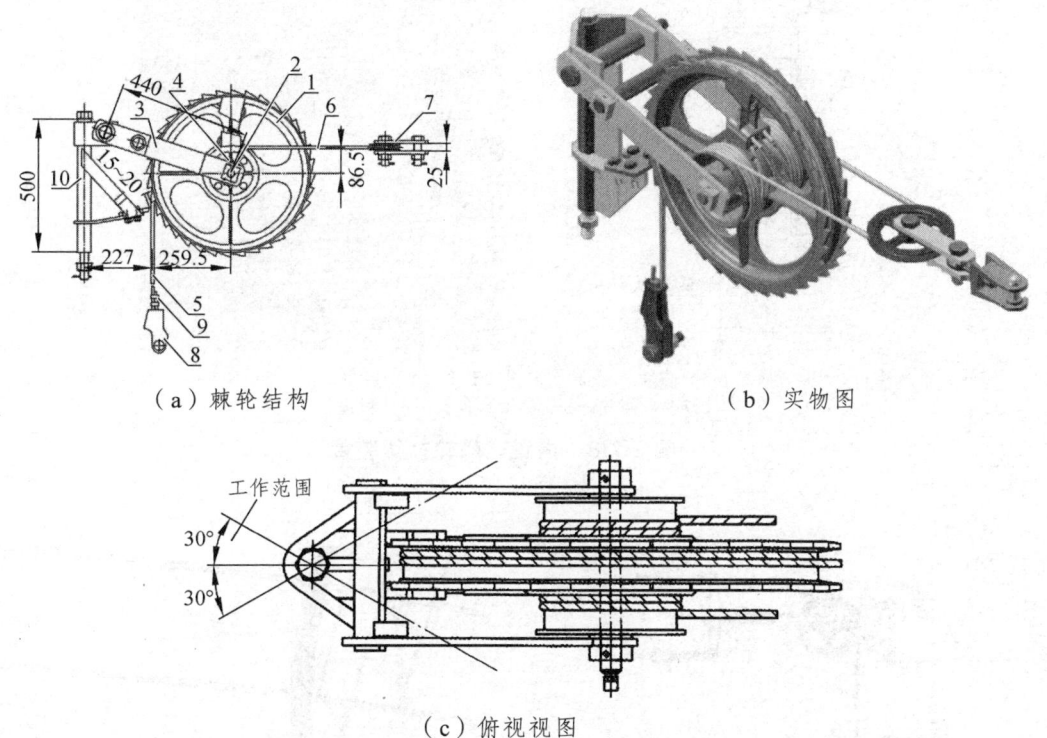

（a）棘轮结构　　　　　　　　（b）实物图

（c）俯视视图

1—棘轮本体；2—棘轮轴；3—棘轮支架；4—圆柱滚子轴承；5、6—浸沥青钢丝补偿绳；
7—平衡轮（线索端）；8—双耳楔形线夹（坠砣端）；9—绳头夹子；10—制动架。

图 2.7.7　棘轮补偿装置

棘轮补偿装置分为 Z 型和 F 型两种，其区别主要是棘轮支架的长度和补偿绳的绕向，在 Z 型装置中，坠砣补偿绳在棘轮的支柱侧；F 型反之。Z、F 型装置安装后棘齿制动的方向是不同的，要注意制动卡块的安装方向。

棘轮装置具有转动灵活、传动效率高（与铝合金滑轮补偿装置相当）、防腐性能好、使用寿命长等优点，但价格较高。由于棘轮本体形状复杂、轮径大、薄壁部位多，因而制造上对设备的要求很高，同时对铸造技术水平的要求也很高。

2. 棘轮补偿装置的安装及安装曲线

棘轮补偿装置在应用中，有多种安装形式，通常接触线、承力索补偿棘轮为上下布置，如图 2.7.8 所示，这种布置对支柱高度、容量要求较高；也可以将承力索、接触线下锚棘轮水平布置，分别安装在支柱的两侧；还有将补偿坠砣内置于钢管柱（见图2.7.8）及承力索、接触线共用一个棘轮的并联棘轮补偿装置（见图2.7.9）的安装形式。这些安装在实际工程中都有采用。

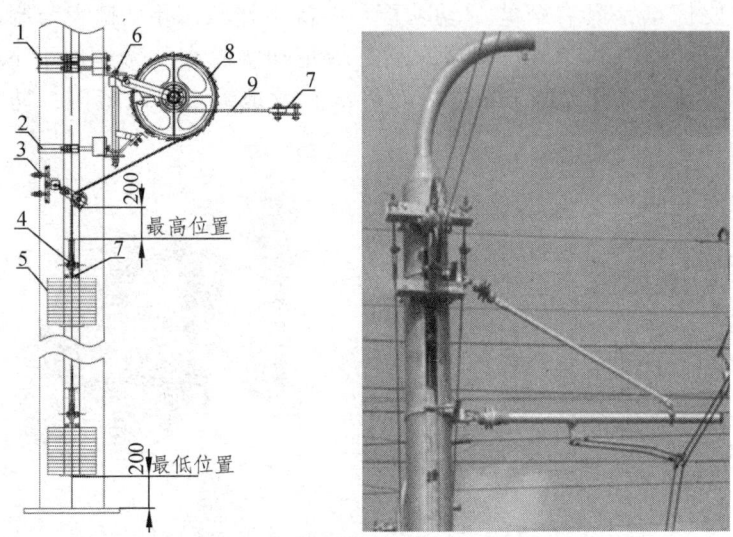

1—上锚底座；2—下锚底座；3—内置式补偿导向滑轮；4—双耳楔形线夹；5—坠砣串；6—长螺栓销；
7—平衡轮；8—棘轮本体；9—补偿绳。

图 2.7.8　内置式棘轮补偿装置

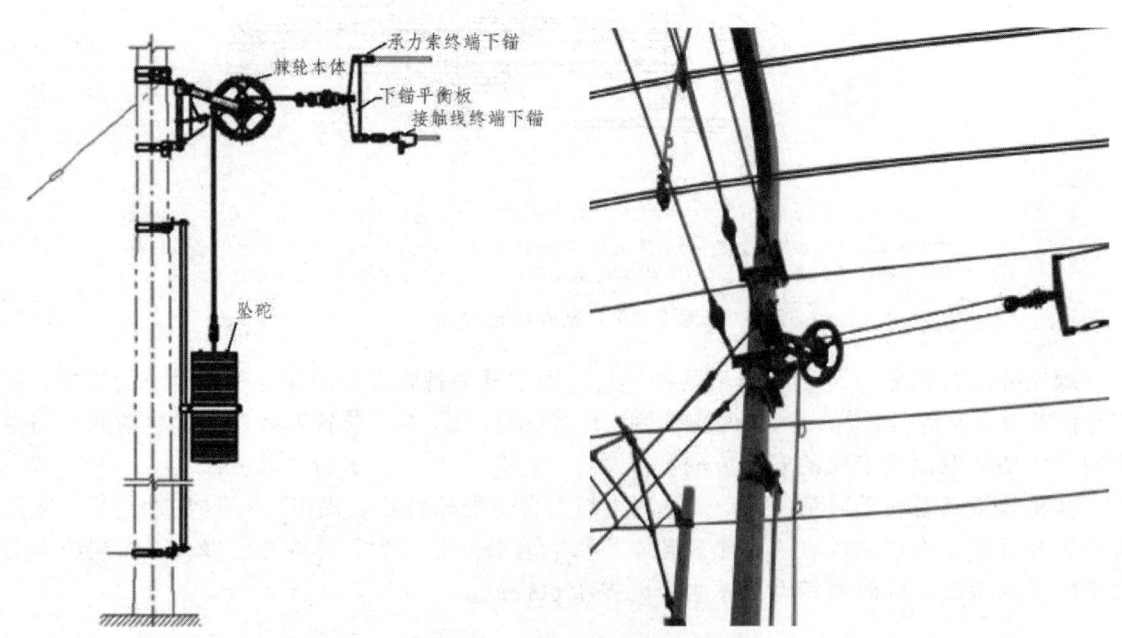

图 2.7.9　并联棘轮补偿装置

安装后，棘轮轴必须处于水平位置，坠砣钢丝绳运行时不得曳过棘轮的齿面。注意补偿绳在棘轮上的缠绕方向，如图2.7.10所示。

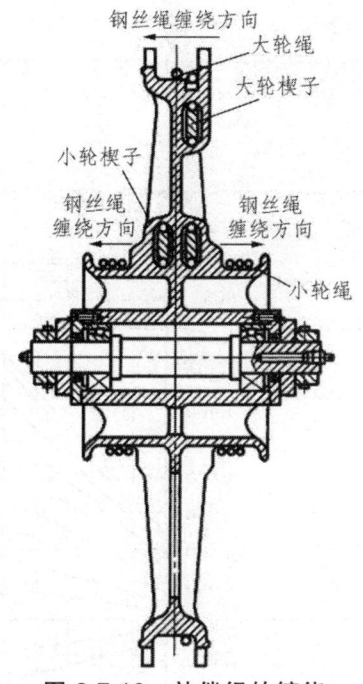

图 2.7.10 补偿绳的缠绕

如图 2.7.11 所示的棘轮补偿安装曲线，安装曲线下面标注的 "200~800" 数字是半个锚段的长度（中心锚结到补偿器距离 m），右侧数字从上到下是对应温度下坠砣的安装高度。在气象条件中，最高温度一般采用 +40 ℃。而此处补偿坠砣安装曲线的最高气温为 +80 ℃，在最高环境温度基础上增加了 40 ℃，是因为它考虑了承力索和接触线在满电流负荷运行时线索可能产生的温升等不利因素，即在最苛刻情况下，承力索和接触线的热胀伸长不致使坠砣串的底部着地而失去补偿作用。

补偿器靠坠砣串的重力使线索的张力保持平衡。当温度变化时，线索的伸缩使坠砣串上升和下降，当坠砣串升降超出允许范围时（如下降过多使坠砣串底面接触地面，或上升过多使坠砣杆耳环杆卡在棘轮轮体上），都会使补偿器失去作用，因此用补偿器的 a、b 值来限定坠砣串的升降范围。

棘轮的安装曲线除了可确定坠砣的 a、b 值，还包括补偿绳在棘轮上正确的缠绕圈数。理顺补偿绳与轮体之间的缠绕关系，并使其正确入槽，防止绳股之间交错、重叠，大、小轮绕绳圈数应遵循以下原则：大轮最少缠绕半圈，最多缠绕三圈半；小轮最少缠绕半圈，最多缠绕三圈半，缠绕时注意两边对称。首次安装时，根据设计坠砣曲线，调整初始缠绕圈数。

3. 坠砣的防摆动措施

在所有使用到坠砣的补偿装置中，为了防止坠砣串在外力（如风力）作用下摆动侵入行车限界，均需要装设有坠砣限制框架，同时在坠砣上加装坠砣抱箍，限制坠砣只能沿着坠砣限制导管方向上下移动，从而增强坠砣的稳定性，但是也要注意避免坠砣抱箍卡滞在限制导管、限制框架等情况的发生。

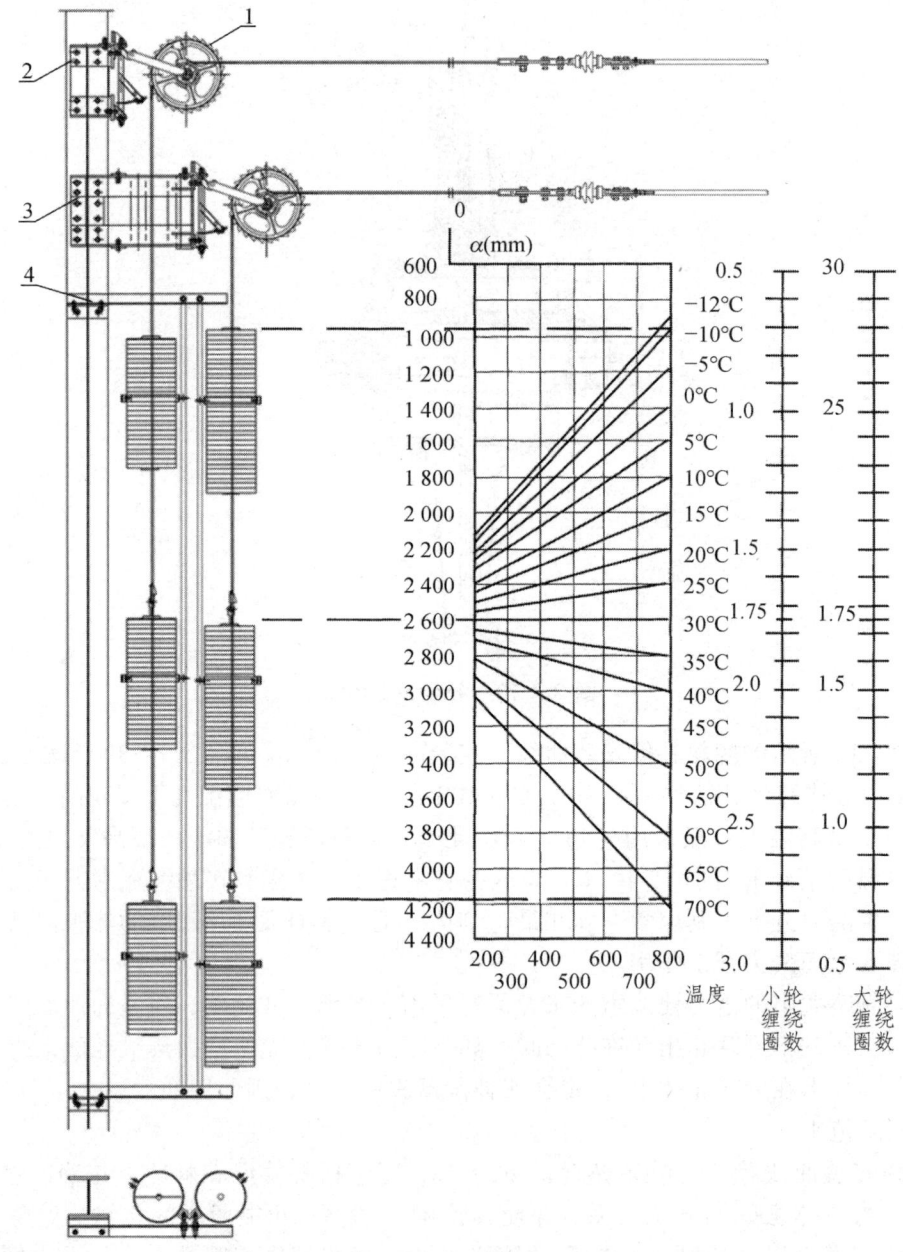

1—棘轮；2—承力索棘轮底座；3—接触线棘轮底座；4—限制框架。

图 2.7.11 棘轮式补偿装置安装及安装曲线

三、恒张力弹簧补偿下锚装置

恒张力弹簧补偿下锚装置的安装结构如图 2.7.12 所示，主要包括承锚（线锚）角钢、固定销轴、弹簧补偿装置（本体）、补偿绳、楔形线夹和平衡板等主要部分，配以不同的承锚（线锚）角钢可以满足各种类型支柱和隧道内下锚的需要。弹簧补偿装置（本体）的结构如图 2.7.13 所示，在弹簧补偿装置（本体）结构中，利用储能装置中恒扭矩或线性变扭矩平面涡盘弹簧产生扭矩，其一端与座体固定，另一端和主轴固定。当承力索和接触线因环境温度变化导致长度变化时，平面涡卷弹簧与渐开线轮的搭配组合可以通过弹簧张力的补偿调节作用使承力索和接触线上保持基本恒定的张力，其优点是结构紧凑、体积小巧、重量较轻、安装调整方便，没有坠砣使其外形美观。恒张力弹簧补偿下锚装置在城轨交通中也有较多应用。

恒张力弹簧补偿装置本体结构如图 2.7.12（b）所示，其主要构成部分储能组件中安装弹簧装置，来提供补偿张力，渐开线轮和涡盘弹簧配合，保持补偿绳上张力的恒定，锁止装置时在产品安装前锁定补偿装置的主轴不转动，拨叉装置利用断线后补偿装置本体向下的转动拨动拨叉，使得制动楔块卡死制动轮，起到短线制动作用。

恒张力弹簧补偿装置设置了断线制动功能。在渐开线轮的内侧设置了制动轮，当承力索、接触线断线时，弹簧补偿装置（本体）在重力作用下向下旋转，固定销轴拨动拨叉装置，拉线拉动制动楔块，将制动轮锁止，从而实现断线制动功能，如图 2.7.12（c）所示。

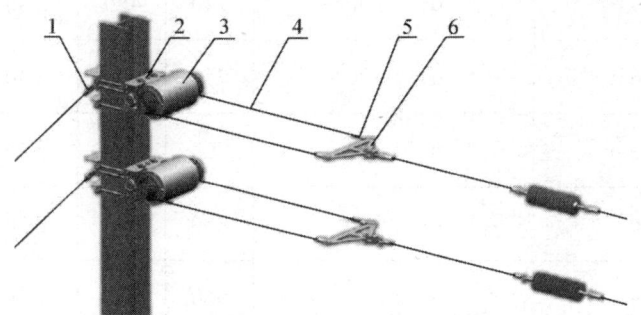

1—承锚（线锚）角钢；2—固定销轴；3—弹簧补偿装置（本体）；4—钢丝绳；5—双耳楔形线夹；6—平衡板。
（a）柱上安装结构

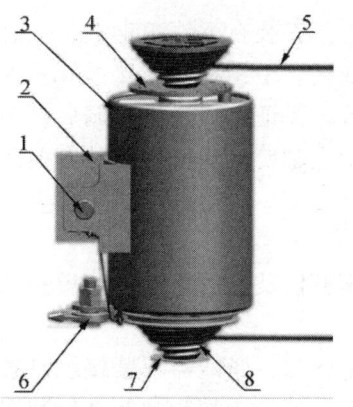 

1—固定销轴；2—连接板；3—储能组件；4—锁定装置；
5—补偿绳；6—制动装置；7—刻度盘；8—渐开线轮。
（b）弹簧补偿装置本体

1—拨叉；2—拉线；3—制动楔块；4—制动轮。
（c）制动装置结构

图 2.7.12 恒张力弹簧补偿装置

弹簧补偿装置的主要规格参数见表 2.7.1。

表 2.7.1　弹簧补偿装置的主要规格参数

型号	额定张力/kN	额定工作行程/mm	主要外形尺寸/mm			本体质量/kg
			L	L_1	d	
JHB 085	8.5	0~1 300	510	260	ϕ30	92
JHB 100	10	0~1 300	570	320	ϕ30	117
JHB 120	12	0~1 300	630	370	ϕ30	130
JHB 130	13	0~1 300	680	430	ϕ30	143
JHB 150	15	0~1 300	740	480	ϕ30	157
JHB 160	16	0~1 300	740	480	ϕ30	157
JHB 170	17	0~1 300	790	540	ϕ30	170
JHB 200	20	0~1 300	850	600	ϕ36	192
JHB 240	24	0~1 300	960	710	ϕ36	220
JHB 250	25	0~1 300	960	710	ϕ36	220

恒张力弹簧补偿下锚装置的安装与调整如下：

（1）通过辅助工具起吊弹簧补偿装置，通过销轴将其安装在下锚角钢上，注意断线制动拨叉卡在销轴中间。将弹簧装置本体和补偿绳、楔形线夹、平衡板、连接器等零件和接触悬挂连接，注意两线夹距弹簧补偿装置距离保持两侧一致。保证完成最终检调后，两渐开线轮槽和补偿绳间不会产生偏磨。由于涡盘弹簧的弹力是和主轴旋转角度和圈数有关的，所以补偿绳应该从渐开线轮槽的标记处通过紧线拉出。

（2）弹簧补偿装置（本体）调整。

安装角度的调整：紧线后，通过调整螺栓调整弹簧补偿装置的角度，使得补偿绳和渐开线轮槽保持平行状态，防止偏磨。

工作行程的调整：调整前，弹簧补偿装置处于锁定状态，紧线器收紧接触悬挂线索后，锁定板转动，锁定销和锁定盘脱开，拔除锁定销。锁定盘的另一端为弹簧补偿装置调整刻度盘。渐开线轮共有 5 圈，其中有效工作圈数为 3.8 圈，工作圈为第Ⅱ～Ⅴ圈。根据所在锚段的锚段长度，选用不同工作行程的补偿装置，图 2.7.13 是工作行程为 0~1 300 mm 的刻度盘。弹簧补偿装置额定工件行程 1 300 mm 是按铜质接触线使用最大温差 100 K 及最大锚段长度 1 500 m（半个锚段 750 m）计算绘制的，并留有余量 200 mm，具体工程设计可根据当地温度条件及接触线线胀系数，验算最大锚段长度。安装施工时，根据施工时环境温度，通过特性曲线图查得当前工作行程 a 值。通过紧线器将钢丝绳沿着绝缘子的方向移动，到与刻度牌相对应的位置（实际环境温度对应工作行程 a 值或对应渐开线轮的圈数 n 值），做好承力索或接触线终端锚固线夹的安装。

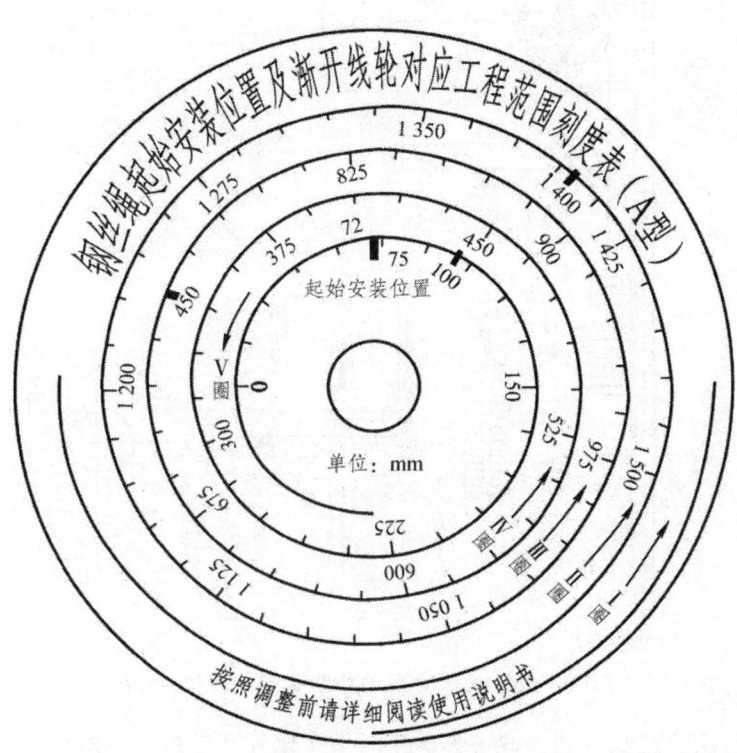

图 2.7.13　弹簧补偿装置工作行程范围刻度盘

安装完成后，应该检查刻度盘是否与安装当地当日的环境温度相对应，或测量补偿绳的 a 值是否符合特性曲线。如有误差，通过紧线器再次调整到与刻度牌实际温度相同的位置。为确保弹簧补偿装置的运行状态与实际环境温度符合，一般情况下，要进行两次调整，最终调整偏差≤±30 mm。使用中，要注意线索初伸长对补偿装置工作行程的影响，必要时进行调整或等初伸长完成后调整。

四、鼓轮式张力自动补偿装置

鼓轮式张力自动补偿装置是一种无中心锚结、带变比鼓轮补偿装置的并联下锚方式，它能够在无中心锚结状态下防止接触悬挂的窜动。

这种下锚方式的结构如图 2.7.14 所示。从图中可明显看出，这种全补偿下锚方式的特点就在于用平衡板将承力索与接触线平行的"并联"在一起下锚，以便只利用一套特殊的补偿滑轮（鼓轮）装置就可以预防整个接触悬挂的窜动。利用锚段两端全补偿下锚装置的坠砣，通过补偿绳对整个锚段的接触悬挂施加规定的张力，此张力在悬挂中承力索与接触线之间的分配，取决于平衡板上中间的绝缘子串的联结点和其两端与承力索、接触线的联结点之间两段距离的比值。

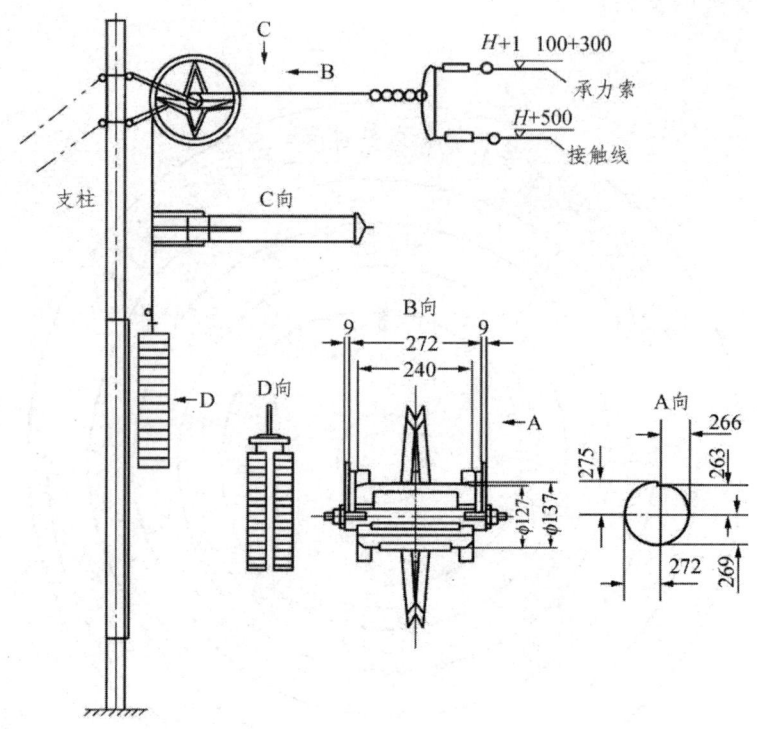

图 2.7.14　鼓轮式张力自动补偿装置（单位：mm）

这种方式中所用的特殊补偿滑轮（鼓轮）叫作变比补偿鼓轮（鼓轮传动）。它的结构及主要尺寸如图 2.7.14 中的 A 向、B 向、C 向及 D 向所示。

从图 2.7.14 中的 B 向可见，这种补偿鼓轮中央有一根轴，轴的两端装有滚动轴承，形成一体的鼓轮，靠其两端的轴承孔套于轴承外圈从而撑于滚动轴承上，并可绕轴自由旋转。在鼓轮零件上，直径较小（$\phi 127 \sim \phi 137$ mm）的鼓轮部分具有由中间向两端缩小的锥度，鼓轮是和滑轮在一起的，滑轮直径约是鼓轮的 4 倍，滑轮上具有一个沟槽，补偿绳在沟槽内转动，具有沟槽形状的滑轮外廓为特殊的涡状曲线形状，其尺寸如图 2.7.18 中的 A 向所示。半径由 263 mm 逐渐均匀增大至 269 mm、275 mm，平均每隔 30°增大 1 mm。该涡状曲线其实就是一段所谓的阿基米德螺旋线，其方程以极坐标表示为

$$\rho = a \cdot \theta + r_0 \ (0° \leq \theta \leq 360°) \tag{2.7.3}$$

式中　ρ（mm）、θ（°）——曲线的极坐标；

　　　a、r_0——常数，对于鼓轮，常数 r_0 取值为 263 mm；a 取值为 1/30 mm。

由于采用了阿基米德螺旋线形的滑轮沟部外廓，当补偿鼓轮回转时，鼓轮的传动比随回转角度 θ 的变化而变化，从而施加于接触悬挂的张力也相应地发生变化，参看图 2.7.14 中的 B 向，即张力将随鼓轮的顺时针或逆时针回转而相应减少或增加，其回转角、传动比与施于悬挂的张力三者间的关系如表 2.7.2 所示。

表 2.7.2 鼓轮传动比与接触悬挂张力的关系表

悬挂伸（+）缩（-）值/mm	回转角度/°	补偿鼓轮的传动比	接触悬挂张力/kN（当坠砣总重为 6.25 kN 时）
-440	-360	420∶1	26.250 0
-330	-270	415∶1	25.937 5
-220	-180	410∶1	25.625 0
-110	-90	405∶1	25.312 5
0	0	400∶1	25.000 0
+110	+90	395∶1	24.687 5
+220	+180	390∶1	24.375 0
+330	+270	385∶1	24.062 5
+440	+360	380∶1	23.750 0

五、液气式张力补偿装置

液气式张力补偿装置是以惰性气体作为蓄能介质，以液压油作为工作介质，利用气体的热胀冷缩来推动液压缸活塞，使活塞杆伸出或缩进来对接触线因环境温度变化所引起的长度变化进行自动补偿并保持张力恒定。

液气式张力补偿装置结构如图 2.7.15 所示。该装置由一个密封性极好的单作用液压缸通过油管与一个气囊式蓄能器连通，组成一个封闭的独立液压系统。蓄能器的气囊中充满一定初压的气体，液压缸与蓄能器中注有液压油。液压缸的活塞杆拉紧接触线，拉力的大小由蓄能器中气体压力的大小决定。

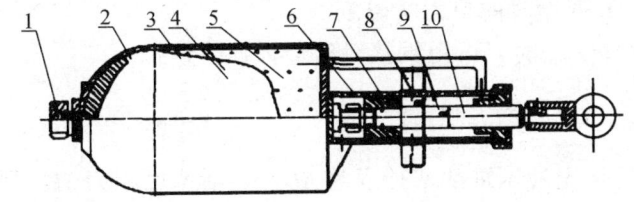

1—充气阀；2—气囊式蓄能器；3—气囊；4—高压氮气；5—液压油；
6—管路；7—油塞；8—销轴；9—作动筒工作腔；10—活塞杆。

图 2.7.15 液气式张力补偿装置结构

液气式张力补偿装置对接触线张力的自动补偿，是一个缓慢变化的动态过程。在每一个固定时刻，补偿装置对线索施加的拉力与线索的张力大小是相等的，系统处于力的平衡状态。当环境温度自平衡点升高时，线索膨胀伸长，张力减小，则蓄能器内具有一定压力的气体受热膨胀，此膨胀的体积挤压液压油通过油管向液压缸内补充，推动液压缸的活塞，使活塞杆回缩，并达到新的力平衡位置。当环境温度自平衡点降低时，线索收缩，张力加大，则带动液压缸活塞杆伸出，将液压缸内部分液压油压回蓄能器，蓄能器气体体积被压缩，并达到新的平衡位置。

对于氮气而言，在常温和不大于 10 MPa 的压强下，可视其为理想状态的气体。在活塞杆伸缩的工程中，气体的体积、压力和温度 3 个参数之间的关系基本符合理想气体状态方程（克拉珀龙方程）：

$$\frac{p_1 V_1}{T_1} = \frac{p_2 V_2}{T_2} = \cdots = \frac{p_i V_i}{T_i} = C \qquad ①$$

对接触网系统来说，当环境温度达到最低温度时，即 $T = T_{\min}$，线索产生最大收缩，液压缸活塞杆全部伸出，蓄能器中气体被压缩，体积为最小，即 $V = V_{\min}$，压力为最高，即 $p = p_{\max}$。反之，当环境温度最高时，即 $T = T_{\max}$，活塞杆部分伸出，此时气体体积为 $V = V_{\max}$，压力 $p = p_{\min}$，根据理想气体状态方程，可得：

$$\frac{p_{\max} V_{\min}}{T_{\min}} = \frac{p_i V_i}{T_i} = \frac{p_{\min} V_{\max}}{T_{\max}} \qquad ②$$

式中，p_i、V_i 是环境温度变化范围 $T_{\min} \sim T_{\max}$ 内任一温度 T_i 所对应的压力和体积。

设 ΔL 为 $T_{\min} \sim T_{\max}$ 过程中 V 的增量，则 $\Delta L = V_{\max} - V_{\min}$。要使得温度变化时 $p_{\min} = p_{\max}$，即

$$\frac{V_{\min}}{T_{\min}} = \frac{V_{\max}}{T_{\max}} \qquad ③$$

就必须在设计补偿装置时充分考虑设计尺寸，使接触线伸缩变化量与补偿装置体积变化量（活塞杆伸缩变化量）相一致。假设所补偿的是铜接触线，其随温度变化的线胀公式为

$$\Delta L = L\alpha(T_1 - T_2) \qquad ④$$

式中，L 为补偿段的线索长度；ΔL 为温度从 t_1 变化到 t_2 时线索的伸缩量；α 为线索的线胀系数；T_1、T_2 分别为 t_1、t_2 温度时的热力学温度。

当取 $T_1 = T_{\max}$，$T_2 = T_{\min}$ 时，可得铜接触线最大伸缩量：

$$\Delta L_{\max} = L\alpha(T_{\max} - T_{\min}) \qquad ⑤$$

根据设计要求，可设定液压缸活塞行程为 $\Delta L_{\max}$，活塞面积为 A，则当 $\Delta L_{\max} A = \Delta V$ 时，式③成立，表明在整个温度变化和全部补偿范围内，张力保持恒定。因而可以根据线索额定张力值来设计液压系统的标称压力，并将系统平衡点的温度设置在环境温度最大差值 1/2 的位置，将系统平衡点的几何位置设置在液压缸最大行程的中点。

另外，根据补偿装置所受张力、气体压强、采用的金属材质以及相应的国家标准，可计算出活塞杆直径、液压缸内径和壁厚、蓄能器内外径等其他部位尺寸。

液气式张力补偿装置可从根本上避免补偿滑轮带来的卡滞、偏磨和跳槽等常见故障，可消除由于坠砣限制架的丢失造成坠砣侵限的安全隐患，有效地解决了断线造成坠砣砸坏桥梁设施的问题。用于既有线隧道电气化改造和新建隧道，可避免衬砌开挖和预留扩大的断面，从而减少了对行车的干扰，缩短施工周期，降低工程投资，经济效益显著；此外还可应用于坠砣补偿无法或不便安装的一些特殊场合。

六、城轨接触网中采用双接触线时的补偿装置实例

在城轨柔性接触网正线中主要采用单承力索双接触线或双承力索双接触线的接触悬挂。此时承力索与接触线的补偿下锚分别安装在两个相邻的支柱上，双承力索或双接触线的补偿下锚要加装一套三角调节板来调整两根并行的接触线（或承力索）间的张力差。如图 2.7.16 与图 2.7.17 所示为单承力索双接触线简单链形悬挂接触网在采用弹簧补偿下锚装置时的安装，其中图 2.7.16 为双接触线的补偿下锚安装，图 2.7.17 为单承力索延伸一跨后的补偿下锚安装。

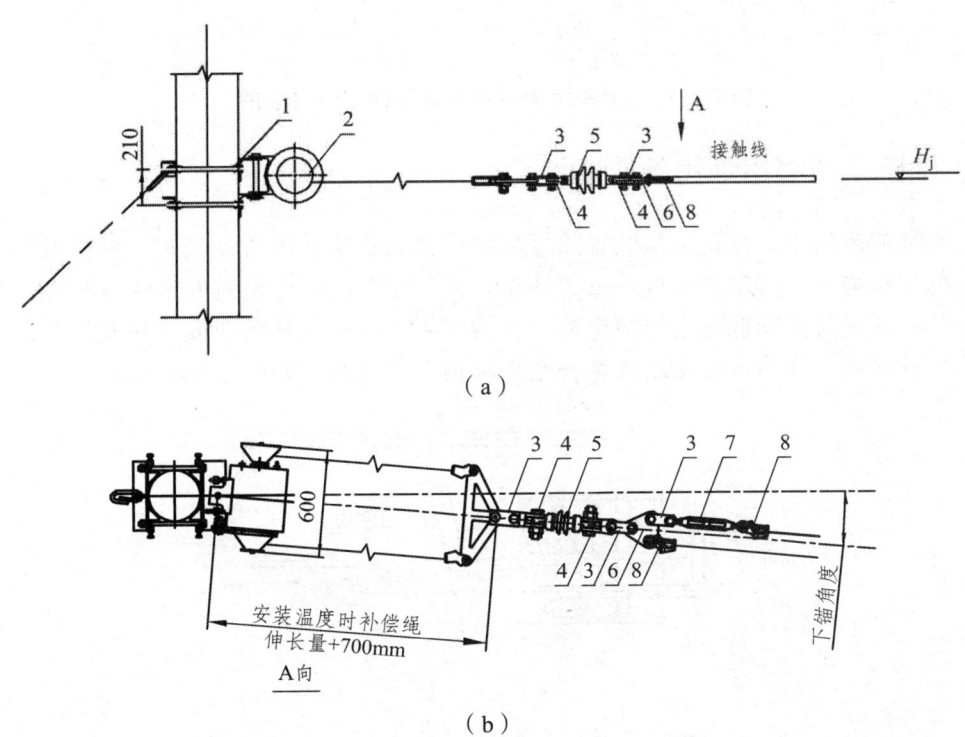

1—线锚角钢；2—12 kN 恒张力弹簧补偿装置；3—D1 型双联板；4—单耳连接器；
5—下锚绝缘子；6—三角调节板；7—调整螺栓；8—接触线终锚线夹。

图 2.7.16 双接触线支柱弹簧补偿下锚安装图

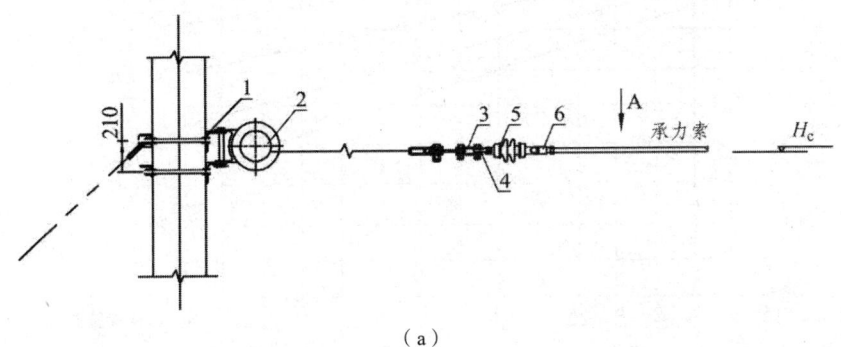

（a）

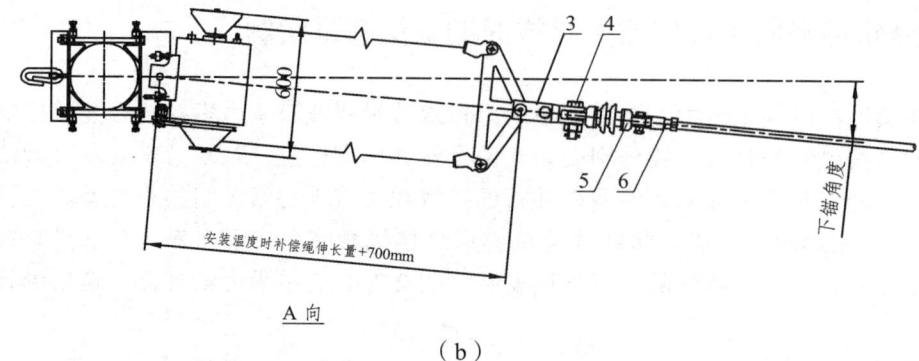

A向

（b）

1—承锚角钢；2—12 kN恒张力弹簧补偿装置；3—D1型双联板；4—单耳连接器；
5—下锚绝缘子；6—承力索终锚线夹。

图 2.7.17　单承力索支柱弹簧补偿下锚安装图

七、横跨定位绳用弹簧补偿器

架空柔性接触网中，弹簧补偿装置除了应用于接触悬挂的张力补偿外，也使用在软横跨或硬横跨的定位绳上，对定位绳进行张力调整。在气温升高时定位绳因热胀而松弛，造成接触悬挂下坠；或是气温降低时定位绳冷缩，导致（硬）横跨支柱承受额外的大张力，威胁接触网安全。软（硬）横跨定位绳用弹簧补偿器结构及安装曲线如图 2.7.18 所示。

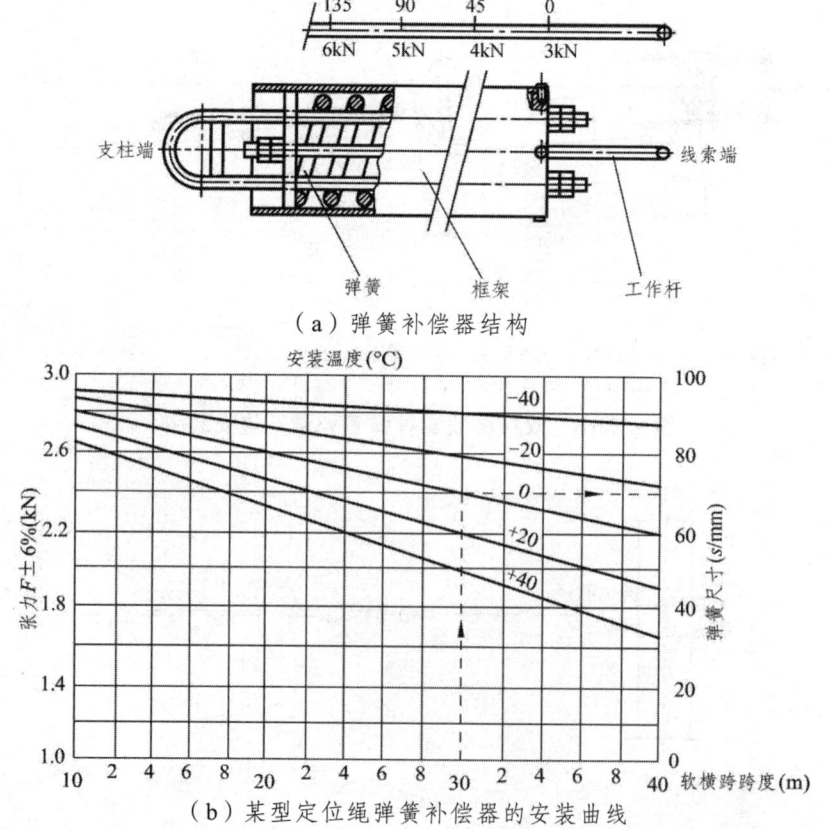

（a）弹簧补偿器结构

（b）某型定位绳弹簧补偿器的安装曲线

图 2.7.18　软（硬）横跨定位绳用弹簧补偿器

定位绳用弹簧补偿器内部固定有一个弹簧,弹簧具有一定的初始压缩力。当横跨定位绳因热胀伸长时,弹簧被释放,工作杆收回拉紧横跨定位绳;当横跨定位绳冷缩时,弹簧被压缩,工作杆伸出,使横跨定位绳的张力保持在一定范围内。

定位绳用弹簧补偿器有 0~3 kN、3~6 kN 两种型号,具有结构简单、安装方便、价格低廉等优点。

第八节 中心锚结

在两端装有补偿绳的锚段里,必须加设中心锚结。接触线对承力索、承力索对锚柱在锚段中部进行锚固的方式称之为中心锚结。

在城轨两端补偿的柔性接触网中,安设中心锚结后,由于接触线与承力索在锚段中部进行了锚固,温度变化时,锚段两端的补偿器只能使线索由中心锚结处分别向两侧移动,保证了线索张力和弛度均匀,使接触线有良好的工作状态。当中心锚结一侧发生事故,在中心锚结的作用下不影响另一侧的悬挂,缩小了事故范围,便于抢修。

在刚性接触网中,刚性的铝合金汇流排代替了承力索,同时接触线无轴向张力,几乎无断线的可能,所以刚性接触网中心锚结的作用是避免刚性悬挂的窜动。

接触轨系统中的中心锚结是接触轨锚段中部用于防止接触轨纵向移动的装置,可防止接触轨向一侧不均匀窜动,保持膨胀区段的中点位置。中心锚结一般分为普通中心锚结和大坡度中心锚结,一般情况下中心锚结采用普通中心锚结,在线路纵向坡度超过一定数值时采用大坡度中心锚结。

一、中心锚结的作用和安设

1. 中心锚结的作用

(1)缩短了补偿器补偿范围,使锚段线索张力比较均匀,保证接触悬挂处于良好工作状态。

(2)设立中心锚结后可以缩小事故范围,即当中心锚结一侧发生断线事故时不会影响另一侧悬挂线路,有利于缩短修复事故(故障)时间和减少恢复所需要的工作量。

(3)可防止线索及接触轨在外力作用下向一侧窜动,如风力、受电弓摩擦力、因坡道和自身重力引起的窜动力。

2. 中心锚结的布置原则

在两端装有滑轮、棘轮及鼓轮等补偿器的柔性接触网锚段里,必须加设中心锚结,每个锚段中心锚结的安设位置应根据线路情况和线索的张力增量计算确定。一般布置原则是使中心锚结固定点两侧线索的张力尽量相等,并尽可能靠近锚段中部。

当锚段全部在直线区段或整个锚段布置在曲线半径相同的曲线区段时,该锚段中心锚结应设在锚段的中间位置。

当锚段布置在既有直线又有曲线且曲线半径不等区段时,该锚段的中心锚结应设在偏离锚段中间位置靠近曲线多、曲线半径小的一侧。在特殊情况下，锚段长度较短时（一般定为锚段长度 800 m 以下），可不设中心锚结，将锚段一端硬锚，另一端线索安装补偿器，此时的硬锚就相当于中心锚结。

刚性接触网多数在隧道内，且整个锚段较柔性接触网短（小于 250 m），中心锚结一般设置在锚段中心位置附近。

接触轨中心锚结的布置原则与刚性接触网相类似。

二、柔性接触网中心锚结形式

柔性接触网的中心锚结有承力索中心锚结和接触线中心锚结之分；接触线中心锚结又分防"窜"和防"断"两种以及三种形式："V"形、倒"八"形和"八"形；承力索中心锚结也有三种形式：两跨式、三跨式及软横跨中心锚结。

中心锚结按照接触悬挂类型分为简单悬挂中心锚结、半补偿链形悬挂中心锚结和全补偿链形悬挂中心锚结。半补偿链形悬挂目前已很少使用，城轨接触网中常见的是全补偿链形悬挂中心锚结和简单悬挂中心锚结。

在各种悬挂中，中心锚结安装形式都不尽相同。按柔性接触网各种类型，中心锚结可分为表 2.8.1 中的类型。

表 2.8.1　接触网中心锚结类型

悬挂类型		中心锚结类型
全补偿链形悬挂	单承力索单接触线	单承力索中心锚结和单接触线中心锚结
	单承力索双接触线	单承力索中心锚结和双接触线中心锚结
	双承力索双接触线	双承力索中心锚结和双接触线中心锚结
简单悬挂（含弹性简单悬挂）	单接触线	单接触线中心锚结
	双接触线	双接触线中心锚结

1. 三跨式全补偿链形悬挂中心锚结

全补偿链形悬挂是城轨接触网地面段或高架段以及部分车辆段的主要形式。一般正线上采用单承力索双接触线形式或双承力索双接触线形式的较多，在部分库线、折返线或渡线使用单承力索单接触线形式。

全补偿链形悬挂方式多数情况下两端都是补偿下锚，均可能因两端张力不平衡而产生移动，所以承力索和接触线都设置了中心锚结进行固定。接触线的中心锚结一般采用防窜动形式的较多，即在两支柱中心位置接触线中心锚结绳与承力索用线夹进行固定。该种承力索的中心锚结有两跨和三跨两种。三跨式一般是在接触线中心锚结所在的跨距内增加一根承力索中心锚结辅助绳，在该跨距两端的腕臂上固定后，再延长一个跨距拉向另一支柱锚固，使该跨距的承力索不产生位移，因此，承力索中心锚结由三个跨距组成，故称为三跨式中心锚结。考虑到线索断线时承力索中心锚结绳可能有较大张力，中心锚结绳下锚支柱要设置拉线。中心锚结处固定锚结绳的各线夹要有足够的加持力，防止线索抽脱。全补偿链形悬挂中心锚结主要为三跨式中心锚结形式,如图 2.8.1 所示。

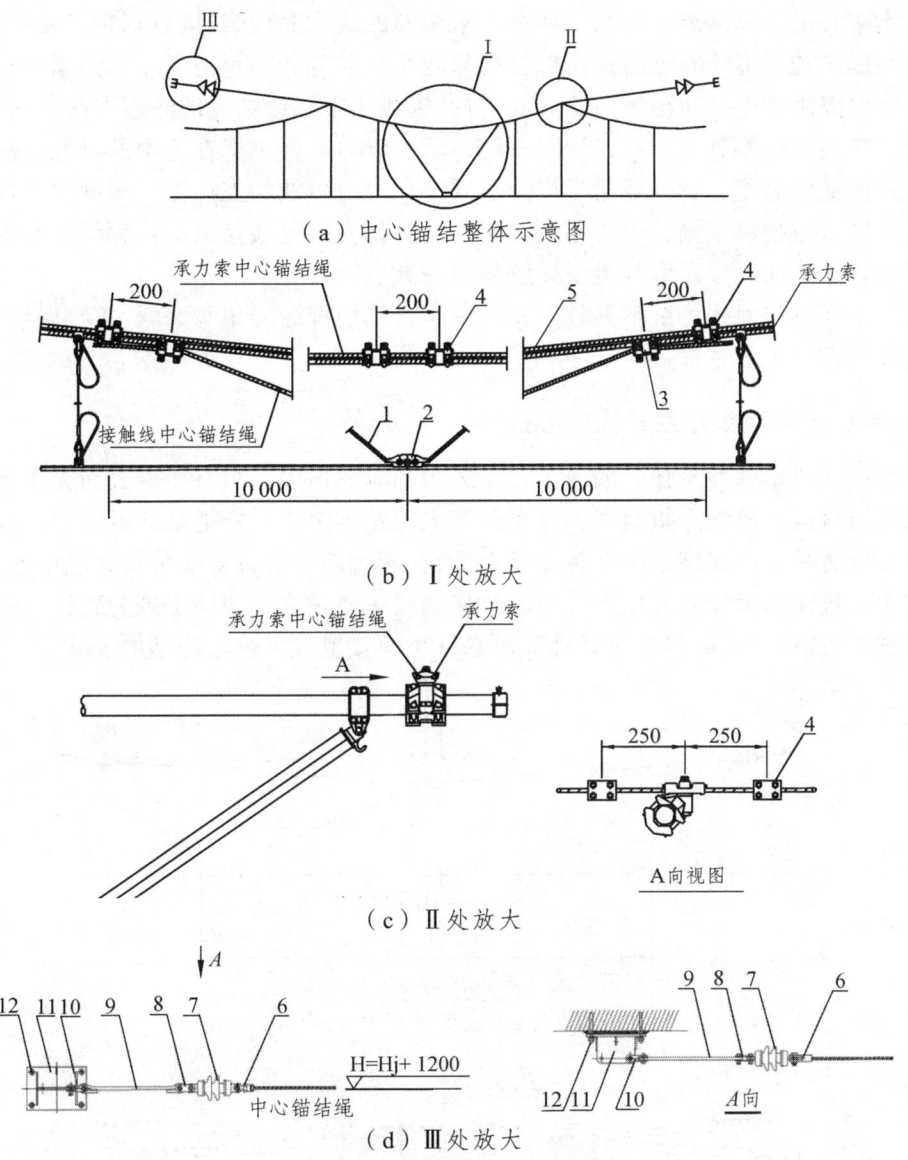

1—接触线中心锚结绳,50 mm² (1×19) 铜绞线;2—接触线中心锚结线夹;3、4—承力索中心锚结线夹;
5—承力索中心锚结绳,95 mm² (1×19) 铜绞线;6—终端锚固线夹;7—下锚绝缘子;8—D 型双联板;
9—双环杆;10—双耳连接器;11—下锚底座;12—螺杆锚栓。

图 2.8.1 单承力索、双接触线简单链型悬挂中心锚结在结构柱上的安装

当采用单承力索、双接触线简单链形悬挂时,承力索中心锚结辅助绳和其中一支接触线中心锚结辅助绳的安装与单接触线时的安装相同。另外一支接触线的中心锚结线夹在本接触线上同位置并列安装,其辅助绳的两端再使用 2 个承力索中心锚结线夹固定,安设位置在另一支接触线中心锚结线夹安设位置向跨中方向 150 mm 处。接触线中心锚结辅助绳采用 JT50 青铜绞线制成,两根总长约 45 m。当一侧接触线断线后,另一侧接触线在中心锚结辅助绳的拉力下,不发生松动现象,起到了缩小事故范围的作用。中心锚结绳的长度若太短,中心锚结张力的垂直分量大,保证中心锚结绳张紧的张力会导致中心锚结线夹处接触线被抬高,出现较大的负弛度,使受电弓取流情况变坏,造成该处接触线磨耗严重。

承力索中心锚结辅助绳一般采用和承力索相同的线索制成,长度根据现场实际情况确定。承力索中心锚结辅助绳应在该跨距中部及相邻两悬挂点等处与承力索用承力索中心锚结线夹固定,跨距中部用2个,间距为200 mm,与两接触线中心锚结辅助绳固定线夹间距200 mm处各1个,悬挂点两侧各2个;在中间一跨,承力索中心锚结绳在跨中的最低点应不低于该跨中承力索的最低高度,辅助绳两端应分别固定在设有拉线的支柱上,辅助绳下锚时不易低于承力索高度,应抬高下锚;中心锚结跨距内,不得有接触线接头,接触线中心锚结线夹在直线区段应端正,曲线区段应与接触线倾斜度一致。

双承力索及双接触线的链形悬挂方式采用全补偿情况时与单承力索、单接触线基本相同,只是在连接零部件上不一样。

2. 简单悬挂和简单弹性悬挂中心锚结

简单悬挂和简单弹性悬挂一般使用在隧道内和车辆段中,只有接触线而无承力索。正线一般采用双接触线,渡线、折返线、存车线等采用单接触线。隧道里接触线中心锚结是大致在锚段中心位置采用两底座紧固在隧道壁上的,在两底座中心位置加装接触线中心锚结线夹,两边引出中心锚结绳紧固到底座上。车辆段接触线中心锚结一般固定到腕臂柱、软横跨或横梁上。如图2.8.2所示为腕臂柱时弹性简单悬挂(单接触线)中心锚结的安装。

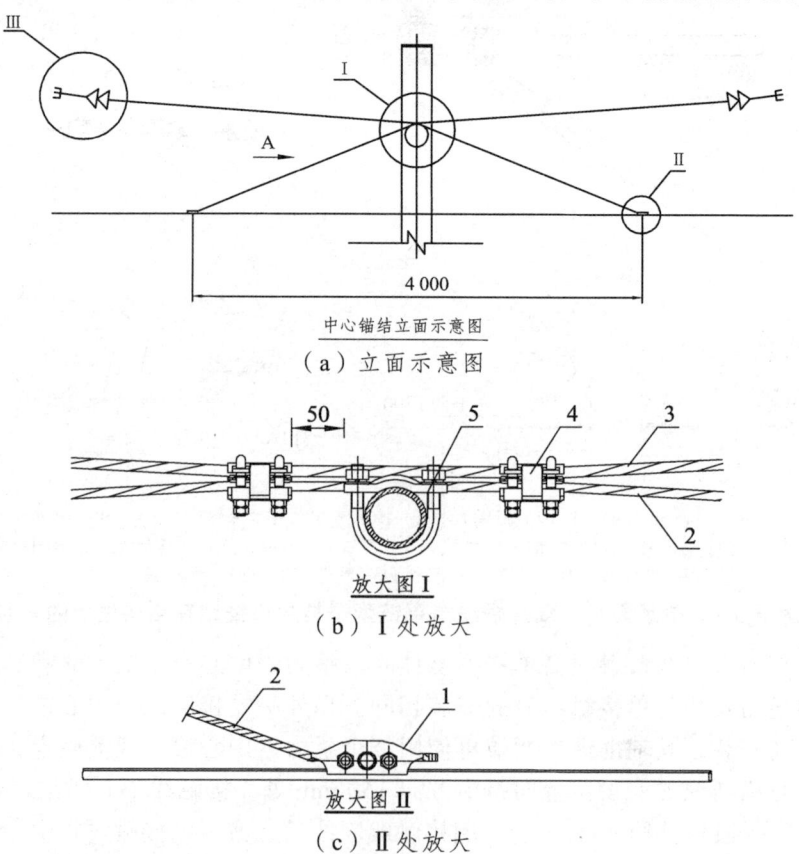

(a)立面示意图

(b)Ⅰ处放大

(c)Ⅱ处放大

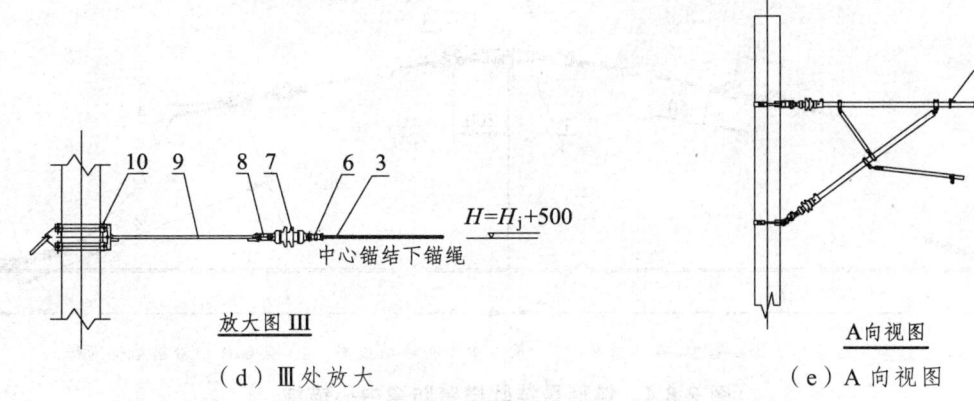

（d）Ⅲ处放大 　　　　　　　　　　（e）A向视图

1—接触线中心锚结线夹；2—接触线中心锚结绳，50 mm² （1×19）铜绞线，长约 6 m；
3—中心锚结下锚绳，95 mm² （1×19）铜绞线；4—承力索中心锚结线夹；5—吊索压板；
6—终端锚固线夹；7—下锚绝缘子；8—D 型双联板；9—双环杆；10—T 形承锚抱箍。

图 2.8.2　弹性简单悬挂中心锚结安装图

3. 按照功能分类

柔性接触网中心锚结按照功能分类有防断（FD 型）中心锚结和防窜（FC）中心锚结两种。两种类型中心锚结的结构示意图如图 2.8.3 所示。

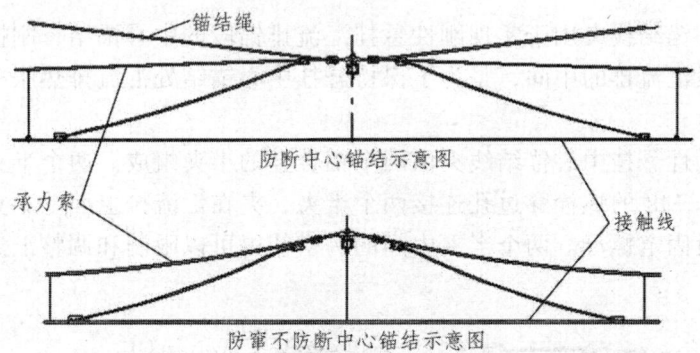

图 2.8.3　简单链形悬挂中心锚结

在接触悬挂线索出现断线时，可以可靠保证接触悬挂在锚结处的可靠固定，将事故范围限制在半个锚段内，这种中心锚结称为防断中心锚结，正线、联络线和站线都应该优先选用防断中心锚结。在条件不允许时（主要是承力索中心锚结辅助绳无法设置下锚固定点），中心锚结仅用来防止两端接触悬挂向一侧窜动，称为防窜中心锚结，一般在车辆段内使用。

国家铁路的运行实践表明，站场上承力索断线事故较少，采用防止窜动的全补偿中心锚结可以满足需要。其优点是结构简单，安装方便；缺点是不能有效减少断线事故范围。

有软横跨的车场内防窜中心锚结用软横跨节点 14 实现。弹性简单悬挂的软横跨节点 14，中心锚结辅助绳固定在弹性吊索上，防止接触线向某一端的窜动。参见第 11 节"弹性简单悬挂软横跨节点 14"（见图 2.11.16）。

简单链形悬挂时防窜中心锚结与此相似，通过承力索上两个中心锚结线夹和一根约 0.5 m 的承力索中心锚结辅助绳将承力索和悬吊滑轮间相对固定下来，防止接触悬挂向某一端的窜动，如图 2.8.4 所示。

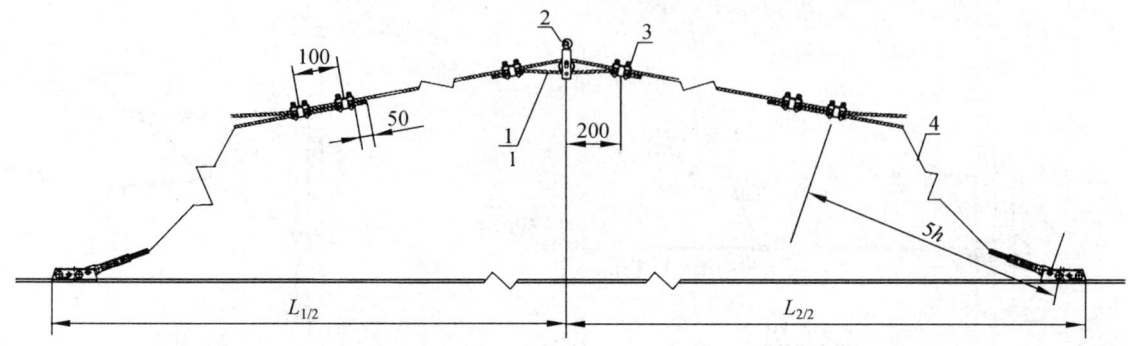

1—承力索中心锚结辅助绳；2—悬吊滑轮；3—承力索中心锚结线夹；4—接触线中心锚结辅助绳。

图 2.8.4　链形悬挂软横跨防窜中心锚结

三、刚性接触网中心锚结

刚性悬挂中心锚结设置在刚性悬挂中部定位点处或两定位点之中心。在刚性接触网中，由于没有接触线断线的可能，所以中心锚结仅起到防窜动作用，是为防止温度变化时刚性悬挂在热胀冷缩过程中产生偏移，或者在受电弓的摩擦力和冲击力作用下向受电弓的运行方向的偏离。

刚性悬挂中心锚结线夹用于实现刚性悬挂汇流排锚段的中心锚结，刚性接触网中心锚结线夹安装于每锚段汇流排的中间，是为了保持悬挂中心锚结处汇流排热胀冷缩时能够处在固定的位置。

一种类型的刚性悬挂中心锚结线夹由两个铝合金的半夹组成。两个半夹在汇流排的上方正对着安装。一个 M8 的螺栓穿过孔连接两个半夹，夹在汇流排上面。半夹的形状设计使得其可以在上螺栓时固定螺母。两个半夹中间的沟槽使得可以限制和调整汇流排的夹口。如图 2.8.5 所示。

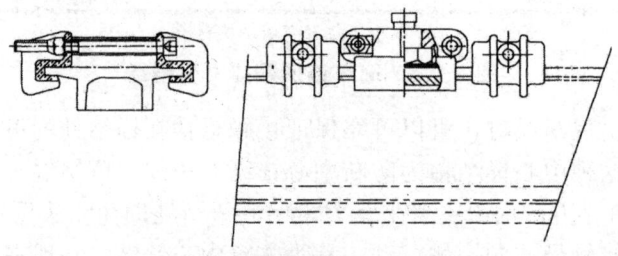

图 2.8.5　刚性接触网中心锚结线夹

另一类型的中心锚结线夹分 B 型和 W 型两种，其中 B 型用于门型结构安装，W 型用于少量库内或地面线路支柱腕臂类结构安装。如图 2.8.6 所示。

因隧道内空间有限，刚性悬挂中心锚结下锚采用"V"字形绝缘拉棒方式。如图 2.8.7 所示为刚性悬挂中心锚结绝缘子。

刚性接触网中心锚结的安装根据隧道净空的不同可分为如图 2.8.8～2.8.11 所示等几种情况，分别适应净空≤4 700 mm、4 700 mm<净空≤4 900 mm 及净空>4 900 mm 时的安装需要。不管哪种安装方式，中心锚结的锚固点均应安装在汇流排的正上方。

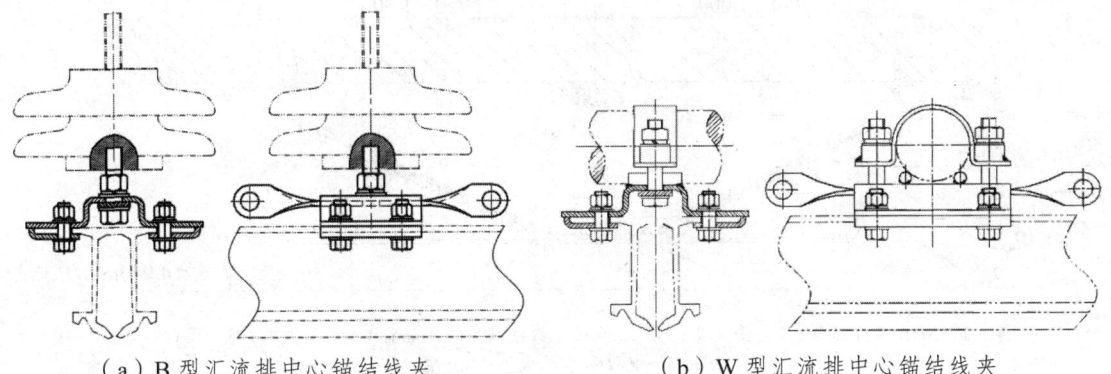

(a) B 型汇流排中心锚结线夹　　　　(b) W 型汇流排中心锚结线夹

图 2.8.6　汇流排中心锚结线夹

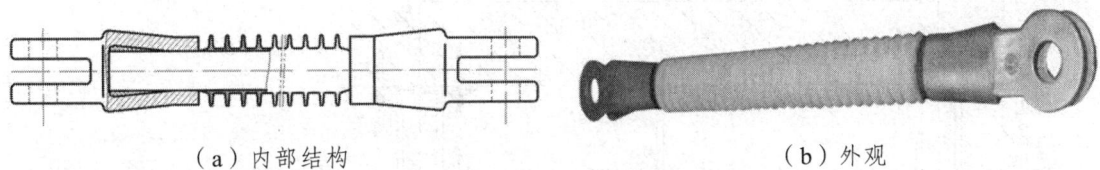

(a) 内部结构　　　　(b) 外观

图 2.8.7　刚性悬挂中心锚结绝缘子

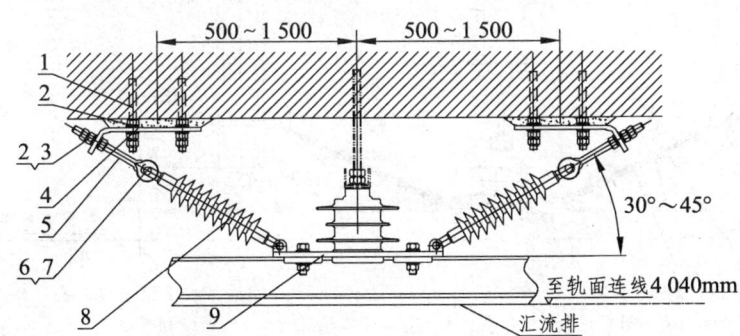

1—M16 螺杆锚栓；2—平垫圈；3—螺母；4—汇流排中心锚结下锚底座；5—调整螺杆；6—销钉；
7—开口销；8—中心锚结绝缘子；9—中心锚结板。

图 2.8.8　矩形隧道安装净空≤4700 mm 及圆形隧道安装净空≥4400 mm 的刚性悬挂中心锚结

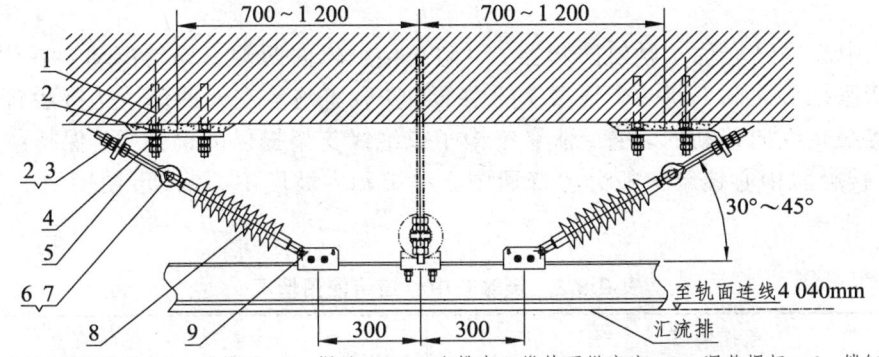

1—M16 螺杆锚栓；2—平垫圈；3—螺母；4—汇流排中心锚结下锚底座；5—调整螺杆；6—销钉；
7—开口销；8—中心锚结绝缘子；9—汇流排中心锚结线夹。

图 2.8.9　圆形隧道安装净空＜4400 mm 的刚性悬挂中心锚结

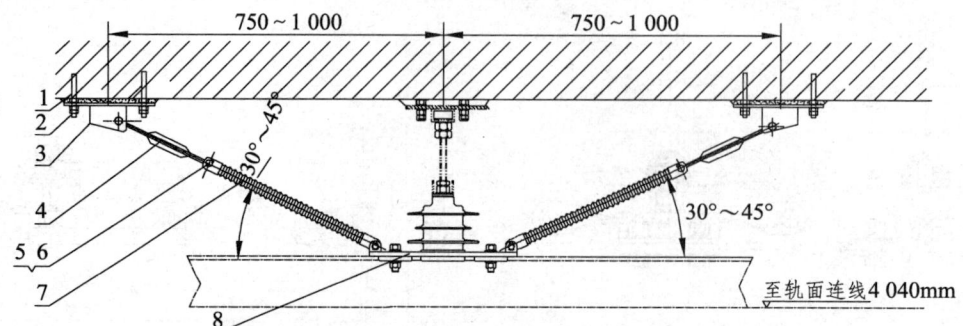

1—M16 螺杆锚栓；2—平垫圈；3—汇流排中心锚结下锚底座；4—调整螺杆；5—销钉；
6—开口销；7—中心锚结绝缘子；8—中心锚结板。

图 2.8.10　4700 mm ＜ 安装净空 ≤ 4900 mm 的刚性悬挂中心锚结

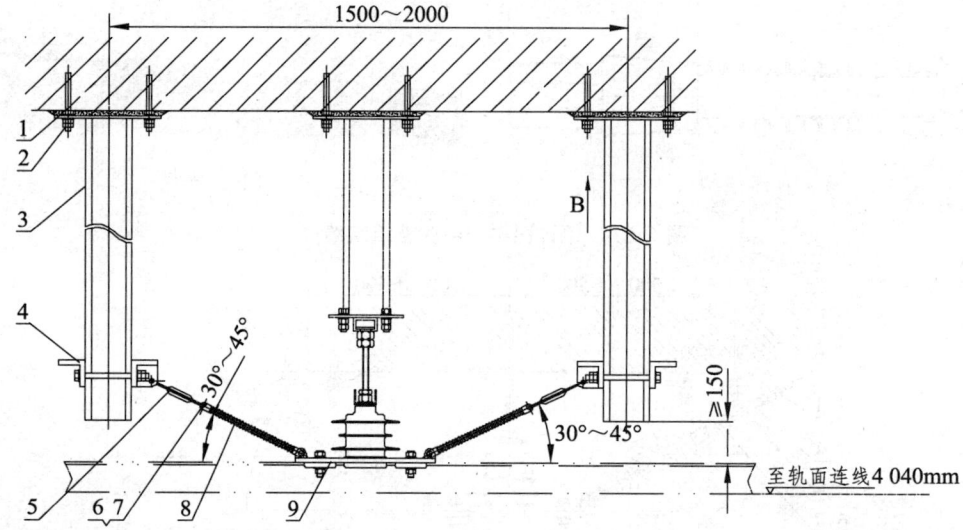

1—M16 螺杆锚栓；2—平垫圈；3—中心锚结下锚吊柱；4—中心锚结吊柱下锚安装底座；5—调整螺杆；
6—销钉；7—开口销；8—中心锚结绝缘子；9—中心锚结板。

图 2.8.11　安装净空 ＞ 4900 mm 的刚性悬挂中心锚结

四、接触轨中心锚结

接触轨中心锚结亦称接触轨防爬器，可防止接触轨向两侧不均匀窜动。中心锚结一般设置在两膨胀接头之间（即一个锚段）的中部，安装于绝缘支架两侧，是接触轨锚段中部用来防止接触轨纵向移动的装置，依靠绝缘子或绝缘支架提供的锚固力，保持膨胀区段的中点位置。接触轨中心锚结一般分为普通中心锚结和大坡度中心锚结，使用情况如表 2.8.2 所示。

表 2.8.2　接触轨中心锚结使用情况

悬挂类型		接触轨中心锚结类型
接触轨	一般情况下	普通中心锚结
	线路坡度超过 20‰	大坡度中心锚结

1. 普通中心锚结

普通中心锚结设置在锚段的中部，安装在整体绝缘支架两侧，由防爬器组件构成。一套普爬器组件由一对梯形截面铝块组成，用两套紧固件连接（每套包括螺栓、碟形弹垫各一个，螺母、平垫各两个）。通常在一个安装位置安装两套防爬器，分别位于绝缘支撑的两侧。防爬器的螺栓防松是通过采用碟形弹垫和双螺母保证的。防爬器组件每个铝块上都已钻好两个 $\phi 17$ mm 的孔，用不锈钢螺栓紧固在轨腰上，与接触轨连接采用两套 M16 不锈钢螺栓。普通防爬器的结构如图 2.8.12 所示。

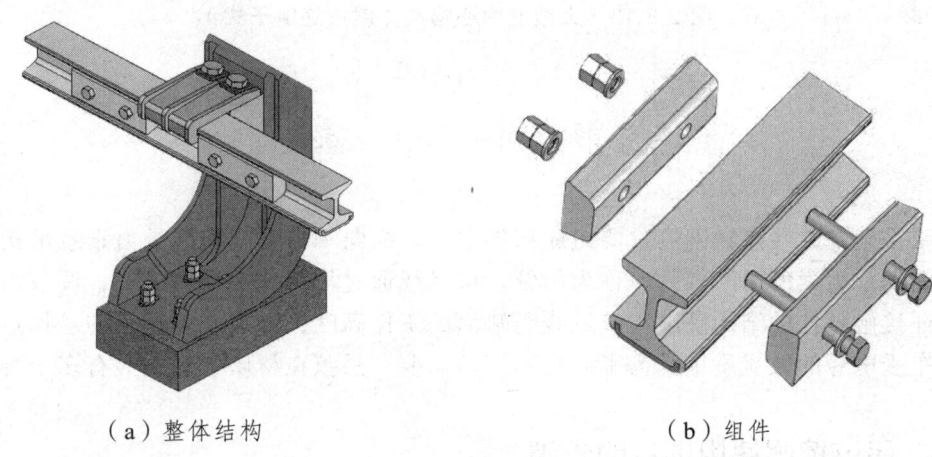

（a）整体结构　　　　　　　　　　　　（b）组件

图 2.8.12　普通中心锚结

2. 大坡度中心锚结

大坡度中心锚结一般有两种：斜拉绝缘子式和双组普通中心锚结式。斜拉绝缘子式中心锚结如图 2.8.13 所示。

双组普通中心锚结式的大坡度中心锚结的结构形式与普通中心锚结的结构基本相同，绝缘支撑的两侧各由两套普通防爬器构成，由于内侧两套防爬器组件的间距较小，一般仅为 600~700 mm，因此位于内侧位置的防爬器一般为单孔形式的防爬器。

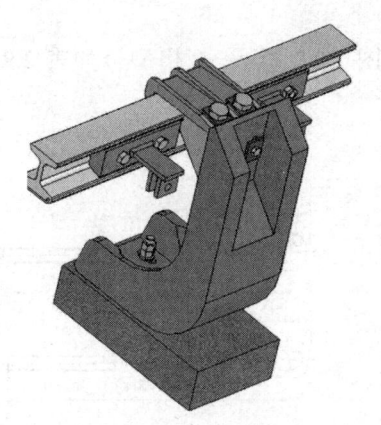 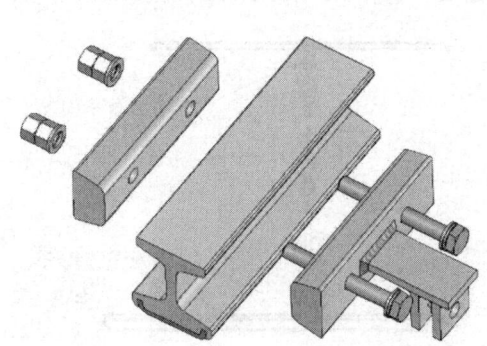

（a）整体结构（图中未显示斜拉绝缘子）　　　　　　（b）组件

（c）工程应用示例

图 2.8.13 大坡道中心锚结（斜拉绝缘子式）

第九节 吊 弦

吊弦是架空柔性接触网的重要组成部件之一。纵向承力索或横向承力索悬吊接触线、定位绳或辅助承力索所用的部件，称为吊弦。接触线通过吊弦挂在承力索上，调节吊弦的长度可以保证接触悬挂的结构高度和接触线距轨面的工作高度，增加了接触线的悬挂点，提高了电力机车受电弓的取流质量。为了满足不同的需要，吊弦在材质、形式上有多个种类。

一、吊弦按照使用场合的分类

1. 普通环节吊弦

普通环节吊弦在早期我国常速电气化铁路采用钢承力索的非载流区段的链形悬挂中应用得较多。采用 $\phi 4\,mm$（或称为 8 号线）的镀锌铁线或软不锈钢线加工制作，为增加悬挂弹性，每根吊弦不少于两节，吊弦制作成两端带环孔的形状，环孔直径为线径的 5~10 倍（20~40 mm），成水滴形环孔的高宽比应约为 3∶2；环孔收口处尾线要缠绕主线两圈半，尾线要缠紧主线，不留缝隙，制作过程不能损伤镀锌层；两节连接处的环孔应互相垂直。与接触线相连的一节吊弦，一端制成环孔，另一端成直线状，安装时可穿过固定在接触线上的吊弦线夹，多余的回头拧成 8 字形状，如图 2.9.1 所示。

普通环节吊弦一般分为四种类型，其尺寸和结构如图 2.9.2 所示，规格型号如表 2.9.1 所示。

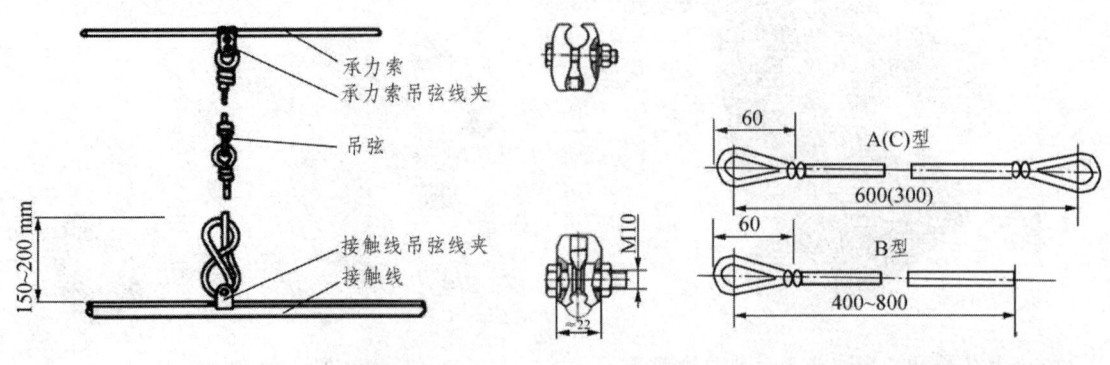

图 2.9.1 普通环节吊弦　　　　图 2.9.2 普通环节吊弦类型

表 2.9.1 普通环节吊弦型号规格

类型	组合情况	长度/mm	节数
Ⅰ	A+A+B	1 450～1 650	3
Ⅱ	A+C+B	1 150～1 450	3
Ⅲ	A+B	900～1 150	2
Ⅳ	C+B	700～900	2

环节吊弦安装技术要求如下：

（1）环节吊弦应根据实际跨距及设计要求均匀布置，吊弦位置施工偏差为±300 mm。

（2）吊弦与承力索之间用承力索吊弦线夹作永久联结，吊弦与接触线用接触线吊弦线夹临时固定，吊弦回头应均匀迂回，吊弦线夹必须安装端正、牢固，曲线区段与接触线倾斜度一致。

2. 支柱定位处吊弦

支柱定位处吊弦按悬挂类型的不同分为简单支柱吊弦和弹性支柱吊弦两种。

当为简单链形悬挂时，支柱定位吊弦根据结构高度通过长度计算选用普通环节吊弦，在定位点两侧各处安装一组吊弦，其结构如图 2.9.3 所示，称为简单支柱吊弦。

当为弹性链形悬挂时，应安设弹性支柱定位吊弦，亦称弹性吊弦，有 Y 形结构或 Π 形结构两种形式，如图 2.9.4 所示。

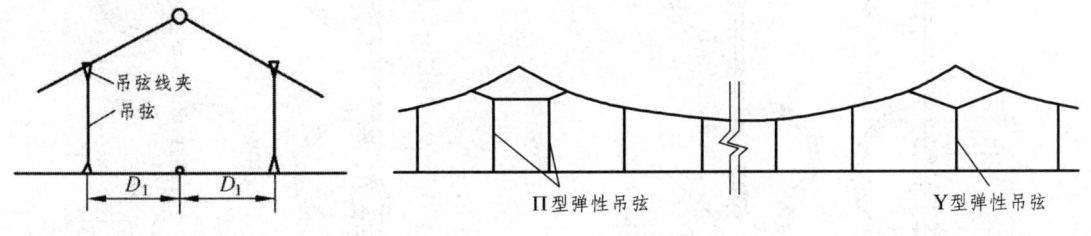

图 2.9.3 简单支柱吊弦安设图　　　　图 2.9.4 弹性支柱吊弦

3. 软横跨直吊弦

软横跨是多股道车场的横向支持装置，软横跨直吊弦安设在软横跨横向承力索与上部定位绳之间，不分环节，采用两股的镀锌铁线拧合而成。软横跨直吊弦应保持垂直，直线区段应在线路中心线处；曲线区段应在纵向承力索的正上方。软横跨直吊弦也可以采用软不锈钢绞线，以提高直吊弦的耐腐蚀能力。

二、整体吊弦

城市轨道交通必须持续保持高度的安全性和可靠性，其接触悬挂结构对接触线高度要求亦十分严格，即各悬挂点接触线高度必须等高，其相对误差越小越好，吊弦要有较高的可靠性。同时为适应城轨较强大的牵引电流，一般均采用单根或双根载流承力索，吊弦就需要采用带有导流线的整根由耐腐蚀铜合金软铜绞线制成的整体吊弦。

整体吊弦具有如下特点：

（1）采用整体导流式吊弦结构。由于吊弦与线夹间为压接连接工艺，接续可靠，工艺简单，机械强度高；因此，整体导流式结构，避免了环节吊弦产生的磨损和电火花烧蚀等情况。

（2）耐腐蚀、寿命长，适于机械化加工制作，有利于批量生产。

（3）经过精确计算后，一次性安装不需调整，减轻了维修工作量。

整体吊弦由接触线吊弦线夹、承力索吊弦线夹、心形环、钳压管、连接线夹、吊弦线及吊弦线固定螺栓等组成。吊弦结构采用心形环结构，吊弦线在接触线端的连接采用钳压管压接连接。吊弦线可采用 JTMH10 铜镁合金 49 股单丝绞线，其最大垂直工作荷重为 1.3 kN，与承力索、接触线间的滑动荷重不小于 1.0 kN，吊弦综合拉断力不小于 3.9 kN。

根据吊弦线夹类型是否可调，整体吊弦主要有两种形式：不可调整体吊弦（压接式）、可调式整体吊弦；其区别在于承力索吊弦端一个为压接管压接，一个用吊弦线夹固定螺栓。整体吊弦施工精度、工艺要求较高，必须准备充分、测量准确、精确计算、严格控制安装精度和工艺。整体吊弦的结构如图 2.9.5 所示。

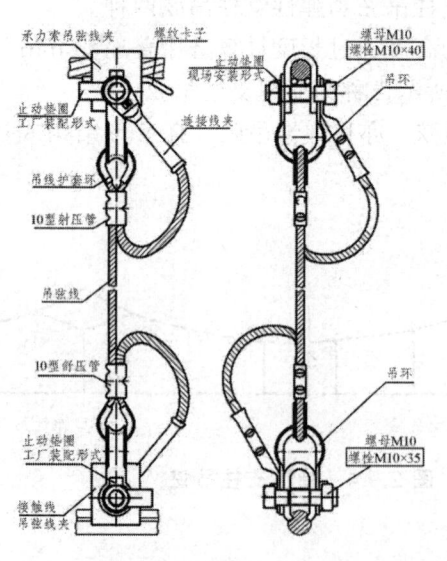 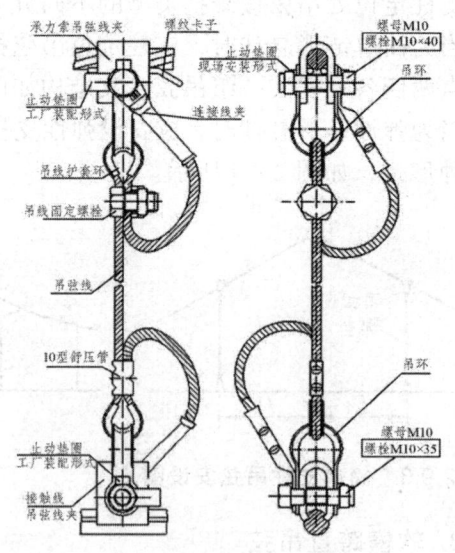

（a）不可调整体吊弦　　　　　　　　　（b）可调式整体吊弦

图 2.9.5　整体吊弦类型

整体吊弦一般采用计算机预制计算结果进行工厂化预装配，编号后到现场安装，安装时要注意：

（1）按照计算表精确确定吊弦的安装位置。

（2）吊弦线夹安装时应该先用刷子将安装线夹位置的承力索、接触线及线夹与承力索、接触线的接触面灰尘、氧化物等清除干净，并在安装位置涂一层电力复合脂保证线索、线夹间电气连接良好。

（3）吊弦的导流环，接触线端朝向行车前进方向侧，承力索端朝向行车的反方向侧。

（4）吊弦应端正，当吊弦垂直及线夹倾斜角度小于 15°时，线鼻子应安装在螺栓头侧，否则装于螺母端。如图 2.9.6 所示，在曲线区段，接触线吊弦线夹螺栓上的螺母和线鼻子应朝向低轨（曲内）一侧。

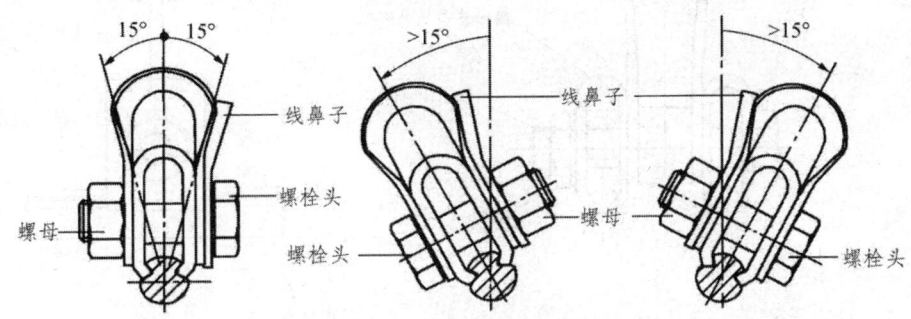

图 2.9.6　接触线吊弦线夹的倾斜

实际使用中的接触悬挂为双接触线结构时，整体吊弦形式与单接触线相同，区别只是安装时需要选用双线线夹零件，如图 2.9.7 所示为双承力索、双接触线时的整体吊弦。

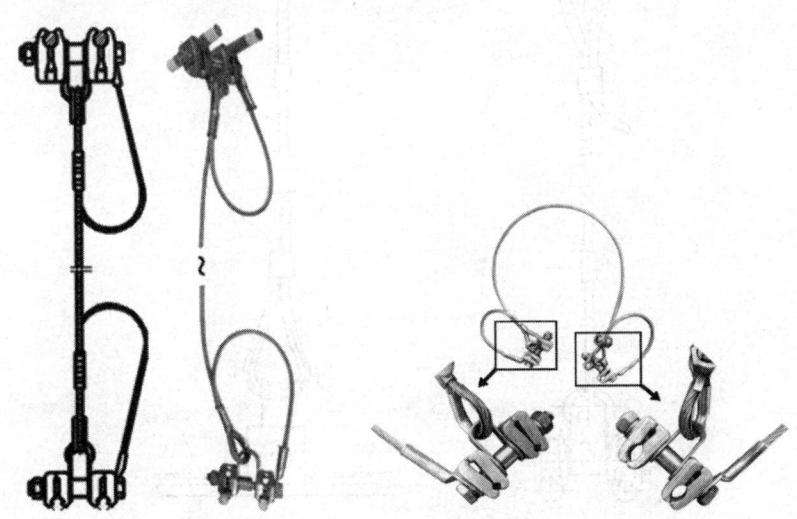

图 2.9.7　双承力索双接触线整体吊弦

三、结构高度对吊弦的影响

城轨接触网设计中如果采用链形悬挂，结构高度一般较小，不会超高 500 mm；地下线路结构高度更小，跨距中间承力索与接触线间距离过小时会影响到吊弦的状态。如图 2.9.8 所示地下线路接触网采用单承力索、双接触线结构的链形悬挂，当跨距中间承力索与接触线间距离≤196 mm 时可采用 3 mm^2 双不锈钢线减少高度的吊弦，当跨距中间承力索与接触线间距离＞196 mm 时则采用 3 mm^2 单不锈钢线、端头用压接管卡住的标准吊弦。

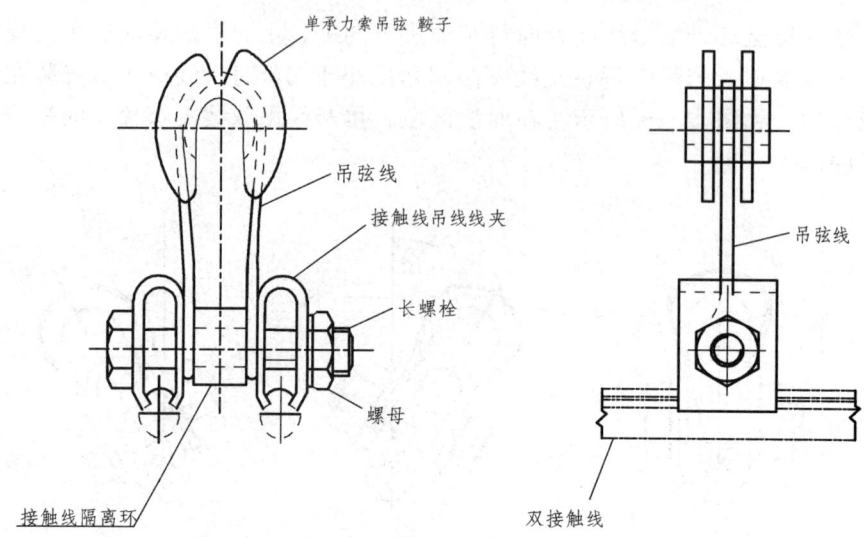

(a) 跨距中间承力索与接触线间距离≤196 mm 时

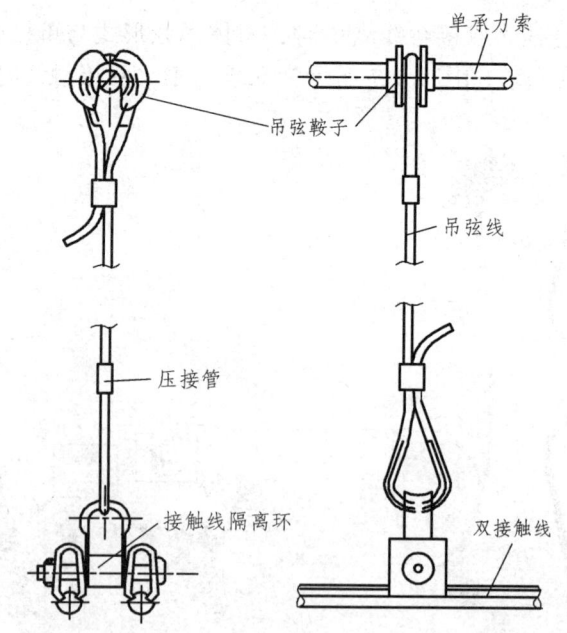

(b) 跨距中间承力索与接触线间距离>196 mm 时

图 2.9.8　结构高度对吊弦的影响

四、吊弦相关计算

1. 吊弦的安装布置

吊弦一般均匀布置在跨中，支柱定位点到第一根吊弦距悬挂点的距离是根据接触悬挂的结构和线路情况设计的，城轨接触网采用 4 m 左右的居多，跨中吊弦以间距 8～12 m 均匀布置。吊弦间距规定为 8～12 m，定位处吊弦的安装位置是接触网设计时确定的，其他吊弦的位置，在两侧的定位处吊弦间均匀分布。设计中关于吊弦根数的规定：20 m≤跨距<25 m 时，

用 3 根整体吊弦；25 m≤跨距<33 m 时，用 4 根整体吊弦；33 m≤跨距<41 m 时，用 5 根吊弦；41 m≤跨距<49 m 时，用 6 根吊弦；跨距≥49 m 时用 7 根吊弦。

吊弦间距 x_0 由下式计算：

$$x_0 = \frac{l - 2 \times 4}{k - 1}$$

式中　x_0——吊弦间距，m；
　　　l——跨距，m；
　　　k——布置的跨距内吊弦根数。

2. 吊弦长度的计算

吊弦长度计算的工程意义是对整体吊弦进行预制计算，精确的确定各个吊弦的安装位置和长度。吊弦数量和间距确定后，跨距中各吊弦的长度应根据所在跨距的悬挂方式、承力索的张力、结构高度及吊弦在跨距中的位置来确定。目前吊弦长度计算主要应用专用的计算机软件来进行，较少进行手工计算，影响吊弦长度的因素很多。在接触网工程施工中，对吊弦长度计算时是按照锚段进行的，进行吊弦长度计算的基本参数包括几个方面：锚段的一般数据，其中包括锚段长度、跨数、线路的曲线超高和坡度情况；接触悬挂线索的参数、弹性吊弦和吊弦的参数、第一吊弦的距离、线夹重、吊弦的切割长度、双腕臂槽钢（关节处）的长度；其他支持数据，如承力索座的型号、特殊悬挂和附加负载情况、侧面限界、支柱倾斜等。输入参数后，由计算机产生一个锚段内各吊弦的安装位置和长度信息，用于指导吊弦预制。如图 2.9.9 所示为某线路的 1 100 mm 结构高度的简单链形等高悬挂（单承力索、单接触线）吊弦安装示意图，表 2.9.2 为吊弦长度的计算结果（25 ℃时，即定位器正常位置时的温度）。

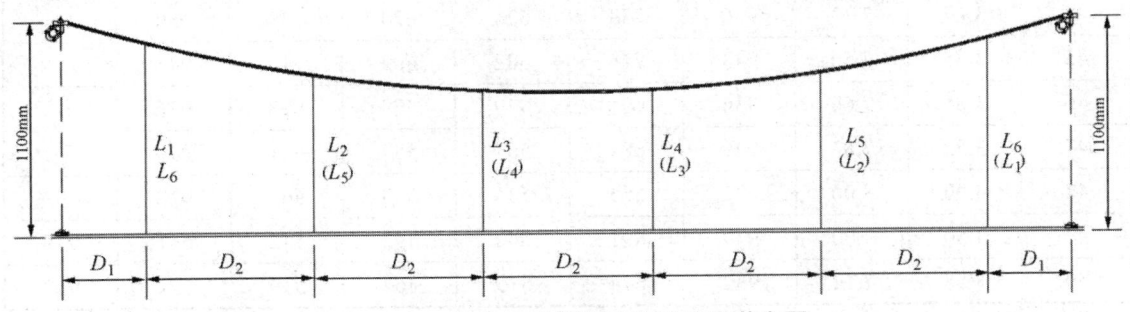

图 2.9.9　简单链型等高悬挂吊弦安装布置

表 2.9.2　吊弦长度的计算结果

L	D_1	D_2	L_1	L_2	L_3	L_4	L_5	L_6	L_7
20	3.33	6.67	1 044	999	1 044				
21	3.50	7.00	1 038	988	1 038				
22	3.67	7.33	1 032	978	1 032				
23	3.83	7.67	1 026	966	1 026				
24	4.00	8.00	1 019	954	1 019				

续表

L	D_1	D_2	L_1	L_2	L_3	L_4	L_5	L_6	L_7
25	3.12	6.25	1 031	952	952	1 031			
26	3.25	6.50	1 025	940	940	1 025			
27	3.37	6.75	1 019	927	927	1 019			
28	3.50	7.00	1 013	914	914	1 013			
29	3.62	7.25	1 007	901	901	1 007			
30	3.75	7.50	1 000	886	886	1 000			
31	3.87	7.75	994	872	872	994			
32	4.00	8.00	987	857	857	987			
33	3.30	6.60	1 001	869	824	869	1 001		
34	3.40	6.80	995	854	807	854	995		
35	3.50	7.00	988	840	790	840	988		
36	3.60	7.20	982	825	772	825	982		
37	3.70	7.40	975	809	754	809	975		
38	3.80	7.60	968	793	735	793	968		
39	3.90	7.80	961	777	715	777	961		
40	4.00	8.00	954	760	695	760	954		
41	3.42	6.83	970	781	686	686	781	970	
42	3.50	7.00	964	765	666	666	765	964	
43	3.60	7.16	956	749	645	645	749	956	
44	3.67	7.33	950	733	624	624	733	950	
45	3.75	7.50	943	716	602	602	716	943	
46	3.85	7.66	936	698	579	579	698	936	
47	3.92	7.83	929	681	557	557	681	929	
48	4.00	8.00	922	663	533	533	663	922	
49	3.50	7.00	939	691	542	492	542	691	939
50	3.58	7.14	932	674	519	467	519	674	932

其中 L——跨距,m;

D_1——第一吊弦距定位点距离,m;

D_2——中间两吊弦间的距离,m;

L_1——第一吊弦长度,mm;

L_2——第二吊弦长度,mm;

L_3——第三吊弦长度,mm;

L_4——第四吊弦长度,mm;

L_5——第五吊弦长度,mm;

L_6——第六吊弦长度,mm;
L_7——第七吊弦长度,mm。

3. 吊弦偏移的计算

在设有补偿装置的链形悬挂中,当气温变化时,线索因热胀冷缩的物理特性,顺线路方向产生移动。当为半补偿链形悬挂时,承力索不设张力补偿装置,只产生垂直方向的弛度变化。接触线在张力补偿装置作用下,顺线路移动使吊弦出现偏移,检修规程规定,吊弦偏移后与其垂直方向的夹角,顺线路不得超过30°,横线路方向不得超过20°。为保证吊弦偏斜角不超过上述标准,在安装吊弦时,应根据当时的气温计算出吊弦偏移值,根据偏移值装设吊弦,只有这样才可以确保在极限温度下,吊弦的偏移不超过规定值。当吊弦的长度不能适应在极限温度范围内接触线的伸缩和弛度的变化时,应采用滑动吊弦。

当全补偿链形悬挂承力索和接触线采用不同材质时,由于承力索和接触线在气温变化时均产生顺线路伸缩,因此相对半补偿链形悬挂吊弦的偏移较小,当线材不同时偏移量由下式计算:

$$E = L(\alpha_j - \alpha_c)(t_x - t_p) \qquad (2.9.1)$$

式中 E——所计算吊弦的偏移值,mm;

L——计算吊弦距中心锚结的距离,mm;

α_j——接触线的线胀系数,$°C^{-1}$;

α_c——承力索的线胀系数,$°C^{-1}$;

t_x——安装(或调整)时的温度,℃;

t_p——设计采用的平均温度,℃,一般 $t_p = (t_{max} + t_{min})/2$。

城轨接触网中承力索和接触线一般采用相同的铜合金材质,且为全补偿链形悬挂,所以吊弦无论在什么温度安装,都应该处于垂直状态。

五、整体吊弦的预制施工要求

1. 整体吊弦的工厂化预制工艺

(1)工前检查,包括来料检查和工装检查。

来料检查:确定零件是否与线材相匹配,吊弦线夹尺寸是否正确,有无断股、散股、磨伤等现象。

工装检查:检查压接模的尺寸、表面质量以及有无影响正常压接的缺陷;检查压接模与压接钳是否连接良好;检查量具及尺寸标定装置是否准确;检查设备及其他辅助装置的安全防护。

(2)预拉。根据预制场地大小,每次从线盘中放出30~50 m长的吊弦线,在线索两端串接紧线器和拉力计,按1.5 kN张力对吊弦线进行预拉。

(3)吊弦线下料。按照《吊弦预制安装表》中吊弦下料长度,将吊弦线头部无散股处用细铜线绑扎,用断线钳截取线索,截断后线头无松散、毛刺等现象。

（4）穿线。取掉吊弦线上的铜扎线，将吊弦线穿过压接管，并放在压接装置护环的圆弧槽内，压接管尽量靠近护环，拉紧吊弦线，吊弦线剩余长度 20 mm，防止单线未穿入及伤线现象。

（5）压接。将穿好的吊弦线放入工装，按高度方向垂直放置，压接管中心应与型腔中心重合，将吊弦一端合模压接；将压好的一端套在压制平台的固定钢筋柱上，把吊弦拉直，用钢板尺复核吊弦的长度；合模压接另一端回头，压接时应使线鼻子与心形环在同一断面内。

（6）检查。对压接完毕的吊弦尺寸进行校核，确保工装达到设计要求，压接部位应光滑。

（7）标识、包装。将吊弦实际长度打印在吊弦线夹背面，并按照跨距分类、装箱。

2. 整体吊弦的安装要求

（1）吊弦安装位置测量。整体吊弦布置应符合设计要求，吊弦安装位置的测量从悬挂点向跨中测量，施工中的吊弦间距按计算值布置，安装测量应从中心锚结向下锚侧进行，吊弦间距测量的起测点与闭合点均以悬挂点为准。当吊弦间距测量偏差小于 150 mm 时，应将误差均布在各间距内；当大于 150 mm 时安装允许偏差为 50 mm，整体吊弦制作长度偏差应不大于 1.5 mm。

（2）先安装承力索上的吊弦线夹，再安装接触线上的吊弦线夹。安装前用刷子清除掉承力索、接触线安装吊弦线夹部位的灰尘和氧化物层，并在安装位置涂一层电力复合脂，保证连接处导电性良好。悬挂点高度符合设计要求、允许偏差；相邻吊弦点接触线高度施工偏差为 ±10 mm。

（3）在平均温度下，吊弦顺线路方向应垂直安装。当温度变化时，吊弦顺线路方向的偏移量：当承力索、接触线采用不同材质时，应按设计提供的曲线表安装，或按计算公式计算的偏移量安装，顺线路方向施工偏差不应大于 20 mm；当承力索、接触线采用同一材质时，在任何温度下均应垂直安装，误差控制在 20 mm 以内。

第十节 线 岔

城市轨道交通中转换列车进路依靠在轨道线路中铺设道岔实现，架空接触网就必须相应地设置线岔(也称架空转辙器)，通过两接触悬挂以某一角度交叉或保持特殊的相对位置关系，满足列车受电弓在通过道岔时能始终保持与其中任一接触悬挂接触取流的状态。

一、柔性接触网线岔

城市轨道交通柔性接触网使用的线岔有两种，一是采用线岔装置，二是采用接触线与线夹进行连接的线岔。

采用线岔装置的线岔是在两接触线交叉处用限制管固定，限制两相交接触线位置的，亦称普通交叉线岔，或简称交叉线岔。由两相交接触线、一根限制管和固定限制管的定位线夹、螺栓等组成。限制管两端用定位线夹固定在两交叉接触线中下方的接触线上，通过限制管将两相交接触线互相贴近，当上方接触线升高时，可利用限制管带动下面的接触线同时升高，以消除始触点两接触线的高差。

当列车受电弓从一股道通过线岔时,由于受电弓有一固定宽度,因此在未运行到两接触线交叉点时,即已接触到另一股道接触线,受电弓刚好开始接触另一股道接触线时的点称为线岔始触点。考虑到列车运行中受电弓及接触线的摆动、振动等动态因素,受电弓开始和另一股道接触的点可能在一个区域内存在,称为线岔的始触区。当受电弓沿接触线滑行接近始触区、而相邻股道接触线处于两交叉接触线的上方时,本股道接触线受到受电弓抬升力的作用会有一定升高值,相邻股道接触线会随着本股道接触线的抬升而抬升,保证两接触线在始触点基本等高;当相邻股道接触线处于两交叉接触线的下方时,为了使其随着本股道接触线一起抬高,需要在两接触线交叉点处应安装一个限制管,防止始触区发生刮弓和钻弓事故。

（一）线岔的结构与安装

接触网交叉线岔时线岔处两组接触悬挂自然相交,接触线在线岔里能随温度变化自由纵向移动。由正线与侧线组成的交叉线岔,正线接触线位于侧线接触线的下方;由侧线和侧线组成的线岔,距中心锚结较近的接触线位于下方。

普通限制管采用 YG（圆管）型限制导杆。YG 限制导杆用 3/8 英寸镀锌钢管或采用铝合金管加工制成,两端压接单耳连接通过销钉和定位线夹上的双耳连接器相连。其长度要满足线索随温度变化伸长/缩短的要求,由安装处至中心锚结的距离确定,当该距离小于 500 m 时,镀锌钢导杆采用 500 型（长度 1 300 mm）;大于 500 m 时,镀锌钢导杆选用 700 型（长度 1 550 mm）,铝合金导杆的线岔仅有一种型号,全长为 1 770 mm。普通交叉线岔结构如图 2.10.1 所示。

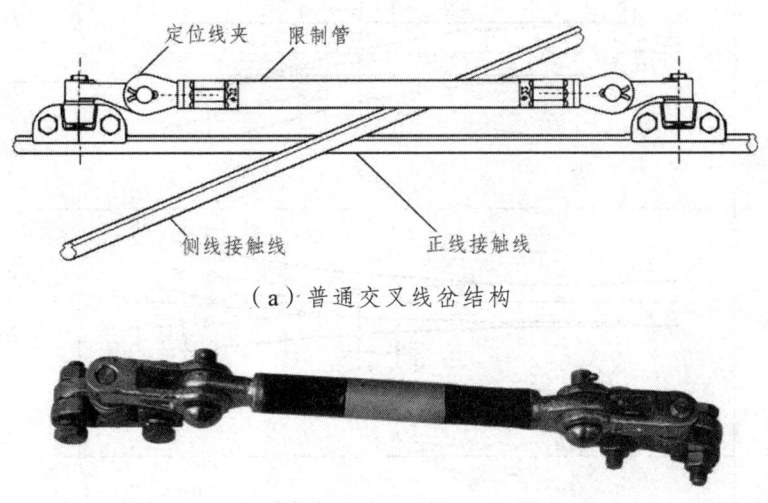

(a) 普通交叉线岔结构

(b) 普通限制管

图 2.10.1　普通交叉线岔

如在平均温度安装时,限制管中心重合于接触线交叉点（线岔限制管的中央）,安装温度高于平均温度,应略偏于下锚方向,低于平均温度,应略偏于中心锚结方向。有必要进行精确定位的时候,可以通过线索线膨胀公式计算出限制管的准确安装位置。

凡是安装线岔的地方，均应安设电连接线，电连接线安装在道岔岔尖侧距离道岔柱约 8 m 处，以保证始触点处等电位。

使用接触线制作的线岔如图 2.10.2 所示。其工作原理与普通交叉线岔基本相同，区别仅是限制管被辅助接触线代替，同时连接线夹有相应的调整。

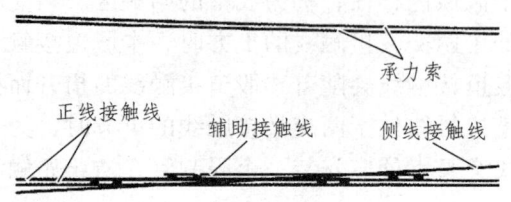

图 2.10.2　使用接触线制作的线岔

（二）线岔的定位

线岔定位位置是指构成线岔的两接触线交叉点的投影在道岔导曲线两内轨轨距的位置，一般应使两支接触线的交点位于道岔区线间距为 350～700 mm 处。其位置与道岔类型有关，线岔安装前，应通过调整道岔柱接触网拉出值使两接触线交叉点符合标准定位的要求，标准定位时两接触线交叉点处于最合理位置。常见道岔定位见表 2.10.1 所示。

表 2.10.1　道岔定位

道岔类型	道岔号	示意图	D	拉出值
单开道岔	$\frac{1}{9}$	(a)	1 164	375
	$\frac{1}{12}$		1 552	
对称（双开）道岔	$\frac{1}{9}$	(b)	1 047	375
复式交分道岔	$\frac{1}{9}$	(c)	1 500	对直线
	$\frac{1}{12}$		1 500	

1. 单开道岔

单开道岔是轨道交通最多也最基本的形式，同样线岔也是这样。对于单开道岔标准定位，两接触线相交于道岔导曲线两内轨距为 745 mm 的横向中间处正上方。标准定位的合理位置是由道岔支柱决定的，而道岔支柱应设在距接触线交点 1000~1500 mm 处，最好是在道岔导曲线两内轨距为 835 mm 处，即两线路中心距离为 600 mm 处的位置上。处于标准定位时，接触线在支柱处的拉出值为 350~400 mm，通常取其平均值为 375 mm。如图 2.10.3 所示对于单开道岔的标准定位，两接触线相交于道岔导曲线两内轨轨距（即岔心轨距）630~760 mm 的横向中间位置处，其对横向中心线（即辙叉角平分线）误差不得超过 50 mm，标准定位时道岔柱中心位置应在道岔导曲线外轨外缘至基本轨内缘为 600 mm 的延长线上。车站正线道岔均应设置为标准定位。

因受条件限制无法实现标准定位时，可考虑非标准定位，非标准定位两接触线交叉于道岔导曲线两内轨轨距为 735~935 mm 的横向中心位置正上方。

非标准定位时，道岔支柱位于道岔导曲线两内轨距为 735~935 mm 处，即两线路中心距心距为 500~700 mm 的范围内。

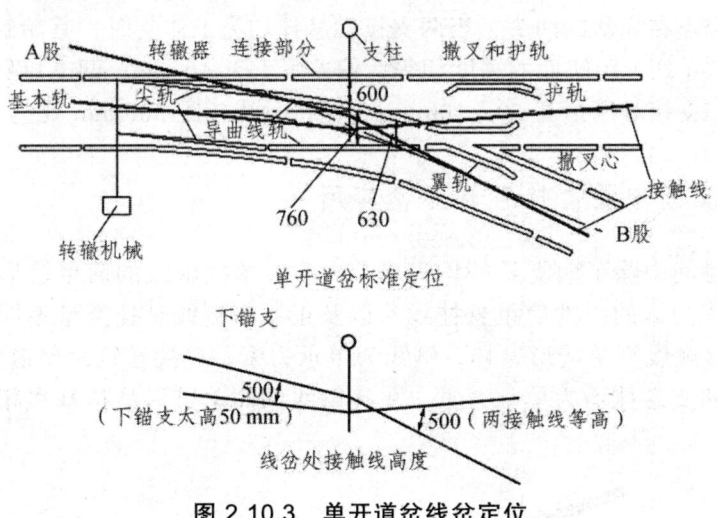

图 2.10.3 单开道岔线岔定位

2. 对称和复式交分式道岔

对于对称（双开）及复式交分道岔，其线岔的布置形式类似单开道岔，其标准定位的形式如表 2.10.1 中的（b）、（c）所示，复式交分道岔标准定位接触线应相交于道岔对称中心轴的上方。

3. 交叉渡线

相邻的两条正线或主要站线用专设渡线连接起来的称为交叉渡线。它由两条线和四组单开道岔组成。对于接触悬挂则设五组线岔，如图 2.10.4 中的 a、b、c、d、e 所示。对于常速道岔的要求是：第一首先要使限制管嵌住的接触线能自由伸缩、纵向移动；第二是考虑到温度变化，在调整时，以平均温度计算，侧线接触线应在限制管中间；第三要考虑到限制管、线夹以及双悬挂的集中重量，两接触线应相交于两渡线中心线的正上方，且侧线接触线高出正线（或较重要线）的接触线 10~20 mm，非工作支要按照设计要求抬高。

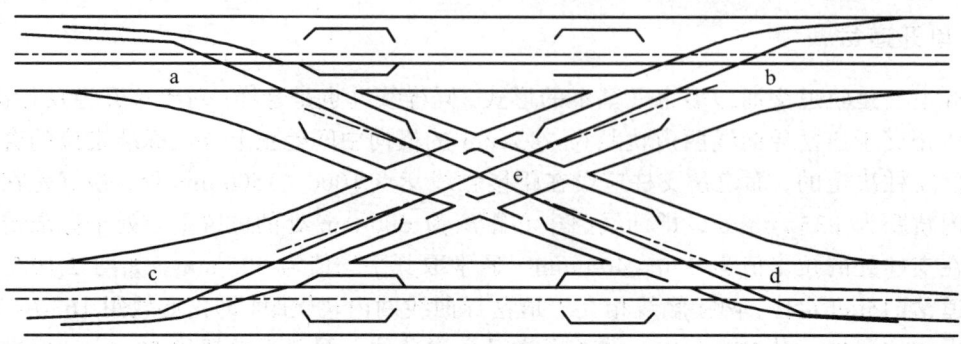

图 2.10.4 交叉渡线的线岔定位

(三)柔性接触网线岔的技术要求

(1)在线岔的交叉点处,行车密度较高股道的接触网在下方,对行车密度无明显差异的股道,可将接触线交点距终端锚固点较近者在下方,侧线上下活动间隙为 1~3 mm。线岔的型号要符合要求,安装要正确,螺栓、垫圈齐全、坚固,接触线能自由伸缩无卡滞。

(2)线岔的交点在线岔的两头,当两支接触悬挂均为工作支时,其始触点处(一般在两接触线相距 500 mm 处)距轨面的高度相等,偏差不大于 10 mm;两支接触悬挂中一支为非工作支时,非工作支接触网抬高 50~100 mm(两接触线相距 500 mm 处)。

(四)城轨交通中柔性接触网线岔应用

城轨交通接触网中除了两支悬挂均为单承力索、单接触线的简单链形悬挂外,还存在两支悬挂同为单承力索的弹性简单悬挂线岔以及正线与侧线悬挂类型不同的线岔(如正线为单承力索、双接触线简单链形悬挂,侧线为单承力索、单接触线简单链形悬挂)。这时的线岔安装布置与两支悬挂均为单承力索、单接触线的简单链形悬挂基本相同,其结构如图 2.10.5 所示。

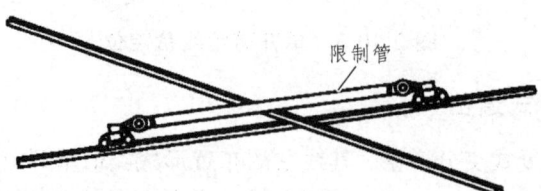

(a)DD 型线岔(适用于正线和侧线两支悬挂均为单接触线的情况)

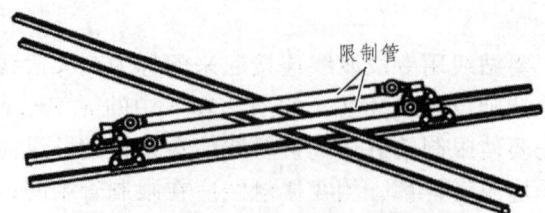

(b)SS 型线岔(适用于正线和侧线两支悬挂均为双接触线的情况)

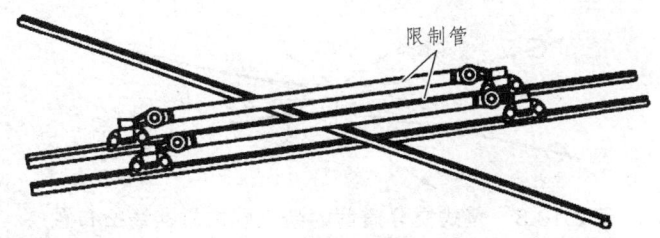

（c）DS 型线岔（适用于正线和侧线两支悬挂分别为双接触线和单接触线的情况）

图 2.10.5　城轨交通中的柔性接触网线岔结构

二、架空刚性接触网的线岔

1. 单开道岔的架空刚性悬挂线岔

架空刚性悬挂线岔处，分支使用汇流排终端供电，轨道的直线部分通过直汇流排供电，分支出来的轨道通过起始于道岔的另一段汇流排供电。在分支的端部安装有汇流排终端，用于从直汇流排到分支的过渡。对于空气间隙组成的绝缘段或膨胀接头处，从直汇流排到分支的过渡是在汇流排终端的直线部分完成的，斜面部分是在汇流排的相对高度调整有误的情况下作为安全区域用的。单开道岔的架空刚性悬挂线岔布置形式如图 2.10.6 所示。

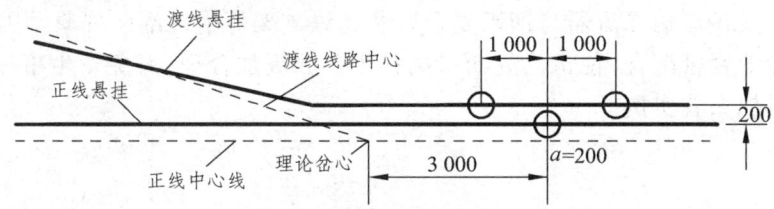

图 2.10.6　单开道岔的架空刚性悬挂线岔布置

刚性悬挂走向由道岔"开口"方向确定，正线不中断，侧线悬挂的汇流排末端与正线悬挂的汇流排呈 200 mm 的平行间隙，平行长度为 2 000 mm。侧线悬挂的汇流排末端的端部向上弯曲、抬起，以避免正线列车通过时产生碰撞。刚性悬挂单开线岔的控制点为距道岔理论岔心 3 000 mm 处的正线汇流排悬挂点，该点拉出值为 200 mm。站线汇流排在道岔处的悬挂点以正线汇流排控制悬挂点为基点，在左右各 1 000 mm 处设置。

安装后的刚性悬挂线岔如图 2.10.7 所示。

2. 复式交分道岔的架空刚性悬挂线岔

图 2.10.7　道岔处的汇流排

复式交分道岔的两支汇流排在道岔交点共用一支悬挂点（控制悬挂点），拉出值根据相邻悬挂点和汇流排间距确定；跨据由其他道岔定位点确定后，根据控制悬挂点进行计算确定。两支渡线汇流排的中心锚结一般设置在共用悬挂点处。弯曲处的汇流排应在平面布置后计算该段汇流排的弯曲半径，采用机械预弯加工。复工交分道岔的架空刚性悬挂线岔如图 2.10.8 所示。

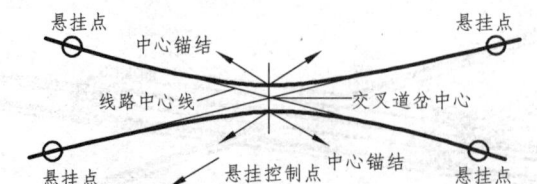

图 2.10.8　复式交分道岔的架空刚性悬挂线岔布置

三、道岔处的接触轨设置

为保证列车安全通过道岔区段，接触轨需要设置机械分段。断轨布置的原则为：正线（直股）接触轨不能侵入岔线的设备限界，岔线（侧股）接触轨不能侵入正线的设备限界。断轨的具体布置方案主要由道岔区限界加宽要求、线间距大小、道岔型号、道岔转辙机位置等确定，因此，断轨布置需要和限界、线路、轨道、信号等专业进行接口配合。

直股侧理论岔心至顺向过岔方向 10～20 m（不同线路根据车辆和限界要求有差异）为车辆限界加宽地段，此处一般不设置接触轨。由于接触轨端部弯头无法预弯，因此对于线间距大于 3.6 m 的单开道岔，逆向过岔方向一般在导曲线终点后方可设置短接触轨。单开道岔处接触轨布置如图 2.10.9 所示。交叉渡线由于交叉侧股间限界有限，原则上无法在侧股设置接触轨。

道岔处断口的设置。接触轨在道岔处需设置自然断口，如果断口位置及长度等参数设置得不合理，将会发生车辆受流器与钢铝复合轨及绝缘支架等附件刮碰现象。因此，在设计过程中应与车辆专业紧密配合，使道岔处断口的技术参数更加合理，避免发生事故。如图 2.10.10 所示为岔区接触轨布置实例。

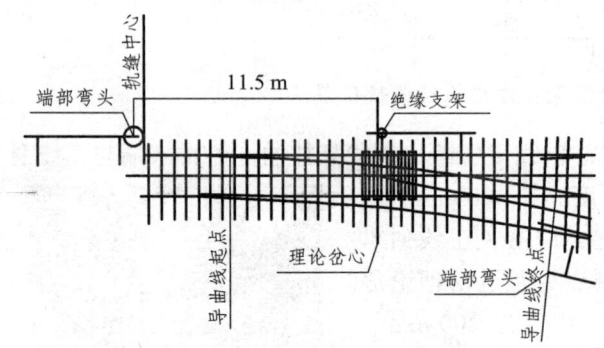

图 2.10.9　单开道岔接触轨布置

图 2.10.10　岔区的接触轨

第十一节　软横跨与硬横跨

在城轨交通车辆段中，接触网一般不采用单线路腕臂的架设方式，否则车场中过多的支柱会影响行车、影响车站工作人员瞭望信号，或者因股道间距较小而难以满足设立支柱的要求，所以多采用软横跨或硬横跨形式。多股道接触悬挂通过横向线索悬挂在线路两侧的支柱上的装配方式称为软横跨。接触悬挂通过金属桁架架设在线路两侧支柱上的装配方式称为硬横跨。

一、软横跨与硬横跨的结构

软横跨由站场线路两侧支柱（称为软横跨支柱）和悬挂在支柱上的横向承力索、上下部定位绳（也称定位索、固定绳）、软横跨直吊弦、绝缘子及支持和连接它们的零件组成。横向承力索是软横跨的主要构件，承受各股道纵向接触悬挂的全部垂直负载，由于横向承力索承重较大，早期选用 GJ-70 镀锌钢绞线，当股道数较多（大于五股道）或负载较大时，采用两根 GJ-70 钢绞线，称为双横承力索。为了减小横向承力索中的张力，降低对支柱容量要求，横向承力索一般有较大弛度。上、下部定位绳在软横跨或硬横跨中仅承受水平负载。上部定位绳的作用是固定各股道的纵向承力索，并将纵向承力索的水平负载（如风力、曲线力等）传递给支柱。下部定位绳的作用是固定定位器，以便按技术要求对接触线定位，并将接触线水平负载传递给支柱。由于上、下部定位绳只承受水平力，负载不大，多用 GJ-50 镀锌钢绞线。

软横跨按照其横向承力索和支柱间是否绝缘分为绝缘软横跨（见图 2.11.1）和非绝缘软横跨（见图 2.11.2）两种，绝缘软横跨的横向承力索与上、下部定位绳均对地绝缘。绝缘软横跨有很多优点，在股道数较多的站场上用绝缘软横跨可节约大量绝缘子，使软横跨结构重量减轻，并且有利于机务人员的信号瞭望，同时使车站更加美观。股道分束供电的车站，跨越分束间的软横跨可用绝缘分开。应用绝缘软横跨还便于带电维修。非绝缘软横跨与绝缘软横跨相比，其结构复杂，绝缘子用量大，所以国内多采用绝缘软横跨。

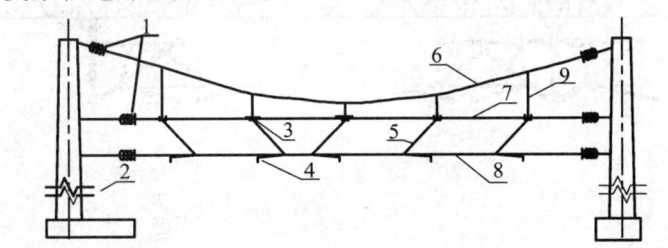

1—绝缘子；2—支柱；3—承力索；4—定位器；5—斜拉线；6—横向承力索；
7—上部定位绳；8—下部定位绳；9—直吊弦。

图 2.11.1 绝缘软横跨结构示意图

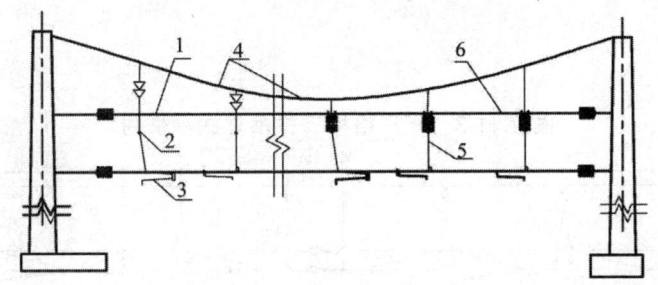

1—带电上部定位绳；2—承力索支持装置；3—定位器；4—横向承力索；
5—直吊弦；6—接地上部定位绳。

图 2.11.2 非绝缘软横跨结构示意图

软横跨中使用的绝缘子根据作用不同可以分为两类，一类是实现带电部分和大地的绝缘，称为接地侧绝缘子；一类是将软横跨不同股道间绝缘开来的横向电分段绝缘子。它们一方面起绝缘作用，另一方面起连接作用，因此，软横跨绝缘子机械性能和绝缘性能要求都比较高，在安装、检修时，要严格检查软横跨两侧及中间绝缘子串，特别是绝缘子串中各绝缘子的连接情况，防止弹簧销脱落和丢失，确保安全供电。

横向承力索的弛度和张力及上、下部定位绳的张力和弛度，可以用锚固拉杆调节，锚固拉杆不能弯曲，它经球形垫块或角形垫块固定到钢支柱角钢上，这种垫块可以使拉杆在不弯曲情况下在垂直平面内不同方向上工作，可以改善拉杆的受力。

横向承力索和上部定位绳间，通过两股ϕ4.0镀锌铁线拧成的直吊弦连接起来，上、下部定位绳间，通过两股ϕ4.0镀锌铁线拧成的斜吊弦将钩头鞍子与定位环线夹连接起来，直吊弦应该垂直，其作用是将接触悬挂、软横跨节点和定位绳的垂直负载传递给横向承力索。镀锌铁线易锈蚀，可用不锈钢软绞线代替。

硬横跨也是场站接触悬挂的常见支持装置。

硬横跨从结构上分为吊柱硬横跨和定位绳硬横跨。吊柱硬横跨（见图 2.11.3）由门型硬横梁和吊柱等部件组成，接触悬挂通过腕臂装置固定在吊柱上，具有股道间接触悬挂基本无接触、互不影响、稳定性较好等优点。定位绳硬横跨（见图 2.11.4）主要由门型横梁和上、下部定位绳等部件组成，多用于股道数量较多的场站线路。

硬横跨按照支柱类型可分类为等径圆混凝土支柱硬横跨、钢管支柱硬横跨（见图 2.11.4）、矩形格构钢柱硬横跨（见图 2.11.3）等；也可按照支柱和横梁连接方式分为刚接硬横跨和铰接硬横跨。

图 2.11.3 矩形格构钢柱吊柱式硬横跨

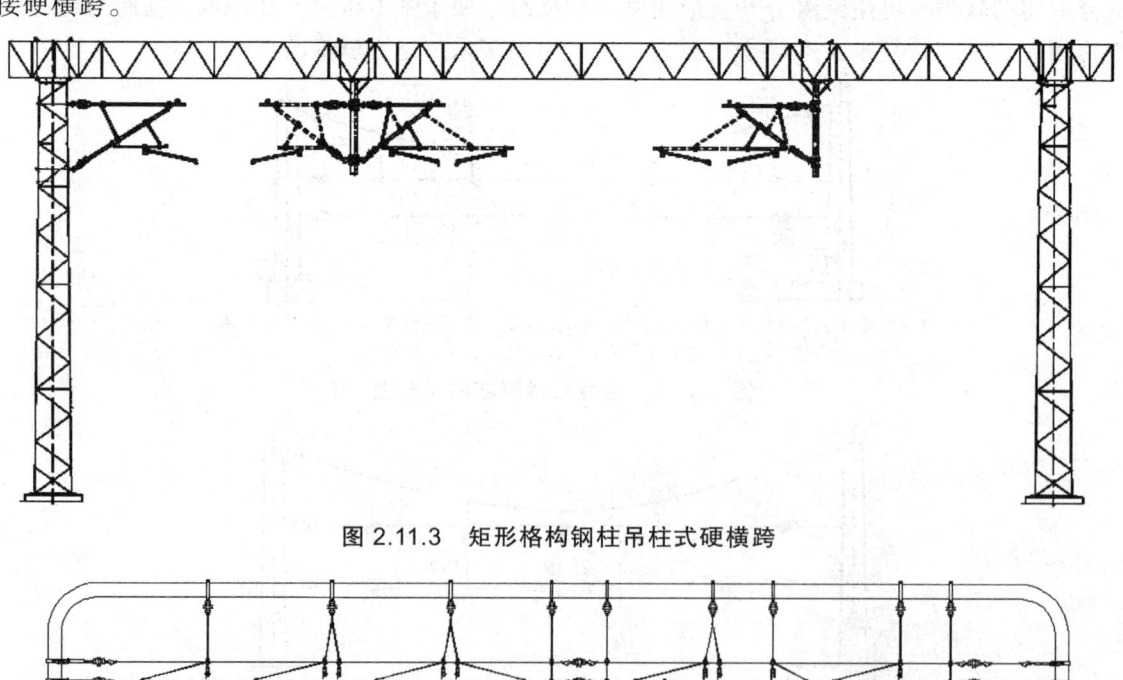

（a）门形梁结构

（b）单门形梁

（c）连续门形梁

图 2.11.4　钢管支柱定位绳硬横跨（门形梁）

与采用软横跨相比较，采用硬横跨可以提高接触网的稳定性，减少列车通过时引起的接触悬挂振动对相邻线路接触悬挂的干扰，明显改善了弓网的受流质量；硬横跨具有模块化的结构，互换性强，一方面有利于机械加工，便于工厂化预制，另一方面有利于机械化安装作业，可提高施工效率、减少调整工作量；采用硬横跨，从结构可以降低对支柱高度、弯矩和基础承载能力的要求，相比软横跨要整齐、美观。其主要缺点为投资较大、结构较笨重、钢结构防锈成本高，横向跨距不宜过大。

二、软横跨节点

城轨交通的检修库内、车场线及出入段（场）线等线路由于股道较多，常采用软横跨结构。软横跨节点是指软横跨所跨越线路的装配形式，软横跨节点类型视其所设地点的线路情况而定，这些线路上的接触网悬挂类型通常不相同。反映到软横跨上，不同的悬挂类型其软横跨节点结构形式也多种多样，特别是在股道较多而线路比较复杂的站场上，同一组软横跨上会出现很多不同形式的节点。

为了设计及施工的方便，常把软横跨各种装配形式归纳综合为各种典型接触悬挂节点类型。下面以城轨交通中检修库内弹性简单悬挂（单接触线+弹性吊索）软横跨节点（见图2.11.5）来加以说明。

1. 节点 1、2、3、4

节点 1、2 表示软横跨线索和库内墙壁之间连接的装配形式。其中节点 2 用于站台上线索和库内墙壁的连接（为了保证站台上人员的安全，将绝缘子向线路方向移动，保证站台上方线索为无电区）。

检修库外使用支柱固定软横跨时，钢支柱上的连接也以节点 1、2 表示，但对应的连接零部件有调整；混凝土支柱上连接则以节点 3、4 表示，其中节点 4 用于下方有站台时软横跨与混凝土支柱的连接。

当 $C_x > 6\,\mathrm{m}$ 时，节点 2（或者 4）的横向承力索绝缘子串应下移，此时上、下部定位绳绝缘子串在同一垂直平面内。

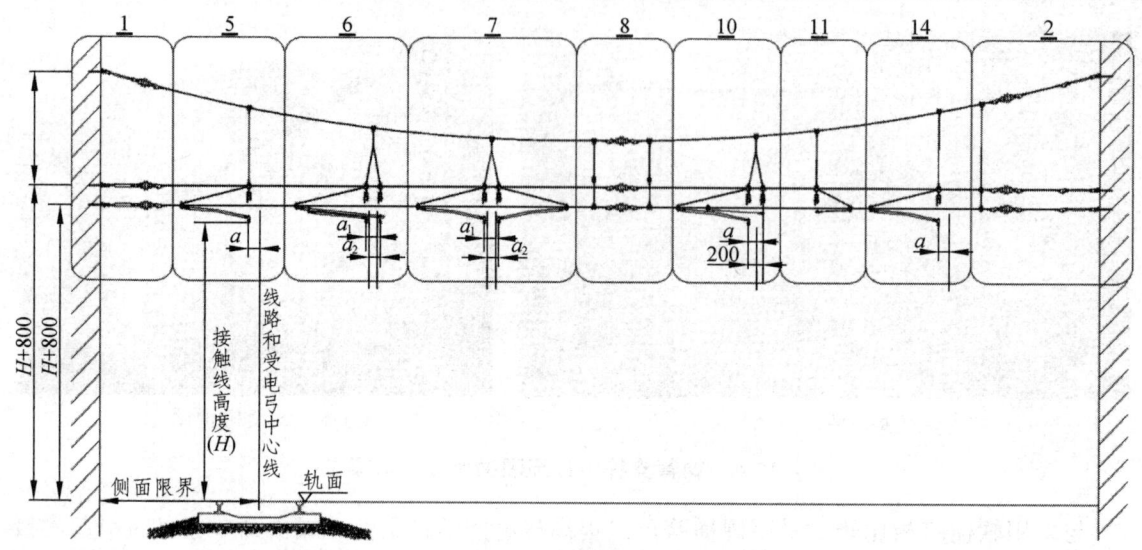

H—接触线高度；当跨度≤20 m时，Hc=1.5 m；当 20 m<跨度≤30 m 时，Hc=2.0 m。

图 2.11.5　软横跨节点类型（弹性简单悬挂）

实现节点 1、2 结构的装配图如图 2.11.6 所示。

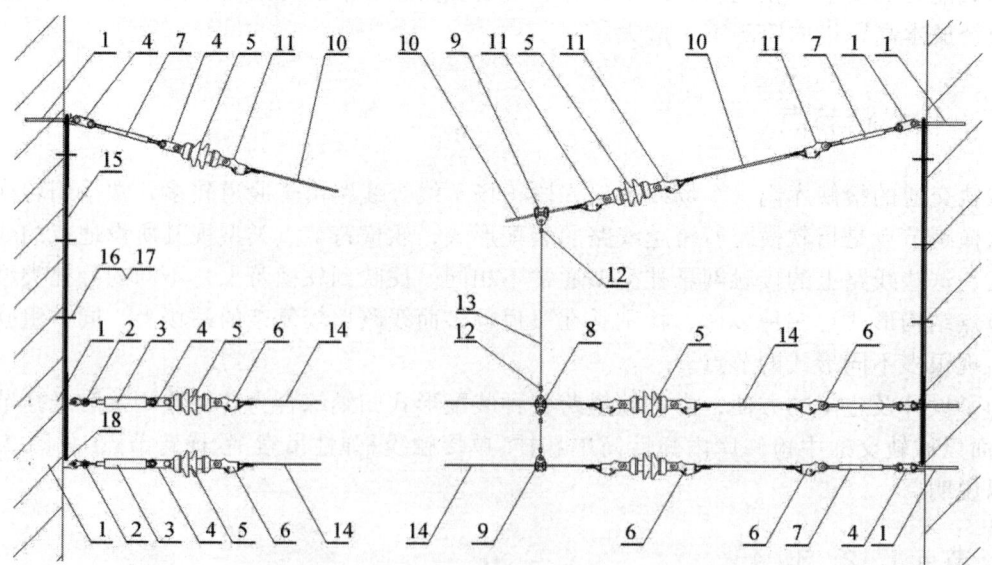

1—锚杆；2—双耳连接器；3—定位绳弹簧补偿器；4—D 型双联板；5—下锚绝缘子；6—双耳楔型线夹；7—调整螺栓；8—定位环线夹；9—横向承力索线夹；10—横向承力索；11—80 型双耳楔型线夹；12—钳压管；13—直吊弦；14—上、下部定位绳；15—硬铜绞线 120 mm²；16—绞线固定卡；17—M8 螺杆锚栓；18—DTG-120 铜接线端子。

图 2.11.6　软横跨节点 1、2（弹性简单悬挂）

当软横跨两侧均为节点 1 时，将一侧的节点 1 的零件 2、3 换为零件 4、7；当软横跨两侧均为节点 2 时，将一侧的节点 2 的上、下部定位绳上的零件 4、7 换为零件 2、3。

2. 节点 8

节点 8 用于软横跨不同供电分区间的电分段绝缘。由于软横跨把检修库（或库外场）各股道接触悬挂在电路上都连接起来，对某些线路需要分开供电，以及某些股道需要进行停电作业而另一些股道又因行车需要不能停电作业，从而造成不便。为解决这些矛盾，就采用节点 8 的结构对软横跨进行电分段，节点 8 仅用悬式绝缘子串和相应的组件，将横向承力索及上、下部定位绳隔开，以达到绝缘分段的目的。弹性简单悬挂软横跨节点 8 的安装结构如图 2.11.7 所示。

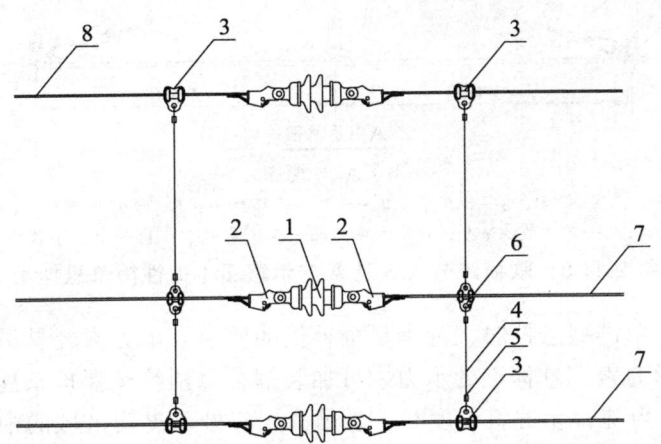

1—下锚绝缘子；2—双耳楔型线夹；3—横向承力索线夹；4—吊索；5—钳压管；6—定位环线夹；
7—上、下部定位绳；8—横向承力索。

图 2.11.7　软横跨节点 8 示意图（弹性简单悬挂）

3. 节点 5

节点 5 的作用相当于一个腕臂中间柱，是采用数量最多的软横跨节点，弹性简单悬挂的弹性吊索经悬吊滑轮固定在上部定位绳上，其节点装配形式如图 2.11.8 所示。

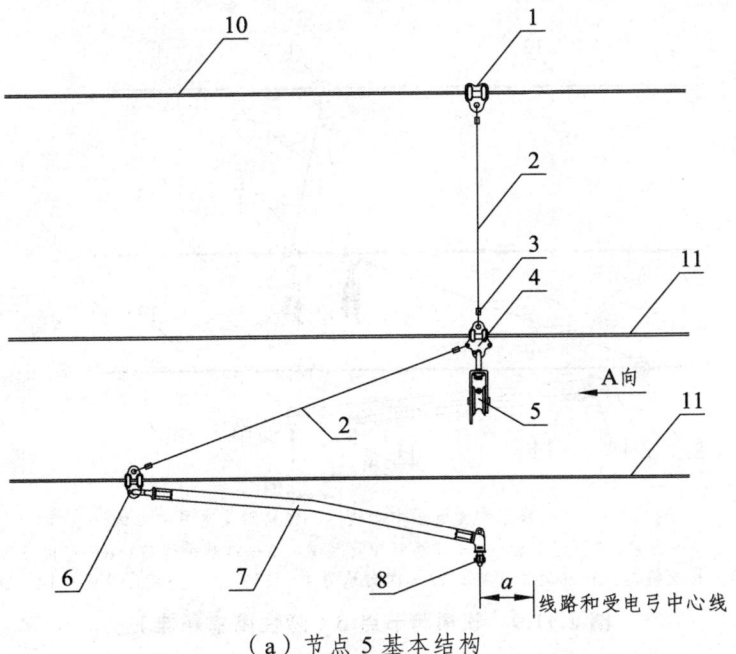

（a）节点 5 基本结构

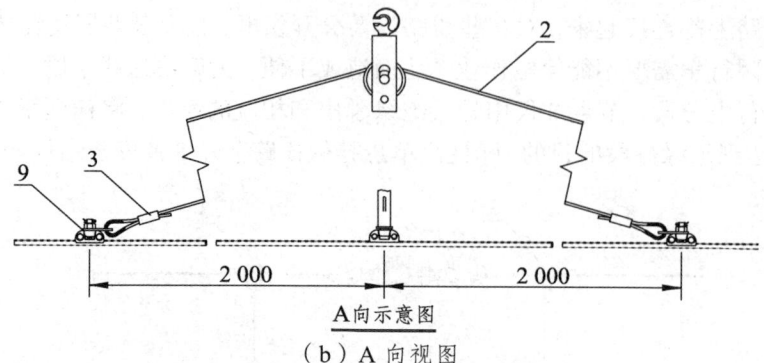

(b) A向视图

1—横向承力索线夹；2—吊索；3—钳压管；4—带耳定位环线夹；5—单悬吊滑轮；6—定位环线夹；
7—定位器；8—定位线夹；9—吊索线夹；10—横向承力索；11—上、下部定位绳。

图 2.11.8　软横跨节点 5 及 A 向示意图（弹性简单悬挂）

当软横跨支持简单链型悬挂时，为满足全补偿的要求，承力索经悬吊滑轮固定在上部定位绳上。为了保护承力索，悬挂点处承力索可加装铜合金预绞丝保护条裹覆防护，裹覆长度每处不小于 2.0 m；当腕臂无偏斜温度时，悬吊滑轮应处于裹覆区域的中心位置，所用装配零件会有调整。

4. 节点 6、7

节点 6、7 相当于道岔定位柱的定位装配，它所定位的两组悬挂均为工作支，两根接触线的高度基本一致。节点 6 相当于 L 型道岔定位柱安装，两定位器受拉力方向一致；节点 7 相当于 LY 型道岔定位柱安装，两定位器受拉力方向相反。弹性简单悬挂软横跨节点 6 和节点 7 安装结构分别如图 2.11.9 和图 2.11.10 所示，其 A 向视图同节点 5 的 A 向视图。

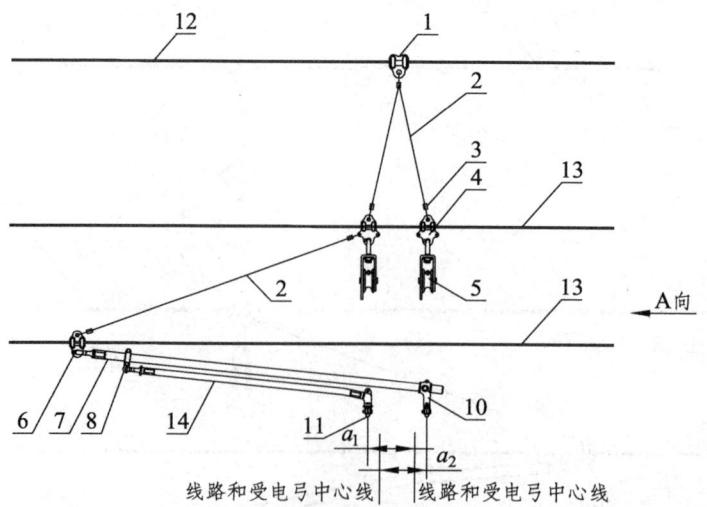

1—横向承力索线夹；2—吊索；3—钳压管；4—带耳定位环线夹；5—单悬吊滑轮；6—定位环线夹；7—定位器；
8—定位环；10—长支持器；11—定位线夹；12—横向承力索；13—上、下部定位绳；14—DC 型定位器。

图 2.11.9　软横跨节点 6（弹性简单悬挂）

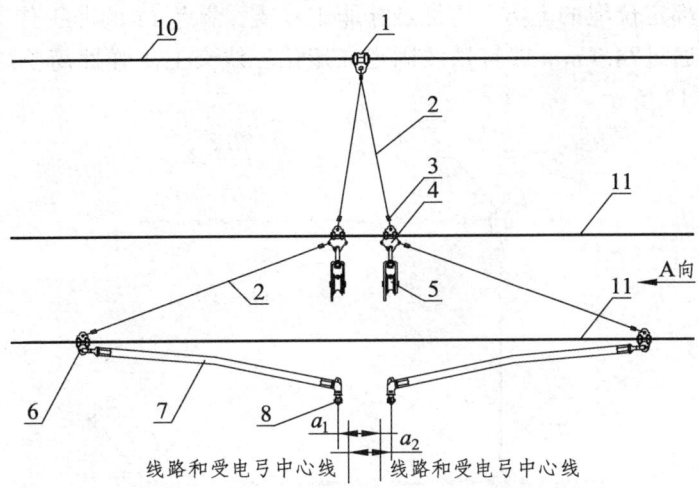

1—横承力索线夹；2—吊索；3—钳压管；4—带耳定位环线夹；5—单悬吊滑轮；6—定位环线夹；7—定位器；8—定位环；10—长支持器；11—定位线夹；12—横承力索；13—上、下部固定绳；14—DC 型定位器。

图 2.11.10 软横跨节点 7（弹性简单悬挂）

5. 节点 10

节点 10 装配形式与锚段关节中转换柱的装配相似。如图 2.11.11 所示，它悬吊的两组接触悬挂，一组悬挂为工作支，另一组悬挂为非工作支，在悬挂点处按非绝缘锚段关节转换柱的要求，非工作支比工作支抬高 200~500 mm。非工作支接触线不用定位器而采用夹环，通过吊索固定在定位环线夹上。

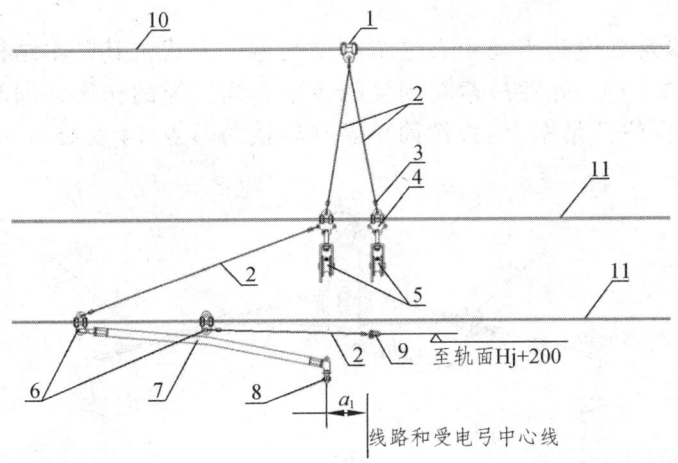

1—横向承力索线夹；2—吊索；3—钳压管；4—带耳定位环线夹；5—单悬吊滑轮；6—定位环线夹；7—定位器；8—定位线夹；9—夹环；10—横向承力索；11—上、下部定位绳。

图 2.11.11 软横跨节点 10（弹性简单悬挂）

6. 节点 11

节点 11 接触线在此处升高后与下部定位绳之间垂直距离 $h = H' - (H_j + 200)$，其中 H' 为下部定位绳距轨平面（或轨平面连线中心）的高度。h 为正值时接触线在下部定位绳的下方，负值时接触线在下部定位绳的上方,均是悬挂非工作支,节点 11 的非工作支接触线不用定位器,而是采用夹环通过ϕ4.0 mm 镀锌铁线固定在定位环线夹上。弹性简单悬挂软横跨节点 11 安装形式如图 2.11.12 所示。

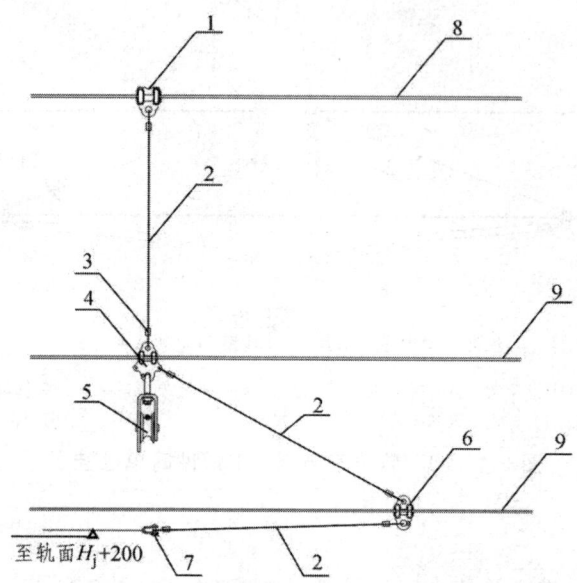

1—横向承力索线夹;2—吊索;3—钳压管;4—带耳定位环线夹;5—单悬吊滑轮;6—定位环线夹;7—夹环;8—横向承力索;9—上、下部定位绳。

图 2.11.12　软横跨节点 11(弹性简单悬挂)

7. 节点 14

节点 14 为软横跨处设防串动中心锚结的安装定位方式,其基本结构装配和节点 5 相同,参见图 2.11.10(a)。弹性吊索起到接触线中心锚结绳的作用,同时防串动中心锚结辅助绳也安装固定在弹性吊索上。弹性简单悬挂软横跨节点 14 安装 A 向视图如图 2.11.13 所示。

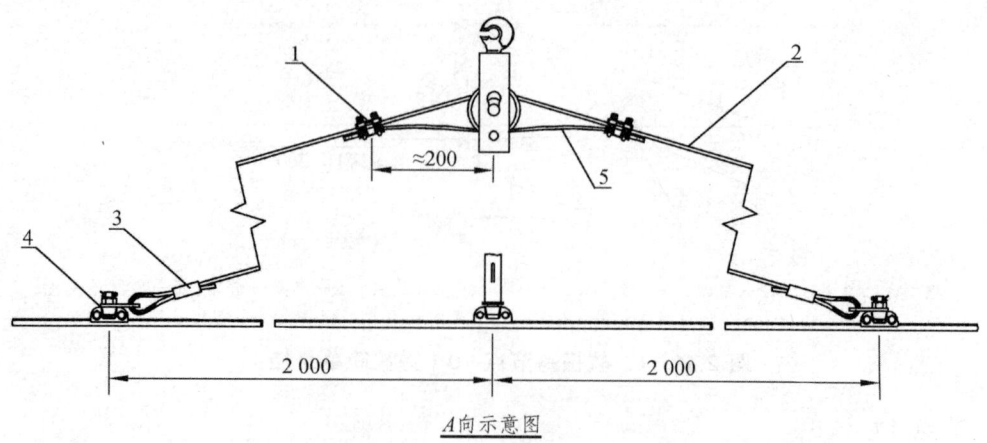

1—承力索中心锚结线夹;2—吊索;3—钳压管;4—吊索线夹;5—中心锚结绳。

图 2.11.13　软横跨节点 14 的 A 向结构(弹性简单悬挂)

三、硬横跨节点

检修库外的场站线路多采用定位绳式硬横跨结构，其装配类似于软横跨节点，区别仅是由于横梁替代横向承力索而更换了部分安装零件。如图 2.11.14 所示为单承力索、双接触线简单链型悬挂硬横跨中节点 5S 的安装。其余硬横跨节点不再说明。

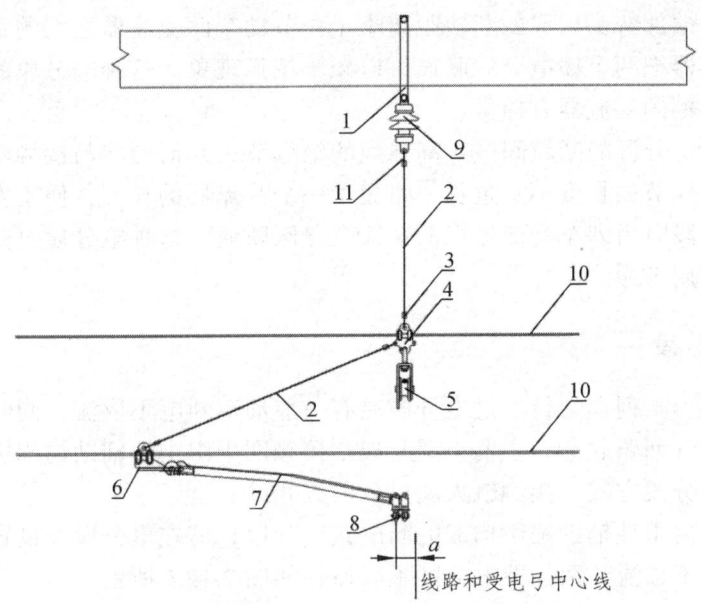

1—硬横跨横梁抱箍；2—吊索；3—钳压管；4—带耳定位环线夹；5—单悬吊滑轮；6—定位环线夹；7—定位器；8—定位线夹；9—下锚绝缘子；10—上、下部定位绳；11—心形环。

图 2.11.14 硬横跨节点 5S（单承力索、双接触线简单链型悬挂）

第十二节 接触网电分段

接触网作为一种特殊形式的供电线路，为了保证供电的可靠性和灵活性，并缩小停电事故发生的范围，要进行电气分段。

对于架空接触网，被电分段的接触网可以通过联络隔离开关联络。当某段接触网发生故障或检修时，只需打开相应区段的联络隔离开关，就可使故障或检修停电范围缩小，不致影响其他各区段接触网的正常供电。

接触轨正线不同电分段之间一般不设置越区供电用的接触网联络开关，其功能由变电所母线实现。

一、接触网电分段的分类

无论是架空接触网还是接触轨，电分段都可以分两种类型：简单式电分段和断电式电分段。

1. 简单式电分段

架空接触网设置电气分段最简单的办法就是在车站牵引变电所列车进站端设置简单电分段。简单式电分段在正常供电时两个馈电分区相互是隔离绝缘的，而当列车通过电分段时两个馈电分区有瞬时联通。绝缘锚段关节及分段绝缘器即属于此种类型电分段。

接触轨简单式电分段实际使用中可以有两种形式。

（1）一种是由端部弯头构成的断轨距离小于一节动车两受流器之间的距离，列车运行通过时由列车的受流器把两个馈电分区联通，以减小拉弧现象。这种电分段的缺点是接触轨的端部弯头对运行车辆的受流器有撞击。

（2）一种是在电分段的断轨间嵌入高强度的绝缘节，几何形状与接触轨相同，使车辆受流器平滑过渡。绝缘节的长度不宜过长，略短于一个受流器的长度，便于安装和少受磨损，运行列车通过电分段时由列车受流器把两个馈电分区联通。这种电分段对受流器没有撞击，可延长受流器的使用寿命。

2. 断电式电分段

断电式电分段。指列车运行通过电分段时有一节动车断电不取流，同时不会使两个供电分区通过车辆的电气回路联通，主要类型有架空接触网中由中性辅助锚段构成的断电式电分段及接触轨小断口分段方式、接触轨大断口分段方式等。

架空接触网中由中性辅助锚段构成的断电式电分段，需在电分段处设置中性辅助锚段，受电弓通过时断电不取流，两侧馈电分区不联通，如图 2.12.1 所示。

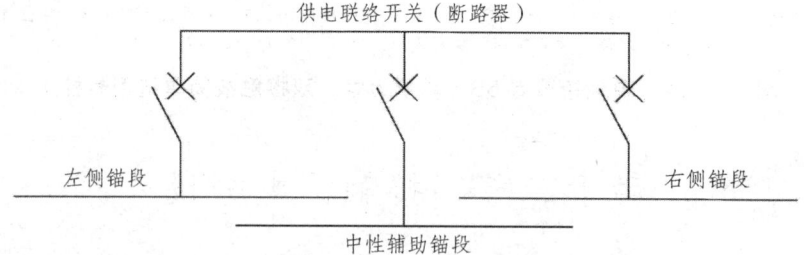

图 2.12.1　中性辅助悬挂构成的断电式电分段

此外，接触网电分段还可按沿线路方向的方式分为纵向电分段和横向电分段。接触网沿线路方向的分段称为纵向电分段，纵向电分段的联络隔离开关一般采用电动控制。线路与线路之间的分段称为横向电分段，如折返线、交叉渡线处的电分段等。线路间横向分段的联络隔离开关一般采用手动控制。电分段的联络隔离开关的设置地点，应考虑操作方便和便于实现集中控制，如牵引变电所或车站附近。

二、接触网电气分段的基本设置要求

《地铁设计规范》（GB 50157—2003）规定，接触网在下列场所设置电分段：有牵引变电所车站的车辆惰行侧；辅助线与正线的衔接处；车辆段出入段线和正线的衔接处；车辆段检修库入口处。

1. 架空接触网电分段及电气接线

当架空接触网系统设置电分段时，为了便于上网电缆的设置、减少工程投资，在牵引变电所所在车站，无论国外还是国内地铁线路一般均设置在变电所同一端。

（1）正线接触网电分段应与牵引变电所布置相结合，既要满足正常运行要求，又要考虑到牵引变电所解列时的运行要求。

（2）除终端车站的变电所外，正线在有变电所的车站进站端（惰行侧）设电分段，电分段采用绝缘锚段关节。

（3）正线间渡线、折返线、正线与停车线之间，车辆段（停车场）的出入线与正线间设电分段，电分段采用分段绝缘器。

（4）车辆段（停车场）各供电分区之间设电分段，电分段采用分段绝缘器。

（5）车辆段洗车库设电分段，电分段采用分段绝缘器。

（6）车辆段（停车场）其他各库线入口处设电分段，电分段采用分段绝缘器。

2. 接触网开关设置要求

在电气连接上，设置电分段后还应考虑设置相应的接触网开关，根据供电系统和接触网运行要求，隔离开关设置要求如下：

（1）接触网馈电上网开关，正线各电分段之间的联络开关以及车辆段（停车场）出入线电分段的联络开关采用电动隔离开关，纳入远动（SCADA）控制。

（2）为检修安全，需要在各车库线入口处的电分段处设手动带接地刀闸的隔离开关。

（3）其他各供电分区之间设手动隔离开关，主要是实现不同电气分区之间的相互支持和备用。

3. 接触轨电分段及电气接线

接触轨系统在电气分段和系统接线上与架空接触网基本一致，主要还应该与供电系统运行要求相适应。

由于接触轨必须采用自然断口形式的固有特性，还需从电流产生的变化、对接触轨与受流器两方面运行可靠性的影响上来考虑接触轨电分段的设置位置。

（1）接触轨的分段分为机械分段和电气分段两种。机械分段主要设置在道岔、地下站的人防及防淹门、车站换边处，一般采用接触轨自然断开方式，断轨间用电缆进行电气连接，其断口长度一般根据具体情况确定，以不影响其他设备正常使用和正常行车为基准。

（2）电气分段的设置应满足正常运营情况下双边供电，一个变电所解列时构成大双边供电（即越区供电）的原则：车辆段和停车场电分段满足供电需要，同时考虑接触轨检修需要进行设置。电分段的主要设置地点和原则为：正线有牵引变电所的车站，电分段通常设置在列车惰行区段（进站端）；正线间的渡线、折返线与停车场、正线间设置电分段；不同线路间的联络线间设电分段。电气分段也采用自然断开接触轨方式，两断轨间电气不连接，其断口长度与受流器在列车上的分布及电气连接情况、受流器与接触轨端部弯头始触点的位置等相关，应与供电、车辆专业共同协商确定。

（3）接触轨采用断口、自然间隔的方式实现电气分段，1个受流器通过时瞬间离开接触轨，因此接触轨要设置端部弯头设施，以便引导受流器的顺利通过。工程设计中应体现少断轨的原则，尽可能选用道岔、人防门及防淹门等处的断轨作为电分段。

由于接触轨安装在轨道旁，其停电、送电范围与轨道的维护分区、车辆出行及轨道日常维护密切相关，因此，在车辆段、停车场采用接触轨方式时，接触轨的电分段设置应考虑供电安全可靠，同时也应考虑轨道检修、车辆出入等作业需要，尽可能实现接触轨电分段设置、供电分区配置与相关设置的功能及需求一致。

三、锚段关节式电分段

架空接触网电分段的主要实现方式有绝缘锚段关节形式和分段绝缘器形式。绝缘锚段关节适应速度高、空间条件较好的地面及高架线路，如可用于架空接触网的正线电气分段，如图 2.12.4 所示。由于在绝缘锚段关节电分段处两个相邻供电分区的接触线平行重叠，因此可以基本消除列车受电弓通过时的拉弧现象，保证了列车受流质量。分段绝缘器形式大多应用于渡线和车场内有关线路的电气分段，因为列车受电弓滑过分段绝缘器时，接触线与分段绝缘器连接处存在受力"硬点"，容易造成受电弓离线并出现较为明显的拉弧现象，从而影响列车的受流质量，限制了行车速度。

同柔性接触网的锚段关节形式电分段的情况相似，刚性悬挂也可通过锚段关节实现机械和电气分段。

四、分段绝缘器分段

分段绝缘器是架空接触网设备中实现接触线电气断开，但又不影响受电弓与接触线正常摩擦受流的重要电气设备。

分段绝缘器又称分区绝缘器，是在接触悬挂中能使同相位的相邻两部分得到电分段并允许受电弓通过的绝缘设备，是接触网电气分段的常用设备。它安装在上、下行正线间渡线接触网等需独立检修股道、电动列车整备线和库线等分束供电区域等处。在正常情况下，电动列车受电弓带电滑行通过。当某一侧接触网发生故障或因检修需要停电时，可打开分段绝缘器处的隔离开关，将该部分接触网断电，而其他部分接触网仍能正常供电，从而提高了接触网运行的可靠性和灵活性。

分段绝缘器由于材质及结构上均存在一定的问题，虽经不断改进，但仍为接触网运营的薄弱环节，应合理使用，尽量少设。不应使分段绝缘器长时间处于对地耐压状态，尤其在雾、雨、雪等恶劣天气下，应尽量缩短其对地的耐压时间，即当作业结束后应尽快合上隔离开关，恢复正常运行。

分段绝缘器按照其结构分为滑道式分段绝缘器和非滑道式分段绝缘器。滑道式分段绝缘器的绝缘元件全部或部分同时作为滑道的分段绝缘器，运行时电力机车受电弓与其直接接触。非滑道式分段绝缘器绝缘元件不作为滑道，运行时电力机车受电弓不与其直接接触。分段绝缘器多带有消弧角隙，具有消弧功能。

城轨交通接触网中常见的分段绝缘器分为三种规格：刚性悬挂单接触线分段绝缘器、柔性悬挂单接触线分段绝缘器和柔性悬挂双接触线分段绝缘器。在结构上都能保证电动列车受电弓平滑通过，又能满足供电分段的要求。

目前城轨交通接触网使用的分段绝缘器主要是瑞士 AF 公司的 AF 分段绝缘器、法国加朗公司的 JG 系列分段绝缘器、西门子的 WL 系列及部分国产型号。柔性悬挂分段绝缘器包括分段绝缘器本体、"V"型吊索及其连接线夹、悬吊装置等配套零件组成；刚性悬挂分段绝缘器包括分段绝缘器本体及其连接、悬吊等配套零件组成；各型分段绝缘器的主绝缘材质为硅橡胶材料或环氧树脂，导流板材质为铜，其余部件材质由不锈钢组成。由于结构和选材的不同，不同型号分段绝缘器安装难易程度、性能、使用寿命及运行维护等方面存在差异，尤其应注意部分型号分段绝缘器安装中有列车走行方向的要求。

1. 柔性悬挂分段绝缘器

柔性接触网悬挂分为单承力索单接触线链型悬挂、单（双）承力索双接触线链型悬挂以及单接触线简单悬挂等多种类型。由于我国幅员辽阔，气候类型多种多样，大气环境也错综复杂，为了保证分段绝缘器安全运行，对部分电气性能进行了严格的要求，并高于国外标准的规定，因此基于国外标准的某些技术指标已经不能适应我国国情。目前，城市轨道交通柔性分段绝缘器的主要技术指标如表 2.12.1 所示。

表 2.12.1 柔性分段绝缘器整机主要技术指标

序号	项目	单位	技术参数	备注
1	额定电压	kV	1.5	
2	系统最高运行电压	kV	1.8	
3	工频干耐受电压	kV	≥60	
4	工频湿耐受电压	kV	≥30	
5	冲击电压	kV	125	
6	污耐受电压	kV	≥18	附盐密度 0.35 mg/cm^2
7	最大短路电流	A/0.25s	6000	
8	泄露距离	mm	≥600	
9	空气绝缘距离	mm	≥150	
10	工作载荷	kN	12	单线
10	工作载荷	kN	24	双线
11	允许拉伸载荷	kN	30	单线
11	允许拉伸载荷	kN	60	双线
12	最小拉伸破坏载荷	kN	≥60	单线
12	最小拉伸破坏载荷	kN	≥120	双线
13	初始滑移力		不小于接触线标称破断力的 95%	

柔性悬挂接触网分段绝缘器整体应与轨面平行（以分段绝缘器两端的接头线夹处为测量点），其中心点应在线路中心的正上方，其中心点偏离线路中心线不应大于 50 mm。

柔性悬挂接触网分段绝缘器两端接头连接处距轨面测得的高度应比正常的接触线测得的导高高出 20～30 mm，且分段绝缘器两侧导流板始触点与轨面等高，整体应与轨面平行。

柔性悬挂接触网单线分段绝缘器，承力索上的分段绝缘棒应整洁，绝缘性能良好且无损伤并与主绝缘的中心线应在同一铅垂线上，两侧导流板上的吊线应防止从挂钩中脱落；各金属件不应生锈，螺栓涂油，调节螺栓防松装置良好。

柔性悬挂接触网双线分段绝缘器上的每组吊线所在的平面应与轨面垂直，允许的误差为 ±5°；各金属件不应生锈，螺栓涂油，调节螺栓防松装置良好。电连接线连接牢固，状态良好。

具体到不同的悬挂类型，其分段绝缘器的安装有不同的要求。图 2.12.2～图 2.12.6 分别为柔性悬挂 AF 分段绝缘器结构图、弹性简单悬挂 AF 分段绝缘器安装、简单链形悬挂 AF 分段绝缘器安装、弹性简单悬挂 JG 型分段绝缘器安装、链形悬挂双接触线 JG 型分段绝缘器安装。

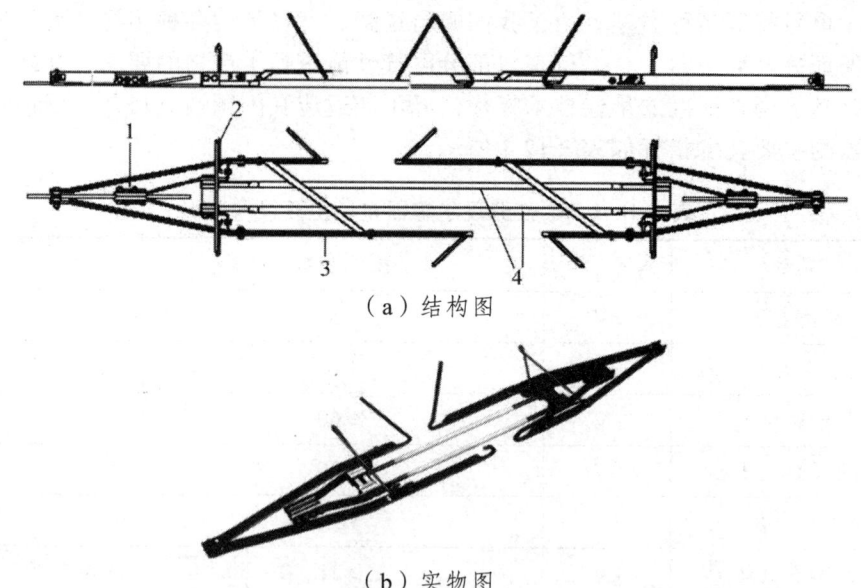

（a）结构图

（b）实物图

1—接触线终端线夹；2—悬挂支撑；3—带消弧角的滑轨；4—绝缘棒。

图 2.12.2　柔性悬挂 AF 分段绝缘器

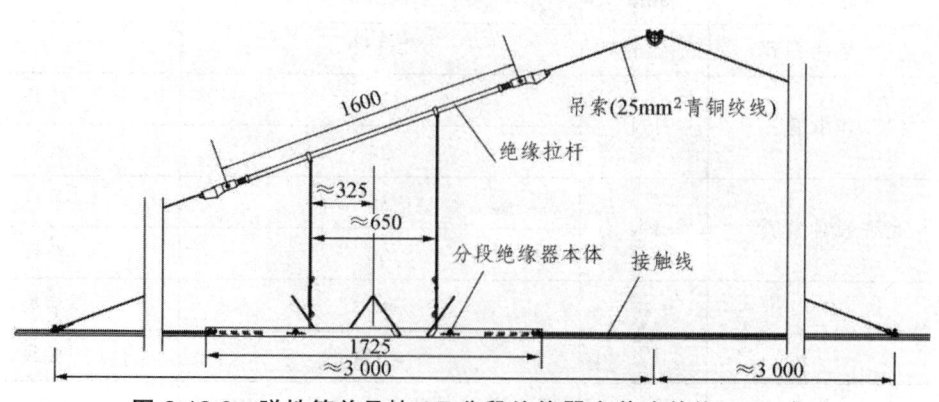

图 2.12.3　弹性简单悬挂 AF 分段绝缘器安装（单位：mm）

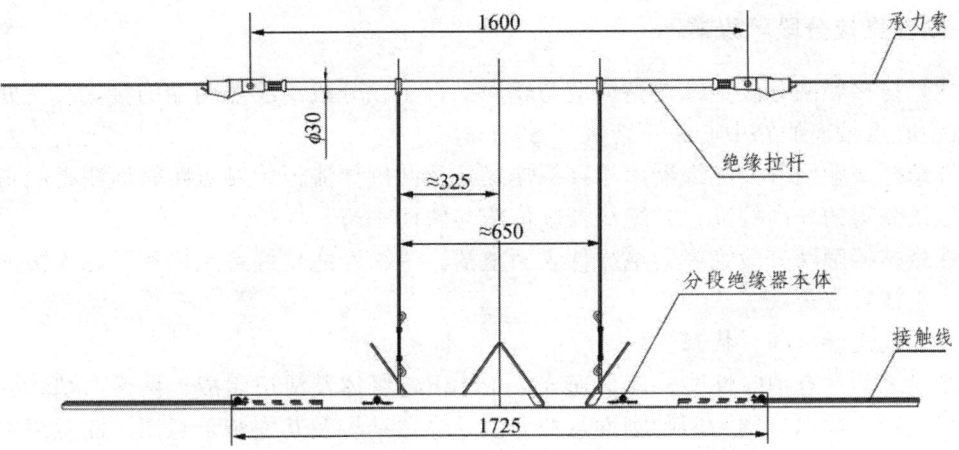

图 2.12.4 简单链形悬挂 AF 分段绝缘器安装（单位：mm）

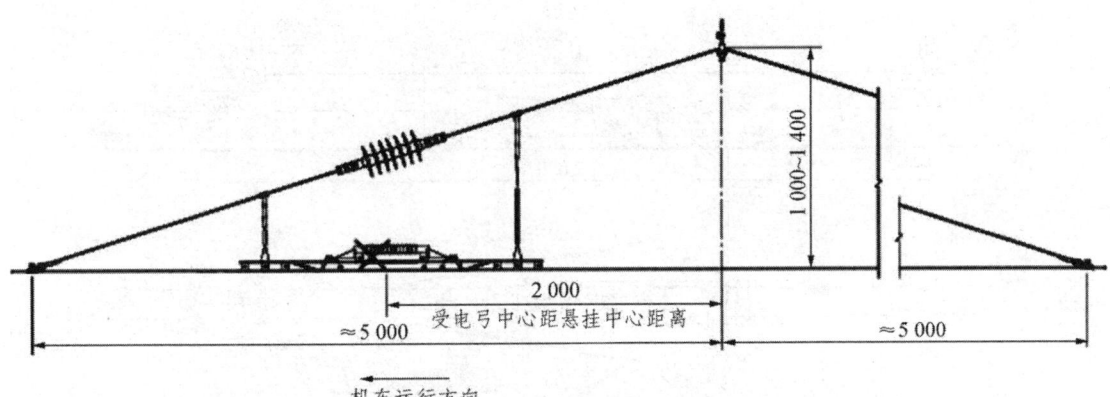

图 2.12.5 弹性简单悬挂 JG 型分段绝缘器安装（单位：mm）

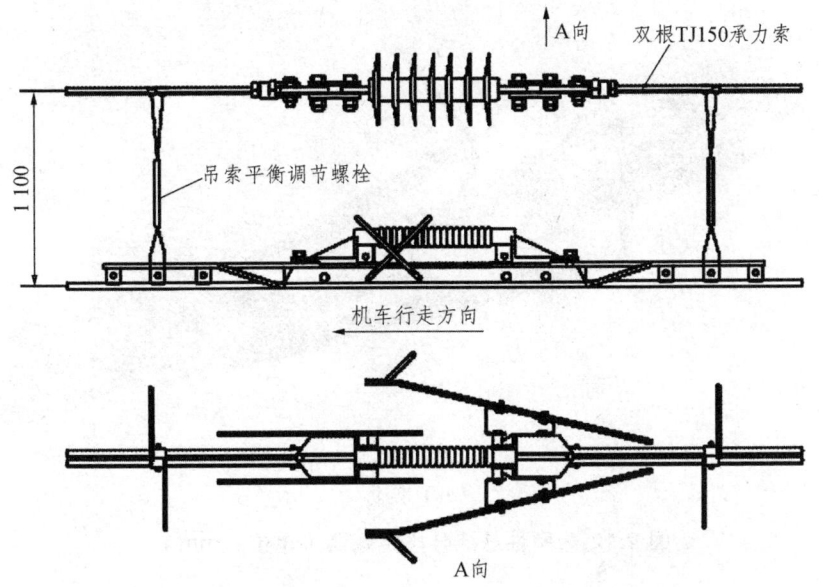

图 2.12.6 链形悬挂双接触线 JG 型分段绝缘器安装

2. 刚性悬挂分段绝缘器

刚性悬挂接触网分段绝缘器整体应与轨面平行（以分段绝缘器两端的接头线夹处为测量点），其中心点偏离线路中心线不应大于 50 mm。

刚性悬挂接触网分段绝缘器两端接头连接处及两侧导流板始触点距轨面测得的高度应与正常接触线测得的导高等高，且绝缘器整体应与轨面平行。

刚性悬挂接触网分段绝缘器绝缘件表面整洁，绝缘性能良好且无损伤，各连接件螺栓紧固良好，整体安装美观。

电连接线连接牢固，状态良好。

分段绝缘器具有消弧性能，属贯通式，主体由绝缘体及滑道组成，滑道两端装有弧角。

如图 2.12.7 所示分别为两种刚性悬挂分段绝缘器结构及其安装示意图。注意图中分段绝缘器在安装中有机车走行方向的要求。

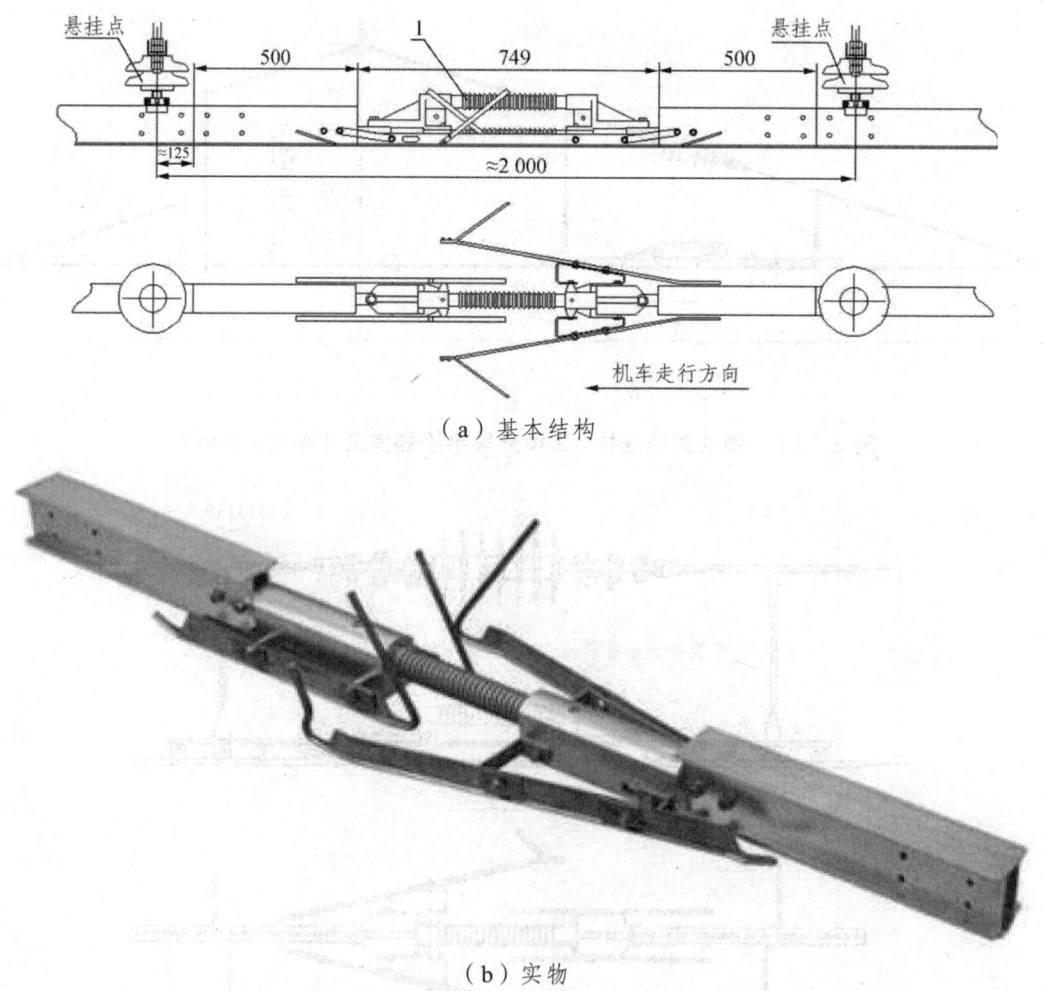

（a）基本结构

（b）实物

图 2.12.7 刚性悬挂分段绝缘器（单位：mm）

刚性分段绝缘器应完全满足表 2.12.2 中的规格要求。

表 2.12.2　刚性分段绝缘器应满足的规格要求

序号	内　　容	单件绝缘体技术数值（消弧型）	备注
1	工频干耐受电压不小于	180 kV	
2	工频湿耐受电压不小于	150 kV	
3	全波冲击耐受电压不小于	300 kV	
4	人工污耐受电压不小于	40 kV	盐密为 0.4 mg/cm^2
5	泄漏距离不小于	1 600 mm	
6	绝缘电阻	>50 000 MΩ	
7	泄漏电流	<1μA	
8	5 min 耐压	≥180 kV	
9	耐弧性能	≥180 s	
10	表层材质耐漏电起痕性和耐电蚀损性能	1 A，3.0 级	
11	抗漏电性能	3	
12	吸水率	<0.005%	
13	吸红性能	15 min/10 mm	
14	允许最大通过速度	120 km/h	

五、接触轨分段

在接触轨的技术发展和应用中，由于供电能力、保护和运营维护的需要，一般需将全线的接触轨进行电气和机械上的分段。由于接触轨自身的特点，机械上的分段常采用自然断口方式来实现，电气上则利用其自然形成的断口空间，充分利用空气的天然绝缘性能对其进行电气上的隔离，这与架空接触网采用绝缘锚段关节和分段绝缘器是一致的；但由于两类电气分段在结构组成形式上的差异，接触轨电分段只能顺接触轨架设方向自然断开，断开长度一般不大于 14 m，最长不大于 29.5 m。受流器在通过电分段时必须先与接触轨之间脱离，再与之重新接触，形成对受流器而言的瞬间解除受流，不具备架空接触网电分段具有持续不脱离受电弓的功能，即接触轨的电气分段、机械分段均通过接触轨断口实现，存在影响车辆连续可靠受流的问题，所以接触轨系统中一般很少采用分段绝缘器形式的电分段方式，大多采用接触轨自然形成的断口来实现不同供电分区的电气隔离。

接触轨断口的设置一般有 3 种方式：小断口分段方式、大断口分段方式和短接触轨（俗称"短三轨"）分段方式。

1. 小断口分段方式

小断口分段方式如图 2.12.8 所示。小断口分段形式的断口长度一般大于接触轨由于温度升高而产生的伸长量及接触轨带电体的安全距离要求，且小于一节动车上前后两套受流器之间的距离,目前国内地铁小断口电分段处采用的断口长度一般为 2~3 m。当车辆通过该电分段时,由于机车上任意两套受流器之间的距离均大于小断口的断口长度,机车能够连续取流;但当出现短路等故障时,由于受流器通过车辆的高压母线可将两侧的供电臂连通(即所谓"连电"),从而对车辆上的高压母线绝缘、牵引所的直流保护灵敏度和受流器产生不利影响,同时还可能扩大事故范围并可能引发火灾事故。

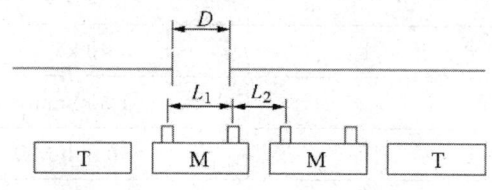

图 2.12.8 小断口分段方式示意图

小断口分段长度一般需满足:

$$D<L_2<L_1$$

式中 D——接触轨断口长度;
  L_1——动车前后受流器间距离;
  L_2——相邻动车间受流器间距离。

2. 大断口分段方式

大断口分段方式如图 2.12.9 所示。大断口分段形式的断口长度应大于一节动车上两受流器之间的距离,并小于相邻两动车相同位置上的受流器之间的距离,即大断口分段长度需满足 $L_1<D<L_1+L_2$。目前国内地铁大断口电分段处采用的断口长度一般为 14 m。

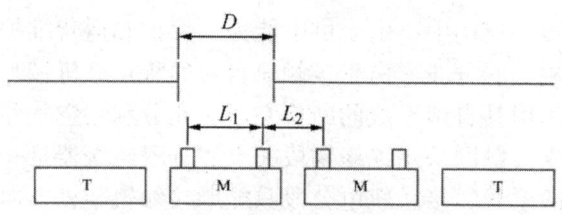

图 2.12.9 大断口分段方式示意图

若相邻两动车之间的高压母线在电气上不连通,当车辆通过该电分段断口时,机车取流是不连续的,会造成机车的瞬时失电,对车辆上的辅助供电机组 SIV 产生不利影响,一方面会使车辆上的照明和空调等动力照明系统临时断电;另一方面减少 SIV 机组的使用寿命,同时也不利于再生能量向接触轨回馈。为解决失电的问题,目前多采用整列编组高压母线贯通的方式,基本解决了上述问题。虽然车辆的整列编组高压母线贯通,但各单元车之间是通过 BHB 断路器方式连接的,当车辆运行速度超过 5 km/h 时,断路器处于闭合状态;当车辆运行速度低于 5 km/h 时,断路器断开,能够解决车辆误闯连电的问题。但对如何良好地控制车速对车辆驾驶员、调度等也提出了较高的要求。此外,为避免 BHB 断路器低速断开的副作用,采用 14 m 大断口分段时,应将其布置在车速高于 5 km/h 的运行区段,以避免车辆在正常进入车站时出现瞬时失电的情况。

3. 短三轨断口分段方式

短三轨断口分段方式如图 2.12.10 所示。为更好地解决失电和连电的问题，接触轨电分段应用中采取了在断口处加设短接触轨的方案。接触轨大断口的长度大于整车相隔最远的受流器之间的距离，而小断口的长度则小于车辆上任意两套受流器之间的距离，在 6 节 B 型车辆编组情况下，采用短三轨断口整体长度可达 120 m。

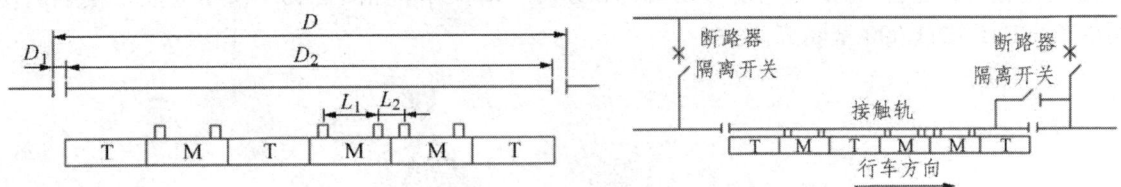

图 2.12.10　短三轨电分段方式及电气关系

大断口分段长度：

$$D = D_2 + 2 \cdot D_1$$

式中　D——接触轨断口长度；

　　　D_2——短三轨长度；

　　　D_1——小断口长度，满足 $D_1 < L_2 < L_1$。

针对小断口和大断口分段两种断口运行方式中分别存在的车辆失电与连电现象的发生，短三轨方式通过增加一根短接触轨，加长了断口的长度，短接触轨和车辆行驶方向的供电臂通过电动隔离开关相连。在正常情况下，机车过分段是连续取流的，不会发生失电现象；当车辆前进方向的前方供电臂发生故障时，隔离开关断开，将断口距离加长，中间的短段接触轨形成中性区，机车不会将故障侧与带电侧相连，避免误闯的事故发生；即便车辆停在电分段时，合上隔离开关，机车也能正常运行。

短接触轨方案的技术优势明显，增加投资不多，在接触轨系统中应用较多。

第十三节　开关与电连接

接触网隔离开关是城市轨道交通牵引供电的重要设备，它担负着接触网分段供电、隔离故障、变换供电方式等重要任务，保障列车通行，缩小事故范围。尤其对于轨道交通运营部门，为了在出现故障时能快速确定故障发生的可能地点，组织抢修，隔离开关的设置就显得异常重要。

一、隔离开关

隔离开关是一种没有熄弧装置的开关设备，供接触网在无载情况下进行倒闸，实现电气隔离。隔离开关在分闸状态有明显可见断口，在合闸状态下能可靠地通过正常工作电流和短路故障电流。它的作用是连通或切断接触网供电分段间的空载线路，增加供电的灵活性，以满足检修和不同供电方式运行的需要，一般与分段绝缘器合用。城轨交通中使用的隔离开关大致可分为重型和轻型两大类，其中重型隔离开关主要应用于牵引变电站出线端的接触网馈电开关、馈电开关间的联络开关等；轻型隔离开关主要应用于车辆段的库线、专用线和库线间的联络开关等。

1. 隔离开关的类型和结构

城轨接触网使用的隔离开关一般是专为城市轨道交通接触网设计的 GW 型 1 500 V 户外直流隔离开关，配套 CJW 型电动操动机构，亦可手动操作。如图 2.13.1 所示为城轨接触网使用的 GWD-1.5D/1 000 型隔离开关。

图 2.13.1　GWD-1.5D/1000 型隔离开关

GWD-1.5D/1 000 中各符号的意义：G—隔离开关；W—户外型；D—直流；1.5D—额定电压为 1.5 kV，带接地刀闸；1 000—额定电流为 1 000 A，主要有 1 000、3 000 等多种规格。

隔离开关按操作次数多少分为经常操作和不经常操作两种。经常操作的隔离开关安装在电动列车整备线和库线等处，并选用带接地刀闸的隔离开关。开关打开的同时，接地刀闸将接通停电侧刀闸，以保证操作和检修人员的安全。不经常操作的隔离开关，安装在绝缘锚段关节、分段绝缘器和馈线等处，采用不带接地刀闸的隔离开关。

隔离开关按照结构分为单极隔开和双极隔开，单极隔离开关是仅与主回路一条导电路径相连的隔离开关，最为常见；双极隔离开关是与主回路两条导电路径相连的隔离开关。

隔离开关从操作机构上分类可以分为手动隔离开关和电动隔离开关。手动隔开依靠操作人员就地操作，电动隔离开关可以实现就地操作和远动控制。变电所附近的电动隔开，可以采用控制电缆控制，线路上离变电所较远的隔开控制采用光纤通信。在城轨接触网中，大多数接触网隔离开关都是电动隔离开关，纳入远动控制，但是车库检修线路处仍应设置手动隔离开关。

上述开关的主体结构基本相同，只是带接地刀闸的开关多了一套接地刀闸和联动装置，它由金属底座、绝缘瓷柱、导电刀闸、接地刀闸和操动机构组成，开关的分合过程是操作操动机构，经转动杆转动主轴上的瓷柱，并带动导电刀闸实现分合闸。

安装隔离开关时，腕臂柱安装在支柱顶部，软横跨柱安装在支柱的二分之一高度处，导电刀闸通过电连接线与接触网连接，如图 2.13.2 所示，典型 1 500 V 直流隔离开关主要技术参数如表 2.13.1 所示。

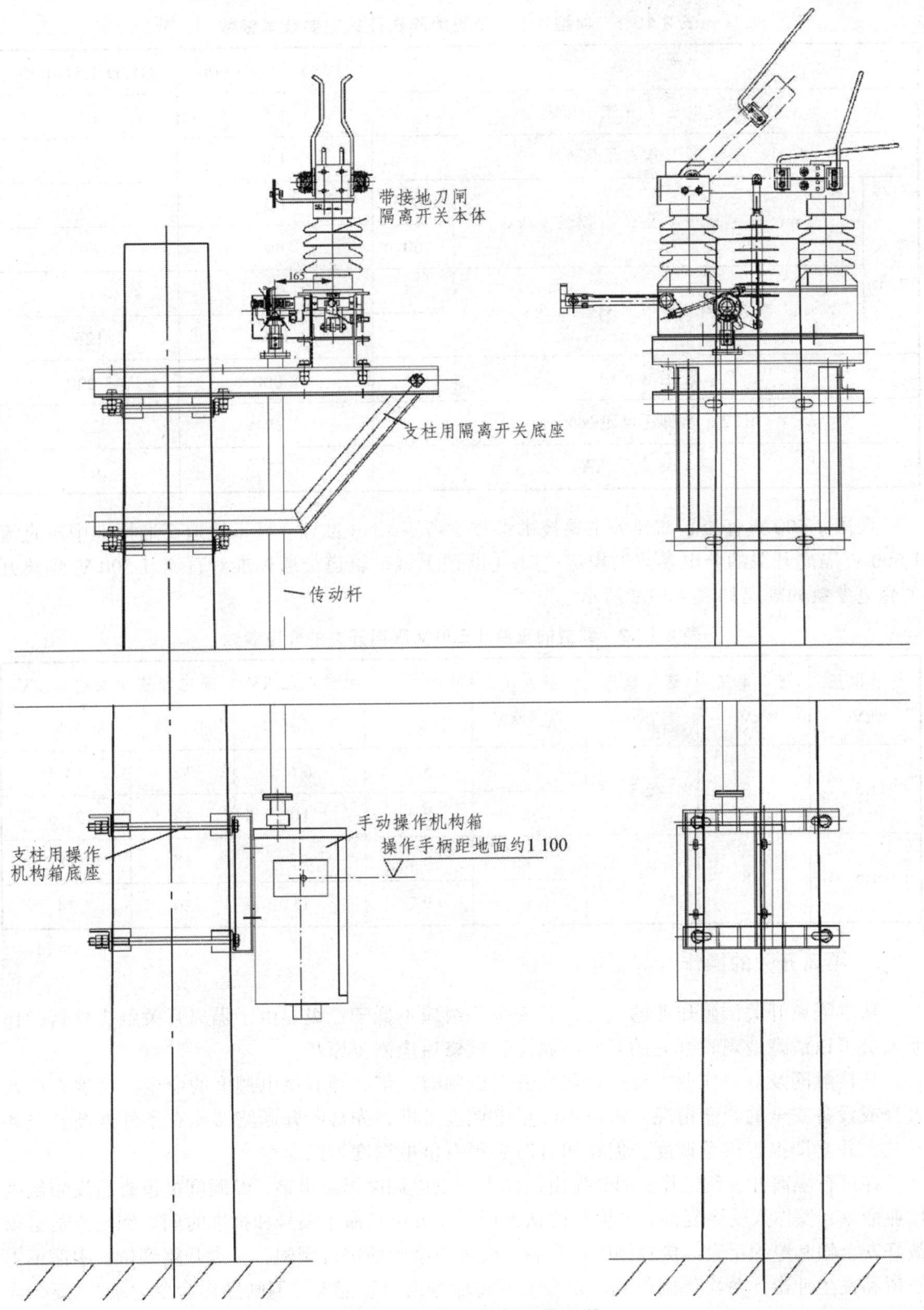

图 2.13.2 柱顶隔离开关安装

表 2.13.1 典型 1 500 V 直流隔离开关主要技术参数

产品类型			GWD-1.5D/3 000	GWD-1.5/3 000
额定电压（直流）/kV			1.5	1.5
最高工作电压/kV			1.8	1.8
绝缘水平	1 min 工频耐受电压（有效值）/kV	60	60	60
		60	60	60
	雷电冲击耐受电压（峰值）/kV	95	95	95
		125	125	125
额定电流/A			3 000	3 000
2 s 热稳定电流/kA			25	25
动稳定电流/kA			63	63

我国 1 500 V 直流隔离开关主要技术参数参考了 EN（欧盟）城市轨道交通标准中对直流 1 500 V 隔离开关的介电参数的规定。EN（欧盟）城市轨道交通标准对直流 1 500 V 隔离开关介电参数的规定如表 2.13.2 所示。

表 2.13.2 欧盟的直流 1 500 V 隔离开关的介电参数

标称电压/kV	额定电压/kV	额定绝缘电压/kV	过电压等级/kV	1 min 工频耐受电压/kV		雷电冲击耐受电压/kV	
				相对地	隔离断口	相对地	隔离断口
1.5	1.8	2.3	3	5.5	6.6	12	14.4
			4	8.3	10	18	21.6
1.5	1.8	3	3	6.9	8.3	15	18
			4	9.2	11	20	24

2. 隔离开关的操作

从事隔离开关倒闸作业的人员，其安全等级应不低于三级。由于隔离开关触头外露，作业人员可以清楚地观察到它的开、闭状态；检修后应恢复原状。

凡接触网及电力作业人员进行隔离开关倒闸时，都必须有供电调度的命令。对遇有危及人身或设备安全的紧急情况，可以不经供电调度批准，先行断开断路器或有条件地断开隔离开关，并立即报告供电调度，但在闭合时必须有供电调度员的命令。

在进行隔离开关倒闸作业时，先由操作人向供电调度提出申请，经调度员审查后发布倒闸作业命令，操作人受令复诵，调度员确认无误后，方可给命令编号和批准时间。倒闸人员必须戴好安全帽和绝缘手套，接到倒闸命令后，要迅速准确的进行倒闸，一次开闭到位，中途不得停留和发生冲击。每次倒闸作业，发令人要将命令内容等记入"倒闸操作命令记录"，要令人要填写"隔离开关倒闸命令票"。操作完成后，操作人要立即填写"隔离开关倒闸完成报告单"。

3. 带电显示屏

带电显示屏用于在停车列检库内端墙处设置的带有股道编号的显示装置，其作用类似于前文介绍的接触轨带电显示装置，可以显示各列车检修位置接触网带电状况的安全显示装置。其原理是通过设置隔离开关的辅助触点，显示隔离开关的状态。

二、电连接

电连接的作用是将接触悬挂各分段供电间的电路连接起来，保证电路的畅通，通过电连接可实现并联供电，减少电能损耗提高供电质量。在电气设备与接触网之间，用电连接线进行可靠的连接，使设备充分发挥作用，避免出现烧损事故，完成各种供电方式和检修的需要。电连接的使用场合包括承力索和接触线间、股道间、锚段关节、道岔等处。

电连接线用导电性能好的材料制成，采用软铜绞线 TRJ-120。为减少电连接线与接触线连接处的硬点，保持接触网弹性，要求电连接线做成螺旋弹簧状，以适应线索间顺线路方向发生移动时的拉伸，当电连接线在连接处意外烧损时，还可放开几圈继续使用，以便节约材料。

1. 柔性悬挂电连接

柔性悬挂电连接按其用途可分为 H 型、G 型、M 型和 D 型四类。

（1）H 型电连接装置：即横向电连接，多用于承力索和接触线间、接触悬挂与辅助馈线间的电气连接。

横向电连接的主要作用是实现并联供电，使承力索和辅助馈线承担的牵引电流通过电连接线进入接触线最终流向受电弓，一般需要每隔 200～250 m 在承力索与接触线间安装一组 H 型电连接线。H 型电连接结构如图 2.13.3 所示。

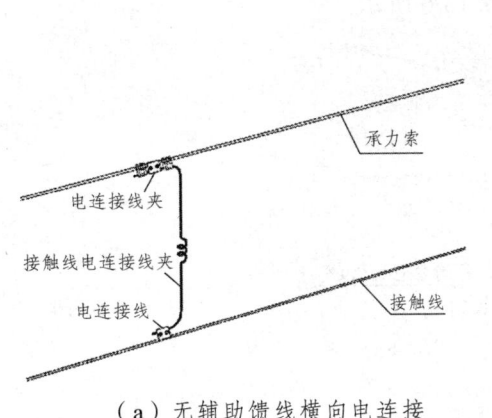
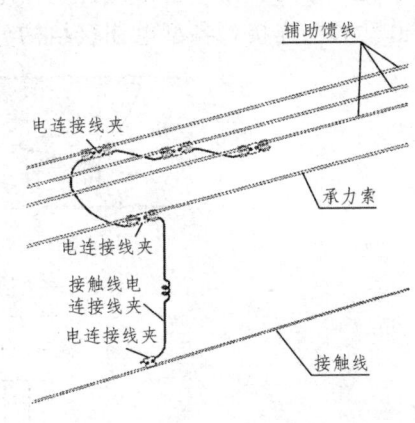

（a）无辅助馈线横向电连接　　　　　　（b）带辅助馈线横向电连接

图 2.13.3　H 型电连接

（2）G 型电连接装置：即股道电连接，用于多股道接触悬挂间的电气连接。

站场上在各股道间安装股道电连接线，实现几股道接触网并联供电，可减少能耗和电压损失。G 型电连接结构如图 2.13.4 所示。

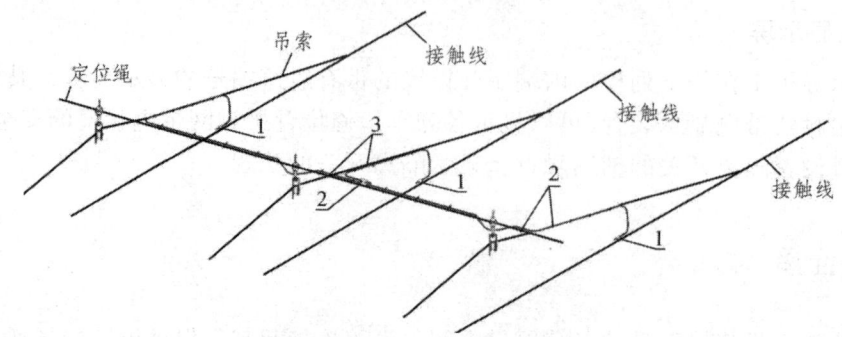

1—接触线电连接线夹；2—绑扎线；3—电连接线。

图 2.13.4　G 型电连接（以三股道、简单悬挂为例）

（3）M 型电连接装置：即锚段关节电连接，用于非绝缘锚段关节处两支接触悬挂间的电气连接，保证牵引电流通道的可靠性。M 型电连接结构如图 2.13.5 所示。

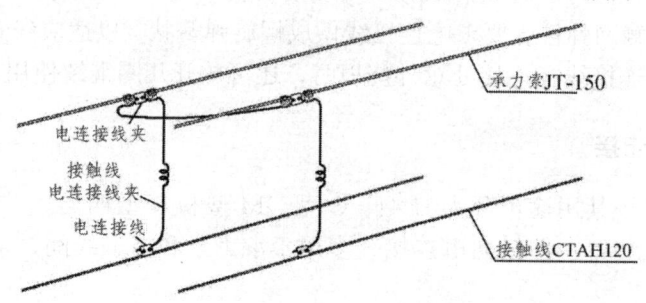

图 2.13.5　M 型电连接

（4）D 型电连接装置：即道岔电连接，用于道岔处两支接触悬挂间的电气连接。依据悬挂类型的不同可分为：简单链形悬挂道岔电连接、简单悬挂道岔电连接以及简单悬挂—链形悬挂过渡道岔的电连接。各型电连接结构分别如图 2.13.6 所示。

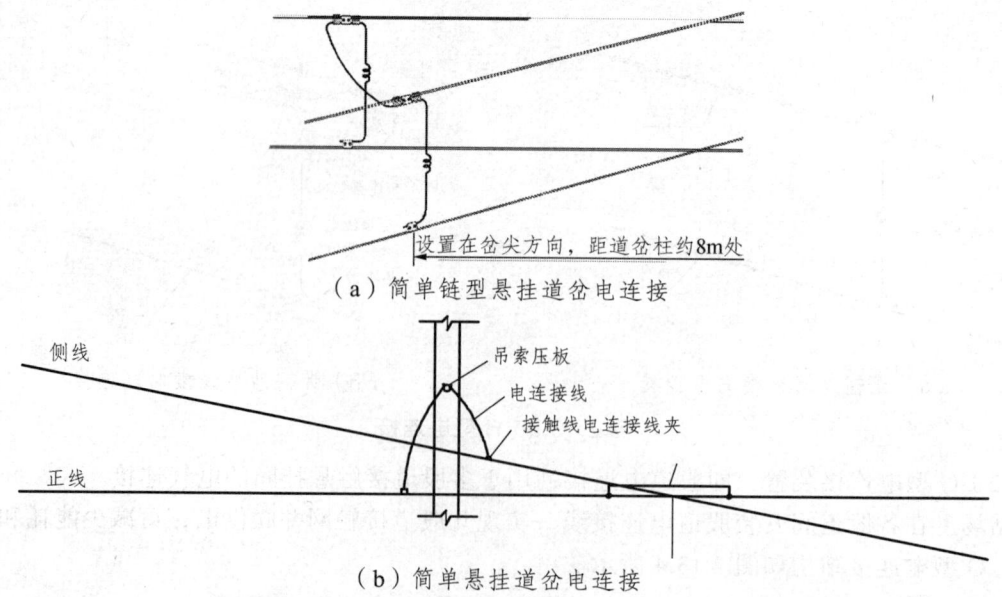

（a）简单链型悬挂道岔电连接

（b）简单悬挂道岔电连接

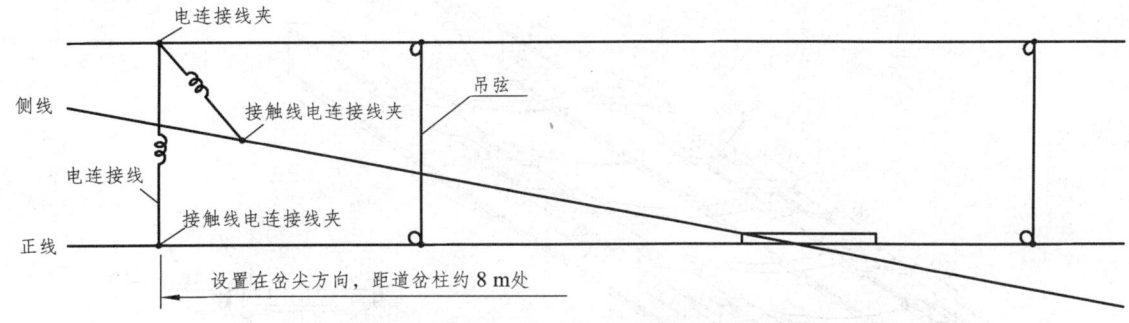

（c）简单悬挂—链形悬挂过渡道岔电连接

图 2.13.6　D 型电连接

由图 2.13.5、2.13.6 可以看出，M、D 型电连接线的外形结构基本相同。

习惯将供电分段或机械分段处两侧接触悬挂实现电的连通的装置称为纵向电连接，比如 M 型电连接、电分段处隔离开关与接触悬挂间的电连接线、线岔处的电连接线。

柔性悬挂电连接的关键零件是接触线和承力索电连接线夹，可根据悬挂使用类型和悬挂所处位置的不同来选用。常见的线夹类型如图 2.13.7 所示。

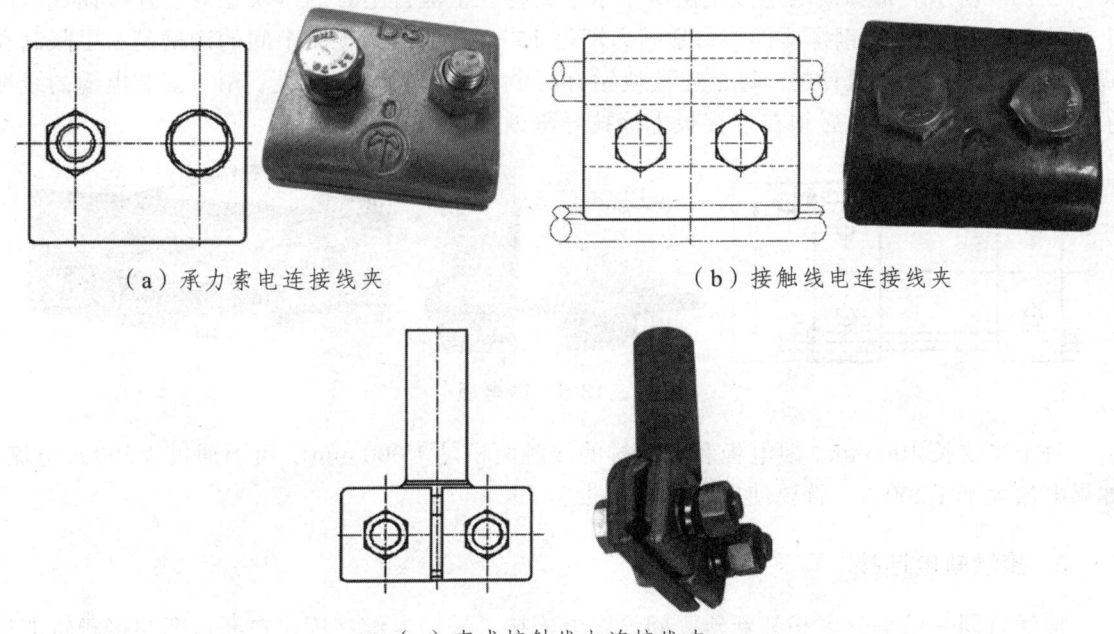

（a）承力索电连接线夹　　　　　　　　（b）接触线电连接线夹

（c）直式接触线电连接线夹

图 2.13.7　柔性悬挂电连接线夹

当实际使用中的接触悬挂为双承力索、双接触线结构时，需要选用双线线夹零件。

2. 架空刚性悬挂接触网电连接

（1）刚性接触网非绝缘锚段关节中汇流排与汇流排之间需要设置电连接，如图 2.13.8 所示，电连接线为 TRJ-120 mm^2，每根长度约为 500 mm，具体长度由安装时测量确定。

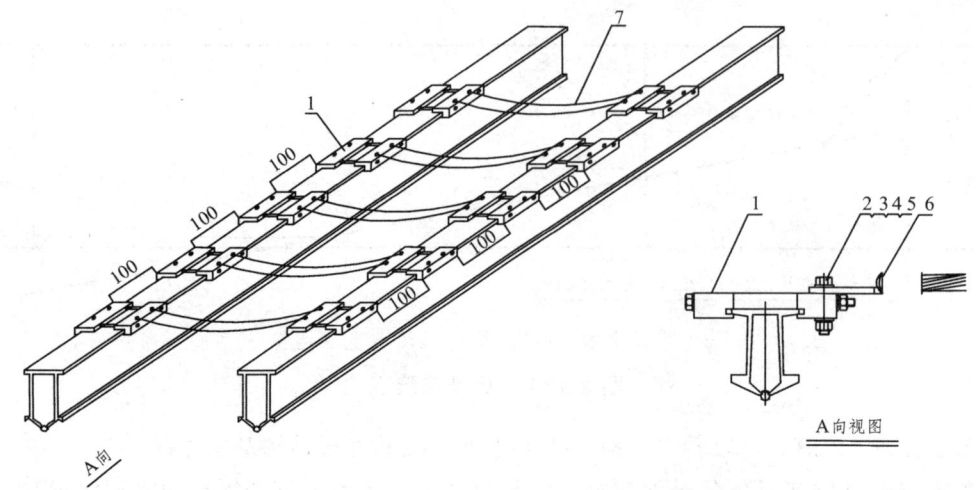

1—汇流排电连接线夹；2、3、4、5—螺栓、螺母、垫圈；6—铝铜过渡电连接线夹；7—电连接线，TRJ-120 mm²。

图 2.13.8　刚性接触网非绝缘锚段关节电连接安装

（2）馈电板。馈电板即汇流排电连接线夹，用于汇流排段或电缆和汇流排间的电气连接，如图 2.13.9 所示。每套馈电连接块由两个水平夹持在汇流排上方的半块正对着连接而成，两个半块用 M10 的不锈钢螺栓连接，紧固力矩是 15 N·m。两个半夹中间的沟槽是为了限制和调整汇流排的夹口而设计的。每个连接块钻有两个直径为 13 mm 的孔，用于安装电缆的线鼻子。如果使用铜电缆，必须在连接板上涂抹导电油脂。

图 2.13.9　馈电板

每个半块长 100 mm。馈电板和汇流排的接触面积是 1 000 mm²，可以通过 1 200 A 电流。如果电流大于 1 200 A，就要使用多个连接板。

3. 接触轨电连接

接触轨同一供电分区相邻断轨之间设置电连接，采用电缆将固定在断口两端接触轨上的电连接板进行电气连接。温度伸缩接头处的电连接采用表面镀银的紫铜片或铜杆连接，包含在中间过渡预留伸缩缝接头部件中（见图 2.6.12）。

第十四节　电　缆

城轨交通供电系统是由各种不同电压等级和不同型号规格的电力电缆、控制电缆连接而成的一个庞大系统，除了接触网及其附加悬挂，几乎没有架空线路。城轨接触网中大量使用的 1 500 V（部分为 750 V）直流电力电缆是指轨道交通供电系统中直接对牵引机车进行供电的 1 500 V 及低于 1 500 V 的低压正极电缆、连接电缆和负极电缆。

直流电力电缆具有下列优点：绝缘的工作电场强度高，绝缘厚度薄，电缆外径小，重量轻，柔软性好和制造安装容易；介质损耗和导体损耗低，载流量大；没有交流磁场，有环保方面的优势。直流电缆特性与交流电缆有本质区别，后者除芯线电阻损耗外，还有绝缘介损及铅包、铠装的磁感应损耗，而前者基本上只有芯线电阻损耗且绝缘老化也较后者缓慢得多，因而运行费用也较低。在输送功率相同和可靠性指标相当的条件下，直流电缆输电线路的投资比交流线路要低（特别是当线路长度为 20～40 km 时），而在输电技术上更能提高电力系统的运行可靠性和调度灵活性。

架空线路具有结构简单、制造方便、造价便宜、施工容易和便于检修等优点；而电缆线路一般埋于土壤或敷设于管道、沟道、隧道中，受气候和周围环境条件的影响小，供电可靠，安全性高，运行简单方便，维护费用低，整齐美观。当然电缆线路也存在不足之处：电缆线路架设比架空线路架设成本高，一次性投资费用高出架空线路几倍或几十倍，电缆线路建成后不容易改变，分支也很困难；电缆故障测寻与维修较难，需要具有较高专业技术水平的人员来操作。

与接触网密切相关的馈电线、连接线等直流电力电缆直接关系着城轨交通运行的安全性和可靠性。据报道，曾经在英国伦敦地铁发生的火灾中电缆和装饰材料燃烧释放的有毒气体和烟雾致使大量乘客窒息死亡。因此，国内外地铁领域对电缆的材料、结构和参数的选择非常严格。一般来说地下线路应采用无卤、低烟的阻燃电缆，地上线路可采用低卤、低烟的阻燃电缆。

一、电缆的结构

电缆结构图如图 2.14.1 所示。

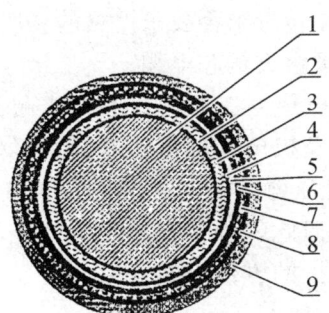

1—导体；2—导体屏蔽层；3—绝缘；4—绝缘屏蔽层；
5—金属屏蔽；6—防水层；7—内衬层；8—铠装；9—护套。

图 2.14.1　电缆的结构

1. 电缆的导体结构

城轨交通中牵引电缆敷设空间有限，要求直流电缆轻量化、柔性好、转弯半径小。电缆的柔性取决于导体结构和绝缘、防水、铠装、护套材料弯曲性能，且与电缆外径相关，其中导体的外径、材料（一般选用铜材）和线芯结构起决定作用。

柔性电缆的导体由非紧压型的多股软圆铜线组成，线芯直径小于 0.5 mm，采用镀锡退火处理，生产成本较高。硬性电缆导体由紧压型的多股硬圆铜线组成，线芯直径大于 2.5 mm，不必镀锡和退火处理，导体紧压系数较大，生产成本较低。

早期建设的地铁空间较小，电缆敷设空间狭窄，多根电缆并行敷设困难，为满足电缆转弯半径小的要求常选择截面面积较大的单芯柔性电缆。新建设地铁的电缆敷设空间相对宽敞，对电缆的转弯半径的要求也稍宽松。柔性电缆的导体生产工艺比较复杂，为节省投资和国产化考虑，采用减小导体截面（电缆外径）的措施，也可以满足正、负极电缆的敷设要求。

正、负极电缆可选择 400 mm^2 的硬铜导体，线芯直径不大于 3 mm。对于敷设空间特别狭小且敷设处存在强烈震动的连接电缆，应选择柔性电缆。连接电缆中如果 120 mm^2 规格的电缆约占连接电缆总长的 25%，可以将其截面加大，即整个工程都采用 150 mm^2 的连接电缆，便于设备的统一和施工、运营维护的方便，还可减少备品备件（包括电缆附件）的规格。

2. 电缆绝缘

电缆在直流电压下绝缘内的电场强度与其电阻率成正比分布，电缆在运行中，电缆内温度升高，电阻率会受温度的影响而发生变化。当电缆负载为零时，最大电场强度出现在导电线芯表面；加上负载后，最大电场强度有向绝缘表面移动的趋势。因此，在选择绝缘材料和设计厚度时不仅应保证在空载时线芯表面电场强度不能超过其允许值，而且还应保证电缆在允许最大负载时，绝缘层表面的电场强度不超过其允许值。

（1）材料的选择。电缆绝缘应满足阻燃、低烟、弯曲的要求，材料可以选择橡胶、聚氯乙烯或交联聚乙烯。因为聚氯乙烯不能满足低烟、低卤要求，工程中一般选用橡胶或交联聚乙烯作为电缆绝缘材料。乙丙橡胶比较适合直流电缆的柔软性要求，但价格较高，一般只用于要求弯曲半径非常小且耐受震动的连接电缆。交联聚乙烯材料较硬，弯曲半径较大，如果选择较小的电缆截面，也可以用在转弯半径要求严格的场所。火灾时需要保证供电的配电线路应采用耐火铜芯电缆或矿物绝缘耐火铜芯电缆。

（2）电压因素的影响。直流电缆对工频耐压和冲击耐压的要求不高，正极电缆的电压在各个工程实例中没有差别，而负极电缆的电压有较大区别。如有负极电缆不特别设置绝缘层，而采用 EVA（乙烯醋酸聚合物，额定电压直流 300 V、工频耐压 1.5 kV）材料外护套兼作绝缘层方式的工程实例，但此种外护套材料不太坚固，施工和维护时需注意保护。考虑设备的统一、施工和运营维护的方便以及运营的可靠，负极电缆宜采用与正极电缆相同的结构。

3. 电缆防水

城轨交通车辆段电缆一般设于地面电缆沟内，雨季中电缆可能长期被水浸泡、淋雨或敷设于潮湿环境，所以车辆段电缆应具有一定的径向防水性能，以适应上述情况。一般特别增加内护套层（厚度为 2 mm）作为径向阻水的防水层，同时在内护套层和绝缘层之间设置一层重叠绕包的阻燃无纺布带。如果车辆段具有良好的排水保证并能将电缆中间接头置于高处，电缆也可不特别设置防水层，这样不但可以降低工程造价，同时也可以减小电缆转弯半径。

电缆的防水层可采用聚烯烃材料高阻燃防水内护套，同时在防水层和绝缘层之间设一层重叠绕包的阻燃无纺布带，这种结构在满足径向防水要求的同时，还可起阻燃作用。直流电缆防水层的投资约占电缆价格的 1.5% 左右，因此，全部直流电力电缆均应设置防水层。防水层也可采用聚乙烯内护套加纵包铝塑复合带，但聚乙烯内护套易燃烧、融化，且电缆表面的燃烧火焰很难熄灭。

4. 电缆的铠装

地下空间鼠害严重，另外电缆敷设空间狭小，施工时容易损伤电缆，城轨交通系统的电缆均应采取措施使电缆免于一般机械损伤。直流电缆的铠装材料可选用铜带或不锈钢带等。

5. 电缆外护套

城轨交通的直流电力电缆外护套用于保证电缆免于机械损伤等危害，应选择低烟、无卤产品。如选择不当，电缆难于满足弯曲半径、低烟和燃烧性能的要求。工程应用中常采用聚烯烃材料的低烟、无卤电缆护套，能较好满足低烟要求。

6. 电缆的燃烧性能

根据《成束电线电缆燃烧试验方法》（GB12 666.5—90）的规定，电缆需要通过的燃烧试验类别应由下式确定：

$$F = n(S - S_m)/1\,000$$

式中　n——电缆根数，单位为根；

F——每米成束电缆试样所含非金属材料的总体积，单位为 L/m；当 $F \geqslant 7$ L/m 时电缆试样为 A 类，当 7 L/m > $F \geqslant 3.5$ L/m 时为 B 类，当 3.5 L/m > $F \geqslant 1.5$ L/m 时为 C 类；

S——1 根试样的总面积，mm^2；

S_m——为 1 根试样横断面中金属材料的总面积，mm^2。

在地铁的牵引变电所电缆出口处敷设的直流电缆数可达 20 根。根据国内电缆资料计算典型值 $F = 11.9$ L/m，因此地铁直流电缆属于 A 类。

阻燃是对电缆燃烧的一个基本要求，A 类电缆的标准更高，低烟是对电缆材料的要求，IEC1034 规定透光率在 60% 以上时可称为低烟，含卤指标为 5～100 mg/g 的低卤产品，燃烧时透光率一般介于 30%～50%，较难达到标准要求。

直流电缆一般采取如下措施来满足燃烧要求：护套采用低烟无卤材料，设置高阻燃防水内护套，不得使用易燃烧和融化的聚乙烯内护套和纵包铝塑复合带。

直流 1 500 V 电力电缆常用单芯 400 mm^2 和带铠装或无铠装 150 mm^2 低卤、阻燃、防紫外线或低烟、无卤、阻燃的电力电缆，其典型选型如表 2.14.1 所示。

表 2.14.1　地铁直流电力电缆的典型选型

电缆名称	正极电缆、负极电缆	连接电缆
额定电压/V	1 500	1 500
最高电压/V	$1\,800/U_0$	$1\,800/U_0$
工频耐压/kV	6.5	6.5
铜导体/mm²	400	150（柔性电缆）
电缆线芯/mm	$\phi 2.88$	$\phi 0.3$
绝缘	交联聚乙烯	乙丙橡胶（EPR）
弯曲半径	不大于20倍直径	不大于6倍直径
防水层	设置高阻燃防水内护套	
防护层	设置软铜带防护层	
护套	低烟、无卤、阻燃、防白蚁护套，防紫外线型电缆采用耐候型低卤阻燃护套	
阻燃性能	低烟、无卤、阻燃满足A类成束垂直燃烧试验	

例如轨道交通用 ZRA-GJYJAV-B/1500V 型交联聚乙烯绝缘低烟低卤阻燃直流电缆导体采用多股圆形铜线绞合压紧型，绝缘用交联聚乙烯材料，绝缘标称厚度为 2.0 mm；该电缆属于防水型电缆，具有径向和纵向阻水的防水层，防水层采用 0.2 mm 厚的阻水带重叠绕包，加 1.5 mm 厚的挤出型 PE 内套，组成综合防水结构；金属屏蔽采用重叠绕包的软铜带，内衬层采用挤包形式；防鼠铠装采用无卤低烟阻燃带 + 铜带 + 无卤低烟阻燃带重叠绕包组成，具有良好的阻燃性和防鼠咬功能，铜带厚度为 0.12 mm；护套采用低烟低卤阻燃 PVC 护套材料挤出外护层，不仅具有优良的低烟、低卤、阻燃性能，还具有良好的抗日照、抗紫外线、抗老化等性能。

需要注意的是 1 500 V 直流电缆，我国目前还没有生产标准，但根据 IEC 标准，1 500 V 直流电缆可等同于 1 000 V 交流电缆，此外 1 500 V 直流电缆的绝缘等级不高，我国在低压电缆中已经有 3 600 V 交流电缆的成熟产品，可以用 3 600 V 交流电缆代替 1 500 V 直流电缆。

二、电缆的敷设

电缆敷设应根据不同环境采取不同的方式，敷设位置一般有车辆段、地下隧道和地下车站之分；从功能位置分有车站、隧道、电缆沟、电缆夹层、电缆井等；从空间上分有地下、高架和地面。电缆具体敷设方式有电缆桥架、电缆托架、电缆挂钩、顶部吊挂等，有时采用穿钢管敷设。

对于车辆段，一般电缆采用电缆沟或电缆廊道敷设方式；对于隧道内电缆采用电缆支架安装于隧道壁的敷设方式；而对于车站，则采用电缆敷设于电缆夹层内的敷设方式。一般情况下，对于多层电缆支架来说，一般按电压的高低从下向上排列，即最下层敷设最高电压等级的电缆，而最上层一般敷设控制电缆。

电缆送电的方式有两种：第一种，由临近车站上环网，优点是不用开挖隧道，投资相对较少；缺点是电缆数量增加，末端电压降低，不能满足供电要求；第二种，就近隧道预留一电缆竖井，此电缆井能够方便人员上下，便于维护、维修。优点是电缆数量少，末端电压高，能满足供电要求；缺点是需要隧道预留电缆井，投资相对较大。为保证可靠供电，建议采用隧道预留电缆竖井方式，另外过轨时要采用排管敷设。电缆敷设应便于检修维护，电缆在区间及车站内敷设时，各相关尺寸及距离应符合表 2.14.2 的规定。电缆在车辆基地及控制中心建筑物内敷设时，应符合国家现行标准《电力工程电缆设计规范》（GB 50217）和《民用建筑电气设计规范》（JGJ16）的有关规定。

表 2.14.2　电缆敷设的各相关尺寸及距离　　　　单位：mm

名　称		电缆通道		电缆沟	
		水平	垂直	水平	垂直
两侧设电缆支架的通道净宽		≥1 000	—	≥300	—
一侧设电缆支架的通道净宽		≥900	—	≥300	—
电缆支架层间距离	电力电缆	—	≥200	—	≥250
	控制电缆	—	≥100	—	120
电缆支架之间的距离	电力电缆	1 000	1 500	1 000	
	控制电缆	800	1 000	800	
车站站台板下电缆通道净高	地上车站	—	≥1 900	—	—
	地下车站	—	≥1 300	—	—
变电所内电缆夹层板下净高		—	≥1 900	—	—
电力电缆之间的净距		≥35		≥35	

注：电力电缆与控制电缆混敷时，电缆支架之间的距离宜采用控制电缆标准。

1. 电缆沟（槽）敷设

电缆沟敷设是电缆敷设在预先砌好的电缆沟中的敷设方式。一般采用混凝土或砖混结构，其顶部用盖板（可开启）覆盖，且与地坪相齐或稍有上下。电缆沟敷设适用于变电站出线,电缆条数多或多种电压等级线路平行的地段。根据敷设电缆数量的多少，可在电缆沟的双侧或单侧装置支架,电缆应固定在支架上。在支架之间（双侧敷设时）或支架与沟壁（单侧敷设时）之间，留有一定的通道。电缆沟敷设示意图如图 2.14.2 所示。

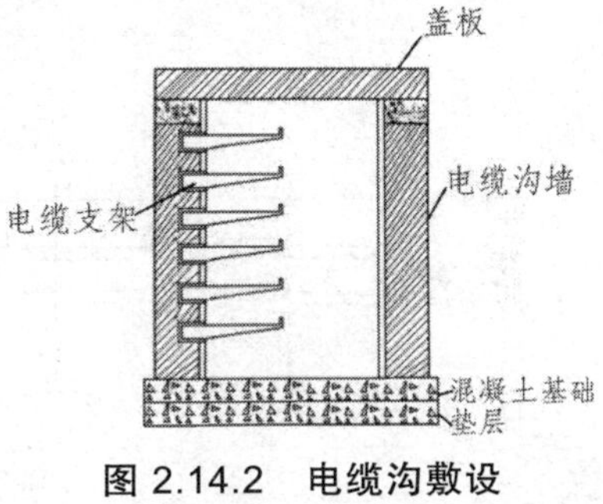

2. 电缆隧道敷设

图 2.14.2　电缆沟敷设

电缆隧道敷设适用于电缆线路高度密集地段或路径难度较大区段，位于有腐蚀性液体或经常有地面水流溢的场所。隧道敷设方式分为在混凝土槽中敷设和在隧道侧壁上悬挂敷设两种方式，前一敷设方式是电缆敷设在混凝土槽中，混凝土槽设在隧道下部紧靠隧道倒壁处；后一敷设方式分钢索悬挂和钢骨尼龙钩悬挂敷设。钢索悬挂是在隧道侧壁上安装支持钢索的托架，电缆用挂钩挂在钢索上。钢骨尼龙钩是挂在隧道侧壁上的，而电缆则直接挂在挂钩上。隧道敷设如图 2.14.3 所示。

城轨交通地下线的电缆敷设可看作一个放大版的电缆隧道敷设,也可分为混凝土槽中敷设和隧道侧壁上悬挂敷设。如图 2.14.4 所示为某城轨地下线路的电缆敷设。

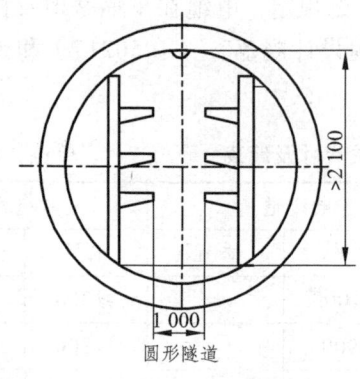

图 2.14.3　隧道敷设

图 2.14.4　城轨地下线路电缆敷设

3. 电缆排管敷设

电缆排管敷设是电缆敷设在预先埋设于地下管子中的一种电缆敷设方式,其适用于地下电缆与公路、铁路交叉,地下电缆通过房屋、广场等区段。在上网点,馈线需穿越股道、桥梁,可以采用排管敷设方式,电缆保护管不得采用未分隔磁路的钢管,也可以采用架空跨越方式。如图 2.14.5 所示为电缆排管敷设。

4. 电缆托架方式敷设

在城轨交通地面线的一般路基地段,电缆也有采用设置在路基坡脚的电缆托架方式明敷方式。如图 2.14.6 所示为电缆托架方式敷设。

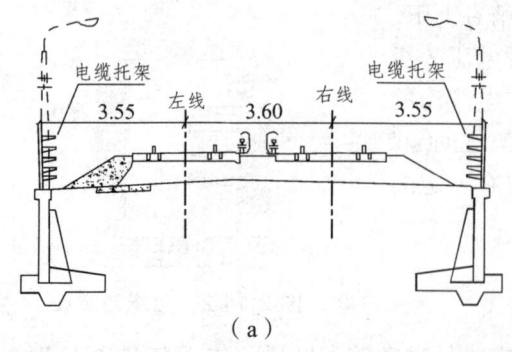

（a）

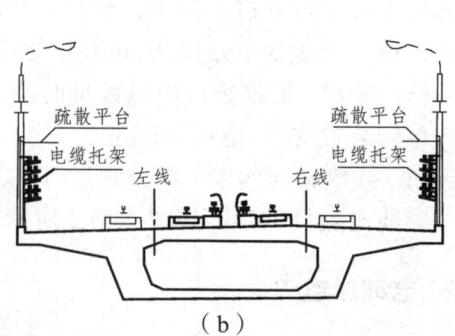

（b）

图 2.14.6　地面线挡土墙地段及高架线电缆敷设图

5. 直流电缆沿墙壁敷设（以四根 150 mm² 为例）

当库内设置接触网时,电缆敷设至库内后要沿着墙壁向上敷设连至接触网,此时敷设方式如图 2.14.7 所示,其中电缆固定架相互间隔一般设置为 1 m。

6. 直流电缆沿钢管支柱敷设（以四根 150 mm² 为例）

电缆敷设至上网点支柱后要沿着支柱向上敷设连至接触网，此时敷设方式如图 2.14.8 所示，其中电缆绑扎带的相互间隔一般设置为 0.5 m。当直流电缆沿着高架区段支柱敷设时，应当将包塑不锈钢电缆扎带变更为材质为 Q235 的零件"电缆固定抱箍"。

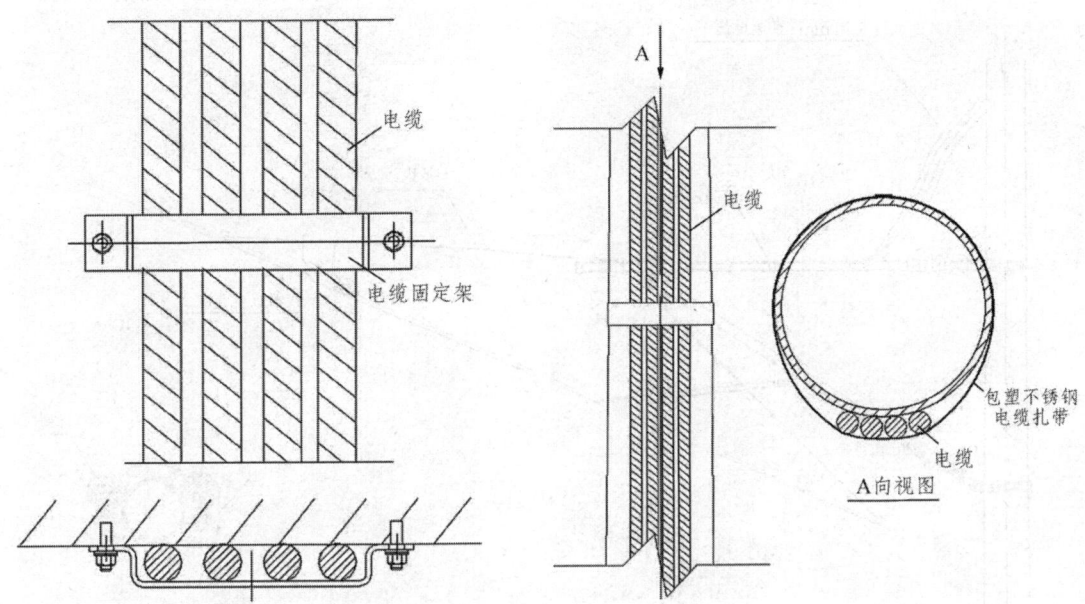

图 2.14.7 直流电缆沿墙壁敷设　　　　图 2.14.8 直流电缆沿钢管支柱敷设

三、电缆线路允许弯曲半径

常用直流电力电缆无论采用何种方式敷设，其弯曲半径应符合如表 2.14.3 所示的要求。

表 2.14.3 电缆线路允许弯曲半径（其中 D 表示电缆外径）

电缆形式		多芯	单芯
橡皮绝缘电缆	无铅包、钢铠装护套	10D	
	裸铅包护套	15D	
	钢铠护套	20D	
乙丙橡胶（EPR）	软铜带防护层		6D
聚氯乙烯绝缘电缆		10D	
交联聚乙烯绝缘电缆		15D	20D

四、电缆的上网连接安装

牵引变电所的电能输送到上网点后要与接触悬挂连接，城轨交通中接触网大量使用电缆来作为馈电线，它是接触网与牵引变电所之间的连接导线，其作用是将牵引变电所的电能输送到接触网上,一般送至接触网电分段两侧。电缆线路沿地面敷设至上网点处,在检修库外沿着接触网支柱向上与接触网连接,在检修库内沿墙壁向上与接触网连接,在隧道内沿隧道壁向上与接触网连接。不同的接触悬挂所采用的连接安装方式亦不相同。如图 2.14.9 中所示分别为上网电缆与弹性简单悬挂连接、上网电缆与简单链形悬挂连接、上网电缆与汇流排连接。图中柔性接触网以 4 根 150 mm² 电缆为例,电缆实际数量不同连接安装稍有区别。

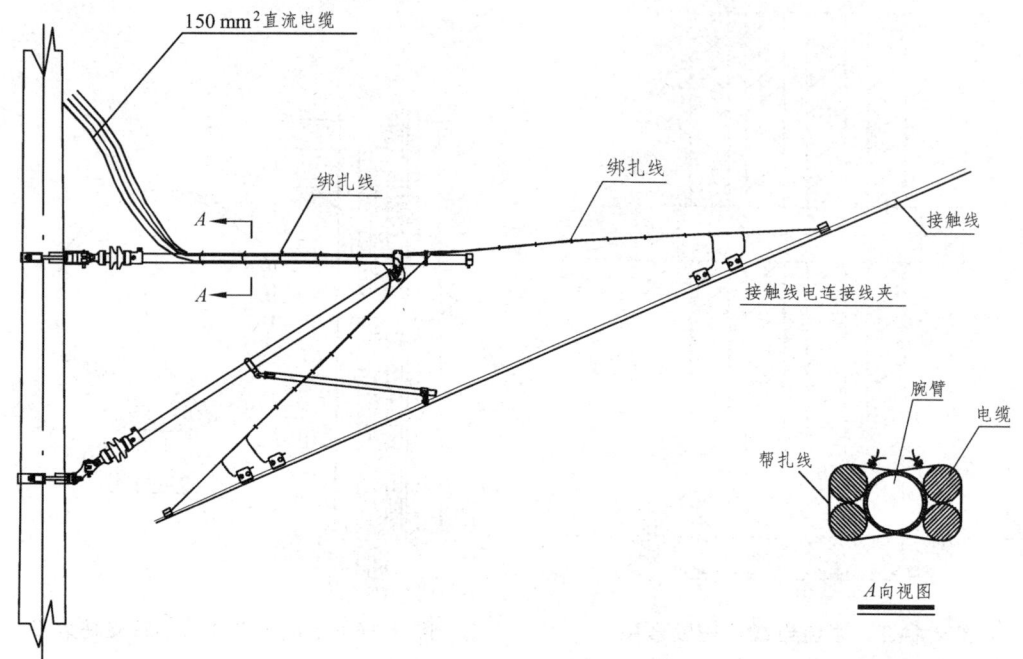

(a) 上网电缆连至弹性简单悬挂

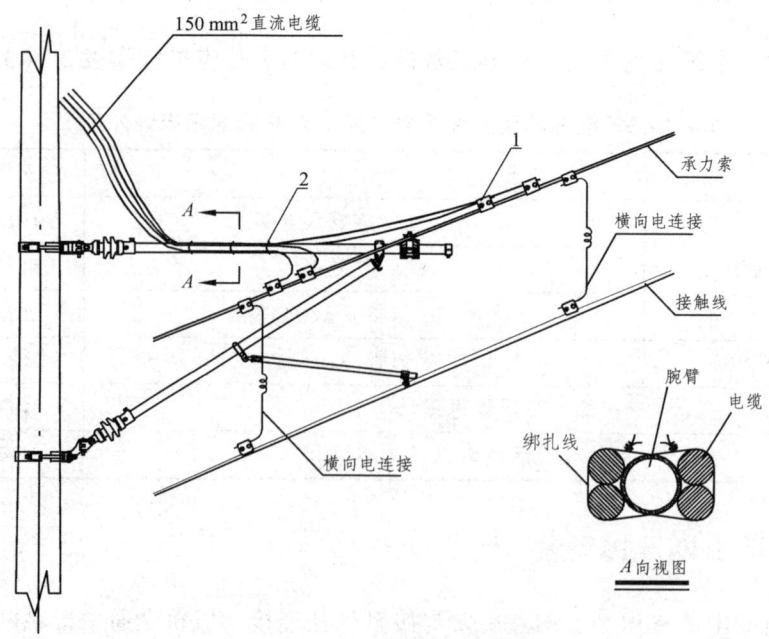

(b) 上网电缆连至简单链形悬挂

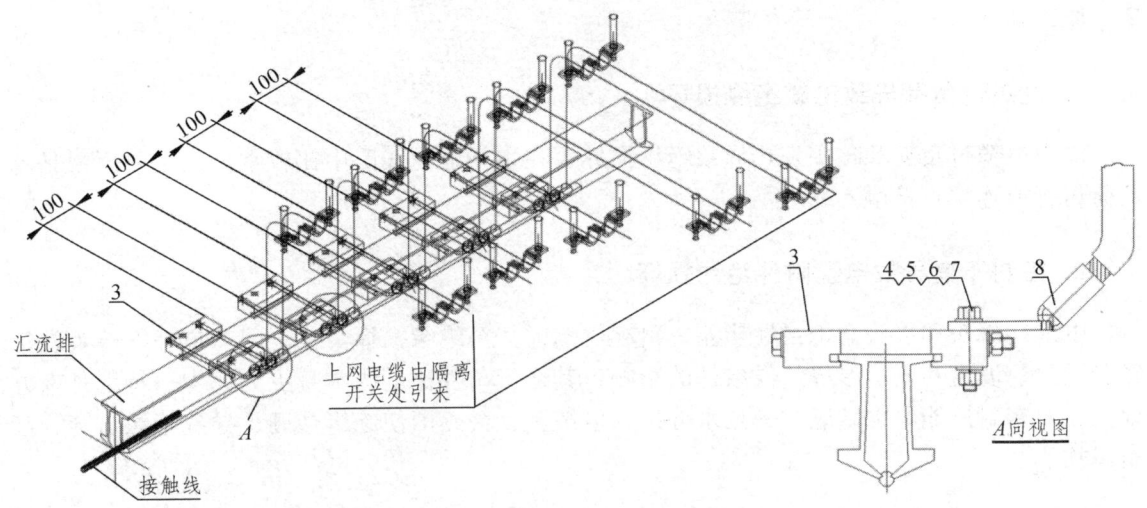

（c）上网电缆连至汇流排（单回10根电缆引线）

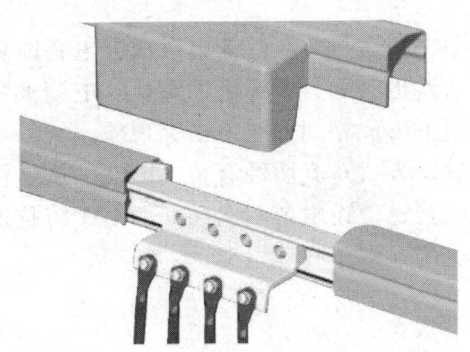

（d）上网电缆连至接触轨

1.接触线电连接线夹；2.绑扎线；3—汇流排电连接线夹；4、5、6、7—螺栓、螺母、垫圈；8—铝铜过渡电连接线夹。

图2.14.9 电缆的上网连接

电缆端头与铜铝过渡线夹连接时，应先用专用工具将 150 mm^2 电缆绝缘层剥开 70 mm 的长度，然后将电缆导体穿入接线端子的压线孔内进行压接，必须将电缆导体穿到孔的根部方可压接。电缆端子绝缘护套采用热缩工艺。在剥离电缆绝缘层时应注意不能划伤电缆导体外表面。

同汇流排锚段关节电连接相同，如果刚性悬挂电缆上网电流大于 1 200 A，就要使用多个连接板。

接触轨电缆连接板的数量取决于连接的电缆的数量和尺寸。每一电缆连接板可容纳 8 条 240 mm^2 的铜线电缆。如果需要安装更大尺寸的电缆，必须在电缆连接板上断续安装，以避免过热点和增加散热面。两个支架间可以安装最多 3 个电缆连接板。

五、电力电缆故障及检测

（一）电力电缆故障原因

电力电缆在运行中发生故障或击穿的主要原因是绝缘损坏。运行经验表明，导致绝缘损坏的原因如下。

1. 过热过负荷导致电缆绝缘损坏

电力电缆过负荷和接头发热导致绝缘损坏，在主干电缆线路中比较常见，主要原因是超负荷运行或连接点接触不良。

2. 密封不良导致电缆附件绝缘损坏

电缆终端头和接头盒密封性能差，引起受潮，甚至绝缘损坏。这是因为户外终端头常年经受大气、温度和干、湿等气候条件的影响，其运行条件比电缆本身更为恶劣。特别是南方地区，对密封性能非常敏感。一旦水分进入电缆头，会逐渐使绝缘受潮，导致绝缘击穿，甚至爆炸。

3. 腐蚀引起受潮导致电缆绝缘损坏

电缆腐蚀穿孔引起的受潮，在运行年久的老电缆或有电腐蚀和化学腐蚀的地区中是常见现象。此外，电缆外护层质量差也会加速电缆腐蚀穿孔。电缆被腐蚀后绝缘性能下降。

在电压、温度和电场作用下形成相间或对地击穿现象。

电缆敷设场所的环境及敷设方式对其腐蚀有重要影响。从运行实践和事故分析资料中可以发现：直埋电缆比电缆沟或管道敷设电缆耐腐蚀；而对于跨越道路穿于管中的电缆，其腐蚀、绝缘损坏率和故障次数也明显多于直埋电缆。

4. 机械损伤电缆绝缘

机械损伤主要包括以下几个方面：

（1）直接受外力作用造成的破坏。这方面的损坏主要有施工和交通运输所造成的损坏，如挖土、打桩、起重、搬运等都可能误伤电缆，行驶车辆的振动或冲击性负荷也会造成穿越公路或轨道线路以及靠近公路或轨道线路敷设电缆的铅（铝）包裂损。

（2）敷设过程造成的损坏。这方面的损坏主要是电缆因受拉力过大或弯曲过度而导致绝缘和护层的损坏。尤其是一些穿进管道的电缆，常发现管口部位绝缘击穿，主要原因是两端管口的弯曲半径太小，有的甚至以管口边缘作支点，严重损坏了电缆内部的绝缘。在电缆转角的地方也经常发现弯曲半径小于允许倍数的现象。

（3）自然力造成的损坏。这方面的损坏主要包括中间接头或终端头受自然拉力和内部绝缘胶膨胀作用所造成的电缆护套的裂损；因电缆自然胀缩和土壤下沉所形成的过大拉力，拉断中间接头或导体以及终端头瓷套因受力而破损等。

5. 绝缘老化与绝缘干枯

绝缘老化与干枯主要出现在使用多年的电缆和接头盒内。电缆在长期运行中，因受过热、过负荷和各种过电压的作用，使本体内绝缘层发生逐渐的自然老化和干枯现象。因此其绝缘强度也逐渐地降低。

6. 过电压导致绝缘击穿

在电力系统中出现的雷电过电压和内部过电压可能导致电缆绝缘击穿，这在保护不完善的电缆线路中时有发生。对实际事故分析表明，许多户外终端头的事故是由于雷电过电压引起的，电缆本身有缺陷更容易在雷电过电压和内部过电压下发生击穿事故。

（二）电力电缆绝缘检测

电力电缆的绝缘缺陷，如受潮、绝缘性能降低等通常可通过预防性试验来检测。规程规定的试验项目有测量绝缘电阻和进行直流耐压试验等。实践表明它们对发现绝缘缺陷是有效的。

1. 绝缘电阻试验

测量绝缘电阻的接线方法如图 2.14.10 所示。

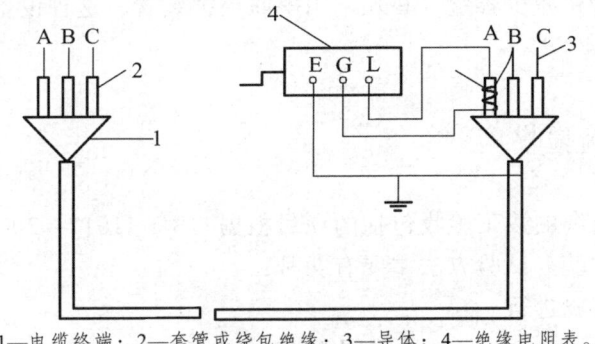

1—电缆终端；2—套管或绕包绝缘；3—导体；4—绝缘电阻表。

图 2.14.10　测量绝缘电阻的接线方法

试验中的注意事项：试验前电缆要充分放电并接地，方法是将电缆导体及电缆金属护套接地；选择合适的绝缘电阻表；试验前绝缘电阻表必须校零；电缆套管表面必须擦净；测试完后，一定要将电缆放电，而且电缆越长，绝缘性能越好，接地放电时间越长，而且至少不少于 1 min。

2. 直流耐压试验

直流耐压试验的接线方法如图 2.14.11 所示。

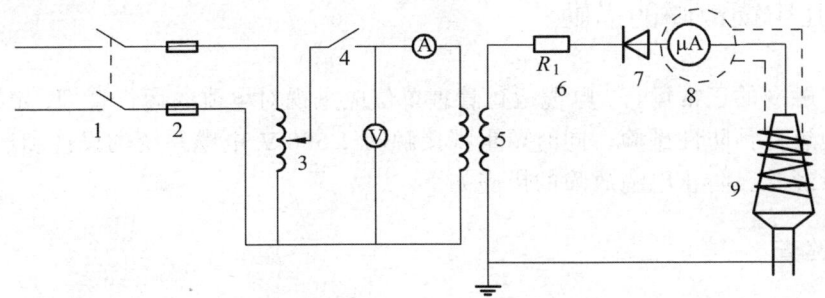

1—总开关；2—熔丝；3—调压器；4—电压表；5—变压器；6—保护电阻；7—高压硅堆；8—微安表；9—电缆。

图 2.14.11　微安表在高压侧测量泄漏电流的接线方法

如图 2.14.11 所示试验接线不受杂散电流的影响，但须注意安全。一般应在微安表上并联一个保护设备或并联一个开关（起短路保护作用），操作的时候，为了安全，要采用绝缘棒，戴绝缘手套。此外直流耐压试验按照试验电压的数值进行 5 个阶段的升压。升压速度为 1~2 kV/s，在阶段停留 1 min，然后分别记录各个电压阶段以及达到试验电压值时及此后在 15 s、60 s、3 min、5 min、10 min、15 min 时刻的泄漏电流。

直流耐压试验电压标准对于不同的设备数值也不一样，应查阅相关的材料，根据要求进行选择。

3. 工频交流耐压试验

对交联聚乙烯电缆进行交流耐压试验，需要高电压、大容量的交流电压试验设备。如对一根长度为 3 km 的 110 kV、630 m^2 的交联聚乙烯电缆进行交流耐压试验，试验电压为 128 kV，试验电流达到 22.7 A，试验容量是 128 kV × 22.7 A = 2.9 MV·A。很难将这样的庞大试验设备移到现场做试验。为了减少容量，必须采用串联谐振装置，这种设备一般有调感式和调频式两种。

六、电缆工程的验收

高压交联聚乙烯电缆的竣工验收包括的项目根据 GB/T 11017—2002 或 IEC840 对电缆线路的主绝缘进行耐压试验。试验方法主要有两种：

其一，根据下述步骤进行。

直流耐压：试验电压为 $3U_0$，施压时间 15 min。

交流耐压：试验电压为 $1.73U_0$，施压时间 5 min，或 $1U_0$，施压时间 24 h。

其中，U_0 为电缆导体对地或对金属屏蔽层间的额定电压。

其二，根据 GB 11017 或 IEC229 对电缆线路的外护套进行耐压试验。对外护套厚度大于 2.5 mm 的电缆，在电缆屏蔽层和地之间加 10 kV 的直流耐压，耐压 1 min。保证此试验成功的前提条件是电缆外护套的外表面与地接触良好。这是国内外流行的外护套耐压试验标准。

此外，交联聚乙烯电缆的竣工试验项目一般还包括绝缘电阻试验、接头直流电阻的测量、直流或交流耐压试验以及相位检查等。

七、防止电缆故障的措施

为保障接触网的正常运行，电缆运行管理单位应重视对电缆的运行管理，定期巡视检查，认真、及时地进行预防性试验；同时要重视接触网 1 500 V 电缆系统的设计和运行管理。根据现场的运行经验，防止电缆故障的措施如下。

1. 加强巡查

按规定的周期进行巡查。变电所内的电缆，至少每 3 个月巡回检查 1 次。对敷设在土中的直埋电缆，根据季节及基建工程的特点，必要时应增加巡查次数。对挖掘暴露的电缆，应根据工程的具体情况，酌情加强巡查。电缆终端头，根据现场及运行情况一般每1~3年停电检查1次。装有油位指示的电缆终端头，每年夏、冬应检查油位高度。污秽地区的电缆终端头的巡查与清扫的期限，可根据当地的污秽程度予以决定。

巡查时要注意以下事项：

（1）对敷设在地下的每一电缆线路，应查看路面是否正常，有无挖掘痕迹，查看路线标桩是否完整无缺等。

（2）电缆线路上不堆置瓦砾、矿渣、建筑材料、笨重物体、酸碱性排泄物或砌堆石灰坑等。

（3）对于通过桥梁的电缆，应检查桥两端电缆是否拖拉过紧，保护管或槽有无脱开或锈烂现象。

（4）对于各种排管应该用专用工具疏通，检查其有无断裂现象。

（5）电缆铅包在排管口及挂钩处，不应有磨损现象，需检查铅包是否失落。

（6）对户外与架空线连接的电缆和终端头应检查终端头是否完整，引出线的接点有无发热现象，电缆铅包有无龟裂漏油，靠近地面的是否被车辆碰撞等。

（7）多根并列电缆要检查电流分配和电缆外皮的温度情况。防止因接点不良而引起电缆过负荷或烧坏接点。

（8）隧道内的电缆要检查电缆位置是否正常，接头有无变形漏油，温度是否异常，构件是否失落，通风、排水、照明等设施是否完整。

（9）巡线人员应做好记录和编制维护计划。

（10）发现电缆线路有重要缺陷，应立即报告运行管理人员，并做好记录，填写重要缺陷通知单，运行管理人员接到报告后应及时采取措施，消除缺陷。

2. 防止绝缘过热

过负荷是导致电缆绝缘过热的重要原因，因此，相关规程规定，电缆原则上不允许过负荷，即使在处理事故时出现的过负荷，也应迅速恢复其正常电流。为避免电缆过负荷，一要正确选择电缆的截面，使之满足允许温度和载流量的要求；二要经常测量和监视电缆的负荷电流和温度。

电缆负荷电流的测量，可用配电盘式电流表或钳形电流表等。测量的时间及次数应按现场运行规程执行，一般应选择最有代表性的日期和负荷在最特殊的时间进行。发电厂或变电所引出的电缆负荷测量由值班人员执行，每条线路的电流表上应画出控制红线，用以标志该线路的最大允许负荷。当电流超过红线时，值班人员应立即通知调度部门采取减负荷措施。

电缆温度的测量，应在夏季或电缆最大负荷时进行，应选择电缆排列最密处或散热条件最差处及有外界热源影响的线段。测量直埋电缆温度时，应测量同地段的土壤温度。测量土壤温度的热电偶温度计的装置点与电缆间的距离不小于3 m，离土壤测量点3 m半径范围内应无其他热源。当电缆与地下热力管道交叉或接近敷设时，电缆周围的土壤温度在任何时候不应超过本地段其他地方同样深度的土壤温度10 ℃以上。

3. 防止电缆腐蚀

电缆铅包或铅包腐蚀是导致电缆绝缘受潮的重要原因，所以防止电缆铅包或铅包腐蚀是保证电缆安全运行的重要措施。电缆的腐蚀有化学腐蚀和电解腐蚀两种。

防止化学腐蚀的方法如下：

（1）合理选择电缆线路路径，尽量远离有腐蚀性的土壤。否则应采取必要的措施，如部分更换不良土壤，或增加外层防护，将电缆穿在耐腐蚀的管道中等。

（2）对已运行的电缆线路，较难随时了解电缆的腐蚀程度，只能在发现电缆有腐蚀，或发现电缆线路上有化学物质渗漏时，掘开泥土检查电缆。

（3）对室外架空敷设的电缆，每隔 2~3 年对保护电缆外护层涂刷一遍有良好作用的沥青防腐漆。

防止电解腐蚀的方法主要有以下两种：

（1）加强电缆包皮与附近巨大金属物体间的绝缘。

（2）在小的阳极地区采用吸回电极（锌极或镁极）来构成阴极保护，被保护的电缆铅包电压不应超过 0.2~0.5 V。

4. 防止电缆绝缘受潮

防止电缆铅包或铝包腐蚀是防止电缆绝缘受潮的重要措施。对渗油的电缆进行及时处理也是防止电缆绝缘受潮的重要环节。防止电缆绝缘受潮的主要方法如下：

（1）电缆运行部门在巡视时，要注意电缆护套是否有渗油现象，对渗油的电缆要做好观察和记录，停电时应进行处理。

（2）对电缆沟、隧道中的电缆，每年应进行两次检查，发现渗油电缆要及时处理；如要封铅处理，需停电检查，核对无误后再实施。

（3）对电缆沟、隧道、工井等电缆构筑物，要及时排除积水，清理杂物。

高压交联聚乙烯电缆会由于电缆端部封帽不严或被损坏而受潮，也会因为在运输过程中电缆护层被外力损坏而受潮。此外在试验和运行的过程中，会因绝缘被击穿引起的电缆护层损坏而受潮，还会因中间接头密封不严而受潮。

去潮处理是一般指在电缆的一端用压缩气体介质，强制灌入电缆绝缘线芯内，在电缆的另一端，同时抽真空，让干燥的气体吸收进入电缆的潮气，然后抽去。压缩气体介质通常为干燥的氮气或干燥的空气。去潮处理一般采用专门的设备。

5. 防止外力损伤电缆绝缘

电力电缆线路事故大部分是由外力的机械损伤造成的。为了防止电缆的外力损伤，应当建立制度、加强宣传、加强管理，在电缆线路附近进行机械化挖掘土方工程时，必须采取有效的保护措施，或先用人力将电缆挖出并加以保护后，再根据操作机械及人员的条件，在保证安全距离的条件下进行施工，并切实加强监护。

6. 防止过电压击穿电缆绝缘

发电厂、变电所的 35 kV 及以上电缆进线段，在电缆与架空线的连接处应装设阀式避雷器，其接地端应与电缆的金属外皮连接。单芯电缆末端的金属外皮应经接地器或保护间隙接地。

7. 防治白蚁

白蚁在全国 20 多个省市都有发现，而且以云南最多，广东次之。而白蚁对直埋电缆有危害作用，它们能把电缆护层咬穿，使电缆绝缘受潮，导致绝缘强度降低，造成接地短路。对于南方的城市轨道交通电力系统，必须采取措施防治白蚁。

（1）采用咬不动电缆。在白蚁活动的场所，采取措施以提高护层、绝缘层的硬度，使白蚁咬不动。

（2）药物型电缆。在电缆中加入一定剂量的对白蚁有触杀作用的药物。这些药物要有一定的药性持久性，同时在 160 °C 高温时不易分解，此外还要求工艺简单、对电缆机电性能无影响、生产施工方便等。常用的药物有狄氏剂（$C_{12}H_8CL_6O$）、林丹（$C_6H_6CL_6$），狄氏剂的特点是稳定，药效长；而林丹的特点是稳定性差，但毒杀力大。

（3）毒土防蚁。在电缆周围的土中掺入一定剂量的药物，阻杀白蚁。

（4）生态防蚁。生态防蚁主要方法是将电缆用水泥封包，选择合适的线路避开白蚁活动场所、改变敷设方式（改为架空式）等。

此外还要加强电缆的预防性试验工作，发现异常电缆，采取措施，减少损失。

第十五节 接地与防雷

城市轨道交通的地下线和地面线的接触网都应设有接地线，接触网的构件、绝缘子底座、钢支柱及其构件均需要与接地系统连接进行接地，接地线全线贯通并引入牵引变电所接地网。

将电力系统或电气设备的某一部分经接地线连接到接地极，称为"接地"。接地的目的是在正常、事故或雷击的情况下，将大地作为接地电流回路的一个元件，保证电力系统和电气设备的正常运行和人身安全。

就接地系统而言，地铁工程与一般民用建筑的差别在于地铁采用的是直流牵引供电系统，而在采用走行轨回流的直流牵引供电系统中，由于钢轨与大地之间不能做到完全绝缘，由钢轨回流至牵引变电所的电流必然会有一部分经大地流回牵引变电所，由此产生的杂散电流会给地下的金属构件带来电解腐蚀现象，这一现象决定了地铁的接地设计与一般民用建筑的接地设计有所不同。依据《地铁杂散电流腐蚀防护技术规程》（CJ J49—92）中"地铁的钢筋结构不应兼作他用"的规定，要求地铁接地装置必须与地铁车站的结构钢筋绝缘，接地装置采用人工接地，只有采用第 4 轨回流或采用交流牵引供电，才可以考虑采用结构钢筋等自然接地体作为接地装置。

一、接触网接地

1. 接触网接地的作用、分类

接触网带电部分和接地部分经绝缘元件（悬式绝缘子、棒式绝缘子及绝缘支座等）绝缘。在通常情况下总有微弱的泄漏电流经绝缘元件流回大地，这样的微弱泄漏电流，一般对设备和人身不会造成伤害。但随着绝缘元件的老化、严重脏污、出现裂纹或浸水时，绝缘强度下降，这时泄漏电流就会相应增加。当支柱对地有较大的接地电阻时，泄漏电流在支柱上形成较大过渡电压，严重时会危及人身安全；同时，较大的泄漏电流经过支柱（混凝土柱）时，其内部金属部分钢筋发热，使金属软化造成支柱强度下降，拉断支柱，危及设备安全；另外，当绝缘元件残缺及遭到击穿时，会形成短路电流。由于支柱本身电阻、基础电阻较大，限制了短路电流数值的大小，短路电流不足以使继电保护动作，而在短路点处形成长时间的连续电弧，烧损设备并在地表面形成跨步电压，危及人员安全。为了避免上述情况的发生，接触网应设立接地装置，将接触网设备中非带电的金属部分与大地直接相连。

接触网接地根据其目的不同可分为工作接地和安全（保护）接地。为保证设备安全运行而设置的接地称工作接地，如混凝土柱、钢柱接地等。以防护为目的而设置的接地称为安全接地，如距接触网带电体 5 m 以内的金属结构。

城轨接触网中接地的实现方式有多种形式：隧道和车场线路有架空地线时利用架空地线集中接地，接触网架空地线应接至牵引变电所接地装置。地上区段架空接触网的架空地线，应每隔 200 m 设置火花间隙。接触轨线路区段则需要把全线的接触轨底座用接地扁铝连接起来，并引入就近的变电所接地母排上，形成整个接触网的接地系统。零散的接触网支柱和避雷器支柱可单独设接地极接地。固定支持接触网的非带电金属体，应与接触网架空地线或接地扁铜（铝）相连接。

由于轨道是牵引网供电回路的一部分，经馈电电缆与牵引电源的负极连接，所以城轨交通中作为回流导体使用的走行轨不允许连入接地，而且处于对地绝缘状态。接触网接地如图 2.15.1 所示。

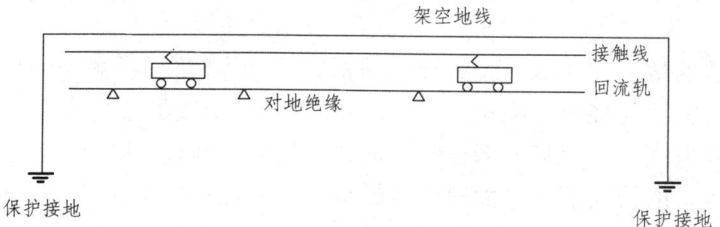

图 2.15.1 接触网中的接地

2. 架空地线接地方式

采用架空接触网的城轨线路，在隧道中所有埋入杆件均需与地线相连，连接方式是分别将各悬挂点的地线都接在一根母线式地线上，母线式地线沿隧道壁顺线路架设，以刚性接触网为例，不同位置处架空地线的安装如图 2.15.2 所示。

架空地线方式可使所有架空悬挂的支持机具底座就近与保护装置连接，同时隧道外的架空地线可兼避雷线作用。

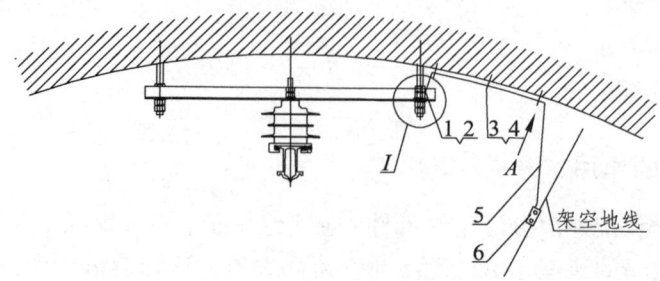

（a）圆形隧道正常净空悬挂点的接地安装

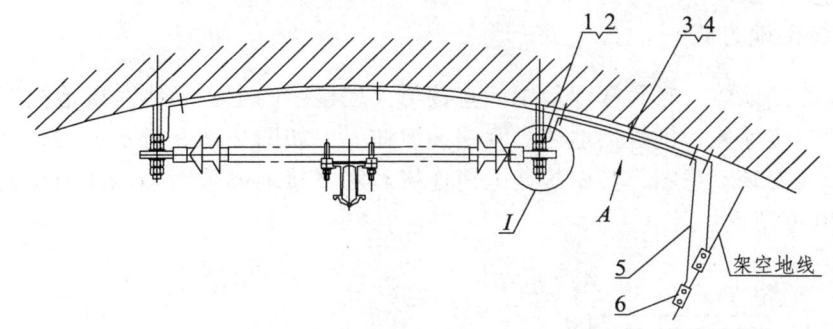

(b) 圆形隧道低净空悬挂点的接地安装

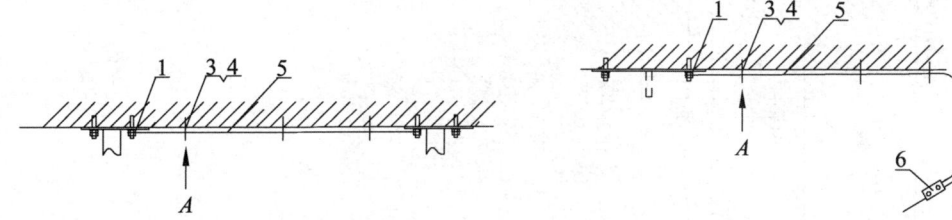

(c) 各类零散安装底座间的接地安装
(同一底座上的接线端子应安装在同一螺栓上)

(d) 各类零散安装底座与架空地线连接的接地安装

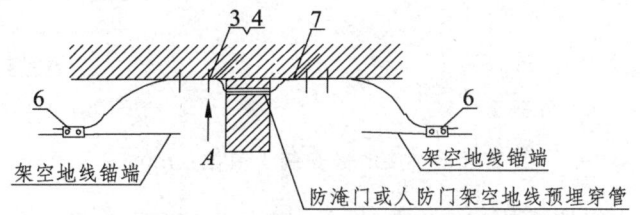

(e) 防淹门和人防门处架空地线的连接安装

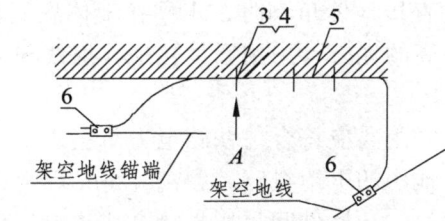

(f) 架空地线锚端与另一支架空地线的连接安装

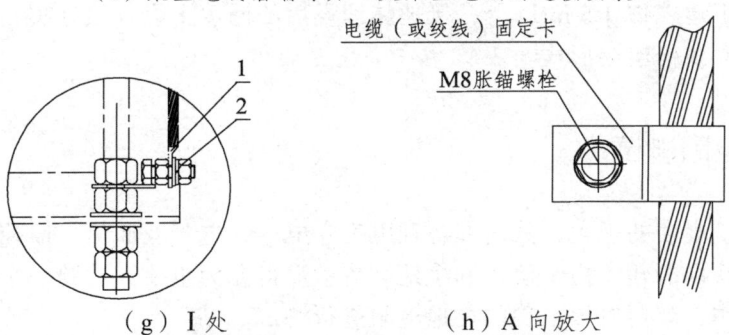

(g) I 处　　　　　(h) A 向放大

1—铜接线端子；2—接线端子安装底座；3—绞线固定卡；4—螺杆锚栓；5—硬铜绞线 120 mm²；
6—电连接线夹；7—软电缆 150 mm²。

图 2.15.2　刚性悬挂接触网安装

3. 接地极接地方式

接地极又称接地体,它是深埋地中并直接与大地接触的金属导体。接地极根据使用材料不同可分为角钢接地体、钢管接地体、圆钢接地体等。如图 2.15.3 所示为城轨接触网常用的角钢接地极形式安装示意图,其中接地电缆连接和水平接地体采用 40×4 型扁钢,垂直接地极采用 50×50 型角钢。

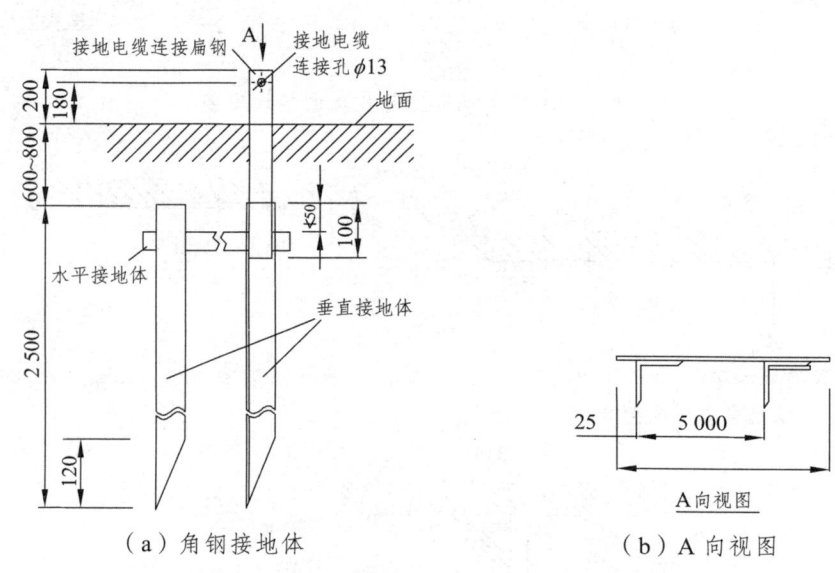

图 2.15.3 接地极安装(单位:mm)

施工完毕后实测本接地极的接地电阻值,不得大于 10 Ω。当接地电阻达不到要求时,可接长接地极网络,每增加一垂直接地体角钢时,水平接地体扁钢相应加长 5.0 m,直至接地电阻达到要求。在土壤电阻率高的地方可采用增设接地体射线根数和长度,外引接地体和土壤中加长效降阻剂处理土壤。

接地体与通信、信号电缆的距离应符合《铁路电力牵引供电施工规范》的有关规定,地中接地体、线的敷设应该避开地中的电缆线路,距离 1.5 m 以上或采用穿绝缘管保护。接地装置的各种金属件均应热浸镀锌,金属件间采用焊接方式连接,焊接处应补涂沥青防腐。接地体埋设位置应距建筑物 1.5 m 以上,接地体埋设后的回填土应分层夯实。接地电缆端子与接地体的连接采取螺栓连接形式。

二、接地电阻测试

随着城轨建筑规模的扩大,其内部各种电力、电气、电子及通信、监控系统等设备的使用日趋增多,地铁内的建(构)筑物的接地装置就显得尤为重要,检验一个地铁工程的接地装置是否正常运作,就要对该工程的接地电阻进行测试。

各种接地装置均需进行接地电阻测试,一般采用电阻测量仪测量。除晶体管测试仪外,其余型号接地电阻测试仪系由手摇发电机、电流互感器、电位器及检流计等组成。借助开关旋钮改变互感器二次绕组产生的电流,可得到不同的量限。如图 2.15.4 所示为常见的 ZC-8

型接地电阻测量仪外形和测量接线方式。

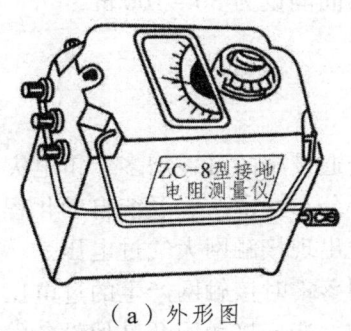
（a）外形图

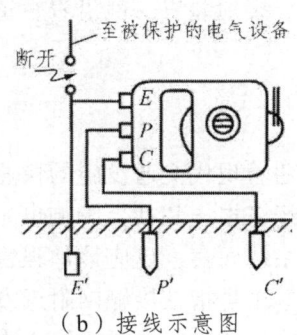
（b）接线示意图

图 2.15.4　接地电阻测试仪原理示意图

测量接地电阻线路 ZC-8 型接地电阻测量仪器附带的 5 m、20 m 和 40 m 三根导线分别与接地极 E'、电位探针 P' 和电流探针 C' 相连接。测量时，将电位探针 P' 插在被测接地极 E' 和电流探针 C' 之间，一般沿直线布置，彼此相距 20 m。用导线将 E'、P'、C' 连接于仪表相应的端钮 E、P、C 上。将仪表置于水平位置，调整零位调整器校正，使检流针的指针头指于中心线上，再将"倍率标度"置于最大倍数，慢慢转动发电机的摇把，同时转动"测量标度盘"使检流针的指针处于中心线。当检流针的指针接近平衡时，加快发电机摇把的转速，使其达到 120 r/min 以上。"测量标度盘"的读数小于 1 时，应将"倍率标度"置于较小的倍数，再重新调整"测量标度盘"，以得到正确读数。

接地电阻属于分布电阻，在接地点附近比较大，在接地点 20 m 以外的电阻不再增加。

三、检修时的接地

为了确保检修时工作人员的安全，必须通过专用设备将接触网接地。架空柔性接触网一般用接线柱接地。

接线柱不能直接用于架空刚性接触网，而必须采用专用的接地装置。接地装置安装在汇流排的上面，有一个 ϕ16 mm 杆子用于接地。每个接地装置由 4 个用于固定汇流排的半夹组成。半夹用 M8 的不锈钢螺栓正对着连接，螺母可以被半夹自锁，紧固力矩 8 N·m。检修时的接地装置如图 2.15.5 所示。

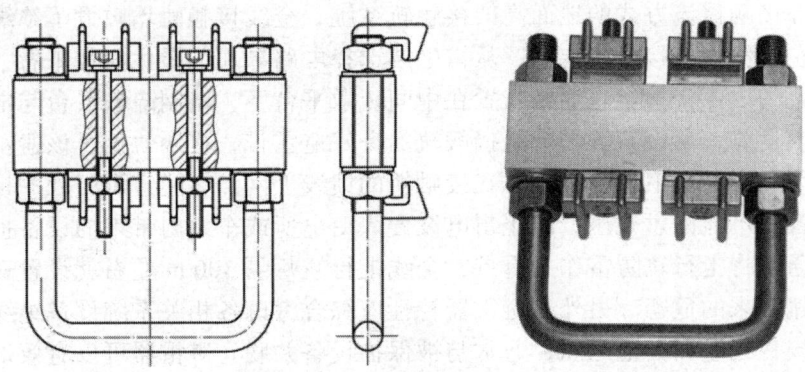

图 2.15.5　检修时的接地装置

安装在4个半夹中间的一个支撑块可以限制汇流排上面的压力。用于连接接线柱的杆子位于支架上。接地装置一般沿着轨道布置。为了方便，间隔设为50～100 m。

四、防　雷

近年来随着现代交通设施的快速发展，城市地铁交通设施的日益增多，雷电灾害危害程度和造成的经济损失和社会影响也越来越大。对于设备分布范围广、系统自动化程度高的城市地铁交通系统而言，更应该加强雷电防护工作，防止出现接触网大气过电压。

大气过电压是指在接触网附近发生雷击、或接触网落雷时接触网产生的过电压。这种峰值很高的过电压会使绝缘子闪络、击穿而发生短路事故，造成接触网及其他设备的损坏。当安装了避雷器后，避雷器能及时地将雷电引入大地，限制接触网上过电压的大小。所以避雷器是用于保护电气设备免受雷击时高瞬态过电压危害，并限制续流时间、限制续流幅值的一种电器。避雷器有时也称为过电压保护器、过电压限制器。

建筑物、电气设备和人员在遭到雷击时，其安全极易受到危害。雷击过电压的能量非常强，雷电的放电电流一般为10～40 kA，在极大雷暴时高达430 kA。为保障建筑物、电气设备和人员的安全，防雷措施必不可少。目前国内城市轨道交通地面区段在采用架空接触网供电时，地上区段架空接触网应设置避雷器，其间距不应大于300 m，在满足条件时全线贯通的架空地线可兼作避雷线，可以有效地避免雷电波对轨道交通设施带来的危害。采用接触轨供电，一般不会在全线设置避雷线、避雷针等接闪器，高架轨道线路可能处于高频雷击区，其上运行的列车可能遭受雷击，雷电波沿车体进入走行轨。由于走行轨处于电气悬浮状态，即走行轨与道床之间采取了绝缘措施，当走行轨出现雷电压时，极可能将走行轨与道床之间的绝缘层击穿，一方面大大增加了走行轨杂散电流的泄漏量，另一方面可能破坏沿线与钢轨连接的设施，还有可能造成车辆损坏。靠近牵引变电所处的走行轨如果遭到雷击，雷电波会通过回流电缆引至牵引变电所的负极柜内，造成电气设备的损坏。因此，应对高架及地面区段采取综合防雷措施。

接触网线路避雷器的安设由线路经过地区的雷区等级决定，《铁路电力牵引供电设计规范》规定：根据雷电日及运营经验，对接触网进行大气过电压保护。一般城轨交通的地面及高架线路均须设置避雷器。为了限制雷电波侵入隧道，保护隧道内的电气设备，地面与地下的交界处（隧道口）也要设置避雷器。

采用了下部接触授流方式的地面高架接触轨系统，全线接触轨均敷设了绝缘防护罩。防护罩从上部、左右侧面将接触轨包裹，从雷电波选择电路导通的最优路径来看，雷电是不会直接击中接触轨的。由于接触轨通常布置在中间疏散平台下，钢制疏散平台与电缆支架接地扁钢相连，接地良好，所以疏散平台是接触轨的良好避雷带，接触轨处于该避雷带的保护工作范围之内，因此高架轨道线路仅考虑在接触轨的馈线上网点、隧道洞门处的接触轨上设置避雷器，防止各种可能的过电压，防止雷电波侵入变电所或车站内带来的设备损坏或人员伤害。在设计中通常将走行轨防雷作为重点，全线走行轨每隔300 m左右就设置避雷器，防止雷击车辆或钢轨带来的危害。另外，避雷器特性应综合考虑各相关系统设备绝缘配合需求。

避雷器连接在线缆和大地之间，通常与被保护设备并联。避雷器可以有效地保护供电设备，一旦出现不正常电压，避雷器将发生动作，起到保护作用。当供电线缆或设备在正常工作电压下运行时,避雷器不会产生作用,对地面来说视为断路。一旦出现高电压,且危及被保护设备绝缘时,避雷器立即动作,将高电压冲击电流导向大地,从而限制电压幅值,保护通信、供电线缆和设备绝缘。当过电压消失后,避雷器迅速恢复原状,使供电线路正常工作。

避雷器分为很多种,有金属氧化物避雷器、线路型金属氧化物避雷器、无间隙线路型金属氧化物避雷器、全绝缘复合外套金属氧化物避雷器、可卸式避雷器等多种规格。城轨交通接触网避雷设备普遍采用 DC 1 500 V 氧化锌避雷器。如图 2.15.6 所示。

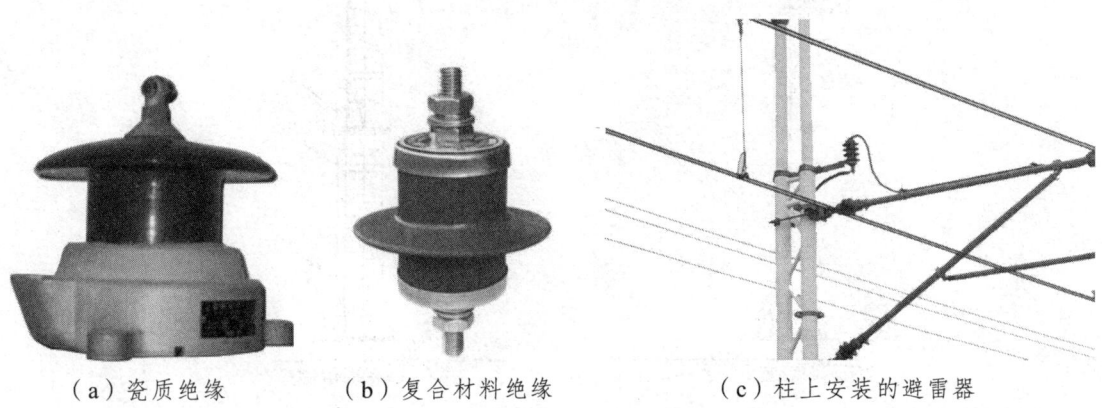

（a）瓷质绝缘　　　　（b）复合材料绝缘　　　　（c）柱上安装的避雷器

图 2.15.6　DC 1 500 V 氧化锌避雷器

氧化锌避雷器是性能优良的避雷器产品,由氧化锌非线性电阻阀片层叠而成。在工作电压下,阀片电阻值极大,泄流电流在几十微安级;当接触网遭受雷击、加在避雷器上的过电压超过一定值时,避雷器阀片的电阻急剧下降,可以将雷电流导入大地,限制接触网上的电压;当过电压消失后,阀片电阻值又恢复正常工作电压时的较大数值,且不存在续流。

为了监测避雷器的运行状态,确保避雷器损坏后不造成系统单相接地,避雷器安装时一端和接触悬挂相连接,另一端可安装脱离器及计数器。由于避雷器使用寿命的原因,导致避雷器爆炸或绝缘击穿后,往往造成系统单相接地故障,从外观不易发现,给故障点查找带来很大的困难。脱离器作为避雷器的特殊附件,与避雷器串联使用,当避雷器损坏时,脱离器及时可靠的动作,将避雷器退出运行,不仅避免了系统单相接地,而且还有明显的脱离标志,帮助维护人员及时发现故障点,提高了系统运行的稳定性和安全性。

无残压计数器串联在避雷器下面,用来记录避雷器动作次数和监测避雷器的泄漏电流。该产品通过避雷器的放电电流,感应出电流信号,经处理器转换成驱动电子计数器的信号,记录避雷器的动作次数。

避雷器的底座上装设有辅助绝缘,其接地时通过中间法兰连接避雷器动作计数器后接地。动作计数器在运行之前或运行 1~2 年后,应进行一次简易的检测,如测量直流电阻、动作性能等。避雷器的冲击接地电阻不应大于 10 Ω。

支柱避雷器安装和隧道口避雷器安装如图 2.15.7 和图 2.15.8 所示。避雷器至接触网端的连接一般采用电缆,其连接形式参见第 14 节电缆章节中"电缆的上网连接"部分。

安装时计数器显示装置安装高度为距地面约 1.8 m,电缆固定卡子间距不大于 1 m,避雷器至接地极的电缆在地面以上 2 m 范围内要穿管保护。

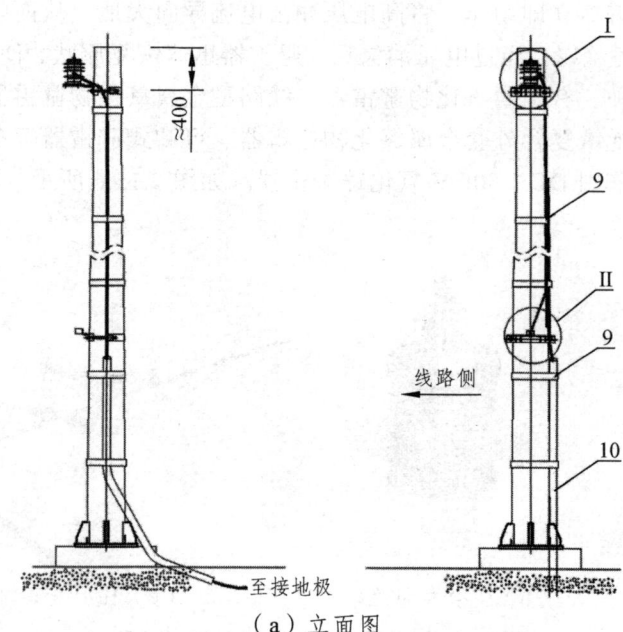

(a) 立面图

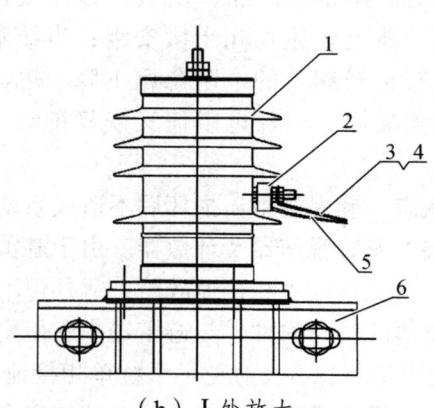

(b) Ⅰ处放大

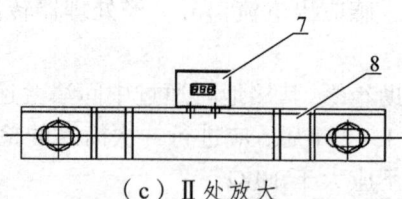

(c) Ⅱ处放大

1—避雷器；2—信号采集器；3—1×150 mm² 直流电缆；4—铜接线端子；5—信号连接线；6—支柱用避雷器底座；7—计数器；8—支柱用计数器底座；9—电缆扎带；10—ϕ70钢管，长约3 m。

图 2.15.7　DC 1 500 V 避雷器柱上安装

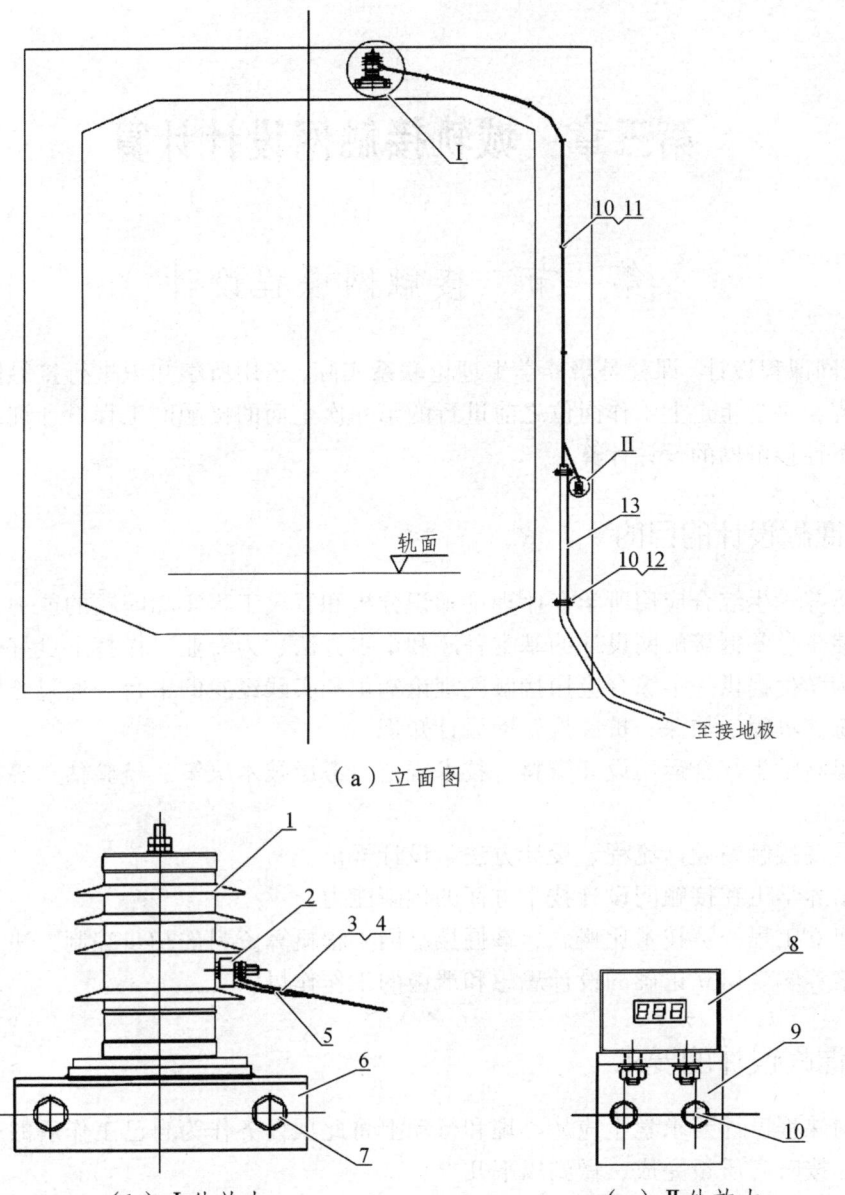

1—避雷器；2—信号采集器；3—1×150 mm² 直流电缆；4—铜接线端子；5—信号连接线；6—隧道口避雷器底座；
7、10—螺杆锚栓；8—计数器；9—隧道口计数器底座；11—电缆固定卡子；
12—电缆固定架；13—ϕ70 钢管，长约 3 m。

图 2.15.8　DC 1500 V 避雷器隧道口安装

第三章　城轨接触网设计计算

第一节　接触网课程设计

"接触网课程设计"课程是培养学生理论联系实际，运用所学知识进行接触网工程设计的实践性课程，是学生走上工作岗位之前进行的第一次全面的接触网工程设计训练。本章介绍的是架空柔性接触网的设计计算。

一、课程设计的目的

（1）培养学生综合应用所学专业理论知识分析和解决工程实际问题的能力。
（2）使学生掌握接触网设计的基本程序和基本方法，为专业工作打下良好的基础。
（3）为学生提供一个综合应用接触网理论知识和实践经验的平台，通过绘图提高识图能力，并训练、巩固、加深、扩展接触网设计知识。
（4）提高学生综合运用设计资料、技术规范，考虑技术决策、经验估算等接触网设计方面的基本技能。
（5）掌握接触网设计流程、设计方法、设计规范。
（6）培养学生在接触网设计技术方面的创新能力。
（7）建立工程经济技术比概念，掌握接触网工程概算资料的初步编制方法。
（8）培养学生树立正确的设计思想和严谨的工作作风。

二、课程设计的要求

接触网课程设计要求学生应从心理和行动上将此项任务作为自己工作后的第一项任务，认真对待，按时高质量完成，做到以下几点：
（1）所提交图纸完整，基本满足接触网工程施工要求。
（2）设计说明书的文字通顺、数据准确无误。
（3）图面整洁，线条清晰、粗细符合规范，曲线平滑，不得有涂改。
（4）图中标注及字体统一使用仿宋休，字体大小符合规范。
（5）说明完整，准确。

三、课程设计的基本任务

根据课程设计指导老师提供的原始设计资料（站场或区间线路平面图），完成某一站场或某一区间的接触网设计计算、平面图布置、安装曲线绘制、设备选型、设计说明书编写，具体任务如下：

（1）根据站场或区间线路平面图，完成站场或区间线路图的接触网放图工作。

（2）根据原始设计资料和数据，完成设计气象条件的选择、计算各类计算负载。

接触网的指标参数众多，确定是否选择某个参数的依据是：有关城市轨道交通运行设计的各类规范，并考虑到现场的实际情况。在建立评估体系时要考虑到该参数是否对接触网的运行状态造成比较严重的影响。

在建立起设计指标体系后，需给每一参数分配合理的权重系数，权重的合理性对评估的结果有非常大的影响，它决定了评估报告的可信度和可用性。确定评估参数的权重主要应考虑以下几个方面：

（1）设计规范中所提到的、要求设计人员特别注意的一些参数，诸如拉出值、侧面限界、导线高度等。

（2）《接触网运行检修规程》中检修部分规定的需要检修的项目，以及接触网维修技术标准规定的参数。

（3）根据原始设计资料和设计规范，确定拉出值和最大许可跨距。校验典型区段（如直线区段、圆曲线区段、缓和曲线区段、道岔附带曲线）的接触线跨中最大风偏移和跨中最大弹性值。

（4）列出设计基础数据，主要内容有：主要技术标准（线路等级、正线数目、最大坡度、最小曲线半径、速度目标值）、供电分段示意图、牵引供电方案主要技术指标、气象条件及污秽区划分（表3.1.1）、悬挂类型、线材规格及张力表（表3.1.2）、导线高度、导线坡度及结构高度。

表 3.1.1　气象条件等设计基础数据参考表格

项　　目	气象条件取值
最高温度	
最低温度	
最大风速	
最大风速时气温	
覆冰厚度	
覆冰时气温	
定位器正常位置时气温	
年平均雷电日数	

表 3.1.2　线材规格及张力基础数据参考表格

线材类别		线材规格	额定张力	安全系数	参考质量
接触线	正线				
	站线				
承力索	正线				
	站线				
附加导线	回流线（电缆）				
	供电线（电缆）				
	架空地线				

（5）确定支柱位置。

（6）确定锚段走向和长度，校验某一典型锚段的张力差，绘制锚段张力差曲线。

（7）绘出站场咽喉区放大图。

（8）选择和确定支柱、基础、腕臂、定位管、定位器、绝缘子、隔离开关及各类导线的型号和参数。

（9）对所选设备（如支柱、基础、腕臂、线索）进行机械稳定性和机械强度校验。

（10）预制一组软横跨（如果有的话）。

（11）计算一组腕臂柱装配结构的参数。

（12）绘制出所给站场或区间的接触网平面图。

（13）统计工程数量，编制工程概算表。

（14）编写设计说明书，说明设计原则和重大技术问题的处理方法。

（15）技术专题讨论：讲解在课程设计过程中所遇到的问题及解决方法、交流设计经验和教训；讲解所设计接触网平面图；交流在设计过程中是如何运用设计规范的；回答指导教师和同学的提问。

在以上设计内容中，具体内容由指导老师根据学生的设计工作量灵活掌握。

四、课程设计的基本流程和内容

接触网课程设计是从接受和研究《接触网课程设计任务书》开始的，其流程如图 3.1.1 所示。

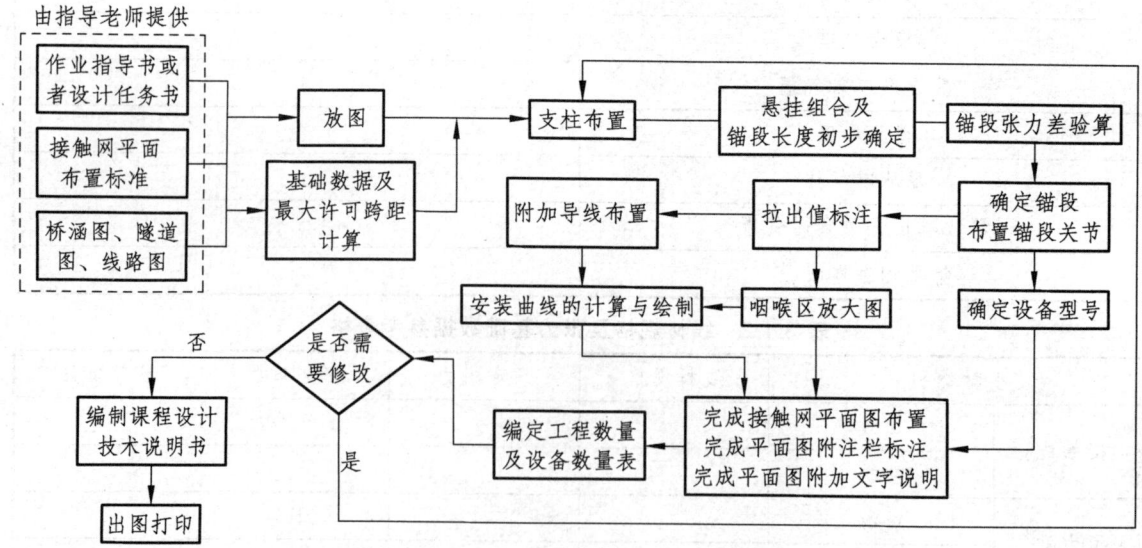

图 3.1.1 接触网课程设计流程

接触网平面布置是在线路平面图的基础上，根据《接触网课程设计任务书》完成站场或区间接触网的平面布置图（支柱布置、确定锚段起止点及走向、确定接触线的拉出值、确定支柱类型、选择安装图号和软横跨节点、根据地质条件选择基础类型、设备安装、编排支柱号码、编写主要设备材料表、主要工程数量表、技术说明书等内容。具体有以下几个阶段：

（1）准备阶段。分析整理原始设计资料，仔细阅读设计说明书和站场或区间线路初步设计图，明确设计要求和内容，复习课程的相关内容，拟订设计计划和进度表；

（2）基础数据计算阶段。分析《接触网课程设计任务书》和线路初步设计图，写出基础数据、计算单位负载、依据相应设计规范和设计要求确定最大许可跨距。

（3）平面图预布置阶段。依据站场或区间线路初步设计图，完成放图工作，依据支柱布置原则和最大许可跨距、初步设定支柱位置，完成各悬挂走向和各定位点的拉出值，划分锚段，检验锚段长度的合理性，确定支柱位置和锚段长度。

（4）设计计算阶段。依据基础数据和初步布置得到的数据，计算并绘制各类安装曲线。

（5）绘制接触网平面图、咽喉区放大图。

（6）设备选型阶段。确定各类设备的型号和参数，并进行必要的技术校验和说明。

（7）设计汇总阶段。整理和编写设计说明书、工程数量统计表及工程概算资料。

（8）进行设计总结和技术专题讨论。

五、课程设计应提交的设计文件

课程设计应提交的设计文件应规范和整洁，设计说明书一般采用 A4 打印纸打印，内容排序上按照封面、前言、目录、正文、附录、咽喉区放大图、接触网平面图（大图，需按要求折叠成 A4 大小）、底封面顺序装订成册。

课程设计应提交的设计文件包括：

（1）设计任务书。
（2）设计说明书。
（3）站场或区间接触网平面图。
（4）咽喉区放大图。
（5）各类线索的安装曲线图、表。
（6）供电分段图。

六、课程设计注意事项

接触网特殊的工作环境，使接触网的设计质量和工程质量受较多因素的影响，线路条件的变化、支柱位置的偏离、各类建筑物的变化、各类工程间的配合对最后的设计文件会产生重要影响，为了提高设计工作和设计文件的质量，接触网设计过程中的有关测量数据需进行复核，因此，外测作业是接触网设计工作中十分重要的一个环节。但由于时间、经济、客观环境等诸多原因，可忽略学生到所设计站场或区间进行实地测量的环节。学生在开展设计工作时应严格按照接触网设计的有关规范和课程设计的要求，认真研究自己的设计任务书和初步设计图纸，尽量联系工程实际开展课程设计工作，认真完成设计计算、安装曲线绘制、平面图绘制、设备选型和技术校验等工作，提交出完整、美观的设计文件和图表。应在设计工作中培养自身良好的独立思考、严肃认真、一丝不苟、有错必改等设计习惯。

在设计之前学生应认真研究设计任务书，分析设计对象的技术条件和工作环境，明确设计要求和设计内容，复习与接触网平面图设计有关的专业知识，多与课程设计指导老师交流；在设计过程中做到在完成上阶段设计任务、开始下阶段设计任务时，多和指导老师磋商，经认真检查无误后再进行下一步设计工作；在设计完成后认真校核，认真编写设计说明书，就一定能圆满完成设计任务，提交出符合要求的设计文件。

学生进行接触网课程设计时，应正确对待以下几个方面的问题。

（1）正确处理参考资料与设计创新的关系。任何设计都不可能离开别人的长期积累而凭空设想，学生应认真查阅有关的参考资料，分析、参考成功的图例，吸取别人的有益经验，改进设计思路和方法，提高设计质量。但任何设计都是根据特定的设计要求和具体工作条件提出来的，必须密切联系实际，具体分析并创造性地开展设计工作，切勿只为完成任务而盲目地、机械地抄袭。

（2）正确使用标准和规范。接触网设计有许多规范和规则，设计时要认真阅读、严格遵守在设计中需参考的规范有：《铁路电力牵引供电设计规范》（TB10009—2005）、《地铁设计规范》（GB50157—2003）、《城市轨道交通直流牵引供电系统》（GB10411—2005）、《铁路电力设计规范》（TB10008—2007）、《接触网安全工作规程》和《接触网运行检修规程》及历次设计联络会议纪要等。

正确处理设计、施工、投资三者间的关系。要建立设计、施工、投资三位一体的工程概念。设计是为施工服务的，必须考虑施工是否能够实现；设计必须考虑工程造价和成本。不考虑成本和实施工艺的设计哪怕十全十美也只是空中楼阁。但设计又要考虑新技术和新工艺的应用，不能因循守旧。

第二节　气象条件及计算负载的确定

一、气象条件

接触网的特点是露天设置，要经受外界各种自然条件变化的影响。气象条件对接触网工作质量及技术状态有较大的影响，故气象条件是接触网设计计算最原始、最重要的基础资料，同时也是设计计算时的基本依据。所选择气象条件的数值恰当与否对于接触网设计质量至关重要。如果把百年不遇的不利情况作为依据，在设计时，必然会缩小跨距，加强设备结构，提高安全系数，结果造成物资浪费，造价过高。但如果把频繁出现的较严重情况不予考虑，选择数值较低，则会降低运营的可靠性，事故率高，后果也很严重。所以气象条件必须结合具体情况慎重、细致地进行确定。

一般来说，气象条件对架空柔性接触网影响最大，尤其是地面和高架线路的柔性接触网；架空刚性接触网一般使用于隧道内，受到的影响较小；接触轨接触网即使在地面和高架线路使用，也仅受到部分气象条件的影响。例如：温度会对所有类型接触网造成影响；风会造成柔性接触网的跨中位置相对受电弓中心线产生偏移，偏移量过大时会造成钻弓事故，而刚性接触网和接触轨几乎不受风力影响。

确定接触网计算气象条件是一项复杂、困难的工作。我国疆域辽阔，地形错综复杂，气象差异很大，这给确定接触网气象条件带来了不少困难。具体确定时应力求准确，满足设计要求，取值尽量规格化、系列化，且同一线路的气象条件尽可能地统一起来。目前，我国电气化铁道勘测设计部门对于接触网计算气象条件的选择和确定方法如下：

1. 最高温度和最低温度

最高温度 $t_{\max}$、最低温度 $t_{\min}$ 应根据线路通过地区的实际极限温度来确定，采用各地气象台的年最高、年最低温度，在数值上取 5 的整数倍。考虑到全国大多数地区情况，一般最高温度取为 40 °C；最低气温则因各地而异，具体可参考典型气象分区（见表 3.2.1）。温度的变化会使线索的张力和弛度发生变化。温度过低线索被拉紧，甚至出现负弛度，不利于受电弓正常取流。温度过高，线索伸长，弛度增大，也会造成接触线磨耗严重，缩短使用寿命。

2. 最大风速 $v_{\max}$

最大风速的计算方法有三种：数理统计法、变通法和平均法。目前接触网设计中均采用变通法。其计算方法为：设有年资料，按年份排列，自第一年开始，每五年为一组，每组按顺序相隔一年，取出每组中的最大值并求出各组最大值的平均值。

$$v_{\max} = \frac{\sum_{i=1}^{n/5} v_{i\max}}{n/5} \qquad (3.2.1)$$

式中　$v_{i\max}$——第 i 组中最大风速值，m/s；

　　　n——占有资料的年份；

　　　$n/5$——占有资料的组数。

最大风速与距地面的高度有关，接触网支柱高度一般为 8~15 m，所以接触网设计最大风速应采用距地面 10 m 高度、每五年一遇的 10 min 平均最大值。

风对接触网的影响主要体现在风不仅增加了支柱和悬挂的机械负荷，而且在不同方向和风速的作用下，会使线索产生多种形式的振动、摆动，故设计时必须考虑风的影响。

3. 最大风速出现时的温度 t_v

最大风速出现时的温度各地各不相同，一般选取风速大、出现次数多的月平均温度值。

4. 线索覆冰时的温度 t_b

接触网线索覆冰与否，应视该地区实际情况而定，我国在覆冰地区一般选取 −5 °C 为线索覆冰时的温度。

5. 覆冰厚度 b 和覆冰密度 γ_b

线索覆冰厚度不得小于该地区实际观测到每五年一遇的最大冰厚。覆冰考虑为圆筒形，沿线索表面等厚度分布，不考虑线索截面的不规则形状，设计资料中只给出承力索覆冰厚度。接触网计算时一般不考虑吊弦及其线夹的覆冰载荷。考虑到受电弓滑板运行中的刮冰作用，计算接触线冰厚时应折算为承力索覆冰厚度的一半。线索覆冰密度因地区和结冰情况不同而异，为统一起见，计算中一般取为 $\gamma_b = 0.9 \text{ g/cm}^3$。冰对接触网的影响有以下几方面：一是覆冰会增加线索所承受的机械负荷；二是由于隧道内拱顶不严密，严寒季节渗水结成冰柱，易使导体短路而影响正常供电；三是接触线覆冰后会影响受电弓的取流，造成弓网间的连续拉弧，甚至断线。

6. 线索覆冰时的风速 v_b

覆冰时相应的风速很难测定，根据经验和有关资料，为统一起见，一般取覆冰时的风速为 10 m/s，沿海、草原等地区取为 15 m/s。沿海地区指距海岸线不超过 100 km 的地区，且不能越过山脉。

7. 接触线无弛度时的温度 t_0

接触线无弛度时受流条件最好。当正弛度时，受电弓上举力的作用对正弛度有一定的补偿，而在负弛度时，反而会加大负弛度。所以，正弛度比负弛度的受流条件要好，负弛度时受流条件最差。确定无弛度温度的原则是：接触线在最高温度下产生的正弛度绝对值略大于在最低温度下产生的负弛度的绝对值，一般接触线的无弛度温度要比平均温度低一些。为了改善受流条件，减少负弛度，我国 t_0 取值方法如下：对于简单链形悬挂，无弛度温度比平均温度低 10 ℃；对于弹性链形悬挂，无弛度温度比平均温度低 5 ℃。

8. 吊弦及定位器正常位置时的温度 t_p

确定这一温度的原则是：吊弦及定位器在最高或最低温度下产生的纵向偏移值尽量相等，并要求吊弦及定位器沿纵向偏移的时间尽可能的长些。在设计中，一般取该地区最高温度与最低温度的平均值。

9. 隧道内气象条件

根据经验，设计部门提出了以下几点参考依据：当整个接触网锚段都在隧道内时，最高温度应比隧道外约低 10 ℃，最低温度比隧道外约高 5 ℃，隧道内可不计算风速，接触悬挂不考虑覆冰。当锚段的一部分在隧道内而另一部分在隧道外时，一般应按隧道外的情况进行计算。

为了便于开展设计标准化的工作，我国结合各省、市自治区的气象特点将全国划分成九个标准气象区，具体见表 3.2.1。

表 3.2.1　典型气象分区

计算条件		气象区								
		Ⅰ	Ⅱ	Ⅲ	Ⅳ	Ⅴ	Ⅵ	Ⅶ	Ⅷ	Ⅸ
温度 /°C	最高	+40								
	最低	-5	-10	-10	-20	-10	-20	-40	-20	-20
	覆冰	-5								
	最大风速	+10	+10	-5	-5	+10	-5	-5	-5	-5
	安装	0	0	-5	-10	-5	-10	-15	-10	-10
	大气过电压	+15								
	内部过电压年平均气温	+20	+15	+15	+10	+15	+10	-5	+10	+10
风速/ (m/s)	最大风速	35	30	25	25	30	25	30	30	30
	覆冰	10				15				
	安装	10								
	大气过电压	15				10				
	内部过电压	0.5×最大风速（不低于 15 m/s）								
覆冰厚度/mm		—	5	5	5	10	10	10	15	20
覆冰的密度/ (kg/m³)		900								

表中所列的九个区域大体所属范围划分如下：
（1）Ⅰ区为南方沿海易受台风侵袭的地区，如浙江、福建东部、广东、广西沿海地区等。
（2）Ⅱ区系指华东大部分地区，包括安徽、山东、江苏大部分地区。
（3）Ⅲ区包括西南部的非重冰地区，以及福建、广东等受台风影响较弱的地区。
（4）Ⅳ区包括西北大部分地区、华北及京、津、唐等地区。
（5）Ⅴ区适用于华东、中南和西南三个地区的广大山区。
（6）Ⅵ区泛指湖北、湖南、河南以及华北平原的大部分地区。
（7）Ⅶ区适用于寒潮风较强烈的地带，如东北大部分地区，河北的承德、张家口一带。
（8）Ⅷ区适用于覆冰严重的地区，如山东、河南的大部分地区，湘中、粤北重冰地带。
（9）Ⅸ区系指云贵高原重冰地区。

二、计算负载的确定

（一）计算负载的分类

接触悬挂单位长度负载系指每米悬挂本身及外部条件（冰、风）对其所形成的负载。计算负载分为垂直负载和水平负载。在计算中，无论垂直负载还是水平负载，均认为是沿跨距均匀分布的。

垂直负载包括悬挂的自重和覆冰载荷，在计算时，不考虑吊弦及线夹的冰重，接触线的垂直负载通过吊弦完全传给承力索,定位器不承担垂直负载。弛度大小与线索张力、线索的垂直负载及跨距大小有关。

水平负载包括风负载、由吊弦横向偏移造成的水平负载,以及线索改变方向所产生的之字力、曲线力等水平分力。由于吊弦横向偏移引起的水平负载很小,在设计中一般不予考虑。

(二)各种负载的计算

1. 自重负载

一般标准型号的线索,其单位长度自重可通过查材料表确认。链形悬挂负载计算中,还应考虑吊弦及线夹的自重,通常按 0.5 N/m 计算,并以符号 g_d 表示。

2. 冰负载

计算冰负载时,其冰壳的计算厚度应不小于实际观测到的每五年至少出现一次的最大覆冰厚度。当计算接触线覆冰时的垂直负载时,可忽略其截面沟槽形状,即认为是圆形,并且沿接触线覆冰呈圆筒状。由于运行中电动列车受电弓滑板的刮冰作用,在计算时,将接触线覆冰厚度折算为承力索覆冰厚度的一半。对于承力索,则认为覆冰呈圆筒状,且全线覆冰厚度相等,其覆冰负载由下式计算得出:

$$g_{cb} = \frac{\pi \gamma_b b(b+d) g_H}{1\,000} \tag{3.2.2}$$

式中 g_{cb}——承力索的冰负载,N/m;
b——覆冰厚度,mm;
d——承力索直径,mm;
γ_b——覆冰的密度,g/cm³;
g_H——重力加速度,m/s²。

如果是计算接触线冰负载时,上式中的 d 则为接触线的平均直径 $d=(A+B)/2$,且接触线的覆冰厚度折算为承力索覆冰厚度的一半,即 $b_j = b/2$。

3. 风负载

风负载是指风作用到线索和支柱上的压力,又称风压。线索上的风负载可由下式决定:

$$P_v = 0.615 \alpha_v K dL v^2 \sin\theta \tag{3.2.3}$$

式中 P_v——线索所受的风载,kN;
α_v——风速不均匀系数,见表 3.1.2;
K——风载体形系数,见表 3.1.3;
d——线索直径,接触线取平均直径,mm;
L——跨距中线索的长度,m;
θ——风向与线索的夹角;
V——最大风速,m/s。

表 3.2.2 风速不均匀系数

计算风速/(m/s)	20 以下	20~30	30~35	35 以上
α_v	1.0	0.85	0.75	0.70

表 3.2.3 风载体形系数

项次	类别	体型	体型系数 K	备注
1	混凝土支柱	环形断面	0.6	
2		矩形或工字型断面	1.3	
3	实腹式钢柱	环形断面	0.9	
4		H 型断面	1.3	η：空间桁架背风面的风载降低系数； ϕ：桁架挡风系数
5	格构式钢柱	由角钢组成的矩形断面	$\phi \cdot 1.3 \cdot (1+\eta)$	
6		由钢管组成的矩形断面	0.8	
7	格构式横梁	由角钢组成的矩形断面	$\phi \cdot 1.3 \cdot (1+\eta)$	
8		由钢管组成的三角形断面	0.58	
9	线索	链型悬挂	1.25	链形悬挂采用双接触线且间距为 100 mm
10		简单悬挂	1.2	

风速达到最大时，气流不可能是平行稳定的，为了表征风速的波动，引入了 α_v 参数；不同材质、不同形状受风件承受的风压也有所不同，用 K 参数来表示。

式（3.2.3）表示在一个跨距内线索承受的风负载，在计算时，总是取线索受风影响最大的情况，即风向与线索垂直时，则 $\sin\theta = 1$。为了计算方便，取 $L = 1$ m，则线索单位长度的风负载由下式求出：

$$p_v = 0.615\alpha_v K d v^2 \times 10^{-3} \qquad (3.2.4)$$

式中 p_v——线索单位长度的风负载，kN/m；
其余符号同前。

对于支柱所承受的风负载可由下式求得：

$$p_0 = 0.615 K F v^2 \times 10^{-3} \qquad (3.2.5)$$

式中 p_0——支柱承受的风载，N；
F——支柱迎风面的面积，m²；
其余符号同前。

4. 合成负载

由于线索同时承受垂直负载和水平负载，因此还应确定两者的合成负载，合成负载是上述两负载的几何相加。应注意，在链形悬挂中，接触线所承受的水平负载被认为是由定位器传给了支柱，故计算悬挂的合成负载时不计算接触线的合成负载，只计算承力索的合成负载。当风速最大时，承力索的合成负载由下式求得：

$$q_{cv} = \sqrt{(g_j + g_c + g_d)^2 + p_{cv}^2} \tag{3.2.6}$$

覆冰时,承力索的合成负载由下式求得:

$$q_{cb} = \sqrt{(g + g_{b0})^2 + p_{cb}^2} \tag{3.2.7}$$

链形悬挂无冰无风时,其合成负载为链形悬挂的自重负载,以符号 q_0 表示

$$q_0 = g_j + g_c + g_d = g \tag{3.2.8}$$

合成负载对铅垂线间的夹角由下式

$$\varphi = \arctan \frac{p_{cb}}{g + g_{b0}} \tag{3.2.9}$$

第三节 接触网设计计算

接触网设计计算的主要内容有线索张力和弛度、最大许用跨距、锚段长度、安装曲线、结构尺寸、结构强度、荷载分析、容量校验等。目的是选择接触网的基本参数和设备型号,分析设备结构在设计极限条件下的机械安全。

接触网工程往往受到永久荷载(指接触悬挂自重及为满足运营技术标准和安全而施加在接触网上的外部荷载)、可变荷载(指因气候条件变化引起的冰荷载、风荷载、雪荷载等)及偶然荷载(指安装和维修时产生的荷载、地震荷载、平行导线间的电磁力荷载等)的综合作用,工程设计时应将各种荷载进行组合、分析、比较,选取对接触网最为不利的条件进行参数确定、设备选型和安全校验。

简单悬挂是柔性接触网中最基本的一种形式。由于接触网系露天装置,当气象条件变化时,其状态也会发生变化。在简单悬挂中,接触线的张力和弛度随气象条件变化而变化,当温度变化时线索发生热胀冷缩的物理变化;当有冰、风负载作用时,接触线的张力和弛度也会发生相应的变化。要想使架设后的接触线张力与弛度符合技术要求,必须预先计算并提供安装条件下的张力相对于计算温度的对应关系曲线,即安装曲线,这样在施工中及竣工后的维修上就有了准确技术依据。

在链形悬挂中,承力索除承受自重及附加负载外,还要承受接触线和悬挂连接件的自重及接触线的附加负载。而接触线的负载与接触线的张力、弛度有关,故承力索张力的变化还要受接触线负载变化的影响。

一、当量跨距

接触网由互相衔接的多个锚段组成,每个锚段由若干长度不同的跨距组成,在一个锚段内具体跨距长度与线路情况有关。如果线索在支柱处的固定方式是固定的,当气象条件变化时,每个跨距内线索的张力和弛度将按照本身长度的变化规律而变化,但计算每个跨距长度的变化量并绘制曲线是没有必要的。实际上在同锚段内每个支柱处的腕臂均采用绞接,可随线索转动,当气象条件变化时,借助定位器和腕臂的转动,可认为线索的张力在锚段内各跨

距中近似相等。可以用一个具有代表性的跨距来说明整个锚段的张力变化规律，即当量跨距。所谓的当量跨距是一个理想跨距，当气象条件发生变化时，当量跨距下线索张力变化规律与锚段内各跨距线索张力变化规律相同，当量跨距用 l_D 表示，由式（3.3.1）确定。

$$l_D = \sqrt{\frac{\sum_{i=1}^{n} l_i^3}{\sum_{i=1}^{n} l_i}} \tag{3.3.1}$$

式中　l_i——计算锚段内的各个实际跨距；
　　　n——计算锚段内的跨距数。

二、跨距中接触线弛度的计算

简单悬挂要求接触线应有较大的张力和较小的弛度，并有较好的稳定性。跨距中的接触线在任何温度下总是有弛度的，其实际长度必定大于跨距长度。在简单悬挂中，接触线的张力和弛度随气象条件变化而变化，当温度变化时，线索会发生热胀冷缩的物理变化。

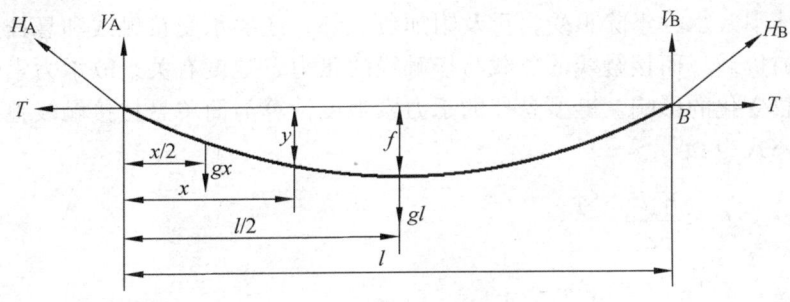

图 3.3.1　等高简单悬挂的受力

如图 3.3.1 所示，等高简单悬挂时在跨距内距悬挂点水平距离为 x 的点的弛度 y 为：

$$y = \frac{gx(l-x)}{2T} \tag{3.3.2}$$

式中　y——简单悬挂任一点的弛度，m；
　　　x——距悬挂点水平距离，m。
　　　l——跨距，m。
　　　g——单位长度简单悬挂的自重负载，N/m。
　　　T——简单悬挂内任意截面上的水平张力，m。

当 $x = \dfrac{l}{2}$ 时，$y = y_{\max} = f$，即

$$f = \frac{gl^2}{gT} \tag{3.3.3}$$

可以看出等高简单悬挂的 f 与 T 之间存在着一定的关系，在 T 每取一个数值时，就能得到一个相应的 f 值。从而得出等高悬挂时接触线张力与弛度的关系曲线，即简单悬挂接触线的曲线方程：

$$y = \frac{4f \cdot x(l-x)}{l^2} \tag{3.3.4}$$

在水平均布负载下，接触线呈抛物线形状。应当指出的是，简单悬挂接触线的张力并不是常数，而是变化的，其方向是沿悬挂线索的切线方向。在接触线上任取一点 O，在 O 点倾角 θ 的正切为

$$\tan\theta = \frac{dy}{dx} = \frac{4f}{l} - \frac{gf \cdot x}{l^2} \tag{3.3.5}$$

O 点的线索张力 H 为

$$H = T\sqrt{1+\tan^2\theta} \tag{3.3.6}$$

接触线水平张力不变，但垂直分力在跨距内是变化的，在 x 为 0（或 l）处其值最大。因此，在简单悬挂中，接触线最大张力产生在两悬挂点处，而跨距中心处张力最小。由于接触线要满足受电弓高速滑行取流，则要求接触线弛度较小，要能充分利用许用张力。在这种情况下，接触线水平张力 T 和实际张力 H 之间的夹角 θ 很小，故 T 与 H 之间的差值很小，通常认为二者近似相等，这在工程计算中是允许的。

在链形悬挂中，承力索除承受自重及附加负载外，还要承受接触线和悬挂连接件的自重及接触线的附加负载。而接触线的负载与接触线的张力、弛度有关，故承力索张力的变化还要受接触线负载变化的影响。链型悬挂的承力索弛度计算与简单悬挂接触线弛度计算方法基本相同，计算公式为：

$$F_x = \frac{W_x l^2}{gZ_x} \tag{3.3.7}$$

$$W_x = q_x + q_0 \frac{\oint T_{jx}}{T_{c0}} \tag{3.3.8}$$

$$Z_x = T_{cx} + \oint T_{jx} \tag{3.3.9}$$

式中 F_x——任意气象条件下的承力索弛度，m；

l——跨距，m；

W_x——任意气象条件下的链型悬挂归算负载，kN；

Z_x——任意气象条件下的链型悬挂归算张力，kN；

q_x——任意气象条件下悬挂的合成负载，kN；

q_0——接触线无弛度时悬挂的合成负载，kN；

T_{jx}——任意气象条件下接触线张力，kN；

T_{c0}——接触线无弛度时承力索的张力，kN；

T_{cx}——任意气象条件下承力索的张力，kN。

三、简单悬挂接触线长度计算

跨距中的接触线，在任何温度下总是有弛度的，其实际长度必定大于跨距长度。实际长度的变化对线索弛度影响很大。

等高简单悬挂时跨距内接触线实际长度由下式求得：

$$L = l + \frac{gf^2}{3l} \tag{3.3.10}$$

式中　L——接触线的实际长度，m；
　　　f——接触线弛度，m；
　　　l——跨距长度，m。

当不等高悬挂时，如果接触线弛度以 f_1 和 f_2 表示，接触线最低点到两悬挂点的水平距离以 l_1 和 l_2 表示时，跨距内接触线实际长度由下式求得：

$$L = l + \frac{2}{3}\left(\frac{f_1^2}{l_1} + \frac{f_2^2}{l_2}\right) \tag{3.3.11}$$

可以看出，在小弛度的接触悬挂中，接触线的实际长度与所在跨距长度的差值是很小的。

四、接触网状态方程与安装曲线

由于接触网系露天装置，当气象条件变化时，其状态也会发生变化。在简单悬挂中，接触线的张力和弛度随气象条件变化而变化，当温度变化时线索发生热胀冷缩的物理变化；当有冰、风负载作用时，接触线的张力和弛度也会发生相应的变化。要想使架设后的接触线张力与弛度符合技术要求，必须预先计算并提供安装条件下的张力相对于计算温度的对应关系曲线，即安装曲线，这样在施工中及竣工后的维修上就有了准确技术依据。

1. 简单悬挂接触网状态方程

$$\frac{g_x^2 l^2}{24 T_x^2} - \frac{g_1^2 l^2}{24 T_1^2} = \alpha(t_x - t_1) + \frac{T_x - T_1}{ES} \tag{3.3.12}$$

简单悬挂接触网状态方程在接触网负载计算中有着重要的意义。当负载 g_1 温度 t_1 和张力已知的情况下，可求出任意温度、负载情况下的张力和弛度。为使计算方便，将式（3.21）整理变换为：

$$t_x = \left(t_1 - \frac{g_1^2 l^2}{24\alpha T_1^2} + \frac{T_1}{\alpha ES}\right) - \frac{T_x}{\alpha ES} + \frac{g_x^2 l^2}{24\alpha T_x^2} \tag{3.3.13}$$

式中括号内为起始情况，其余为待求情况。如果代入不同的 T_x 值，可求得与 T_x 相对应的温度 t_x 值。在设计规定温度范围内，计算一定数量的 T_x 对应温度 t_x 值，并按此绘制 $T_x = f(t_x)$ 张力安装曲线。根据张力曲线，利用式（3.3.13）即可求得弛度与温度的关系曲线（每一个实际跨距有一条弛度曲线）。将不同温度下的张力 T_x 代入式（3.3.13）（其中 l 取实际跨距值），可得出在同一张力下，不同跨距时的接触线弛度，因此弛度曲线是一簇曲线。

简单悬挂在城轨交通接触网中应用较多，除了简单弹性悬挂接触网的应用外，诸如辅助馈线、架空地线以及承力索中心锚结绳等线索属于未设补偿装置的简单悬挂，同时它也是分析计算链型悬挂状态方程和安装曲线的基础。此外在接触网中线索的张力弛度变化和接触网系统的正常运行关系密切，影响到附加悬挂和接触网与地间的空气绝缘距离、支柱的受力等诸多方面，讨论简单悬挂的状态方程和安装曲线有着重要的现实意义

如图 3.3.2 所示为辅助馈线（JT150，气象条件为：最高计算温度 60，最低计算温度 –15，最大风速 30 m/s，最大风速时温度 25.5 °C，覆冰厚度 10mm，覆冰时温度 –5 °C，覆冰时风速 10 m/s）的张力和弛度安装曲线图。图（a）是隧道外辅助馈线的张力安装曲线，图（b）是隧道外辅助馈线的弛度安装曲线，图（c）是隧道内辅助馈线的张力安装曲线，图（d）是隧道内辅助馈线的弛度安装曲线。从图（a）和图（b）中可以看出，当量跨距越小，张力变化越大。完整的线索安装曲线应该包括从 20 m 到 60 m 的各个跨距下的安装曲线。从图（c）和图（d）中可以看出，对应某一锚段（当量跨距确定后）其线索某一跨的弛度变化随着跨距增大而增大。当量跨距越小，这种变化范围越大。这些变化可能影响到线索和其它线索间的绝缘距离、附加悬挂下锚处和曲线处支柱的受力状态等。需要说明的是隧道内距洞口 500 m 范围内应当依照隧道外辅助馈线张力或弛度安装曲线图施工。

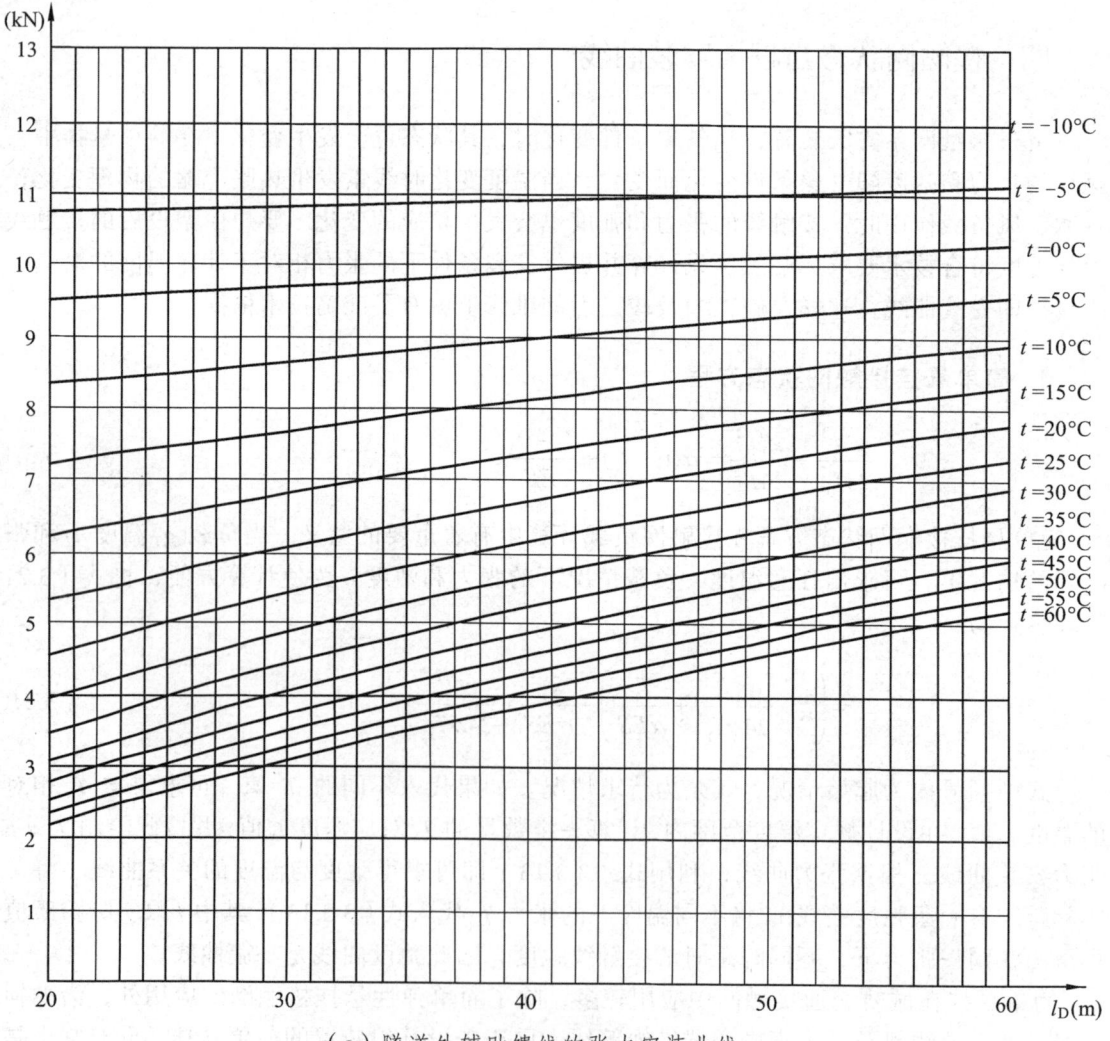

（a）隧道外辅助馈线的张力安装曲线

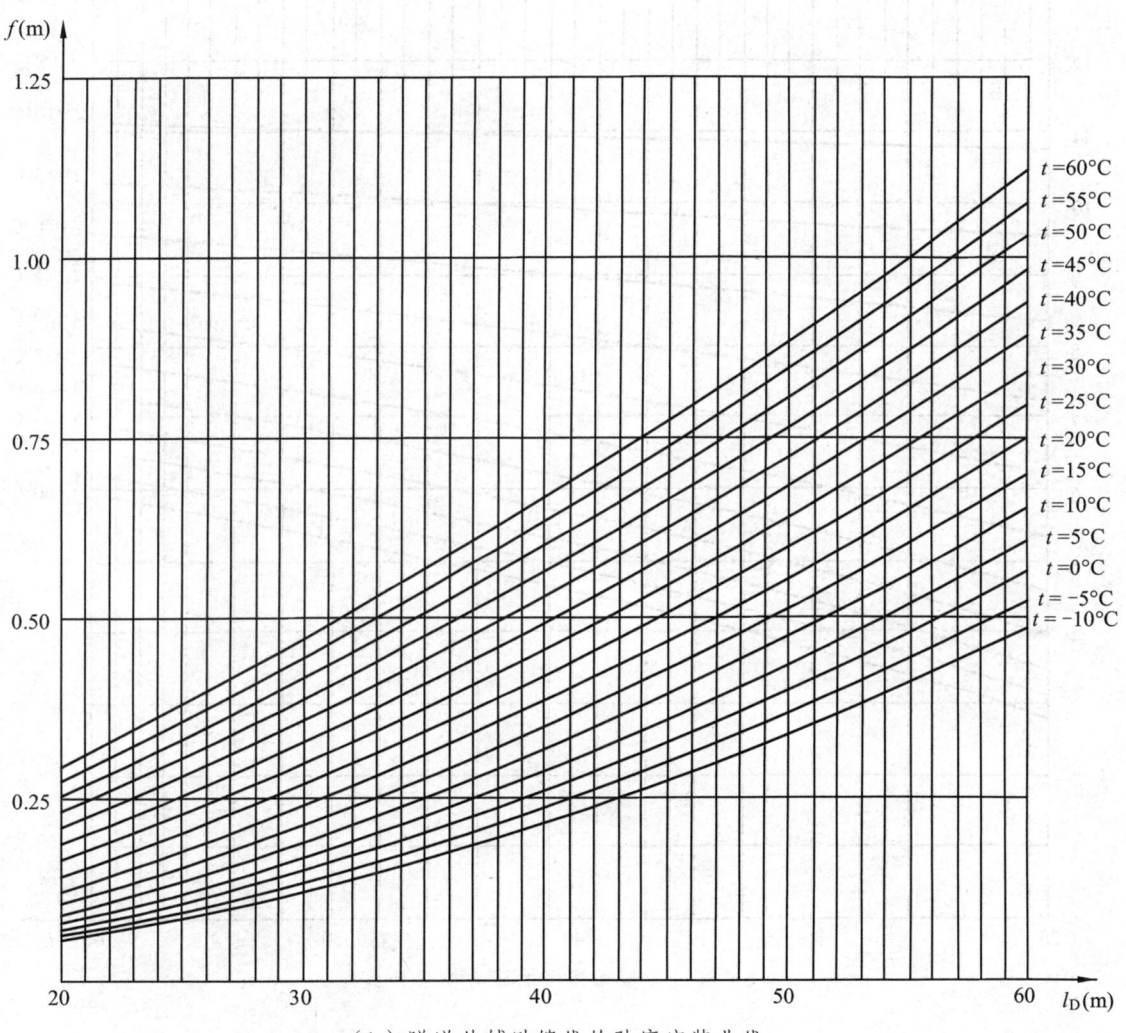

(b) 隧道外辅助馈线的弛度安装曲线

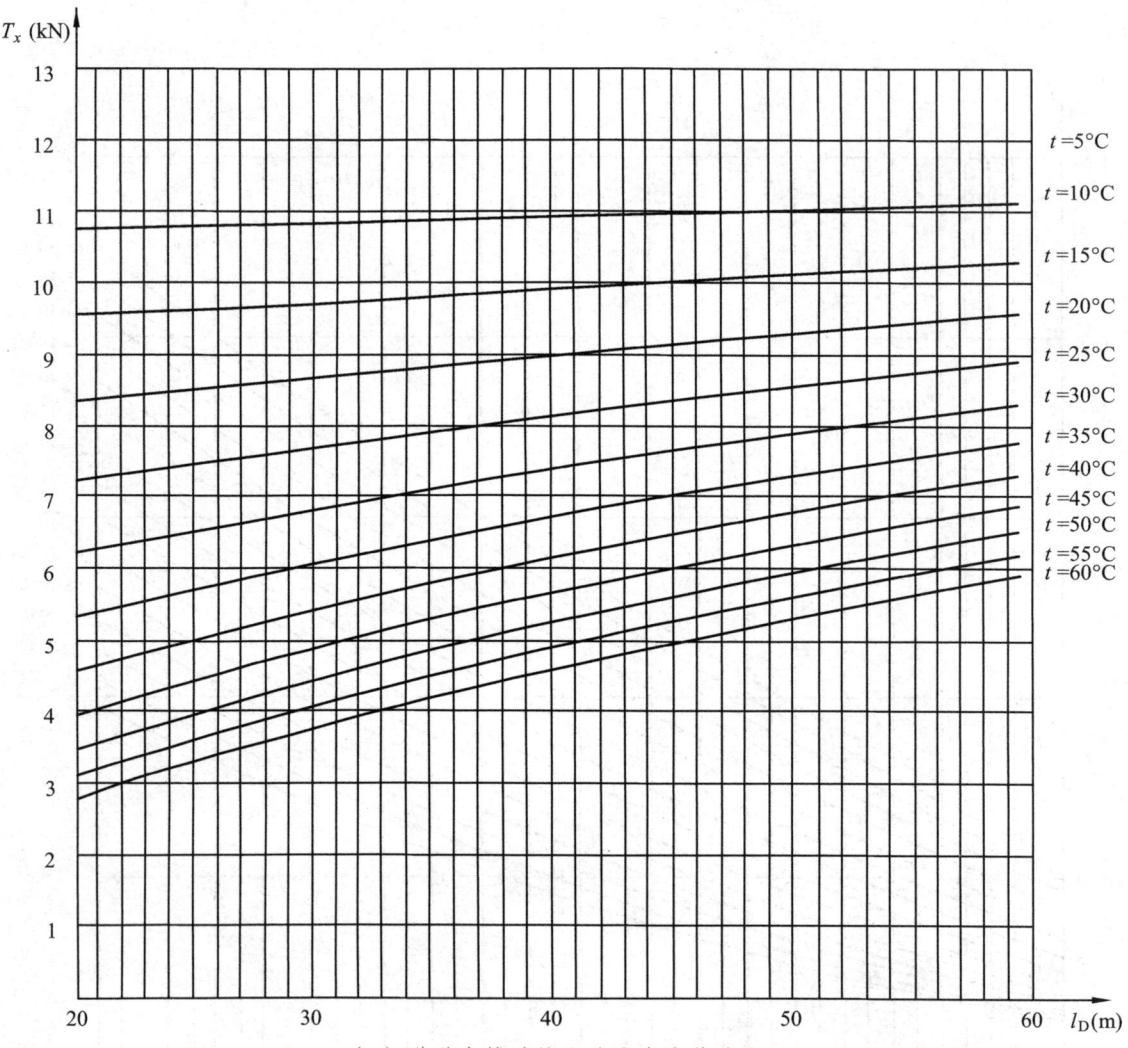

（c）隧道内辅助馈线的张力安装曲线

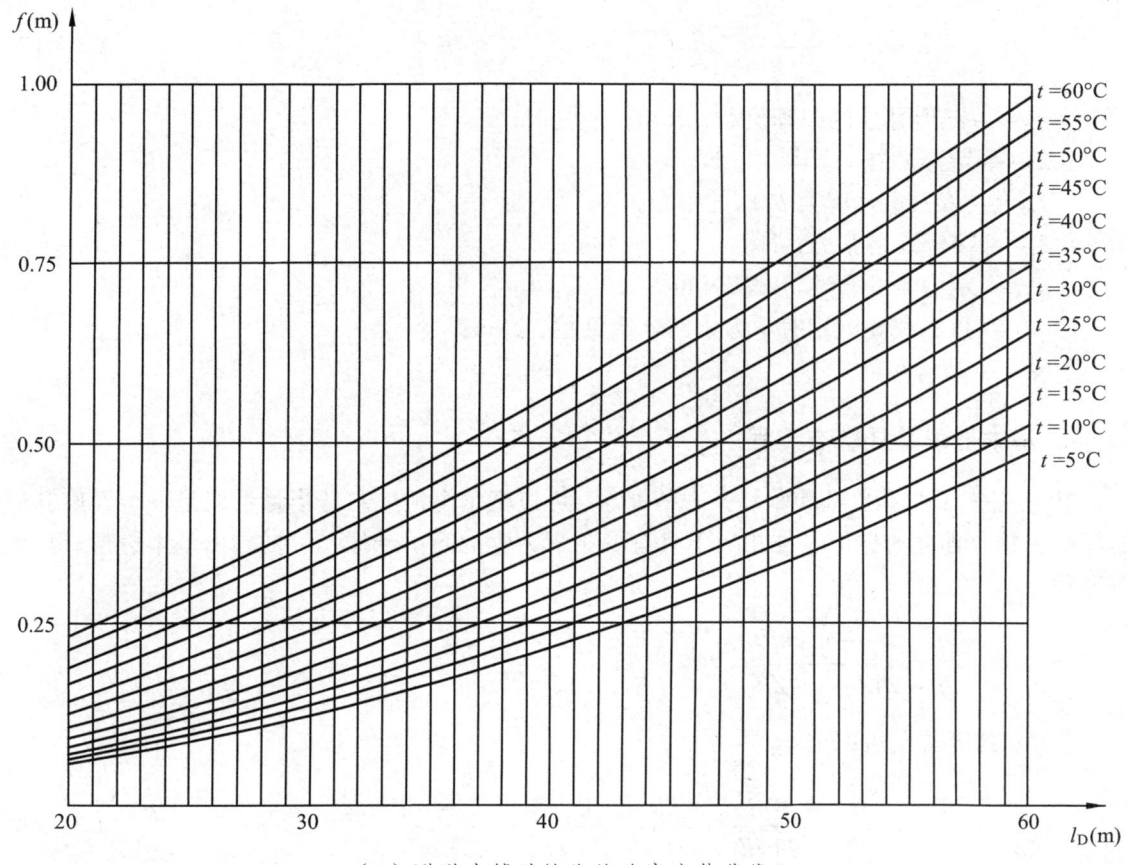

（d）隧道内辅助馈线的弛度安装曲线

图 3.3.2　辅助馈线（TJ150）的张力和弛度安装曲线

（二）链形悬挂接触网状态方程

1. 链形悬挂中线索的张力与弛度

在链形悬挂中，承力索除承受自重及附加负载外，还要承受接触线和悬挂连接件的自重及接触线的附加负载。而接触线的负载与接触线的张力、弛度有关，故承力索张力的变化还要受接触线负载变化的影响。为此引入结构系数 Φ，借助结构系数把接触线的张力和负载，归算到承力索的计算（式 3.3.14～3.3.17）中去。结构系数表示了链形悬挂的结构特征，其与支柱处吊弦安设结构以及跨距长度有关。

$$F_x = \frac{W_x l^2}{g Z_x} \tag{3.3.14}$$

$$W_x = q_x + q_0 \frac{\phi T_j}{T_{c0}} \tag{3.3.15}$$

$$Z_x = T_{cx} + \Phi T_j \tag{3.3.16}$$

$$\Phi = \frac{(l-2e)^2}{l^2} \tag{3.3.17}$$

式中 W_x——链形悬挂的归算负载，N/m；

Z_x——链形悬挂归算张力，N；

T_{cx}——承力索弛度为 F_x 时的张力，N；

T_J——接触线的张力，N；

q_x——承力索的合成负载，N/m；

q_0——接触线无弛度时承力索的合成负载，N/m；

Φ——结构系数。

2. 基本链形悬挂状态方程

由于引入了归算负载和归算张力的概念，可以把整个链形悬挂当量看成是一个经归算后的简单悬挂，即此时链形悬挂相当于只有一条承力索的简单悬挂，可推导出基本链形悬挂状态方程：

$$\frac{W_x^2 l^2}{24 Z_x^2} - \frac{W_1^2 l^2}{24 Z_1^2} = \alpha(t_x - t_1) + \frac{Z_x - Z_1}{ES}$$

将 t_x 移到等式左边：

$$t_x = \left(t_1 - \frac{W_1^2 l^2}{24\alpha Z_1^2} + \frac{Z_1}{\alpha ES}\right) + \frac{W_x^2 l^2}{24\alpha Z_x^2} - \frac{Z_x}{\alpha ES} \tag{3.3.18}$$

根据式（3.3.18）可求出不同温度下的张力值，并绘制基本链形悬挂张力随温度变化的关系曲线。

3. 全补偿链型悬挂的安装曲线

对于全补偿链型悬挂而言，其线索张力、弛度在无附加负载时为恒定值，其安装曲线的内容主要是针对线索温度变化带来的线索的伸长和缩短。当线索长度发生变化时会影响到补偿坠砣的 b 值、腕臂偏斜、道岔限制管顺线路方向移动及电连接线两支接触悬挂间的顺线路方向偏移等技术状态等。为了使全补偿链型悬挂保持正常工作状态，需要安装曲线（或者对应数据表格）指导其安装位置。安装曲线计算公式为

$$\Delta a = \frac{T}{E}\left(\frac{1}{s} - \frac{1}{s_0}\right) \cdot x + \alpha \cdot x \cdot \Delta t \tag{3.3.19}$$

或者：

$$\Delta a = \theta \cdot x + \alpha \cdot x \cdot \Delta t \tag{3.3.20}$$

式中 Δa——距中心锚结距离为 x 处的承力索或接触线的位移量，mm；

T——承力索或接触线的补偿张力，kN；

s_0——新线横截面积，mm²；

s——接触线发生伸缩后的实际面积，mm^2；
E——接触线弹性系数，MP_a；
x——腕臂安装位置距中心锚结的距离，mm；
$α$——接触线的线胀系数，$℃^{-1}$；
Δt——安装温度和平均温度的差，℃；
$θ$——新线延伸率。

如图 3.3.3 所示为全补偿简单链型悬挂（JT-150+2×CTAH-120）接触网线路的旋转腕臂依环境温度确定其偏移量的安装曲线。图中竖轴为支柱至中心锚结（或硬锚）的距离 L，横轴为腕臂上双线支撑线夹处对支柱中心顺线路方向的相对位移△a，正值为偏向补偿下锚方向，负值为偏向中心锚结（或硬锚）方向。当环境温度 t=25℃时，腕臂与线路垂直，即没有偏移。本曲线亦适用于确定定位器上定位线夹处的偏移量。

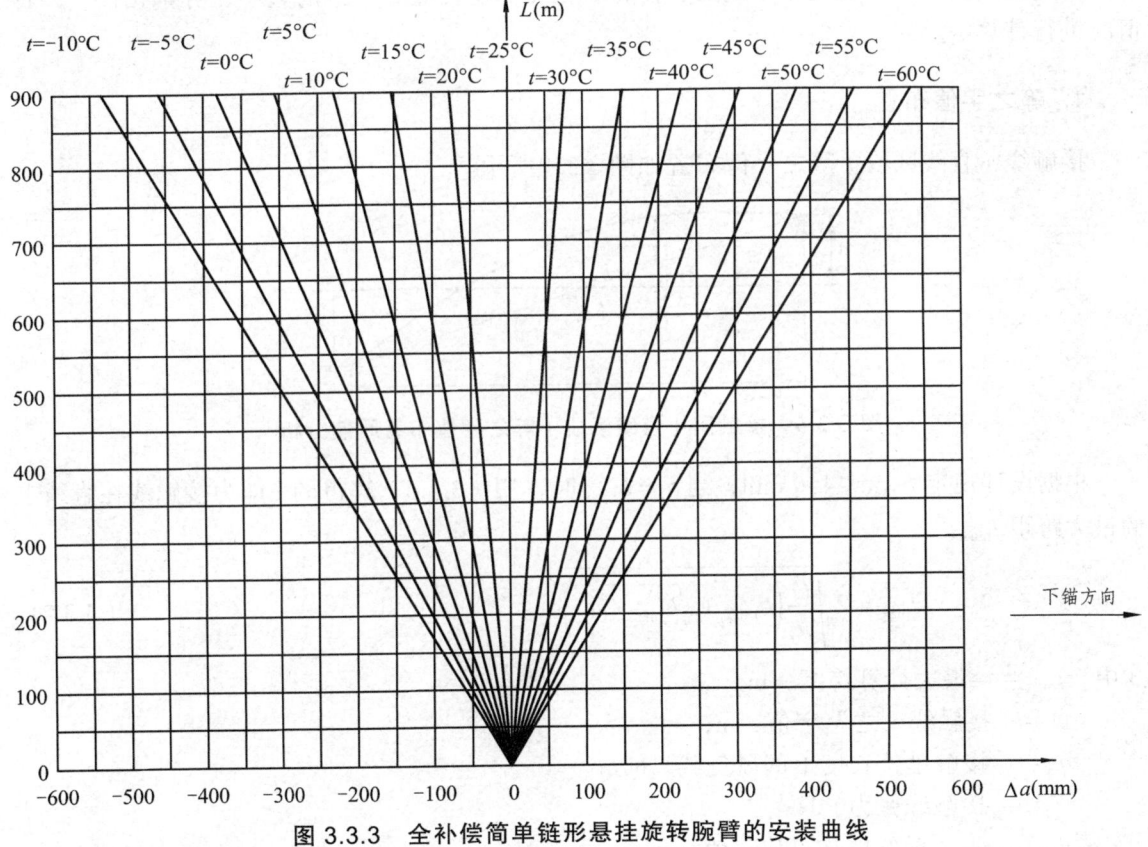

图 3.3.3 全补偿简单链形悬挂旋转腕臂的安装曲线

五、跨距及接触线风偏移的确定

跨距是指两相邻支柱中心线间的距离，是接触网设计中的重要内容，其长度的确定涉及一系列的经济、技术问题。跨距的确定有经济跨距和技术跨距两个概念。只从经济方面考虑投资所确定的跨距称为经济跨距，从技术角度考虑受电弓取流要求确定的跨距称技术跨距。一般情况下，经济跨距总是大于技术跨距。因此接触网以技术跨距来确定实际跨距值。技跨距是根据接触线在风力作用下，相对受电弓中心线所产生的允许偏移值确定。对于简单悬挂，弛度也是决定跨距的重要因素。通过计算接触线弛度来校验跨距长度是否满足弛度要求。对接触线的弛度要求是：在链形悬挂中，接触线的正弛度一般不大于 150 mm，负弛度一般不大于 100 mm。简单悬挂时，接触线的正弛度可以适当增大些，各种类型悬挂形式下，接触线弛度不得大于 250 mm。

根据电动列车受电弓的最大工作宽度，考虑到线路轨面高差、接触线调整误差、机车横向摆动等因素影响，在最大计算风速条件下，接触线距受电弓中心的最大水平偏移值一般地区不得大于 450 mm。当接触线偏移值过大超过受电弓半宽时，会造成严重的钻弓事故。

（一）直线区段简单接触悬挂接触线受风水平偏移及最大跨距

在直线区段上，接触线布置成之字值，根据相邻定位点之字值的大小，分别按以下两种情况进行计算。

1. 等之字值布置

接触线（直线区段）等之字值布置如图 3.3.4 所示。

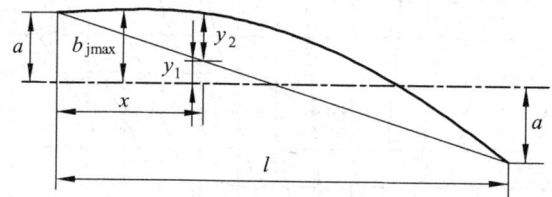

图 3.3.4　接触网（直线区段）等之字值布置风偏分析

根据设计规定 $b_{j\max} \leqslant 450$ mm，当 $b_j = b_{j\max}$ 时，用（3.4.6）解得的 l 即为接触线在直线上的最大跨距 $l_{\max}$：

$$l_{\max} = 2\sqrt{\frac{T_j}{p_j}\left(b_{j\max} + \sqrt{b_{j\max}^2 - a^2}\right)} \tag{3.3.21}$$

式中　$l_{\max}$——最大计算跨距，m；
　　　a——接触线"之"字值，m；
　　　p_j——接触单位长度上的风负载，N/m；
　　　T_j——接触线张力，N；
　　　$b_{j\max}$——接触线的许可偏移值，m。

2. 不等之字值布置

当相邻两定位点"之"字值不相等时，如图 3.3.5 所示。

$$b_{j\max} = \frac{p_j l^2}{gT_j} + \frac{(a_1+a_2)T_j}{2p_j l^2} + \frac{a_1-a_2}{2} \tag{3.3.22}$$

如果将 $b_{j\max}$ 代入式（3.3.21），即可求得不等之字值时的 $l_{\max}$。

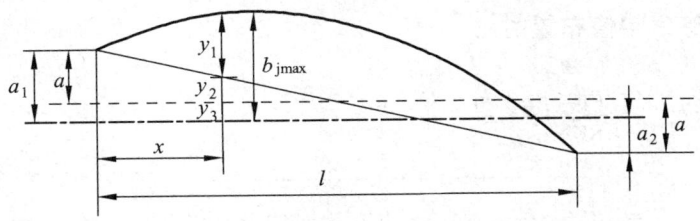

图 3.3.5 接触线直线不等之字值布置风偏分析

（二）曲线区段简单接触悬挂接触线水平偏移及最大跨距

在曲线区段定位点处，接触线布置成拉出值，受到风力作用后，接触线相对受弓中心的偏移如图 3.3.6 所示。

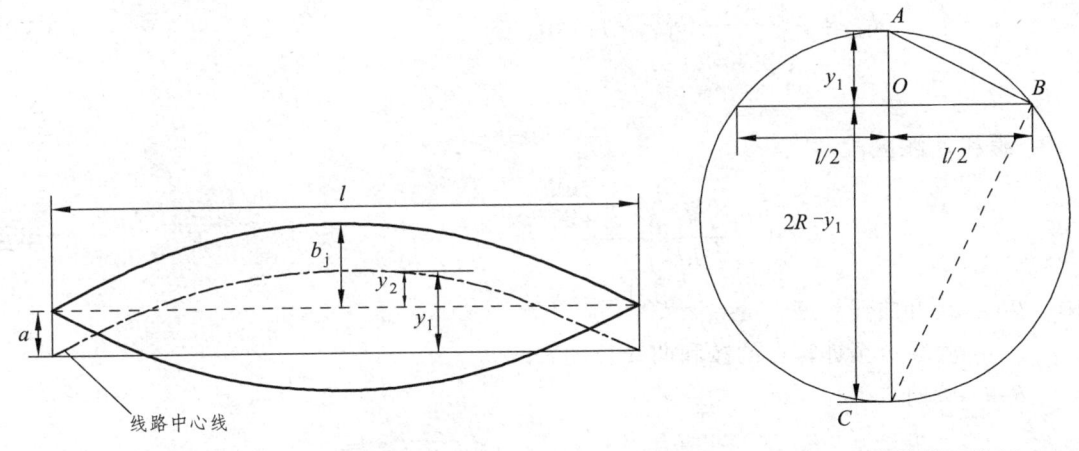

图 3.3.6　曲线区段接触线受风偏移分析　　　图 3.3.7　曲线弛距分析

当风向曲线内侧吹时取"+"号，向曲线外侧吹时取"−"号。根据图 3.3.7 可知，风向曲线内侧吹时会出现最不利的情况，接触线对受电弓中心轨迹的最大偏移值为

$$b_{j\max} = \frac{p_j l^2}{8T_j} + \frac{l^2}{8R} - a = \frac{l^2}{8}\left(\frac{p_j}{T_j} + \frac{1}{R}\right) - a \quad (3.3.23)$$

曲线区段上的最大跨距值为

$$l_{\max} = 2\sqrt{\frac{2T_j}{p_j + \frac{T_j}{R}}(b_{j\max} + a)} \quad (3.3.24)$$

在设计中，一般是根据已知跨距和拉出值，利用公式计算最大风偏移值，判断是否超过允许值。通过公式可以看出，拉出值的大小与风偏移值有关，因此不能在定位点处只根据受电弓工作宽度去确定拉出值，还应考虑到跨中接触线风偏移情况，要保证在最大风时受电弓在跨中不出现脱弓事故。

当考虑支柱挠度 γ_j 时，风偏移及最大跨距计算式如下：

1. 直线区段等之字值布置时

$$b_{j\max} = \frac{p_j l^2}{8T_j} + \frac{2a^2 T_j}{p_j l^2} + \gamma_j \quad (3.3.25)$$

$$l_{\max} = 2\sqrt{\frac{T_j}{p_j}\left[(b_{j\max} - \gamma_j) + \sqrt{(b_{j\max} - \gamma_j)^2 - a^2}\right]} \quad (3.3.26)$$

2. 曲线区段

$$b_{j\max} = \frac{l^2}{8}\left(\frac{p_j}{T_j} + \frac{1}{R}\right) - a + \gamma_j \quad (3.3.27)$$

$$l_{\max} = 2\sqrt{\frac{2T_j}{p_j + \frac{T_j}{R}}(b_{j\max} - \gamma_j + a)} \quad (3.3.28)$$

3. 缓和曲线区段

$$b_{j\max} = \frac{l^2}{8}\left(\frac{p_j}{T_j} + \frac{l_x}{Rl_0}\right) - \frac{a_1 + a_2}{2} + \gamma_j \quad (3.3.29)$$

式中 l_0——缓和曲线长度，m；
l_x——直缓点至计算点的缓和曲线长度，m；
R——圆曲线半径，m。

（三）链形悬挂接触线受风偏移及最大跨距

在链形悬挂中，风同时作用在承力索和接触线上，由于接触线和承力索通过吊弦相互作用，接触线风偏移的状态比较复杂，要精确地计算动态下的相互作用力非常困难。通过实践经验的总结和深入的调查分析，科研人员提出了较为科学的链形悬挂接触线受风偏移当量理论计算公式。

1. 直线区段等"之"字值

$$b_{j\max} = \frac{m p_j l^2}{8T_j} + \frac{2a^2 T_j}{m p_j l^2} + \gamma_j \quad (3.3.30)$$

$$l_{\max} = 2\sqrt{\frac{T_j}{m p_j}\left[(b_{j\max} - \gamma_j) + \sqrt{(b_{j\max} - \gamma_j)^2 - a^2}\right]} \quad (3.3.31)$$

2. 曲线区段

$$b_{j\max} = \frac{l^2}{8}\left(\frac{m p_j}{T_j} + \frac{1}{R}\right) - a + \gamma_j \quad (3.3.32)$$

$$l_{\max} = 2\sqrt{\frac{2T_j}{mp_j + \dfrac{T_j}{R}}(b_{j\max} - \gamma_j + a)} \qquad (3.3.33)$$

3. 缓和曲线区段

$$b_{j\max} = \frac{l^2}{8}\left(\frac{mp_j}{T_j} + \frac{l_x}{Rl_0}\right) - \frac{a_1 + a_2}{2} + \gamma_j \qquad (3.3.34)$$

接触网跨距除根据风偏移计算确定外，还应考虑接触线弛度、接触悬挂弹性等因素。城轨交通接触网跨距规定为：全补偿简单链形悬挂最大跨距一般不大于 50 m，弹性补偿简单悬挂最大跨距一般不大于 45 m，允许施工误差为 $^{+1\,\mathrm{m}}_{-2\,\mathrm{m}}$。

六、腕臂支柱负载计算

装有腕臂的支柱一般称为腕臂支柱，它是接触网支柱中应用量最大的支柱，城轨中一般多采用 H 型钢柱、钢管柱及等径圆式预应力钢筋混凝土支柱，使用在区间干线和车站两端。

如何在标准支柱类型中选用适合于不同区段和线路上的支柱是接触网设计中需要解决的问题。

（一）支柱负载的确定

支柱负载是指支柱在工作状态下，支柱上所承受的垂直负载和水平负载的统称。支柱负载越大，支柱基底面处所受的弯矩也越大。支柱的负载计算，就是计算基底面处可能出现的最大弯矩值。我们通常所说的支柱容量，是指支柱本身能承受的最大许可弯矩值。支柱容量的大小，说明了该支柱承载能力的大小，取决于支柱的自身结构。

支柱的最大弯矩，除了与支柱所在的位置、支柱类型、接触悬挂类型、线索悬挂高度、支柱跨距及支柱侧面限界有关外，还与计算气象条件有直接关系，最大弯矩可能出现在最大风速、最大附加负载（覆冰）或最低温度的时候。计算最大弯矩时，一般应对三种气象条件进行计算，取其中最大值作为选择支柱容量的依据。一般来说，支柱的最大计算弯矩多发生在最大风速及最大冰负载时。

支柱承受的负载按其方向可分为垂直和水平负载。垂直负载包括：接触悬挂自重负载和悬挂结构自重；水平负载包括：支柱风负载和接触悬挂传给支柱的风负载。其计算参考"气象条件及计算负载的确定"一节。

（二）曲线上线索改变方向产生的水平负载

在曲线区段，线索布置呈折线状，在支柱定位点处，因线索改变方向而产生的向曲线内侧的水平分力，通常称为曲线力，以符号 P_R 表示，其计算公式为

$$P_R = T\frac{l_1+l_2}{2R} \quad (3.3.35)$$

式中　T——接触线、承力索张力之和，N。

（三）直线上接触线之字值形成的水平分力

在直线上，接触线呈"之"字形布置，对支柱定位点处产生的水平分力，简称为"之"字力，以符号 $P_之$ 表示，其计算公式为

$$P_之 = \pm 4T_j \frac{\alpha}{l} \quad (3.3.36)$$

式中　α——接触线"之"字值，m；

　　　T_j——接触线张力，N。

应当指出的是：上述计算是按照半斜链形悬挂计算的结果。如果架空柔性接触网采用直链形悬挂时，在直线区段之字力的计算应该考虑承力索的之字力。

（四）下锚支线索改变方向产生的水平力

当线索下锚时，下锚支线索由于改变方向对转换柱产生的水平分力，以符号 P_m 表示。在直线区段与曲线区段上，根据锚柱与转换柱是否在线路同侧或异侧；或者在绝缘锚段关节和非绝缘锚段关节，下锚分力的计算方法和大小都不相同。

1. 直线区段

在直线区段，下锚支线索张力对转换柱定位点处产生的垂直线路中心线的分力称下锚力，用符号 P_M 表示。直线上转换柱的下锚水平力如图 3.3.8 所示。其中图 3.3.8（a）为非绝缘转换柱 ZF_2 下锚布置图，图 3.3.8（b）为绝缘转换支柱 ZJ_3 支柱的下锚布置图。由此可知，因为直线区段上 l 很大，B_1（B_2）值相对很小，其锚支水平分力的大小可以用求之字水平力的方法确定，即：

$$P_M = \pm T \cdot \tan\alpha = \pm T \cdot \frac{B}{l}$$

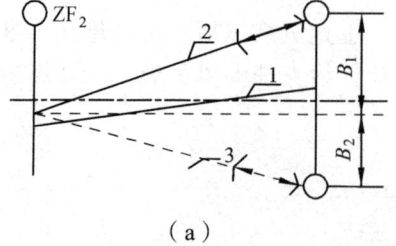
（a）

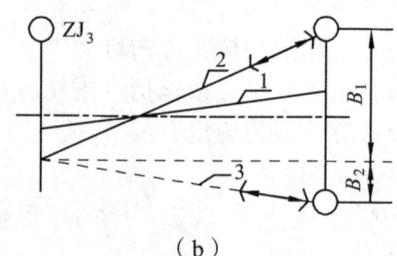
（b）

1—接触线工作支；2—下锚支接触悬挂；3—异侧下锚。

图 3.3.8　直线下锚力分析

若为同侧下锚，转换柱所受的下锚水平分力为

$$P_{M1} = \pm T \cdot \frac{B_1}{l} \tag{3.3.37}$$

若为异侧下锚，转换支柱所受的下锚水平力为：

$$P_{M2} = \pm T \cdot \frac{B_2}{l} \tag{3.3.38}$$

式中，B_1（B_2）的值根据锚段关节的类型确定。

对于非绝缘转换柱

$$B_1 = C_X + \frac{1}{2}A + 0.2 \tag{3.3.39}$$

$$B_2 = C_X + \frac{1}{2}A - 0.2 \tag{3.3.40}$$

对于绝缘转换柱

$$B_1 = C_X + \frac{1}{2}A + 0.8 \tag{3.3.41}$$

$$B_2 = C_X + \frac{1}{2}A - 0.8 \tag{3.3.42}$$

式中　C_X——支柱侧面限界，m；
　　　A——锚柱地面处宽度，m。

2. 曲线区段

曲线转换柱受力分析如图3.3.9所示。

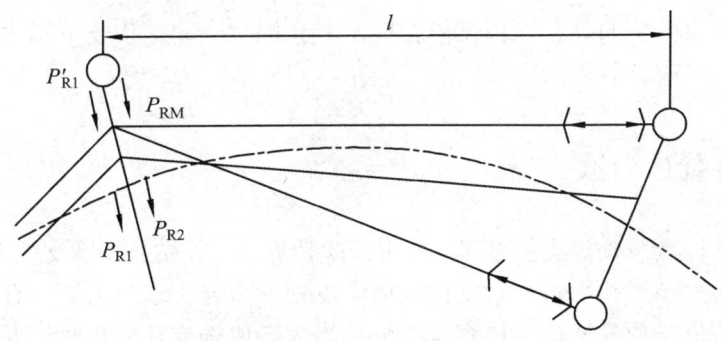

图3.3.9　曲线区段下锚力分析

图中 P_{R1} 为转换柱左侧和右侧工作支的曲线分力，P_{R2} 为转换柱左侧下锚支的曲线分力，P_{RM} 为转换柱右侧下锚支因曲线下锚所产生的水平分力。另外还要附加两接触悬挂的水平风负载，它们均为转换柱上的水平负载。对于非绝缘转换柱，其工作支曲线力与一般中间柱曲线力的计算方法相同，即：

承力索工作支曲线力：

$$P_{\text{RC1}} = T_c \frac{l}{R} \tag{3.3.43}$$

接触线工作支曲线力：

$$P_{\text{Rj1}} = T_j \frac{l}{R} \tag{3.3.44}$$

式中　T_c——承力索张力，kN；
　　　T_j——接触线张力，kN；
　　　R——曲线半径，m；
　　　l——平均跨距，m。

绝缘转换柱工作支曲线力的计算方法同曲线力计算，方法为：

承力索工作支曲线力：$P_{\text{Rc1}} = T_c \left(\dfrac{l}{R} + \dfrac{0.5}{l} \right)$

接触线工作支曲线力：$P_{\text{Rj1}} = T_j \left(\dfrac{l}{R} + \dfrac{0.5}{l} \right)$

非绝缘转换柱下锚支左侧曲线力的计算方法为：

承力索非工作支曲线力：$P_{\text{Rc2}} = T_c \dfrac{l_1}{2R}$

接触线非工作支曲线力：$P_{\text{Rj2}} = T_j \dfrac{l_1}{2R}$

绝缘转换柱下锚支左侧曲线力的计算方法为：

承力索非工作支曲线力：$P_{\text{Rc2}} = T_c \left(\dfrac{l_1}{2R} + \dfrac{0.5}{l_1} \right)$

接触线非工作支曲线力：$P_{\text{Rj2}} = T_j \left(\dfrac{l_1}{2R} + \dfrac{0.5}{l_1} \right)$

对于转换柱在曲内、曲外，下锚反向在同侧、异侧时，非工作支下锚力的计算要结合其几何位置关系得到对应计算公式。

七、支柱负载计算法

计算接触网支柱负载确定支柱容量，采用校验计算法。首先从标准支柱类型中选用一种，计算该柱上各力的大小，找出诸力对支柱地面中点处的力臂，求出力矩，合力矩即为所计算的支柱负载。用该值与预先选的支柱容量比较，当大于原选支柱容量时，原计算结果无效，应另选更高一级容量的标准支柱，重新按原过程进行计算。当小于原选支柱容量时，则原计算有效，计算结果满足条件。为节约投资，计算前应先从小容量支柱选起，不要造成浪费。

在设计中，腕臂支柱负载计算一般考虑：中间柱、中心柱、转换柱等。由于支柱所在位置和悬挂数目的不同，受力条件也不同，应根据具体情况精确计算，并经济合理地使用支柱。下面仅介绍常用的中间柱、转换柱的计算方法。

（一）中间柱负载计算及其容量选择

中间柱所承受的各种负载如图 3.3.10 所示。

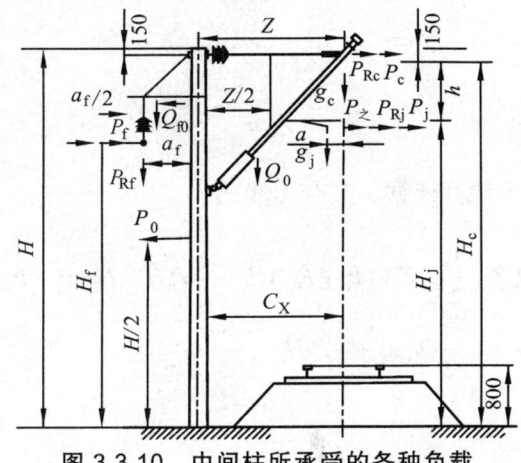

图 3.3.10 中间柱所承受的各种负载

其符号意义如下：

H——支柱地面以上的高度，m；

H_j——接触线至地面的高度（$H_j = H_0 + 0.8$），m；

H_0——接触线工作高度，m；

H_c——承力索至地面的高度（$H_c = H_j + h$），m；

h——接触悬挂结构高度，m；

Z——悬挂点至支柱中心线的水平距离，m；

Q_g——接触悬挂垂直负载，含承力索、接触线及吊弦线夹的重量，覆冰时应含冰重，N；

Q_0——接触悬挂支持装置垂直负载，覆冰时应包括冰重，N；

Q_f——附加导线悬挂点处垂直负载，覆冰时应包括冰重，N；

Q_{f0}——附加导线肩架及悬挂零件的重量，N；

a_f——附加导线悬挂点至支柱中心线的水平距离，m；

C_X——支柱侧面限界，m；

P_0——支柱地面以上本身承受的风负载，N；

P_j——接触线的风负载，N/m；

P_c——承力索的风负载，N/m；

P_f——附加导线的风负载，N/m；

P_{Rc}——承力索的曲线水平力，N；

P_{Rj}——接触线的曲线水平力，N；

P_{Rf}——附加导线的曲线水平力，N；

$P_之$——接触线的"之"字力，N。

1. 直线区段支柱

一般以风从田野吹向线路侧为计算条件，此时线索不存在曲线力，中间支柱的合力矩（最大负载）由下式求出：

$$M_0 = Q_g Z + \frac{1}{2}Q_0 Z + P_c H_c + H_j(P_j + P_之) + P_f H_f - Q_f a_f - \frac{1}{2}Q_{f0} a_f + \frac{1}{2}P_0 H$$

（3.3.45）

2. 曲线区段曲外支柱

以风从田野吹向线路为计算依据，其合力矩为

$$M_0 = Q_g Z + \frac{1}{2}Q_0 Z + (P_c + P_{Rc})H_c + \frac{1}{2}P_0 H + H_j(P_j + P_{Rj}) + H_f(P_f + P_{Rf}) - Q_f a_f - \frac{1}{2}Q_{f0} a_f + \frac{1}{2}P_0 H$$

（3.3.46）

3. 曲线区段曲内支柱

风从田野吹向线路时的合力矩为

$$M_0 = -Q_g Z - \frac{1}{2}Q_0 Z + (P_{Rc} - P_c)H_c + H_j(P_{Rj} - P_j) + (P_{Rf} - P_f)H_f + Q_f a_f + \frac{1}{2}Q_{f0} a_f - \frac{1}{2}P_0 H$$

（3.3.47）

风从线路吹向田野时的合力矩计算：

$$M_0 = -Q_g Z - \frac{1}{2}Q_0 Z + (P_c + P_{Rc})H_c + H_j(P_j + P_{Rj}) + H_f(P_f + P_{Rf}) + Q_f a_f + \frac{1}{2}Q_{f0} a_f + \frac{1}{2}P_0 H$$

（3.3.48）

应取合力矩大的作为校验依据。上述计算在大半径曲线时，因曲线力较小，所以用哪种条件为计算依据要根据具体情况而定（一般情况下，两种风吹方向都应计算，选合力矩大的计算结果作为校验依据）。在小半径曲线计算上，由于曲线力较大，一般以风从线路吹向田野侧为计算依据。

（二）非绝缘转换柱负载计算

支柱负载分布如图 3.3.11 所示。图中，ZF_2 支柱同侧下锚承受的合力矩为

$$M_0 = -\left(Q_g + \frac{1}{2}Q_0\right)Z + (P_{j1} + P_之)H_j + (P_{j2} + P_{Mj})(H_j + 0.2) + (P_{c1} + P_{之c})H_c + \frac{1}{2}P_0 H + (P_{c2} + P_{Mc})(H_c + 0.2)$$

（3.3.49）

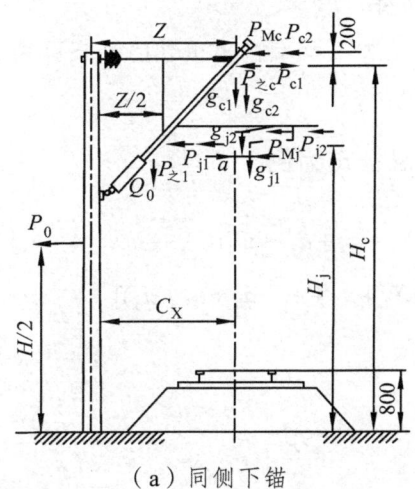
（a）同侧下锚

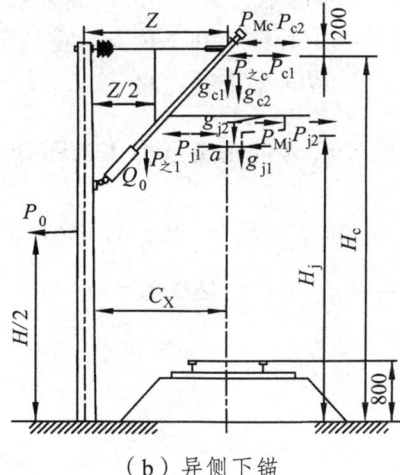
（b）异侧下锚

图 3.3.11　非绝缘转换柱负载分析图

直线异侧下锚（按图 3.5.6 中 ZF_2 计算），合力矩计算为

$$M_0 = \left(Q_g + \frac{1}{2}Q_0\right)Z + (P_{j1} + P_z)H_j + (P_{j2} + P_{Mj})(H_j + 0.2) + (P_{c1} + P_{zc})H_c +$$
$$\frac{1}{2}P_0H + (P_{c2} + P_{Mc})(H_c + 0.2)$$

（3.3.50）

式中　$P_{zc} = T_c \dfrac{3a}{l}$

八、软横跨支柱负载计算

软横跨支柱负载计算的主要任务是，根据支柱上力的分布，计算各力对支柱基底面点的力矩和，通过该值选择支柱类型，计算过程与腕臂柱负载计算基本相同，一般采用校验法，即先选择一个标准支柱进行计算，然后将计算值与所选支柱容量进行比较，只有当计算值小于支柱容量时，计算结果才有效，说明支柱类型选择正确，否则应重新选择支柱类型按原过程计算。

1. 垂直负载 Q_i

每股道的垂直负载由下式确定：

$$Q_i = P_i + G_i + J_i + M_i$$

（3.3.51）

式中　Q_i——节点的悬挂负载（其中带有绝缘子的节点 1、2、3、4、8 等的绝缘子重量分摊到相邻节点处），N；

P_i——接触悬挂一个跨距的自重负载（悬挂自重负载），N；

G_i——节点负载，N；

j_i——横向承力索及上、下部定位绳自重负载，N；

m_i——中心锚结和下锚支自重负载（对中心锚结和下锚支自重负载已经归算到节点负载 J_i 中去时，$M_i = 0$），N。

2. 悬挂点 A 的垂直反力（以图 3.3.13 中 6 个悬挂点为例）

$$F_A = \frac{1}{L}[Q_1 CX_1 + Q_2(CX_1 + a_2) + Q_3(CX_1 + a_2 + a_3) + Q_4(CX_1 + a_2 + a_3 + a_4) + Q_5(CX_1 + a_2 + a_3 + a_4 + a_5) + Q_6(CX_1 + a_2 + a_3 + a_4 + a_5 + a_6)]$$

（3.3.52）

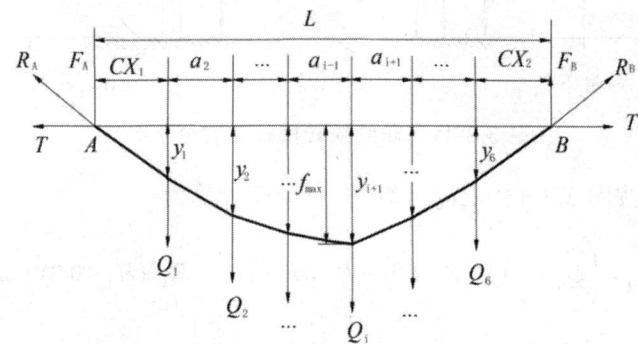

图 3.3.13 横向承力索负载分布

3. 确定最低点位置

利用悬挂点 A 的垂直反力 F_A，通过下式确定软横跨最低点位置：

当　　　　　$F_A - Q_1 - Q_2 - \cdots - Q_{i-1} > 0$

而　　　　　$F_A - Q_1 - Q_2 - \cdots - Q_{i-1} - Q_i < 0$

Q_i 即为横向承力索最低点位置。

4. 横向承力索固定端的水平分力 T

$$T = \frac{F_A l_1 - Q_2 a_2 - Q_1(a_1 + a_2)}{f_{max}}$$

（3.3.53）

式中　f_{max}——横向承力索的最大弛度值，m；

　　　T——横向承力索水平分力，N。

5. 确定上下部定位绳的张力

上部定位绳的最大张力为

$$T_1 = T_0 + \sum p_c l + \sum p_c l + \sum P_{RC} + \sum P_{MC}$$

（3.3.54）

下部定位绳的最大张力为：

$$T_2 = T_0 + \sum p_j l + \sum P_{Rj} + \sum P_{Mj} + \sum P_之$$

（3.3.55）

式中 T_1、T_2——上下部定位索的最大张力，N；

$\sum p_c l$、$\sum p_j l$——各股道承力索、接触线的风负载之和，N；

$\sum P_{Rc}$、$\sum P_{Rj}$——各股道承力索、接触线在曲线上的曲线力之和，N；

$\sum P_{MC}$、$\sum P_{Mj}$——各股道承力索、接触线下锚力之和，N；

l——计算跨距（可取两侧跨距的平均值），m；

T_0——松边张力（根据具体设计选用），N；

$\sum P_z$——各股道接触线之字力之和，N。

6. 软横跨支柱容量计算

将上述各力对支柱地面垂直于线路方向的中点求力矩得：

$$M_R = TH_h + T_1 H_1 + T_2 H_2 + \frac{1}{2} P_0 H \qquad (3.3.56)$$

式中 M_R——软横跨基础面（或地面）处可能出现的最大弯矩，N·m；

H_h——横向承力索固定端水平分力至钢柱基础面或混凝土柱地面高度，m；

H_1——上部定位绳固定点至基础面（或地面）的垂直高度，m；

H_2——下部定位绳固定点至基础面（或地面）的垂直高度，m；

H——钢柱高度或地面以上混凝土柱高度，m；

P_0——支柱风负载，N。

如果有附加导线时，还应计入其负载力矩。当两支柱都立于路肩时，认为它们对地面是等高的，将计算结果与预选支柱容量进行比较，如计算值小于该柱容量时，则上述计算结果和支柱类型选择有效。如计算结果大于支柱容量时，应选更高一级容量的支柱，重复上述各项计算并进行比较，直至计算值小于预选支柱容量时为止。

第四节　接触网动态性能

接触网的任务就是保证电动列车受电弓的良好取流，不间断地向电动列车供电，因此这种供电质量的好坏，不但与接触悬挂的质量有关，还与行车速度、受电弓的工作性能及线路状况有关。所以，为了提高接触网的供电质量，对以下问题进行讨论。

一、架空接触网受流质量

（一）弓网间动态接触压力

接触线与受电弓之间的可靠接触，是保证电动列车良好受流的重要条件。在运行中，接触悬挂的运行状况与受电弓的运行状况密切相关。在受流过程中，受电弓和接触线在机械方面和电气方面都是紧密地相互作用着的。若这两个装置之一发生不正常情况，可能破坏它们之间的正常接触状态，甚至导致弓线间的脱离，即离线。

1. 弓线间相互作用

受电弓的抬升力对接触悬挂产生机械作用，使接触线位置升高，其升高的数值决定于接触悬挂的弹性和受电弓给予它的抬升力，也决定于接触悬挂的结构及受电弓在跨距内的位置。当受电弓沿接触线高速运行时，其受电弓高度的变化（对每一个跨距而言）大为加剧。因为在这种情况下，受电弓的惯性力显著增加，所以受电弓对接触线的压力就与静态特性所决定的压力大为不同。

在接触线上的集中负荷（如定位器、线夹和分段绝缘器），对弓线接触压力的变化有很大的影响。

在高速运行时，还存在很大的空气动力作用，这是在机车运行中因风力作用和气流流过受电弓时发生的，这个力可能向上也可能向下，它是与受电弓抬升力合成的结果，在不同程度上改变着弓线间的接触压力。

风力对弓线间的接触状态也产生着一定的影响。当风速不大（6～10 m/s）时，它作用于悬挂上，使接触线发生长时间的稳定振荡，称为自振荡或跳跃。接触线的自振荡会使受电弓不能追随接触悬挂的振荡而破坏正常取流，甚至发生大离线。在强劲风的作用下，也会改变弓线间的接触条件，有时还会脱离接触线而发生刮弓事故。

除此之外，在接触线高度发生变化处，当受电弓通过这些区段时，由于惯性的影响，弓线间的接触状态也会发生相应的变化，在一定条件下，因速度较高、坡度较大，会使弓线脱离，破坏正常受流，这是运行中所不允许的，设计时必须考虑。

综上所述，在电动列车运行中，受电弓与接触线之间的接触压力是变化的，也就是说，弓线之间的接触压力不是稳定的，而是时大时小，甚至是零值或者离线。

2. 受电弓取流的分析

受电弓的取流是通过弓线之间的紧密接触实现的。在机车运行的整个过程中，弓线间要保持一定的接触压力，并要求这种压力的变化尽量小，理想状态是永远不变。

在实际中，由于接触线并非直线，接触悬挂的弹性不一致，再加上机车的振动和受电弓结构的游动，使得受电弓在随机车做水平运动的同时，还做上、下垂直运动，并且这种运动是复杂的、迅速的，因此，弓线间的接触压力也随着受电弓的上下运动而变化，精确确定弓线间的接触压力值是非常困难的。

弓线间接触压力的大小对受电弓的取流至关重要。当弓线间的压力过小甚至为零时，受电弓脱离接触线，发生离线现象。离线现象是十分有害的，可使供电时续时断，造成列车运行中不正常的加速和减速，使机车工作条件变差，特别是对接触网的危害更大。在离线的瞬间，形成电弧，电弧的高温熔蚀作用可使接触线和滑板接触面变得粗糙不平，大大增加了机械磨耗，缩短了使用寿命。离线现象严重的情况下，接触线烧损严重，机械强度下降，可造成断线事故。

弓线间的接触压力也不能过大，过大会使接触线和受电弓滑板间的磨耗严重，并使接触线的纵向摆动加大，产生不良后果。接触压力的最佳值应能保证弓线间有最小的机械磨耗，并存在着一定的过渡电阻，以消除停车时发生接触线过热和烧熔的危害。

3. 受电弓参数对动态受流的影响

在高速接触悬挂—受电弓系统中，其动态受流特性是一对矛盾体的两个方面。本节将讨论在高速状态下，受电弓参数对动态受流的影响，受电弓参数包括弓头质量、框架质量、悬挂刚度及阻尼值。

1）弓头质量

由于在受电弓运行时，弓头沿接触线运动，如果弓头质量过大将会影响弓头的跟随性，若在受电弓作用下，接触线的变形按正弦规律变化。在受电弓与接触线保持接触时，接触线单位长度质量 m 与受电弓质量 M_c 之和 M_t 也将按照这个正弦规律运动。当接触线的变形幅值为 $2e$ 时，受电弓运动的最大加速度为 $\pm\omega^2 e$，这时接触压力的变化为

$$P_1 = P_0 + M_t\omega^2 e \tag{3.4.1}$$

$$P_2 = P_0 - M_t\omega^2 e \tag{3.4.2}$$

式中　ω——角频率，其值为 $2\pi/T$；

　　　P_0——抬升力。

接触压力是影响受流的重要因素。从方程式可知，接触压力变化值在 $\pm M_t\omega^2 e$ 之间，它是受电弓的运动引起的。瞬间惯性力 $M_t\omega^2 e$（式中 $e = E\sin\omega t$）相当于一个惯性干扰力，如最大惯性干扰力 $M_t\omega^2 e$ 大于抬升力 P_0 时，则 $P_2 = P_0 - M_t\omega^2 e<0$，这时将发生离线，很显然在高速运行时，$\omega$ 值较大，接触压力的变化值也较大。通过降低质量 M_t，一方面可有效避免离线（$P_2<0$），另一方面可降低压力的变化幅度。因此，减少质量是减小惯性、提高受电弓跟随能力的重要途径。

2）框架质量

受电弓框架相对于二系悬挂，它对于受流性能而言比弓头质量影响小，但减小框架质量也有利于受流，模拟结果和理论计算均表明，减少滑板质量对于在 0~4 Hz 的频率范围总是有利的，但只有在 1 Hz 时，减少框架质量对于接触压力才有较大改善，在 3 Hz 以上时则有相反趋势。但在实际情况中，1 Hz 时的响应幅值相当于 5 倍 4 Hz 的响应幅值，所以，减小框架的质量也是很有意义的。

3）弓头弹簧刚度

减小滑板刚度可适当地改善受电弓性能，并可改善高速受流。如果弹簧刚度过大，接触线的微小振动都会引起弓头弹簧作用力的较大变化。另外，在受电弓接近支柱时，由于接触悬挂刚度变大，使得受电弓必须向下运动，如果用较软的弹簧，则滑板易于相对框架而运动，并缓冲由于接触悬挂因刚度变化产生的影响。所以减少滑板刚度有利于提高跟随性，改善高速受流质量。模拟结果表明，为了有利于高速受流，弓头弹簧悬挂刚度宜控制在 4 000 N/m 之内。

4）阻尼值

受电弓阻尼实际上包含有滑板阻尼、框架阻尼以及干摩擦等。根据计算结果可知，对于滑板阻尼，当其增加时，受电弓低频率响应得到较大改善，但高频率响应反而变差了，因而只有取一个适当值时，方能得到最佳效果。

对于框架阻尼，在其增加时，低频率响应变坏，而对于高频率则有所改善。同样，在某一个最高速度下，也存在一个最佳阻尼值，它使得受电弓在高速运行时的接触压力的变化最小，根据计算框架阻尼的方程：

$$Bf = 0.4\sqrt{c_1 m_c} \tag{3.4.3}$$

式中　c_1——受电弓铰接支持装置弹簧的刚度；

m_c——框架的归算质量。

从总体讲,阻尼能有效地遏制受电弓振荡,但阻尼过大又会阻碍受电弓的运动,影响其跟随性,所以应在给定运行速度以后,方可选择合理的阻尼值。

在受电弓存在的阻尼中,还存在干摩擦,其干摩擦有利于遏制受电弓危险的谐振,但摩擦太大时将不利于受流。

(二)柔性接触悬挂受流质量评价

1. 柔性接触悬挂的弹性

接触悬挂弹性的好坏在很大程度上影响着受电弓的取流,所以,接触悬挂的弹性是衡量接触网质量的重要指标。

所谓接触悬挂的弹性 η,是指悬挂中某一点在受电弓的压力作用下,每单位垂直力 Q 使接触线升高的程度 Δh。

衡量弹性好坏的标准:一是弹性大小,二是弹性的均匀程度,但更重要的还是弹性的均匀程度。弹性的均匀程度取决于接触网的结构,弹性的大小取决于接触线张力的大小。下面以

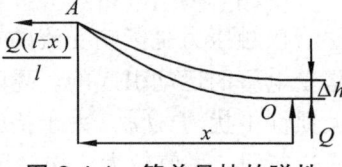

图 3.4.1 简单悬挂的弹性

简单悬挂的弹性为例讨论接触悬挂的弹性。简单悬挂的弹性示意图如图 3.4.1 所示。

设有一硬定位的接触悬挂,当列车运行到跨距中的某点时,受电弓的位置在 O 处,距悬挂点的距离自受电弓的压力为 Q,使其升高的量为 Δh,在力 Q 的作用下,支柱减载为 $Q(l-x)/l$。以 AO 为分离体,由于在压力 Q 的作用下支柱减载,接触悬挂达到新的平衡,所以:

$$T_j \Delta h - \frac{Q(l-x)}{l} x = 0$$

则

$$\Delta h = \frac{Q(l-x)}{lT_j} x$$

根据弹性的概念:

$$\eta = \frac{\Delta h}{Q} = \frac{x(l-x)}{lT_j} \quad (3.4.4)$$

式(3.4.4)表明了跨中任一点的弹性。

当 $x=0$ 或 $x=l$ 时,即悬挂点处,$\eta=0$。

当 $x=l/2$,即跨距中部,η 有最大值:$\eta_{max} = \frac{l}{4T_j}$。

从以上分析可以看出,这种悬挂形式的弹性极不均匀,当机车运行时受电弓上下运动严重,使弓线间压力变化极大,故不适用于较高速度的行车。

改进型简单悬挂,在悬挂点处增加了弹性结构,改善了接触悬挂的弹性,受电弓的取流效果较好。

链形悬挂由于承力索的作用和悬挂点的弹性结构,其弹性较简单悬挂好得多,在车速较高的线路上被广泛采用。

2. 柔性接触悬挂弹性的改善

改善柔性接触悬挂的弹性有两条途径：其一，尽量使受电弓对接触线的压力不随受电弓的起伏波动而变化，这就需要从受电弓的结构方面研究改进；其二，使受电弓沿接触线滑动时，接触点的轨迹尽可能地近似于水平直线，要实现这一点，就应该尽量减小接触线的弛度，改善接触悬挂的结构。

接触线的弛度与跨距的大小、线材的材质和张力、接触悬挂的类型和结构甚至气象条件都有关系。如果为了减少接触线弛度而缩短跨距长度，就会增加支柱安设的数量，增加定位设备、支持装置等，增加接触网建造成本，这显然是不经济的。如果为了改善接触悬挂的弹性，会使接触网设备变得非常复杂，既不便于设计计算，又不利于运营中的检修，且增加了接触网的投资，这是不可行的。因此，改善接触悬挂的弹性性能，重点应放在改善悬挂点的弹性方面，同时尽量使全线接触悬挂的弹性均匀一致。此外，改善张力自动补偿设备，研制新型补偿器结构，减轻接触网的集中重量，采用轻型零件，研制新型的接触线也是改善接触悬挂弹性的重要措施。

（三）刚性接触网受流质量评价

在刚性悬挂中，汇流排没有弹性，受电弓抬升力全部施加在接触线上，因此弓网之间冲击力远大于柔性接触网。弓网摩擦与弓网压力以及接触线线面、受电弓滑板之间接触面的情况有关，受电弓对刚性悬挂的静态抬升力一定时，受电弓碳滑板和接触线将出现较大的机械磨耗，并进一步加大接触线的电气磨耗。

从受电弓运行过程中抬升汇流排和接触线的作用分析，悬吊结构刚度变小将导致刚性悬挂整体变柔(即刚度变小)，受电弓滑板的最大位移将会随刚性悬挂整体刚度的减小而变得平缓，这有利于保持受电弓具有更好的追随性，从而获得较高的受流效果。

应用非线性和动力有限元的基本原理，对受电弓、接触网系统进行的弓网耦合仿真研究结果也表明，刚性悬挂悬挂点的刚度 keq 降低三个数量级为 $0.001keq$ 时，受电弓抬升力的标准偏差最小，受流质量最好。而如果再继续降低悬挂机构刚度的数量级，受流质量又明显变差，表明悬挂机构刚度的取值不是越大越好，也不是越小越好，而是要找到一个合适的值。弹性装置的弹性性能的取值在理论上应使悬挂点的刚度减少三个数量级，同时还应满足刚性悬挂力学性能的要求。不同刚度时的前弓接触力曲线如图 3.4.2 所示。

所以通过调整刚性悬挂机构刚度，可以实现增加刚性悬挂的系统弹性，达到改善弓网受流质量的目的。弹性绝缘悬挂组件和弹性定位线夹是目前主要的刚性悬挂弹性支持装置。

当架空刚性接触网的汇流排安装在弹性绝缘悬挂组件上时，在其自重的作用下，弹性绝缘组件的橡胶弹性元件产生变形，达到一种应力应变的平衡。运行时弓网相互作用，橡胶弹性元件的变形恢复，从而避免了受电弓可能对刚性接触网的冲击，使得刚性悬挂受流更趋平稳，也减小了接触线和受电弓自身的磨耗。弹性定位线夹则是通过具有弹性功能的悬挂部件，利用汇流排的自重，使线夹内的弹簧和橡胶保持一定的压缩，在车辆受电弓通过悬挂点，弹簧回弹，让弹性线夹变形得到一定的恢复，降低了受电弓对刚性接触网的冲击，使刚性悬挂与受电弓的追随性形成最佳的配合,并且提高架空刚性悬挂的受流质量和减少接触线的磨耗。

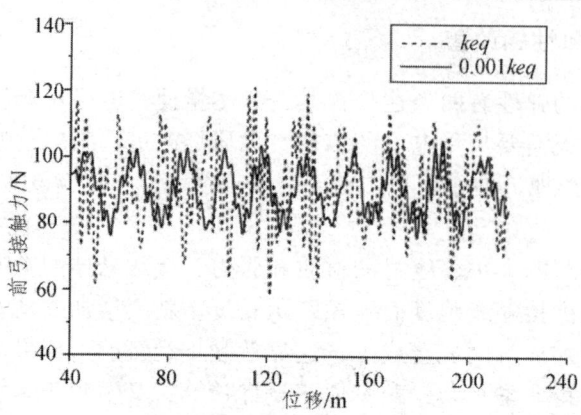

图 3.4.2 刚度为 k_{eq} 和 $0.001k_{eq}$ 时前弓接触力

二、接触轨受流质量评价

DC 1 500 V 钢铝复合型接触轨下部受流方式具有工作稳定、可靠、少维护等优点。但随着运营年限的增加,该受流方式会逐渐暴露出接触轨受流面及碳滑板不均匀磨损、集电靴与接触轨离线拉弧、碳滑板棱边崩缺、碳滑板更换周期短等问题。国外研究表明,接触轨不平顺是造成上述问题的关键原因。

接触轨的平顺性是评价接触轨系统受流质量和接触轨系统稳定性的重要指标。接触轨轨偏值变化情况可用以反映接触轨方向的不平顺,接触轨轨高变化情况可用以反映接触轨高低的不平顺。

一个理想的接触轨不平顺状态评价方法应该包括以下特征:① 能够真实反映接触轨质量状态,用数值明确表示各个区段接触轨的好坏;② 能够为供电人员编制接触轨维修作业计划提供数据参考;③ 用于计算接触轨质量指数的接触轨原始测量数据准确,容易采集;④ 接触轨质量指数与接触轨质量状态对应关系明确,概念清晰,容易被掌握。

采用峰值管理的方法对接触轨不平顺进行评价,会损失大量非超限数据信息,不能准确反映区间整体不平顺状态,无法对线路进行均衡评价。因而该评价方法具有一定局限性。

国外研究侧重集电靴与接触轨动态特性。例如采用接触式检测方式,在接触轨检测车中安装检测集电靴,检测不同速度下集电靴的受流臂与集电靴安装底座纵向位移变化量、集电靴与接触轨接触压力变化量,用以计算集电靴受流臂力矩大小,并着重分析接触压力、集电靴受流臂力矩与接触轨的不平顺关系。在综合国外轨道不平顺评价方法的基础上,国内对轨道不平顺进行了深入研究,提出了轨道质量指数(TQI)概念,并运用 TQI 对轨道不平顺进行管理。通过多年实际应用,收效明显。接触轨沿着轨道平行铺设,接触轨与轨道具有相似特性,接触轨不平顺与轨道不平顺随之也具有相似性。因此,基于 TQI 的轨道不平顺评价方法对接触轨不平顺状态评价具有借鉴作用。

国内经过系统研究提出了一种基于单元区段标准差的接触轨质量指数(简称 CRQI,其量符号为 I_{CRQ})评价方法。其评价过程为:① 以接触轨锚段作为单元区段进行评价;② 每 0.25 m 取 1 组接触轨检测数据;③ 分别统计这些数据的接触轨轨偏值和轨高标准差;④ 将锚段内接触轨轨偏值和轨高标准差的和作为 CRQI 的输出。

$$I_{\text{CRQ}} = \sum_{i=1}^{2} \sigma_i \tag{3.4.5}$$

$$\sigma_i = \sqrt{\frac{1}{n}\sum_{j=1}^{n} x_{ij}^2 - \overline{x}_i^2} \tag{3.4.6}$$

$$\overline{x}_i = \frac{1}{n}\sum_{j=1}^{n} x_{ij} \tag{3.4.7}$$

式中 I_{CRQ} ——接触轨质量指数；
σ_i ——单元区段单项标准差；
$\overline{x}_i$ ——单元区段单项均值；
x_{ij} ——单元区段单项不平顺幅值。

计算时取 $i = 1$、2；$j = 1$、2、…。该评价方法满足了上述的 4 项基本特征，能够弥补接触轨峰值管理存在的不足。

第四章　城轨接触网工程施工

第一节　工程预概算和施工准备

一. 接触网工程预概算

接触网工程预概算是预算和概算的总称，是确定接触网工程造价、编制接触网工程建设计划的依据，是控制接触网工程投资额和办理拨款或贷款的依据，是工程投标及签订承包合同的基础。

一般在计划任务书或设计任务书中规定设计阶段。在初步设计阶段编制总概算，它作为基本建设项目投资和阶段编制基本建设计划及技术设计的限额。在技术设计阶段编制修正总概算，根据总概算修订基本建设计划，控制建设投资和拨款，签订承包合同，实行招标项目中编制标底的依据。在施工图阶段编制投资概算作为工程价款结算的依据。

工程概算的费用由建筑工程安装费、设备工器具购置费、其他费、预备费、工程造价增长预留费等组成。

（一）建筑安装工程费

建筑安装工程费是轨道交通接触网建设工程投资的主要组成部分，由直接费、间接费、计划利润和税金四部分组成。

1. 直接费

直接费是直接用于建筑安装工程上的有关费用，它包括人工费、材料费、施工机械使用费、运杂费和其他直接费。

（1）人工费。人工费是指列入预算定额的直接从事建筑安装工程施工的生产工人开支范围的各项费用，包括基本工资、工资性质的津贴、辅助工资和劳动保护费。

（2）材料费。材料费是指列入预算定额的材料、构配件和半成品按相应的预算价格计算的费用。

（3）施工机械使用费。施工机械使用费是指列入预算定额的施工机械台班量按相应机械台班费用定额计算的总费用。

（4）运杂费。运杂费包含运输费、装卸费和其他有关费用以及材料管理费等。

（5）其他直接费。其他直接费是指预算定额分项定额以外发生的费用。

2. 间接费

间接费是指组织和管理城市轨道交通电气化工程建筑安装施工所发生的各项经营管理费

用,因为它不是直接用于某一单项工程,而是为工程施工间接服务所发生的费用,故这类费用只能间接地分摊到各单项工程上,由施工管理费和其他间接费组成。

3. 计划利润

计划利润是指按规定的计划利润计取的费用,该项费用由两部分组成,即企业应用新技术与新工艺、扩大企业生产能力、更新购置施工设备所需的费用。企业根据自身经营管理素质和市场供求情况,在规定的计划利润率范围内所确定的本企业的利润水平。计划利润的计费标准,按电力牵引供电工程中建筑安装工程费总额及材料差价的7%计列。

4. 税　金

电气化工程作为轨道交通基础建设的产品,其价格构成与其他商品一样,也包括成本、税金和利润三部分。税金包括营业税、城市维护建设税和教育附加税。营业税按建筑安装工程费,综合扣除属于专用基金的其他间接费(如临时设施费、劳动保险基金、施工队伍转移费)后的3%计算。城市维护建设税按营业税额作为计税依据,市区为7%,县城、镇为5%,不在市区、县城、镇者为2%。教育附加税按营业税的2%计入。

(二)设备工器具购置费

设备工器具购置费包括设备购置费、工器具及生产家具购置费两部分。

1. 设备购置费

设备购置费是指构成固定资产标准的设备购置和虽低于固定资产标准、但属于设计明确列入设备清单的设备。

2. 工器具及生产家具购置费

工器具及生产家具购置费是指新建、改建和扩建项目的新建车间在验收交接后,维修生产部门为开工生产做准备必须购置的第一套不构成固定资产的设备、仪器、工卡模具、器具等的费用。

(三)其他费

其他费是指根据有关规定,列入基本建设项目总概算投资中,除去建筑安装工程费、设备工器具购置费以外的有关费用。

其他费包括:建设单位管理费、征用土地补偿费、研究实验费、生产职工培训费、办公和生产家具购置费、勘察设计费、供电补贴费、施工机构调遣费和配合辅助工程费等。

(四)预备费

预备费是指在初步设计(或技术设计、扩大初步设计)总概算(或修正总概算)中难以预料的工程费用。

（五）工程造价增长预留费

为正确反映城市轨道交通基本工程项目的概算总额，由设计概算编制年度到项目建设竣工的整个期限内，因工程造价正常变动（如材料、设备价格的上涨和人工费标准的提高，以及其他各项费用标准的调整等），使原概算总额提高的费用。

根据《轨道交通基本建设工程设计概（预）算编制方法》，轨道交通基本建设工程概算按不同工程费用类别划分为十一章三十三节，电力牵引供电被划在第七章第十八节，在编制概算时应参考该项目统计费用。编制预概算要依据审批后的施工图样、会议记录和有关说明书、《轨道交通基本建设工程设计概（预）算编制办法》《轨道交通工程概（预）算定额、电力牵引供电工程》和有关设计规范、施工技术规范、工程质量验收标准等。

编制步骤先要熟悉施工图样，了解设计意图，调查施工现场情况，通过查概（预）算定额统计各项费用，计算技术经济指标，编制"建筑工程个别概算表"、"综合概算表"。最后编写说明书，说明采用的新技术、新工艺，提出全面质量管理的方法。

二、施工准备

接触网施工前应做好施工准备，施工准备与开工日期、工程进度、工程质量和施工安全关系紧密。准备工作做得越充分，考虑得越周到，工程进展就越顺利，因此施工准备是接触网工程的重要环节之一。

施工准备需要进行技术准备、物资准备和施工组织计划的编制等几项主要工作。技术准备工作包括：熟悉、复核设计文件，进行施工调查。由于我国目前已普遍推行工程承包制，所以在建设单位与施工单位签订承包合同后，建设单位应及时向施工单位提供线路的全部接触网施工设计文件。施工单位应及时组织各级施工负责人和主管技术人员熟悉、复核设计文件。对管段内的接触网工程技术标准、工程概况、设计结构和技术图样有系统的了解。在复核设计文件时，应重点了解以下几个方面：

（1）国家对该工程的建设要求、工期、投资、主要技术条件等。

（2）主要工程数量、技术标准、工程概况。

（3）设计原则、要求，采用的新技术、新结构。

（4）重点工程（长大隧道、特大站场）的位置、工程量、工期、施工方案及措施。

（5）开工前或施工中应注意解决的重大施工难题。

对设计中存在的问题，应将一些原则性的问题及时通报上一级主管单位，同时还要结合施工队伍现状和实际现场情况，审查施工组织方案是否合理。施工调查应在熟悉设计文件的基础上进行，通过调查，及时发现施工现场影响施工的障碍物，如跨越轨道的电力线、通信线及建筑物等。对已有拆迁协议的线路，可了解拆迁工程的进展情况，还应注意搜集本区段全年列车运行时刻表及封闭点时刻表。了解各工区管线范围内线路的起拨道、近期改线、换轨等情况，对重点工程还应做专门的调查。

调查的方法，一般采用沿线徒步考察或步行与汽车、轨道车相结合考察的方式。携带的工具包括：皮尺、钢卷尺、望远镜和手电筒等。人员不宜过多，调查结束后编写施工调查报告。

接触网施工的物资准备工作需要施工单位的技术和材料部门相互配合，根据设计图样和施工进度，向上一级单位提出物资申请计划、施工材料计划、低值工具易耗品计划。

工程材料计划包括：各种构件、零配件、建筑安装材料（如水泥、支柱、线夹等）。编制工程材料计划的依据是：接触网平面布置图、安装图、材料消耗定额。

施工材料是指安装工程所必需的消耗性材料（如模型板、炸药、铁线等），由于施工材料随接触网结构、工程地质条件、施工方法不同而变化，因此备料计划视具体情况而定。

低值工具易耗品均指施工中必须周转性使用的小型机具、劳保用品、常用工具（如铁锹、镐、扳手、梯子）等，这些工具的数量根据施工规模、性质酌情考虑。

施工组织计划是施工单位为按期完成施工任务而制定的具体施工方案，编制计划时一定要结合施工队伍的现状，根据批准的施工设计文件、工程承包合同、有关的规范、规程。验收和施工技术标准，按上级下达的施工计划综合考虑。编制施工组织计划的主要内容如下：

（1）列出编制依据的文件名称、编号、日期，并做必要的说明。

（2）说明工程概况（任务量和范围、劳动力、工期、投资、线路状况、作业方式等）和主要工程数量。

（3）确定施工方案，包括划分施工任务、劳动力组织、工点设置、施工顺序和方法等。

（4）制订主要工程经济计划指标、主要工程材料的调配使用方案和供应计划。

（5）采用的新技术、新工艺和提出全面质量管理的方法。

第二节　接触网施工测量与定位

接触网施工测量与定位的进行意味着城市轨道交通接触网工程施工的开始。在接触网工程施工中必须严格遵守所在城市轨道交通单位的施工管理规定及相应的安全规则，开工前应熟悉所安装的接触网设计文件、具体设备和机具的使用安装说明书及所在城市轨道交通单位的接触网验收标准等。

接触网施工测量与定位的主要任务是杆位、基础的测量，依据设计图纸（接触网平面布置图）上规定的跨距和侧面限界，将施工图纸上支柱、基础等接触网建筑物的位置落实到施工地点。

测量前应准备好测量工具和测量记录登记本，测量工具如表 4.2.1 所示。

表 4.2.1　施工测量用工具

顺号	名称	规格	单位	数量	用途
1	钢卷尺	50 m	盒	1	丈量支柱跨距
2	钢卷尺	2 m	盒	1	测支柱侧面侧限等
3	计算器		个	1	累计跨距复核里程
4	记录用表格		本		记录有关事项
5	白油漆桶		个	1	书写标记
6	钢丝刷		把	1	钢轨除锈
7	小排笔		支	1	书写标记

续表

顺号	名　称	规　格	单位	数量	用　途
8	粉笔		盒	1	书写临时标记
9	手电筒	7.5 V	个		隧道照明
10	防护用旗	红黄色	副	1	行车防护
11	防护用品		个		行车防护
12	工具袋		个	4	
13	铅笔		支		记录测量数据
14	经纬仪	精度"6"级	台	1	支柱测量用
15	水平仪		台	1	支柱测量用
16	踏尺	5 m	副	1	支柱测量用
17	花杆	2 m	根		区间测量用
18	花杆	3 m	根		站场穿线用
19	望远镜	×30	台		特殊干扰处理备用
20	照相机	带胶卷	个	1	特殊干扰处理备用
21	水平尺	2 m	根	1	隧道测量用
22	聚光测镜		台	1	隧道测量用
23	抹布		块	若干	

一、纵向测量

纵向测量的主要任务是将接触网平面图中有关支柱跨距的设计尺寸通过测量确定到线路上去，它决定着顺线路方向各个支柱之间的相互位置。

根据接触网设计平面图找出测量起点，并做出标记。区间和站场的纵向测量均从测量起点出发，沿钢轨外侧丈量。直线区段沿靠近支柱侧的钢轨丈量。曲线区段无论支柱在哪一侧都应用丁字尺将测量尺过渡到曲线外轨的外侧进行丈量，测量转点宜选择在直缓点附近。纵向测量要尽量准确，测量过程中应以大型建筑物里程、坐标随时校验测量结果，防止累积误差产生。

站内测量一般按正线进行，必要时可以使用与正线平行的直线站线作为测量基线。如为复线区段，则按设计规定执行。一般从区间锚段关节衔接处或测量起点（一般选自站场最外道岔的标准定位处）开始。

测量时，首先由主管技术员根据设计图复诵跨距尺寸，再由拉尺人员从测量起点根据跨距值依次丈量，并在每一杆位处的钢轨腰部作出标记。书写标记前应先用钢丝刷子对轨腰除锈，用抹布将锈迹擦干净，然后用白油漆书写，字体要端正醒目。书写标记内容包括：顺线路方向的支柱中线标记、杆号、支柱型号、基础型号、支柱侧面限界、底板和横卧板数量等。

二、横向测量

当支柱或基础纵向测量定位后,还必须进行横向定位测量。横向测量的主要目的是依据纵向测量的中心线标记来确定支柱或基础的基坑位置。测量方法是:区间使用丁字尺,根据支柱侧面限界确定支柱基坑的位置,如图 4.2.1 所示。

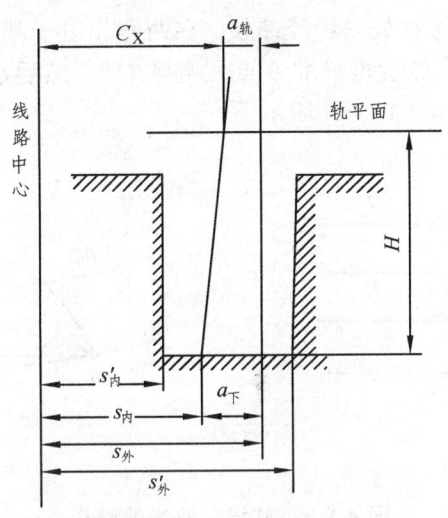

图 4.2.1 支柱基坑位置图

图中基坑内缘和外缘至线路中心线的距离可考虑支柱外形尺寸,并结合基坑开挖经验确定。

坑口宽度在不考虑安装横卧板和底板的情况下取 0.6 m,即从坑口中心线向平行于线路各量出 0.3 m。当安装横卧板或底板时,坑口和坑底的尺寸应能保证这两种板的安设,并留有充分的调整余量。

(一)软横跨柱横向测量

站内横向测量的主要工作是将正线上的纵向测量点过渡到站场两侧靠近软横跨柱的钢轨上,要求两侧软横跨柱中心线的连线在直线区段垂直于正线,曲线区段垂直于纵向测量点的切线,偏离不应超过 3°。

站场软横跨支柱横向测量一般采用等腰三角形法或经纬仪测量法,在最外侧钢轨轨腰上书写标记。

1. 等腰三角形测量法

如图 4.2.2 所示,图中 O 点为站场纵向测量点,由 O 点向两侧分别量出等距点 (A,B),用钢尺连接 A、B 点,并将钢尺中间拉至与基坑相邻的钢轨 D 点处,则 D 点即为该侧基坑的中心位置。又由 D、O 两点定出对侧基坑的中心位置,然后在轨腰处按纵向测量的要求写上标记。

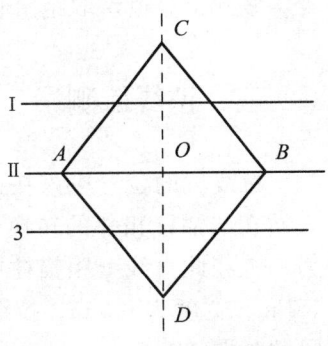

图 4.2.2 三角形测量定位图

2. 经纬仪测量法

当站场超过 3 股道时，宜采用经纬仪测量。

直线区段测量中，纵向测量位置为 O 点，将经纬仪支在该处并对准 O 点，观测 O' 点（O' 点应和 O 点取相对于基线的同一位置），读取水平度盘读数后旋转 90°，在此视线上确定 A 点，再倒转望远镜可确定另一侧的支柱位置。如图 4.2.3（a）所示。

曲线区段测量中，在基点 O 处安置经纬仪，在两侧相对于基线的同一位置取 A、B 两点，且使 $OA=OB$，先瞄准 A 点，然后再瞄准 B 点，测得 β 值，然后水平回转 $\beta/2$ 角，在此视线上可测得支柱位置 C 点。如图 4.2.3（b）所示。

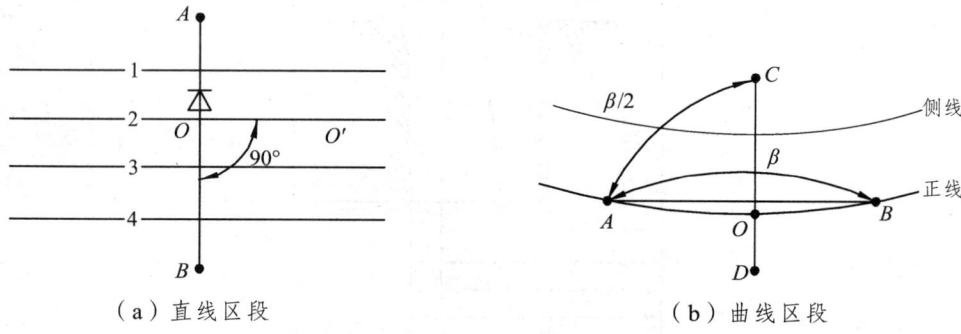

(a) 直线区段　　　　　　　　(b) 曲线区段

图 4.2.3　站场、曲线处测量

确定了基坑横向中心线位置后，即可根据侧面限界决定坑口尺寸。应当指出钢柱的侧面限界是指轨平面处，钢柱内缘至线路中心的距离，而不是基础内缘至线路中心的距离，如图 4.2.4 所示。

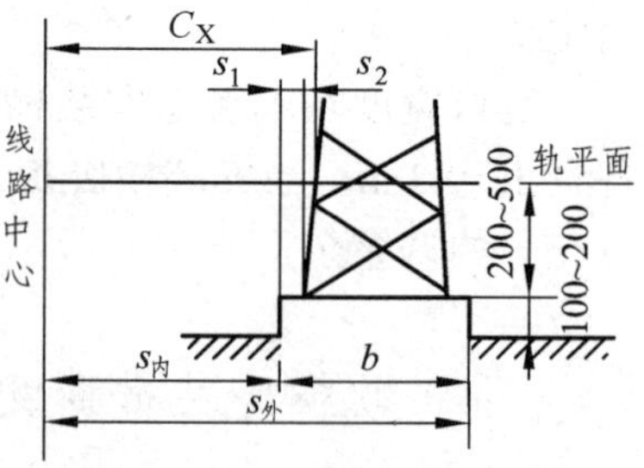

（二）道岔柱的标准定位测量

（1）定位柱位于道岔导曲线外侧两线间距为 600 mm 处。

（2）对称道岔定位柱测量方法与单开道岔相同。

（3）复式交分道岔标准定位柱位于两直线间距为 167 mm（1/9 道岔）或 125 mm（1/12 道岔）处线路的一侧。

图 4.2.4　钢柱基础测量

（4）非标准道岔定位时，支柱位置一般应在单开道岔导曲线外侧两线间距为 400～700 mm 处，复式交分道岔取距岔心 1.5～2.5 m 处。

三、拉线坑测量

拉线坑的位置应该在接触悬挂下锚支的延长线上，如图 4.1.6 所示。测量方法为：一个人站在与锚柱相邻的转换柱中心线与线路中心线的交点上，通过锚柱中心目测一条直线，另一人在此直线上距锚柱中心 10.4 m 处定点，此点为拉线坑的中心。拉线坑的坑口长度为 1.2 m，宽度为 0.6 m，拉线坑坑口的横向中心线应垂直于延长线（拉线），拉线坑的形状、尺寸见图 4.2.5。

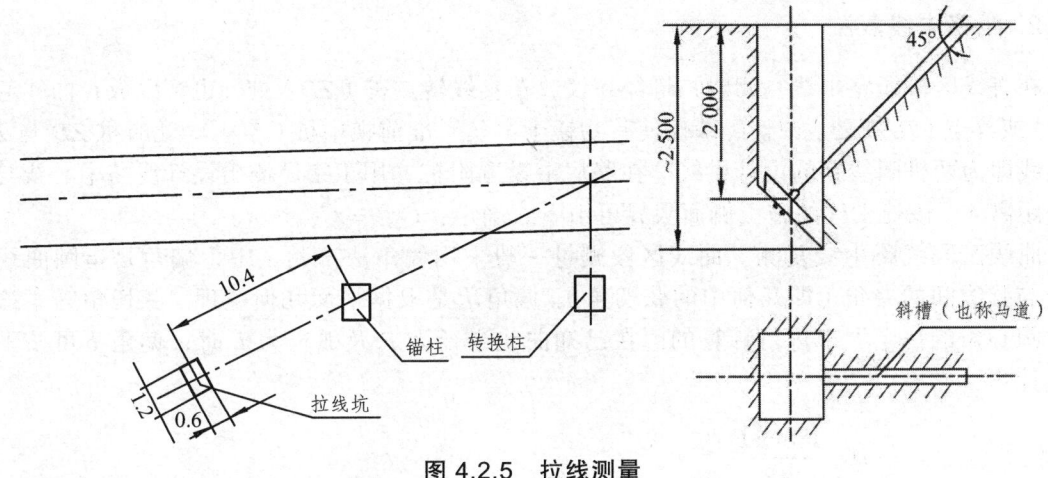

图 4.2.5　拉线测量

四、隧道测量定位

隧道测量有两种方法：一种是利用隧道打孔作业车直接测量孔位；另一种是采用人工测量，先用钢尺测出每个悬挂点的纵向位置，在轨腰上写明标记，并同时写在隧道一侧墙壁上的相对位置距轨面高度处，以便今后查找。标记内容为：设计位置竖线、悬挂点编号、定位编号，白底黑字。

在纵向位置处用聚光灯置于水平尺上，按设计尺寸调整位置，再用绑在长竹竿上的白油漆刷子在聚光灯所照射到的洞顶处点上标记。悬挂点间的距离应满足隧道平面布置图的要求。

隧道内测量应注意避开伸缩缝隙和明显的漏水处，测量中按防护规则在隧道两端设行车防护人员。

五、交桩测量

所谓交桩测量是指在线路未稳定和未达标时，根据线路有关资料和基桩表，通过测量、计算等来确定支柱限界和埋深的一系列工作。

1. 线路交桩资料

线路交桩资料由线路施工单位提供，主要有以下四种：

（1）中线基桩表。包括基桩编号、种类（交桩点，转桩点，曲线及缓和曲线起、终点桩），位置（施工里程或交工里程）以及基桩的构造、材料等内容，主要为线路中线测量提供依据。

（2）曲线表。包括曲线编号、起止里程、偏角（左或右）、曲线长度、切线长度、圆曲线半径、缓和曲线长度等内容，主要为曲线区段中线测量提供依据。

（3）坡度表。包括转折点里程、标高、坡度（上、平、下）及坡度距离、竖曲线长度等内容，主要为线路标高测量提供依据。

（4）水准基点表。包括基点编号、标高、位置、特征等内容，主要为线路标高复测提供依据。

2. 线路中线复测

在直线区段线路中线复测时，将经纬仪放在直线转点桩（ZD）处，也可以放在曲线起点（ZH）或终点（HZ）处。调整经纬仪使其物镜十字丝对准前视中桩（ZD1），此时桩 ZD 与 ZD_1 的连线即为两桩间线路的设计中线。在路肩上设置附桩，用丁字尺测出设计线路中心线与附桩的距离 X，该处支柱的施工侧面限界可由下式确定：$C_{X施} = C_{X设} - X$。

曲线区段线路中线复测。曲线区段测量一般采用偏角法。测量中，偏角是指圆曲线上切线与弦线间的夹角（即几何中的弦切角）。偏角法是根据平面几何定理"弦切角等于该弦所对圆心角的一半"来进行计算的。在已知曲线半径为 R 及弧长为 L 时，偏角 δ 可按下列公式计算：

$$\alpha = \frac{180° \times L}{\pi R}$$

$$\delta = \frac{\alpha}{2} = 90° \times \frac{L}{\pi R}$$

为了应用方便，已利用公式制成了"铁路曲线测设用表"，表中有曲线每 20 m 长的偏角值，并有 0.01~20 m 的偏角累计值，以备曲线不为整数时应用。

如图 4.2.6 所示，曲线区段线路中线复测方法为：

（1）将经纬仪放置在圆缓点（YH）上，整平、盘度调零。

（2）依据交桩资料"曲线表"提供的曲线参数，从"铁路曲线测设用表"中查出置镜点（YH）至前视点（HZ）及后视点（HY）的偏角，复测控制桩是否闭合。

（3）从置镜点（YH）用钢尺沿线路中心线拉链，一般每 20 m 为一链，量出各支柱点距置镜点的距离，再从"铁路曲线测设用表"中查出置镜点至各支柱点的偏角，通过经纬仪可测出各支柱点处设计线路中心的位置。

（4）用丁字尺测出设计中线与附桩的距离 X，即可确定该处支柱施工侧面限界。

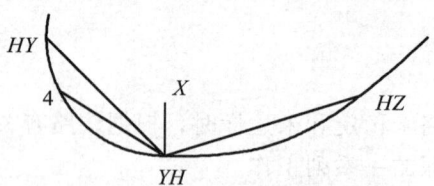

图 4.2.6 曲线区段线路中线复测

3. 线路标高复测

线路标高复测即测设备支柱附桩高程，以确定接触网支柱埋深。从一个已知高程的水准点出发，沿线路测设各支柱附桩高程，直至另一已知高程水准点。测量方法如下：

（1）根据交桩资料的坡度表及水准基点表，查出所测区段的水准基点桩及线路标高。

（2）测出各支柱至坡度转折点的距离，并计算出各支柱处设计线路标高数据。

（3）以附近水准基点桩作为起测点，在所测区段附近安置水准仪，后视水准基点桩，前视各支柱附桩，并计算出附桩标高。

(4)计算支柱施工坑深：

$$施工坑深 = 设计坑深 - (设计线路标高 - 附桩标高)$$

在施工定测中，为了达到更高的测量精度，一般可采用基于精密工程测控系统中的轨道控制网 CPⅢ 来进行，在 CPⅢ 控制点和交桩资料的基础上，通过全站仪采用坐标放样法来确定杆位，通过水平仪或全站仪来实现杆位的高程测量。

第三节 接触网基础工程

接触网支柱的基础是直接埋置于土体中或者预制在人工构建物中，其埋置深度一般都小于 5 m，属于浅平基。接触网支柱的受力特点是水平负荷较大，垂直负荷较小，因此其抗倾覆的稳定性是很重要的。所以接触网支柱的稳定性直接来源于基础的质量。

一、土壤与线路知识

基础的类型及横卧板的类型、数量等都与支柱埋设地点的地质情况有关，即和该地段的土壤类型（砂性土、黏性土、碎石土或岩石地段等）及线路状态（挖方、填方）等有关。不同的土壤种类，其承压力不同。在相同支柱容量情况下，所选择的基础类型（或横卧板的类型与数量）也有差异。

（一）土壤的分类

土壤是地壳表层岩石、矿物的风化产物在气候、生物、地形等环境条件和时间因素综合作用下形成的一种特殊自然体。土壤中常常混杂有岩石、碎石等。不同类型土壤的基坑开挖方法有较大区别。

1. 岩 石

岩石指颗粒间牢固连接，呈整体或块体的岩块。极限抗压强度在 30 MPa 及以上的为硬质岩石，小于 30 MPa 的为软质岩石。

2. 碎石块

碎石块指直径大于 2 mm 且含土超过 50% 的颗粒。

3. 砂 土

砂土指直径大于 2 mm 且含土不超过 50% 的颗粒。根据颗粒级别又可分为砾砂、米砂、中砂、细砂、粉砂五种。

4. 黏性土

黏性土按工程地质可分为老黏土（强度大、坚硬）、一般黏土、淤泥和淤泥质土、红黏土四种。

（二）人工填土

人工填土可分为素填土、杂填土和冲填土三种。素填土是用碎石、沙石、黏性土等组成，经分层压实后结合成的压实填土。杂填土是含有建设垃圾、工业原料和生活垃圾等杂物的填土。冲填土是由水力冲泥沙形成的沉积土。

（三）允许承压力与安息角

接触悬挂的重量通过支持装置传给支柱和基础，支柱和基础又把这一重量连同它们本身的负荷传给大地。支柱和基础对土壤的作用力和倾覆力矩被土壤的反作用力和抗倾覆力矩所平衡，支柱和基础处于稳定状态。支柱和基础的稳定决定于基础类型，而土壤的允许承压力和安息角是决定基础类型的主要依据。

土壤的承压力就是单位面积上土壤承受的压力（单位为 Pa）。一般工程上使土壤正常工作面不发生破坏的承压力，称为土壤的允许承压力。土壤的允许承压力是根据实验测定的。

工程中还常采用土壤的安息角来表示土壤的工作性质。在散粒土壤自然堆积时，与水平面形成斜坡，当继续增加散粒而这个斜坡不再增大时，这个斜坡与水平面的夹角叫作土壤的安息角，用 φ 表示，如图 4.3.1 所示。土壤的安息角和允许承压力之间的关系见表 4.3.1。

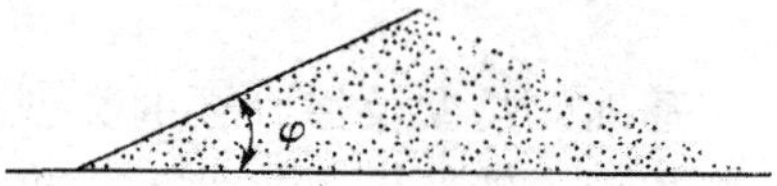

图 4.3.1 土壤的安息角

实际工程使用中，无论允许承压力还是安息角，其数值前会有符号"-"或者"+"，如 -0.25 MPa、+30°等，符号"-"表示该区段为挖方，符号"+"表示该区段为填方。

表 4.3.1 土壤的安息角与允许承压力的关系

土壤的安息角	17°~22°	30°~32°	33°~37°	38°
土壤的允许承压力/MPa	0.15	0.25	0.3	0.4

（四）线路基本知识

1. 线路标志

线路标志是表示轨道线路建筑物及设备的状态或位置，以及表示轨道线路各级管理机构管界范围的标志。

例如：里程标是指自轨道线路起点开始计算的连续里程，有公里标、半公里标和百米标。曲线起点设在曲线两端，它的正面写明所在里程、曲线长度、缓和曲线长度和线半径，两个侧面写明两侧线路特征（直、缓、圆或Z、H、Y字母）。

2. 线路的组成

铁路线路由上部建筑、路基及桥隧建筑等部分组成，上部建筑包括道床、轨枕、钢轨、连接零件、防爬设备等。道床就是铺在路基上的石渣。主要作用是稳固轨枕，缓和轨枕传来的力，并把力均匀地传布到路基面上，排除线路积水等。轨枕承受钢轨传来的重力和横向力，并将其均匀分布于道床上,固定钢轨位置,保持钢轨的方向和轨距。钢轨支持并引导机车车辆运行,承受来自机车车辆的作用力。路基按断面填挖形式分为路堤(填方)、路堑(挖方)、半堤半堑等。桥隧建筑用于地面起伏较大的沟河、山区等地形。

二、开挖基坑

接触网基坑分为钢筋混凝土支柱坑、钢支柱基础坑和拉线坑。根据开挖方式可分为人工开挖和机械开挖。

(一)开挖准备

开挖前,需要做好以下工作:确认坑口测量标记,复核辅助桩侧面限界,复核坑口尺寸;清理坑口周围环境,排除障碍物;设置预防道砟下滑坑内的防砟挡板(见图 4.3.2);确定排土地点,采取防止道砟污染及排水沟堵塞措施。

(二)硬土质类基坑开挖

按照坑位测量标记,沿坑口用镐垂直地将地表皮刨开,再用铁锹将土铲去,弃土远离坑口,一般不小于 0.6 m。当坑深小于 1.5 m 时,可由坑内人员直接排土;超过 1.5 m 时,由坑上人员用吊篮提土进行排土;当坑口较大,如基础坑开挖提土不便时,可采用撬杆进行排土,如图 4.3.3 所示。

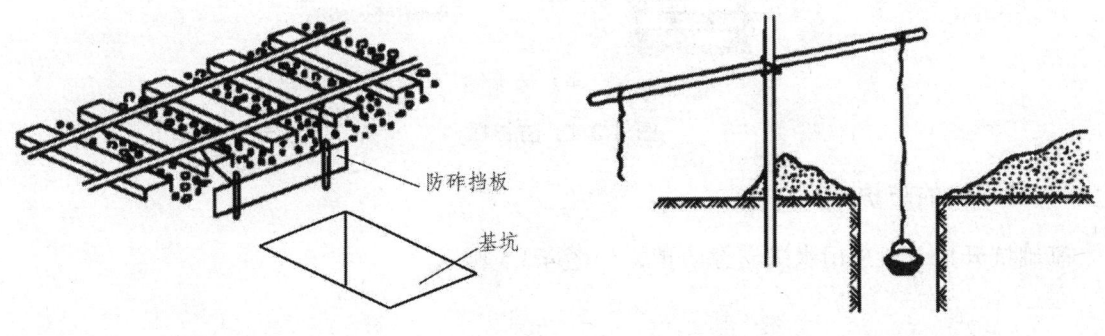

图 4.3.2 防砟挡板　　　　　　　图 4.3.3 吊篮取土

每挖几层土后,就应对基坑限界进行校核,修理坑壁。坑底尺寸应与坑口尺寸保持一致。

当坑口弃土堆积过多时,坑上人员应立即进行清理,弃土不可混入道砟,并随时做好水沟的疏通、排水工作。

基坑挖好后,坑下人员将坑底整平夯实,一切妥当后,等待交工验收。

冬季施工中,土壤冻结会影响基坑开挖。在预定冬季挖坑部位,根据冻结期长短及寒冷程度,先翻松一定深度的土壤并耙平,或挖坑至冻结深度处预留一层翻松土壤,可防止或减缓下部土壤受冻。气温不太低时,也可在土壤未冻前,在坑位表面覆盖炉碴、草垫、草帘或锯末等保温材料防冻。

已经形成的冻土在人工开挖时需要用大锤将钢钎打入冻土层中,把冻结硬壳打开。或者用炸药将冻土破碎,再进行开挖。也可用火烧融化冻土、蒸汽针(水针)融化冻土或者电流融化冻土等方法解冻土壤后开挖。

(三)碎石类基坑开挖

碎石类基坑开挖方法与硬土质类基坑相同,在保证行车安全的前提下,坑口宜适当加大,并做好基坑的支撑防护。

1. 一般支柱基坑套板防护

防护板(结构见图 4.3.4)一般采用 30 mm 厚、200 mm 宽的木板制成,一般用松木或硬杂木,不得使用腐朽或破裂多节的木材。

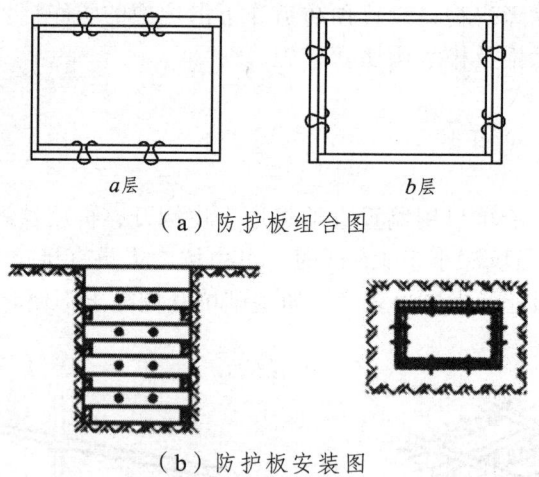

图 4.3.4 防护板

2. 基础坑的防护

基础坑开挖一般采用水平支撑防护,如图 4.3.5 所示。

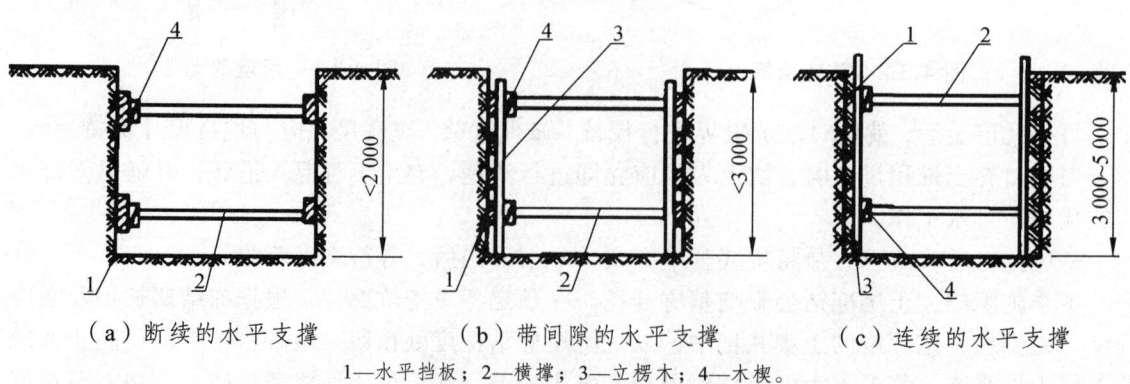

1—水平挡板;2—横撑;3—立楞木;4—木楔。

图 4.3.5 基础坑水平支撑防护

基坑支撑防护选用见表 4.3.2。

表 4.3.2 基坑支撑防护选用

序号	土壤类型	基坑深度/m	支撑
1	天然湿度的黏土类土，地下水很少	≤3	不连续支撑
2	天然湿度的黏土类土，地下水很少	3~5	连续支撑
3	松散的和湿度很高的土	任何深度	连续支撑
4	松散的和湿度较高的土，地下水很多且有带走土粒的危险	任何深度	如未采取降低地下水位的措施，则用板桩加以支撑

3. 混凝土软、硬横跨柱基坑的防护

混凝土软横跨柱基坑可采用局部水平支撑防护和水平垂直混合支撑防护，如图 4.3.6 所示。

为了节省木料，也可采用混凝土防护井圈进行施工。施工方法同流沙类基坑开挖。

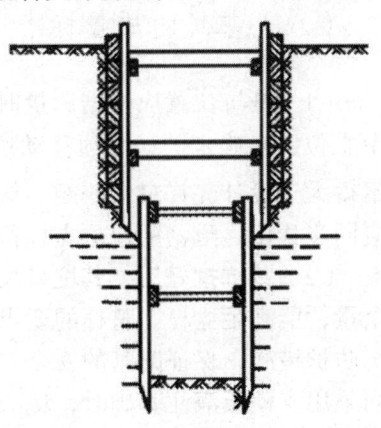

（四）流沙类基坑开挖

对于流沙类基坑采用局部支撑防护板进行开挖的方法已不适宜，尤其是混凝土软横跨柱基坑，由于支撑面大，防护板容易变形、折断。而采用混凝土防护圈进行基坑防护不仅保证了施工安全，还可节省大量的人力和木材。实践证明，在流沙地带开挖接触网支柱坑，采用混凝土防护圈防护是一种行之有效的防护措施，防护圈结构和安装如图 4.3.7 所示。

图 4.3.6 水平垂直混合支撑防护

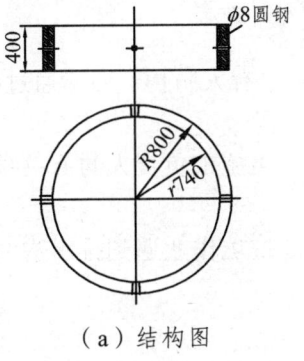
（a）结构图

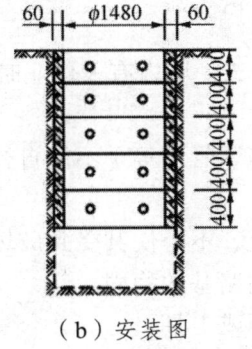
（b）安装图

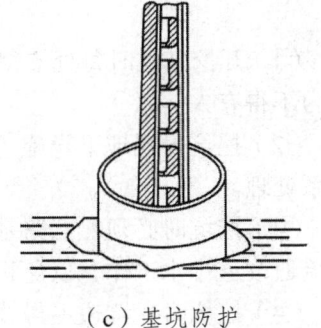
（c）基坑防护

图 4.3.7 混凝土防护圈

（五）高水位土质类基坑开挖

高水位土质类基坑开挖可采用沉井法进行，施工方法同流沙类基坑开挖。也可采用围栏支撑、板桩支撑等方法进行。根据实际施工的渗水量大小决定是否采取排水措施。

（六）石质基坑开挖

石质基坑一般采用分层打孔爆破进行开挖，每爆破一次，就需对基坑中的松动石、土作一次清除。为了不致在爆破时损坏周围建筑物，接触网基坑一般采用控制爆破法。

（七）机械开挖基坑

机械开挖基坑是使用机械化操作，利用旋转钻头来开挖基坑。相对于传统的人工开挖基坑，速度快，基坑规格统一，对路基密实度影响小。机械开挖在土壤中有较大石块或施工机械不便到达时，使用受限。

（八）基坑的质量标准

（1）基坑位置应根据测量时在钢轨上标注的支柱号、限界、支柱类型及顺线路方向支柱中心位置来确定。如必须移动坑位时，可按设计跨距允许误差 $^{-1}_{-2}$ m 进行调整。调整后的跨距不得大于设计允许最大跨距。调整软横跨支柱基坑位置时，同一组软、硬横跨支柱基坑应相应同步移位。道岔的定位支柱位置应符合设计要求。

（2）基坑挖好后，其坑口尺寸应能满足以下要求：设有横卧板或底板的基坑应留有安装余量；能满足立杆、整杆的要求；基坑坑壁应根据土质情况设有一定的坡度，采取适当的基坑防护措施，保证路基的安全；基础坑采用原坑灌注时，各部尺寸不得小于基础外形尺寸；当采用支模板灌注基础时，坑口尺寸应考虑坑内的支模、拆模的活动余地。

（3）各种支柱坑深和基础坑深满足设计要求，误差 ±100 mm，基础标高复合设计要求。

（九）基坑开挖安全注意事项

（1）开挖基坑时每处不得少于 2 人。坑内有人作业时，坑口必须有人防护。列车通过时，坑内不得有人。

（2）挖坑发现地下设施（如电缆、管道等）不能自行处理时，由施工负责人与有关单位联系处理。

（3）挖坑时必须注意路基的稳定，不得使其受到破坏和减弱。挖坑作业遇到排水沟时应做疏通改道排水工作，以免积水影响路基的稳固。

（4）挖坑时，坑边不得放置重物或工具。

（5）挖坑时，应随时注意坑壁的稳定情况，如有变化，应及时加强防护措施。

（6）挖坑地段必须设专人经常巡回检查，发现情况及时处理与上报。开挖的基坑，应于收工前进行检查确认路基稳固、坑壁坚固、无坍塌危险方能离开，必要时应设专人看守。

（7）在站内或有行人的地点挖坑时，应采取防止人畜坠落的安全措施，如设置桩绳防护栏，悬挂标示牌，用木板盖住坑口，设人防护，夜间加设灯光防护，但需注意不得与行车信号混淆。

三、混凝土工程

(一)混凝土基本常识

混凝土是指用水泥作胶结材料,按一定配合比掺加砂、石子和水,搅拌均匀后经过凝结硬化而形成的人造石材。

1. 水 泥

水泥的种类很多,但在接触网工程施工中,主要使用普通硅酸盐水泥(普通水泥)、矿渣硅酸盐水泥(矿渣水泥)、火山灰硅酸盐水泥(火山灰水泥)三种。

水泥强度等级的选用应该根据所配置的混凝土的等级确定,一般选用的水泥强度等级比配制混凝土标号高 10 MPa。

当对水泥质量有怀疑或水泥出厂超过 3 个月(快硬硅酸盐水泥超过一个月)时,应复查试验,并按试验结果使用,不合格的水泥不得使用。

2. 砂(细骨料)

一般应采用坚硬耐久,粒径在 0.15~5 mm 以下的天然砂(河砂、海砂、山砂)或用硬质岩石加工制成的机制砂,砂中含有的硫化物、云母及有机物不得超过有关规定,含泥量不应超过砂重的 5%。

3. 石子(粗骨料)

一般应为坚硬耐久的碎石、卵石或两者的混合物,其粒径为 40~80 mm。岩石强度与混凝土设计标号之比,当混凝土大于或等于 300 号时,不应小于 200%;当混凝土小于 300 号时,不应小于 150%。强度等级不应小于 30 MPa,含泥量不应超过石子重的 2%。不得使用风化石。

4. 水(拌和及养护用水)

自来水、井水、清洁的河水、饮用水等均可用来浇制混凝土,含有影响水泥正常凝结硬化的有害杂质,如糖类、酸类、油脂等及酸、碱性强的水不得使用。对有怀疑的水应进行水质化验,要求符合国家标准《混凝土拌和水标准》,确认无害杂质方可使用。

(二)混凝土的水灰比、配合比和级配

混凝土可采用人工和机械搅拌。为了达到混凝土配合设计的基本要求,所用的水泥、砂、石子和水必须根据施工水灰比、配合比等的要求量取,搅拌必须均匀。

水灰比是指混凝土中水和水泥的重量比。水灰比根据设计要求的混凝土强度和耐久性确定。确定原则为:在满足混凝土设计强度和耐久性的基础上,选用较大水灰比,以节约水泥,降低混凝土成本;在满足施工和易性的基础上,尽量选用较小的单位用水量,以节约水泥。接触网基础混凝土施工中,水灰比一般取 0.5~0.8。

配合比是指混凝土组成材料之间的重量比,一般以水:水泥:砂:石表示,水泥为基数1。混凝土的配合比和水灰比应通过试验确定。

混凝土的级配是指石料大小不同的颗粒相混合时的不同大小石料的混合比率。机械拌和时，最大颗粒不宜大于 100 mm，人工拌和时不宜大于 80 mm。

混凝土可采用人工和机械搅拌，所用的水泥、沙、石子和水必须根据施工配合比要求量取，搅拌必须均匀。倒入模型内的混凝土必须用捣固器或捣固铲捣实，待初凝后覆盖湿草袋加以养护。混凝土的养护时间：采用普通水泥为 10~14 天；采用火山灰和矿渣水泥为 14~21 天。

（三）混凝土强度试验

混凝土强度是指单位面积上所能承受的最大压力，是以标准制成品（$150 \times 150 \times 150$ mm^3 或 $200 \times 200 \times 200$ mm^3）在 15~20 ℃温度下养护 28 天的抗压强度值来表示的。接触网钢柱等的基础混凝土的设计强度一般为 11 MPa。

在工程浇注混凝土的同时，每灌注 50 m^3 混凝土（或每个小站）应取浇灌中的一部分混凝土做一组试块。混凝土用量大于 500 m^3 的车站，可每灌注 100 m^3 做一组，每组三块。试块与混凝土基础同等条件下养护 28 天。试块上应注明车站和灌注日期，同批试块抗压极限强度的平均值不得小于设计标号，任意一组试块的最低值不得小于设计标号的 85%。不同强度等级及不同配合成分的混凝土应分别做试块。混凝土试块的试验报告应作为基础工程竣工文件之一。

四、基础浇制

混凝土基础的浇注，可采用挖大坑搭模型板和挖小坑就地浇注两种方法。但无论哪种方法，都要保证整个基础的结构尺寸和方向满足设计要求，基础预留螺栓的位置符合法兰连接需要和支柱侧面限界要求。

（一）支　模

清理基坑内杂物及积水等，整平坑底、坑壁，并复核坑深和限界。安装钢筋网，安装模型板，模型板应该有可靠的承受灌注混凝土的重力、侧面压力和一切荷重，形状尺寸正确，拼缝严密、不漏浆。对于要求较高的杯形基础内膜应采用钢质模板，并刷脱模剂方便拆模。采用基础螺栓定位模板固定对基础螺栓准确定位，外露部分螺纹应涂黄油包扎保护。

（二）浇制与捣固

基础浇制前，应该复核基坑位置、侧面限界、外形尺寸、基坑深度、模型板位置、顶面标高等。特别是硬横跨的两个基础要保证基础中心距复核设计横梁长度满足要求，误差为 ± 20 mm。基础中心线连线和正线中心线垂直，偏差不大于 2°。基础顶面高度或杯底高度相等，误差不超过 50 mm。

浇注混凝土前应首先在基础坑底铺 100 mm 厚的石砟或 75 号混凝土，然后将搅拌好的混凝土分层灌注，其自由下落高度超过 3 m 时，应用串筒或溜槽。灌注混凝土应连续进行不得间歇。应随灌随捣，捣固时做到快插慢拔、捣固密实。

基础的灌注应水平分层进行，逐层捣实，每层灌注深度不宜大于插入式振捣器工作部分的 1.25 倍。用人工捣固时，每层灌注深度不宜大于 200 mm。插入式振捣器使用时，垂直或略带倾斜地插入混凝土内部，宜插入已捣实层 50～100 mm 处。工作状态的振捣器，与模型板或坑壁保持 100 mm 的净距，并不得触及钢筋及螺栓，在基础边角处，进行人工捣固。振捣器在每一位置上的振动延续时间应保证混凝土获得足够的密实度（以混凝土不再下沉，不出现气泡，表面开始泛浆为准），但也应防止振动过量。浇制完成后，进行混凝土基础端面抹面，基础面高度、倾斜度符合技术要求。

对无筋或稀疏配筋的基础允许填入片石，片石填充体积、规格、数量应符合标准要求。

（三）养护与拆模

基础混凝土浇制完毕初凝后即进入养护期，同时检查基础螺栓尺寸，当基础混凝土达到一定强度后才能拆除模型板。基础表面应平整，不应有蜂窝、麻面、棱。

基础浇制质量标准为：基础外形尺寸应符合设计要求，允许偏差：保护层为 0～+10 mm，高程为 ±10 mm。基础螺栓外露长度允许偏差为 0～20 mm，螺栓间距允许误差为 ±1 mm。

五、锚固技术基础

城轨交通的空间较有限，接触网施工中常因地制宜地借助墙壁、天花板等结构体实施锚固。近年来，锚固技术日新月异。高效钻孔技术促进了许多不同种类锚固产品的快速发展。选择适合的锚栓不仅需要了解锚栓的承载性能，而且需要考虑一系列影响锚栓承载性能的因素，例如：单个锚栓的承载力、边间距以及构件的几何尺寸等，混凝土基材的状况（混凝土开裂或不开裂）也是要考虑的重要因素。

（一）建筑基材

材料从混凝土、各种砌体材料到建筑板材。锚固基础的类型、特征和强度将决定锚栓系列的选择，例如适合实心材料的锚栓就未必适合空心材料。

1. 混凝土

混凝土分为普通混凝土与轻质混凝土。混凝土由水泥和骨料构成。普通混凝土的骨料通常采用砾石和砂子，用其他轻质材料（如浮石、陶粒、聚苯乙烯颗粒和可用于混凝土的粉煤灰）代替普通混凝土骨料即成为轻质混凝土。普通混凝土抗压强度比轻质混凝土高。

在普通混凝土中通常使用金属锚栓（后切底柱锥式锚栓、膨胀式锚栓或高强化学锚栓），在载荷要求较低的情况下，也可选用尼龙材料锚栓。轻质混凝土则要选用供用于轻质混凝土的各种锚栓，还可选择做现场试验确定锚栓的性能。

2. 墙体材料

墙体材料一般由两种材料组成：砂浆和砖（砌）块，其中包括实心砌块。材料的强度、密度和几何尺寸（外形尺寸、空洞等）各不相同。推荐的承载力只能作为参考。必要时在现场做现场适应性试验以确定其性能。

致密性实心砖包括致密建材如实心黏土砖或实心灰砂砖砌块，具有很高的抗压强度。在此类材料中锚结固可选用尼龙锚栓。

致密承压空心砖包括空心砌块、空心黏土砖和灰砂砌块。这种材料的锚固需选用专用锚栓，如注射型锚栓或尼龙锚栓。

高孔隙率实心砖（例如：轻质混凝土实心砖或加气混凝土）因空隙较多，所以抗压强度低。在这类材料中锚固需要使用专用的锚栓。有较大膨胀面积的锚栓如加气混凝土等可采用专用尼龙锚栓。

高空隙率空心砖的抗压强度一般较低。在这种材料中锚固时，应根据孔隙的形状和尺寸以及砖块的抗压强度正确选择锚栓，可用万能框架尼龙锚栓或膨胀区较长的尼龙锚栓。

3. 板　材

板材是指薄壁建材，通常强度较低，主要用于室内空间分隔。例如纸面石膏板，石膏纤维板，高压密度板，硬纤维板和胶合板。在这类建材中可以采用直接固定在薄板背面的锚栓，即所谓的孔腔锚栓。

（二）打孔

打孔分人工打孔和机械打孔两种方法。目前除增补和维修等少量工作采用人工打孔外，一般都采用机械打孔，用装有空压机的作业车完成。桥墩侧面打孔需搭作业平台。隧道打孔需在接触网作业车的作业平台上完成，并需配照明设备，或用隧道打孔车完成。打孔过程中一般要遵守下述技术要求：

（1）套模钻孔：两个孔位以上的底座都应使用特制模板，套模钻孔。模板是底座板孔的"克隆"品（孔位一致、孔径与钻孔孔径相同），标有底座中心线。钻孔前，模板中心线与测量中心线对准。

（2）标准孔径：选用规定规格的钻头或专用钻头，严禁使用大于或小于规定直径的钻头代替标准直径钻头钻孔。

（3）躲开钢筋：钻孔时，首先依据经验选择钢筋较少位置打孔；在碰到钢筋，无法满足打孔要求后，可顺线路移位 4~5 cm，重新定位以避开钢筋。

（4）避让接缝：钻孔时应避开隧道伸缩缝、隧道连接缝、盾构区间管片接缝或明显渗水、漏水等部位，到接缝边缘距离应能满足要求，化学锚栓保护层厚度应大于 80 mm，后切底锚栓保护层厚度应大于 50 mm。

（5）如在钻孔过程中（未达到设计深度）遇到隧道空洞，或在打孔过程中遇到隧道漏水渗水现象，立即停止钻孔，在隧道壁上做好标记，记录下该处里程、钻入深度，及时报告监理工程师，到现场检查核实，联系土建单位注浆处理。经确认其满足接触网安装要求后，重新钻孔安装，并进行螺栓拉力测试检测。

（6）可根据接触网参数进行孔位调整。如门型支撑结构的刚性悬挂在钻锚栓孔时，拉出值在 0~100 mm 时，按原中心点打孔；拉出值在 100~200 mm 时，打孔位置应在垂直线路向拉出值方向偏移 100 mm；拉出值在 200~250 mm 时，打孔位置应在垂直线路向拉出值方向偏移 150 mm。

（三）锚栓的安装技术要求

1. 钻孔深度

由锚栓类型及规格来决定需要的钻孔深度，在大多数情况下，钻孔深度总大于锚固深度。

2. 锚固深度

锚固深度是影响锚栓承载力的重要参数。后切底柱锥式与金属膨胀式锚栓的锚固深度为从承载基材表面到扩压片或膨胀片终点之间的距离。高强化学锚栓的锚固深度则为从承载基材表面到螺杆端头之间的距离。尼龙锚栓的锚固深度为从承载基材表面到尼龙膨胀片终点的距离。

3. 锚固厚度

锚固厚度等于被锚固件的最大厚度。如果锚固基础表面有非承重层，则该层厚度必须包括在锚固厚度内。如果采用内螺纹锚栓，则其锚固厚度可随所选合适的锚栓长度而变化。其他类型锚栓的锚固厚度一般有限定。

4. 边距、间距及基材（构件）厚度

锚栓的间距是指相邻锚栓轴线之间的距离。边距是指锚栓轴线到构件自由边缘的距离。构件厚度是指结构构件的厚度。

为了充分利用基材强度，发挥锚栓的最大承载性能，必须保障一定的锚栓间距、边距和构件厚度。为了防止锚固基材劈裂、开裂和剥落，必须保障最小的间距和边距。

5. 锚栓安装方式

锚栓安装方式分为预插式安装、穿透式安装和间隔式安装。预插式安装指预先钻孔，锚栓端部与锚固基材表面齐平，再用螺母拧紧被锚固件，锚固基础的钻孔直径一般大于被锚固物的钻孔直径；穿透式安装指连带被锚固物同时钻孔，随后安装锚栓并拧紧，被锚固件上的钻孔直径至少等于锚固基础上的钻孔直径；间隔式安装是指被锚固物与锚固基础表面相隔一段距离，内螺纹金属锚栓多采用这种安装。

6. 锚栓作用原理

锚栓主要有三种承载原理：凸形结合、摩擦结合和材料黏结。

凸形结合时，作用在锚栓上的负载通过机械啮合传递到锚固基础中，锚栓在扩孔部分与锚固基础形成凸形结合，通过凸形结合将负载传递给锚固基础。

膨胀型锚栓的承载原理是摩擦结合。锚栓安装时产生膨胀力，进而产生摩擦力。膨胀力可有两种途径产生：扭矩控制和位移控制。扭矩控制锚栓是通过用力矩扳手施加规定的力矩产生膨胀力。在此过程中锥体螺杆压入膨胀套管内，把膨胀片挤向孔壁，如果扭矩达到规定

的安装扭矩，锚栓就达到了正确的膨胀状态。位移控制是把锥体螺杆敲击入膨胀套筒内，达到规定的击入行程使膨胀片膨胀。

材料黏结是指负载通过胶粘材料传递到锚固基础。

（四）锚栓分类与安装

1. 后切底柱锥式锚栓

后切底柱锥式锚栓分为螺杆式锚栓、穿透式锚栓、内螺纹式锚栓。适用于普通混凝土、致密的天然石材。用于固定一般钢结构、栏杆、电缆线路、锚轨、机械设备、托架、门窗、楼梯或钢梯、围护结构和抗震构件等。后切底柱锥式锚栓承载力高，即使在开裂混凝土中，通过柱锥式孔锚固为设计和使用者提供最大的安全水平（机械锁定）。无应力安装，边间距要求小。针对不同的安装形式，可选用螺杆式锚栓、穿透式锚栓和内螺纹式锚栓。

2. 后膨胀螺杆锚栓

后膨胀螺杆锚栓适用于普通混凝土、致密的天然石材。用于固定钢结构、栏杆、电缆桥路、锚固槽钢、机械设备、支架、门、楼梯、抗震构件等。后膨胀螺杆锚栓双层膨胀片可获得高承载力，钻孔直径小（钻孔直径＝螺杆直径），穿透式安装，小间距、小边距，可保证在开裂混凝土中产生后继膨胀作用，安装时将钻孔中的积尘清理之后，放入锚栓。在任何情况下垫圈都应紧贴在被连接件表面。

3. 后膨胀套管锚栓

后膨胀套管锚栓适用于普通混凝土、致密的天然石材。用于固定钢结构、栏杆、电缆托盘、槽钢、机械、支架、门、楼梯、梯子、管道、脚手架、抗震构件等。后膨胀套管锚栓在开裂混凝土中仍能确保很高的安全性。后膨胀套管锚栓双层膨胀片设计可确保其在开裂混凝土中产生后膨胀，减小了对边间距的要求并确保很高的承载力。膨胀片经优化设计可防止锚栓在安装过程中转动，具有卓越的安装特性，可穿透式安装。安装时将钻孔中的积尘清理之后，放入锚栓。在任何情况下垫圈都应紧贴在被连接件表面。

4. 螺杆锚栓

带大垫圈的螺杆锚栓适用于普通混凝土、致密的天然石材。用于固定钢结构、金属型材、锚固板、支架、轨道、窗、机械设备、木结构、梁、支撑构件、电缆桥架、锚固槽钢等。螺杆锚栓膨胀片的几何形状经优化设计增大了锚固厚度和螺纹长度，提供了更广泛的应用范围。螺杆锚栓有最小的钻孔直径（钻孔直径＝螺纹直径），用于木结构中时可以使用大垫圈。安装时将钻孔中的积尘清理之后，放入锚栓。在任何情况下垫圈都应紧贴在被连接件表面。

5. 混凝土锚栓

隧道内接触网混凝土工程是根据设计要求，在隧道悬挂点处打孔灌注混凝土，分为人工打孔和机械打孔两种方法。目前除增补和维修等少量工作采用人工打孔外，一般都采用机械打孔，用装有空压机的作业车完成。桥墩侧面打孔需搭作业平台。隧道打孔需在接触网作业车的作业平台上完成，并需配照明设备，或用隧道打孔车完成。

隧道内打孔灌注施工应有单独封闭线路的时间，灌注混凝土前应将孔洞清扫干净，把混凝土灌注至孔的一半深度后便可打入埋入杆件，灌满混凝土后用抹子抹平，并在表面覆盖棉纱，并派专人浇水养护7天。

6. 化学锚栓

化学锚栓由化学药剂与金属杆体组成，通过特制的化学粘接剂，将螺杆胶结固定于混凝土基材钻孔中，以实现对固定件锚固。

锚栓钻孔完成后用特制钢刷和气筒反复清理，将钻孔中的混凝土粉灰彻底清理干净（钻孔清理后的洁净程度直接影响到化学锚栓的粘接效果）。将化学粘接剂胶管置入钻孔中，尽可能将胶管中空隙较多部分向外。并装入止掉帽（给锚栓上安装零件前应去除止掉帽）以防止胶管掉落。将螺杆缓慢推入孔中至锚固深度（螺杆上提前标记标志线），同时目视有少量胶液外溢，旋转并推进螺杆打碎并充分搅拌化学药剂，待药剂完全成凝固后，即可进行悬挂底座、定位底座及悬挂承力的安装。

第四节 架空柔性接触网安装工程

在接触网施工准备和基础施工已经完成的基础上，接触网安装工程施工流程基本包括：支柱组立及整正→支柱装配→接触悬挂架设→接触悬挂调整→接触网设备安装→接触网附加悬挂架设等几个环节。

一、车辆段H形钢柱、锥形钢柱支柱组立及整正

城轨交通车辆段腕臂柱一般采用锥形钢柱或H形钢柱，门型架支柱采用锥形钢柱。

1. 确认基础合格

支柱安装前应确定下列事项：基础型号符合要求；基础强度达到设计标准70%以上；基础表面的杂物已清理干净；基础限界、地脚螺栓相对尺寸均符合要求；地脚螺栓上的螺帽全部取下；周围无影响吊装的障碍物。

2. 钢柱装车运输

（1）工程列车根据装车清单吊装待立钢柱至轨道平板上，按照组立顺序先立的后装，后立的先装。

（2）装车时应在钢柱下方摆好垫木，并根据钢柱特点适时的用方木或木楔塞紧，避免钢柱在轨道平板上滑动或滚动。钢柱与钢柱之间应预留适当空隙，以便穿钢丝绳。

（3）钢柱吊装完毕后，用钢丝绳在轨道平板上固定牢固。

3. 钢柱组立

（1）轨道列车运行至基础附近，根据具体支柱情况确定站车位置，并做吊装准备。

（2）两名辅助人员在平板车上将钢丝绳套绕在钢柱 3/4 高度处，用 U 形挂环固定好。

（3）吊车起吊过程中，车上辅助人员需配合起吊稳住钢柱，避免转动或晃动。

（4）吊车将钢柱吊至基础位置上方后，由地面配合人员稳住钢柱，缓缓下降。落至地脚螺栓顶端时 1 人持撬棍微微撬动钢柱底座，使底座上的孔与螺栓对齐，然后钢柱缓慢下落至基础顶面。

（5）地面配合人员将四角的螺栓都带上 1 个螺帽并紧固，确认支柱稳固后即可摘钩，进行下一根支柱的组立，地面人员将剩余的螺帽全部配齐。

4. 钢柱整正

（1）在钢柱顺线路方向和垂直线路方向各架经纬仪 1 部，以观测钢柱状态并指导作业人员进行调整。

（2）1 人根据观测人员的指示用撬棍撬起钢柱底座以调整钢柱状态，另一人负责向钢柱下方受力点处加入钢垫片，直至符合设计标准。

（3）配齐全部螺帽垫片，用大扳手进行紧固，最后用力矩扳手进行复核。

（4）复核限界是否符合要求。

5. 安装技术标准

（1）钢柱合格证齐全，防腐层应完好，各焊接处应无虚焊、生锈现象，整体弯曲度不超过 1/100。

（2）钢柱整正完毕后的侧面限界应符合设计规定，允许偏差为 $^{+100\,mm}_{-0\,mm}$。

（3）顺线路方向：钢柱（不含锚柱）应直立，允许偏差为 ± 0.5%，锚柱受力后中心应直立，允许向拉线侧倾斜 0.5%，但不得向拉线反侧倾斜。

（4）横线路方向：曲线外侧及直线上的普通腕臂支柱应向线路外侧倾斜，斜率为 0.5%至外沿垂直之间，两侧悬挂的支柱、安装隔离开关支柱、曲线内侧支柱和位于直线上并与相邻锚柱同侧的转换支柱均应直立，允许向受力的反方向倾斜 0.5%，无明显受力方向时为 ± 0.5%。门型架支柱应中心直立。

（5）同组门型架支柱连线应垂直于正线，偏差不超过 1°，多跨门型架中间支柱与同组门型架支柱连线的偏差在顺线路方向上不大于 10 mm。

（6）整正时每点放置的钢垫片不应超过 2 片，钢垫片尺寸不宜小于 100 mm × 50 mm，且不允许四角都加垫片。

（7）紧固地脚螺栓时必须确认主螺帽紧固力矩符合要求后才能紧固副螺帽。

（8）起吊钢柱用的钢丝绳套应加橡皮套，装卸、堆放各类支柱应严格按有关规定进行，确保钢柱不受损伤。

（9）钢柱整正时，可以部分松开螺帽，但严禁将螺帽取下。

二、门型架安装

城轨交通车辆段门型架横梁一般采用钢管梁。

1. 门型架测量

支柱整正完成后需测量同组门型架两支柱顶部中心对中心的直线距离,以便提供数据给厂家加工门型架横梁。

(1)利用水平仪在两支柱内侧标出正线的轨面标高线。
(2)利用经纬仪测出两支柱内沿的斜率。
(3)利用钢卷尺测出两支柱内沿在轨面标高处的直线距离 L_1。
(4)根据两支柱内沿的斜率和支柱高度计算出支柱顶端内沿到轨面标高处的偏移值 d_1、d_2。
(5)计算两支柱顶端中心对中心的距离 L。

$$L = L_1 + d_1 + d_2 + d$$

式中 d——支柱顶端外径。

2. 门型架组装

(1)根据门型架施工表,运送门型架各部材料至相应的门型架处。
(2)按照该组门型架的拼装顺序在地面上拼装门型架横梁。
(3)在门型架横梁两端各设溜绳 1 根,保证在起吊过程中稳定横梁,防止转动或晃动。

3. 门型架吊装

(1)利用轨道吊车(或汽车吊)将拼装好的横梁整体缓慢起吊,使用溜绳防止晃动。
(2)横梁吊至高出支柱顶面 200 mm 左右时停止上升,拉动溜绳缓慢转动横梁,直到两边支柱上的施工人员用手稳住横梁。
(3)支柱上施工人员与吊车相互配合,将横梁移动至支柱正上方。
(4)吊车缓慢下落,将横梁一端少量插入一根支柱内,另外一端也下落至支柱顶端插入支柱内。若有少量偏差不能直接装入,可利用滑轮组拉动该支柱顶端做微量调整后将门型架横梁安装到位。

4. 门型架焊接

(1)在门型架接头处立扒杆,将门型架接头处稍微吊起,拱度不超过横梁总长的 1%。
(2)在接头下方搭设移动脚手架,施工人员对接头处进行焊接,清理干净后涂刷防腐漆,最后拧紧接头螺栓。
(3)撤除扒杆,对支柱顶端与横梁的接头处进行焊接,清理干净后涂刷防腐漆。

5. 安装技术标准

(1)门型架的测量必须精确,偏差不超过 20 mm。
(2)门型架横梁安装完成后应平直,不得扭曲,跨中允许有向上不大于 1%的拱度,但不允许向下拱。
(3)连续式门型架应等高,横梁在一条直线上。
(4)门型架的焊接处要求焊缝饱满,不允许有漏焊、虚焊,涂刷防腐漆前必须将表面脏污清理干净,确保防腐效果。

（5）起吊横梁用的钢丝绳套应加橡皮套，确保横梁不受损伤。

三、腕臂装配、安装

1. 参数测量

（1）侧面限界测量：支柱整正完成后，用钢卷尺测量轨平面处钢柱内沿至线路中心的距离并记录 C_X。

（2）安装高度测量：以轨面为准测量钢柱底部距轨面的高度，根据安装图纸计算出上底座、下底座距轨面的高度 $h_上$、$h_下$。

（3）外轨超高测量：测量支柱处外轨超高量 h（向支柱侧倾斜为负，反之为正）。

（4）斜率测量：测量支柱内沿垂直线路方向的斜率 d（内倾为负，外倾为正）并记录。

2. 腕臂计算

（1）根据设计拉出值及外轨超高，计算套管双耳相对于线路中心的偏移量 m。

$$m = \frac{H \times h}{1435} - a$$

式中　H——接触线导高；

　　　a——拉出值，正定位为正，反定位为负。

（2）根据现场测量数据计算腕臂上底座处支柱内沿至套管双耳安装位置的水平距离 $L_上$ 和下底座处支柱内沿至套管双耳安装位置的距离 $L_下$。

$$L_上 = C_X + d \times h_上 + m$$
$$L_下 = C_X + d \times h_上 + m$$

（3）根据勾股定理计算斜腕臂所在直线上自棒式绝缘子尾端至斜腕臂单耳孔处的长度 X。

$$X = \sqrt{(L_下 - L_1)^2 + (h_1 - 70)^2}$$

式中　L_1——下底座的水平部分长度；

　　　h_1——上、下底座高差。

（4）计算平腕臂长度 $L_平$ 和斜腕臂长度 $L_斜$。

$$L_平 = L_上 - L_a + 500$$
$$L_斜 = X - L_b$$

式中　L_a——连接零件长度，即上底座与棒式绝缘子长度之和；

　　　500——套管双耳至腕臂端头距离；

　　　L_b——棒式绝缘子长度。

（5）根据勾股定理计算定位环的安装位置。

3. 腕臂预制

根据计算结果预制腕臂，根据装配图，安装腕臂上各配件。在腕臂上用油漆标注好区间名称、杆号,如果是双腕臂还需注明安装方向,同组腕臂用铁丝绑扎。

4. 腕臂安装

(1)腕臂安装前按照标定的轨面红线测量上、下底座的安装位置,并安装好腕臂底座。
(2)将预制好的腕臂按照安装顺序装到作业车上,后安装的在下,先安装的在上。
(3)作业车运行至支柱附近,使作业车正对支柱,将待安装腕臂搬运至作业平台上,然后将作业平台靠近支柱,升高至腕臂上底座附近。
(4)安装平腕臂。
(5)降作业平台至腕臂下底座附近抬平腕臂端部至水平,先安装好斜腕臂根部,再将斜腕臂的单耳穿入套管双耳中,插好销钉。
(6)将连接好的平斜腕臂旋转至支柱一边,并用$\phi 4.0$ mm的铁丝在支柱上固定。

5. 安装技术标准

(1)测量务必保证测量精度,偏差不超过2 mm。
(2)金具表面应光滑、平整,不应有裂纹、毛刺、砂眼等缺陷,镀锌层应均匀、无气孔、气泡、起皮脱落等缺陷。
(3)绝缘子表面光滑干净,铁瓷黏合牢固,不应有烧痕、气泡等现象,瓷件水泥部分不得松动和有辐射性裂纹,瓷釉剥落面积不得大于300 mm^2,棒式绝缘子弯曲不得超过1%。
(4)腕臂不得弯曲、锈蚀。
(5)棒式绝缘子铁帽压板开口向下,应与腕臂接触紧密,螺栓紧固。
(6)腕臂和棒式绝缘子应在一条直线上,套管双耳与定位环、棒式绝缘子在一个断面内。
(7)所有连接螺栓均需用力矩扳手紧固到位,螺帽、垫片齐全。
(8)开口销分开角度不小于60°,开口处不得有裂纹、折断现象。
(9)腕臂底座安装高度符合设计要求,允许偏差为±20 mm。底座槽钢应横平竖直,密贴支柱,螺栓自线路侧穿向田野侧。
(10)腕臂端部余量为300 mm,允许偏差为100 mm。
(11)承力索支承线夹与套管双耳的距离为200 mm,允许偏差为±20 mm。
(12)平腕臂受力后应水平,可稍微抬头,不允许下俯,允许偏差为$^{+30\ mm}_{-0\ mm}$。
(13)腕臂安装后承力索的支承点距轨面高度应符合设计要求,允许偏差±20 mm。
(14)各连接螺栓应穿向一致,销钉应自上向下穿。
(15)平腕臂管帽安装齐全,顶丝应自上向下安装。
(16)承力索支承线夹为单槽时需注意根据承力索的拉力方向确定线槽的方向。

四、门型架上下部定位绳安装

1. 测量计算

(1)测量前应确认各门型架支柱已整正到位,最高轨面红线已标记。

（2）置经纬仪于柱前（或后）适当地点，调平仪器，沿望远镜十字线瞄准柱顶内端，然后将镜转到支柱下部测量基点标高处（钢柱底以上1 m处）做好标记，用钢卷尺量出支柱偏移值，计算出支柱斜率。

（3）测量并记录两支柱轨面红线距支柱底部距离。

（4）沿门型架跨越方向测出两支柱在轨面红线处的限界及各股道线间距。

（5）根据以上数据利用修正后的软横跨计算程序进行计算，绘制定位绳预制图。

2. 定位绳预制

（1）展放50 mm^2青铜绞线，依顺序在定位绳上穿入横承线夹及定位环线夹。

（2）用紧线器配合手扳葫芦将定位绳拉紧。

（3）按照预制图，在回头位置及各零件安装位置作出标记。

（4）将横承线夹及定位环线夹移至相应位置处拧紧，在断线位置两端各10 mm处用单股1.5 mm铜线绑扎后断线。

（5）制作两端回头，穿入50双耳楔形线夹后用手锤打紧。

（6）根据预制图截取35 mm^2青铜绞线（按计算下料长度加长10 cm），穿入横承线夹或定位环线夹后用钢线卡子临时紧固（与横梁上定位绳抱箍相连的一端可直接用钳压管压紧）。

（7）将预制好的定位绳盘圈绑扎，用油漆做标记。

3. 定位绳安装

（1）将预制好的定位绳、定位绳抱箍、调整螺栓（调至最大）、弹簧补偿器、下锚绝缘子等零件搬运至相应支柱处。

（2）以轨面红线为准测出上下部定位绳的安装位置并标记，将定位绳抱箍提至安装高度处并安装。

（3）将定位绳在地面上沿垂直线路方向展开，将下锚绝缘子、弹簧补偿器、调整螺丝等在地面连接好。

（4）将定位绳一端提至安装高度处与定位绳抱箍连接。

（5）将地面的定位绳另一端抬起牵拉至另一支柱安装高度处与定位绳抱箍连接（若人工拉绳有困难时可以用滑轮组或手扳葫芦配合）。

4. 上部吊线安装

（1）按照设计位置，用激光测距仪测定门型架横梁上部定位绳抱箍的安装位置，在相应位置作出标记并安装抱箍，并安装绝缘子。

（2）拉起上部定位绳上的上部吊线与绝缘子进行连接。

5. 调 整

（1）定位绳安装完毕后应进行初步调整，使定位绳基本水平并微有负弛度，各吊线受力、顺直，弹簧补偿器拉伸值基本符合要求。

（2）承力索、接触线架设完成，导高拉出值基本到位后需再进行一次调整，使定位绳达到设计标准，然后将各吊线回头用钳压管压紧，取掉钢线卡子。

6. 安装技术标准

（1）软横跨测量应在支柱整正到位、线路稳定后进行，测量偏差不超过 2 mm。
（2）支柱上承力索抱箍的安装高度应以最高轨面为准，安装位置符合要求。
（3）定位绳受力后股道间横向电分段绝缘子应位于股道中间，上下对齐。
（4）受力后下部定位绳应水平，上部定位绳允许有不超过 100 mm 的负弛度。
（5）受力后各吊线顺直、受力均匀。
（6）定位绳、吊线不得有硬弯、散股现象。
（7）直吊线安装位置符合设计要求、竖直受力。
（8）弹簧补偿器的拉伸量应符合设计要求，调整螺栓最少露出 2 个丝扣，间隙不得小于可调长度的 1/3。
（9）定位绳上各零件必须按照设计力矩进行紧固，防松垫片要扳开。

五、拉线安装

城轨交通柔性接触网的拉线基础一般采用整体混凝土浇筑地锚，拉线安装用的材料包括：LXGJ-120 型拉线、NUT-3 型耐张线夹、1 000 × 250 型耳环杆、T 形角形垫块、ϕ 0.5 mm 软态不锈钢丝等。

1. 承锚角钢安装

以轨面红线为准，测定出承锚角钢的安装高度，并在支柱上做好标记，安装承锚角钢。安装承锚角钢螺栓的螺帽应在拉线方向。

2. 测量、计算拉线长度并预制拉线

（1）钢卷尺起点置于承锚角钢的预留孔上，另一端拉到拉线基础的锚环上。将钢卷尺拉直后的读数即为承力索拉线长度，如图 4.4.1 所示。
（2）对于线锚角钢与承锚角钢在不同高度的，用同样方法测量出接触线拉线长度数据。
（3）拉线实测长度减去各线夹与连接板之和再加上回头长度即为计算拉线下料长度。
（4）拉线预制。

3. 安装技术标准

（1）承锚角钢应与支柱密贴，横平竖直，安装牢固。
（2）拉线应绷紧，两根拉线均衡受力，紧拉线时支柱顶部向拉线侧倾斜值变化不超过 50 mm。
（3）拉线回头在线夹以外长度为 500 mm，允许偏差为 ± 20 mm。回头用 ϕ 1.5 mm 的软态不锈钢丝绑扎 100 mm 长，允许偏差为 ± 10 mm，留头 50 mm。
（4）LX-3 型拉线线夹凸面朝向田野侧，螺栓销应从上向下穿。
（5）NUT 线夹非受力面的一边应装在下面。
（6）拉线受力后，可调式 UT 型线夹螺栓可调部分外露长度不得大于全部螺纹长度的 1/3，一般应外露 20 ~ 50 mm。
（7）拉线与地面的夹角 β 一般为 40° ~ 45°，最大不超过 45°。

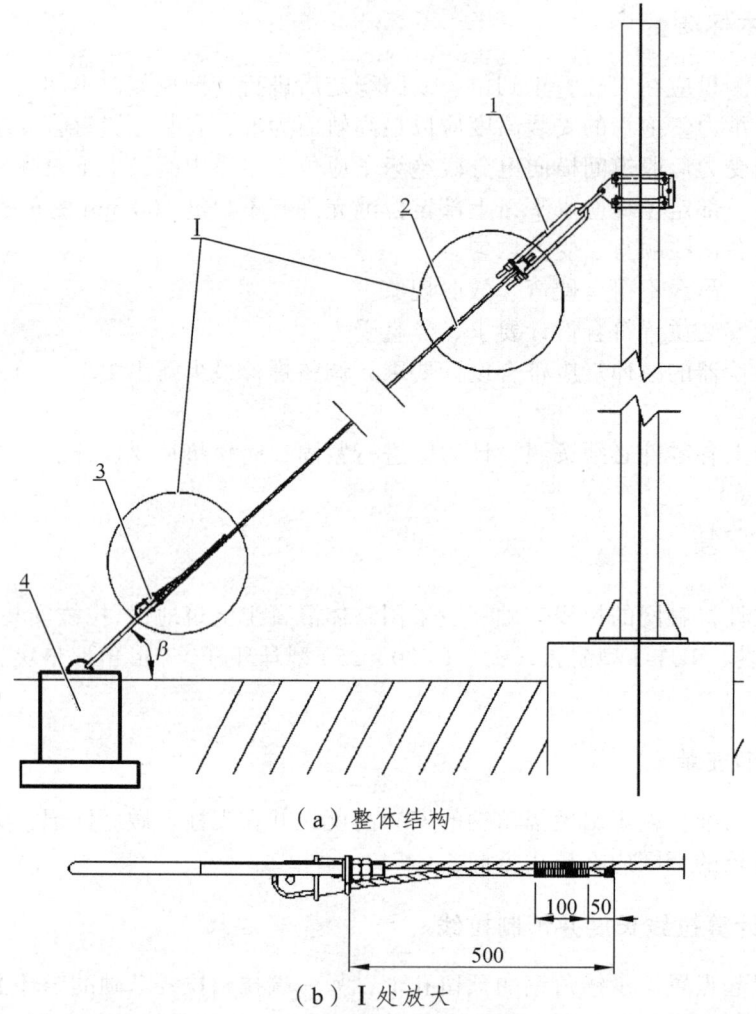

1—NU-3型楔形耐张线夹；2—拉线（铝锌合金镀层钢绞线）；3—NUT-3型楔形耐张线夹；4—拉线基础。

图 4.4.1 整体混凝土浇筑地锚拉线

六、棘轮补偿装置安装

1. 棘轮补偿装置预配

（1）将下锚绝缘子、D型连接器、三角联板、调整螺丝在地面上按照安装图组装好。
（2）根据补偿坠砣串安装曲线计算补偿绳长度。
（3）根据计算长度从补偿绳与下锚绝缘子连接处起测，在终端处做好标记。
（4）按照设计要求将补偿绳穿入棘轮补偿装置大、小滑轮内。
（5）制作坠砣杆端回头，将多余的补偿绳盘成直径为300 mm的小圈后用扎线绑扎牢固。

2. 棘轮补偿装置安装

（1）初步安装承锚角钢。

（2）将棘轮补偿装置拉起到安装高度，确定下承锚底座的准确安装位置，紧固承锚角钢。
（3）将补偿绳终端线夹与绝缘子连好。
（4）测量确定坠砣限制架上下托架的高度，在支柱上做好标记，然后安装托架底座及限制管。
（5）坠砣杆及坠砣待放线前再安装。坠砣摆放时应上下错开180°。

3．安装技术标准

（1）承锚底座应与支柱密贴，横平竖直，安装牢固。
（2）补偿绳在线夹内应保证钢绞线、楔子、线夹本体三者密贴，距线夹100 mm处用两个钢线卡子对向卡紧，回头用ϕ1.5 mm的软态不锈钢丝绑扎100 mm长，允许偏差为±10 mm，留头50 mm。
（3）补偿绳在滑轮内缠绕时应条理清晰，不得相互挤压。
（4）安装后棘轮应转动灵活，调整制动块与棘齿距离保证7~15 mm。
（5）坠砣限制架应安装得横平竖直，坠砣安装完毕后应能保证坠砣串自由上下不卡滞。
（6）各连接零件上的销钉均应自上向下穿。
（7）坠砣表面光洁、码放整齐，相互错开180°，不得参差不齐。
（8）楔子的型号与补偿绳型号相匹配，工作支应位于楔形线夹的直面侧，回头非工作支应位于楔形线夹的斜面侧。

七、承力索架设

1．承力索架线准备

（1）检查架线区段各种架空设施是否符合要求，电力线跨越接触网的高度是否符合规定，通信线、广播线、妨碍架线的照明线等是否处理完毕。
（2）前期预备工程的施工质量是否全部符合要求。
（3）需要加设限界门的是否已施工完毕。
（4）准备架线工具、机械及材料。
（5）编制详细的架线作业计划。
（6）将坠砣提前搬运至锚柱处，将补偿绳与坠砣杆连接好。
（7）在线盘上将承力索终锚做好。

2．起　锚

（1）架线车到达起锚柱后，安装好起锚坠砣并采取防倒措施。将承力索终锚拉至下锚绝缘子处，将承力索终锚线夹与下锚装置连接。架线过程中注意防护绝缘子。
（2）起锚需要穿线时，架线车需在穿线位置停车，利用梯车等工具配合，穿线后将承力索终端与下锚装置连接。

3．架　线

（1）起锚完成后，作业平台升至合适的作业高度，然后架线车以不大于5 km/h的速度均匀前进,在每一悬挂点处停车,将偏置的腕臂扳至垂直线路后将放线滑轮通过铁丝套挂在平腕臂上(或软横跨定位绳上),然后将承力索放入放线滑轮内。

(2)架线过程中应注意控制线盘转速与车速相适应,当采用先进的架线车组施工时,可实行带张力放线,张力可控制在 1.5~3.0 kN。目前的架线车组均可利用旋转、升降作业台同时完成起锚和落锚作业,效率比以前提高 30%左右。对未采用新型架线车作业的区段,可将承力索用楔形紧线器临时固定在架线车尾部,由架线车带紧承力索,再用紧线装置正式紧线,以缩短紧线时间。

通常情况下,架设一个锚段的承力索约需占用线路 1.5 h 左右,线索架设如图 4.4.2 所示。

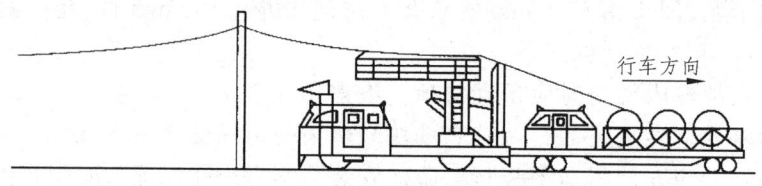

图 4.4.2　柔性接触网线索架设

(3)架线过程中要防止绝缘子破损,防止承力索损伤。

4. 落　锚

(1)在架线完成前在锚柱上挂好钢丝绳套,将滑轮组、手扳葫芦等紧线工具安装到位。落锚处的坠砣杆与补偿绳连接,提起坠砣杆用滑轮组固定在支柱上,然后加坠砣至 80%荷载左右。

(2)架线车运行至终锚柱时停车,确认起锚处各零件与支柱的临时固定铁丝已拆除,沿线承力索无刮蹭现象。

(3)架线车缓慢运行,线盘制动人员施加一定的制动力,达到额定张力的 80%左右时停车。

(4)选择适当位置装好紧线器(该位置应保证手扳葫芦一次紧线成功),并将其与紧线滑轮组连接好。

(5)收紧手扳葫芦受力,线盘上承力索无张力后断线(应保证承力索长度足够落锚)。继续紧线直至起锚端坠砣高度符合要求。

(6)查温度曲线,将补偿装置调整至设计状态后将承力索尾端拉起,进行虚拟连接,确认断线位置,做好标记后断线。

(7)制作承力索终锚,然后与补偿装置连接。

(8)缓慢松开坠砣杆,使坠砣杆自由受力,然后加满负载。

(9)紧线装置松线,拆除紧线器,清理现场后完成落锚作业。

(10)如落锚处也需要穿线,当架线车行至需要穿线的地段时,放出的承力索暂不用放线滑轮悬挂,放线车直接运行至终锚处,缓缓卸掉张力,按实际需要长度确定承力索断线位置后断线(此前应在起锚端穿越道岔区后做临时锚固)。将承力索盘起,逐跨穿线后落锚。

5. 双承力索的悬挂参照以下流程

(1)坠砣先加 50%负载,完成第一根承力索架设。

（2）在起锚及终锚端的坠砣杆上对坠砣的位置做好标记。
（3）架设第二根承力索，紧线时将起锚端坠砣加至100%负载。
（4）起锚端坠砣提升至原做好标记位置后即可停止紧线，确定断线位置后断线制作回头。
（5）托起落锚处坠砣，将第二根承力索终端与三角联板相连。
（6）添加落锚端坠砣至100%负载后松开紧线装置，调整调整螺丝的长度，使两线受力均衡，与三角联板保持垂直。

6. 承力索置入承力索座（或悬吊滑轮）

（1）一般应自中心锚结处开始向两端进行，双承力索应提前观察各跨承力索弛度是否一致，如不一致可晃动承力索，使其在滑轮中自由运动，以保证张力均匀，弛度一致。
（2）在承力索的悬挂点位置缠绕预绞丝保护条（承力索支撑线夹处缠绕PLP-1 000型，悬吊滑轮处缠绕PLP-2 000型）。
（3）取掉承力索支承线夹盖板，将承力索从放线滑轮中取出后放至承力索座的线槽内。
（4）根据腕臂偏移曲线要求，调整腕臂偏移至合适位置，固定承力索座顶端盖板，取下铁丝套及放线滑轮等。门型架区段直接将承力索导入悬吊滑轮内即可。

7. 承力索中心锚结安装

（1）提前预制中心锚结绳，将中心锚结绳一端回头做好后与下锚绝缘子连接好。
（2）展放承力索，将辅助绳提至中心锚结转换柱的平腕臂上方，在另一锚柱处连好紧线器、滑轮组、手扳葫芦。
（3）在中心锚结转换柱处用钢线卡子将中心锚结辅助绳与承力索连接，但不要拧紧，使中心锚结辅助绳在钢线卡子内能够自由滑动。
（4）锚柱处连接好紧线器后进行紧线，中心锚结绳弛度小于承力索弛度后停止紧线，测定断线位置后断线制作回头。
（5）连接中心锚结绳终端与绝缘子，取下紧线装置。
（6）在设计位置安装中心锚结线夹，取下钢线卡子。

8. 安装技术标准

（1）承力索的线材规格、型号应符合设计要求，无锈蚀、断股等现象。
（2）在锚段关节及站场道岔区架线时，应注意使正线及重要线的承力索位于侧线及次要线的下方。
（3）承力索终端的制作应符合设计图纸要求。
（4）补偿装置的转动应灵活，无卡滞。补偿绳的长度及坠砣离地高度应符合设计规定。
（5）两端坠砣高度的确定应考虑新线初伸长的预留量。
（6）紧线时坠砣数量务必按照设计数量加够。
（7）架线过程中承力索不得与任何物体发生剐蹭。
（8）施工过程中承力索不得形成硬弯。
（9）各种绞线截断前务必对断开点两侧进行绑扎。

（10）双承力索时两线的受力务必均衡，三角联板不得出现扭斜。

八、接触线架设

1. 接触线架线准备

（1）对待架接触线区段的承力索、中心锚结、拉线及锚柱进行检查，确认各设备符合要求。
（2）确认门型架上的下部定位绳已经安装完毕。
（3）编制详细的架线作业计划。
（4）准备架线工具、机械及材料。
（5）将坠砣提前搬运至锚柱处，将补偿绳与坠砣杆连接好。
（6）在线盘上将接触线终锚做好。

2. 起 锚

（1）架线车到达起锚柱后，安装好起锚坠砣并采取防倒措施。将接触线终锚拉至下锚绝缘子处，接触线终锚线夹与下锚装置连接。采取防止架线过程中绝缘子损坏的措施。
（2）起锚需要穿线时，架线车需在穿线位置停车，利用梯车等工具配合，穿线后将接触线终端与下锚装置连接。

3. 架 线

（1）起锚完成后，作业平台升至合适的作业高度，然后架线车以不大于 5 km/h 的速度均匀前进，在每一悬挂点处停车，将放线滑轮通过铁丝套挂在平腕臂上（或软横跨定位绳上），然后将接触线放入放线滑轮内。在大跨距中间可根据实际情况加设 S 钩悬吊。
（2）架线过程中应注意控制线盘转速与车速相适应，以保持适当的放线张力，一般约为 2 000~4 000 N。架线过程中要采取防止损伤接触线的措施。

4. 落 锚

（1）架线完成前应在锚柱上挂好钢丝绳套，将滑轮组、手扳葫芦等紧线工具安装到位。将落锚处的坠砣杆与补偿绳连接，提起坠砣杆，用滑轮组固定在支柱上，然后加坠砣至80%荷载左右。
（2）架线车运行至终锚柱时缓慢运行，对线盘施加合适的制动力，使接触线达到额定张力的80%左右时停车。
（3）选择适当位置装好紧线器（该位置应保证手扳葫芦一次紧线成功），并将其与紧线滑轮组连接好。
（4）收紧手扳葫芦至线盘上接触线无张力后断线（应保证接触线长度足够落锚）。继续收紧手扳葫芦直至确认起锚端坠砣高度符合要求。
（5）查温度曲线，将补偿装置调整至设计状态后将接触线尾端拉起，进行虚拟连接，确认断线位置，做好标记后断线。

（6）制作接触线终锚，然后与补偿装置连接。缓慢松开坠砣杆，使坠砣杆自由受力，然后加满负载。

（7）紧线装置松线，拆除紧线器，清理现场后完成落锚作业。

（8）如落锚处也需要穿线，当架线车行至需要穿线的地段时，放出的接触线暂不用放线。滑轮悬挂，放线车直接运行至终锚处，缓缓卸掉张力，按实际需要长度确定接触线断线位置后断线（此前应在起锚端穿越道岔区后做临时锚固）。将接触线盘起，逐跨穿线后落锚。

5. 双接触线的悬挂参照以下流程

（1）坠砣先加 50%负载，完成第一根接触线架设。

（2）在起锚及终锚端的坠砣杆上对坠砣的位置做好标记。

（3）架设第二根接触线，紧线时将起锚端坠砣加至 100%负载。

（4）起锚端坠砣提升至原做好标记位置后即可停止紧线，确定断线位置后断线制作回头。

（5）地面人员托起落锚处坠砣，将第二根承力索终端与三角联板相连。

（6）添加落锚端坠砣至 100%负载后松开紧线装置，调整调整螺丝的长度，使两线受力均衡，与三角联板保持垂直。

（7）第二根接触线落锚前务必保证接触线各跨悬吊情况一样，能够在滑轮中自由滑动，接触线张力均匀。

6. 接触线中心锚结安装

（1）提前预制中心锚结绳，将中心锚结绳一端回头做好后与下锚绝缘子连接好。

（2）将接触线抬高到设计位置并用铁丝套进行临时悬吊，安装接触线中心锚结线夹，中心锚结线夹的紧固力矩必须符合设计要求。

（3）将中心锚结绳拉至设计位置后安装承力索中心锚结线夹，完成中心锚结安装。

7. 技术要求

（1）接触线的线材规格、型号应符合设计要求，无损伤。

（2）在锚段关节及站场道岔区架线时，应注意使正线及重要线的接触线位于侧线及次要线的下方。

（3）接触线终端的制作应符合设计图纸的要求。

（4）补偿装置的转动应灵活，无卡滞，补偿绳的长度及坠砣离地高度应符合设计规定。

（5）两端坠砣高度的确定应考虑新线初伸长的预留量。

（6）紧线时坠砣数量务必按照设计数量加够。

（7）架线过程中接触线不得与任何物体发生剐蹭。

（8）施工过程中接触线不得形成硬弯。

（9）各种绞线截断前务必对两端进行绑扎。

（10）中心锚结绳两端张力、弛度应均匀、相等，中心锚结线夹处比相邻吊弦点应高 40～60 mm，线夹安装后应端正、牢固，不打弓。

（11）双接触线时两线的受力务必均衡，三角联板不得出现扭斜。

九、接触悬挂调整

1. 吊弦测量计算

（1）吊弦测量前下锚补偿装置的状态应合格，腕臂偏移符合设计要求。

（2）根据设计给定的吊弦布置图，逐跨测量吊弦的纵向位置，在钢轨上作出标记。应从第1吊弦开始向跨中测量。

（3）逐跨测量悬挂点间跨距及悬挂点高度，利用吊弦计算软件计算吊弦长度及下料长度。

2. 吊弦制作安装

（1）根据吊弦计算结果下料，配齐相应零件并将承力索端线夹压接好，接触线端钳压管暂不压接，用钢线卡子临时固定，在吊弦上贴标签纸，注明跨距号和吊弦编号。

（2）将线坠与钢轨上所做标记对齐，在承力索和接触线上分别作出相应标记。

（3）按照排定序号将吊弦安装在承力索及接触线上，调整吊弦长度使导高符合要求。

（4）对于特殊地段可临时采用$\phi 3.0$ mm的不锈钢吊弦线制作的环节吊弦临时悬吊，调整到位后再根据实际尺寸制作整体吊弦安装。

3. 吊索安装

（1）根据装配图，确定每一定位处吊索底座与接触线的高差，计算吊索长度后压接预制，应保证两吊索长度相等。

（2）将每处定位的吊索先与吊索底座相连，然后两端同时调整吊索在接触线上的安装位置，使两悬挂点的高度符合设计要求，复核定位处导高，若不符合设计要求需再次进行调整。

4. 定位安装

（1）根据计算结果选取合适定位管，配齐相应零件，在定位管上标出支柱号。

（2）将定位管卡入腕臂上的定位环内，接触线卡入定位器线夹内，将定位管抬平，测量定位器坡度及拉出值是否合格。

（3）若定位器坡度不合适，则调整位置使定位器坡度符合要求。调整定位管上支持器或定位环的位置，使拉出值符合设计要求。

（4）安装定位管支撑。

5. 吊弦调整

定位装置安装及调整完毕、接触网状态稳定后，对每个定位点处的导高和拉出值、每根吊弦处的导高进行测量，不符合要求的要调整。调整完毕确认合格后即可进行吊弦下端钳压管的压接，压接完成后取掉钢线卡子。

6. 安装技术标准

（1）吊弦线质量合格，无锈蚀、松股、断股、死弯等现象。

（2）各种螺栓紧固力矩应符合设计要求，穿向统一，防松垫片必须扳起。

（3）压接钳规格必须与吊弦线相配套，保证压接后两线相对滑动荷重不小于 4.8 kN。

（4）反定位管安装完毕后应水平，端部余量为 150～300 mm；正定位调整完毕后定位管与轨面应成 1/9～1/10 的坡度，定位管在支持器外露 70～120 mm。

（5）定位器安装后应保证接触线工作面平行于轨面。

（6）吊弦位置偏差应在 ±100 mm 范围内，长度偏差应在 ±2 mm 以内，吊弦应与接触线保持垂直。

（7）直线区段吊弦线夹应端正、牢固，曲线区段吊弦线夹应垂直于接触线工作面。

（8）导高、拉出值应符合设计规定（直线段拉出值一般为 ±200 mm，曲线段不大于 250 mm），允许偏差为 ±30 mm。

（9）接触线工作高度出现变化时，导高变化率不超过 4‰。

（10）吊索应以索座为中心，两侧平分，允许偏差为 ±100 mm，两端受力均匀，吊索座和接触线应位于轨面的垂面上。

十、线岔安装（1/9 单开道岔）

1. 安装定位装置

安装定位装置，并按照设计标准调整拉出值。

2. 测量调整

（1）在道岔导曲线外侧两线间距 600 mm 处，按设计拉出值在两内轨间测量出两支接触线的投影位置，并作标记。

（2）测出道岔两内轨间距为 630 mm 处的中心点和 760 mm 处的中心点，两中心点连线上的任一点即为两支接触线交点应在的位置。

（3）测量接触线交叉点位置，如有误差，测量出交叉点与中心点连线的偏移值。

（4）若交叉点偏离值超标，调整道岔定位柱拉出值使之符合要求（两支拉出值应尽量相等且不超最大允许值）。若还不能满足要求，则调整相邻定位处定位，使两线交点的位置符合要求。调整时尽量不要变动正线拉出值。

（5）调整线岔两侧吊弦，使导高符合要求。

（6）两支接触线均为工作支一侧，在两接触线间距 500 mm 处，测量两接触线是否等高。有高差应通过调整吊弦使之等高。

（7）测量下锚侧两接触线间距 500 mm 处的接触线高差，非支应比工作支高出 50 mm。不符合要求应调整。

3. 线岔安装

（1）根据平面图，计算线岔位置距下方接触线锚固位置（中心锚结或硬锚）的距离 L，若 $L > 500$ m，则选用 700 型线岔；若 $L < 500$ m，则选用 500 型线岔。

（2）根据安装时的温度计算位于下方的接触线的偏移值 ΔL。

$$\Delta L = E_0 \times L \times (T_x - T_p)$$

式中　E_0——接触线温升系数；

　　　T_x——安装时温度；

　　　T_p——设计规定的平均温度。

（3）以线岔管中点为基准，将偏移量标在线岔管上。

（4）将偏移量标记对准接触线交点，安装线岔管。若安装温度大于平均温度，线岔管中心应位于补偿下锚方向，若安装温度小于平均温度，线岔管中心应位于接触线锚固方向。

（5）线岔安装完毕后，应检查上边接触线与线岔管之间、上下接触线之间是否有空隙，如发生摩擦，需调整上方接触线高度及线岔管两端垫片，使之避免摩擦。

4. 安装技术标准

（1）线岔管不应有变形，如有轻微变形应调直后使用。

（2）各种螺栓紧固力矩应符合设计要求，防松垫片必须扳起。

（3）两接触线交点应位于道岔导曲线内轨距 630～760 mm 范围内横向中间位置的正上方，允许偏差为 ±50 mm。非标定位时，交点尽量位于道岔导曲线内轨距 630～935 mm 范围内横向中间位置的正上方。

（4）工作支方向两接触线间距 500 mm 处，两接触线应严格等高，允许偏差为 ±10 mm。

（5）非支方向两接触线间距 500 mm 处，非支接触线应高出工作支 50 mm，允许偏差为 +30 mm。

（6）限制管安装完成后与上方接触线间应有 1～3 mm 的空隙，侧线接触线应高出正线接触线 10～20 mm。

（7）道岔两支定位及相邻跨距中任一点拉出值均不能超出设计最大允许值。

（8）从两线交点至连线间距 500 mm 范围内不得在接触线上安装任何线夹。

十一、隔离开关安装

1. 隔离开关安装准备

（1）外观检查：绝缘瓷柱应光洁，无裂纹、破损等缺陷，铁件防腐层完好，无锈蚀现象，零配件齐全。合闸时，刀闸水平，两闸刀中心线吻合；分闸时符合设计要求，止钉间隙为 1～3 mm。触头接触良好，接触压力符合要求，瓷柱转动灵活。接地闸刀角度符合要求，联锁可靠，转动灵活。操动机构配套合适，操作灵活。

（2）根据设计图纸结合现场情况，确定操作杆长度，在操作杆下端圆截面内沿直径方向打 ϕ10 mm 的贯通孔。

2. 托架安装

按照设计图纸要求在钢柱上标出隔离开关托架、操作机构托架的安装位置。将开关托架吊起到安装高度，在标定位置安装好托架，用水平尺检查确认符合要求。

3. 隔离开关安装

将隔离开关起吊至开关托架以上，推动开关与托架上螺栓孔对准后将开关落在托架上。

穿入螺栓，使开关初步固定。调整开关，使瓷柱竖直，合闸状态刀闸水平。

4. 操作机构安装

将操作杆套入隔离开关传动轴上的套筒内，调至合适位置并初步紧固。根据合闸状态操作杆位置安装操作机构托架及操作机构箱，保证操作杆可以竖直连接。

5. 开关调整

（1）开关合闸，应合闸到位、两闸刀中心线吻合、闸刀间隙符合要求，否则需调整开关水平或操作杆在轴套内的长度。

（2）开关分闸，检查开口角度是否到位、是否有力，稍有偏差可调整操作机构，再调整止钉间隙。

（3）带接地刀的开关，调整刀闸使开关打开时，接地闸刀与开关闸刀接触良好。

6. 开关引线安装

（1）隔离开关安装完成后，根据现场情况测量上网引线及接地引线长度。

（2）用 150 mm^2 软电缆预制开关引线后搬运至隔离开关处。

（3）用棉纱擦拭隔离开关连接板，然后均匀涂抹导电脂。

（4）上网引线端子与隔离开关连接板连接紧固，引线电缆沿腕臂、吊索或门型架横梁引至上网点，每 500 mm 需用电缆抱箍或电缆卡带进行固定。

（5）在上网点位置，将电缆剥皮后用电连接线夹与承力索连接。

（6）隔离开关底座及操作机构外壳用 1 根 150 mm^2 软电缆引至架空地线处与之并接。

（7）带接地刀的开关用 1 根 150 mm^2 软电缆沿支柱引至地面后与牵引轨焊接接地，电缆在地面上和距地面 500 mm 处开始穿玻璃钢管，然后用抱箍在地面上固定。

7. 安装技术标准

（1）瓷釉表面应光滑、无裂纹，瓷釉剥落面积不大于 300 mm^2。

（2）隔离开关在安装前应有具备资质的高压电气试验室进行试验并出具试验报告。

（3）隔离开关底座应水平，允许偏差为 5 mm。不平时可用钢垫片垫平，但垫片数量不得超过 3 块。

（4）隔离开关瓷柱应直立并相互平行，偏差不得超过 2°。

（5）带接地刀的开关，接地刀闸应装在接触网需接地的一侧，主刀闸与接地刀闸的机械联锁正确可靠，接地刀闸接触良好。

（6）操动杆应竖直，操作灵活，动作无误，开合闸角度符合要求，止钉间隙为 1~3 mm。

（7）合闸时刀闸应水平，两刀闸中心吻合，0.05 mm 塞尺塞入深度不大于 6 mm。

（8）隔离开关及引线等任何带电部分必须满足距接地体距离不小于 150 mm。

（9）上网引线连接正确牢固，在任何情况下均满足带电距离要求，并预留因温度变化引起的位移长度。

（10）上网引线与各带电部分连接前均需在接触面上涂抹导电油脂。

（11）各类引线的固定必须牢固可靠，避免风吹或震动脱落。各类螺栓均需用力矩扳手紧固，确保牢固可靠。

（12）接地电缆与钢轨焊接前焊接位置务必打磨干净。

（13）电缆终端压接后应用热缩管包封。

（14）隔离开关本体上要悬挂"高压危险"等字样的标识（如图4.4.3所示）。

图 4.4.3 "高压危险"标示牌

十二、避雷器安装

1. 底座安装

按照设计图纸要求在钢柱上标出避雷器底座安装位置。将避雷器底座吊起到安装高度。在标定位置安装好底座，用水平尺检查确认符合要求。

2. 避雷器安装

将避雷器提至底座以上，将避雷器固定螺栓穿入底座，初步拧紧。检查避雷器是否竖直，如有偏差进行调整后拧紧固定螺栓。

3. 引线安装

（1）用钢卷尺分别沿上网引线及接地引线（150 mm² 软电缆）的路径实测引线所需长度并预制。

（2）将上网引线提至避雷器高度处，电缆终端与避雷器上连接螺栓接好，电缆沿腕臂敷设引至承力索位置后剥开外皮，与承力索并接。电缆在支柱上及腕臂上需用电缆抱箍或卡带进行固定。

（3）将接地引线提至避雷器高度处，电缆终端与避雷器上接地螺栓接好，电缆沿支柱敷设至地面,与接地极相连接。

4. 安装技术标准

(1)避雷器外观应符合要求,安装前应有具由资质的试验机构进行试验并出具试验报告。
(2)避雷器底座安装应水平,不得低头。避雷器绝缘子应竖直并固定牢靠。
(3)避雷器及引线裸露带电部分必须满足距接地体距离不小于 150 mm。
(4)上网引线连接正确牢固,在任何情况下均满足带电距离要求,并预留因温度变化引起的位移长度,任何情况下不应使避雷器受过大的侧向拉力。
(5)上网引线与各带电部分连接前均需在接触面上涂抹导电油脂。
(6)避雷器的接地电阻必须符合设计要求,一般不大于 10 Ω。
(7)电缆终端压接后应用热缩管包封。

十三、分段绝缘器安装

1. 安装承力索绝缘

(1)按照设计标准,以悬挂点为基准,测出承力索绝缘子的中心位置,在承力索上做好标记,并以此点为中心,测出分段绝缘器中心在接触线上的位置,在接触线上作出标记。
(2)计算绝缘子中心至两端连接点的距离,以承力索上的绝缘子中心标记为准,向两侧测出该距离并作出标记,根据连接零件长度标记出断线位置。
(3)在该位置两侧各 2 m 处安装紧线器,再用手扳葫芦将两紧线器之间的承力索弛度达到 100 mm 左右。
(4)确认紧线器无滑动现象,在标记的断线点用断线钳断线,制作承力索终端,并安装绝缘子。放松手扳葫芦,使承力索、绝缘子受力。
(5)对于双承力索,依以上顺序安装另一绝缘子。

2. 分段绝缘器安装

(1)根据分段绝缘器及其他零件的长度,计算并标记出接触线断线位置。
(2)在接触线标记点两端各 2.5 m 处安装铝合金紧线器,手扳葫芦紧线至接触线松弛以后停止紧线,确认紧线器无滑动现象。
(3)在标记点处断线,用钢管将接触线端头煨成与分段绝缘器接头线夹相同的角度。双接触线的依序制作另一根线的端头。
(4)将分段绝缘器抬起,使接头线夹对正煨好角度的接触线端头。将分段绝缘器的接头线夹与接触线连接、紧固。
(5)微松手扳葫芦,观察分段绝缘器各连接部分有无变化,无异常情况时拆除安装机具。

3. 调 整

(1)在设计位置安装吊弦。
(2)调整吊弦长度,使分段绝缘器距轨面高度高于该处接触线高度 30～50 mm,并使分段绝缘器底面与轨面连线平行。

(3) 整正接触线安装紧线器处形成的弯曲。

(4) 检查分段绝缘器的绝缘间隙,不符合要求的进行调整。

(5) 检查受流面的平滑度,不平滑处用钢锉进行打磨使其平滑。

4. 安装技术标准

(1) 分段绝缘器安装位置应符合设计要求,一般为距悬挂点 2 m 处。

(2) 分段绝缘器安装后应保证原锚段张力及坠砣离地距离不变。

(3) 承力索绝缘子应位于分段绝缘器正上方,两绝缘件中心在同一竖直线上,允许偏差为 30 mm,放电间隙应符合设计规定。

(4) 分段绝缘器连接牢固可靠,与接触线接头处应平滑,分段绝缘器与受电弓接触部分与轨面连线平行,受电弓通过时应平滑,无打弓现象。

十四、架空地线架设

1. 肩架安装

根据设计图纸安装架空地线肩架或架空地线抱箍,如图 4.4.3 所示。

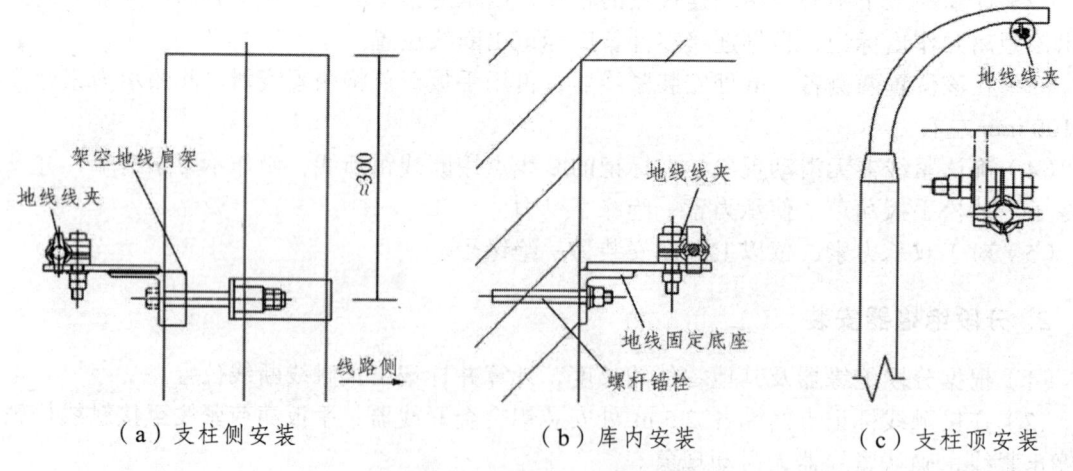

图 4.4.3 架空地线肩架安装

2. 架线准备

根据现场情况,确定放线方向,在平整的场地选定支盘地点,支起架空地线线盘,线盘的方向需与拟定的放线方向相同。检查放线架是否稳固,必要时采取适当的加固措施。

3. 架 线

(1) 架线时一般采用人工牵拉地线匀速前进,行进速度不超过 2 km/h。为防止线索拖地受损伤,一般人与人之间的间距不超过 10 m。

（2）可根据具体情况用木板制动线盘，使线索展放均匀，不散盘、不乱盘，发现异常情况时应及时发出停止信号进行处理。

（3）将放线滑轮悬挂于架空地线肩架上，架空地线提起后托放入滑轮内。架线过程中应保证地线不拖地。一直架设地线至落锚处。

4. 紧线落锚

（1）确认地线两端均预留足够的落锚长度后在线盘上断线并制作终端。

（2）将地线终端与下锚角钢连接，完成起锚作业。落锚处先采用人工牵拉紧线，然后在合适位置装上紧线器，用手扳葫芦进行紧线。

（3）观察架空地线弛度情况，符合设计要求时即可进行落锚作业。

5. 地线固定

将地线置入地线线夹或杵座鞍子内，紧固线夹或鞍子螺栓完成架线作业。

6. 跳　线

（1）架空地线在门型架横梁上安装时，需用 TJR120 预制跳线，一端通过 150 铜端子连接到地线抱箍固定螺栓上，另一端用电连接线夹与架空地线并接。

（2）接触网下锚底座需用 TJR120 预制跳线，一端通过 150 铜端子连接到承锚底座螺栓上，另一端用电连接线夹与架空地线并接。

（3）运用库内吊柱底座用 TJR120 连接后并接至架空地线。

（4）架空地线集中下锚处用 150 mm^2 软电缆引接至变电所接地端子。

7. 安装技术标准

（1）架空地线肩架应安装平直，肩架端部可稍微上抬，允许偏差为 $^{+50\,mm}_{-0\,mm}$。

（2）架空地线在地线线夹或杵座鞍子内安装时均应加铜衬垫。

（3）架空地线的悬挂零件应转动灵活无卡滞。

（4）架空地线的弛度应符合设计要求，偏差不超过 ±5%。

（5）接地跳线安装时应预留一定的弛度，电连接线夹安装前应在线索表面均匀涂抹导电油脂，线夹安装完成后应按照设计标准进行绑扎。

十五、接地装置安装

1. 现场测量

在安装接地极支柱（单独零散支柱和安装避雷器支柱）附近选择适宜位置，测量支柱至接地极间连接线路的距离。

2. 接地极预制

（1）将长 2.5 m 镀锌角钢一端切成 30°角，做成接地角钢。

（2）根据设计标准，确定接地极的极数 n，计算接地扁钢长度 L 并下料，其中（单位：m）：

$$L = (n-1) \times 5 + 2.5$$

（3）将接地角钢焊接在接地扁钢上，间距为 5 m，扁钢两端露头长度相等。
（4）在接地扁钢中间位置焊接 1.5 m 长接地圆钢。
（5）在各切口位置、焊接位置刷防腐漆。

3. 接地极安装

（1）将接地极盘圈搬运至需安装接地极处。
（2）人工开挖接地极沟，沟深 0.5 m，尽量挖成直线，长度与接地扁钢长度相同。
（3）将已焊接好的接地极展开，圆钢扳成与扁钢垂直，接地极角钢尖头部分插入沟底，用大锤轮流敲击角钢至地下。
（4）测量接地电阻值是否符合要求，如不符合要求可加入适量降阻剂后再测量，如还不合格需考虑加设并联接地极。
（5）接地极合格后，将开挖的接地极沟回填、夯实。
（6）填写隐蔽工程记录交监理工程师签证。

4. 安装技术标准

（1）接地极的形式应符合设计要求。
（2）接地极焊接牢固，焊接处应做防腐处理。
（3）零散支柱、避雷器的接地电阻不大于 10 Ω。
（4）避雷器接地极距地埋电缆的水平距离应大于 3 m。

第五节　架空刚性接触网安装工程

在基础工程已经完工的基础上，刚性接触网工程施工流程基本包括：支持结构安装及初调→汇流排安装→接触线架设→接触悬挂调整→接触网设备安装→接触网附加悬挂架设等几个环节。

一、支持结构安装及初调。

锚栓安装完成并检查合格后即可进行支持结构安装。

（一）支持结构安装

（1）测量选型：根据提供资料核对悬挂安装定位点类型是否符合。
（2）结构装配：根据施工表格准备、预配各零部件。装配完成后，标明安装位置，按序妥善放置。
（3）现场安装：安装班组将装配好的悬挂定位运至施工现场，逐点对号安装。垂直悬吊安装底座安装水平紧固，部件安装正确、齐全、紧固。

（4）初调：采用激光测量仪和水平尺相结合调整悬吊槽钢或吊柱、吊架与轨面平行，高度初调至设计值，绝缘子中心处于拉出值位置。在没有激光测量仪的情况下，可以在梯车上标记受电弓中心位置，测量梯车高度，以此作为初调标尺。

（二）技术要求

（1）对与隧道壁相贴近的底座，在不密贴时可加螺帽垫片进行调平。

（2）贴顶垂直悬吊安装底座调至水平，T头螺栓安装端正（T头螺栓插入底座调节口后，旋转90°，使T型头方向平行于线路方向），A型、B型单支悬吊槽钢调至与轨面平行，安装高度为单支悬吊槽钢底面距轨面 4 306 mm。整个悬吊装置紧固件齐全，安装到位、稳固，支撑面顺线路铅垂。

（3）所有调节孔位均应居中安装，以保证充分的调整余量。调整螺栓应有不小于 15 mm 的调节余量。

（4）绝缘子绝缘电阻抽样试验合格，浇注水泥部分不得有松动和辐射性裂纹。绝缘子安装端正，绝缘子瓷釉表面光滑、清洁、无裂纹、缺釉、斑点、气泡等缺陷，紧固件齐全，安装稳固可靠。悬挂支持装置运输和安装时应轻拿轻放，以防损伤镀锌层和碰伤绝缘子。

（5）带电体与其他非带电金属体的安全距离必须大于 150 mm。

二、汇流排安装

（一）汇流排配置

1. 锚段长度复核

一个刚性悬挂段悬挂定位装置安装完成后，即对此刚性悬挂段实际各跨距和总跨距进行测量复核。

2. 汇流排数量计算

计算整长汇流排根数和预制汇流排长度，并且预制汇流排长度不能太短，不小于设计规定值 2 m。

3. 汇流排合理布置

绘制汇流排布置图，将汇流排沿线路布置，分析比较采用合理的汇流排布置方案。预制短汇流排应靠近悬挂定位点，汇流排对接接头尽可能靠近悬挂定位点，但应距离定位点线夹中心距离不小于 200 mm。

4. 预制汇流排

由 12 m 汇流排加工制作实际需要长度的汇流排。首先在汇流排专用制作平台上，使用专用切割机具,在专用加工平台上根据实际需要汇流排长度切割汇流排。汇流排切割机垂直于汇流排长度中心线,割切后汇流排切割面与汇流排中心线呈 90°角,且整个Ⅱ形截面切割平整,符合汇流排截面尺寸偏差要求。切割完成并达标后,使用专用钻孔夹具,进行钻孔。切割、钻孔后的余渣应清除干净。预制完成并达到标准后,进行试对接,对接后接缝应密贴,无错位偏斜现象。

(二)汇流排安装作业车组

由牵引轨道车和作业平台组成汇流排安装作业车组,其中作业平台是由轨道平板车根据隧道内汇流排安装特点加装作业安装架而成。

(三)汇流排搬运和检查

工地装卸汇流排时,不得把汇流排成捆绑扎吊装,如包装符合吊装要求,可整箱吊装;单根汇流排搬运时应至少3人一组均力抬运,汇流排应轻拿轻放,不得扭曲碰撞。汇流排槽口有变形、损伤的不能使用;汇流排切割面有损伤或不平整有偏斜、钻孔孔位不正确的不能使用。

安装列车组中作业平台平板上均匀安放四个等高木垫,用于放置汇流排,汇流排平面端向下放置,开口向上,不得放反。汇流排按安装顺序编号整齐放入作业平板上。

(四)汇流排安装

汇流排安装应从锚段关节、可拆卸汇流排或分段绝缘器处开始安装。
汇流排安装应从锚段关节、可拆卸汇流排或分段绝缘器处开始安装。

1. 汇流排终端安装(锚段关节处)

先在关节悬挂点绝缘子下方安装好汇流排定位线夹,用内六角扳手松开汇流排定位线夹,将汇流排终端卡进汇流排定位线夹内,调整汇流排终端,使汇流排终端端头距悬挂定位点的距离为 1.8 m(误差范围为 +0.2 m、-0.1 m)。然后上紧汇流排定位线夹,并用中心锚结线夹卡住,防止在汇流排安装过程中发生偏移。汇流排终端安装时注意关节交叉的方向性,以免装反。

2. 可拆卸汇流排安装

在有可快速拆卸装置的锚段,汇流排应从可快速拆卸装置处向两端安装,先对接安装可快速拆卸装置两边的汇流排,将可快速拆卸装置置于两悬挂点中间,并将两悬挂点处汇流排锚固,然后再依次安装两边汇流排。

在施工时,紧固过程中不能咬扣、发热,各连接部位应牢固可靠,防松螺母的大倒角端(或有字端)必须朝外,否则起不到防松作用。

3. 分段绝缘器本体安装

有分段绝缘器的锚段,汇流排应从分段绝缘器处向两端安装,先对接安装分段绝缘器两边汇流排,将分段置于两悬挂点中间,并将两悬挂点处汇流排锚固,然后再依次安装两边汇流排。

(五)汇流排中间接头装配

(1)首先用洁净毛巾将汇流排中间接头擦拭干净,汇流排中间接头应在汇流排对接安装前,先行装入汇流排,注意检查中间接头安装方向。待装汇流排插入中间接头,戴上紧固螺栓,每个螺栓配一个碟形垫圈。碟形垫圈呈碗状,安装时碗口方向朝向汇流排。中间接头装配时注意方向性,中间接头连接板上共四条自上而下依次升高的凸棱,安装时,凸棱较高的一侧靠汇流排开口侧(下侧),凸棱较小的一侧端靠汇流排平头侧(上侧),接头有凸起线形的斜面侧应紧贴汇流排两侧,两接头平面侧应处于汇流排中间,两接头平面相对。这时不拧紧螺栓,保持连接接头处于松动状态。

(2)汇流排对接:将两对接汇流排调至同一直线面,保持对接面密贴,尤其是汇流排开口处过渡平直顺滑,不偏斜错位。依次拧紧16组螺栓,紧固力矩为16 N·m。

(3)在悬挂支持装置上安装汇流排定位线夹,将汇流排卡入汇流排定位线夹内。

(4)安装列车前进,装配汇流排中间接头,对接安装第二根汇流排,依次安装直至此锚段汇流排安装完毕。

(六)技术要求

(1)化学锚栓应保证垂直,倾斜度不大于1°。

(2)安装汇流排锚段内所有悬挂支持装置应已初调到位,汇流排定位线夹内衬垫必须配备齐全。

(3)汇流排线夹上垫圈,弹垫在下方,平垫在上方。

(4)汇流排中间接头接触面清洁,使用力矩扳手安装,紧固件安装齐全,紧固力矩符合设计要求。

(5)汇流排对接口应密贴,开口过渡应平滑顺直,连接端缝平均宽度不大于0.3 mm,接口处应顺直,错开应不大于0.3 mm。

(6)悬挂线夹能够水平灵活转动,线夹包夹固定汇流排,两片线夹安装平整,不得相互错位,允许汇流排在温度变化时顺线路自由滑动。

(7)汇流排定位线夹安装时,使用内六角专用扳手紧固两螺栓,所有螺栓应保持统一朝向,保持美观且方便维护检查。

(8)分段绝缘器安装处三跨内应呈直线状态,分段绝缘器本体不应受曲线力弯曲。

(9)中间接头连接板与汇流排的连接必须注意方向性:连接板上共凸出4道凸棱,其高度各不相同,最高一棱应置于下方,必须与汇流排内腔向下扩张的斜面相匹配。汇流排接头连接板的检查必须专人专管。

(10)汇流排及其他带电体与其他非带电金属体的安全距离必须大于150 mm。

(11)汇流排为铝合金材质,质地较为柔软,在进行汇流排安装过程中应注意对汇流排采取必要的保护措施,防止汇流排受到撞击,造成汇流排及嵌口发生变形。

(12)汇流排安装各类螺钉、螺母拧紧力矩见表4.4.1。

表 4.5.1　汇流排安装各类螺钉、螺母拧紧力矩

序号	螺钉、螺母所在位置		力矩/(N·m)
1	汇流排(包括终端、刚柔过渡本体)与中间接头的连接螺钉(M10)		16
2	汇流排终端向上弯曲末端部分 M10 螺钉		16
3	刚柔过渡本体	本体上 6 只 M10 螺钉	16
		接触线线夹螺钉	50
		接触线线夹防扭装置螺钉	40
		馈线夹螺母	70

三、接触线架设

(一)准备工作

1. 架线作业车组

由低净空作业车和放线作业车组成刚性悬挂架线作业车组。按放线方向,调度组织低净空作业车、放线作业车顺序。

2. 接触线检查

检查核对配盘表,所有锚段是否都已配盘,每个线盘的长度是否足够,并与每个盘上的实际长度相核对。保证所有刚性锚段接触线都架设一整条接触线,不允许中间断开接续。

接触线盘及盘孔应牢固完好,不应有扭曲和损坏;接触线应一层层整齐密贴缠绕,不得有相互嵌缠的情况;接触线不得有损伤、扭曲,不能有硬弯,连轻微的硬弯都不能有,否则此点将会是硬点,成为刚性悬挂永久性无法处理的缺陷。

3. 线盘吊装

按接触线配盘表吊装线盘,每次放线后,都应标明已放锚段和接触线长度、剩余接触线长度。

线盘吊装时应插轴吊装,防止损伤线盘和接触线。接触线线盘吊装时,确保接触线放出方向要与车组前进放线方向一致。

(二)接触线架设作业(见图 4.5.1)

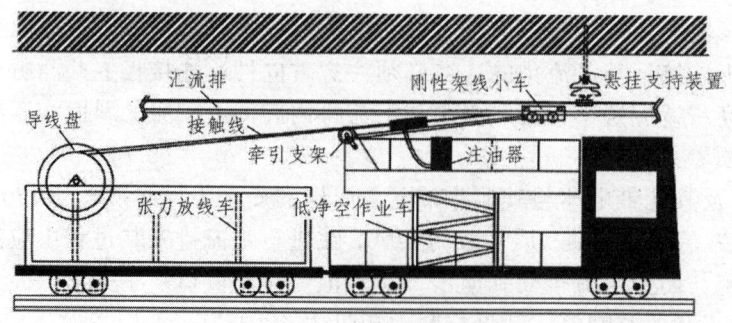

图 4.5.1　刚性接触网架设

（1）在第一、二个悬挂定位点两端，用中心锚结线夹卡住汇流排，使汇流排在放线时不能滑动。

（2）将接触线穿入注油器内，将导电油脂均匀涂抹在接触线两凹槽内，注意接触线工作面（大面）向下，不得翻转。涂油装置如图 4.5.2 所示。

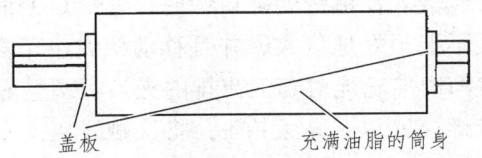

图 4.5.2　涂油装置

涂油装置是一个充满油脂的筒状物，接触线从中穿过。筒的两端用盖板封闭。涂油装置由工作车牵引，接触线进入并涂油。在出口盖板处有一个环，用于刮去接触线表面的油脂。这样就只有接触线的凹槽涂上了油脂。对于不同型号的接触线，都有相对应的环。

（3）在汇流排上安装好架线小车（见图 4.5.3），调整架线小车的状态。调整程序如下：

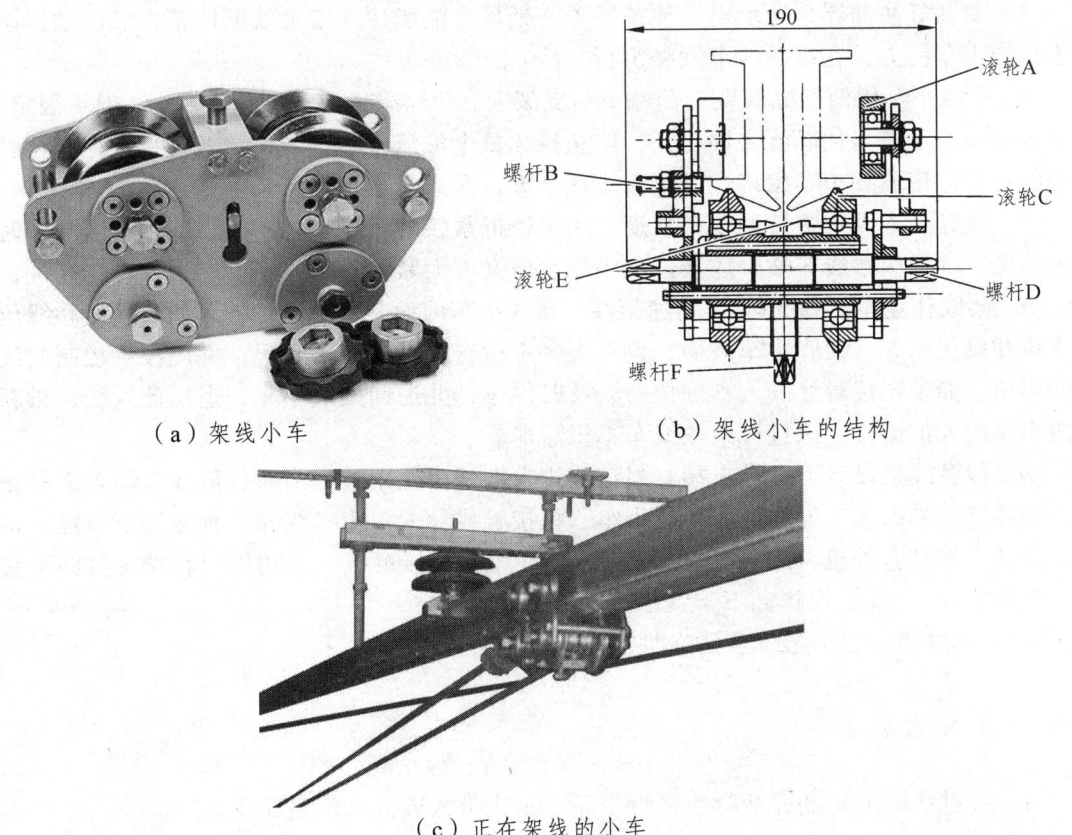

图 4.5.3　汇流排架线小车

架线小车有四个水平运行在汇流排下水平面的滚轮 A 和四个运行在汇流排下面卡脚沟槽里面的直径稍大些的滚轮 C。所有这些滚轮都装有滚珠轴承。增加滚轮 C 的间距，可以扩大汇流排的夹口。滚轮 E 把接触线向上压入夹口的合适高度。

在汇流排上安装架线小车时，首先松开螺栓 B，以空出滚轮 A 安装需要的侧面轨腰的位置。然后调整螺栓 D，使得滚轮 C 把沟槽的间距扩大至需要的尺寸。

　　为了保证架线小车的位置正确，螺栓 B 旋至轨腰侧面，把滚轮 A 导入其运行面。

　　调整好架线小车之后（滚轮 C 进入凹槽，滚轮 A 的侧面接触良好），旋转螺栓 D 以扩大滚轮 C 的间距。当接触线可以嵌入汇流排的夹口中时，滚轮 C 的间距就可以了。滚轮 C 的间距也不能太大，否则接触线不能很好地嵌入，并且移动架线小车需要的牵引力会很大。确认接触线没有扭曲，其两侧的沟槽准确地对着汇流排的夹口。调整好滚轮 C 的间距并检查接触线嵌入在正确位置后，旋转螺栓 F 以升高滚轮 E，将接触线压入夹口的正确高度。

　　拖动架线小车，汇流排被撑开，接触线就被嵌入，然后夹口闭合卡住接触线。安装过程中，注意在接触线上涂好油脂，并且没有扭曲的汇流排和汇流排对正，进一步保证从架线小车出来的接触线的两侧凹槽准确嵌入夹口。

　　（4）调整好架线小车，将接触线从汇流排终端端头嵌入汇流排，紧固汇流排终端上的紧固螺栓，在汇流排终端一端露出 150 mm 接触线，用钢管将露出的接触线别弯，使之上翘 45°，并用挫刀将端头打磨平整光洁。

　　（5）安装好注油器，启动电动注油装置，把导电油脂注入接触线两凹槽内。注油器始终处于放线小车前方，在接触线上顺畅滑行。

　　（6）架线小车用两棕绳缠绕于前端牵引支架上，两棕绳呈 V 形。棕绳受力，但不固定死，如遇到架线小车被卡住时能立即松开，防止拉坏整个汇流排结构。在放线过程中适时调整两边缠绕位置，使放线小车始终位于汇流排正下方，两边受力均匀。

　　（7）线盘处专人负责接触线松紧度。用木板抵紧接触线线盘，视接触线张力情况随时调整松紧度，确保接触线在整个放线过程中绷直但又不太紧。

　　（8）架线作业车组以 5 km/h 匀速架线。架线小车前设一人负责检查调整，使接触线位于汇流排开口正下方。架线小车后面，设一人仔细检查接触线嵌入状况，并用扳手控制放线小车的偏斜。如发现接触线嵌入不到位时，及时停车，并退回架线小车，退出此段线，重新用架线小车嵌入汇流排，该过程中放线车不得后退。

　　（9）接触线架设至汇流排末端，当汇流排末端处于作用平台内时，放线车停车。停止电动注油装置，采用人工匀力拉动架线小车，把接触线导入汇流排终端，锁紧终端螺栓，接触线沿终端方向顺直外露 150 mm，用钢锯或断线钳断开接触线，并用锉刀将端头打磨平整光洁，弯曲成 45°。从汇流排卸下架线小车。

　　（10）拆除第一、二定位点处临时锚固装置。

（三）技术要求

　　（1）接触线盘上隔纸等杂物应清理干净，不应带入或嵌入汇流排内。

　　（2）接触线不得有损伤、扭曲，在锚段内无接头、无硬弯。接触线嵌入汇流排前必须在两凹槽内注入导电油脂，且均匀无遗漏。

　　（3）架线小车应调整好工作状态，接触线与汇流排贴合，如接触线未完全嵌入汇流排时，应倒回架线小车将接触线拉出，重新嵌入。

　　（4）汇流排终端、分段绝缘器处接触线端头严格按照设计和产品安装技术要求处理，端头平整光洁，不应碰弓及出现硬点，螺栓紧固力矩符合设计或产品安装技术要求。

（5）放线时，当放线小车通过可拆卸式汇流排时，要确保可拆卸式汇流排上的顶开螺栓和锁紧螺栓已取下来，否则小车会撞上螺栓，拉坏汇流排。

四、地线架设

（一）地线架设准备

由低净空作业车和放线作业车组成架线作业车组。检查线盘及盘孔应完好无损，核对配盘表和线盘上绞线的实际长度符合要求后吊装，并保证绞线展放方向与车组行进方向一致。

（二）架空地线架设作业

（1）一个架空地线锚固段内悬挂底座和两锚端底座全部安装完毕后，即可架设此段架空地线。

（2）先在起锚端安装好架空地线终端锚固线夹（若有调整螺栓，其调节量要充足），做好地线起锚连接。

（3）架线时，采用机械张力放线，各悬挂点挂设滑轮，悬挂架空地线。

（4）放线初张力调至 1.5 kN 左右，架线车组匀速前进架设。

（5）车组架线至落锚处停止，按设计张力进行紧线下锚（若有调整螺栓，其调节量要充足）。

（6）依次将地线导入地线线夹，安装固定后取下滑轮。

（三）技术要求

（1）根据锚段长度合理配盘，一个锚段不得出现接头，架空地线不得有两股以上的断股。

（2）架空地线的张力和弛度符合设计安装曲线。

（3）地线安装线路应平缓顺畅，不能出现大的折角。

（4）必须保证架空地线在最大弛度时距接触网带电体不小于 150 mm。

（5）架空地线下锚处调整螺栓长度处于许可范围内，并有不少于 30 mm 的调节余量。

（6）地线线夹安装端正，地线线夹中的铜衬套齐全，安放正确。

五、挂调整

从中心锚结分别向两端锚段关节检查、调整悬挂点刚性接触悬挂的高度、工作面、拉出值，并检查刚性接触悬挂汇流排连接、汇流排与接触线的接合状态。

（一）刚性接触悬挂高度及工作面调整

1. 圆形隧道悬挂高度

梯车上部作业人员通过隧道悬挂螺杆锚栓上的螺母调节悬吊槽钢（或绝缘横撑）高度，

梯车上、下部作业人员配合用激光测量仪测量各悬挂点距轨面的高度,直至接触线高度达到设计标准,误差不超过 ± 3 mm。

2. 其他类型隧道悬挂高度

通过长 T 形头螺栓或螺杆锚栓上的螺母调节悬吊槽钢高度,梯车上、下部作业人员配合激光测量仪测量各悬挂点对轨面的高度,直至接触线高度达到设计标准,误差不超过 ± 3 mm。

3. 刚性接触悬挂工作面调整

在调整刚性悬挂高度的同时,梯车上部作业人员配合用激光测量仪测量悬吊槽钢的倾斜,调整悬吊槽钢,通过调整悬吊槽钢两端距轨面高度相等,控制悬吊槽钢与轨面连线平行,汇流排垂直于轨面连线,误差不超过设计要求,以避免接触线发生偏磨现象,如图 4.5.4 所示。

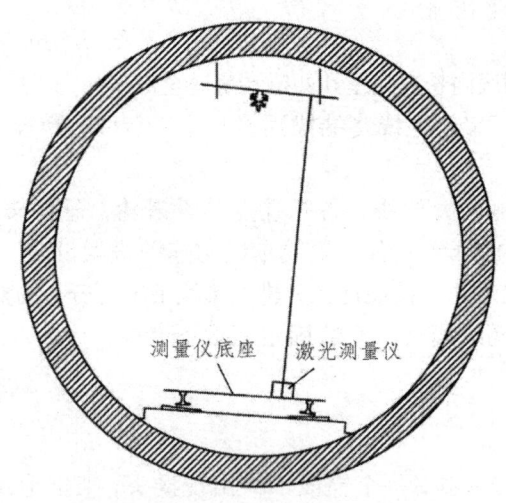

图 4.5.4 刚性悬挂调整示意图

(二)刚性接触悬挂拉出值调整

1. 圆形隧道减振道床区间悬挂拉出值调整

在绝缘横撑上移动汇流排定位线夹,用激光测量仪测量拉出值,直至接触线拉出值达到设计标准,误差不超过 ± 5 mm。

2. 其他隧道悬挂拉出值调整

在悬吊槽钢的槽孔上移动(或微调)针式绝缘子,用激光测量仪测量各悬挂点拉出值,直至接触线拉出值达到设计标准,误差不超过 ± 5 mm。

(三)刚性接触悬挂锚段关节调整

按技术要求调整两支刚性接触悬挂的高度、拉出值、工作面,用激光测量仪检查并调整两支刚性接触悬挂叠合过渡部分的相对高度，使两支悬挂等高，误差不超过 1 mm，保证两接触线工作面与两轨面连线平行，同时检查两刚性接触悬挂终端汇流排的抬高符合标准，使受电弓能够平滑地从一个刚性悬挂段过渡到另一个刚性悬挂段。

（四）刚性接触悬挂道岔调整

道岔和交叉渡线处、两汇流排与受电弓的接触点于受电弓中心两边分布。按设计调整两支刚性接触悬挂的高度、拉出值、工作面，用激光测量仪测量两支刚性接触悬挂的相对高度，调整使两支悬挂等高，误差不超过 1 mm，调整时注意始触点处两接触线应完全等高，受电弓过渡平稳，不应出现打弓、刮弓、脱弓现象；始触点后至岔尖方向，渡线接触线高于正线 2~3 mm，保证列车在正线运行时，不会碰触渡线的接触线，使受电弓能平滑过渡。

（五）紧固受力件

在各刚性接触悬挂点、刚性接触悬挂锚段关节、刚性接触悬挂道岔的各项调整完成后，用力矩扳手按各零件设计力矩紧固各紧固件。

（六）电气绝缘距离检调

刚性接触悬挂拉出值、高度及工作面调整完毕，检调刚性接触悬挂与架空地线、接触悬挂与接地体、架空地线与接地体间的电气绝缘距离，其值不小于 150 mm。对于特殊地点至汇流排绝缘距离不能满足 150 mm 时，应使用汇流排绝缘保护罩使之满足绝缘要求。有渗水、漏水至汇流排的地方，使用汇流排防护罩来保护汇流排。

（七）涂油防腐

刚性悬挂调整到位后，所有悬挂定位的活动关节、绞接部位、调节螺杆锚栓等部位均匀涂抹黄油防腐。所有贴近隧道壁的底座与隧道壁间的间隙，按设计要求进行填充，填充时注意保护并防止污染其他设备。填充密实，表面平整美观。

（八）安装技术标准

（1）接触线高度和拉出值符合设计要求，接触线高度允许安装误差为 ±3 mm，相邻的悬挂点相对高差一般不得超过所在跨距值的 0.5‰，接触线拉出值允许误差为 ±5 mm，且不得超过最大设计值。刚性悬挂设计坡度变化应不大于 2‰。

（2）锚段长度、汇流排终端至相邻悬挂点的距离符合设计要求，允许误差为 $^{+200\ mm}_{-100\ mm}$。

（3）锚段关节处两接触线在关节中间悬挂点处应等高，转换悬挂非工作支不得低于工作支，可比工作支高出 2~3 mm。

（4）道岔处在受电弓可能同时接触两支接触线范围内，两支接触线应等高，在受电弓始触点处渡线接触线应与正线接触线等高或高出正线接触线 2~3 mm。

（5）受电弓双向通过锚段关节、道岔、分段绝缘器时应平滑无撞击。

（6）接触网带电体对接地体的距离：静态不应小于 150 mm，动态不应小于 115 mm。

（7）汇流排呈圆滑曲线布置，不应出现明显折角。

六、接地跳线安装

（一）接地的项目和内容

刚性接触网全线所有不带电金属部分均应与架空地线连接，架空地线与变电所内接地网相连，构成接触网系统接地保护回路。所有不与架空地线直接相连接的接触网不带电金属部分都应采用接地跳线与架空地线相连通。

测量悬挂支持装置、中心锚结底座、隔离开关固定底座等底座与架空地线的布置距离，预制接地跳线，一端压接接线端子与底座相连接，另一端用 D 型电连接线夹与架空地线相连通。接地跳线采用固定卡和锚固螺栓沿隧道壁固定。

隔离开关直流上网电缆支架用接地扁钢相连接，与回变电所接地保护扁钢相连接。

对向下锚、换向下锚、渡线与正线、左右线未直接连通的架空地线间，采用与架空地线同规格材质的接地跳线，用并沟线夹与两端架空地线相连通，接地跳线用固定卡和锚固螺栓沿隧道壁布置。

在牵引变电所处，架空地线引下线沿电缆支架敷设固定，一端压接接线端子接变电所内的强电设备接地母排，一端就近与架空地线用 D 型电连接线夹连接。

（二）汇流排接地线夹安装

（1）汇流排接地线夹安装在架空刚性悬挂接触网每锚段两端头处，作为刚性悬挂接触网维修时接地之用。

（2）汇流排接地线夹安装位置应尽量靠近悬挂定位点，一般距悬挂点距离不超过 500 mm，其接地挂环方向应朝向回流轨侧，以方便挂接地棒。在正线上，按设计方向统一朝向。

（3）汇流排接地线夹与汇流排接触面应涂抹导电油脂，汇流排接地线夹应安装稳固，紧固力矩符合设计要求。

（三）安装技术标准

（1）接地跳线在隧道壁上应稳固固定，两端连接牢固、导通良好，布置顺直美观，固定卡安置均匀合理，间距一般为 500 mm。电缆敷设应符合电缆施工及验收规范要求，电缆在支架上绑扎稳固，两端连接牢固可靠。

（2）架空地线引入变电所的架空地线引下线，按设计要求与变电所接地网连接安装可靠，沿隧顶或隧壁敷设固定牢靠，密贴隧壁。将变电专业从变电所引出的架空地线引下线，用并沟线夹与架空地线可靠连接。

（3）汇流排接地线夹距悬挂点的距离一般不超过 500 mm，但不宜过近，以免影响汇流排的正常伸缩。

七、刚性接触网隔离开关安装

(一)安装工艺流程

(1)根据设计图纸的隔离开关位置进行现场测量,检查隔离开关安装位置限界和安装空间是否符合设计要求,在无其他设备干扰和限界及空间符合的条件下,隔离开关安装位置应尽量靠近绝缘锚段关节。

(2)用水平尺定出固定底座钻孔孔位,垂直于隧道壁钻孔,安装螺栓。

(3)安装固定底座,调整底座端正,保证隔离开关安装面水平。将隔离开关安装在固定底座上,调整隔离开关及操动机构至隧道壁的距离符合设计要求,隔离开关与操动机构处于同一垂直面上。调整操动机构行程至闭合位,隔离开关刀闸处于闭合位,安装操纵杆,其安装角度符合设计要求。

(4)调整三联隔离开关处于同一水平直线上,安装隔离开关间接线板。调试隔离开关和操动机构开合同步到位,隔离开关动触头和静触头中心线重合。

(5)安装隔离开关至接触网汇流排引线电缆,电缆穿PVC管安装,实测电缆长度后进行预配,要求安装美观、弯曲自然。实测接线端子长度,按电缆绝缘层厚度调节剥切刀深度,剥除绝缘防护层,露出裸铜线芯,根据接线端子的压接工艺进行制作压接两端接线端子。

(6)在汇流排上安装汇流排电连接线夹,将接线端子与汇流排电连接线夹、隔离开关相连接,所有接触面均匀涂抹导电油脂。

(7)将所有底座用接地跳线与架空地线相连接。

(二)安装技术标准

(1)隔离开关的本体外观应无损坏,零件应配套齐全,绝缘子应完好、整洁,主接头接触良好,绝缘测试值、主回路接触电阻值应符合国家标准、设计要求或产品技术文件要求。

(2)隔离开关底座安装时,应保证两底座安装面水平且间距符合设计要求。多组隔离开关并列安装时,应保证所有底座安装面都在同一水平面上,且各底座间距符合设计要求。

(3)隔离开关安装时应保证隔离开关到墙壁或其他接地体绝缘距离符合设计要求。隔离开关打开时,刀口距接地体、墙壁最小距离符合设计要求。

(4)隔离开关中心线应铅垂,操纵杆垂直于操动机构轴线,连接应牢固无松动现象,铰接处活动灵活。

(5)隔离开关应分合顺利可靠,分、合位置正确,角度符合产品技术文件要求。触头接触良好,无回弹现象。操动机构的分、合闸指示与开关的实际分合位置一致。电动开关和手动操作应与遥控电动操作动作一致,隔离开关机械联锁应工作正确可靠。

(6)隔离开关刀口部分涂导电油脂,机构的连接轴、转动部分、传动杆涂润滑油。

(7)隔离开关 150 mm^2 直流引线电缆连接正确规整。按汇流排随温度变化伸缩的要求,预留位移长度,弯曲方向与汇排伸缩方向相同,电缆不应压在汇流排上,电缆重量应由隧道顶电缆支架来承载。电缆应平行整齐排列，不能压叠；电缆支架应安装牢固，布置均匀合理；电缆弯曲自然，布置线路应尽量短。电缆在汇流排上安装应尽量靠近悬挂定位点。

（8）隔离开关所有底座都与架空地线相连通，可靠接地。

八、分段绝缘器安装

（一）工艺流程

（1）架设完成本锚段接触线，将接触线从预留位置中心锯断，两端接触线各留出 140 mm，将接触线向上方弯曲，距离接触线底平面 10 mm。

（2）将分段绝缘器本体安装在导轨上，在分段绝缘器上安装固定分段绝缘器本体及铜滑轨。

（3）在本锚段导高、拉出值及汇流排坡度调整完毕后，在分段绝缘器上安装调整工具，松开铜滑轨固定螺栓，检查滑轨面是否紧密贴合调整工具表面。手工临时上紧滑轨螺栓。

（4）以轨面为基准，用激光测量仪检测分段绝缘器是否平正。保证整个分段绝缘器接触部分等高，中部不下垂，调整导流滑板与接触线等高（三线在一个平面上），保证分段绝缘器处过渡平滑，不打弓，间隙距离按设计要求调整。

（5）紧固滑轨螺栓，取下调整工具，用水平尺复检分段绝缘器过渡状态和平直度。

（6）用受电弓往返检查分段绝缘器的状态，应过渡平稳，无打弓碰弓现象。

（二）安装技术标准

（1）分段绝缘器本体外观应无损坏，绝缘棒应完好、整洁，绝缘性能良好。

（2）刚性悬挂分段绝缘器采用具有良好消弧性能的分段绝缘器，分段绝缘器与汇流排的连接应保证连接可靠、紧密。

（3）分段绝缘器铜滑轨上固定螺栓紧固力矩为 20 N·m。

（4）分段绝缘器中点应设置在受电弓的中心位置上（即拉出值为 0 mm），偏离受电弓中心线最大不应超过 30 mm。

（5）分段绝缘器与受电弓接触部分应调至一个平面上，且该平面应与轨面平行。受电弓双向通过分段绝缘器均应过渡平稳，不打弓。

（6）分段绝缘器距相邻刚性悬挂定位点的距离符合设计要求，允许误差为 ±50 mm。

九、刚柔过渡段安装

（一）刚柔过渡元件位置定测

根据施工设计平面图，先进行刚柔过渡段悬挂点的纵向放线测量，复核无误后，用红油漆标记在钢轨侧面上。各悬挂位置采用激光测量准确定位，标记至隧道顶上。

测量悬挂点处净空数据，测算柔性下锚位置，用激光测量仪准确定位，标记至隧道顶上。对各点复核无误，进行钻孔和支架安装，并调整到位。

（二）刚柔过渡元件（切槽贯通式）安装

在柔性悬挂整个锚段安装调整完毕，相邻刚性悬挂段接触悬挂细调到位后，在汇流排作业平台上对接装配好汇流排终端和切槽式汇流排，按设计外露长度（汇流排终端头距悬挂定位点的距离为 1.8 m）安装汇流排终端和切槽式汇流排，然后在接触线凹槽内均匀涂抹导电油脂，用架线小车将接触线导入汇流排，用扭矩扳手紧固初槽汇流排上的 7 组紧固螺栓和汇流排终端上的紧固螺栓。

（三）悬挂调整

（1）悬挂调整：刚柔过渡段接触线高度及拉出值调整至设计值，汇流排坡度调至与轨面平行，用激光和光学测量仪、受电弓检查刚柔过渡点和关节，进行刚柔过渡段微调，受电弓双向通过应平稳顺滑，刚柔过渡点和关节不应出现硬点，热滑试验中不应出现固定拉弧点，刚柔过渡元件富有弹性。

（2）接触线与汇流排的连接应平顺，不应对汇流排产生附加压力或拉力，造成硬点。

（3）安装刚柔过渡电连接。

（四）安装技术标准

（1）柔性悬挂接触工作支接触线下锚位置应安装在汇流排终端和刚柔过渡元件组成的短锚段顺线路方向的延伸线上，即下锚点距受电弓中心的距离等于短锚段关节处的拉出值。下锚位置至关节的距离应符合设计要求。

（2）刚柔过渡元件处于平衡状态，其前端 4 m 内，不准布置柔性悬挂吊弦。

（3）双接触线中的另一条接触线等高进入刚柔过渡 500 mm 后逐渐抬高脱离运行接触，成为非支于前端下锚。两接触线的张力应调至完全一致。

（4）刚柔过渡段接触线高度应保持恒高。

（5）刚柔过渡段柔性下锚跨越的刚性悬挂点宜采用悬臂式结构，以避免可能与柔性悬挂间的绝缘距离问题。

（6）切槽贯通式刚柔过渡要求安装精度高，所以刚柔过渡段宜设在直线区段，不宜设在曲线区段和坡度区段。

第六节　接触轨安装工程

与架空接触网相比较，接触轨的安装精度要求较高。接触轨的安装需具备的技术条件：

（1）已有完整、有效的设计图样和设计文件。

（2）已进行设计技术交底，发现的问题已得到解决。

（3）轨道和线路结构的现状和技术条件已符合线路设计标准。

（4）已确认最终土建结构定位坐标点（线）。

（5）施工组织设计已编制并得到有关部门的审批。

一、安装工具

接触轨安装应使用恰当的工具和设备以避免事故和损坏要安装的接触轨设备,常用的接触轨安装工具见下表4.6.1。

表 4.6.1 常用的接触轨安装工具

序号	名 称	规 格
1	扁平杆	长 8 m,配以编织袋(尼龙带)用于起吊 15 m 的接触轨。在任何情况下都不能用钢绳(钢丝等)起吊或装卸接触轨
2	锯轨机	专用工具,转速适中的移动式锯轨机,锯齿适合锯切铝及不锈钢,须用螺栓安装在一只可拆卸的工具台上
3	手持电动打孔机	可变速或双速 12 mm 卡盘,配专用定位夹具,配一定数量的 3~12 mm 的钻头
4	开口或套筒成套工具	包括有拐臂和可接长杆的扳手,以便在特殊空间使用,该扳手最好选用锻钢材料
5	接触轨测量仪	
6	力矩扳手	100 N·m,力矩范围应满足图样所规定的力矩安装要求
7	木柄锉刀	扁平及圆形
8	钢卷尺	10 m,30 m 和 100 m
9	不锈钢丝刷	
10	毛刷	中等粗细
11	旋具	强力塑料手柄
12	螺纹丝锥	600 mm
13	球形锤	
14	橡胶锤	
15	C形夹具、夹钳	
16	数字温度计	
17	钢直尺	1 m
18	钢三角规	带水平尺
19	钢质样冲	1.5~6 mm
20	除毛刺工具	
21	活扳手	300~500 mm
22	撬杠	12 mm
23	叉车	5 t
24	吊车	具有液压伸缩臂,能安全移动和升举器材
25	水平仪	
26	木质楔	
27	镜子	
28	标记笔	

注:以上仅为基本工具,工具数量可根据安装工点数量及工程规模而定。

所有设备安装前应对设备进行外观检查，检查有无变形、破损、裂纹、缺失等缺陷，如有缺陷，应调换好的设备进行安装。

二、测量定位

以土建专业或轨道专业给予的车站中心标、道岔岔心标或设计图纸标明的测量起点作为纵向测量的起点，开始接触轨锚段测量。

三、锚栓钻孔及安装

检查现场标记的各类数据是否有误，以施工测量时在道床板上的标记为基准，套用钻孔模板，核查钻孔孔位，进行钻孔施工。

钻孔完成检查合格后，正确安装锚栓。

锚栓安装完成后，按照设计图纸的要求，每个施工区段按照比例抽取若干组定位点锚栓进行拉拔试验，并严格按设计规定的测试负荷、测试时间和抽检数量进行拉力测试。锚栓拉拔力测试完毕合格后，再进行下一步施工作业。

四、接触轨底座安装及调整

1. 接触轨底座的安装

根据设计图纸、接触网平面布置图以及施工测量记录中的曲线外轨超高数据，选择相应类型的接触轨底座，并做好统计记录。直线区段和曲线外侧使用Ⅰ型接触轨底座，曲线内侧使用Ⅱ型接触轨底座。

接触轨底座运输至施工现场后，根据不同区段使用不同类型的底座统计记录，准确地将底座分散到对应的安装位置。底座安装时，使用接触轨综合测量仪和直角尺准确测量轨面与接触轨底座上表面的距离，并调整到设计要求的数值。调整完成后，使用力矩扳手将锚栓拧紧，力矩必须达到设计值，保证底座安装稳固可靠。

2. 底座混凝土填充

接触轨底座安装完成后，将人工搅拌好的C20混凝土运送到现场，灌注进接触轨底座下部，并捣固至缝隙塞满混凝土为止。填塞完成后，将接触轨底座四周的混凝土抹平即可。

同时，要对已完成的混凝土工程进行养护，直到达到混凝土的强度为止。

3. 安装技术标准

接触轨锚段测量时，膨胀接头的长度必须根据隧道内的温度准确测量，否则，在接触轨安装时，由于膨胀接头长度的不准确性将导致测量结果误差产生累加，致使出现多处截轨现象（这是设计不允许的），严重影响施工进度。

接触轨底座锚栓定位时，必须保证四个锚栓孔的相对位置和间距，不能移位或偏斜，否则由于接触轨底座四个锚栓孔位置的相对误差比较小，导致底座将不能安装或安装偏斜，不能达到设计要求和验收标准。

现场打孔时，充分利用道床板钢筋分布图和底座模具，使每个定位的锚栓孔位都尽量避开钢筋，如若碰到钢筋，可顺线路方向向前或向后移位 2~3 cm（或垂直线路方向向前或向后移位 2~3 cm），重新定位以避开钢筋，并且必须保证孔间距符合要求。

M16 后切底柱锥敲击锚栓配有专用扩孔钻头，不可使用规格不同的扩孔钻头代替，并且当孔深达到设计要求时必须对锚栓孔进行扩孔，否则预埋后切底锚栓时，锚栓外套筒会敲不进去而造成锚栓拉拔力不够。

当定位点遇见道床伸缩缝或连接缝、预埋钢管、预留电缆沟、预留杂散电流铜接线端子等情况时，应在设计允许的范围内对跨距做适当偏移，以避开这些预埋物体和结构缝隙。

使用专用敲击工具安装后切底锚栓。安装时使用敲击工具将锚栓膨胀套管推至低于混凝土表面至 1~2 mm，露出黑色标记，即表示锚栓已安装到位。

五、接触轨整体绝缘支架安装

1. 接触轨整体绝缘支架安装

接触轨整体绝缘支架运送到现场完毕后，现场施工作业人员使用 M16 连接螺栓将接触轨底座与接触轨整体绝缘支架正确的连接起来，并将螺栓拧上，不必拧紧。针端部弯头处的绝缘支架安装时，需要在绝缘支架与接触轨底座之间增加垫块，以满足设计要求。

支架安装完成后，将支架上的托架通过连接螺栓与绝缘支架正确地连接起来，要注意连接螺栓的穿向，并将连接螺栓拧上，不必拧紧。

对于绝缘支架上的卡爪可以先不安装，待接触轨安装时再进行安装。

2. 接触轨整体绝缘支架初调

接触轨整体绝缘支架安装完成后，使用接触轨综合测量仪、水平尺和线坠，初步调整接触轨整体绝缘支架支持装置的铅锤中心线与轨面垂直，限界初调至设计值，导高初调至设计值。对于绝缘支架歪斜的情况，使用水平尺和橡皮锤，将绝缘支架调整到水平位置，直到满足设计要求和验收标准。

接触轨整体绝缘支架导高、限界和歪斜情况调整完成后，使用力矩扳手将绝缘支架各部位连接螺栓拧紧，力矩达到设计值，保证绝缘支架各部位连接稳固牢靠，并做好检查记录。

3. 安装技术标准

接触轨整体绝缘支架要依据定位点位置的不同（直线、曲线内侧、曲线外侧）而选择不同类型的支架进行安装。

整体绝缘支架支持装置顺线路方向平面要平行于线路中心线，垂直线路方向要垂直线路中心线。要保证支架水平牢固，不能歪斜。

安装整体绝缘支架时，对于端部弯头处的绝缘支架的安装要增加合适的绝缘支架底座垫块，保证整体绝缘支架的安装状态满足设计要求。

绝缘支架各部位的连接螺栓力矩必须达到设计值，且连接螺栓的穿向符合设计要求和验收标准。

六、接触轨安装

1. 接触轨长度配置

接触轨锚段长度复核：一个接触轨锚段绝缘支架安装完成后，要对此锚段实际各跨距和总跨距进行测量复核，核查与先前测量结果是否一致。尤其要对曲线内侧、外侧的接触轨锚段长度进行复核，保证与测量结果一致。

锚段伸缩量计算：根据接触轨锚段长度和现场实际安装温度查阅并计算膨胀接头现场实际安装长度和预留量。

接触轨安装长度计算：根据现场温度变化量预留膨胀接头的长度或接触轨端部弯头长度，计算该段接触轨总长度。

接触轨根数计算：计算整长接触轨根数和需要预制接触轨长度，要求预制接触轨长度不能过短，且不小于设计规定值。否则由于预制长度不够，接触轨锚段无法对接。

根据各个锚段长度计算的接触轨根数、膨胀接头数量、中间接头数量、端部弯头数量，制作各个锚段接触轨安装次序分布图，以方便安装施工。

2. 接触轨布放

接触轨转运：通过就近的铺轨基地下料口，利用龙门吊或吊车将接触轨吊装到轨道平板小推车上，严禁把单根接触轨成捆绑扎吊装，若包装符合吊装要求，可整捆吊装。吊装时不得使用钢丝绳而应使用专用吊装带和吊装工具，然后将接触轨运输到施工现场。

接触轨布放：按接触轨安装次序分布图将接触轨依次放在要安装的线路上。不能放在线路两轨道中间，防止遭到人为损坏。接触轨摆放时受流面（钢带面）朝上，严禁反放或侧放。

接触轨检查：接触轨在转运及布放过程中，应轻拿轻放，不得扭曲碰撞。同时，对每一根接触轨外观进行检查，发现有受流面（钢带面）变形、损伤、截面形状不标准的严禁使用。

接触轨布放完成后，要注意接触轨成品的保护，每根接触轨的外包装袋在安装前不要拆开。

3. 接触轨安装

接触轨及其附件在现场布放完成后即可以进行接触轨的安装施工。

1）接触轨端部弯头的安装

接触轨安装应从接触轨端部弯头处开始安装。首先用3个人将端部弯头抬起并慢慢的放于绝缘支架的接触轨托架上，另外2个人将接触轨卡爪装上，并用力矩扳手将卡爪连接螺栓稍紧，然后调整端部弯头终端，使端部弯头终端端头距最近绝缘支架的距离必须符合设计要求。然后上紧接触轨卡爪，并用锚固夹具在绝缘支架处将接触轨端部弯头卡住，防止在接触轨安装过程中接触轨顺线路方向发生串动。

将端部弯头与接触轨相连的一端清理干净并利用钢丝刷打磨，同时将与接触轨接触的截面上以及与中间接头相连的各接触面上涂上一层极薄的电力导电脂。

端部弯头安装过程中注意接触轨卡爪要放正,拧紧螺栓时要检查力矩扳手的扭矩值是否满足设计要求,端部弯头要轻拿轻放,防止碰撞。

2)接触轨的安装

安排 6~7 人将布放好的接触轨抬起放在接触轨安装模具上,通过调整接触轨安装模具,使接触轨处于同一对接平面高度。

3)接触轨中间接头安装

首先用洁净毛巾和钢丝刷将接触轨和接头的接触面擦拭干净,接触面涂导电脂。接触轨接头装于前端接触轨或端部弯头上,戴上紧固螺栓,待装接触轨插入接触轨接头,戴上紧固螺栓,四个紧固螺栓穿向要交错穿过中间接头,这时不需要拧紧螺栓,保持接头处于松动状态。

接触轨中间接头装配时需注意在设计规定的将要安装电连接的地方采用接触轨电连接接头,为使后续施工电连接时不再做更换。

4)接触轨对接

使用接触轨安装模具将两对接接触轨调至同一直面上,保持对接截面密贴。依次用力矩扳手交错逐步拧紧 4 组螺栓。将接触轨装入绝缘支架的托架上,安装上接触轨卡爪。按设计力矩要求紧固接触轨卡爪螺栓,完成后撤去接触轨安装模具。

对于有短轨的锚段,要根据现场实际需要短轨的长度,测量完成后,把接触轨放在切割平台上,使用切轨机把需要截断的接触轨锯开即可。锯开面要进行打磨,保证截面要平滑干净。

依照上述施工方法依次安装下一根接触轨接头,直至一个锚段接触轨及中间接头安装完毕。在安装过程中,要注意接触轨钢带接缝处过渡平直顺滑,无偏斜错位。

4. 中心锚结安装

整个锚段接触轨安装完成后,根据设计图纸的要求,复核前期测量过程中中心锚结的定位位置。核查中心锚结的位置以及类型是否与设计图纸一致,完成后,根据准备好的中心锚结及其附件,即可进行中心锚结的安装施工。

对于中心锚结的安装,在直线地段,中心锚结与接触轨整体绝缘支架卡爪边缘的间隙为 2 mm,在曲线地段,在上坡端保持中心锚结与支架卡爪边缘的间隙为 4 mm,在下坡端保持中心锚结与支架卡爪边缘密贴。对于双中心锚结或三中心锚结的情况,必须保持中心锚结与支架间的间隙留在同一侧。

将中心锚结打孔模具固定在接触轨上,并调整好打孔模具与绝缘支架之间的距离,使用冲击钻进行打孔,打孔时冲击钻要水平且垂直于中心锚结打孔模具。打孔完成后,将中心锚结打孔模具卸掉,用抹布擦去接触轨表面的铝屑,涂上导电油脂,将中心锚结安装在接触轨上,将连接螺栓拧紧即可。

5. 膨胀接头安装

使用膨胀接头调整平台,将膨胀接头轻轻抬起调至与相邻接触轨平齐,彻底清洁接触面,涂导电脂。

将其一端推入已安装好的接触轨普通接头内,装上连接螺栓,微调膨胀接头与相邻接触轨平齐,对接面密贴、平顺后,按力矩要求紧固接触轨接头连接螺栓。

用数字温度计测出当时的接触轨表面温度,记录该温度值,根据设计或厂家提供的膨胀接头温度补偿表查出所需补偿值并记录,按补偿值调整膨胀接头的正确开口数值,并使用木块和临时夹具固定。膨胀接头安装补偿值示例如表4.6.2所示。

表4.6.2 膨胀接头安装补偿值表

(a) 隧道外安装

环境温度/°C	间距值/mm	环境温度/°C	间距值/mm	环境温度/°C	间距值/mm	环境温度/°C	间距值/mm
−18	200.00	−2	169.76	14	139.52	30	109.28
−16	196.22	0	165.98	16	135.74	32	105.50
−14	192.44	2	162.20	18	131.96	34	101.72
−12	188.66	4	158.42	20	128.18	36	97.94
−10	184.88	6	152.64	22	124.40	38	94.16
−8	181.10	8	150.86	24	120.62	40	90.38
−6	177.32	10	147.08	26	116.84	42	86.60
−4	173.54	12	143.30	28	113.06		

(b) 隧道内安装

环境温度/°C	间距值/mm	环境温度/°C	间距值/mm	环境温度/°C	间距值/mm	环境温度/°C	间距值/mm
5	200.00	14	178.27	23	156.53	32	134.80
6	197.59	15	175.85	24	154.12	33	132.38
7	195.17	16	173.44	25	151.70	34	129.97
8	192.76	17	171.02	26	149.29	35	127.55
9	190.34	18	168.61	27	146.87	36	125.14
10	187.93	19	166.19	28	144.46	37	122.72
11	185.51	20	163.78	29	142.04	38	120.31
12	183.10	21	161.36	30	139.63	39	117.89
13	180.68	22	158.95	31	137.21	40	115.48

注:1. 膨胀接头间距200 mm,可适用接触轨最大锚段长度隧道内115 m、隧道外90 m。
   2. 如果实测温度不在上述表中,可以根据表中数据予以推算。

清洁并涂电力导电脂后,将膨胀接头的活动端与接触轨对接安装,之后安装下一根接触轨,并在与膨胀接头最近的绝缘支架上用临时固定夹具对膨胀接头进行固定,以维持膨胀接头最近的绝缘支架上现有的补偿状态,防止在接下来安装接触轨时膨胀接头的补偿间隙值发生变化。待下一个锚段的接触轨安装完毕后,将临时固定夹具移至中心锚结位置固定,保证膨胀接头的正常伸缩。

6. 安装技术标准

（1）在安装时考虑实际现场安装温度对接触轨膨胀接头伸缩量的影响，并根据温度变化量预留膨胀接头的伸缩量，计算出该锚段接触轨实际总长度。

（2）对长接触轨根数和短接触轨的长度进行计算，要求预制接触轨长度不能过短，不小于设计规定值。

（3）由整根长接触轨加工制作实际需要长度的接触轨。首先在接触轨专用制作平台上，使用接触轨切割机具，根据实际所需接触轨长度切割接触轨。接触轨切割机垂直于接触轨纵向中心线，割切后的接触轨切割面要保证与接触轨纵向中心线呈直角，且整个截面切割平整，符合接触轨截面尺寸偏差要求。切割完成并达标后，使用接触轨钻孔工具进行钻孔。切割、钻孔后的余渣应清除干净，并用角磨机和锉刀将切割平面及孔洞周边的毛刺清除。预制完成并达到标准后，进行试对接，对接后接缝应密贴，无错位偏斜现象，满足接触轨安装设计要求及标准。

（4）计算出接触轨沿线布放方案，要求采用合理的接触轨布放方案。在装配预制短接触轨时，注意应至少有一个绝缘支架支持，接触轨对接接头尽可能靠近绝缘支持定位点，但最近的绝缘支持定位点距接触轨接缝的距离应大于 500 mm。

（5）在实际现场施工时，有些曲线半径过小，需要对接触轨进行预弯。依据设计要求，在线路的曲线半径不大于 100 m 时，要对接触轨进行提前预弯。参照现场情况和设计图纸，提供给物资供应商预弯接触轨数量，预弯半径角度及其将要安装的位置等信息，由供应商负责对接触轨进行预弯处理。

（6）在用接触轨安装调整平台调整接触轨时，要将两对接接触轨调至同一直线面，保持对接截面密贴，尤其是接触轨钢带接缝处过渡平直顺滑，不偏斜错位。依次用力矩扳手拧紧四组螺栓，扳手的力矩数值要符合设计要求。

（7）接触轨摆放时受流面（钢带面）朝上，不得反放或侧放。

（8）将接触轨吊装到平板小推车上时，切不可把接触轨成捆绑扎吊装，在包装符合吊装要求的情况下，可整捆吊装接触轨，在吊装时应使用专用吊装带和吊装工具。然后按事先规划好的程序将接触轨搬放到指定的位置，搬放时应轻拿轻放，不可碰撞扭曲。

（9）在安装接触轨前，整体绝缘支持装置的各项参数要先初调到位。

（10）接触轨接头要连接可靠，所有螺栓应保持交错朝向，保持美观且方便维护检查。

（11）保证接触轨各连接缝隙的大小和连接缝处接触轨接触面的平滑度（即对齐情况）满足设计要求。

（12）每个锚段的接触轨端部弯头和第一个整体绝缘支架的距离必须符合设计规定值。

（13）在安装膨胀接头时，从一处锚固开始，安装补偿接头，接着安装另一侧的第二处锚固，第二处锚固的安装及伸缩间隙的调整必须在同一天进行，以尽可能保证工作开始时和工作结束时的环境温度相同，补偿组件的预留值不会发生变化。

（14）在进行接触轨安装时，要保证接触轨接缝到最近的绝缘支架的距离大于 500 mm。

七、接触轨调整

接触轨及其附件安装完成后，根据设计图纸和验收标准的要求，重新对接触轨综合测量仪的精确度进行调整，保证其测量的精确度。同时，对现场接触轨调整人员进行技术交底，要求调整人员熟悉接触轨综合测量仪的使用方法，熟悉整个调整测量的各个环节，以及调整要达到的标准。

1. 接触轨初调

1）接触轨限界的初调

对各个定位点绝缘支架处的接触轨限界进行调整，逐一调至设计值，并保证在设计误差范围之内。

2）接触轨受流面高度的初调

对各个定位点绝缘支架处的接触轨高度进行调整，逐一调至设计标高值，并保证在设计误差范围之内，并检查各绝缘支持装置紧固件是否满足力矩要求。

3）接触轨卡爪及托架的调整

对接触轨卡爪及托架进行调整，在保证接触轨标高和平行度的基础上满足接触轨在温度变化时能顺线路方向自由滑动的要求。

4）接触轨工作面的调整

对整体绝缘支持装置进行调整，通过调整使接触轨接触面与轨面保持平行，满足设计要求。

5）膨胀接头、端部弯头的调整

对膨胀接头、端部弯头处标高和侧面限界进行初步调整，直至符合设计值，通过调整保证膨胀接头和端部弯头在接触轨伸缩时能顺畅滑动。

6）限界、导高的调整

在接触轨及其附件调整过程中，对于限界不能满足设计要求的定位点，拧开接触轨底座和绝缘支架之间的连接螺栓，通过调整绝缘支架距线路中心的距离，来达到调整后满足设计值。对于导高不能满足设计要求的定位点，拧开托架与绝缘支架处的连接螺栓，通过千斤顶调整托架的高度来达到调整后满足设计值。

在接触轨调整过程中，曲线地段绝缘支架定位点处的接触轨受流面与轨面不能平行，因此，需要在调整接触轨导高和限界的过程中，通过在接触轨底座和绝缘支架之间垫垫圈的方法来调整平行度，直到达到设计标准。

2. 接触轨细调

1）接触轨限界及导高的细调

在接触轨初调完成后，逐一精细调整各定位点限界及接触轨导高至设计值，达到验收标准的要求，并拧紧接触轨各部位的连接螺栓，保证调整后的参数不再发生变化。

2）接触轨工作面的细调

对整体绝缘支持装置进行仔细调整，保证接触轨受流面与轨面平行，避免受流器在接触轨受流面滑动时发生偏磨现象。

3）膨胀接头、端部弯头的细调

对膨胀接头、端部弯头处导高和限界值进行仔细调整，直至设计值为止，对接触面平行度进行细调,确保受流器平滑通过。

接触轨细调完成后,接触轨限界、导高及平行度各方面的参数都能达到设计值和验收标准。

3. 接触轨调整复核检测

1)绝缘距离复核

接触轨带电体距接地体及其他设备的绝缘距离不能小于 150 mm,测量、检查接触轨带电体与周围接地体及其他设备的绝缘距离是否满足设计要求,不能满足要求的位置要进行调整,直到满足要求为止。

2)接触面标高、限界复核检测

用接触轨综合测量仪逐点检查接触轨标高及侧面限界值(见图 4.6.1),对超过允许偏差范围的进行调整,填写接触轨标高及侧面限界值检查记录。

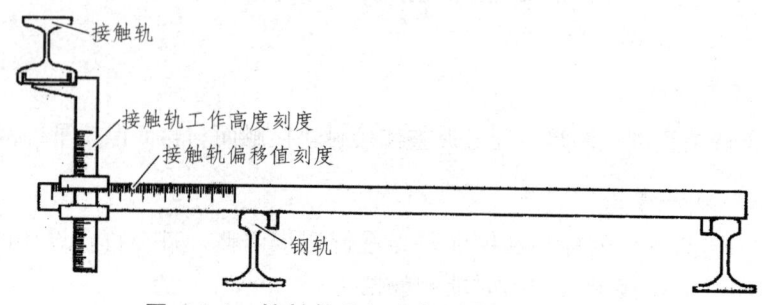

图 4.6.1 接触轨几何参数测量尺测量方法

3)对膨胀接头、端部弯头处复核检测

利用接触轨综合测量仪、水平尺、钢卷尺等检测膨胀接头、端部弯头的各项参数,对于不合格定位点,进行调整,并做好记录。

4. 接触轨受流面打磨

接触轨调整复核检测完成后,对中间接头接缝处的接触轨使用角磨机进行打磨,直到打磨后接缝处的接触轨平滑无高差位置。打磨完成后,清理接触轨打磨表面,在打磨接缝处涂抹导电油脂。

5. 安装技术标准

(1)限界值允许误差为 ± 5 mm,接触轨导高允许误差为 ± 5 mm,相邻的悬挂点相对高差一般不得超过所在跨距值的 0.5%。

(2)距离要求:静态不应小于 150 mm,动态不应小于 100 mm。

(3)接触轨受流面和线路要保证平行,防止受流面工作时发生偏磨现象。

(4)接触轨接缝平滑、无明显阶梯,接触轨钢带接缝高差要使用接触轨打磨机具打磨,各连接接触面要涂电力导电脂,保证接缝处平滑顺畅。

(5)保证接触轨连接缝隙的大小和连接缝处接触轨的平滑度满足设计要求。

(6)在进行接触轨调整时,要保证接触轨接缝到最近的绝缘支架的距离大于 500 mm。

八、电连接安装

1. 电连接电缆预制

根据设计图纸上电连接的安装位置，测量出现场两个电连接接头的距离、接触轨与道床的高度等数据，计算出连接电缆的实际长度。根据实际长度裁剪软电缆，注意保持截面整齐。将软电缆两端各剥开 70 mm 露出电缆导体，然后将电缆导体穿入铜铝过渡电连接线夹的压线孔内，必须将电缆导体穿到孔的根部，使用电动液压机进行压接，压模符合规范和设计要求。

2. 电连接安装

按电连接装配图纸要求，在需要安装电连接的两个接触轨锚段间安装电连接电缆，并将电缆用电缆固定卡固定。在已安装电连接接线板的两个接触轨锚段，分别将电连接电缆固定在电连接接线板上。对于部分需要在接触轨上重新打孔安装电连接接线板的位置，就重新将打孔模具固定在接触轨上打孔，完成后将电连接接线板固定在接触轨上，电连接电缆再固定在电连接接线板上即可，注意相接触的接触面均匀涂抹导电油脂。电连接电缆布置美观、合理，弯曲满足相关要求，螺栓紧固力矩符合设计要求。

3. 电连接安装位置检查

对于已安装完成的电连接及电缆接线板，使用接触轨综合测量仪、钢卷尺进行检查，确保每一处安装完成的电连接及其附件都没有侵限的情况。

4. 安装技术标准

（1）电连接电缆所用型号、材质、数量应符合设计要求，并预留足够的因温度变化使接触轨产生伸缩而需要的长度，弯曲方向与接触轨移动方向一致。电连接电缆不得有损伤。

（2）电连接安装前应清洁电连接接头及铜接线端子的接触面，保证电连接电缆与铜接线端子压接接触面接触良好，压接符合规范和设计要求。

（3）电连接的各接触面都应均匀涂抹导电油脂。

（4）铜接线端子安装端正牢固，螺栓紧固力矩应符合设计要求。

（5）必须对每一处电连接电缆进行检查，不能有侵限的情况。

九、防护罩安装

1. 防护罩支撑卡安装

根据设计图纸的标准，将防护罩支撑卡卡在接触轨上，卡的方向要一致，支撑卡之间的间距不能大于 500 mm。支撑卡卡在接触轨上要美观、整齐、一致。

2. 防护罩安装

防护罩支撑卡安装完成后，将防护罩扣到防护罩支撑卡上，然后慢慢压下防护罩，并使防护罩下沿的防护罩扣槽扣于防护罩支撑卡之上,对于不能扣紧的位置,使用橡皮锤敲击将其扣紧。

针对部分位置防护罩长度与跨距长度不一致的情况,测量好尺寸后,可以使用手锯将防护罩切割成需要的长度,再进行安装固定。

3. 支架防护罩安装

防护罩安装后,将每一处支架防护罩或电连接接线板防护罩安装在绝缘支架上,并通过使用橡皮锤将支架防护罩紧扣在绝缘支架上。

4. 复核检查

防护罩及其支架防护罩安装完成后,对安装完成的防护罩进行检查复核,确保安装完成的防护罩及其附件没有侵限的情况。

5. 安装技术标准

(1)防护罩要严格按设计要求尺寸进行加工,加工后的切口要打磨光滑。
(2)确保防护罩已完全卡住防护罩支撑卡。

十、接地系统安装

接触轨系统中需要把全线的接触轨底座用接地扁铝连接起来,并引入就近的变电所接地母排上,形成整个接触网的接地系统。

1. 接地扁铝预制及打孔

接地扁铝运送到现场后,在直线区段,直接将接地扁铝预放在接触轨底座上,根据接触轨底座上预留连接螺栓孔的位置,在对应的接地扁铝上做出孔位标记;在曲线地段,要根据曲线半径的情况,将接地扁铝进行折弯,折弯幅度与曲线半径一致,然后在将接地扁铝放在接触轨底座上,做出螺栓孔位标记。对于接地扁铝与接地扁铝搭接处,要满足设计要求,不小于 150 mm,对应搭接处画出两根扁铝的连接螺栓孔的位置。连接螺栓孔位画好后,为了安装方便接地扁铝,在接地扁铝上按顺序依次标出编号。

接地扁铝上螺栓孔位画好后,使用冲孔机或者冲击钻在孔位上打孔,打孔时,先用钻轻轻的钻出一个小孔,然后再用冲击钻钻孔。钻孔时,应避免冲击钻跑位造成螺栓孔位移位。

2. 接地扁铝安装

接地扁铝预制及打孔完成后,可以按照接地扁铝上的编号,依次进行安装,使用力矩扳手将螺栓拧紧至设计力矩值即可,注意连接螺栓的穿向要一致,保证施工的美观。

3. 接地引上线预制及安装

接地扁铝安装完成后,根据设计图纸上接地引上线引入点,测量出接地扁铝至就近变电所接地母排的距离长度。根据测量长度，预制 150 mm² 软电缆的长度，按照高压电缆头的预制标准，对软电缆两头的电缆头进行制作，注意电缆头必须要插入铜接线端子的根部方能压接。接地引上线预制完成后，按照事先测量的电缆敷设路径，将电缆敷设在对应的电缆支架上，用绑扎带进行固定。接地引上线一头接在接地扁铝上，一头接在变电所接地母排上，使用力矩扳手拧紧螺栓。

4. 安装技术标准

（1）接地扁铝的安装要牢固可靠，连接螺栓的力矩要满足设计要求，必须用力矩扳手进行拧紧。

（2）接地扁铝搭接长度必须满足设计要求的搭接长度和验收标准。

（3）接地扁铝上螺栓孔必须打在接地扁铝中心线上，不能偏打或者斜打。

（4）接地扁铝安装时，必须将接地扁铝拉紧拉直后再进行预制，防止接地扁铝安装完成后有拖地现象。同时，在预制接地扁铝时，要保留一定的幅度，避免扁铝在热胀冷缩时损坏。

（5）接地引上线安装时必须按设计图纸上电缆路径的要求进行敷设。

（6）预制时钻孔尽量精确，保证安装时方便、快捷、一次到位，提高工作效率。

（7）安装时尽量不要磕碰、损伤，以免损坏材料的导电性能。

（8）安装过程中，不要踩踏安装完成的接地扁铝或把工、机具放在扁铝上面，以免破坏接地扁铝的延展性能。

十一、隔离开关及引线安装

1. 隔离开关定位

现场对隔离开关情况确认完毕后，按照设计图纸和厂家技术规格书的要求，使用激光测距仪对隔离开关底座进行定位，对于三台联动开关定位要一次完成全部定位，否则后期开关调试时将很难达到三台同步。定位完成后，根据画好锚栓孔的具体位置，使用冲击钻进行打孔和扩孔，再将 M16 后切底敲击锚栓使用专业敲击工具进行安装即可。安装完成的锚栓，拉拔力必须进行测量且达到设计标准。

2. 隔离开关安装

按照设计图纸和厂家技术规格书，将隔离开关底座固定在隧道壁上，将隔离开关本体安装在开关底座上，各部位连接螺栓拧上，但不要拧紧。对于单台隔离开关，只需要将开关各部位调整水平，刀闸触头分合到位即可。对于三台联动隔离开关，不仅需要将单台开关各部位调整水平，刀闸触头分合到位，还需要调整三台联动隔离开关处于同一水平直线上，隔离开关和操动机构开、合同步到位，隔离开关动触头和静触头中心线重合。通过调整隔离开关各部位连接件必须达到设计要求和验收标准。

3. 隔离开关引线安装

隔离开关安装完成后，对于单台隔离开关引线安装前，根据现场隔离开关的安装位置和接触轨的安装位置，测量出此段开关引线的实际长度。根据距离预制电缆长度，并按照一次电缆头的制作标准，做好电缆头。将开关引线一头安装在隔离开关的接线板上，另一头安装在对应的接触轨上，开关引线在地上敷设部分使用电缆固定卡将其固定。

对于三台联动隔离开关，必须先将三台隔离开关之间的连接母排连接完成后，方可进行开关引线的安装，其安装标准按照单台隔离开关引线安装标准进行安装。

开关引线安装完成后，根据设计标准，将开关底座和机构箱及其他接地部分接地，连接到就近的接地扁铝上。

4．隔离开关调试

隔离开关调试前，要确保所有的安装和细调工作已完成，一次和二次电缆已接线完毕。

现场就地调试隔离开关，将开关位置打到当地位，调整操动机构行程至合位，隔离开关刀闸处于合位；调整操动机构行程至分位，隔离开关刀闸处于分位。如此反复几次，通过调整传动杆直到满足设计要求为止。

对于三台联动隔离开关，必须调整三台联动隔离开关使其处于同一水平直线上，隔离开关和操动机构开、合同步到位，隔离开关动触头和静触头中心线重合。

隔离开关当地调试完成后，将开关打到远方控制，通过变电所远方控制隔离开关，实现电动隔离开关和变电所之间的联调。

整个调试工作完成后，对隔离开关整体以及它与其他物体之间的安全距离进行检查，确保设计要求的技术参数全部符合标准。

5．技术要求

（1）隔离开关严格按照设计要求安装，并且安装位置符合设计图纸要求。

（2）隔离开关运送到现场后，要对隔离开关本体和外观进行检查，确保瓷瓶、传动杆、机构箱、开关底座、开关触头等相关连接部位都无损伤。同时，需要在现场模拟组装，确认开关各部位零件没有缺少，与到货清单一致。

（3）安装隔离开关底座时保证两底座安装面水平且底座间距符合设计要求。

（4）安装隔离开关时必须保证与带电体的绝缘距离符合设计要求。隔离开关打开时，刀口距带电体的绝缘距离必须符合设计要求。

（5）隔离开关中心线应垂直，操纵杆垂直于操动机构轴线。

（6）操动机构的分、合闸指示与开关的实际分、合情况一致。隔离开关应分、合顺利可靠，分、合位置正确，角度符合厂家技术规格书的要求。电动开关应与遥控电动操作动作一致；隔离开关机械联锁工作正确可靠。

（7）隔离开关刀口部分涂导电油脂，机构的连接轴、转动部分、传动杆涂润滑油，防止长时间出现生锈现象。

（8）隔离开关绝缘部分应可靠接地。

（9）三台联动隔离开关要安装在同一水平线上，分、合要同步到位，三台开关的动触头和静触头中心线要重合。

（10）保证隔离开关竖直，隔离开关安装面水平，开、合标志明显。

（11）隔离开关的限界及与其他带电体的绝缘距离应满足设计要求。

（12）隔离开关与操动机构处于同一垂直面上。

（13）隔离开关绝缘部分必须可靠接地，并悬挂明显接地标志。
（14）隔离开关本体上要悬挂"高压危险"等字样的标识。

第七节　接触网设备验收及开通

城市轨道交通接触网建设的每一项工程施工完成后，必须组织验收交接，完全通过冷滑试验、绝缘测试、竣工验收等程序，才能送电开通，正式投入运营状态。

一、冷滑试验

冷滑试验是全面检查接触网工程施工合格后，在接触网不受电情况下，对接触网进行的模拟动态试验检查，即通过模拟受电弓的正常运行状态以及应用受电弓动态包络线检查尺或检测车，检验接触网的机械适应性能否满足运行需要。

冷滑试验时需将受电弓临时接地，以随时放掉接触线上存留的静电电流，保证试验人员的人身安全。

1. 冷滑组织

冷滑试验车一般由低净空作业车改装而成。在低净空作业车上安装模拟受电弓和摄像头。在作业平台上安装调试好受电弓，受电弓性能应与实际使用的车辆受电弓一致。有专门气压泵对受电弓气动机构充压，压力可调。冷滑时受电弓对接触线压力应调至 120 N，并保持恒定。受电弓设置有紧急脱弓装置，在紧急情况下能立即脱弓。摄像头安装稳固，能上下左右转动，摄像范围可调，能观测到受电弓运行状态的全貌。监视器和录像机设置在驾驶室内，由专人监视记录和录像。

冷滑试验车乘员一般由两部分人员组成。一部分是行车人员，包括车长、司机、乘务人员等；另一部分是试验检查人员，包括观察人员、记录人员、安全监视人员等。

2. 线路清障

冷滑试验前，应将要开通线路上的各种障碍全部拆除，满足冷滑试验车和受电弓安全运行的要求。

3. 冷滑主要检查内容

检查导高、拉出值是否在设计允许范围内；观测接触线高度是否平稳，有无突变或跳动；接触线的接触面是否顺直，是否存在不允许的硬点、硬弯；接触线接触面应与两轨面连线保持平行，不应出现偏磨现象；受电弓通过锚段关节、分段绝缘器、道岔时往返转换是否平滑接触，有无脱弓或刮弓的危险；电连接最低点与受电弓的垂直距离是否符合规定；受电弓至接地体的距离是否符合规定；检查从隔离开关到接触网的电缆连接是否正确、稳固；汇流排上安装的线夹有无偏斜、刮弓现象；检查有无其他设备或物体侵入接触网限界。

4. 冷滑试验程序

冷滑试验的冷滑顺序一般按先区间后站场、先正线后站线，分三次进行。具体程序包括：

（1）组织冷滑列车进行第一次低速冷滑试验，列车速度变化规定：直线区段≤25 km/h；曲线区段≤15 km/h；隧道内≤10 km/h；道岔区或重点区域≤5 km/h。

（2）对低速冷滑中发现的问题或缺陷进行处理。

（3）第二次按列车正常运行速度进行常速冷滑试验。

（4）处理常速冷滑试验中发现的问题或缺陷。

（5）第三次按设计规定速度冷滑（不能超过线路实际允许速度）。

（6）处理第三次冷滑试验中发现的缺陷。

5. 冷滑试验后调整

在冷滑试验后，用带受电弓的作业车，按问题记录单逐项检查调整，对存在问题的关节、分段绝缘器等用受电弓边调整边检测，直至受电弓双向往返过渡平稳顺滑。

6. 安全及注意事项

（1）冷滑前每个站场和区间两端均需做好临时接地。受电弓也应做临时接地，以防静电伤人。

（2）冷滑区段的各种跨越电力线及其他干扰必须在冷滑前彻底处理，平行线路的安全距离应符合规定。

（3）冷滑试验的观测人员一般应在特设观测舱内工作。如需在车顶工作，应背向列车前进方向，并须戴安全帽、风镜等防护用品，人体各部位不得超出机车限界。

（4）冷滑试验应严格按照低、高速程序进行，不允许超过规定速度，不解决前次冷滑发现的问题，不得进行下次冷滑。

（5）邻接区段已运营的带电接触网管理单位派人员参与配合。

（6）列车在运行中不得上、下试验车，非试验人员禁止上车。

（7）为防止冷滑试验过程中因刮弓事故损坏受电弓，应备有受电弓易损配件。

（8）冷滑车进行试验的每个区段施工负责人及技术人员应随车检查，以便及时掌握实际情况，尽快解决问题。

二、绝缘测试

1. 绝缘测试前应完成并检查确认下列工作

（1）隔离开关和绝缘子已经全部清洁干净。

（2）接触网上所有临时接地线和所有临时措施均已全部撤除。

（3）电动隔离开关设置在"当地控制"挡，全部隔离开关均应处于"打开"位置，并已全部上锁。

（4）与牵引所相连的各隔离开关在电源侧应挂有明显标记的临时接地线，且连接可靠。

（5）接触网上的临时设施、侵入的脚手架等设备已经全部撤除。

（6）施工人员已全部撤离接触网区段。
（7）线路已巡视完毕，且无故障。
（8）测试用的工具、机具已准备，主要包括低净空作业车、2 500 V 兆欧表、500 V 兆欧表、带夹子表线、扳手、备用绝缘子等。

2. 绝缘测试地点

绝缘测试地点主要选择在各独立供电区段、所有的分段绝缘器处及绝缘锚段关节等处。

3. 绝缘测试方法

在接触网汇流排与架空地线间串接 2 500 V 兆欧表进行绝缘测试，并保持 1 min。

在理想干燥条件下，其绝缘电阻值应大于 1.5 MΩ/km。对困难、潮湿区段和供电电缆较长地段进行绝缘测试，允许使用 500 V 兆欧表，最小绝缘电阻值应不小于 0.1 MΩ/km。

对测试不合格的区段，应立即进行分析检查，采用分段排除法，找出故障点，排除故障后重新测试。

接触网绝缘测试应统一指挥，一般按照先各站、区，后供电臂的顺序进行绝缘测试。

在同一时间内、一个供电臂或有分段分隔开关的车站或区间内，只允许在一个地点进行测试。

三、送 电

送电开通是接触网工程的最后一道工序，为了保证送电开通工作安全顺利地完成，必须做好充分准备，集中领导、统一指挥、编制科学具体的送电开通方案。

1. 送电前的检查

送电前，应对接触网进行全面的质量检查，并完成绝缘测试，确认工程质量符合设计要求。已不存在影响送电安全的因素时，方可申请送电。

送电前需要检查的主要项目及内容如下：

（1）冷滑试验报告有无存在的问题，是否处理完毕。
（2）各种带电体之间、带电体与接地体之间的距离是否符合设计要求。
（3）各供电臂及跨越线路、附加导线的回路及接触网与各所之间的连接线是否正确。
（4）各种绝缘件是否有破损或裂纹，超过规定要求的应及时更换。
（5）影响送电开通的交叉、平行线路干扰是否处理完毕。
（6）沿线侵入安全供电限界的树木、建筑物等是否砍伐或拆迁。
（7）各种标志牌、限界门及设备是否安装齐全，并符合设计规定。

2. 抢修机具准备

（1）应组织成立抢修小组及抢修车，负责本管辖范围内的绝缘子、零配件的更换，以及接触线脱落及断线事故的修复工作。应配备一定数量的抢修工具及材料、零件。
（2）组织抢修安装列车，负责全管辖范围的断杆、断线等重大事故抢修。

3. 送电开通程序

送电开通程序由总指挥组按送电开通方案，通过供电调度以命令票形式下达执行。送电开通程序包括下列内容：

（1）宣布线路封锁，检查各项设备是否正常。
（2）确认接触网上已无人作业，然后拆除临时接地线；绝缘测试已完成且正常。
（3）由供电调度下达各馈电线合闸送电的命令。

4. 送电开通

通知参加送电的人员坚守岗位、加强巡视，发现异常现象及时报告。送电开通 24 h 后，可命令各送电机构，巡视、抢修人员撤离，移交接管单位。

5. 安全及注意事项

（1）送电开通过程中，除应遵守施工技术安全规则外，还应严格按照上级批准的"送电方案"规定的计划、要求进行工作。
（2）从第一次向接触网送电起，即认为全段接触网及相连设备均有电。此后所有接触网作业（包括事故抢修）均按《接触网安全工作规程》的要求进行。禁止无证上杆、上车作业或接近带电体。
（3）各种作业车辆上的登梯及经常攀登的部位，均应悬挂"接触网有电、禁止攀登"的醒目标志。
（4）所有参加送电的人员均应明确自己的岗位职责，熟记安全操作规则，掌握通信联络办法及通信工具的使用方法。
（5）送电期间执行各种操作命令时，均需两人协同执行，一人监护，一人操作。
（6）用电话或无线对讲机传送的签证命令，为避免差错，均应复诵核对。

四、热滑试验

热滑试验是在接触网带电的状态下进行的。热滑一般由城轨建设公司组织，采用城轨运营列车进行热滑试验，可在受电弓下方安装摄像及录像设备，监视全线受电弓的运行状态，特别是过渡关节、分段、刚柔过渡的运行状态。

热滑试验往返三次，第一次为 35 km/h，第二次为 60 km/h，第三次为列车正常运行速度。对有火花的位置做好记录，热滑后应进行检查处理。

五、交接验收

1. 竣工文件移交

接触网工程竣工前，施工单位应提前做好自检及竣工文件、资料的整理汇编工作。绘制完成全部工程竣工图，竣工图要反映实际现场的接触网结构，对已有设计变更说明的地方应调查核实，将图纸进行相应的修改，使之符合设计要求，并将这些资料（包括竣工底图）交接管单位统一保管或按规定送上级档案部门归档。竣工文件不齐全、不完整时不能验收交接。

竣工文件应有如下内容：设计文件、接触网平面布置图、接触网供电分段示意图、接触网装配图、接触网主要工程数量表、工程施工记录及主要器材技术证书。

竣工文件的整理要由专人负责，配备施工技术人员和具有一定绘图能力的专业人员。

2. 交接验收

接触网的交接验收工作，应在验交委员会的直接领导下开展，由设计、施工及建设单位共同组成验交小组，对竣工后的接触网设备进行全面检查和必要的试验，对即将交接的接触网设备严格把关，逐项认真检查，发现质量问题及时交由施工单位负责处理，复验施工单位将线路全部移交给运营单位，验收开通工作全部结束。

附录　城轨接触网相关规程（供参考）

附录一　架空接触网安全工作规程

1　总则

1.1　为了在接触网运行和检修工作中，确保人身安全、行车安全和设备安全，特制定本规程。本规程适用于直流 1 500 V 柔性和刚性接触网的运行和检修。

1.2　所有接触网设备，自第一次受电开始，即认定为带电设备。之后接触网上的一切作业，均必须按本规程的各项规定严格执行。

1.3　城市轨道接触网的各线索及其相连部件，通常均带有直流 1 500 V，因此禁止直接或间接地（通过任何物件，如棒条、导线、水流等）与上述设备接触。

1.4　当接触网的绝缘不良时，在其支柱、支撑结构及其金属结构上，都可能出现直流 1 500 V 的电位，因此平常应避免与上述部件相接触。当接触网绝缘损坏时，禁止与之接触。

1.5　在跨越接触网的通信线、电力线、金属绳索及电动列车的车顶等靠近接触网的建筑物上作业时，必须遵守本规则的有关规定。

1.6　接触网维护单位职能部门要经常进行安全，技术教育，组织有关人员认真学习和熟悉本规程，不断提高安全技术水平，监督有关人员切实贯彻执行本规程的各项规定，确保人身、行车和设备的安全。

2　运行管理

2.1　接触网的维护工作由集团主管部门统一领导，分级管理，充分发挥各级组织的作用。接触网维护单位负责维修管理，并组织事故抢修，恢复正常运行。

2.2　接触网工程竣工后，应按规定对工程进行认真检查，经验收合格后，方可投入运行。

2.2.1　设备一旦投入运营应明确专责维护人员，直接负责对接触网设备的日常维护检修和事故抢修工作。

2.2.2　接触网设备的维护人员以车间和委外管理形式，由接触网维护单位管辖。

2.2.3　车间和委外单位应该熟识本管辖范围内设备状态并保存必要的技术资料、竣工文件和图纸。

2.2.4　接触网设备的日常运行、维修需要做好管内设备维修、巡视、检查、检测记录、设备台账。

2.2.5　车间和委外单位必须建立接触网技术履历。

2.2.6　设备的维护和检修要达到技术标准要求，保证设备和检修人员的安全，检修应该遵守《柔性接触网检修规程》《刚性接触网检修规程》。

2.2.7　车间和检修人员应备有各种必要的设备检修规程和运行规程。要加强学习，熟练掌握。

2.3 接触网投入运行前，接管部门要做好运行前的组织准备工作，配齐并训练运行、检修人员，组织学习有关规章制度、安全规则，上岗人员需安全考核合格。备齐维修和抢修用的工具、材料、零部件、交通工具及安全用品。

2.4 接触网的正常检查、维修在停运后的夜间进行，其时间必须予以充分保证，并列入月、日计划。

2.5 接触网维修设维修班组，实行 24 h 值班制度。在运行时间内，需有一定数量的抢修值班人员，有专用的值班室，通信设施，专用的接触网备品备件仓库，专用的停放接触网维修车辆的停车线路及修理必需的钳工工作间。

2.6 接触网维修技术人员和班组的班长要对管辖区内的接触网状态进行认真、全面的检查，掌握其动态的变化，并备齐有关技术资料、图纸、各种检修表及供电分段示意图。

2.7 按规定编制下月的维修计划，并在每月规定时间内向调度申报维修要点和停电计划。

3 一般规定

3.1 凡是从事接触网运行和检修工作的人员，都必须在取得接触网安全作业合格证之后，方准参加相应的接触网运行和检修工作。

3.2 对从事接触网运行和检修工作的有关现职人员，每年定期进行一次安全考试。此外，对属于下列情况的人员要事先进行安全考试。

3.2.1 刚开始从事接触网工作的人员。

3.2.2 当职务或工作岗位变更，但仍从事接触网运行和检修工作的人员。

3.2.3 中断工作连续 6 个月以上而仍继续担任接触网运行和检修工作的人员。

3.3 接触网工每 1 年进行一次身体检查，对不适合接触网作业的人员应及时调整。

3.4 雷电时禁止在接触网上进行作业。

3.5 在接触网上进行停电作业时，除具备规定的工作票外，还必须有总调所调度员批准的作业命令。

除遇有危及人身或设备安全的紧急情况，接触网所有的作业命令均必须有命令编号和批准时间。

3.6 在进行接触网作业时，作业组全体成员均须穿戴工作服、安全鞋、帽。所有的工具和安金用具应定期校验，在使用前还须进行检查，符合要求后方准使用。

3.7 接触网的巡视工作要由岗位安全等级不低于三级（包括三级）的人员担任。在巡视中不得攀登支柱，隧道巡视必须在接到总调度所调度已封闭区间允许作业命令后方可进行。

3.8 所有按命令进行的作业，应按命令规定的内容和时间执行，当作业结束后应立即向调度所消除命令。

3.9 为保证人身安全，除专业人员按规定作业外，任何人员所携带的物件（包括长杆、导线等）与接触网设备的带电部分需保持 1 m 以上的距离。

3.10 在距接触网带电部分不到 1 m 的建筑物上作业时，接触网必须停电，并要遵照下列规定办理：

3.10.1 施工领导人要向运管中心总调度所提出接触网停电申请，申请中应明确指出施工地点、施工所需时间，施工开始时间及作业特点。

3.10.2 只有在接到总调度所调度员许可停电施工的命令，在验电确认无电并在可能来电端挂设接地线后，方可开始施工。

3.10.3 施工结束，在确认工完料清、所有工作人员都已在安全地点之后，方可拆除临时接地线，并通知总调所调度员施工已结束。在拆除临时接地线之后严禁再进行施工。

3.10.4 发现接触网断线及其部件损坏或在接触网上挂有线头、绳索等物，均不准与之接触，要立即报告总调所或通知接触网维护单位。在接触网检修人员到达以前，将该处加以防护，所有人员均应在已断接触线接地处所 10 m 以外。

4 作业制度

4.1 作业分类

4.1.1 接触网的检修作业分为两种：

（1）停电作业：在接触网停电设备上进行的作业。

（2）远离作业：在靠近接触网带电部分的设备上进行的作业或下部作业。

4.2 工作票

4.2.1 工作票是在接触网上进行作业的书面依据，字迹要清楚、正确，不得用铅笔书写和涂改。

工作票填写 1 式 2 份，1 份由工作票签发人保管，1 份交给工作负责人。事故抢修和遇有危及人身或设备安全的紧急情况时，作业可以不开工作票，但必须有总调所调度的命令。

4.2.2 接触网作业工作票：接触网的工作票用于停电作业和远离作业。

4.2.3 工作票签发人一般应在工作前 1 天将工作票交给工作负责人，以便其有足够的时间熟悉工作票中内容并做好准备工作。

4.2.4 工作负责人对工作票内容有不同意见时，要向工作票签发人及时提出，经签发人签发认可后，方准作业。

4.2.5 每次开工前，工作负责人要向作业组全体成员宣读工作票内容，布置安全措施。作业结束后，工作负责人要及时收回工作票交给检修班组，由专人统一保管不少于贯标规定存档月份。

4.2.6 工作票的有效期不得超过 6 个工作日。

4.2.7 工作票中规定的作业组成员，一般不应更换。若必须更换时，应经工作票签发人同意，并在工作票上签字。若工作票签发人不在，可经工作负责人同意，但工作负责人要更换时必须经工作票签发人同意，并在工作票上签字。

4.2.8 一个工作负责人或一个作业组，只能执行一张工作票。一张工作票只能发给一个作业组。

4.2.9 对较简单的地面作业可以不开工作票，由有关负责人向工作负责人布置任务，说明作业的时间、内容、安全措施，并记入值班日志中。

4.3 作业人员的职责

4.3.1 停电作业的工作票签发人和工作负责人，须由岗位安全等级不低于四级（包括四级）的人员担当。同一张工作票的签发人和工作负责人必须由两人分别担当，不得相互兼任。

4.3.2 工作票签发人在签发工作票时，要确认下列事项：

（1）所安排的作业项目是可行的。

（2）所采取的安全措施是充分、必要和正确的。

（3）所配备的工作负责人和作业组成员的人数和条件符合规定。

4.3.3 工作负责人要做好下列事项：

（1）作业地点、时间、作业组成员等，均应符合工作票提出的要求。

（2）作业地点所采取的安全设施正确且完备。

（3）时刻在场监督作业组成员的作业安全，如果必须暂时离开作业地点时，要指定临时负责人，否则停止作业，并将人员和机具撤至安全地带。

4.3.4 作业组成员要服从工作负责人的指挥、调动，遵章守纪，对不安全和有疑问的命令要果断及时地提出，坚持安全作业。

5 高空作业

5.1 一般规定

5.1.1 凡在距地面 2 m（坠落高度）以上的处所进行的所有作业，均称为接触网高空作业。

5.1.2 凡在距地面 5 m（坠落高度）以上的处所进行的所有作业，均需办理登高申请，待审批同意后方可进行。

5.1.3 高空作业必须设有专人监护，其监护要求如下：

（1）停电作业时，每一监护人的监护范围不超过二个跨距，在同一组软横跨上作业时不超过 4 条股道，在相邻线路时进行作业时，要分别派监护人各自监护。

（2）当停电成批清扫绝缘子时，可视具体情况设置监护人员。

5.1.4 高空作业要使用专门的用具传递工具、零部件和材料等，不得抛掷传递，高空作业人员要系好安全带。

5.2 攀登支柱作业

5.2.1 攀登支柱前要检查支柱状态，选好攀登方向和条件，攀登时手把牢靠，脚踏稳妥。用脚扣和踏板攀登时，要卡牢和系紧，严防滑落。

5.2.2 攀登支柱时要尽量避开设备，且与带电设备要保持规定的安全距离。

5.3 登梯作业

5.3.1 接触网作业用的车梯和梯子必须符合下列要求：

（1）结实、轻便、稳固。

（2）车梯的车轮其中 1 个应良好接地，其他 3 个绝缘车轮必须有良好的绝缘性能。

5.3.2 用车梯进行作业时，工作台上的作业人员不得超过 3 名，所用的零件、工具等放置在工具袋内，不得放置在工作台台面上。

5.3.3 作业中推动车梯人员应服从工作台上人员的指挥。当巡检过程中车上有人时，推动车梯的速度不得超过 5 km/h，并不得发生冲击和急剧起、停梯。台上人员和推梯人员要呼唤应答，配合默契。当非巡检移动车梯时，工作台上不能有人。

5.3.4 工作负责人和推梯人员，要时刻注意和保持车梯的稳定状态。当车梯在曲线上或遇到刮大风时，对车梯要采取防止倾倒的措施；当车梯在大坡道上时，要采取防止滑移的措施；当车梯放在道床、路肩上或作业人员超出工作范围作业时，作业人员要将安全带系在接触网固定部件上，不得系在车梯工作柜架上。车梯在地面上推动时，工作台上不得有人。

5.3.5 为避让列车需将车梯暂时移至建筑限界以外的，要采取防止车梯倾倒措施。当作业结束，车梯需要就地存放时，须固定在建筑限界以外，隧道内，可固定在端头井等限界以外的地方。

5.3.6 当用梯子作业时，作业人员要先检查梯子是否牢靠，是否有防滑脚套，竹梯必须有防裂装置，人字梯必须有限位装置。要有专人扶梯，梯脚要放稳固，严防滑移，梯子上部要绑扎牢固后再开始作业，梯子上只准有一人作业（硬梯比照上述有关规定执行）。

5.4 工程车作业

5.4.1 作业前负责人要检查接触网检修车的工作台与司机室之间的联系装置，该装置必须处于良好状态。

5.4.2 作业时，工作台周围的防护栅要搭好，在防护栅外作业时，必须系好安全带。作业中检修车的移动应听从工作台上人员的指挥，检修车移动的速度不得超过 10 km/h，且不得急剧起、停车。

6 停电作业

6.1 安全距离

6.1.1 在进行停电作业时，作业人员（包括所持的机具，材料零部件等）与周围带电设备的距离不得小于：

（1）35 kV 为 1 000 mm。

（2）10 kV 及以下为 700 mm。

（3）直流 1 500 V 为 700 mm。

6.2 命令程序

6.2.1 每个作业在停电作业前由工作负责人或指定 1 名岗位安全等级不低于三级（包括三级）的作业组成员作为要令人员，向供电调度申请停电。在申请的同时，要说明停电作业的范围、作业内容、时间和安全措施等。

6.2.2 在调度所调度发布停电作业命令前，作业组要做好下列工作：

（1）将所有的停电作业申请进行综合安排，审查作业内容和安全措施，确认停电区段。

（2）通过调度，办理停电作业封闭线路的手续，对可能通过受电弓导通电流的分段部位采取封闭措施，防止从各方面来电的可能。

6.2.3 总调所调度发布停电作业命令应给命令编号和批准时间，在接受停电命令时，受令人要将命令内容等记入作业检修单、检查记录表中。

6.3 验电接地

6.3.1 作业组在接到停电作业命令后，须先验电接地，然后才能作业。

6.3.2 用验电器验电的顺序是：将验电器上端挂在接触线（汇流排）上，验电器表计端头靠到钢轨上，指示灯不亮，读数表接近零，为已停电。

6.3.3 当验明接触网已停电后，当作业地点有多个来电方向，则各方面均应挂设接地线，所有停电设备上装设接地线。在装设接地线时，将接地线的一端先行接在接地轨上，再将接地夹紧固在已停电的接触线（汇流排）上。拆接地线顺序则相反，先拆上端，然后再拆接地轨端。接地线要连接牢固，接触良好。

6.3.3.1 装设接地线时，人体不得触及接地线。接地线要用截面不小于 70 mm^2 的裸铜软绞线做成，并不得有断股、散股和接头。验电器在使用前尽可能在有电设备上先试验，证明验电器良好。

6.3.4 在停电作业的接触网附近有平行带电的电线路或接触网时，为防止感应危险电压，除上述规定装设接地线外，还要根据需要增设接地线。

6.3.5 验电和装设、拆除接地线，必须由二人进行，一人操作，一人监护，其岗位安全等级分别不低于三级（包括三级）。

6.4 作业结束

6.4.1 工作票中规定的作业任务完成后,由工作负责人宣布作业结束,作业人员、机具、材料撤至安全地带,拆除接地线,确认具备送电、行车条件后,通知要令人向调度请求消除停电作业命令。几个作业组同时作业时,要分别向调度请求消除停电作业命令。

6.4.2 调度经了解确认完全达到送电、行车条件后,给予消除停电作业命令的时间,双方均按规定做好记录,整个停电作业方告结束。

7 作业区行车防护

7.1 在停电的线路上进行接触网检修作业时,除对有关的区间、车站办理封锁手续外,还要对作业区采取防护措施。

7.2 现场作业组亦应在可能来车方向设置防护人员,一旦发现来车应显示红色信号,令其停车或采取其他避让措施,其防护距离一般设在距作业组 50 m 之外。

7.3 防护人员在执行任务时,要思想集中,坚守岗位,履行职责,要认真、及时、准确地进行联系和显示各种信号。一旦中断联系,须立即通知工作负责人,必要时停止作业。防护人员的岗位安全等级不低于三级(包括三级)。

8 事故抢修

8.1 各种事故的抢修,应根据不同事故发生的具体情况采取针对性的、有效的安全防护措施,以"先通后复"的原则设法送电、通车。

在遇有接触网断线事故时,必须采取防护措施,使任何人在装设接地线以前不得进入距断线落下地点 10 m 范围以内。

8.2 事故抢修时,虽然故障的设备已经停电,但必须向调度口头(电话)申请,获准并取得命令编号后,经过验电接地后方可进行抢修。

8.3 事故抢修中,如与调度的直接通讯联系中断时,可设法通过列车调度,区间电话等进行联系,当一切电话中断时,在作业前必须采取下措施:

(1) 做好事故地点的安全防护措施。
(2) 与牵引变电所保持联系,断开有关的断路器和隔离开关。
(3) 断开接触网有关隔离开关并加锁,必要时派人看守。
(4) 按规定装设接地线。
(5) 工作负责人要设法将事故有关情况通过各种方式尽快报告总调所调度。

8.4 接触网维修部门除对接触网加强维修保养外,还应做好接触网故障的抢修预案,并做好抢修准备,其准备内容应包括:车辆、机具、材料、方案及人员的召集、分工等方面。

附录二 接触轨安全工作规程

1 总则

在接触轨的运行和检修工作中,为了确保人身、行车、设备安全,各部门要经常进行安全技术教育,组织有关人员认真学习和熟悉本规程,不断提高安全技术水平,切实贯彻执行本规程的规定,保证安全、不间断、质量良好地供电。

2 一般规定

2.1 所有接触轨设备,自第一次受电开始即认定为带电设备,之后,接触轨设备上的所有作业，均必须按本规程的各项规定严格执行。

2.2 为保证接触轨设备运行和检修作业的安全，对有关人员实行安全等级制度。凡从事接触轨设备运行和检修工作的所有人员，都必须经过考试评定安全等级，取得安全合格证后，方准许参加接触轨设备运行和检修工作。

2.3 对从事接触轨设备运行和检修工作的相关现职人员，要每年进行一次安全考试，合格后方准参加相应的接触轨设备运行和检修工作。此外，对属于下列情况的人员要事先进行安全考试。

2.3.1 开始参加接触轨设备运行和检修工作的人员。

2.3.2 当职务或工作单位变更，但仍从事接触轨设备运行和检修工作的人员。

2.3.3 中断接触轨设备工作连续6个月以上仍继续担任接触轨设备运行和检修工作的人员。

2.4 在进行接触轨设备作业时，必须戴安全帽，穿绝缘鞋，穿上有高可见度的安全背心。

2.5 接触轨设备运行检修工每年进行一次身体检查，对不适合从事接触轨设备运行和检修工作的人员要及时调整。

2.6 雷、大雨天气时，禁止在露天段接触轨设备或与露天段相连的接触轨设备上进行作业。

2.7 对接触轨设备进行检修必须停电进行，停电作业时，除具备规定的工作票外，还必须有值班供电调度员批准的作业命令。

除遇有危及人身或设备安全的紧急情况，值班供电调度发布的倒闸命令可以没有命令编号和批准时间外，接触轨设备的所有作业命令，均必须有命令编号和批准时间。

2.8 接触轨设备的巡视工作，必须有二人进行，其中一人安全等级不低于三级并负责监护。巡视时必须在接到行车调度已封锁区间和值班供电调度员发布的停电命令后方可进行。

2.9 严禁蹬、踏、坐、卧等损坏接触轨设备的行为。在接触轨设备附近1 m范围内严禁堆放杂物。

3 作业制度

3.1 检修作业分类

停电作业：在接触轨停电设备上进行的作业、在距离接触轨带电体700 mm范围内进行的作业和距离接触轨带电体大于700 mm范围外进行的复杂作业。

远离作业：在距离接触轨带电体大于700 mm范围外进行的简单作业。

3.2 工作票

3.2.1 工作票是在接触轨上进行作业的书面依据，要字迹清楚、正确，不得涂改和用铅笔书写。

3.2.2 工作票填写1式2份，1份由发票人保管，1份交给工作领导人。

3.2.3 事故抢修和遇有危及人身安全或设备安全的紧急情况下作业时，可以不开工作票，但必须有值班供电调度的命令。

3.2.4 使用的工作票有两种：

（1）接触轨第一种工作票。

用于在接触轨停电设备上进行的作业、在距离接触轨带电体700 mm范围内进行的作业、距离接触轨带电体大于700 mm范围外进行的复杂作业。

（2）接触轨第二种工作票。

用于在距离接触轨带电体大于700 mm范围外进行的简单作业。

3.2.5 发票人一般应在工作前1天将工作票交给工作领导人，使之有足够时间熟悉工作票中内容及做好准备工作。

3.2.6 工作领导人对工作票内容有不同意见时要及时向发票人提出，经过认真分析，确认无误，方准作业。

3.2.7 每次开工前，工作领导人要向作业组全体成员宣读工作票内容，布置安全措施。作业结束后，工作领导人要及时收回工作票（附相应的命令票），交给专人统一保管不少于3个月。

3.2.8 工作票的有效期不得超过6个工作日。

3.2.9 工作票中规定的作业组成员，一般不应更换；若必须更换时，应经发票人同意，若发票人不在可经工作领导人同意，但工作领导人要更换时，仍须经发票人同意，并在工作票上签字。

3.2.10 一位工作领导人或一个作业组，同时只能接一张工作票；一张工作票只能发给一位工作领导人。

3.3 作业人员的职责

3.3.1 停电作业的工作票签发人和工作领导人，须由安全等级不低四级的人员担当。同一张工作票的签发人和工作领导人必须由两人分别担当，不得相互兼任。

3.3.2 工作票签发人在安排工作时，要做好下列事项：

（1）所安排的作业项目是必要和可行的。

（2）所采取的安全措施是正确和完备的。

（3）所配备的工作领导人和作业组成员的人数和条件符合规定。

3.3.3 工作领导人要做好下列事项：

（1）作业地点、时间、作业组成员等、均应符合工作票提出的要求。

（2）作业地点所采取的安全设施是正确而完备的。

（3）时刻在场监督作业组成员的作业安全，如果必须短时间离开作业地点时，要指定临时的代理人，否则停止作业，并将人员和机具撤至安全地带。

3.3.4 作业组成员要服从工作领导人的指挥、调动、遵章守纪，对不安全和有疑问的命令要及时果断地提出，坚持安全作业。

3.4 高空作业

高空作业必须设专人监护，其监护要求如下：

停电作业时，在不同作业点作业要分别设置监护人员。

3.5 停电作业

3.5.1 安全距离。作业人员（包括所持的机具、材料、零部件等）与周围带电设备的距离不得小于：33～35 kV 为 1 000 mm；10 kV 以下为 700 mm；直流 1 500 V 为 700 mm。

3.5.2 每个作业组在停电作业前可由工作领导人指定一名安全等级不低于三级的作业组成员作为要令人员，向值班供电调度申请停电。在申请的同时，要说明停电作业的范围、内容、时间和安全措施等。

3.5.3 值班供电调度员必须确认作业区段接触轨设备已停电才能发布停电作业命令。发布停电命令时，受令人认真复诵，经确认无误后，值班供电调度员方能给出命令编号和批准时间。在发、受停电命令时，受令人要填写"接触轨停电作业命令票"。

3.5.4 验电接地

（1）作业组在接到停电作业命令后，须先验电接地，方可进行作业。

（2）用验电器验电的顺序是：将验电器接地端接地，再将验电端轻靠接触轨受电面上，无响声及发光指示则表明已停电。验电器在使用前、后都要试验声光指示功能是否良好。

（3）当验明接触轨已停电后，须在作业点的两端，及和作业地点相连可能来电的所有停电设备上装设接地线。在装设接地线时，将接地线的一端先行接地，再将接地线夹紧固在已停电的接触轨接地挂环上。拆接地线顺序相反，先拆接触轨接地挂环端，然后再拆接地轨端。接地线要连接牢固，接触良好。接地线采用截面不小于 70 mm² 的铜软绞线，并不得有断股、散股和接头。

（4）验电和装、拆接地线时，必须由二人进行；一人操作，一人监护，其安全等级分别不低于二级和三级。

3.5.5 作业结束

（1）工作票中规定的作业任务完成后，由工作领导人宣布作业结束，作业人员、机具、材料撤至安全地带后，拆除接地线，通知要令人向值班供电调度消除停电作业命令。几个作业组同时作业时，要分别向值班供电调度消除停电作业命令。

（2）值班供电调度员确认作业组已经结束作业，给予消除作业命令的时间，双方均记入记录中，整个作业方告结束。

3.6 倒闸作业

3.6.1 接触轨设备的专业人员进行隔离开关倒闸时，必须有值班供电调度员发布的倒闸命令。隔离开关操作，必须两人进行，一人操作，一人监护，其安全等级分别不得低于二级和三级。

3.6.2 在进行隔离开关倒闸作业时，先由操作人向值班供电调度提出申请，供电调度审查后，发布倒闸作业命令，操作人受令复诵，供电调度确认无误后，方可给命令编号和批准时间；每次倒闸作业受令人要填写"倒闸操作命令记录本"。

3.6.3 倒闸人员接到倒闸命令后，要迅速进行倒闸。倒闸时操作人必须戴好安全帽和绝缘手套，操作要准确迅速，一次开闭到底，中途不得停留和发生冲击。

3.6.4 倒闸作业完成后，操作人要立即向值班供电调度汇报，并填写"倒闸操作命令记录本"，供电调度员要及时发布完成时间和编号。

3.6.5 严禁带负荷进行隔离开关倒闸作业。

3.6.6 雷雨天气时严禁对露天段的隔离开关进行手动倒闸作业。

3.6.7 各隔离开关的传动机构必须加锁，钥匙存放在固定地点，设专人保管并用标签注明开关号码，其钥匙不得相互通用。

3.7 作业区行车防护

3.7.1 在停电的线路上进行接触轨设备检修作业时，除对有关区间、车站办理封锁手续外，还要对作业区采取防护措施。

3.7.2 现场作业组应在可能来车方向设置行车防护警示标志，必要时设置防护人员。

3.7.3 防护人员在执行任务时，要思想集中，坚守岗位，履行职责，要认真、及时、准确地进行联系和显示各种信号。一旦中断联系，必须立即通知工作领导人，必要时停止作业。防护人员的安全等级不低于三级。

3.8 事故抢修

3.8.1 各种事故的抢修，应根据不同事故发生的具体情况采取针对性的，有效的安全防护措施，在值班供电调度统一指挥下，迅速设法送电通车。

在遇有接触轨设备事故时，必须采取防护措施，使任何人在未装设接地线以前不得进入事故区域内。

3.8.2 事故抢修时，即使事故设备已经停电，仍必须按"停电作业"的规定办理停电作业手续，验电接地后方准接触故障设备或进行抢修。

在事故抢修中，如与值班供电调度的直接通讯联系中断时，可设法通过列车调度、区间电话等进行联系，当一切电话中断时，在作业前必须采取下列措施：

（1）做好施工地点的安全防护措施；
（2）与牵引变电所保持联系，断开有关的断路器和隔离开关；
（3）断开给接触轨设备供电的有关隔离开关，并加锁，必要时派人看守；
（4）在可能来电的处所设置防护；
（5）按规定装设接地线；
（6）工作领导人要将事故有关情况，通过各种方式尽快报告给供电调度。

附录三　柔性接触网运行检修规程

1　本规程规定了城市轨道交通柔性接触网运行设备的检查、维护、修理的周期及标准。
2　本规程适用于直流 1 500 V 架空柔性接触网的运行和检修。
3　本规程除采用了城市轨道交通牵引供电接触网系统技术规格书、接触网工程质量评定验收标准和施工设计图纸外，还遵守以下标准：《地下铁道工程施工及验收规范》《铁路电力牵引供电工程质量检验评定标准》《铁路电力牵引供电设计规范》《铁路电力牵引供电施工规范》。
4　定义
4.1　接触网：沿轨道线路上空架设，向电客车供给电能的特殊形式的输电线路。
4.2　简单悬挂：由一根接触线直接通过绝缘子悬挂到支持装置或绝缘腕臂上的悬挂方式。
4.3　链形悬挂：接触线通过吊弦悬挂到承力索上的悬挂方式。
4.4　接触线：是接触悬挂中与受电弓直接接触的、带有特殊沟槽形式的传导电流的导线。
4.5　承力索：是接触悬挂中用来承受接触悬挂重量的缆索。
4.6　补偿装置：是自动调整接触线和承力索张力的补偿器及其断线制动装置的总称。
4.7　辅助馈线：当接触线和承力索的总截面面积不能满足输电要求时，为了加大导电总截面面积而架设的一组平行输电导线。
4.8　回流线：电力机车从接触线取流后，专供牵引电流流回到变电所的输电导线。
4.9　牵引轨：用来流回牵引电流的钢轨。
4.10　线岔：装于道岔的上空、由两支汇交的接触线用限制管连接并固定的装置。
4.11　分段绝缘器：用以实现电分段的专用绝缘装置。
4.12　接触网支柱：用来承受接触悬挂及支持设备负荷的专用电杆。
4.13　限界门：为了保证车辆、行人及货物的安全，避免触电事故，在电气化铁道区段的道口设置的一种限高标志，用于限制货物、车辆和行人携带的杆件等的高度。
4.14　隔离开关：用来在接触网无负荷情况下切断或闭合供电回路的电气设备。
4.15　中心锚结：为防止锚段两端负荷失去平衡而向一端滑动和缩小事故范围、使接触线不发生纵向滑动的装置。
4.16　硬横跨：又称硬横梁，是横跨多股道线路的一种悬挂支持装置。
4.17　步巡：步行对运行中的接触网设备的工作状态进行外观检查，及时发现缺陷，以便安排检修，确保供电安全。

4.18 车巡：接触网不停电的情况下，乘工程车或电客车对接触悬挂及其支撑装置和定位装置的工作状态进行外观检查。

4.19 正线巡检：接触网停电的情况下，在工程车上对接触悬挂及其支撑装置和定位装置的工作状态进行外观检查。

4.20 动态检测：利用网轨检测车检测装置在运行中测量接触网的动态技术参数，并通过计算机系统进行分析接触网悬挂的动态性能。

5 运行和管理

5.1 职责和分工

5.1.1 统一领导和分级管理

接触网的运行和检修工作实行统一领导、分级管理的原则，充分发挥各级组织的作用。

5.1.1.1 运营总部：制定接触网运行和检修工作原则，制定有关规章。审批运营总部管的科研、基建、大修改造计划，并组织验收和鉴定。

5.1.1.2 维修中心：贯彻执行运营总部的有关规章和命令，审批维修中心管的科研、维修、改造计划，并组织验收和鉴定。

5.1.1.3 接触网分部：贯彻执行运营总部、维修中心、供电部有关规章和命令，制定有关办法、制度和措施，编写大修改造计划，编制接触网年度日常保养、小修计划，督促、检查接触网的运行和检修工作。

5.1.1.4 接触网工班：贯彻执行上级有关的各项规章和命令，全面的保证质量地完成接触网的运行和检修任务。

5.1.2 接管和运行

5.1.2.1 接触网工程竣工后，应按规定对工程认真进行检查，经验收合格后方可投入运行。

5.1.2.2 在接触网工程交接的同时，运营和施工单位之间要交接图纸、记录、说明书等开通时必需的竣工资料。

5.1.2.3 接触网投入运行前，接管部门要做好运行组织准备工作，配齐并训练运行检修人员，组织学习有关规章制度，熟悉即将接管的设备；备齐维修和抢修用的工具、材料、零部件、交通机具、通讯工具及安全用具；配合有关部门共同做好地铁接触网安全知识的宣传教育工作。

5.1.2.4 为保持接触网与线路的相对位置，对施工时标出的接触网设计的轨面标准高度线，接触网分部与工建专业相关分部在开通前要进行复查共同确认，以后每年复测1次，双方均应做出记录，共同签认存档。该线要用红色油漆划在支柱内缘或隧道边墙悬挂点的下方，并标出接触网距轨面的标准高度、拉出值（或之字值）、支柱（或隧道边墙）的侧面限界及线路和外轨超高。

5.1.2.5 接触网分部要在接触网投入运行时建立起正常的生产秩序，申明各项制度并具体落实；备齐技术文件和资料；建立各项原始记录和报表，并按时填报，在接触网投入运行后陆续建立起台账和技术履历。

5.1.2.6 接触网工作要有安全等级不低于三级的接触网工昼夜值班。值班人员要认真填写"接触网工班值班日志"，及时传达和执行供电调度、维修调度的命令。

5.1.2.7 分部接触网专业应备有下列技术资料：管内供电分区图和管内的供电分段模拟图；管内的接触网平面布置图、装配图、安装图、安装曲线和接触网磨耗换算表；跨越接触网的架空电线路有关记录；隔离开关、避雷器、绝缘器等主要设备、零部件、金具、器材的技术规格书、出厂使用说明书；有关的隐蔽工程记录；有关设备大修竣工报告；设备小修记录；管内的设备台账和技术履历；有关的轨道电路及杂散电流资料。

5.1.2.8 属下列情况者，须经运营总部审批：变更接触线距轨面高度；拆除或长期停用接触网时；变更接触线、承力索、馈电线的材质和截面时；变更接触网的悬挂形式和绝缘水平时；变更接触网分段和开关的操作方式时；新设备、零部件、器材的挂网试运行时。

5.1.2.9 接触网正常运行气象条件：户外环境温度变化范围为：$-5\ ℃ \sim +40\ ℃$，在 1 m/s 的风速下，太阳辐射能为 1.05 mW/mm^2；隧道内环境温度变化范围为：$+10\ ℃ \sim +35\ ℃$。临近隧道口 500 m 的隧道采用 $-5\ ℃ \sim +40\ ℃$ 的温度变化范围；隧道内列车停车时车顶空调冷凝器周围温度为 55 ℃；户外的接触网设备（高架桥、地面区段、车辆段）当任何方向风速达 35 m/s 时，能正常运行。

5.1.3 巡视检测

5.1.3.1 为贯彻"修养并重，预防为主"的方针，要定期巡视、检查、检测接触网设备的技术状态和检查客车的取流情况。

5.1.3.2 接触网设备的巡视工作，应由工班长或安全等级不低于三级的接触网工进行。

5.1.3.3 步行巡视：昼间巡视地面部分，每周不少于 2 次，夜间巡视隧道内，每月不少于 4 次。主要巡视有无侵入限界，障碍受电弓运行，各种线索和零件烧损、折断，补偿器的动作情况和下部地线（包括牵引轨的连接电缆）的连接状况，馈线电缆出口是否密封以及隧道过顶管线、隧道渗漏水有无影响接触网，危及行车安全等现象。夜间巡视地面部分，每月不少于 1 次，主要观察有无过热变色和闪络放电等现象。

5.1.3.4 动态检测：每月不少于 1 次，利用网轨检测车对接触网技术状态的测量，主要测量正线接触网接触线高度、坡度、拉出值、之字值、定位器坡度、冲击力（即硬点）、接触压力、接触网电压。

5.1.3.5 车巡：隧道内巡查，每月不少于 4 次。利用工程车巡视检查，主要巡视检查有无其他异物侵入限界，障碍受电弓运行，各种线索和零件烧损、折断、松脱，补偿器动作情况和接触悬挂及支撑定位装置的状态。

5.1.3.6 工班长每月对管内设备至少步行和乘工程车巡视各 1 次。分部专业技术人员每季对管内设备至少步行巡视 1 次。各分部主任、副主任每半年对管内的设备至少步行巡视 1 次。各分部主任、副主任、技术人员每月至少进行 1 次车巡，至少跟班作业 1 次，至少两周登乘 1 次。

5.1.3.7 地面段在遇有大风、大雨、大雾等恶劣天气时，要适当增加巡视次数。

5.1.3.8 在巡视检查过程中，对危及安全的缺陷要及时处理。每次巡视检查和缺陷处理的主要情况，都要及时认真填写"接触网巡视和缺陷处理记录"。

5.1.4 事故抢修

5.1.4.1 对接触网的事故抢修工作，要加强领导，统一指挥，保证安全，争取时间，最大限度地减少对运营的影响。工程部、分部要在平时组织事故抢修演练，提高抢修的组织工作和修复工作水平。要时刻做好事故抢修出动的准备工作，建立严密的抢修制度、纪律，制订科学的应急措施，备齐抢修用的材料、零部件、工具和交通机具、通信工具。夜间和节假日应安排足够的抢修人员，一旦发生事故抢修要立即出动抢修。

5.1.4.2 日常运行中接触网的抢修用材料、零部件及工器具要妥善保管，专材专用，每次抢修后及时补充。

5.2 检修

5.2.1 修程

5.2.1.1 接触网的定期检修分为小修和大修两种修程。

5.2.1.2 小修系维持性的修理,主要是指设备停电后主要是集中处理定期检测后发现的缺陷,对接触网进行参数测试、调整接触网的张力、弛度、补偿装置等;清扫绝缘部件、螺栓涂油;对磨损的接触线、锈蚀承力索、馈电线及架空地线进行整修、补强或局部更换,以保持接触网的正常工作状态,更换或整修损坏的零部件,使设备满足安全供电的要求。

5.2.1.3 大修是恢复性的彻底修理,接触网设备大修主要是整锚段更换接触网和附加导线。接触网大修的目的在于改善接触网的技术状况,增强供电能力,适应运营的发展需要。特殊情况下,可以安排局部大修。凡是大修更新的设备及其零部件等,均应符合新建工程的技术标准。

5.2.2 周期和范围

5.2.2.1 接触网检修工作,要进行综合安排,对测量和检查出来的缺陷除危及安全者须及时整修外,应尽量将各种调整、修换的工作有机地结合起来进行,提高检修效率。

5.2.2.2 接触网日常保养、小修、大修项目、周期和范围内容规定见表 1~3。

表 1 接触网设备日常保养项目、周期与工作内容

序号	项目	工作内容	周期
1	步巡	1. 观察有无其他异物侵入限界、障碍受电弓运行 2. 观察各种线索、零部件等有无烧伤、断股、损坏、松脱 3. 观察补偿器的动作情况和下部地线、支柱拉线状况 4. 观察有无过热变色和闪络放电现象等 5. 观察有无因塌方、落物、其他施工作业等损伤接触网危及供电和行车安全的现象 6. 观察区间为 33 kV,直流电缆有无外力损坏,绑扎是否牢固 7. 检查测防端子、回流、均流线连接情况,单向导通及杂散电流监测系统工作情况 8. 观察接触网终点标等标志的状态 9. 观察隧道内渗漏水等情况,有无影响供电设备 10. 观察避雷器的动作情况,瓷瓶有无闪络放电现象等 11. 做好记录,对存在的问题,要及时整改,有渗漏水要及时反馈	1 周
2	车巡	1. 观察接触悬挂的状态(线索、零部件等有无断股、损坏、松脱) 2. 观察支撑装置的状态是否正常 3. 观察定位器(管)的状态是否正常 4. 观察零部件受力状态、有无松脱 5. 观察有无其他异物侵入限界、障碍受电弓运行 6. 做好记录,对存在的问题,要及时上报并作整改	1 周
3	登乘	1. 观察有无其他异物侵入限界、障碍受电弓运行 2. 观察接触悬挂的状态(线索、零部件等有无松脱) 3. 观察支撑装置的状态是否正常 4. 观察定位器(管)的状态是否正常 5. 观察有无危害接触网及供电安全的情况 6. 做好记录,对存在的问题,要及时上报并作整改	1 周

续表

序号	项目	工作内容	周期
4	热滑	1. 观察接触线硬点及受电弓拉弧情况 2. 观察定位拉出值、之字值是否正常 3. 观察接触悬挂、定位装置的稳定状态 4. 观察有无危害接触网及供电安全的情况 5. 观察弓网关系，受电弓取流情况 6. 做好记录，对存在的问题，要及时上报并作整改	3个月
5	动态测量	1. 测量接触网接触线高度、坡度 2. 测量拉出值、之字值 3. 测量定位器坡度，冲击力（即硬点） 4. 测量接触压力，接触网电压 5. 做好记录及数据分析，对存在问题，要及时处理	1个月

表2 接触网设备小修项目、周期与工作内容

序号	项目	工作内容	周期
1	接触线高度	1. 测量悬挂点处接触线的高度 2. 测量跨距中接触线的最低高度 3. 测量接触线的坡度 4. 检查接触线是否有缺陷，如硬点、损伤等 5. 以上各项不合要求者进行调整	12个月
2	接触线拉出值（之字值）	1. 测量拉出值 2. 测量之字值 3. 测量曲线区段跨中接触线对受电弓的最大偏移值 4. 以上各项不合要求者进行调整	12个月
3	正线巡检	1. 检查承力索、馈线、架空地线腐蚀、断股，各螺栓、线夹紧固情况，金具涂油、锈蚀情况，检查有无异松脱侵限 2. 观察有无过热变色和闪络放电现象等 3. 检查接触线、吊弦、吊索、电连接线、均压线、中心锚结、避雷器及其零部件等有无烧伤和损坏 4. 检查支持装置、定位装置、下锚装置、线岔、锚段关节、分段绝缘器、软横跨及其零部件的状态是否连接良好 5. 检查绝缘部件是否清洁、有无破损 6. 检查接触网终点标等标志的状态 7. 以上各项不合要求者进行处理	6个月
4	接触线磨耗测量（重点测量）	1. 测量接触线接头线夹两侧接触线磨耗 2. 测量跨桥定位线夹两侧接触线磨耗 3. 测量其他可能磨耗严重的点 4. 以上各点磨耗超过规定者进行补强	12个月

续表

序号	项目	工作内容	周期
5	接触线磨耗（全面测量）	1. 测量每个电连接线夹两侧接触线磨耗 2. 测量每个定位线夹两侧接触线磨耗 3. 测量各种接头线夹处接触线磨耗 4. 测量跨中接触线磨耗 5. 其他可能磨耗严重的点 6. 局部磨耗大于33%应局部切换	5年
6	绝缘部件清扫（污秽重点区段）	1. 对隧道口、地面站、桥底绝缘子进行清扫，清扫整个瓷表面包括弧槽 2. 发现瓷体损伤、破损要及时更换	6个月
7	绝缘部件全面清扫	1. 对绝缘子全面进行清扫，清扫整个瓷表面包括弧槽 2. 发现瓷体损伤、破损要及时更换	12个月
8	测量支柱的侧面限界	1. 测量支柱侧面限界 2. 核对轨面标准线，线路超高 3. 以上不符合要求者要进行处理	12个月
9	接触悬挂	1. 检查接触线和承力索的位置、腐蚀、断股、损伤情况 2. 检查接触线和承力索的接头、补强以及线面情况等 3. 检查吊弦、吊索、电连接器以及中心锚结状况 4. 检查接触悬挂的结构高度 5. 检查各种线夹、零部件的状况等 6. 以上不合要求者进行调整	12个月
10	锚段关节	1. 测量转换柱处的水平、垂直距离、定位拉出值 2. 检查跨中水平间距及接触线是否等高 3. 测量悬挂点处承力索、接触线的高度 4. 检查过渡情况 5. 测量转换柱至下锚侧锚支500 mm处的抬高 6. 检查绝缘棒状况 7. 检查接触线、承力索状况 8. 检查电连接器状况等 9. 以上不合要求者调整	6个月
11	中心锚结	1. 检查中心锚结辅助绳的受力、腐蚀、损伤等 2. 检查中心锚结线夹的安装、紧固状况 3. 检查中心锚结下锚状况 4. 检查中心锚结处导高、结构高度及承力索高度等 5. 清扫绝缘部件、螺栓涂油 6. 以上不合要求者整改	12个月

续表

序号	项 目	工作内容	周期
12	线岔	1. 测量线岔定位点拉出值 2. 测量 500 mm 处两工作支的参数 3. 测量 500 mm 处非工作支抬高的参数 4. 检查限制管及其零部件状态 5. 检查电连接状态及螺栓涂油情况 6. 以上不合要求者调整	6个月
13	分段绝缘器	1. 检查分段绝缘器距轨面的高度、与轨面平行状况 2. 检查分段绝缘器与线路中心的相对位置 3. 检查分段绝缘器与接触线的接头状况 4. 检查承力索辅助绳与绝缘棒的连接情况 5. 测量分段绝缘器导流板磨耗情况、测量角隙 6. 检查导滑板、接头过渡情况 7. 检查绝缘部件的绝缘状况,清扫绝缘部件 8. 检查电连接线及标志 9. 检查其他零部件的状况及螺栓涂油情况等 10. 以上不合要求者调整	6个月
14	补偿器	1. 检查补偿张力、坠砣,测量检修时的温度 2. 检查补偿装置的灵活性 3. 检查补偿绳状况,补偿绳匝数(小圈、大圈) 4. 检查断线制动装置状况,测量断线制动间隙 5. 检查"a""b"值 6. 检查补偿滑轮、平衡板、调节螺栓的状况等 7. 以上不合要求者调整	6个月
15	硬锚装置	1. 检查调节螺栓 2. 检查下锚底座 3. 检查线索终锚结头 4. 清扫下锚绝缘子 5. 以上不合要求者整改	12个月
16	软、硬横跨	1. 检查横向承力索和上、下部定位绳的状况 2. 检查上、下部定位绳的张力和弛度 3. 检查最短吊弦处横向承力索与上部固绳的距离 4. 检查吊弦和各种线夹、零部件的状况等 5. 清扫绝缘子 6. 以上不合要求者整改	6(12)个月

续表

序号	项目	工作内容	周期
17	支撑、定位装置	1. 检查腕臂装置的状况包括底座 2. 检查定位器管的状况 3. 检查各零部件包括螺栓、线夹等 4. 检查活动关节部位及螺栓涂油情况 5. 以上不合规定者调整	12个月
18	隔离开关	1. 检查主刀闸、触头状况 2. 检查接地刀闸及其联动机构状况 3. 检查绝缘子状况 4. 检查操作机构状况、电动机构箱电路接触和机械配合情况 5. 检查操作连杆及其附件状况 6. 检查各活动关节的状况及各种操作方式开关动作情况 7. 检查电连接及接地状况 8. 检查标识牌 9. 检查涂油情况 10. 以上不合规定者检修调整	6个月
19	避雷器	1. 清洁绝缘子、检查绝缘子有无损伤和放电痕迹 2. 检查避雷器安装位置及状况 3. 检查底座、引线状况 4. 检查各连接部分紧固状况 5. 检查接地和测量接地电阻 6. 对氧化锌避雷器做预防性试验(按有关标准进行),对试验不合格的,要进行更换 7. 角隙避雷器的放电间隙要符合要求,校核动作计算器计数是否准确(每年雷雨季节前) 8. 以上不合要求者处理	6个月(测量接地电阻周期为24个月)
20	避雷针	1. 检查底座安装是否牢固、涂油,对金属件除锈补漆 2. 检查接地引线连接是否可靠,安装正确,接地是否良好,与接触网其他底座应绝缘 3. 测量接地电阻	5年(测量接地电阻周期为24个月)
21	馈电线、架空地线	1. 检查线索损伤、腐蚀、断股及接头等情况 2. 检查线索的工作状态 3. 检查各底座情况 4. 检查线夹、螺栓等零部件 5. 检查各连接部分的连接情况 6. 清扫绝缘子 7. 以上不合要求者整改	6个月

续表

序号	项目	工作内容	周期
22	支柱	1. 检查支柱状况（破损、裂缝、变形、锈蚀及测量倾斜度等）	12个月
		2. 检查支柱基础情况	
		3. 检查限界情况	
		4. 检查拉线状况	
		5. 检查支柱编号、悬挂点编号	
		6. 以上不合规定者要进行整改	
23	限界门	1. 检查吊板状况、距路面高度、分布及悬吊情况等	12个月
		2. 检查框柱上的黑白相间的漆条是否合要求	
		3. 检查揭示牌的状况	
		4. 检查各部件的状况并涂油	
		5. 以上不合要求者要进行整改	
24	保安装置及标志	1. 检查接触网带电部分正上方桥面两侧细孔网栅的状况，包括位置、尺寸及网孔大小等	12个月
		2. 检查细孔网栅距接触网带电部距离	
		3. 检查接地状况	
		4. 检查"高压危险"警告牌及标志的状况安装、油漆及字迹和清扫等	
		6. 检查"接触网终点"牌的状况安装、油漆与字迹的状况和清扫等	
		7. 以上不合规定者整改	
25	杂散电流防护及监测装置	1. 检查接线是否正确、牢固及连接良好	12个月
		2. 检查装置电源是否正常、电路是否正常	
		3. 检查连接螺栓、柜门、安装底座、电缆固定是否牢固、安全	
		4. 信号反馈、指示是否正确	
		5. 以上不合要求者要进行调整	
26	回流电缆	1. 检查负回流电缆与牵引轨的连接情况（机械和电气连接）	12个月
		2. 检查负回流电缆与汇流排的连接情况（机械和电气连接），以及连接件的锈蚀情况	
		3. 检查回流电缆外表老化程度	
		4. 以上不合要求者要进行整改	
27	回流箱	1. 检查回电缆与回流排的连接情况	12个月
		2. 打扫清洁卫生、螺栓涂油	
		3. 检查负极柜的锈蚀情况和标识	
		4. 以上不合要求者要进行整改	

续表

序号	项目	工作内容	周期
28	钢绞线	1. 检查损伤、锈蚀、断股情况等 2. 检查受力、回头等状况 3. 涂防腐油	3年
29	接触线、承力索的张力和弛度	1. 检查接触线、承力索的张力 2. 测量接触线、承力索的弛度 3. 以上不合要求者要进行调整	4年

表3 接触网设备大修项目、周期与工作内容

序号	项目	工作内容	周期
1	接触线	1. 局部或整锚段更换接触线 2. 更换吊弦及其线夹、电连接器、斜吊索 3. 部分更换补偿器和定位器	按规定的磨耗限度 若整锚段平均磨耗大于25%应整锚段更换
2	承力索	1. 局部或整锚段更换承力索 2. 更换鞍子、斜拉线、中心锚结 3. 部分更换补偿器和支撑装置 4. 部分更换绝缘子、吊弦及其线夹、电连接器	一般15~25年,若局部腐蚀严重、磨耗和损伤不能满足通过的最大电流或规定的机械强度安全系数,可加补强线或局部更换,若是普遍腐蚀严重、磨耗和损伤应整锚段更换
3	馈线和架空地线	1. 局部或整锚段更换馈线和架空地线 2. 更换防风线夹、绝缘子和支撑部件	一般15~25年,若局部腐蚀严重、磨耗和损伤不能满足通过的最大电流或规定的机械强度安全系数,可加补强线或局部更换,若是普遍腐蚀严重、磨耗和损伤应整锚段更换
4	支柱	1. 批量更换支柱 2. 更换拉线杆 3. 更换接地线 4. 更换附属零部件	1. 钢支柱一般15~25年,若向线路侧和受力方向倾斜无法处理应更换,若焊接部分有裂纹、开焊,主角钢弯曲超过5‰,副角钢弯曲超过两根应更换; 2. "H型"钢支柱一般30~40年; 3. 环形等径预应力混凝土支柱一般15~25年;若横向裂纹宽度超过0.2mm,长度超过1/3圆周长或纵向裂纹宽度大于1mm应更换
5	软横跨	1. 更换横向承力索 2. 更换上、下部定位绳 3. 部分绝缘子	一般15~25年,若有断股或机械强度安全系数小于规定应更换
6	隔离开关	1. 更换隔离开关 2. 更换电连接器、接地线 3. 更换操作机构,操作连杆及其附件	一般操作次数不超过1万次,可根据实际情况调整周期

5.2.2.3 鉴于接触网是动态设备，运行条件随时可能发生变化以及我们对地铁的运行缺少经验，在今后的实际运行中，经调查研究、技术鉴定，从运行检修的实际出发，可以修改和调整日常保养、小修、大修的周期和范围内容，并同时报有关部门核备。

5.3 检修计划

5.3.1 年度小修计划由接触网分部技术组编制，并报有关部门审批后，下达工班执行。

5.3.2 年度大修计划由接触网分部编制，并按件名逐项填写"接触网大修申请书"。经维修中心审查，于前一年度报运营总部审定后列入年度计划。

5.3.3 根据运营事业总部审定的大修计划，由施工单位或设计单位提出设计文件，经运营事业总部批准后开工。

5.4 检查验收

5.4.1 接触网小修应建立下列各项记录：接触线（磨耗）及承力索、架空地线、馈线检查记录；接触悬挂、定位支持装置检修记录；补偿器检修记录；防雷设备检修记录；分段绝缘器检修记录；隔离开关检修记录；受电弓检查记录；线岔检修记录；综合检修记录；锚段关节检修记录。

接触网小修完毕时，要由检修或测量人员认真填写上述各项记录。工班长或技术人员对管内接触网小修任务完成情况及其质量要每月检查一次，并在小修记录上签字。

5.4.2 接触网大修竣工后，要由施工单位负责填写"接触网竣工验收报告"，由批准计划部门组织验收。验收合格后，由验收负责人在竣工验收报告上签字并作质量评定。

5.5 接触网维修技术标准

5.5.1 承力索和接触线

5.5.1.1 承力索和接触线的材质和截面面积必须满足下列要求：承力索和接触线中通过的最大电流不得超过其允许的载流量，机械强度安全系数符合规定。

5.5.1.2 承力索和接触线的张力和弛度应符合安装曲线规定的数值。弛度误差不大于下列数值：简单悬挂为 15%；全补偿链形悬挂为 10%；当弛度误差不足 15 mm 者按 15 mm 掌握。

5.5.1.3 承力索和接触线中心锚结处和补偿器处的张力差不得超过 10%。

地面线路，直线地段承力索应位于两接触线中心线的正上方，其偏差不得超过 ±75 mm，曲线地段承力索与两接触线中心线的连线应垂直于轨面连线，允许向曲线内侧偏差不超过 50 mm，但不得偏向曲线外侧；隧道内，直线地段承力索应位于两接触线中心线的正上方，其偏差不得超过 ±10 mm，曲线地段承力索与两接触线中心线的连线应垂直于轨面连线，允许向曲线内侧偏差不超过 5 mm，但不得偏向曲线外侧。

5.5.1.4 接触线距轨面高度应符合规定，允许的误差为 ±15 mm。如接触线距轨面高度不符合规定时，若净空允许，结构高度满足规定，接触线高度可按不大于 1/200 的坡度变化，但在接触线高度改变开始和结束的第一个转换跨距内坡度不允许超过最大允许坡度的一半，隧道内接触线距轨面高度在任何情况下不小于 4 000 mm，结构高度满足系统最低设计标准要求。

5.5.1.5 接触线在直线地段要布置成"之"字形，曲线地段布置成受拉状态，在腕臂设定温度下，静态情况：其"之"字值和拉出值要符合规定，误差不得大于 ±20 mm。一般直线段"之"字值不大于 ±200 mm，曲线段拉出值不大于 250 mm。双接触线测量读数时，以靠定位器侧的接触线为准。动态情况：一般直线段"之"字值不大于 ±250 mm，曲线段拉出值不大于 300 mm。

5.5.1.6 接触线在水平面内改变方向时,其偏角一般不大于10°,困难情况下,不应大于12°。

5.5.1.7 链形悬挂两接触线之间的水平间隙为40 mm,其所在的平面要与轨平面平行,以保证受电弓良好地取流和接触线磨耗均匀。

5.5.1.8 接触线磨耗和损伤按表4规定整修或更换。

表4 接触网磨耗和损伤表

磨损类别	CTHA120 (12 000 kN)	整修方法
局部磨耗和损伤/mm²	25%<S<33%	当安全系数小于2.2时或允许通过的电流不能满足要求时加补强线
	S>33%	安全系数小于2.0时应局部切断后做接头
平均磨耗/mm²	S>25%	整个锚段大修更换

注:加电气补强线时,要使补强线处于工作状态即与受电弓接触。

5.5.1.9 接触线的接头和分段绝缘器、线夹等零部件应保证受电弓平滑过渡,其对受电弓的垂直冲击力应小于30 g,水平冲击力应小于40 g。

5.5.1.10 一个锚段内接触线接头和补强线段的总数以及承力索接头和补强的总数均不得超过下列规定(不包括电分段、下锚接头):锚段长度在800 m及以下时为4个;锚段长度在800 m以上时为8个;接头距悬挂点应不小于2 m,两接头之间的距离应不小于80 m。

5.5.2 吊弦和吊索

5.5.2.1 吊弦采用整体吊弦,分为隧道外用的直吊弦和隧道内用的吊弦。吊弦的长度和布置要符合规定,吊弦在无偏移温度时都应保持铅垂状态。

5.5.2.2 直吊弦的长度不小于240 mm,其下端套上吊弦嵌环与接触线夹连接,"n"型吊弦的长度不得小于80 mm。其长度允许偏差为设计长度的±5 mm,顺线路方向,吊弦位置允许偏差为±50 mm。

5.5.2.3 简单悬挂的吊索用复合塑料绳或35 mm²的软青铜绞线制成,其长度应符合规定。在无偏温度下,两端的长度应相等,相差不超过±100 mm。吊弦鞍子的安装要正确,其开口朝正下方,接触线线夹的安装要正确、坚固,不得沿接触线滑动。

5.5.2.4 简单悬挂的吊索用25 mm²的软青铜绞线制成,安装应以水平腕臂为中心两侧平均分配,两端受力均衡,其长度符合规定,在无温偏时,相差不超过±100 mm。

5.5.2.5 简单悬挂同一吊索两端线夹处接触线高差应小于20 mm。

5.5.3 软横跨、硬横跨

5.5.3.1 软横跨分为两绳式和三绳式两种。软横跨的装配和安装要符合规定。横向承力索用钢绞线制成,上、下定位绳用镉铜合金绞线制成。软横跨横向承力索和上下部定位绳应布置在同一个铅垂面内,横向承力索的弛度应符合规定,吊线(弦)应保持铅垂状态,其截面面积要符合规定,最短吊弦的长度为400 mm,误差不大于50 mm。

5.5.3.2 横向承力索和上下部定位绳均不得有接头、断股和补强。双承力索的横担应水平。横向承力索的安全系数不得小于4.0,上、下部定位绳的安全系数不得小于3.0。

5.5.3.3 上、下部定位绳要水平,允许有平缓的负弛度,其数值为:5股道及以下不超过 100 mm，5 股道以上不超过 200 mm。下部定位绳距接触线的距离不小于 250 mm。

5.5.3.4　硬横跨各段之间及其与支柱应连接牢固，硬横梁应呈水平状态，硬横梁两端允许高差为 30 mm，硬横梁的挠度不应大于梁跨的 0.5%。

5.5.3.5　每组硬横跨的支柱中心连线一般垂直于多数股线路中心线。

5.5.4　线岔

5.5.4.1　线岔定位点拉出值应符合规定，两定位器开口为 75 mm。在线岔的交叉点处，正线或重要的接触线要在下方，侧线上下活动间隙为 1～3 mm。线岔的限制管型号要符合要求，安装要正确，螺栓、垫片应齐全、坚固，接触线能自由伸缩无卡滞。

5.5.4.2　由正线与侧线组成道岔时，两工作支在相距 500 mm 处侧线接触线应高于正线接触线 5～10 mm，两支接触线中有一支为非工作支时，相距 500 mm 处非工作支接触线应高于工作支接触线不小于 50 mm。

5.5.4.3　由侧线与侧线组成道岔时，两工作支在相距 500 mm 处应等高，允许误差不超过 10 mm，两支接触线中有一支为非工作时，在相距 500 mm 处非工作支接触线应高于工作支接触线不小于 50 mm。

5.5.5　电连接线（器）

5.5.5.1　电连接器的安装位置要符合设计规定，允许偏差不应大于 ±0.5 m，在任何情况下均应满足带电距离的要求。

5.5.5.2　电连接器的安装形式要符合设计规定，并预留因坡度变化而产生的位移长度，多股道的电连接器水平投影在无偏移温度时应是一条直线，并垂直于正线或重要线路。

电连接器的材质、型号和所使用的线夹型号要符合设计规定，线夹应安装牢固并保持铅垂状态，接触良好，线夹内无杂物，所使用的各种绞线不得散股、断股。

5.5.6　定位器（管）

5.5.6.1　定位器应保证接触线之字值、拉出值及工作面的正确性，以及定位点处两条接触线相距 40 mm，并具有一定的弹性。当温度变化时，接触线自由伸缩，使受电弓有良好的取流状态。

5.5.6.2　定位器（管）的型号和安装符合设计规定，支持器的方向要安装正确，支持器处定位管的伸出长度应为 20～150 mm。

5.5.6.3　简单悬挂的定位器在无偏移温度时应垂直于线路。链形悬挂定位管在无偏移温度时应垂直于线路，两定位线夹在接触线上安装于定位管正下方两边各 100 mm 处。温度变化时，水平方向的偏角应与接触线在定位点的伸缩相适应，其偏角最大不超过 18°。

5.5.6.4　定位环的安装要正确，距定位管根部的长度一般为 200 mm，困难时不得小于 40 mm，定位装置各管口要有管帽，各定位拉线的规格、安装要符合设计规定。

5.5.6.5　地面段链形悬挂反定位管的坡度为 1/17。定位管"V"型拉线应顺直固定在承力索钩头鞍子两侧各 2 m 处。正定位管或反定位器的坡度应保证接触线底面至定位环中心高度为 150 mm。安装在非补偿简单悬挂软横跨的定位器坡度应保持接触线底面至定位绳高度为 225 mm。

5.5.7　支撑装置

5.5.7.1　简单悬挂的平腕臂要水平安装，其端部允许抬高不超过 100 mm，在无偏移温度时应垂直于线路中心，允许偏差不大于计算偏移值的 10%。全补偿链形悬挂的腕臂在无偏移的温度时，应垂直于线路中心线，允许偏差不大于计算偏差值的10%。

5.5.7.2 腕臂的各部件均应组装正确，绞接处要转动灵活，腕臂无永久弯曲、变形，顶部非受力部分不小于200 mm，顶端封帽要密封良好。

5.5.7.3 腕臂底座、拉杆（或压管）底座、定位肩架应与支柱密贴、平整，底座角钢（槽钢）应水平安装。

5.5.7.4 隧道内埋入杆件应无断裂、变形和锈蚀，其周围水泥填充物无辐射性裂纹和脱落。

5.5.7.5 腕臂及隧道内的埋杆件不得严重锈蚀，锌层脱落处要补漆。

5.5.7.6 隧道内（站内）定位支柱要铅垂安装，其型号和位置要符合设计规定。
隧道内腕臂的型号和安装要符合设计规定，管端口封帽要密封良好。

5.5.8 补偿器

5.5.8.1 补偿器坠砣块要叠码整齐，其缺口方向正确，每块坠砣都要涂漆，其总重量符合规定标准，相差不超过2.5%，限制、制动部件要作用良好。

5.5.8.2 运行中补偿器的 a 值（上部坠砣导环至限制管顶端支架的距离）要符合安装曲线的要求，在极限温度下，不得小于200 mm；b 值（下部坠砣导至限制管底端支架的距离）在极限温度下，不得小于200 mm。

5.5.8.3 补偿滑轮（包括棘轮）要转动灵活，坠砣导环与限制管之间要滑动灵活，棘轮轴应注黄油防腐，以确保坠砣升降自如。限制管要呈铅垂状态，其长度和安装要符合规定。棘轮与舌簧间的间隙（棘轮的齿与舌簧的齿的距离）为25 mm，允许偏差为0~-0.5 mm，补偿绳的长度要保证补偿坠砣在极限温度范围内自由伸缩，补偿不得有接头和断股。

5.5.9 支柱及接地

5.5.9.1 接触网所有支柱的内缘与邻近线路的中心距离要符合规定，允许误差±50 mm。侧面限界最小不得小于2 300 mm，不允许有负误差。

5.5.9.2 环形等径预应力混凝土支柱，其表面光洁平整，无混凝土脱落和露筋现象；其横向裂纹宽度小于0.2 mm，长度小于1/3圆周长；其纵向裂纹宽度大于0.2 mm，不超过1 mm的支柱要及时修补，纵向裂纹宽度大于1 mm的支柱应更换。支柱弯曲度不大于2‰，杆顶封堵严密。

5.5.9.3 金属支柱及硬横梁应在安装前进行彻底的防腐处理，各焊接部分不得有裂纹、开焊，钢支柱主角钢弯曲不超过5‰，副角钢弯曲不得超过两根。钢支柱漆面剥落超过支柱总面积的10%时要补漆。基础面要高出地面100 mm~200 mm，基础外缘外露400 mm以上时要进行培土，每边培土的宽度为500 mm，培土边坡与水平面成45°。钢筋混凝土支柱培土标准也可照此办理，基础根部不许有积水、泥土、碎石和灰渣等物。

5.5.9.4 接触网各种支柱，不许向线路侧、受力方向倾斜。支柱受力后的倾斜标准：顺线路方向应直立，允许偏差不应大于支柱高度的0.5%，但锚柱端部应向拉线侧倾斜0~100 mm。横线路方向倾斜标准：直线上和曲线外侧的支柱及软横跨支柱应中心直立至外缘垂直于地线；曲线内侧的支柱、两侧悬挂的支柱、安装隔离开关支柱以及位于直线上并与相邻锚柱同侧的转换柱，均应直立，允许偏差不应大于支柱高度的0.5%。

5.5.9.5 馈线、架空地线等附加悬挂支柱的中间柱应直立，允许偏差应不大于支柱高度的0.5%。

5.5.9.6 馈线、架空地线等附加悬挂支柱的终端柱，转角柱的柱顶应向拉线侧倾斜0~150 mm。

5.5.9.7 每组软横跨的支柱中心线应垂直于车站正线或设计指定的线路,允许偏差不得大于 3°,单根支柱应垂直于邻轨道中心线,允许偏差不得大于 3°。

5.5.9.8 接触网及其支撑架构上非带电的金属物均须接地,接地线的截面应符合规定,连线要紧固,接触良好,并有防锈防腐措施。

5.5.9.9 凡距接触网(或架空地线)带电部分的距离不足 5 m 的所有金属结构物,均须接地。

5.5.9.10 回流轨之间以及回流轨与负极轨之间的连接电缆,其截面面积应符合规定,两端的连接要紧固,接触良好,并有防腐措施。

5.5.10 拉线

5.5.10.1 锚柱拉线一般平行于线路设置,特殊情况下锚柱拉线(杆)可设在锚支的延长线上,在任何情况下严禁侵入基本建筑限界,当受地形限制时,应符合设计要求。

5.5.10.2 锚柱拉杆与地面成的夹角为 45°,最大不得超过 60°。锚柱拉杆应涂防漆或防腐剂,锚柱拉杆与拉线(杆)应在一条直线上。锚板的埋深应符合设计要求,允许偏差不大于 0～+200 mm。

5.5.10.3 拉线杆露出地面的长度为 300 mm,UT 型线夹螺栓外露长度不应小于 20 mm,最大不大于全长的 1/2。

5.5.11 隔离开关及避雷器

5.5.11.1 隔离开关应接触良好,转动灵活,引线截面段与隔离开关的额定电流以及所连接的接触网当与截面相适应,引线不得有接头。

5.5.11.2 有接地装置的开关主刀闸与接地刀闸的机械联锁须正确可靠。

5.5.11.3 运行中的隔离开关,每年要用 2 500 V 的兆欧表测量 1 次绝缘电阻,并与上一次的测量结果比较,不应有显著降低。新安装的隔离开关,在投入运行前,要按规定进行交流耐压试验。

5.5.11.4 隔离开关合闸时闸刀要水平,其中心线应与静触头的中心线相吻合。合闸时应接触良好,以 0.05 mm × 10 mm 的塞尺检查刀闸的接触点,应塞不进去。开关在打开时,刀口距接地体、洞壁最小距离不应小于 150 mm。双极开关同步,触头接触良好,无回弹现象,分、合顺利,角度符合产品技术要求。

5.5.11.5 避雷器的引线和各部螺栓要紧固,动作计数器要完好,其外面的聚合橡胶裙边不许有裂纹、破损、老化和放电痕迹。其接地电阻应不大于 5 Ω。每年雷雨季节前要按有关规定对避雷器和动作计数器进行预防性试验。

5.5.12 绝缘部件

5.5.12.1 绝缘子不得有裂纹,瓷体无破损、烧伤,其瓷釉剥落面积不大于 300 mm^2。绝缘子裙边,陶瓷、玻璃钢绝缘材料与接地体间的距离应符合规定。

5.5.12.2 在运输、装卸和安装绝缘子时应避免发生冲撞,不得锤击与瓷体连接的铁帽和金属体,同时也不得对其进行机械加工和热处理。绝缘子铁帽和金属件应无锈蚀。

5.5.12.3 陶瓷、玻璃钢绝缘器的主绝缘不得有烧伤、破损和裂纹,其放电痕迹不得超过有效绝缘长度的 20%。

5.5.12.4 接触网绝缘子的泄漏距离不少于 250 mm。其绝缘部件机械强度的安全系数,抗垃、抗弯强度应不小于 2.5。

5.5.12.5 分段绝缘器的组装要正确，各部件的连接需牢固，且与接触网在一个平面内，导流板与接触线连接处应平滑，且与轨面平行。各接头需平滑顺直，不得有刮弓现象。

5.5.12.6 全补偿链形悬挂承力索绝缘棒应在分段绝缘器件的正上方，简单悬挂的分段绝缘器安装位置在吊索一侧，分段绝缘器应设置在受电弓的中心位置。

5.5.12.7 接触网设备和车辆在任何困难情况下都不应小于下列净空尺寸，见表5。

表5 净空尺寸表

序号	项目		最小设计值/mm	困难情况下/mm
1	带电金属体到车辆动态包络线		115	100
2	带电金属体到"地"的静态值	混凝土	150	150
		金属	150	150
3	带电金属体到"地"的动态态值	混凝土	100	80
		金属	100	80
4	受电弓动态包络线到土建结构接地体及其连接件		150	100
5	受电弓动态包络线到公共带电金属体	轨道横截面的垂直方向	50	50
		轨道横截面的水平方向	150	100
6	受电弓动态包络线到定位器和任何直接与接触线相连的连接件	轨道横截面的垂直方向	15	15
		轨道横截面的水平方向	150	100

注：①"静态值"的净空尺寸是指接触网不受受电弓抬升力的作用或长期承受受电弓抬升力的作用这两种情况下的净空尺寸；②"动态值"的净空尺寸是指接触网承受行驶列车的受电弓抬升力作用时的净空尺寸。

5.5.13 馈电线和架空地线

5.5.13.1 馈电线、架空地线的截面面积要符合设计要求，连接电缆要符合设计要求，其机械强度安全系数应不小于3.0。

5.5.13.2 馈电线、架空地线的张力和弛度要符合有关规定标准，冬季不至线，夏季须有足够的线间距离。

5.5.13.3 馈电线、架空地线应用硬铜绞线，其绞线断股、损伤面积不超过其截面面积的5%且载流量不超过允许值时，可将断股处磨平，用铜线扎紧，当断股、烧伤面积为5%～20%时要进补强，当断股、烧损面积超过20%时须更换线，切断做接头。

5.5.13.4 一个锚段内馈电线和架空地线的接头、断股和补强线段的总数分别不得超过下列规定：锚段长度在800 m及以下为4个；锚段长度大于800 m时为8个。

5.5.13.5 馈电线、架空地线的安装要符合设计要求，馈电线与接地体之间的距离要符合规定。

5.5.14 锚段关节和中心锚结

5.5.14.1 地面段绝缘锚段关节两支不同电分段的接触线及承力索的空气绝缘净距离静态值水平距离符合要求，工作支比非工作支抬高应符合要求，高铝陶瓷绝缘棒不应与受电弓发生摩擦。

5.5.14.2 地面段非绝缘锚段关节两转换支柱处承力索高度、位置及接触线高度、拉出值符合设计要求，两支接触线的立面交叉点应在两转换跨距1/3处。两工作支水平距离符合要求，工作支比非工作支抬高符合要求。

5.5.14.3 隧道内绝缘锚段关节两支不同电分段的接触线及承力索的空气绝缘净距离静态值符合要求，工作支比非工作支抬高符合要求，高铝陶瓷绝缘棒不应与受电弓发生摩擦。

绝缘锚段关节除应符合以上要求外，还应符合以下规定：两根转换柱之间两支悬挂的线间距（承力索的线间距、第二根与第三根接触线的线间距）符合设计要求；转换柱处工作支、非工作支接触线导高、拉出值及其误差满足设计要求，非工作支接触线的绝缘棒应比工作支接触线高 25 mm 以上；接头线夹观察孔内接触线燕尾槽无金属粉末、无裂纹、无滑移、无变形；接头线夹无裂缝、松动和滑移；绝缘棒无裂缝、变形、破损，金属与非金属接合良好；加固装置的尼龙绳无破损、外表无开裂、松脱，尼龙绳的绝缘性能良好。加固装置应保持三角形结构形状，尼龙绳受力状态良好，无下垂现象；各零部件状态良好；非工作支最后一跨的线索与相邻工作支线索应采用均压电缆连接，该均压电连接应设在下锚点与转换柱间距 5~10 m 的地方；在工作支与非工作支相距 500 mm 处，非工作支接触线应高于工作支接触线不小于 50 mm，锚段关节过渡平滑。

5.5.14.4 隧道内非绝缘锚段关节两转换支柱处承力索高度、位置及接触线高度、拉出值符合设计要求，两支接触线的立面交叉点应在两转换跨距 1/3 处。

5.5.14.5 中心锚结所在的跨距内承力索、接触线不得有接头和补强，两端中心锚结辅助绳受力均匀，不得出现弛度，两边的长度和张力力求相等。中心锚结线夹处接触线高度比正常导高高 10~20 mm，中心锚结线夹处接触线应平顺无负弛度。

5.5.15 保安装置及标志

5.5.15.1 在跨越接触网的跨线桥、天桥，和接触网带电部分正上方桥面的面侧装设安全挡板或细孔网栅（网孔不大于 40 mm×40 mm）。安全挡板或细孔不应低于 2 m，宽度距接触网带电部分每边应不小于 1.5 m。跨线桥，天桥的扶梯边缘与接触网带电部分的距离小于 5 m 时，在扶梯上也要装设安全挡板或细孔网栅。

5.5.15.2 在车辆平交道口铁路两侧的公路上，应装设限界门。限界门的装设位置在沿公路中心线距最近铁路线路中心不小于 12 m 的地方，限界门的宽度不得小于公路路面的宽度，限界门的吊板要平齐，吊板下缘距地面的高度为 4.5 m。限界门框柱涂以黑、白相间漆条，漆条宽度为 200 mm，并符合有关规定。

5.5.15.3 在机动车辆经常通过的地方和其他认为有必要的地方，接触网支柱及拉线下部要有保护桩。

接触网悬挂接触网终点标志设置在接触网锚段支柱距受电弓中心线 400 mm 的地方。

5.5.16 零件及其他

5.5.16.1 接触网、供电线、馈电线和架空地线的承力的零件，其机械强度安全系数不得小于 3.0，接触网零件要安装牢固，凡用螺母紧固者应有防松措施（例如弹簧垫圈等），零件上的各个螺栓均应受力均匀，其紧固力矩符合规定，应涂油的螺栓必须涂油，调节螺丝的丝扣外露部分不得小于 50 mm。线索紧固零件在温度变化时不得使线索往复弯曲，以防疲劳。

5.5.16.2 各种钢绞线要按规定涂油，以防锈蚀。由于锈蚀产生断股或虽未断股但降低机械强度不能满足规定的安全系数或降低机械强度超过 15%时要更换。

5.5.16.3 接触悬挂、馈电线和架空地线各导线连接部位的机械强度不得低于被连接导线机械强度的90%。其允许的载流量要与被连接导线的允许载流量相一致。

5.5.16.4 各种绞线接头或终端接头。承力索、馈电线和架空地线的接头和终端接头利用预制好的接头缠带缠绕在各线上。要求缠带与导线、缠带之间要密贴，并按其螺旋方向全部缠完。制作工艺要符合要求，钢绞线、软横跨上、下部定位绳的回头用楔形线夹连接固定时，绞线回头外露长度为100 mm，允许偏差为±10 mm。其受力方向要正确，制作工艺符合要求。各种绞线端头必须用聚氯乙烯绑带包扎好，其包括宽度为40 mm左右。

5.5.16.5 接触线接头或终端回头。中间接头采用对接式接头线夹，满足以下要求：对接式接触线接头线夹适用于同型号两接触线连接处和绝缘锚段关节玻璃纤维绝缘棒与接触线连接处；接触线接头线夹的中心点位于两接触线端头（或接触线端头与玻璃纤维绝缘棒端头）的交合点上；两接触线端头（或接触线端头与玻璃纤维绝缘棒端头）尽可能密贴，连接缝不大于1 mm；接触线接头线夹无裂纹，安装平直端正、无偏斜，螺栓紧固；接触线接头线夹起始滑动荷重不低于40 kN；接触线接头线夹用于工作支两接触线连接处，应保证受电弓过渡平滑，导流良好；接触线接头线夹用于绝缘锚段关节玻璃纤维绝缘棒与接触线连接处。应保证任何运行条件下玻璃纤维绝缘棒不与受电弓接触；工作支接触线接头线夹处接触线高度，应与相邻定位点处接触线高度相等；工作支接触线接头距悬挂点应不小于2 m，两接头之间的距离应不小于80 m（事故抢修不受此限制）。

接触线终端回头，采用锯齿形楔形线夹（舌簧上带锯齿）连接固定。要求受力方向正确，舌簧锯齿面与接触线接触，回头部分与本线成90°，回头长度为75 mm，转角处的圆弧与舌簧密贴，制作工艺符合要求。

5.6 接触网大修技术标准

5.6.1 大修是恢复性的彻底修理，应根据日常运行中存在的问题，有针对性地采取技术设备先进、安全可靠的有效措施，着重解决一些薄弱环节、重大安全隐患，使大修后的接触网在供电能力、供电质量、技术水平及安全可靠性方面有较大的提高，做到少维修。

5.6.2 大修后的接触网要达到新建工程的技术标准，至少要保证一个大修期内的正常运行。

5.6.3 为保证电客车的良好取流，应尽量减少接触线高度的变化，一般情况下隧道内接触网高度不应低于大修前该隧道区站接触网的原设计标准。

5.6.4 锚段长度不宜超过1 500 m，接触线无扭面、硬弯，跨中和定位点处接触线的弹性偏差不超过15%。

5.6.5 接触线、承力索不应有接头。

5.6.6 接触网零部件应优先采用耐腐蚀、强度高的零部件，悬挂零件轻型化，主要受力件不得使用可锻铸铁件。

5.6.7 绝缘部件的爬距不应小于250 mm，接触网大气及操作过电压保护应采用能量释放并不引起跳闸的防雷措施。

5.6.8 净空尺寸：接触网设备和车辆在任何困难情况下都不应小于表5净空尺寸。

以上接触网大修技术标准未做规定的项目应符合"接触网维修技术标准"的规定。

6 执行记录

6.1 执行记录包括：接触网工班值班日志；接触网巡视和缺陷处理记录；接触网大修申请书；接触线（磨耗）及承力索、架空地线、馈线检查记录；接触悬挂、定位支持装置检修记录；补偿器检修记录；防雷设备检修记录；分段绝缘器检修记录；隔离开关检修记录；受电弓检查记录；线岔检修记录；综合检修记录；锚段关节检修记录；接触网大修竣工验收报告等。

附录四　刚性接触网运行检修规程

1　总则

1.1　接触网是城市轨道交通供电系统的重要组成部分，也是重要的行车设备。为了保证刚性接触网安全可靠地向电动客车供电，特制定本规程。

1.2　本规程刚性悬挂接触网周期修结合状态修制定。

1.3　本标准规定了刚性接触网运行设备的巡视、检测、检修内容和周期。

1.4　本规程适用于直流 1 500 V 刚性接触网设备的检修。

2　设备维修形式

2.1　刚性接触网设备维修分巡视、检测、检修、大修四个修程。

2.2　巡视分为步行巡视、车梯巡视、登乘电客车巡视三种。

2.3　检测分为接触网接触线磨耗检测、导高和拉出值检测、冷滑、热滑四种。

2.4　检修分定期检修、临时检修两种。有保养、检调、更换三种形式。是对接触网设备进行清扫、除锈、涂油、检查、调整、零部件更换等，以保持和恢复接触网的正常技术状态。

2.5　年、季、月度维修计划由各接触网维修部门编制，经上级部门审批同意后，由维修部门负责执行。

2.6　大修见接触网大修规程。

3　巡视

3.1　巡视分为步行巡视、车梯巡视、登乘电客车巡视三种。

3.1.1　步行巡视

3.1.1.1　步行巡视周期：1 个月一次。

3.1.1.2　步行巡视检查的主要内容：绝缘部件有无破损、有无过热变色和闪络放电现象；汇流排、接触线、电连接线及各零部件等有无烧伤和损坏；定位点处或设备上方是否存在隧道漏水情况；回流和接地是否连接良好；隔离开关、刚柔过渡、分段绝缘器、锚段关节、中心锚结、线岔、标志牌等关键设备情况是否正常；应无外物侵入刚性接触网规定限界。

3.1.2　车梯巡视

3.1.2.1　车梯巡视周期：6 个月一次。

3.1.2.2　车梯巡检的主要内容：接触线磨耗、汇流排烧伤或磨损情况；绝缘子外观以及放电现象的检查；螺栓是否有松动、脱落和锈蚀情况；隧道是否有漏水情况；接触线单支悬吊槽钢、垂直悬吊安装底座、电连接线、中心锚结、线岔、分段绝缘器、锚段关节及其零部件的状态是否连接良好无损坏；检查接触网标志牌状态。

4　登乘电客车巡视（临时）

4.1　在遇到牵引变电所出现 $\triangle I$ 跳闸、大电流和 di/dt 等频繁跳闸情况，接触网检修人员进行登乘电客车巡视，检查该区段接触网设备情况。

4.2 在收到反映接触网设备有异常情况时,接触网检修人员必须登乘电客车巡视接触网设备情况。

4.3 巡视检查中发现的缺陷纳入检修计划,需立即对整改的临时计划进行处理。

5 检测

5.1 检测分为接触线磨耗检测、导高和拉出值检测、冷滑、热滑四种。

5.1.1 接触线磨耗检测检查

5.1.1.1 检查周期:12个月一次

5.1.1.2 检查方法。对以下各种情况进行选点检测:锚段关节、中心锚结、分段绝缘器、线岔两侧和刚柔过渡处,导高最低点处、线路和隧道沉降处等部位进行选点进行重点检测。

检测点应作出特殊标记,检测接触线磨损宽度,根据线材情况计算出磨耗面积,磨耗面积不允许超过50%。

5.1.2 导高和拉出值检测检查

5.1.2.1 检查周期:12个月一次

5.1.2.2 检测检查标准:全线路导高控制在±5 mm范围内,拉出值误差为±10 mm。

5.1.3 冷滑检查

5.1.3.1 检查周期:6个月一次

5.1.3.2 冷滑检测是检修人员通过近距离观察受电弓与接触线的配合情况,在35~45 km/h速度下进行的检测,冷滑检测的主要内容:主要查看受电弓是否有碰撞以及发出碰击声音,线岔处是否磨损受电弓羊角等情况。冷滑检查的重点在锚段关节、定位点处以及中心锚结、刚柔过渡、渡线分段等处。

5.1.4 热滑检查

5.1.4.1 检查周期:6个月一次

5.1.4.2 热滑检测的主要内容:检查受电弓从接触线取流情况(拉弧);检查受电弓通过分段绝缘器、锚段关节、线岔等重要部位情况;检查受电弓通过分段绝缘器、锚段关节、线岔等重要部位情况;检查受电弓碳滑板、羊角异常情况。

5.1.4.3 热滑是对电客车进行实时在线检测,应由助理工程师以上人员负责进行,检测人员通对热滑进行实时监测或录像回放,将出现的问题书面形式下发到检修部门,由检修部门进行检查和整改。

6 检修

6.1 检修分定期检修、临时检修两种。

6.2 检修有保养、检调、更换三种形式。是对接触网设备进行清扫、除锈、涂油、检查、调整、零部件更换等操作,以保持和恢复接触网的正常技术状态。

6.3 定期检修主要是对螺栓检查和紧固、绝缘子检查和清扫、接触线检查、刚柔过渡检查、汇流排检查、汇流排接头检查、定位点检调、标示牌检查、隔离开关检修、分段绝缘器检修、电连接检修、线岔检修、中心锚结检修、锚段关节检修等。

6.4 临时检修的项目为巡视、检测、检修中发现的影响电客车运行的较大缺陷。

6.4.1 螺栓检查和紧固检查

6.4.1.1 检查周期:12个月一次

6.4.1.2 检查方法:检查受力螺栓和螺帽是否存在松动情况,并根据该螺栓力矩大小使用相应的力矩扳手进行紧固。

6.4.1.3 检查内容：检查对汇流排接头螺栓进行力矩紧固（16 N·m）；检查对汇流排定位线夹螺栓进行紧固；检查对接地线夹螺栓进行紧固；检查对中心锚结处固定螺栓、调节螺栓进行紧固。

6.4.2 绝缘子检查清扫

6.4.2.1 检查周期：6 个月一次

6.4.2.2 检查内容：检查绝缘子表面应无污渍和积灰；检查无破损和闪络、放电现象；检查清扫时用棉布进行清扫，需要时可以使用中性清洁剂。

6.4.3 接触线检查

6.4.3.1 检查周期 6 个月一次

6.4.3.2 检查内容：检查接触线表面是否有拉弧、放电现象，特别注意接头和曲线定位点的地方；检查避免受电弓直接碰上汇流排或在汇流排上滑动，磨耗遵照大修规程规定，超限则应更换接触线；检查随温度变化接触线与汇流排可有相对位移情况；检查接触线是否有脱出汇流排夹槽情况。

6.4.4 刚柔过渡检查

6.4.4.1 检查周期：3 个月一次

6.4.4.2 检查内容：检查防护罩对露天汇流排覆盖完全，安装稳固；检查汇流排应平行于钢轨，汇流排的铜导线平行于汇流排；检查柔性最近定位点与刚性悬挂第一个定位点拉出值相等情况；检查接触线在汇流排上无滑移痕迹。

6.4.5 汇流排检查

6.4.5.1 检查周期：12 个月一次

6.4.5.2 检查内容：检查汇流排表面光洁，无缺损、无毛刺、无污迹、无腐蚀，不允许脊裂纹，无明显转折角；检查汇流排应无变形和弯曲（终端除外），与接触线要密贴，且接触线与汇流排随温度变化可有相对位移；检查汇流排截面中心线与轨面连线垂直，偏斜不应大于规定，以保证接触线不被偏磨。

6.4.6 汇流排接头检查

6.4.6.1 检查周期：12 个月一次

6.4.6.2 检查内容：检查汇流排接头、汇流排和接触线连接处需密贴；检查汇流排截面缝隙的宽度不大于 1 mm；检查接头螺栓是紧固情况，需要用 16 N·m 的力矩扳手复核。

6.4.7 定位点检调

6.4.7.1 检查周期：12 个月一次

6.4.7.2 检查内容：检查单支悬吊槽钢无锈蚀；检查单支悬吊槽钢上紧固件牢固，无松动和晃动；检查 T 型螺栓要有调节余量，外露不小于 15 mm；检查安装绝缘子的 M16 螺栓于竖直状态；检查特富龙垫正常工作；检查单支悬吊槽钢应平行与轨道平面，倾斜度误差一般均不应大于 1°；检查接触线与汇流排随温度变化可有相对位移，确保汇流排的热胀冷缩。

6.4.8 检查标示牌检查

6.4.8.1 检查周期：12 个月一次

6.4.8.2 检查内容：检查接触网终端应清晰明显，安装位置应符合规范，安装牢固；检查号码牌字迹清晰；检查接地标志牌字迹清晰。

6.4.9 检查隔离开关检修

6.4.9.1 检查周期:12个月一次

6.4.9.2 检查内容:检查合闸后静、动刀片整齐,刀片无烧伤、腐蚀等痕迹;检查用 0.05 mm × 10 mm 的塞尺检查刀片,其塞入深度在接触表面 10% 以下;检查隔离开关放弧棒间距,合闸过程中消弧角轻微撞击后保持 5 mm 的间隙,分闸后保持 150 mm 的距离;检查绝缘子外表面清洁,无烧伤、裂纹、破损、老化现象;检查手动机构的连杆操作时必须通畅,不允许碰套环及其他部件;检查电动操作机构接线牢靠,无松动;检查限位开关压板及限位开关保养时应与调度所调度联系,请其给予电试令后,方能对压板位置进行调整;检查机构箱的维修,应开箱观察电机及辅助触点工作情况。清扫开关箱内外的积灰,抹去油污,在得到调度所调度同意后,手摇电机检查刀触片分、合状态是否符合标准;电动测试应按调度所电试令进行。

6.4.10 分段绝缘器检修

6.4.10.1 检查周期:3个月一次

6.4.10.2 检查内容:检查分段绝缘器尽可能安装在线路中心;检查导滑板底面平行轨平面,平滑过渡,双向通过均无打弓现象;检查分段绝缘器与接触线连接处应平滑;检查紧固件应齐全,连接牢固可靠,螺母和螺杆的旋紧扭矩符合设计要求;检查对导板上的碳粉、尘埃、油污进行清扫。

6.4.11 电连接检修

6.4.11.1 检查周期:12个月一次

6.4.11.2 检查内容:检查电连接不应有接头、散股、断股;检查电连接线夹与汇流排及电连接线间的连接应牢固可靠;检查电连接线应有一定的弛度;检查电连接的各螺栓应紧固。

6.4.12 线岔检修

6.4.12.1 检查周期:6个月一次

6.4.12.2 检查内容:检查受电弓始触点渡线接触线应与正线接触线等高;检查两汇流排的立面要保持平行,两接触线距轨面的高度应完全相等;检查弓网过渡应平滑,不应有硬点和固定拉弧点。

6.4.13 中心锚结检修

6.4.13.1 检查周期:6个月一次

6.4.13.2 检查内容:检查基座中心应在汇流排中心线的正上方,基座中心偏离汇流排中心不大于 ±30 mm;检查线夹无裂纹、折断现象,中心锚结线夹与汇流排夹连接应牢固,不能滑动,连接螺栓无锈蚀、紧固良好;检查不允许在中心锚结处刚性悬挂出现负弛度;检查调整螺栓两端自螺母应锁定,调整余量应为调节螺栓丝扣的 1/3;检查带电端至接地体距离不小于 150 mm;检查中心锚结两端受力要一致。

6.4.14 锚段关节检修

6.4.14.1 检查周期:6个月一次

6.4.14.2 检查内容:检查锚段关节处不应有拉弧和放电现象;检查受电弓在关节均可双向通过并无撞击现象;检查锚段关节非工作支不得低于工作支,受电弓可平滑通过;检查绝缘锚段关节两支悬挂的拉出值一般分别为 ±150 mm,中心线之间距离为 300 mm,允许误差为 ±20 mm;检查非绝缘锚段关节两支悬挂的拉出值一般分别为 ±100 mm,中心线之间距离为 200 mm,允许误差为 ±20 mm;检查接触线在锚段末端汇流排外余长为 100 ~ 150 mm。

7 螺栓紧固力矩。 除特别注明外，规程中螺栓应按表6中力矩紧固。

表6　螺栓力矩对应表

公称直径	Q235A钢紧固力矩/(N·m)	允许紧固力矩误差范围/(N·m)	不锈钢螺栓紧固力矩/(N·m)	允许紧固力矩误差范围/(N·m)
M8	7	7~9	13	13~16
M10	13	13~16	25	25~32
M12	25	25~30	44	44~56
M14	40	40~50	70	70~80
M16	60	60~70		
M18	80	80~90		
M20	120	120~135		
M22	160	160~180		
M24	200	200~220		

注：以摩擦系数 $\mu=0.12$ 为基础。

8 刚性接触网维修项目及维修周期汇总见表7。

表7　维修项目及周期表

序号	项目	周期	工作内容
1	导高和拉出值检测	12个月	对刚性悬挂接触线的高度和偏移值进行测量
2	接触线磨耗检测	6个月	对刚性悬挂接触线的磨损量进行测量和分析
3	冷滑	6个月	查看受电弓是否有碰击以及发出碰击声音，线岔处是否磨损受电弓羊角等情况。
4	热滑	6个月	检查受电弓与接触线拉弧现象和撞击设备情况
5	螺栓检查和紧固	12个月	对线岔及其相关部件进行全面检查、测量
6	绝缘子检查和清扫	12个月	清除绝缘子污垢和灰尘
7	接触线检调	6个月	检查接触线对汇流排出现脱离和相对移动情况
8	刚柔过渡检查	3个月	对刚柔过渡装置、电连接及其连接部件进行全面详细检查
9	汇流排检查	12个月	对汇流排安装是否偏离中心、曲线上接触线脱离汇流排、汇流排有放电、腐蚀、损坏等检查
10	汇流排接头检查	12个月	对接头处汇流排密合程度、磨损情况、接头螺栓紧固情况进行检查
11	定位点检调	12个月	检查槽钢水平复核，检查槽钢锈蚀、损坏情况
12	标识牌检查	12个月	全面检查各类标识牌
13	隔离开关检修	12个月	对隔离开关刀闸和操作机构以及连杆的检修
14	分段绝缘器检修	3个月	对分段绝缘器调整和更换
15	电连接检修	12个月	对电连接线以及电连接线夹检查和更换
16	线岔检修	6个月	对线岔调整和更换
17	中心锚结检修	6个月	对调整螺栓、绝缘棒的调整和更换
18	锚段关节检修	6个月	对锚段关节处高度、水平位置的调整

附录五 接触轨(第三轨)运行检修规程

1 总则

1.1 接触轨系统是城市轨道交通供电系统的重要组成部分,也是重要的行车设备。为了保证接触轨系统安全可靠地向电动客车供电,特制定本规程。

1.2 本规程刚性悬挂接触网周期修结合状态修制定。

1.3 本规程规定了城市轨道交通接触轨运行设备的巡视、检测、维护、修理的周期及标准。

1.4 本规程适用于城市轨道交通车辆段和正线 DC 1 500 V 接触轨的运行和检修。

2 引用标准

本规程引用了城市轨道交通各线牵引供电接触轨系统技术规格书,接触轨工程质量验收标准和施工设计图纸。还遵循了以下标准:《铁路电力牵引供电设计规范》、《铁路电力牵引供电施工规范》。

3 定义

3.1 接触轨系统:DC 1 500 V 接触轨系统是城市轨道交通重要的供电设备,由钢铝复合轨及附件、端部弯头、膨胀接头、整体绝缘支架、防爬器(中心锚结)、接地扁铝等部分组成。接触轨系统安装在走行轨旁,将电能从牵引变电所供给运营列车。运营列车通过其受流器与接触轨钢带表面接触而获得电能。

3.2 接触轨:由不锈钢带通过机械方法与铝合金型材料结合而成的钢铝复合轨。其特点是阻抗小、耐磨耗、抗腐蚀、重量轻。标准制造长度为 15 m。

3.3 整体绝缘支架:用于支撑接触轨并与大地绝缘的设备。包括卡爪、托架、底座及扣件等。

3.4 膨胀接头:用以自动调整接触轨的因温度引起的膨胀伸缩,防止由于温度变化产生的纵向应力作用于接触轨支撑件上。

3.5 端部弯头:为了保证受流器顺利平滑地通过接触轨断轨处而按照一定斜度进行预弯的接触轨。

3.6 中心锚结(防爬器):用于绝缘支架两端,防止接触轨向两侧不均匀窜动。一般设置在两膨胀接头之间(即一个锚段)的中部。在线路纵向坡度小于 20‰ 的情况下中心锚结设置单中心锚结,在线路纵向坡度超过 20‰ 且小于 40‰ 时中心锚结设置双中心锚结,在线路纵向坡度超过 40‰ 时中心锚结设置三中心锚结。

3.7 普通中间接头:每一段接触轨通过一套普通接头连接,接头材质与接触轨材质相同。

3.8 电连接中间接头:连接供电电缆向接触轨供电的零件,它由两片铝合金零件组成。

3.9 接地扁铜(铝):将所有绝缘支架底座连接并引回变电所接地网。

3.10 牵引轨:用来回流牵引电流的钢轨。

3.11 均流线:连接上下行牵引轨,用于平衡两边电势差的电缆线。

3.12 隔离开关:是用来在接触网无负荷情况下切断或闭合供电回路的电气设备。

3.13 回流线:电力机车从接触线取流后,专供牵引电流流回变电所的输电导线。

4 运行和管理

4.1 职责和分工

4.1.1 统一领导和分级管理

接触轨的运行和检修工作实行统一领导、分级管理的原则,充分发挥各级组织的作用。

4.1.1.1 地铁公司:制定接触轨运行和检修工作原则,制定有关规章;审批运营总部分管的科研、基建、大修改造计划,并组织验收和鉴定。

4.1.1.2 维修中心:贯彻执行地铁公司有关规章和命令,审批维修中心管的科研、维修、改造计划,并组织验收和鉴定。

4.1.1.3 供电部:贯彻执行地铁公司、维修中心有关规章和命令,制定有关办法、制度和措施,编写大修改造计划等。

4.1.1.4 接触网分部:编制接触轨年度日常保养、小修计划,督促、检查接触轨的运行和检修工作等。

4.1.1.5 接触网工班:贯彻执行上级有关的各项规章和命令;全面保证质量地完成接触轨的运行和检修任务。

4.1.2 接管和运行

4.1.2.1 接触轨工程竣工后,应按规定对工程认真进行检查,经验收合格后方可投入运行。

4.1.2.2 在接触轨工程交接的同时,运营和施工单位之间要交接图纸、记录、说明书等开通时必需的竣工资料。

4.1.2.3 接触轨投入运行前,接管部门要做好运行组织准备工作,配齐并训练运行检修人员,组织学习有关规章制度,熟悉即将接管的设备;备齐维修和抢修用的工具、材料、零部件、交通机具、通信工具及安全用具;配合有关部门共同做好城市轨道交通接触轨安全知识的宣传教育工作。

4.1.2.4 接触网分部要在接触网(轨)投入运行时建立起正常的生产秩序,申明各项制度并具体落实;备齐技术文件和资料;建立各项原始记录和报表,并按时填报,在接触网(轨)投入运行后陆续建立起台账和技术履历。

4.1.2.5 接触网当班人员要认真填写"接触网工班值班日志",及时传达和执行供电调度、值班主任助理的命令。

4.1.2.6 接触网分部应备有下列技术资料:

(1)管内供电分区图和管内的供电分段模拟图(含电子版)。

(2)管内的接触轨平面布置图、装配图、安装图。

(3)隔离开关、避雷器、绝缘器等主要设备、零部件、金具、器材的技术规格书、出厂使用说明书。

(4)有关的隐蔽工程记录。

(5)有关设备大修竣工报告。

(6)管内的设备台账和技术履历。

(7)有关的轨道电路及杂散电流资料。

4.1.3 巡视检测

4.1.3.1 为贯彻"修养并重,预防为主"的方针,要定期巡视、检查、检测接触网(轨)设备的技术状态。

4.1.3.2 接触轨设备的巡视工作,应由工班长或安全等级不低于三级的接触网工进行。

4.1.3.3 步行巡视：每月不少于 2 次。观察的主要内容：有无侵入限界，妨碍电动车组运行的障碍；各零部件等无烧伤和损坏；绝缘部件无破损和闪络；回流接续线及接地线的连接良好；应无其他东西危及行车和供电安全的现象。

4.1.3.4 工班长每月对管内设备至少步行巡视各 1 次。分部专业技术人员每季对管内设备至少步行巡视 1 次。各分部主任、副主任每半年对管内的设备至少步行巡视 1 次。各分部主任、副主任、技术人员每月至少跟班作业 1 次。

4.1.3.5 巡视检查发现的缺陷纳入检修计划，对危及安全的缺陷应及时处理，其余的尽量纳入接触轨维修中，一并整修。

4.1.4 事故抢修

对接触轨的事故抢修工作，要加强领导，统一指挥，保证安全，争取时间，最大限度地减少对运营的影响。接触网专业要在平时组织事故抢修演练，提高抢修的组织工作和修复工作水平。要时刻做好事故抢修出动的准备工作，建立严密的抢修制度、纪律，制定科学的应急措施，备齐抢修用的材料、零部件、工具和交通工具。节假日应安排足够的抢修人员，一旦发生事故抢修要立即出动抢修。

5 检修标准

5.1 钢铝复合轨及附件

5.1.1 检修周期：12 个月

5.1.2 检修范围：对钢铝复合轨及附件进行全面详细检查，对不合要求的内容进行维护处理。

5.1.3 检修内容

5.1.3.1 对接触轨及中间接头等进行全面详细检查，对不符合要求的进行维护处理。

5.1.3.2 全面详细检查、测量定位点的接触轨受流面至轨面的高度、至轨面中心线的限界及与轨面的平行度，对不合要求的点进行维护处理，确保各参数符合要求。

5.1.3.3 检查钢铝复合轨、中间接头等有无烧伤、变色现象。

5.1.3.4 检查普通接头连接有无松动，导电油脂涂层是否均匀足够，接头处钢带接触面过渡是否平滑。

5.1.3.5 检查有无侵限及阻碍受流器运行的异物。

5.1.3.6 测量检查跨距中心处接触轨受流面至轨面的高度。

5.1.3.7 检查不锈钢带受流面的磨损是否均匀。对以上各项不合要求处做好记录，及时整修和反馈。

5.1.4 技术标准

5.1.4.1 接触轨受流面至轨面的垂直距离为 200 mm，接触轨受流面中心距离线路中心的水平距离为 1 510 mm，允许偏差为 ±5 mm。偏斜度应控制在设计规定的角度之内。

5.1.4.2 接触轨钢带的连接应平滑顺畅、无阶梯，其不平顺度应控制在 0.5 mm 之内，复合轨的连接缝隙应密贴。

5.1.4.3 接触轨紧固件齐全，安装牢固可靠。

5.1.4.4 接触轨检修时，严禁硬拉、硬扯或敲击整体绝缘支架。

5.1.4.5 正线接触轨受流面在两相邻绝缘支架处相对高差不得大于 2.5 mm，困难条件下不大于 5 mm。

5.1.4.6 连接螺栓紧固力矩满足设计要求及厂家使用说明书，如无特殊力矩要求，按现行国家标准执行（见表8）

表8 螺栓紧固力矩对照表

螺栓直径/mm	8	10	12	14	16	18	20	22	24
紧固力矩/(N·m)	13	25	44	70	70	85	130	180	230

5.1.4.7 钢铝复合轨的各电气接触面涂抹的电力复合脂应均匀。

5.1.4.8 各镀锌螺栓无变形，镀锌层和螺纹完好。

5.2 端部弯头

5.2.1 检修周期：6个月

5.2.2 范围：对端部弯头进行全面详细检查，对不符合要求的内容进行维护处理。

5.2.3 检修内容

5.2.3.1 检查受流面是否有电弧烧伤痕迹。

5.2.3.2 检查接头是否松动，导电油脂是否均匀足够。

5.2.3.3 检查端部弯头末端的摆动情况。

5.2.3.4 测量检查端部弯头上弯状态是否符合要求，不符者进行调整。

5.2.3.5 测量端部弯头末端、上弯始点、绝缘支架处受流面与轨面的高度、坡度及与轨面中心线的距离，检查是否符合要求，不符者进行调整。

5.2.4 技术标准

5.2.4.1 端部弯头的断口与接触轨之间密贴，没有高低差及由此产生的台阶损伤受流器。

5.2.4.2 端部弯头具有良好的耐电弧烧损、耐冲击特性。5.2 m的端部弯头的坡度为1:40，3.4 m的端部弯头的坡度为1:30。每一个端部弯头的端部都经过预弯，坡度更大一些，这样能保证端部弯头具有更好的自熄弧特性。

5.2.4.3 端部弯头末端绝缘支架处，接触轨接触面距轨面高度为 285 mm ± 5 mm（坡度1:40）或 265 mm ± 5 mm（坡度1:30）。

5.3 膨胀接头

5.3.1 检修周期：12个月

5.3.2 检修范围：对膨胀接头进行全面详细检查，对不符合要求的内容进行维护处理。

5.3.2 检修内容

5.3.2.1 检查膨胀接头有无过热变色、烧伤现象。

5.3.2.2 检查膨胀接头的磨损是否均匀，补偿间隙过渡是否平滑。

5.3.2.3 检查膨胀接头所有紧固件是否松动。

5.3.2.4 测量膨胀接头处受流面与轨面的高度、坡度及限界是否符合要求。

5.3.2.5 测量膨胀接头补偿间隙的大小，与温度曲线核对，检查是否符合要求。

5.3.2.6 检查膨胀接头的电气连接状况。

5.3.3 技术标准

5.3.3.1 膨胀接头长度为 1 775 mm ~ 1 975 mm，最大补偿量为 200 mm。

5.3.3.2 膨胀接头应安装在两个支架装置的中心部位,膨胀接头的每一端距支架装置的距离应相等,且不小于 400 mm。

5.3.3.3 膨胀接头锚固夹板两侧面均匀涂抹导电油脂。紧固螺栓时,中间 M16 螺栓紧固力矩为 59 N·m,两边 M16 螺栓紧固力矩为 20 N·m;锚固夹板侧面与左右滑轨侧面紧密相贴,组成膨胀接头的三块轨覆不锈钢带一面应平齐。

5.3.3.4 电流连接器与接触轨连接的 M10 螺栓紧固力矩为 25~31 N·m,U 螺栓弹簧长度为 14~16 mm,在 M16、U 螺栓与螺母连接处有红油漆标记。

5.3.3.5 膨胀接头间隙调整应与接触轨温度相适应,补偿间隙 α 值应符合设计规定(见表 9,胀接头安装温度补偿表)。伸缩预留值允许偏差为 ±5 mm。膨胀接头的补偿间隙满足设计要求,其与钢铝复合轨的连接应平顺,无硬弯。

表 9 膨胀接头安装温度补偿表

L 值/m	温度/°C									
	85	80	75	70	65	60	55	50	45	40
90	10	15	20	25	30	35	40	45	50	55
75	10	14	18	22	27	31	35	39	43	47

L 值/m	温度/°C								
	35	30	25	20	15	10	5	0	-5
90	60	65	69	74	79	84	/	/	/
75	51	55	60	64	68	72	76	80	84

5.3.3.6 膨胀接头的各螺栓紧固力矩符合设计要求,要保证膨胀接头在温度变化的情况下能伸缩自如,无卡滞现象。

5.4 整体绝缘支架

5.4.1 检修周期:12 个月

5.4.2 检修范围:对绝缘支架、支架底座进行全面详细检查,包括膨胀锚栓、支架底座、绝缘支架及连接螺栓等,对不符合要求的进行维护处理。

5.4.3 检修内容

5.4.3.1 检查预埋膨胀锚栓是否紧固,有无松动,填充水泥层有无裂纹、松脱现象。

5.4.3.2 检查绝缘支架紧固螺栓是否紧固,有无松动。

5.4.3.3 检查绝缘支架有无变色、表层剥落、裂纹及其他异常现象。

5.4.3.4 检查支架底座有无镀锌层脱落、锈蚀现象。

5.4.3.5 检查支架和接触轨的对正情况。

5.4.4 技术标准

5.4.4.1 整体绝缘支架型号、各种电气性能和机械性能以及安装形式符合设计要求和产品技术条件,整体绝缘支架合格,整体绝缘支架外观检查应完好,安装端正,无损伤变形等。

5.4.4.2 整体绝缘支架卡爪和托架固定螺栓安装完整,无损伤、无锈蚀,连接螺栓紧固力矩 44 N·m。

5.4.4.3 整体底座螺栓螺纹安装完好、端正、牢固、无损伤、无锈蚀，连接螺栓紧固力矩为 70 N·m。

5.4.4.3 整体绝缘支架纵向轴线垂直于线路中心线，横向轴线平行于线路中心线。

5.4.4.4 整体绝缘支架以及钢铝复合轨托架的防滑齿完好，同时齿间正确咬合。

5.4.4.5 钢铝复合轨托架和扣件合格、完好无损坏，其横向轴线应平行于线路中心线，以满足钢铝复合轨能顺线路方向顺畅滑动。

5.4.4.6 整体绝缘支架安装位置及限界满足要求，跨距调整幅度允许误差为 ±0.3 m，困难时不得大于 5.3 m。

5.4.4.7 各镀锌螺栓无变形，镀锌层和螺纹完好，预留调节余量满足设计要求，螺栓外露部分要涂防腐油。

5.4.4.8 整体绝缘支架底座与混凝土接触面应涂防腐油。支架底座混凝土用混凝土 C20 填充密实，抹面应平整，无缝隙、无裂纹。

5.4.4.9 检查防爬器距绝缘卡块间距是否符合要求，防爬器及绝缘支架接触面有无损伤，受挤压变形等现象。

5.5 中心锚结（防爬器）

5.5.1 检修周期：12 个月

5.5.2 检修范围：对中心锚结进行全面详细检查，对不合要求的内容进行维护处理。

5.5.3 检修内容

5.5.3.1 检查防爬器与接触轨的连接状态，紧固螺栓无有松动。

5.5.4 技术标准

5.5.4.1 中心锚结处绝缘支架和接触轨受力后无明显变形。

5.5.4.2 中心锚结的卡块与绝缘支架的间隙应符合安装使用说明书的要求。两连接板接触面应清洁，并涂导电油脂，中心锚结螺栓紧固力矩为 70 N·m。

5.6 电连接

5.6.1 检修周期：12 个月

5.6.2 检修范围：对轨间电连接进行全面详细的检查，对不符合要求者进行整修处理。

5.6.3 检修内容

5.6.3.1 检查电缆接线板周围有无过热变色现象。

5.6.3.2 检查电缆接线板与接触轨的连接状态。

5.6.3.3 检查电缆接线端子与电缆接线板的连接是否牢固可靠。

5.6.3.4 检查电缆接线端子的压接处有无松动及异常。

5.6.3.5 检查电缆的弯曲走向是否符合要求，电缆接线端子及电缆不应向走行轨中心倾斜。

5.6.3.6 检查电缆表面有无损伤，电缆固定是否稳固，电缆绝缘层有无老化变色及表皮剥落现象。

5.6.4 技术标准

5.6.4.1 电连接电缆及接线端子所用型号、材质、数量应符合要求，同时要求电连接电缆要预留能保障复合轨正常伸缩的余量。

5.6.4.2 电连接电缆的安装位置应符合要求，在任何情况下均应满足带电距离要求。

5.6.4.3 150 mm² 软电缆绝缘层剥开长度为 70 mm，400 mm² 电缆剥开长度为 90 mm，电

缆导体不得被损伤，电缆保护层不得损坏。

5.6.4.4 电连接电缆与接线端子压接良好，握紧力不小于设计规定值，电气接触面涂电力复合脂，螺栓紧固力矩符合设计要求及设计标准。

5.6.4.5 轨间电连接以及第三轨与柔性接触网间的电连接应完整无遗漏。

5.6.4.6 电连接电缆的固定应符合相关标准，一般情况下直线布置每隔 800 mm 固定一处，在拐弯、水沟等处应就实际情况固定，固定应牢固可靠。电缆弯曲半径满足相关规范，且弯曲自然，布线美观。

5.7 接地扁铝

5.7.1 检修周期：12 个月

5.7.2 检修范围：对各种接地设备进行全面详细检查，对不符合要求的内容进行维护处理。

5.7.3 检修内容

5.7.3.1 检查接地扁铝与支架底座间、接地扁铝接头处接触是否良好，螺栓是否紧固。

5.7.3.2 检查接地扁铝无有裂纹、过热变色、烧伤痕迹，沿线布置平顺。

5.7.3.3 检查接地跳线与底座及接地扁铝的连接是否牢固可靠，接地跳线的固定是否稳固。

5.7.4 技术标准

5.7.4.1 任何独立的金属底座都应牢固的与接地扁铝相连，进行接地。

5.7.4.2 接地扁铝的规格应符合要求，接地扁铝间连接以及接地扁铝与底座间的连接应牢固可靠，无虚接。接地扁铝间的连接应尽可能在绝缘支架处，安装紧固，螺栓、垫圈齐全，与支架底座接触良好。接地扁铝间的连接重合长度不得小于 150 mm，安装孔直径为 12 mm，孔中心位于接地扁铝中轴线上，孔间距为 90 mm。

5.7.4.3 接地扁铝应连续不间断，且应与变电所接地母排相连。

5.7.4.4 接地电缆敷设美观、弯曲自然，固定牢固、可靠。电缆与接地扁铝接触良好，连接牢固、可靠。

5.8 防护罩

5.8.1 检修周期：12 个月

5.8.2 检修范围：对防护罩支撑卡、防护罩（包括支架防护罩、电缆接线板防护罩、中心锚结防护罩）等进行全面详细检查，对不合要求的内容进行维护处理。

5.8.3 检修内容

5.8.3.1 检查防护罩有无变色、表层剥落、裂纹及其他异常现象。

5.8.3.2 检查防护罩上警示标志是否清晰、有无脱落。

5.8.3.3 检查防护罩、支撑卡与接触轨的结合状态，特别是膨胀接头、中心锚结、电缆接线板处的防护罩，不妨碍接触轨的自由伸缩。

5.8.3.4 对不符合要求的防护罩进行更换，不合要求者进行维护处理。

5.8.4 技术标准

5.8.4.1 防护罩规格型号、各种电气性能和机械性能符合产品技术条件，防护罩合格，无损伤。

5.8.4.2 防护罩选型正确，安装规范、牢固可靠。

5.8.4.3 防护罩支撑卡布置合理，无损坏，防护罩支撑卡每隔 500 mm 布置一处，在特殊防护罩处严格按照设计要求布置，防护罩支撑卡无损坏。

5.8.4.4 防护罩上的"高压危险"等警示标志齐全、明显。
5.9 隔离开关
5.9.1 周期：6个月
5.9.2 范围：开关刀口、底座绝缘子、传动机构、电动箱等进行全面检查，核对数据及清洁设备灰尘。
5.9.3 技术标准
5.9.3.1 隔离开关的本体外观应无明显的损坏，绝缘子应完好、清洁。
5.9.3.2 隔离开关的1 500 V直流电缆连接正确规整。
5.9.3.3 电动隔离开关的电源和控制回路接线正确，在允许电压波动范围内能正确、可靠动作。有连锁要求的开关，连锁关系正确可靠。机构的分、合闸指示与开关的实际分、合位置一致。
5.9.3.4 现场手动操作应和遥控电动操作动作一致。
5.9.3.5 隔离开关合闸时闸刀要水平，其中心线应与静触头的中心线相吻合。合闸时应接触良好，以 0.05 mm×10 mm 的塞尺检查刀闸的接触点，应塞不进去。开关在打开时，刀口距接地体、洞壁最小距离不应小于150 mm。双极开关同步，触头接触良好，无回弹现象，分、合顺利，角度符合产品技术要求。
5.9.3.6 隔离开关触头带电部分至顶部建筑物距离不得小于 150 mm。
5.9.3.7 隔离开关底座和操作机构底座应接地良好。
5.9.3.8 隔离开关底座和操作机构底座应呈水平状态，安装牢固，电动操作机构箱应密封良好，门锁和钥匙完好齐全。
5.9.3.9 隔离开关中心线应铅垂，传动杆垂直与操作机构轴线一致，偏差不大于2°，连接应牢固，无松动现象，铰接处活动灵活，并涂有中性凡士林。
5.9.3.10 设备接线端子与隔离开关连接接触面应涂电力复合脂。
5.9.3.11 运行中的隔离开关，每年要用2 500 V的兆欧表测量1次绝缘电阻，并与上一资的测量结果比较，不应有显著降低。新安装的隔离开关，在投入运行前，要按规定进行交流耐压试验。
5.9.3.12 隔离开关应接触良好，转动灵活，引线截面段与隔离开关的额定电流以及所连接的接触网当量截面相适应，引线不得有接头。
5.10 清扫
5.10.1 周期：12个月，污秽较严的工区段，根据实际情况制定清扫周期。
5.10.2 范围：对接触轨及附件、膨胀接头、绝缘支架等进行全面清扫。
5.10.3 内容
5.10.3.1 检查接触轨上的白色粉状物、污物、尘屑等，定期（周期12个月）清扫干净。
5.10.3.2 检查膨胀接头上的积尘、铁屑情况，定期（周期6个月）清扫干净。
5.10.3.3 检查绝缘支架、中心锚结绝缘棒上的积尘、污物、铁屑等情况，定期（周期12个月）清扫干净。
5.11 磨耗测量
5.11.1 周期：12个月，磨耗严重点测量周期为12个月，全面测量周期为3年。
5.11.2 范围：对磨耗严重地点进行测量（周期12个月），全面测量钢带磨耗（周期3年）。

5.11.3 内容：检查不锈钢带受流面的磨损是否均匀，测量不锈钢带的磨耗，重点测量接头处、膨胀接头处、中心锚结处、端部弯头始端及其他磨耗严重的点。

6 执行记录

6.1 执行记录主要有：接触轨登乘巡视记录、接触轨端部弯头检修记录、接触轨检修记录、接触轨膨胀接头检修记录、接触轨中心锚结检修记录、接触网巡视和缺陷处理记录、综合检修记录、接触网工班值班日志、隔离开关检修记录、防雷设备检修记录等。

参考文献

[1] 吉鹏霄，张桂林. 电气化铁路接触网[M]. 北京：化学工业出版社，2011.

[2] 上海申通地铁集团有限公司轨道交通培训中心. 城市轨道交通接触网技术[M]. 北京：中国铁道出版社，2011.

[3] 人力资源和社会保障部教材办公室，广州市地下铁道总公司. 接触网检修工[M]. 北京：中国劳动和社会保障出版社，2010.

[4] 于小四. 城市轨道交通供电系统安装技术手册[M]. 北京：中国铁道出版社，2011.

[5] 谢红，夏金凤. 城市轨道牵引供电电缆选型分析[J]. 机车电传动，2003，2：33-35.

[6] 王永雄. 地铁人防门处可开断汇流排的应用[J]. 电气化铁道，2014，6：38-39.

[7] 戴亚武. 可快速拆卸汇流排在上海地铁6号线的应用[J]. 现代城市轨道交通，2008，5：35-39.

[8] 曾向荣. 北京地铁13号线明敷电缆防护技术[J]. 都市快轨交通，2005，18（5）：54-57.

[9] 王彦利. 地铁直流电力电缆现状、发展和选择[J]. 电气化铁道，2002，2：45-48.

[10] 田胜利. 地铁用35 kV交流电力电缆结构与参数选择分析[J]. 电气化铁道，2003，4：38-46.

[11] 杨卫海. 城市轨道交通系统架空接触网电分段的设置[J]. 电气化铁道，2004，2：32-36.

[12] 李珞，周尚明. 重庆跨座式单轨1 500 V接触轨系统的安全管理[J]. 都市快轨交通，2010，23（1）：24-26.

[13] 罗斌. 广州地铁四号线列车双制式受流方式分析[J]. 铁道机车车辆工人，2011，5：17-21.

[14] 杨黎明，朱智恩，杨荣凯，等. 柔性直流电缆绝缘料及电缆结构设计[J]. 电力系统自动化，2013，37（15）：117-123.

[15] 于志刚，吴东波，赵少鹏，等. 接触网几何参数检测仪的原理及应用[J]. 山东科学，2009，3：77-79.

[16] 王翔，雷福伟，陈娇红. 接触网用液气式张力补偿装置设计[J]. 液压与气动，2007，9：40-42.

[17] 人力资源和社会保障部教材办公室，中国就业培训技术指导中心上海分中心，等. 城轨接触网检修工[M]. 北京：中国劳动和社会保障出版社，2017.

[18] 王元厚. 城市轨道交通接触网检修工[M]. 北京：人民交通出版社股份有限公司，2017.

[19] 董昭德，李岚. 接触网工程与设计[M]. 北京：科学出版社，2014.

[20] 尹魁元. 接触网刚性悬挂拉出值布置方式比较[J]. 城市轨道交通研究，2013，2：81-84.